Vinzenz Bödeker

Staatliche
Exportkredit-
versicherungssysteme

RiWV 11

Recht des internationalen Wirtschaftsverkehrs

herausgegeben von

Norbert Horn, Köln

in Verbindung mit

Ulrich Drobnig, Hamburg

Rolf Herber, Hamburg

Rolf A. Schütze, Stuttgart

und der Forschungsstelle für Vertragsrecht der internationalen Wirtschaft an der Universität zu Köln

Band 11

Walter de Gruyter · Berlin · New York

Staatliche Exportkredit-versicherungssysteme

Ihre Rechtsgrundlagen, Vertragsbedingungen und Funktionsweisen in Deutschland, Frankreich, Großbritannien, den USA und Japan

von

Vinzenz Bödeker

1992

Walter de Gruyter · Berlin · New York

Dr. Vinzenz Bödeker, Rechtsanwalt in Stuttgart

♾ Gedruckt auf säurefreiem Papier, das die US-ANSI-Norm über Haltbarkeit erfüllt.

Die Deutsche Bibliothek – CIP-Einheitsaufnahme

Bödeker, Vinzenz:
Staatliche Exportkreditversicherungssysteme : ihre Rechtsgrundlagen, Vertragsbedingungen und Funktionsweisen in Deutschland, Frankreich, Großbritannien, den USA und Japan / von Vinzenz Bödeker. – Berlin ; New York : de Gruyter, 1992
(Recht des internationalen Wirtschaftsverkehrs ; Bd. 11)
Zugl.: Bielefeld, Univ., Diss., 1990/91
ISBN 3-11-013401-2
NE: GT

Printed in Germany
Satz: Egert & Wyss, Berlin
Druck: Gerike GmbH, Berlin
Buchbinderische Verarbeitung: Lüderitz & Bauer, Berlin

Vorwort

Gegenstand dieses Buches ist eine rechtsvergleichende Darstellung und Untersuchung verschiedener staatlicher Exportkreditversicherungssysteme. Ausgehend vom deutschen System, das im Vordergrund der Untersuchung steht, werden die gesetzlichen Grundlagen der jeweiligen staatlichen Versicherungen und die allgemeinen und besonderen Bedingungen und Ausgestaltungen der Versicherungsverträge behandelt. Einem auch wirtschaftspolitisch orientierten Vergleich schließt sich nicht zuletzt wegen der bevorstehenden Vollendung des europäischen Binnenmarktes eine Bestandsaufnahme der internationalen Zusammenarbeit auf dem Gebiet der Exportkreditversicherung an.

Die Untersuchung ist als Dissertation an der Bielefelder Forschungsstelle für Vertragsrecht der internationalen Wirtschaft (jetzt Köln) entstanden, die von der Fritz Thyssen-Stiftung gefördert wurde und an der der Verfasser als Stipendiat tätig war. Die Arbeit hat der rechtswissenschaftlichen Fakultät der Universität Bielefeld im Wintersemester 1990/91 vorgelegen.

Das Buch wendet sich der Zielsetzung der Schriftenreihe entsprechend sowohl an die Rechtswissenschaft als auch an den Praktiker. Vor allem dem deutschen Exporteur und Antragsteller einer Hermes-Deckung soll es anhand verschiedener tabellarischer Übersichten und der abgedruckten Antragsformulare ermöglicht werden, sich rasch mit den staatlichen Deckungsmöglichkeiten und deren Voraussetzungen vertraut zu machen.

Dank gebührt an dieser Stelle meinem Doktorvater, Herrn Prof. Dr. Norbert Horn, der die Arbeit angeregt und deren Aufnahme in diese Schriftenreihe ermöglicht hat.

Stuttgart, im November 1991 *Vinzenz Bödeker*

Inhaltsverzeichnis

Abkürzungsverzeichnis

a.A.	anderer Auffassung
a.a.O.	am angegebenen Ort
a.Anf.	am Anfang
Abs.	Absatz
ACS	Police assurance-crédit simplifié
a.E.	am Ende
a.F.	alte Fassung
AG	Aktiengesellschaft
AGA	Ausfuhr-Gewährleistungen-Aktuell
AGBG	Gesetz zur Regelung des Rechts der Allgemeinen Geschäftsbedingungen
AID	Agency for International Development
AKA	Ausfuhrkredit-Gesellschaft mbH
AllgBed-AB	Allgemeine Bedingungen für Ausfuhrrisikobürgschaften
AllgBed-AG	Allgemeine Bedingungen für Ausfuhrrisikogarantien
AllgBed-APG	Allgemeine Bedingungen für Ausfuhr-Pauschal-Gewährleistungen
AllgBed-FB	Allgemeine Bedingungen für Fabrikationsrisikobürgschaften
AllgBed-FG	Allgemeine Bedingungen für Fabrikationsrisikogarantien
AllgBed-FKB	Allgemeine Bedingungen für Bürgschaften für gebundene Finanzkredite
AllgBed-FKG	Allgemeine Bedingungen für Garantien für gebundene Finanzkredite
AllgBed-K	Allgemeine Bedingungen für Kapitalanlagen im Ausland
AllgBed-ungeb. FKB	Allgemeine Bedingungen für Bürgschaften für ungebundene Finanzkredite
AllgBed-ungeb. FKG	Allgemeine Bedingungen für Garantien für ungebundene Finanzkredite

AllgBed-WKB	Allgemeine Bedingungen für Wechselkursbürgschaften
AllgBed-WKG	Allgemeine Bedingungen für Wechselkursgarantien
Anm.	Anmerkung
APG	Ausfuhr-Pauschal-Gewährleistung
Art.	Artikel
Aufl.	Auflage
AWD	Außenwirtschaftsdienst des Betriebsberaters
AWG	Außenwirtschaftsgesetz
BB	Betriebs-Berater
Bd.	Band
BE	Biens d'Equipement
BfAI	Bundesstelle für Außenhandelsinformation
BFCE	Banque Française du Commerce Extérieur
BGB	Bürgerliches Gesetzbuch
BGBl.	Bundesgesetzblatt
BGH	Bundesgerichtshof
BGH LM	Nachschlagewerk des Budesgerichtshofs (Loseblattsammlung), Hrsg. v. Lindenmaier, Möhring u.a.
BGHZ	Entscheidungen des Bundesgerichtshofs in Zivilsachen
BI	Biens d'Investissement
BRD	Bundesrepublik Deutschland
BStBl.	Bundessteuerblatt
BVerwG	Bundesverwaltungsgericht
BVerwGE	Entscheidungen des Bundesverwaltungsgerichts
bzw.	beziehungsweise
ca.	circa
CCC	Commodity Credit Corporation
Cie	Compagnie
cif	cost, insurance, freight
CIRR	Commercial Interest Reference Rate
COFACE	Compagnie Française d'Assurance pour le Commerce Extérieur
CST	Comprehensive Short Term
D/A	Documents against Acceptance

DARAG	Deutsche Auslands- und Rückversicherungs-AG
DB	Der Betrieb
DDR	Deutsche Demokratische Republik
DEG	Deutsche Finanzierungsgesellschaft für Beteiligungen in Entwicklungsländern GmbH
ders.	derselbe
d.h.	das heißt
Diss.	Dissertation
D/P	Documents against Payment
DQ	Deckungsquote
ECGD	Export Credits Guarantee Department
ECU	European Currency Unit
éd.	édition
ed.(s)	editor(s), edition
EEC	European Economic Community
EECIF	European Export Credit Insurance Facility
EG	Europäische Gemeinschaft
EGBGB	Einführungsgesetz zum Bürgerlichen Gesetzbuch
EID	Export Insurance Division
Einl.	Einleitung
ERP	European Recovery Program
etc.	et cetera
EWG	Europäische Wirtschaftsgemeinschaft
f., ff.	folgende, fortfolgende
Favag	Frankfurter Allgemeine Versicherungs-AG
FCIA	Foreign Credit Insurance Association
FES	Forward Exchange Supplement
Fn.	Fußnote
GCP	Police globale - risques commerciaux et politiques
gem.	gemäß
GG	Grundgesetz
ggf.	gegebenenfalls
G/kE	Ausfuhrgarantie/kurzfristige Einzeldeckungen
GmbH	Gesellschat mit beschränkter Haftung
GVG	Gerichtsverfassungsgesetz
GVOBl	Gesetz- und Verordnungsblatt
HBG	Hypothekenbankgesetz

HGB	Handelsgesetzbuch
Hrsg.	Herausgeber
Hs.	Halbsatz
HWWA	Hamburger Welt - Wirtschafts Archiv
ICIA	International Credit Insurance Association
IDCA	International Development Cooperation Agency
Ill.	Illinois
Inc.	Incorporated
inkl.	inklusive
IPRax	Praxis des Internationalen Privat- und Verfahrensrechts
i.S.	im Sinne
J.Bus.L.	The Journal of Business Law
J.C.C., Ann., Fasc.	Juris-Classeur-Commercial, Annexes, Fascicule
Jg.	Jahrgang
jr.	junior
JuS	Juristische Schulung
JZ	Juristenzeitung
KfW	Kreditanstalt für Wiederaufbau
KT-	Konvertierungs- und Transfer-...
KVG	Kreditversicherungsgesellschaft
Law & Pol'y Int'l Bus.	Law and Policy in International Business
lit.	Litera
LSP	Leitsätze für die Preisermittlung
Ltd.	Limited
MDR	Monatsschrift für Deutsches Recht
MIGA	Multilaterale Investitionsgarantie-Agentur
Mio.	Millionen
MITI	Ministry of International Trade and Industry
MOCI	Moniteur du Commerce International
Mrd.	Milliarden
MSC	Short-Term - Medium-Term Combination
MTR	Medium Term Repetitive
MTS	Medium-Term Single Sales
MünchKom	Münchener Kommentar zum Bürgerlichen Gesetzbuch

m.w.N.	mit weiteren Nachweisen
MZS	Mindestzinssätze
NAC	National Advisory Committee on International Monetary and Financial Problems
n.F.	neue Fassung
NfA	Nachrichten für Außenhandel (Nr., Datum)
NJW	Neue Juristische Wochenschrift
No.	Number, Numéro
Nr.	Nummer
OECD	Organisation for Economic Cooperation and Development
OECF	Overseas Economic Cooperation Fund
OEEC	Organisation for European Economic Cooperation
OMB	Office of Management and Budget
OPEC	Overseas Private Investment Corporation
Ordo	Jahrbuch für Ordnung von Wirtschaft und Gesellschaft (Jahr, Seite)
OVG	Oberverwaltungsgericht
p.a.	per annum
PCT	Police - risques politiques, catastrophiques, non transfert
PGS	Police globale services
PR	Police acheteurs privés
PRC	People's Republic of China
PRC	Police - risques politiques et risques commerciaux
RabelsZ	Zeitschrift für ausländisches und internationales Privatrecht, begründet von Ernst Rabel
Rdnr.	Randnummer
RG	Reichsgericht
RGBl.	Reichsgesetzblatt
RGZ	Entscheidungen des Reichsgerichtshofs in Zivilsachen
RIW	Recht der Internationalen Wirtschaft
RS	Richtsatz
Rz.	Randziffer

S.	Seite
SB	Selbstbeteiligung
SDR	Special Drawing Rights
SFAFC	Société Française d'Assurance pour Favoriser le Crédit
sog.	sogenannt
SP	Police acheteurs publics
TTC	Tender to Contract
Tz.	Textziffer
u.a.	und anderen
UNCTAD	United Nations Conference on Trade and Development
US	Unites States
USA	Unites States of America
u.U.	unter Umständen
Vand.J.Transnat'l L.	Vanderbilt Journal of Transnational Law
VersR	Versicherungsrecht
VerwVfG	Verwaltungsverfahrensgesetz
vgl.	vergleiche
Vol.	Volume
Vorb.	Vorbemerkung
VwGO	Verwaltungsgerichtsordnung
WiGBl.	Gesetzblatt der Verwaltung des vereinigten Wirtschaftsgebietes
WM	Wertpapier-Mitteilungen
z.B.	zum Beispiel
ZfgesKw	Zeitschrift für das gesamte Kreditwesen
Ziff.	Ziffer
ZIP	Zeitschrift für Wirtschatsrecht
ZM-	Zahlungsverbots- und Moratoriums...
ZPO	Zivilprozeßordnung
z.T.	zum Teil
zzgl.	zuzüglich
z.Zt.	zur Zeit

Literaturverzeichnis

Abel, Kurt, Ausfuhrerleichterungen in der Bundesrepublik Deutschland, Frankfurt/Main 1966

Ders., Exportförderungsmaßnahmen konkurrierender Industrieländer, Frankfurt/Main 1964

Achterberg, Erich/ *Lanz*, Karl, Enzyklopädisches Lexikon für das Geld-, Bank- und Börsenwesen, 3. Aufl., Frankfurt/Main 1967/1968

Arendt, Wolfgang, Hermes-gedeckte Umfinanzierung von Moratorien?, Kreditwesen 1987, S. 228-232

Asanuma, Shinji, Japanese Government Agencies, in: Robert S. Rendell (ed.), International Financial Law, London 1980, S. 307-316

Auberger, Bernard/ *Drean*, Jean-Pierre, Une technique nouvelle de financement du commerce extérieur: le crédit acheteur, in: Institut d'Etudes Bancaires et Financières (éd.), Les exportations françaises et leur financement. Problèmes, institutions et techniques, Paris 1982, S. 151-174

Ausfuhrkredit-Gesellschaft mbH, Geschäftsbericht 1990, Frankfurt/Main 1991

Dies., Kreditrichtlinien, Frankfurt/Main 1990

Axmann, Peter, Preisfaktoren, Zahlungsbedingungen und Zahlungssicherung im Außenhandel, Der Betrieb 1973, Beilage Nr. 8

Bachmann, Hans, Die Konventionen von Bretton Woods, St. Gallen 1945

Ball, James/ *Knight*, Martin, Export Finance, Euromoney Publications, 4. Aufl., London 1989

Bank for International Settlements (Monetary and Economic Department), Export Credit Insurance and Export Credit, Basel 1965

Basedow, Jürgen, Wirtschaftskollisionsrecht, RabelsZ 52 (1988), S. 8-40

Baumbach/ *Lauterbach*/ *Albers*/ *Hartmann*, Zivilprozeßordnung, 49. Aufl., München 1991

Baumgärtel, Gottfried, Der Einfluß von Zustimmungserfordernissen auf die Abtretbarkeit einer Forderung, Juristenzeitung 1958, S. 654-656

Bayerische Staatsregierung, Programm zur Förderung des Zugangs kleiner und mittlerer Unternehmen sowie Angehöriger Freier Berufe zu internationalen Märkten (Mittelständisches Garantieprogramm), Gemeinsame Bekanntmachung des Bayerischen Staatsministeriums der Finanzen Nr. 91 - L 6918 - 7/79-15841 sowie für Wirtschaft und Verkehr Nr. 3375 - III/4a-4400 - vom 3. März 1976

Behrens, Peter, Garantien für ausländische Investoren, Deutsche zivil-, kollisions- und wirtschaftsrechtliche Beiträge zum X. Internationalen Kongreß für Rechtsvergleichung in Budapest 1978, Tübingen 1978, S. 111-149

Bergsten, C. Fred, The International Arrangement on Export Credits, in: The World Economy in the 1980s, Papers of C. Fred Bergsten, Lexington, Massachusetts 1980, S. 74-91

Bergsträsser, Roland/ *Klaus*, Peter, in: DG Bank Deutsche Genossenschaftsbank (Hrsg.), Neuere Entwicklungen der öffentlichen Exportförderung in der Bundesrepublik Deutschland, Frankfurt 1977

Berne Union, The Berne Union, London 1988

Berthelot, Y., French Aid Performance and Development Policy, European Development Policies. The United Kingdom, Sweden, France, EEC and Multilateral Organisations, in: B. Dinwiddy (ed.), Overseas Development Institute, London, New York/London 1973

Besson, André, Assurance Crédit, in: Dalloz Encyclopédie juridique publié ss. la direction de Emmanuel Vergé et Georges Ripert, Répertoire de droit commercial et des sociétés, tome 1, Paris 1956, S. 190 ff.

Beuter, Hubert B., Kreditversicherung heute, Kreditwesen 1987, S. 780-784

Beyfuß, Jörg, Exportversicherung und Exportfinanzierung, (Beiträge zur Wirtschafts- und Sozialpolitik 4/1983), Köln 1983

Blomeyer, Karl, Exportfinanzierung, 2. Aufl., Wiesbaden 1986

Bodenstein, Friedel/ *Eberth*, Rolf, Kreditsicherung im Geschäftsverkehr mit dem Ausland, Bd. 1: Frankreich, Köln 1977

Boetius, Jan, Der Grantievertrag, Diss. München 1966.

Bon, Raymond, L'assurance-crédit d'Etat, thèse, Paris 1955

Bonnasse, Pierre, Nature et perspective de l'exportation, Révue générale des assurances terrestres 1949, S. 197

Borggrefe, Siegfried/ *Dorscheid*, Peter, Neue Richtlinien für die Übernahme von Ausfuhrdeckungen des Bundes, BfAI/NfA vom 21.3.1984

Bowen, David/ *Mills*, Dominic/ *Knight*, Martin, Export Finance, Euromoney Publications, 3. Auflage, London 1986

Branger, Jaques, Traité d'économie bancaire, tome 1: Les Institutions de banque, 2e éd., Paris 1968

Brau, Eduard H./ *Puckahtikom*, Chanpen, Export Credit Cover Policies and Payment Difficulties, Occasional Paper No. 37, International Monetary Fund, Washington D.C., August 1985

Briner, Stefan, Grundlagen und Anforderungen an ein praktikables Absicherungskonzept gegen Währungsrisiken im außenhandelsorientierten Industriebetrieb, Zürich 1978

Bruch, Ernst/ *Möller*, Hans, Versicherungsvertragsgesetz, Kommentar, 8. Aufl., Berlin 1961

Brüggemann, Max, Die Banktechnik des Auslandgeschäfts, 6. Aufl., Stuttgart 1981

Büschgen, Hans E., Bankbetriebslehre, 2. Aufl., Wiesbaden 1989

Bundesstelle für Außenhandelsinformation, Exportförderung: Zusammenfassung der Exim-Bank über ihre Aktivitäten und Programme - BfAI-Dokument Nr. 58/81

Bundeswirtschaftsministerium, Ausfuhrgarantien und Ausfuhrbürgschaften der Bundesrepublik Deutschland, Berichte über die Jahre 1985, 1986, 1987, 1988, 1989, 1990, Bonn 1986, 1987, 1988, 1989, 1990, 1991

Dass., "30 Jahre Interministerieller Ausschuß für Ausfuhrgarantien und Ausfuhrbürgschaften" (Bericht über Aufgabe und Arbeit des Ausschusses im Rahmen der staatlichen Exportkreditversicherung anläßlich seiner 750. Sitzung), 1980

Caemmerer, Ernst von, Bankgarantien im Außenhandel, in: Festschrift für Otto Riese, Karlsruhe 1964, S. 295-307

Chambre de Commerce et d'Industrie de Paris, Le financement des exportations en Allemagne Fédérale et en France, Paris 1980

The Chase Manhattan Bank, Chase Guide to Government Export Credit Agencies, New York 1986

Christopeit, Joachim, Hermes-Deckungen, München 1968

Committee to consider the Structure, Functions and Status of the Export Credits Guarantee Department (ECGD), Report of the Committee to consider the Structure,

Functions and Status of the Export Credits Guarantee Department (ECGD), März 1984
COFACE, A Guide to Coface's Facilities, Paris 1988
Dies., Des Assurances pour protéger vos créances à l'étranger, développer vos exportations, prospecter de nouveaux marchés, Paris 1987
Dies., L'assurance des crédits à court terme à l'exportation, Paris 1961
Dies., L'assurance des crédits à l'exportation: Biens de consommation, biens d'équipements légers ou produits en série, Paris 1970
Dies., L'assurance des crédits à l'exportation: Biens d'équipements lourds ou sur devis, grands ensembles industriels, marchés de traveaux ou d'études, Paris 1970
Dies., L'assurance-protection et l'assurance-foire, Paris 1965
Dies., Rapport d'Activité 1990, Paris 1991
Dies., Status et textes régissant la compagnie, Paris 1962
Conrad, Ernst-Albrecht, Bürgschaften und Garantien als Mittel der Wirtschaftspolitik, Berlin 1967
Conseil National du Patronat Français, Facilités administratives à l'exportation, 3e éd., Paris 1968
Dangeard, Alain-L./ *Pontet*, Philippe, Les techniques de l'exportation, 3e éd., Paris 1970
Delaume, Georges, Legal Aspects of International Lending and Economic Development Financing, Dobbs Ferry: Oceana 1967
Deutsche Bank, Außenwirtschafts-Alphabet, Frankfurt/Main 1979
Deutsche Finanzierungsgesellschaft für Beteiligungen in Entwicklungsländern GmbH (DEG), Geschäftsbericht 1990, Köln 1991
Dies., Investitionen in Entwicklungsländern, 12. Aufl., Köln 1987
Dies., Partner DEG: Ein Porträt, Köln 1991
Dieckmann, Norbert, Das britische Exportfinanzierungssystem, Hamburg 1985
Dielmann, Heinz J., Teilwertberichtigungen auf Bankkredite bei internationalen Umschuldungen, Recht der internationalen Wirtschaft 1984, S. 460-461
Dohm, Jürgen, Bankgarantien im internationalen Handel, Bern 1985
Dolzer, Rudolf, Das deutsch-chinesische Investitionsschutzabkommen, in: Horn/ Schütze (Hrsg.), Wirtschaftsrecht und Außenwirtschaftsverkehr der Volksrepublik China, Berlin, New York 1987, S. 48-63
Ders., International Agencies for the Formulation of Transnational Economic Law, in: Horn, Norbert/ Schmitthoff, Clive, (eds.), The Transnational Law of International Commercial Transactions, Antwerp, Boston, London, Frankfurt 1982, S. 61-80
Dormanns, Albert, Die Deckblattbürgschaft - Refinanzierungserleichterung für große Exportgeschäfte, Die Bank 1978, S. 170-172
Ders., Exportfinanzierung und -kreditversicherung in der Bundesrepublik und anderen Industrieländern, Bank-Betrieb 1973, S. 428-434, 478-482
Ders., Wechselkurssicherung durch Versicherung - Das Angebot der Hermes, Bank-Betrieb 1972, S. 156-160
Dorscheid, Peter, Export Credit Insurance and its International Coordination, in: Horn (Hrsg.), The Law of International Trade Finance, Antwerp, Boston, London, Frankfurt 1989, S. 571-591
Dreissig, Hildegard, Swap-Geschäfte aus bilanzrechtlicher Sicht, BB 1989, S. 322-327
Drobnig, Ulrich, Das Profil des Wirtschaftskollisionsrechts, RabelsZ 52 (1988), S. 1-7
Duff, John M. Jr., The Outlook for Official Export Credits, Law and Policy in International Business, Vol. 13, No. 4 (1981), S. 891-959

Dundas, James F.T., European Export Credit Agencies, in: Robert S. Rendell (ed.), International Financial Law, London 1980, S. 297-306

Dunn, Angus/ *Knight*, Martin, Export Finance, Euromoney Publications, 1. Aufl., London 1982

Ebenroth, Carsten Thomas/ *Karl*, Joachim, Die Multilaterale Investitions-Garantie-Agentur, Kommentar zum MIGA-Übereinkommen, Heidelberg 1989

Dies., Zur Bedeutung der Multilateral Investment Guarantee Agency für den internationalen Ressourcentransfer, Juristen-Zeitung 1987, S. 641-649

Dies., Multilaterale Investitions-Garantie-Agentur (MIGA), Recht der Internationalen Wirtschaft 1989, S. 1-6

ECGD, A History of ECGD, 1919/1979, London 1979

Dass., Comprehensive Short Term and Extended Terms Guarantees, London 1984

Dass., Contracting and Financing in Foreign Currency, London 1986

Dass., ECGD and the Bank Manager, London 1960

Dass., ECGD-Services, London 1988

Dass., Getting into ECGD, London 1986

Dass., Specific Guarantee, London 1984

Dass., Annual Report 1987/88, London 1988

Dass., Annual Report 1988/89, London 1989

Dass., Annual Report 1989/90, London 1990

Economic Report of the President. Together with the Annual Report of the Council of Economic Advisers, Washington 1961

Ehrhardt, C.A., "Wettlauf der Partner mit Exportkrediten", Handelsblatt vom 14.10.1975

EID/MITI, Export Insurance Law, Tokyo 1986

Dies., International Trade Insurance in Japan, Tokyo 1988

Dies., Introduction to Export Insurance, Tokyo 1986

Eisemann, Frédéric/ *Schütze*, Rolf A., Das Dokumenten-Akkreditiv im Internationalen Handelsverkehr, 3. Aufl., Heidelberg 1989

Erbe, Susanne, Länderbeitrag USA, in: Holthus, Manfred/ Kebschull, Dietrich (Hrsg.), Die Entwicklungspolitik wichtiger OECD-Länder, Bd. 1, Hamburg 1985, S. 103-240

Erichsen, Hans Uwe/ *Martens*, Wolfgang, Allgemeines Verwaltungsrecht, 8. Aufl., Berlin, New York 1988

Erman, Walter, Bürgerliches Gesetzbuch, Bd. 1, 8. Aufl., Münster 1989

Ernaelsteen, Hendrik, Neuordnung der "Konsensus-Regelung" für Exportkredite, Sparkasse 1982, S. 61-62

Esser, Jakob, Die Harmonisierung der Exportkredit-Versicherung in der EWG, Köln 1970

Esser, Josef/ *Weyers*, Hans Leo, Schuldrecht, Bd. II, Besonderer Teil, 7. Aufl., Heidelberg 1991

Export Finance from the Banks, in: Midland Bank Review, London, August 1962, S. 10-20

Export-Import Bank of the United States, Medium and Long Term Export Loans and Guarantees, Washington 1990

Dies., Program Selection Guide, Washington 1990

Dies., Report to the U.S. Congress on Export Credit Competition and the Export-Import Bank of the United States for the Period January 1, 1985, Through December 31, 1985, Washington 1986

Dies., 1990 Annual Report, Washington 1991

Eyermann, Erich/ *Fröhler*, Ludwig, Verwaltungsgerichtsordnung, 9. Aufl., München 1988

Ezer, Shaul I., International Exporting Agreements, New York 1986

Feinen, Klaus, Leasing kann einen Beitrag zur Exportförderung leisten, Recht der Internationalen Wirtschaft 1986, Beilage 1, S. 1-7

Ferronière, Jaques/ *de Chillaz*, Emmanuel, Les opérations de banque, 4e éd., Paris 1963

Fischer, Konrad, Die staatliche Exportkreditfinanzierung und -versicherung in Großbritannien und den USA, Wirtschaftsdienst 1956, S. 98-102

Fleischmann, Rudolf/ *Bellinger*, Dieter/ *Kerl*, Volker, Hypothekenbankgesetz, 3. Aufl., München 1979

Fleisig, Heywood/ *Hill*, Catharine, The Benefits and Costs of Official Export Credit Programs of Industrialized Countries, World Bank Staff Working Papers, No. 659, Washington 1984

Flick, Hans/ *Husmann*, Eberhard, Das neue Entwicklungsländer-Steuergesetz, Köln 1975

Forsthoff, Ernst, Lehrbuch des Verwaltungsrechts, Allgemeiner Teil, 10. Aufl., München 1973

Franko, L.G./ *Stephenson*, S., French Export Behaviour in Third World Markets, in: Center for Strategic and International Studies, (eds.), World Trade Competition. Western Countries and Third World Markets. New York etc. 1983

Frenkel, Orit/ *Fontheim*, Claude G.B., Export Credits: An International and Domestic Legal Ananlysis, Law and Policy in International Business, Vol. 13, No. 4 (1981), S. 1069-1988

Friedmann, Irving, A Longer Run View of Defense of Development and the International Monetary Fund, in: Engels/ Gutowski/ Wallich (eds.), International Capital Movements, Debt and Monetary System, Mainz 1984, S. 85-118

Fry, Richard, Finance for Exports, London 1971

Füllbier, Andreas, Zivilrechtliche Einordnung von Zins- und Währungsswaps, ZIP 1990, S. 544-547

García, A., Les instruments de la politique française du commerce extérieur, Notes et Etudes Documentaires, Nos. 4404-4405, Paris 1977

Gavalda, Christian, Les institutions du commerce extérieur et en particulier de l'exportation, Juris- Classeur Commercial 1971, Annexes, Fascicule 39 bis B

Gerlach, Achim, Zahlungsziele und deren Refinanzierung im Exportgeschäft, Sonderreihe der BfAI; Praxis des Außenhandels, Köln 1981

Ders., Rationelle Zahlungsabwicklung von Exportaufträgen und Absicherung des Währungsrisikos, Sonderreihe der BfAI; Praxis des Außenhandels, Köln 1982

Gilbert, Paul R./ *Marra*, Anthony F., Overseas Private Investment Corporation, in: Robert S. Rendell (ed.), International Financial Law, London 1980, S. 215-224

Glick, Warren W./ *Duff*, John M., Export-Import Bank of the United States, in: Robert S. Rendell (ed.), International Financial Law, S. 289-296

Glotzbach, Michael, Die staatliche Ausfuhrkreditversicherung in Frankreich und Deutschland, Berlin 1973

Gnichtel, William Van Orden, The Intricacies of Performance Guarantees in Saudi Arabia, Banking Law Journal 1983, S. 354-363

Gold, Joseph, The General Arrangement to Borrow of the International Monetary Fund, in: Engels/ Gutowski/ Wallich (eds.), International Capital Movements, Debt and Monetary System, Mainz 1984, S. 135-170

Greene, Mark R., Die Exportkreditversicherung, ihre Rolle im wachsenden Welthandel, Zeitschrift für Betriebswirtschaft 1965, S. 552-572

Greulich, Heinrich, Die Kreditversicherung, Frankfurt/Main, 1967
Guesnon, Jaques, La Compagnie Française d'Assurance pour le Commerce Extérieur, Bulletin de liaison et d'information de l'Administration centrale des Finances, No. 31, Juin-Août 1965, S. 36
Guth, Wilfried, Das internationale Finanzsystem in der Stabilisierungskrise, Konstanz 1983
Habicht, Hermann, Die Kreditversicherung vor, in und nach dem Kriege, in: Walter Härle (Hrsg.), Nachkriegsprobleme der Vertragsversicherung (Teil I), Hamburg 1948, S. 141-162
Ders., 50 Jahre Hermes-Kreditversicherungs-Aktiengesellschaft, Hamburg 1967
Hachmeier, Werner, USA, in: W. Michalski (Hrsg.), HWWA-Studien zur Exportförderung, Hamburg 1968
Haebringer, Adolf, Risiko Finanzen Inkasso im Außenhandelsgeschäft, Berlin 1957
Hagen, Otto, Versicherungsrecht, in: Ehrenbergs Handbuch des gesamten Handelsrechts, Achter Band, I. und II. Abteilung, Leipzig 1922
Hagenmüller, Karl Fr., Der Bankbetrieb, Bd. II, 5. Aufl., Wiesbaden 1987
Ders., Leasing-Handbuch. Entwicklung und Einsatzmöglichkeiten bei den Unternehmungen, 5. Aufl., Frankfurt/Main 1988
Halem, Carl Otto von, Kreditversicherung, Wiesbaden 1964
Harries, Heinrich, Rechtsfragen der langfristigen Exportfinanzierung, Außenwirtschaftsdienst des Betriebs-Beraters 1973, S. 1-6
Haschek, Helmut H., Exportförderung durch Kreditgewährung und Übernahme von Haftungen, Wien 1967
Hasegawa, Sukehiro, Japanese Foreign Aid - Policy and Practice, New York, Washington, London 1975
Hasenpflug, Hajo, Niederlande, in: W. Michalski (Hrsg.), HWWA-Studien zur Exportförderung, Hamburg 1968
Häusermann, B., Capital Goods Financing, in: Charles J. Gmür (ed.), Trade Financing, London 1986, S. 93-107
Hehner, Holm, Die Risiken im Ausfuhrhandel und die Möglichkeit ihrer Übertragung auf Versicherungsgesellschaften und den Staat, Berlin 1957
Heymann, Handelsgesetzbuch, Bd. 4, Berlin, New York 1990
Hense, Karl-Otto, Verwaltungsrechtliche Probleme der staatlichen Finanzhilfe zugunsten Privater, Hamburg 1958
Hermes Kreditversicherungs-AG, AGA-Report, Nr. 29, Dezember 1990 und Nr. 31, Mai 1991
Dies., Geschäftsbericht 1990, Hamburg 1991
Dies., Merkblatt über die Allgemeinen Bedingungen für die Ausfuhrgewährleistungen des Bundes, Hamburg 1986
Herzfelder, Emil, Das Problem der Kreditversicherung (mit besonderer Berücksichtigung der berufsmäßigen Auskunftserteilung und des außergerichtlichen Vergleichs), Leipzig 1904
Higgins, Benjamin, United Nations and U.S. Foreign Economic Policy, Homewood, Ill. 1962
Hintz, Annalise, Systeme der Exportfinanzierung, Köln 1965
Holthus, Manfred, Länderbeitrag Japan, in: Holthus/ Kebschull (Hrsg.): Die Entwicklungspolitik wichtiger OECD-Länder, Bd. 1, Hamburg 1985, S. 389-502
Hombach, Hans, Exportkreditversicherung und Exportfinanzierung - Wettbewerbsverzerrungen durch Subventionierung -, in: K. Backhaus (Hrsg.), Johannes Gutenberg Universität Mainz, Arbeitspapiere zur Betriebswirtschaftslehre des industriellen Anlegers, Mainz 1982

Horn, Norbert, Bürgschaften und Garantien, 4. Aufl., Köln 1989
Ders., Bürgschaften und Garantien zur Zahlung auf erstes Anfordern, Neue Juristische Wochenschrift 1980, S. 2153-2159
Ders., Die neuere Rechtsprechung zum Mißbrauch von Bankgarantien im Außenhandel, Praxis des internationalen Privat- und Verfahrensrechts 1981, S. 149-154
Ders., Monetäre Probleme im internationalen Handel und Kapitalverkehr, Bielefeld 1976
Ders., Rechtsfragen internationaler Umschuldungen, Wertpapier-Mitteilungen 1984, S. 713-721
Ders., The Crisis of International Lending and Legal Aspects of Crisis Management, in: Norbert Horn (ed.), Adaption and Renegotiation of Contracts in International Trade and Finance, Antwerp, Boston, London, Frankfurt 1985, S. 295-316
Horn, Norbert/ *Bieberstein*, Wolfgang Frhr. Mars¢hall von/ *Rosenberg*, Ljudevit/ *Pavi¢evi¢*, Bozidar, Dokumentenakkreditive und Bankgarantien im internationalen Zahlungsverkehr, Frankfurt/Main 1977
Hove, Hermann van, Die Rechtsnatur der Leasingverträge und ihre Abwicklung in der Zwangsvollstreckung, Freiburg 1976
Hueck, Götz, Gesellschaftsrecht, 19. Aufl., München 1991
Hunt, Cecil, Political Risk Insurance, in: Robert S. Rendell (ed.), International Financial Law, London 1980, S. 225-233
International Export Credits Institute, Division of International Reports, Inc., Insurance Systems in International Finance, New York 1970/71
Ipsen, Hans Peter, Rechtsfragen der Investitionshilfe, Archiv des öffentlichen Rechts, Bd. 78, 1952/53, S. 284-334
Japanese Export Insurance System I/II (ohne Verfasserangabe), Tradescope 1982, S. 12-15; 1983, S. 11-12
Jedzig, Joachim, Aktuelle Rechtsfragen der Bankgarantie auf erstes Anfordern, Wertpapier-Mitteilungen 1988, S. 1469-1474
Juhl, Paulgeorg, Struktur und Umfang der deutschen Exportförderungspolitik, Kieler Arbeitspapiere Nr. 77, Kiel 1978
Kahmann, H./ *Köllner*, L., Die Stellung Japans in der Weltwirtschaft, Europa-Archiv 1955, S. 8305-8312
Kaulbach, Detlef, Die zivilrechtliche Einordnung der Ausfuhrgewährleistungen des Bundes, Versicherungsrecht 1985, S. 806-810
Kawashima, Nobuyki, An Outline of Japan's Export Insurance Systems Related to Plant Exportation, Digest of Japanese Industry and Technology 1983, No. 183, S. 9-12
Kebschull, Dietrich, Italien, in: W. Michalski (Hrsg.), HWWA-Studien zur Exportförderung, Hamburg 1968
Keenan, Robert, Foreign Credit Insurance Association, in: William H. Bauglin/ Donald R. Mandich (eds.), The International Banking Handbook, Homewood, Ill. 1983, S. 410-427
Kemmer, Helmut T./ *Rädlinger*, Karl, Technik der Außenhandelsfinanzierung, 3. Aufl., Frankfurt/Main 1972
Kissner, Erich/ *Feinen*, Klaus/ *Bittmann*, Helmut, Forfaitierung, Leasing, Factoring im Auslandsgeschäft, Frankfurt 1982
Kloten, Norbert, Notenbanken und internationale Währungsfonds: ihre Kompetenzen und die Implikationen, in: Engels/ Gutowski/ Wallich (eds.), International Capital Movements, Debt and Monetary System, Mainz 1984, S. 235-260
Kockelkorn, Götz, Kosten und Risiken der Hermes-Wechselkursversicherung, Recht der Internationalen Wirtschaft 1982, S. 10-14

Kohler, Klaus, Private Banks and the Renegotiation of Public and Private Sector Exposure, in: Norbert Horn (ed.), Adaptation and Renegotiation of Contracts in International Trade and Finance, Antwerp, Boston, London, Frankfurt 1985, S. 317-334

König, Andreas, Die internationalrechtliche Anknüpfung von Syndicated Loan Agreements, Konstanz 1984

König, Norbert, Ausgeprägte Multinationalität im Anlagenbau, Die Bank 1982, S. 165-171

Kreditanstalt für Wiederaufbau, Bericht über das Geschäftsjahr 1990, Frankfurt/Main 1991

Dies., Mittel- und langfristige Exportfinanzierung der KfW, Ein Leitfaden für die Praxis, Frankfurt/Main 1988

Dies., Zusammenarbeit mit Entwicklungsländern, 7.Aufl., Frankfurt/Main 1990

Kuhlmann, Renate, Länderbeitrag Großbritannien, in: Holthus/ Kebschull (Hrsg.), Die Entwicklungspolitik wichtiger OECD-Länder, Bd. 1, Hamburg 1985, S. 241-388

Kühn, Wolfgang/ *Rotthege*, Georg, Inanspruchnahme des deutschen Bürgen bei Devisensperre im Lande des Schuldners, Neue Juristische Wochenschrift 1983, S. 1233-1236

Kurstedt, Hans-Volker J., Finanzleasing beweglicher Güter, Hamburg 1980

Landesregierung Baden-Württemberg, Exportgarantieprogram des Landes Baden-Württemberg vom 21.4.1979, in: Landeskreditbank Baden-Württemberg, Exportförderung für mittelständische Unternehmen, Stuttgart 1979

Landesregierung Niedersachsen, Niedersächsisches Exportgarantieprogramm, in: Runderlaß des Niedersächsischen Ministers für Wirtschaft und Verkehr - 214-4022 - vom 30. November 1977

Landesregierung Nordrhein-Westfalen, Mittelständisches Garantieprogramm des Landes Nordrhein-Westfalen für die mittelständische Wirtschaft und die freien Berufe, in: Runderlaß des Finanzministers vom 1.3.1980 - VV 47-3-II A 4 -

Landesregierung Rheinland-Pfalz, Exportgarantieprogramm des Landes Rheinland-Pfalz vom 9. Februar 1977, in: Finanzierungs-Aktiengesellschaft Rheinland-Pfalz, Merkblatt zum Exportgarantieprogramm, Mainz 1977

Lange, Klaus, Die Abgrenzung von öffentlichrechtlichem und privatrechtlichem Vertrag, Juristische Schulung 1982, S. 500-504

Larenz, Karl, Lehrbuch des Schuldrechts, Band II, Besonderer Teil, 12. Aufl., München 1981

Lauffs, Andreas, Konkursgesetzgebung in der VR China, Recht der Internationalen Wirtschaft 1986, S. 779-788

Läufer, Thomas, EWG-Vertrag. Grundlage der Europäischen Gemeinschaft, Bonn 1987

Lefevre, Dieter, Staatliche Ausfuhrförderung und das Verbot wettbewerbsverfälschender Beihilfen im EWG-Vertrag, Baden-Baden 1977

Leifert, Hans, Finanzierungs-Leasing in Deutschland, Berlin 1973

Lichey, Werner, Die Systeme der Exportrisikogarantie in Deutschland, Großbritannien, Belgien, Frankreich, den Niederlanden, der Schweiz und Schweden, Hamburg 1953

Lindemann, John, Political and Administrative Affecting Financial and Credit Operations, in: Commission on Money and Credit (ed.), Fiscal and Debt Management Policies, Englewood Cliffs, New York 1963

Linder, Harold F., Eximbank looks ahead, International Commerce, Vol. 72 (1966), No. 18, S. 6-9

Loomis, John E., Public Money Sources for Overseas Trade and Investment, Washington 1963
Luttenberger, Karl, Zur Frage einer deutschen Export-Kreditversicherung, in: Beiträge zur Theorie und Praxis des Versicherungswesens, Festgabe für Otto Prange, Berlin 1926, S. 215-231
Lüttenberg, Wilhelm, Die Exportfinanzierung der wichtigsten Konkurrenzländer der Bundesrepublik, in: Industrie- und Handelskammer für Essen, Mühlheim an der Ruhr, Oberhausen (Hrsg.), Wirtschaftliche Nachrichten, Essen 1977, S. 806 ff.
Maiberg, Hermann, Gesellschaftsrecht, 7.Aufl., München 1990
Mars¢hall, Wolfgang Frhr. von, Bankgarantien im internationalen Zahlungsverkehr, in: Horn/ Mars¢hall von Bieberstein/ Rosenberg/ Pavi¢evi¢ (Hrsg.), Dokumentenakkreditive im internationalen Zahlungsverkehr, Frankfurt 1977.
Marx, Daniel jr., The United States Enters Export Credit Guarantee Competition, Political Science Quarterly, Vol. LXXVIII (1963), S. 245-272
Matzel, Reinhard, Die Sicherung von Weltbankkrediten unter besonderer Berücksichtigung der Kapitalkraft der Mitgliedsländer, Köln 1966
Maunz, Theodor/ *Dürig*, Günter, Grundgesetz, Kommentar, Band IV, München, Stand: Dez. 1989
Merlin, Jaques, L'Assurance-crédit à l'exportation, Revue générale des assurances terrestres 1946, S. 225
Mills, Dominic, Trade Finance, in: Simon Perry (ed.), Euromoney Yearbook'86, London 1986, S. 207-210
de Mirimonde, A.P., L'Assurance-crédit, Paris 1932
Münchener Kommentar zum Bürgerlichen Gesetzbuch, Band 2, 2. Aufl., München 1985; Band 7, 2. Aufl., München 1989
Nabben, Stefan, Financial Swaps, Wiesbaden 1990
Nehrt, L.C., Financing Capital Equipement Exports, Scranton, Pa. 1966
Nerlich, Günter, Exportfinanzierung und Exportkreditversicherung in konkurrierenden Ländern, Industrie- und Handelskammer Hannover-Hildesheim (Hrsg.), Schriften zur Außenwirtschaft, Nr. 12, Hildesheim 1982
Nevitt, Peter K., Project Financing, London 1983
Nezeys, B., Les Relations économiques extérieurs de la France. Commerce, investissements, politique économique extérieure, Paris 1983
Nielsen, Jens, in: Bankrecht und Bankpraxis II, Fünfter Teil: Auslandsgeschäft, (Loseblattsammlung), Köln, Stand: 12/88
Ders., Aktuelle Rechtsfragen zum Dokumenten-Akkreditiv, Köln 1984
Ders., Grundlagen des Akkreditivgeschäfts, 2. Aufl., Köln 1985
Nielsen, Jens/ *Schütze*, Rolf, Zahlungssicherung und Rechtsverfolgung im Außenhandel, 3. Aufl., Köln 1985
OECD, Arrangement on Guidelines for Officially Supported Export Credits, Interest Rate Study (1), Reported by Mr. Wallen, Paris 1982
Dies., Investing in Developing Countries, 5th. ed., Paris 1983
Dies., The Export Credit Financing Systems in OECD Member Countries, 3rd. ed., Paris 1987 und 4th. ed., Paris 1990
Oman, C., New Forms of International Investment in Developing Countries, OECD, Paris 1984
OPIC, Annual Report 1990, Washington 1991
Dies., Investment Insurance Handbook, Washington 1990
Dies., OPIC Programs for Contractors and Exporters, Washington 1990
Organisation des Nations Unies, Crédit à l'exportation et financement du développement, Première partie: Pratiques et problèmes actuels, New York 1967

Paatii Ofosu-Amaah, W., The World Bank - Legal Aspects of its Recent Lending Activities, in: Horn, Norbert/ Schmitthoff, Clive, (eds.), The Transnational Law of International Commercial Transactions, Antwerp, Boston, London, Frankfurt 1982, S. 305-316

du Page, Roger P., La pratique de l'exportation, Paris 1967

Palandt, Otto, Bürgerliches Gesetzbuch, 50. Aufl., München 1991

Paul, Walter, Internationale Abkommen über Mindestzinsen und Höchstlaufzeiten in der staatlich unterstützten Exportfinanzierung, in: Manfred Feldsieper/ Richard Groß, (Hrsg.), Wirtschaftspolitik in weltoffener Wirtschaft, Festschrift zum siebzigsten Geburtstag von Rudolf Meinberg, Berlin 1983, S. 165-177

Pearce, Joan, Subsidized Export Credit, Hertford 1980

Perder, H., Die staatliche Ausfuhrkreditversicherung, Innsbruck 1934

Pfisterer, Markus, Die rechtliche Natur der Exportkreditversicherung, Diss. Bern 1940

Picard, Maurice/ *Besson*, André, Les assurances terrestres en droit français, 2e éd., tome I: Le contrat d'assurance, 3e éd., Paris 1970

Dies., Traité général des assurances terrestres en droit français, tome III., Assurances de choses, assurances de responsabilité, Paris 1943

Pleyer, Klemens, Die Bankgarantie im zwischenstaatlichen Handel, Wertpapier-Mitteilungen 1973, Sonderbeilage Nr. 2

Pollak, Neue Formen internationaler Unternehmenszusammenarbeit ohne Kapitalbeteiligung, Ifo-Institut, München, Köln, London 1982

Pomeroy, Thomas A., GSM-101 Assurance Program Protects U.S. Exporters from Noncommercial Risks, Foreign Agriculture 1980, Vol. 18, No. 4

Price, John A.M./ *Henderson*, Schuyler K., Currency and Interest Rate Swaps, London 1984

Prölss, Jürgen/ *Martin*, Anton, Versicherungsvertragsgesetz, 24. Aufl., München 1988

Ray, John F., The OECD "Consensus" on Export Credits, The World Economy and Quarterly Journal on International Economic Affairs, Vol. 9, 1986, S. 295-309

Reiche, Astrid, Leasing, zivilrechtliche Beurteilung und steuerrechtliche Zurechnung, Marburg 1972

Reichsverband der deutschen Industrie, Die Exportkreditversicherung mit Unterstützung des Reiches, Veröffentlichung Nr. 31, Berlin 1926

Reithmann, Christoph/ *Martiny*, Dieter, Internationales Vertragsrecht, 4. Aufl., Köln 1988

Reitz, Gerhard, Export-Finanzierung, Heidelberg 1989

Rendell, Robert S., Export Financing and the Role of the Export-Import Bank of the United States, The Journal of International Law and Economics 1976, Vol. II, No. 1, S. 91-146

Reuter, Niels, Das Recht der staatlichen Ausfuhrförderung, Göttingen 1959

Richard, P.J., Histoire des institutions d'assurance en France, Paris 1956

Rix, Alan, Japan's Economic Aid, London 1980

Rowe, Michael, Letters of Credit, London 1985

Rowntree, R.H., Eximbank has Key Export Role as Credit Supplier, International Commerce, Vol. 72 (1966), No. 48, S. 6-11

Sannwald, Rüdiger, Der Finanzierungsleasingvertrag über bewegliche Sachen mit Nichtkaufleuten, Berlin 1982

Sargent, James C., Public and Private Funding in International Trade, in: Lew, D.M./ Stanbrook, Clive, International Trade: Law and Practice, London 1983, S. 127-146

Scafuro, Filippa T., The World's Principal Export Credit Insurance Systems, 5th. ed., New York 1968
Scafuro, Francis X., New Credit and Financing Methods Needed for Growth of International Trade, in: John F. Mc Daniels (ed.), International Financing and Investment, New York 1964, S. 349-376
Schallehn, Ernst/ *Stolzenburg*, Günter, Garantien und Bürgschaften der Bundesrepublik Deutschland zur Förderung der deutschen Ausfuhr, (Loseblattsammlung), Köln, Stand: III/91
Scharrer, Hans-Eckhardt/ *Gehrmann*, Dieter/ *Wetter*, Wolfgang, Währungsrisiko und Währungsverhalten deutscher Unternehmen im Außenhandel, Hamburg 1978
Schinnerer, Erich, Neue Wege zur Regelung der Bankgarantie, in: Festschrift für Hermann Hämmerle, Graz 1972, S. 311-330
Schmidlin, M./ *Ducrocq*, J., L'Organisation et la Réglementation du Commerce Extérieur en France, 2e éd., Paris 1948
Schmidt, Diethelm, Die Exportkreditversicherung, ihre volkswirtschaftliche Bedeutung und Beurteilung, Diss. Köln 1957
Schmitthoff, Clive M., Export Trade, 8. Aufl., London 1986
Schnedelbach, Werner, Das Recht der Kreditversicherung, Leipzig 1929
Schröder, Gerhard, Staatliche Ausfuhrgarantien und Ausfuhrbürgschaften, Zeitschrift für das gesamte Kreditwesen 1973, S. 664-666
Schüller, Alfred, Entwicklungshilfe durch staatliche Absicherung von Export- und Anlagerisiken?, Ordo, Bd. 23, 1972, S. 103-123
Schütz, Wilhelm, Bankgeschäftliches Formularbuch, 18. Ausgabe, Köln 1969
Schulte, Dieter, Die Anknüpfung von Eingriffsnormen, insbesondere wirtschaftlicher Art, im internationalen Vertragsrecht, Bielefeld 1975
Schulz, Günther, Exportfinanzierung und Exportkreditversicherung als dominierende Wettbewerbsfaktoren beim Investitionsgüterexport, in: Deutsche Gesellschaft für Betriebswirtschaft (Hrsg.), Die Unternehmung bei wachsender Integration der Märkte, Vorträge des 18. Deutschen Betriebswirtschafter-Tages, Berlin 1965, S. 144-155
Ders., Wettbewerbsverzerrungen im Gemeinsamen Markt und Möglichkeiten zu ihrer Beseitigung, in: Deutsche Gesellschaft für Betriebswirtschaft (Hrsg.), Wirtschaftlichkeit, Wettbewerb, Werterhaltung, Vorträge des 19. Deutschen Betriebswirtschafter-Tages, Berlin 1966, S. 101-112
Schulz, Günther/ *Schweinitz*, Hans Bernhard Graf, Maßnahmen zur Erleichterung der Ausfuhr in den Benelux-Ländern, Frankreich und Italien, Berlin 1961
Segré, Claudio, Die mittelfristige Exportfinanzierung. Europäische Probleme und Erfahrungen. Auszug aus "Banca Nazionale del Lavoro Quarterly Review" Nr. 45, Juni 1958, hrsg. v. der KfW, 1959
Shenkman, E.M., Insurance against Credit Risks, London 1935
Siebert, W., Privatrecht im Bereich öffentlicher Verwaltung, in: Festschrift für H. Niedermeyer, Göttingen 1953, S. 215-247
Simpliner, Gary H., The 1981 OPIC Amendments and Reagan's "Never Directions" in Third World Developing Policy, Law and Policy in International Business, 1982, Vol. 14, No. 1, S. 181-213
Soergel, Hans Theodor/ *Siebert*, Wolfgang, Bürgerliches Gesetzbuch, Band 2/1, 12. Aufl., Stuttgart 1990; Band 8, 11. Aufl., Stuttgart 1984
Spensberger, Otto, Die deutsche Exportkreditversicherung und die Exportkreditrückversicherung, Nürnberg 1934

Spiegel, Hanns Ullrich Frhr. von, Die neuen Richtlinien für die Übernahme von Ausfuhrgewährleistungen durch die Bundesrepublik Deutschland, Neue Juristische Wochenschrift, 1984, S. 2005-2008
Spittler, Hans-Joachim, Leasing für die Praxis, 2. Aufl., Köln 1985
Stahr, Gunter, Exporthilfe à la française, Absatzwirtschaft 1983, S. 68-72
J. von Staudingers Kommentar zum Bürgerlichen Gesetzbuch, Zweites Buch, Recht der Schuldverhältnisse, 12. Aufl., Berlin 1986
Stein-Jonas, Zivilprozeßordnung, 20. Aufl., Tübingen 1987
Stentzel, Dieter, Frankreich, in: W. Michalski (Hrsg.), HWWA-Studien zur Exportförderung, Hamburg 1972
Stockmeyer, Albrecht, Projektfinanzierung und Kreditsicherung, Frankfurt/Main 1982
Stöcker, Hans Jürgen, Bürgschaften und Garantien des Staates, Diss. Hamburg 1957
Stolzenburg, Günter, Die staatliche Exportkreditversicherung, Köln 1986
Ders., Risikoreduzierung durch staatliche Exportkredit-Versicherung, Sonderreihe der BfAI; Praxis des Außenhandels, Köln 1981
Stolzenburg, Günter/ *Moltrecht*, Eckhardt, Sicherungsmöglichkeit durch staatliche Exportkreditversicherung, Export (Heft 2), Juni 1987
Storck, Ekkehard, Umschuldungen im Euromarkt, Die Bank 1983, S. 306-312
Tilch, Horst (Redaktor), Münchener Rechtslexikon, Band 1, A-F, München 1987
Treuarbeit, Bundesgarantien für Kapitalanlagen im Ausland (1960-1990), Hamburg 1991
Trost, Ulrich, Bankgarantien im Außenhandel: Die "Einheitlichen Richtlinien für Vertragsgarantien" der Internationalen Handelskammer von 1978, Seggebruch 1982
United States Department of Agriculture, Foreign Agricultural Service, Agricultural Stabilization and Conservation Service, July 1982
Dass., Commodity Credit Corporation Regulations, Washington 1987
Dass., Foreign Agriculture Trade of the United States, Januar/Februar 1989
Dass., Foreign Agriculture Trade of the United States, März/ April 1990
United Nations, Department of Economic and Social Affairs, Export Credits and Development Financing: National Export Credit Systems, New York 1969
United States Senate, Foreign Commerce Study (Export Credit Guarantees), Hearings before the Committee on Interstate and Foreign Commerce, Washington 1960
Vielmetter, Walter, Amerikanische Exportkreditversicherung und längerfristige Exportfinanzierung, Bank-Betrieb 1964, S. 108-116
Vits, Ernst Hellmut, Ausfuhrförderung durch staatliche Exportgarantien in Deutschland und anderen Ländern, Bank-Archiv 1934/35 (Nr. 34), S. 201-204
Voigt, Heinz, Handbuch der Exportfinanzierung, 2. Aufl., Frankfurt/Main 1979
Vondenhof, Beate/ *Falkenstein*, Jürgen/ *Schlebusch*, Giselher, COFACE-Hermes, Vergleichende Darstellung der französischen und deutschen Exportkreditversicherung, Paris 1985
Voss, Jürgen, Die Multilaterale Investitionsgarantie-Agentur, Recht der Internationalen Wirtschaft 1987, S. 89-95
Wagner, Paul-Robert, Die Kreditversicherung, 3. Aufl., Frankfurt/Main 1985
Wallerath, Maximilian, Allgemeines Verwaltungsrecht, 3. Aufl., Siegburg 1985
Waxman, Leonard, Finance of International Trade, London 1985
Weitzel, Jürgen, Die Bürgschaft, Juristische Schulung 1981, S. 112-117
Welt, Leo G.B., Countertrade, London 1985
Werner, Horst S., Die Grundbegriffe der Unternehmensverbindungen des Konzerngesellschaftsrechts, Juristische Schulung 1977, S. 141-149
Westphalen, Friedrich Graf von, Aktuelle Rechtsfragen zur Leasing-Vertragspraxis, 3.Aufl., Köln 1985

Ders., Bilanzrechtliche Bewertung Hermes-gesicherter Auslandsforderungen, Betriebs-Berater 1982, S. 711-719
Ders., Der Leasingvertrag, 3. Aufl., Köln 1987
Ders., Die Bankgarantie im internationalen Handelsverkehr, 2. Aufl., Heidelberg 1990
Ders., Die Neufassung der Hermes-Bedingungen, Zeitschrift für Wirtschaftsrecht 1986, S. 1497-1510
Ders., Rechtsprobleme der Exportfinanzierung, 3. Aufl., Heidelberg 1987
Wilhelms, Christian, Das Exportförderungssystem Großbritanniens, Aktuelle Absatzwirtschaft 1964 II, S. V-XI
Ders., Länderbeitrag Frankreich, in: Holthus, Manfred/ Kebschull Dietrich (Hrsg.), Die Entwicklungspolitik wichtiger OECD-Länder, Band 2, Hamburg 1985
Williams, Karen P., On Demand and Conditional Performance Bonds, Journal of Business Law, Jan. 1981, S. 8-15
Williams, S. Linn, OPIC Establishes Principles to Open PRC for Political Risk Insurance and Guarantees, East Asian Executive Reports, July 1982, S. 7-9
Wittstock, Matthias/ *Dahremöller*, Axel, Finanzierung und Risikoabsicherung des Exports mittelständischer Unternehmen, Stuttgart 1984
Wolff, Hans J./ Bachof, *Otto*, Verwaltungsrecht I, 5. Aufl., München 1987
Worsley, R., Eximbank - eine Kreuzung von AkA, BdL und Hermes, Der Volkswirt, 2.4.1956, S. 16-18
Wrigley, Ada, How to get Export Credit Insurance or Guarantees, International Commerce 1965, Vol. 71, No. 2, S. 15-19
Zahn, Johannes C.D./ *Eberding*, Ekkard/ *Ehrlich*, Dietmar, Zahlung und Zahlungssicherung im Außenhandel, 6. Aufl., Berlin 1986
Zezschwitz, Friedrich von, Rechtsstaatliche und prozessuale Probleme des Verwaltungsprivatrechts, Neue Juristische Wochenschrift 1983, S. 1873-1882
Zheng, Bankruptcy Law of the People's Republic of China: Principle, Procedure & Practice, Vanderbilt Journal of Transnational Law, Vol. 19, Fall 1986, No. 4, S. 683ff.
Zinn, Eberhard, Bonitätsprüfung bei Auslandskrediten, Zeitschrift für das gesamte Kreditwesen 1978, S. 288-290
Zuleeg, Manfred, Die Rechtsform der Subventionen, Berlin 1965

Einleitung
Wesen und Bedeutung der staatlichen Exportkreditversicherung

Es gibt heute keine Industrienation mehr, die sich nicht der Institution der Exportkreditversicherung bedient, um ihre Ausfuhr zu steigern. Die Dekkung der Risiken beim privaten Außenhandelsgeschäft durch staatliche Gewährleistungsübernahme rückte in der Vergangenheit immer dann in den Mittelpunkt der Diskussion um die Exportförderungsbestrebungen, wenn die Weltmärkte infolge weltweiter Konjunkturschwäche besonders hart umkämpft wurden. Die staatliche Betätigung auf dem Gebiet der Exportkreditversicherung wird wegen der positiven Auswirkungen des Exports auf Beschäftigung und Zahlungsbilanzausgleich durchweg als volkswirtschaftlich gebotene Förderungsmaßnahme verstanden und gehandhabt. Allerdings benutzen einige Exportnationen das Instrument der staatlichen Versicherung als Mittel der Exportsubvention und sichern sich so im internationalen Konkurrenzkampf Vorsprünge.[1]

Bereits aus der Bezeichnung "Exportkreditversicherung" ergibt sich, daß es sich bei diesem Tätigkeitsbereich um die Absicherung von Krediten handelt, die im Zusammenhang mit Ausfuhren stehen. Man mag hierbei in erster Linie an Finanzkredite denken, die ausländischen Schuldnern zur Bezahlung von Ausfuhren aus dem Kreditgeberland gewährt werden. Der Schwerpunkt der staatlichen Exportkreditversicherung liegt jedoch nicht auf dem Gebiet der Finanzkredite, sondern der Waren- bzw. Lieferantenkredite, die Exporteure ihren ausländischen Abnehmern einräumen. Nur ein Teil der Warengeschäfte mit dem Ausland wird bar abgewickelt. Der Umfang der Auslandsgeschäfte, bei denen die Lieferleistung (Erzeugung und Versand) und die Gegenleistung (Bezahlung der gelieferten Waren) zeitlich auseinanderfallen, nimmt ständig zu. Die Vereinbarung von mehr oder minder großen Zahlungszielen kennzeichnet heute den internationalen Wettbewerb.

Der Aufgabenbereich der staatlichen Exportkreditversicherung hat sich im Laufe der Zeit erweitert. Neben der Absicherung von Waren- und Finanzkrediten befaßt sie sich auch mit Transaktionen, die mit Krediten nichts

---

1 Beyfuß, Exportversicherung und Exportfinanzierung, S. 5.

mehr gemein haben, allerdings in engem Zusammenhang mit den Aktivitäten der Exportwirtschaft stehen. Zu erwähnen sind insbesondere die Dekkung von Kapitalanlagen im Ausland und die Werbungs- und Messekosten-Deckung.

Den Vorteilen für ein Unternehmen, das Teile seiner Produktion exportiert, stehen eine Reihe typischer Exportrisiken gegenüber, die über allgemeine Inlands- und Zufallsrisiken hinausgehen. Von großer Bedeutung sind vor allem die politischen Risiken, die außerhalb des Einflußbereiches von Exporteur und Käufer liegen. Es handelt sich dabei um staatliche Maßnahmen wie Beschlagnahmen, Enteignungen, Zahlungsregelungen oder kriegerische Ereignisse und Naturkatastrophen, die entweder dem Exporteur die Erfüllung seiner vertraglichen Verpflichtungen unmöglich machen oder den ausländischen Käufer an der ordnungsgemäßen Bezahlung hindern bzw. seine Zahlungsunfähigkeit herbeiführen.

Neben den politischen Risiken bringt der Außenhandel wirtschaftliche Risiken mit sich, die zwar auch im Inlandsgeschäft vorkommen, jedoch den Außenhandel aufgrund zusätzlicher Unsicherheitsfaktoren ungleich risikoreicher machen als den Binnenhandel. Große Entfernungen, verschiedene Sprachen und das Fehlen von Auskunftsstellen erschweren eine sorgsame Bonitätsprüfung und erhöhen damit das Risiko der Zahlungsunfähigkeit. Im Falle der Zahlungsverweigerung des ausländischen Käufers muß der Exporteur oft ein kostspieliges und langwieriges Verfahren vor einem ausländischen Gericht einleiten, dessen Ausgang nicht nur wegen unterschiedlicher Rechtsordnungen, sondern auch wegen der in vielen Ländern unterschiedlichen Behandlung in- und ausländischer Gläubiger ungewiß ist.

Ein Teil dieser Risiken, wie die Insolvenzrisiken auf ausländische Käufer in OECD-Ländern sowie Transport- und Sachrisiken, können auf dem privaten Markt (Finanzierungsinstitute, private Kreditversicherer und Sachversicherer) ausgeschaltet oder zumindest reduziert werden. Ein anderer Teil, nämlich die politischen Risiken werden meist von den Staaten in Verfolgung gesamtwirtschaftlicher Interessen übernommen. Ein restlicher, unversicherbarer Teil, wie z.B. Informationsrisiken, Risiken von Schmiergeldzahlungen, der Verletzung religiöser Tabus etc., verbleiben schließlich beim Exporteur.

Das Vorhandensein eines privaten Versicherungsmarktes hat die meisten staatlichen Exportkreditversicherer veranlaßt, ihre Deckungen nach dem sogenannten "Subsidiaritätsprinzip" zu vergeben, was bedeutet, daß sie den privaten Anbietern den Vortritt lassen und Versicherungsschutz nur für Exporte, die "im staatlichen Interesse" stehen, zur Verfügung stellen. Einige staatliche Systeme beschränken sich deshalb auf die Deckung politischer

Risiken einschließlich der Nichtzahlungsrisiken auf öffentliche Käufer und/oder auf ungewöhnlich hohe Risiken.

Das Subsidiaritätsprinzip der staatlichen Sicherungssysteme führt zwangsläufig zu einer Anhäufung schwerer und besonders kritischer Risiken. Um dennoch tragbare Risikomischungen zu erhalten, wenden die staatlichen Versicherer Techniken der privaten Versicherungswirtschaft an, indem sie Länderplafonds aufstellen, Prämiendifferenzierungen vornehmen und sonstige, den konkreten Risiken angepaßte Maßnahmen, wie z.B. Selbstbeteiligungen, Fristen und Risikoausschlüsse, ergreifen. Aus den systematischen, rechtlichen und technischen Ähnlichkeiten der staatlichen Instrumente mit den Handhabungen der privaten Versicherer erklärt sich auch der Umstand, daß man von "staatlicher Exportkreditversicherung" spricht, obwohl alle Systeme letztlich politisch gewollt sind und staatlich gesteuerte Exportförderungsmaßnahmen darstellen.[2]

Die folgende rechtsvergleichende Untersuchung hat zum Ziel, Rechtsgrundlagen und Vertragsgestaltungen sowie die Funktionsweisen verschiedener Exportkreditversicherungssysteme aufzuzeigen. Es sollen die Systeme Deutschlands, Frankreichs, Großbritanniens, der Vereinigten Staaten und Japans miteinander verglichen werden. Diese Begrenzung wird durch die Bedeutung dieser Länder für den Welthandel - sie stellen annähernd 50 Prozent der Weltexporte - gerechtfertigt. Hinzu kommt die Tatsache, daß die Exportkreditversicherungssysteme der übrigen Länder weitgehend den Systemen dieser fünf Länder angepaßt wurden.

Ausgangspunkt der Darstellung ist das deutsche System, das mit der Einführung neuer Allgemeiner Bedingungen zum 1. Oktober 1986 und zum 1. April 1988 wichtige Änderungen erfahren hat. Die Darstellung der einzelnen Systeme selbst erfolgt aufgrund der jeweils landestypischen Aufteilung und Gliederung, da nur so die Schwerpunkte und Eigenarten der verschiedenen Exportkreditversicherungssysteme, die sich mehr oder weniger unabhängig voneinander entwickelt haben, herausgestellt werden können.

Es folgt eine Gegenüberstellung der fünf Systeme, mit der die Gemeinsamkeiten und Unterschiede verdeutlicht werden.

Hieran schließt sich eine Bestandsaufnahme der internationalen Zusammenarbeit auf dem Gebiet der Exportkreditversicherung an.

2 Schallehn/Stolzenburg, Abschnitt XII, Tz. 6.

1. Kapitel
Die staatliche Exportkreditversicherung in Deutschland

§ 1 Die Geschichte der deutschen Exportkreditversicherung

I. Die Entwicklung bis zum Ersten Weltkrieg

Die Exportkreditversicherung ist ein relativ junger Versicherungszweig, der im Laufe des 19. Jahrhunderts aus der allgemeinen Kreditversicherung hervorgegangen ist.

Die ersten beiden Gesellschaften, die sich ausschließlich mit der Inlandskreditversicherung befaßten, wurden in England in der Zeit des sogenannten „Südseeschwindels" (1710–1720) gegründet.[1] Diese Gesellschaften mußten ihr Geschäft aber nach wenigen Jahren wieder aufgeben, da man zu der damaligen Zeit noch nicht erkannt hatte, daß dieser neue Versicherungszweig nach anderen Gesichtspunkten zu beurteilen war als die damals schon bekannten Feuer- und Transportversicherungen.[2] Von den ersten, zwar zum Scheitern verurteilten Versuchen einer Kreditversicherung ging jedoch hundert Jahre später das englische Kreditversicherungssystem aus.[3]

Die ersten deutschen Bestrebungen zu einer Versicherung der Kreditrisiken finden sich in der zweiten Hälfte des 19. Jahrhunderts und führen zu ei-

---

1 Hagen, Versicherungsrecht, in: Ehrenbergs Handbuch des gesamten Handelsrechts, S. 329.

2 Herzfelder, Das Problem der Kreditversicherung (mit besonderer Berücksichtigung der berufsmäßigen Auskunftserteilung und des außergerichtlichen Vergleichs), S. 9.

3 1820 kommt es in London zur Gründung einer neuen Kreditversicherung, der „British Commercial Insurance Company", vgl. Herzfelder, a.a.O., S. 10. In Frankreich wurde ca. 30 Jahre später der erste praktische Versuch auf dem Felde der Kreditversicherung unternommen. Dort gründete das Bankhaus Mallet & Cie., eines der ältesten Pariser Privatbankhäuser, im Jahre 1849 die „Union de Commerce", vgl. von Halem, Kreditversicherung, S. 18.

ner Reihe von Gesellschaftsgründungen.[4] Die bis zum ersten Weltkrieg erfolgten Gründungen haben indessen wenig Bedeutung erlangt, da die Kreditversicherung bei den meisten Kaufleuten nur auf geringes Interesse stieß.[5] Die Gesellschaften, die den Versicherungsnehmer und die versicherten Risiken zu ihrem Vorteil auswählten, begründeten ihr Ausleseverfahren mit dem hohen Grad der Unsicherheit, der einem neuen Versicherungszweig anhaftet. Die Kaufmannschaft hingegen sah in den Praktiken der Versicherungen eine Übervorteilung.[6] Die erste auf Dauer erfolgreiche Inlandskreditversicherung war die „Hermes-Kreditversicherungsbank AG" (Hermes), die 1917 ins Leben gerufen wurde.[7]

Einen der ersten Versuche, in Deutschland Exportkredite zu versichern, stellte die Gründung des „Kreditversicherungsvereins in Bremen" im Jahre 1857 dar. Aufgabe und Zweck dieses Vereins, dessen Mitglieder Bremer Kaufleute waren, bestand „in der Übernahme der Garantie für den richtigen Eingang jeglicher, gegen Bremische Staatsgenossen im Bremischen Staate fällig werdende Forderungen".[8] Das Kapital der Gesellschaft betrug 500.000 Taler. Es wurden Namensaktien ausgegeben, die auf den Namen einer Firma oder eines Bremer Kaufmanns lauten mußten. Die Höhe des Betrages, für den die Gesellschaft die Garantie übernahm, wie auch die Bedingungen wurden von Fall zu Fall festgelegt.[9] Aber auch dieses Unternehmen konnte in der Folgezeit nicht bestehen. Einmal erwies sich die Beschränkung des Geschäftskreises auf nur eine Stadt als verhängnisvoll, zum anderen lagen zu der Zeit noch zu wenig Erfahrungen auf dem Gebiet der Kreditversicherung vor.[10]

Die Mehrzahl der zu dieser Zeit in Deutschland geründeten Kreditversicherungsgesellschaften übernahm in Einzelfällen auch die Deckung von Ex-

---

4 Zu nennen sind vor allem die „Kölnische Kapital- und Kreditversicherungs AG", die „Erste deutsche Kreditversicherungsgesellschaft" in Berlin und die „Magdeburger KVG", vgl. Luttenberger, Zur Frage einer deutschen Export-Kreditversicherung, in: Festgabe für Otto Prange, S. 215 ff.

5 Die Lebensdauer der gegründeten Gesellschaften wird von Herzfelder, a.a.O., S. 93, mit dem Satz gekennzeichnet: „Die Geschichte der Versicherung gegen Insolvenzen ist selbst eine Geschichte von Insolvenzen."

6 Schmidt, Die Exportkreditversicherung, ihre volkswirtschaftliche Bedeutung und Beurteilung, S. 9.

7 Vgl. Habicht, Die Kreditversicherung vor, in und nach dem Kriege, in: Walter Härle, Nachkriegsprobleme der Vertragsversicherung (Teil I), S. 141 ff.

8 Luttenberger, a.a.O., S. 215 ff.

9 Reuter, Das Recht der staatlichen Ausfuhrförderung, S. 134.

10 Reuter, a.a.O., S. 134 f.

portgeschäften, allerdings nur gegen wirtschaftliche Risiken.[11] Da aber meistens eine überhöhte Schadensbeteiligung des Exporteurs gefordert und Deckungsschutz nur gleichzeitig mit dem Abschluß einer Inlandspauschalversicherung gewährt wurde, konnte die Exportkreditversicherung vor dem Ersten Weltkrieg noch keine große Bedeutung erlangen.[12]

II. Die Entwicklung nach dem Ersten Weltkrieg

Bis auf wenige Spezialgarantien des Reiches im Rahmen von Handels- und Zahlungsabkommen mit einigen ost- und südeuropäischen Staaten war es auch in den ersten Jahren nach dem Ersten Weltkrieg zu keiner staatlichen Garantiehilfe bei Exportgeschäften gekommen.[13] Im Gegensatz hierzu erlebte die englische Ausfuhrkreditversicherung einen entscheidenden Aufschwung. Das im Ersten Weltkrieg gegründete „War Insurance Office" wurde im Jahre 1919 in das „Export Credits Guarantee Department" umgewandelt, das dem Handelsministerium angegliedert wurde.[14] Dieses Office gewährte dem englischen Exporteur Vorschüsse bis zu 80% des Selbstkostenpreises für Ausfuhren in bestimmte Länder.

Die ersten englischen Versuche auf dem Gebiet der Exportkreditversicherung wurden von deutscher Seite mit großem Interesse verfolgt. Man erkannte sehr bald die Möglichkeit, durch die Einführung einer Exportversicherung die im Ersten Weltkrieg besonders hart getroffene deutsche Exportwirtschaft zu beleben und vor allem die Arbeitslosigkeit zu senken. Die Versicherungsunternehmen zeigten sich jedoch nicht bereit, die vermehrten Risiken im Außenhandelsgeschäft in dem von der Exportwirtschaft geforderten Umfang ohne weitgehende finanzielle Unterstützung und Bürgschaft des Staates zu decken.[15]

Auf dem VI. Deutschen Bankiertag 1925 in Berlin wurde zum ersten Mal offen über die Möglichkeit diskutiert, die bestehenden privaten Kreditversicherungen in Verbindung mit einer staatlichen Unterstützung für den deut-

---

11 Reuter, a.a.O., S. 137.

12 Vgl. Glotzbach, Die staatliche Ausfuhrkreditversicherung in Frankreich und Deutschland, S. 22.

13 Vgl. Lichey, Die Systeme der Exportrisikogarantie, S. 16.

14 Export Credits Guarantee Department, A Short History, S. 7 ff.

15 Lichey, a.a.O., S. 17; siehe auch Vits, Bank-Archiv 1934/35 (Nr. 34), S. 202.

schen Außenhandel nutzbar zu machen.[16] Dieser Plan wurde in den folgenden Monaten innerhalb der verschiedenen Interessenverbände diskutiert. Besondere Aufmerksamkeit fand diese Thematik bei dem Ausschuß für Bank- und Kreditfragen des „Reichsverbandes der deutschen Industrie" in einer Sondersitzung im Oktober 1925.[17] Darüber hinaus wurde dem Reichstag Anfang 1926 von der Zentrums-Partei ein Memorandum übergeben, in dem die Einrichtung einer Exportversicherung zur Hebung des Exports gefordert wurde.[18]

Die vielfältigen Bemühungen blieben nicht ohne Erfolg. Man entschloß sich, eine von privaten Gesellschaften getragene Exportkreditversicherung mit Unterstützung des Reiches und Rückversicherung durch private Rückversicherer zu errichten. Die Exportgeschäfte mit ausländischen und staatlichen Stellen wurden von der staatlichen „Revisions- und Treuhand AG" in Deckung genommen, während die Auslandsgeschäfte mit privaten ausländischen Abnehmern von zwei privaten Kreditversicherungsgesellschaften, der „Hermes-Kreditversicherungsgesellschaft" und der „Frankfurter Allgemeinen Versicherungs AG" gedeckt wurden.[19] Die Versicherung begann ihre Tätigkeit mit dem Plan A am 12.5.1926; später folgten die Pläne B, C und D.

1. Der Plan A

Nach Plan A konnten nur Warenkredite, nicht dagegen Finanzkredite versichert werden.[20] Gegenstand der Versicherung waren nicht nur die aus Warenlieferungen resultierenden Kaufpreisforderungen, sondern auch Nebenkosten, wie Montagekosten, Kosten für Fracht, Transportversicherung usw. Ausdrücklich ausgeschlossen waren aber alle Forderungen, soweit sie Reuegeld, Vertragsstrafen, Schadensersatz oder Zinsen betrafen.[21]

---

16 Reuter, a.a.O., S. 138; siehe auch Lichey, a.a.O., S. 20.

17 Reichsverband der deutschen Industrie, Die Exportkreditversicherung mit Unterstützung des Reiches, Veröffentlichung Nr. 31, S. 6.

18 Reuter, a.a.O., S. 138

19 Vgl. von Halem, Kreditversicherung, S. 20; Lichey, a.a.O., S. 20.

20 § 1 Allgemeine Bedingungen, Plan A, abgedruckt in: Reichsverband der deutschen Industrie, a.a.O., S. 41ff.

21 Reichsverband der deutschen Industrie, a.a.O., S. 9 f.

Die Regierung stellte für den Plan A anfänglich einen Fonds von 10 Mio. Reichsmark zur Verfügung, der aus Mitteln der produktiven Erwerbslosenfürsorge stammte.[22] Der Fonds diente jedoch nur der Haftung des Staates gegenüber den Versicherungsgesellschaften. Der privatrechtliche Deckungsvertrag wurde – entgegen der heutigen Regelung – zwischen dem Exporteur und dem Versicherungsunternehmen geschlossen.[23] Zwischen dem Staat und dem einzelnen Deckungsnehmer bestanden also keinerlei unmittelbare Vertragsbeziehungen.

Der Versicherungsfall trat ein, wenn die Warenforderung „uneinbringlich" wurde. Nach § 2 der Allgemeinen Bedingungen, Plan A, liegt Uneinbringlichkeit vor,

- wenn der ausländische Schuldner in Folge von Unruhen, Revolutionen, Erdbeben oder in Folge staatlicher Maßnahmen des Schuldnerlandes zur Verhinderung der Zahlungsüberweisung oder sonstiger allgemeiner Verfügungen von hoher Hand des Schuldnerlandes nicht in der Lage ist, die versicherte Forderung beizutreiben (Katastrophenrisiko);
- wenn der Schuldner aus einem anderen als zuvor genannten Grund zahlungsunfähig wird (normales Risiko).

Der Exporteur hatte im Schadensfall einen Teil des Verlustes selbst zu tragen.[24] Die Selbstbeteiligung setzte sich zusammen aus einem Prozentsatz an der versicherten Forderung und einem Prozentsatz an dem Ausfall. Die Beteiligung an der versicherten Forderung betrug 12,5%, die Beteiligung am Ausfall schwankte entsprechend der wirtschaftlichen und politischen Lage des Bestimmungslandes sowie der Bonität des ausländischen Kunden zwischen 20% und 33 1/3%.[25]

Anfänglich sah Plan A vor, daß nur solche Exportgeschäfte versichert werden konnten, die einen „zusätzlichen Export" ermöglichten. Der Exporteur mußte also bei jedem einzelnen Exportgeschäft nachweisen, daß es unzumutbar war, soweit ihm für dieses Geschäft kein Deckungsschutz gewährt werden konnte. Diese Bedingung erwies sich jedoch sehr schnell als hinderlich. Sie wurde alsbald fallengelassen, um den Exporteuren einen größeren Anreiz zum Abschluß der Deckungsverträge zu geben.[26]

---

22 Die Möglichkeit dazu bot § 32 der Verordnung über Erwerbslosenfürsorge vom 16.12.1924 – RGBl. I, S. 127.

23 Reuter, a.a.O., S. 140.

24 § 4 Allgemeine Bedingungen, Plan A.

25 Reichsverband der deutschen Industrie, a.a.O., S. 23.

26 Reuter, a.a.O., S. 142.

Als Versicherungsform sah Plan A anfänglich nur die Einzelversicherung vor. Bis 1934 gab es bereits sechs verschiedene Versicherungsformen: Die Einzelfakturen-Versicherung, die Ausfuhr-Zeitversicherung, den Ausfuhr-Mantelvertrag, den Ausfuhr-Pauschalvertrag, den Konversions- und Transfer-Vertrag und die Ausfuhr-Zusatzversicherung.[27]

2. Der Plan B

Der Plan B oder „Hamburger Plan" ist von Hamburger Kaufleuten angeregt worden und sah eine Versicherung des Exporteurs zugunsten der Bank vor, die seine Warenlieferung vorfinanziert hatte. Hierfür stand ein weiterer Fonds von 5 Mio. Reichsmark zur Verfügung.

Gegenstand der Versicherung waren die Vorschüsse, die ein Kreditinstitut einem Exporteur auf Warenforderungen für bestimmte Kunden gab.[28] Als Versicherungsnehmer trat der Exporteur auf. Die Bank hatte jedoch einen eigenen Anspruch gegen die Versicherungsgesellschaft, wenn der Exporteur wegen der Nichtzahlung des ausländischen Käufers zahlungsunfähig wurde.[29] Da ein solcher Fall schwer nachzuweisen war, erlangte der Plan B praktisch nie eine besondere Bedeutung.[30]

3. Die Pläne C und D

Im Gegensatz zu den Plänen A und B , die sich nur mit Warenforderungen an private ausländische Kunden befaßten, galten die Pläne C und D für Exportgeschäfte mit ausländischen Regierungen oder Körperschaften des öffentlichen Rechts.

Der Plan C war für Exportgeschäfte nach Rußland bestimmt. Die Sicherung dieser Geschäfte machte einen besonderen Plan erforderlich, weil in Rußland ausschließlich Regierungsgeschäfte abgeschlossen werden konnten und daher bei Zahlungsschwierigkeiten des russischen Staates mit einer Fülle von Ansprüchen zu rechnen war.[31] Der Plan C entsprach in seiner Gestal-

---

27 Shenkman, Insurance against Credit Risks, S. 270, 272; siehe auch Habicht, Kreditversicherung S. 152.

28 § 1 Allgemeine Bedingungen, Plan B.

29 §§ 2, 3 Allgemeine Bedingungen, Plan B.

30 Habicht, Kreditversicherung, S. 152; Spensberger, Die deutsche Exportkreditversicherung und die Exportkreditrückversicherung, S. 79 ff.

31 Spensberger, a.a.O., S. 80.

tung den Plänen A und B. Der Versicherungsfall trat bei Uneinbringlichkeit der Warenforderung ein, die gegeben war, wenn der russische Käufer die fällige Verbindlichkeit nicht erfüllte und der deutsche Exporteur zur Rechtsverfolgung nicht in der Lage war.[32]

Für alle übrigen Regierungsgeschäfte konnte Deckungsschutz unter Plan D beantragt werden. Ziel dieser Versicherung war es in erster Linie, den Exporteur vor der Gefahr einer gesetzlichen Zahlungseinstellung im Schuldnerland (Moratoriumsrisiko) zu schützen.[33] Die Versicherung nach Plan D erlangte vor allem während des Krieges zunehmende Bedeutung.[34]

4. Geschäftsführung und Kontrollorgane

Die Ausführung der Pläne A und B erfolgte durch die beiden privaten Gesellschaften „Hermes Kreditversicherungsbank AG"[35] (Hermes) und „Frankfurter Allgemeine Versicherungs-AG" (Favag). Grundlage hierfür war der Generalvertrag von 1926 zwischen dem Deutschen Reich und den beiden Versicherungsgesellschaften. Nach dem Zusammenbruch der Favag im Jahre 1929 wurde der Vertrag durch einen neuen Generalvertrag zwischen dem Deutschen Reich und dem Hermes abgelöst.[36]

Beide Versicherungsgesellschaften trugen neben dem Staat eine anteilige Haftung von 50% beim reinen wirtschaftlichen Risiko; alle übrigen Risiken wurden allein vom Staat getragen.[37] Soweit über die für beide Pläne bereitgestellten Fonds Schäden entstanden, wurden diese durch zwei Rückversicherungsgesellschaften, die „Münchner Rückversicherungsgesellschaft" und die „Frankonia Mit- und Rückversicherungs-AG", Berlin, abgesichert.

Plan C unterstand ebenfalls der Geschäftsführung vom Hermes und der Favag. Nach dem Zusammenbruch der Favag wurde auch hier der Hermes mit der alleinigen Geschäftsführung betraut. Die Rückversicherung wurde wiederum vom Deutschen Reich übernommen. Zu verschiedenen Quoten hafteten neben dem Deutschen Reich der Länderstaat (Preußen, Bayern etc.), aus dem der Export stammte, und der Hermes selbst.[38]

---

32 § 2 Allgemeine Bedingungen, Plan C.

33 Christopeit, Hermes-Deckungen, S. 9.

34 Habicht, Kreditversicherung, S. 154 f.

35 Späterer Name: Hermes Kreditversicherungs AG (ab 1938).

36 Glotzbach, a.a.O., S. 25.

37 Reuter, a.a.O., S. 145.

38 Spensberger, a.a.O., S. 81.

Beim Plan D entschied man sich für eine Aufgabenteilung. Geschäfte bis zu einer Höhe von 2 Mio. Reichsmark und einer Kreditlaufzeit bis zu 18 Monaten wurden vom Hermes betreut, für darüber hinausgehende Beträge und Kreditlaufzeiten war die „Deutsche Revisions- und Treuhand AG" (Treuarbeit) geschäftsführend.[39] Vertragspartner des deutschen Exporteurs war aber das Deutsche Reich. Den beiden Gesellschaften oblag nur die Bearbeitung der Anträge.[40]

Bei der Gründung der Exportkreditversicherung richtete die Reichsregierung für die Entscheidung schwerwiegender Fragen und für die Ausarbeitung der „Allgemeinen Vertragsbedingungen" zwei übergeordnete Gremien ein. Es wurde eine „Kommission" gebildet, die sich aus Vertretern der Regierung und aus Delegierten der beiden beteiligten Versicherungs- und Rückversicherungsgesellschaften, der Industrie, des Handels und Banken zusammensetzte.[41] Aufgabe der „Kommission" war es, die Allgemeinen Geschäftsbedingungen der Exportkreditversicherungen auszuarbeiten, die einzelnen Verträge zwischen den beteiligten Versicherungs- und Rückversicherungsunternehmen und dem Reich anzufertigen und die allgemeinen Geschäftsrichtlinien zu erlassen.

Demgegenüber hatte der „Ausschuß" über die Annahme und Ablehnung der einzelnen Anträge aufgrund der Richtlinien der „Kommission" zu entscheiden und die Zahlungsanweisungen bei Schadensfällen auszuschreiben.[42] Der „Ausschuß" setzte sich ebenfalls aus Vertretern der Regierung, der Versicherungsgesellschaften, der Exportindustrie und des Außenhandels zusammen.

Beide Organe wurden Anfang der dreißiger Jahre aufgelöst. 1934 trat anstelle beider Organe eine neue Kommission, die sich aus je einem Vertreter des Auswärtigen Amtes, des Finanzministeriums und des Wirtschaftsministeriums sowie Vertretern der Industrie, der Banken und der Hermes Versicherungsgesellschaft zusammensetzte. Diesem Gremium entspricht der heutige „Interministerielle Ausschuß".[43]

---

39 Vits, a.a.O., S. 202.

40 Vits, a.a.O., S. 202.

41 Reuter, a.a.O., S. 146.

42 Reuter, a.a.O., S. 147.

43 Hierzu siehe unten § 17 III.

III. Der Wiederbeginn nach dem Zweiten Weltkrieg

Die Exportkreditversicherung hatte auch während des Zweiten Weltkrieges ihre Tätigkeit mit Unterstützung des Reiches fortgesetzt. Die politischen Risiken, insbesondere die Transfer- und 1939 die Kriegsrisiken waren im Gegensatz zu den ersten Gründungsjahren der Exportkreditversicherung immer mehr in den Vordergrund getreten.[44]

Der Zusammenbruch des Deutschen Reiches führte zum vorläufigen Ende der Exportkreditversicherung. Erst nach der Währungsreform im Jahre 1948 stellte sich erneut die Frage der Ausfuhrförderung mit staatlicher Unterstützung. Inflation und Arbeitslosigkeit gefährdeten die Existenz des neuen deutschen Staates wie schon in den Jahren nach dem Ersten Weltkrieg. Die Wiederbelebung der unternehmerischen Initiative und ein wirtschaftlicher Aufschwung konnten nur einhergehen mit der Förderung des Außenhandels, der in den Inflationsjahren wegen fehlender Warenkredite völlig zum Erliegen gekommen war und der im Wege des in der Nachkriegszeit üblichen primitiven Tausches und der Kompensation nicht abgewickelt werden konnte.[45]

Die deutsche Exportwirtschaft, die auf eine wirksame Absicherung ihrer Exportgeschäfte angewiesen war, setzte sich mit Nachdruck für die Wiedereinführung einer staatlich geschützten Exportkreditversicherung ein. Im Juni 1949 wurde beim „Wirtschaftsrat des Vereinigten Wirtschaftsgebietes" ein Initiativantrag vorgelegt, der die Einrichtung eines staatlichen Garantie- und Bürgschaftssystems für die Exportwirtschaft zum Inhalt hatte.[46] Der Vorschlag einer rein staatlichen Exportkreditversicherung überraschte nicht. Die ausschließlich private Exportkreditversicherung mit teilweiser staatlicher Rückversicherung erschien im Hinblick auf die in der Weltwirtschaftskrise

---

44 Vgl. zur Entwicklung im 2. Weltkrieg Habicht, Kreditversicherung, S. 156 f.

45 Vgl. Glotzbach, a.a.O., S. 26 und Habicht, 50 Jahre Hermes-Kreditversicherungs-Aktiengesellschaft, S. 85.

46 In der Begründung des Initiativantrages heißt es u.a.: „Die planmäßige Steigerung der deutschen Ausfuhr ist zwingend notwendig. Die Kurzfristigkeit der Handelsverträge, die Unsicherheit des zwischenstaatlichen Zahlungsausgleichs und andere politische Risiken, die kaufmännisch nicht kalkulierbar sind, erschweren aber die Ausfuhr in hohem Maße. Die Währungsreform hat die Kaufkraft der Exporteure so geschwächt, daß sie solche außergewöhnlichen Risiken nicht übernehmen können." Drucksache 1949, Nr. 1321

erlittenen Verluste zunächst undenkbar.[47] Eine private Exportkreditversicherung mit vollständiger staatlicher Rückversicherung kam ebensowenig in Frage, da der Staatsbankrott des Deutschen Reiches nach seinem Zusammenbruch im Jahre 1945 zur Insolvenz des staatlichen Rückversicherers geführt hatte.[48] Hinzu kam, daß die Militärregierungen die vom Reich dem Hermes und der Treuarbeit zur Verfügung gestellten Beträge zunächst nicht freigaben und die Gefahr bestand, daß sich die geschädigten Versicherungsnehmer wegen ihrer Schadensfälle an die beiden genannten Gesellschaften halten würden, ohne daß eine finanzielle Rückendeckung des Staates gewährleistet war.[49] So bot sich als einzig akzeptable Lösung die Einrichtung einer rein staatlichen Exportkreditversicherung an.

Dem Initiativantrag folgend ermächtigte der Wirtschaftsrat mit dem Gesetz vom 26.8.1949 [50] den „Direktor der Verwaltung für Finanzen des Vereinigten Wirtschaftsgebietes, zur Förderung der deutschen Ausfuhr Sicherheitsleistungen und Gewährleistungen zu übernehmen, denen der Außenhandelsausschuß zugestimmt hat".[51]

§ 1 des Gesetzes sah einen Ermächtigungsrahmen von DM 120 Mio. als oberste Grenze für die Gesamtsumme aller zu übernehmenden Sicherheitsleistungen vor.[52] Dem Direktor wurde die Verpflichtung auferlegt, dem Außenhandelsausschuß des Wirtschaftsrates regelmäßig über den Stand der übernommenen Verbindlichkeiten zu berichten.

Das Gesetz bestimmte ferner, daß das Verfahren und die Voraussetzungen für die Übernahme der Sicherheitsleistungen und Gewährleistungen durch

---

47 Die rein private Exportkreditversicherung ohne jede staatliche Rückendeckung nimmt 1956 der Gerling-Konzern in Köln auf. Die Versicherung beschränkt sich auf die wirtschaftlichen Exportrisiken. Vgl. im einzelnen hierzu von Halem, a.a.O., S. 21, 52 ff.

48 Vgl. Christopeit, a.a.O., S. 12.

49 Habicht, Kreditversicherung, S. 157 ff.

50 WiGBl. 1949, S. 303.

51 Die Gesetzgebungsfunktion des Wirtschaftsrates des „Vereinigten Wirtschaftsgebietes" war durch Art. 122 GG bis zum ersten Zusammentritt des Bundestages am 7.9.1949 über das Inkrafttreten des Grundgesetzes hinaus verlängert worden.

52 Die Summe von DM 120 Mio. war im Vergleich zu anderen ausländischen Exportkreditversicherungen gering bemessen. Großbritannien stellte 1949 eine Haftungssumme von rund £ 225 Mio. zur Verfügung; vgl. Export Credits Guarantee Department, A History of ECGD, S. 55 ff.

ministerielle Richtlinien festgelegt wurden. Die Richtlinien blieben jedoch unveröffentlicht.[53]

Im I. bis IV. Teil der Richtlinien wurden die sogenannten „Allgemeinen Bedingungen" für die Übernahme von „Garantien" und „Bürgschaften" behandelt. Die Richtlinien sahen vor, daß die „Allgemeinen Bedingungen" Bestandteil eines jeden Versicherungsvertrages wurden. Der V. Teil der Richtlinien wies die Entscheidung über Garantie- und Bürgschaftsanträge dem sogenannten „Interministeriellen Ausschuß" zu, der sich am 9. November 1949 konstituierte.[54]

Die technische Durchführung der Exportkreditversicherung wurde in die Hände privater Kreditversicherungsunternehmen gelegt. Man wollte sich der jahrzehntelangen Erfahrungen, die diese bei der Abwicklung von Schadensfällen gewonnen hatten, auch weiterhin bedienen. Der VI. Teil der Richtlinien übertrug daher die Organisation und die Geschäftsführung einem Konsortium aus den zwei privaten Versicherungsgesellschaften „Hermes Kreditversicherungs-AG" und „Deutsche Revisions- und Treuhand-AG (Treuarbeit)". Das Konsortium unterlag dabei der Kontrolle des Direktors der Verwaltung für Wirtschaft und des Direktors des Rechnungshofes.

§ 2 Rechtliche Grundlagen

Gemäß Art. 115 Grundgesetz bedarf „die Übernahme von Bürgschaften und sonstigen Gewährleistungen, die zu Ausgaben in künftigen Rechnungsjahren führen können, einer der Höhe nach bestimmten oder bestimmbaren Ermächtigung durch Bundesgesetz."

Die von der Bundesrepublik gewährten Garantien und Bürgschaften zur Förderung der deutschen Ausfuhr finden die erforderliche gesetzliche Grundlage seit 1958 in den jeweiligen Haushaltsgesetzen. Bis zu diesem Zeitpunkt ergab sich die legislative Ermächtigung aus dem vom Wirtschaftsrat des Vereinigten Wirtschaftsgebietes beschlossenen Gesetz vom 26. August 1949 über die Einrichtung einer staatlichen Exportkreditversi-

---

53 Vgl. Schmidt, a.a.O., S. 15; die Richtlinien werden mitgeteilt bei Reuter, a.a.O., S. 153 f.

54 Siehe Bundeswirtschaftsministerium, „30 Jahre Interministerieller Ausschuß für Ausfuhrgarantien und Ausfuhrbürgschaften" (Bericht über Aufgabe und Arbeit des Ausschusses im Rahmen der staatlichen Exportkreditversicherung anläßlich seiner 750. Sitzung), S. 7.

cherung, das von der Bundesrepublik nach Inkrafttreten der Verfassung (gem. Art. 124 und 133 GG) übernommen wurde.[55]

Das Gesetz über die Feststellung des Bundeshaushaltsplans für das Haushaltsjahr 1992 (Haushaltsgesetz 1992) vom 20.12.1991 [56] ermächtigt in §8 den Bundesminister der Finanzen zur Übernahme von Bürgschaften, Garantien und sonstigen Gewährleistungen. Diese Bestimmung bildet dafür zwei Ermächtigungsrahmen, einen in Höhe von DM 180 Mrd. und einen weiteren von DM 35 Mrd.[57]

Der erste Rahmen steht für die Übernahme von Deckungen für Ausfuhrgeschäfte zugunsten deutscher Exporteure und zur Deckung von an deutsche Ausfuhren gebundenen Finanzkrediten zur Verfügung.[58]

Dieser Rahmen erfaßt ferner zusätzliche Gewährleistungen zum Zwecke der Umschuldung entsprechender Forderungen deutscher Gläubiger.

Der zweite Rahmen betrifft eine Reihe von Maßnahmen, die sich nicht auf Ausfuhrgeschäfte im engeren Sinne beziehen, sondern außenwirtschaftliche Kredittransaktionen oder Kapitalausfuhren betreffen.[59] Es werden Bundesdeckungen gewährt für ungebundene Finanzkredite an ausländische Schuldner und insoweit anfallende Umschuldungsmaßnahmen.[60]

Die Absicherung des politischen Risikos förderungswürdiger Kapitalanlagen im Ausland sowie die Gewährung von Bundesdeckungen gegenüber der Europäischen Investitionsbank für Kredite, die diese Bank Schuldnern außerhalb der Europäischen Gemeinschaft einräumt[61], fallen ebenfalls unter diesen Ermächtigungsrahmen.

Die im Haushaltsgesetz 1992 aufgestellten Ermächtigungsrahmen stehen jedoch nicht in voller Höhe zur Verfügung.[62] Gem. § 13 Abs. 1 Haushaltsgesetz 1992 werden die bereits früher übernommenen Deckungen des Bundes auf die Beträge der neu geschaffenen Ermächtigungsrahmen angerechnet, soweit der Bund noch in Anspruch genommen werden kann oder soweit er

---

55 Zur Übernahme der Gesetze des Vereinigten Wirtschaftsgebietes als unmittelbar geltendes Bundesrecht siehe Maunz/ Dürig, Grundgesetz, Bd. IV., Rdnr. 10 zu Art. 124.

56 BGBl. I., 1991, S. 2360.

57 § 8 Abs. 2 Haushaltsgesetz 1992.

58 § 8 Abs. 1 Nr. 1a Haushaltsgesetz 1992. Der Höchstbetrag der Gewährleistungen betrug bis 1989 DM 195 Mrd. Infolge sinkender Nachfrage ist er für das Haushaltsjahr 1990 erstmals auf DM 165 Mrd. gesenkt worden.

59 Schallehn/Stolzenburg, Abschnitt I. Tz. 7.

60 § 8 Abs. 1 Nr. 2a u. b Haushaltsgesetz 1992.

61 § 8 Abs. 1 Nr. 3 und 4 Haushaltsgesetz 1992.

62 Schallehn/Stolzenburg, Abschnitt I., Tz. 12.

in Anspruch genommen worden ist und für die erbrachten Leistungen keinen Ersatz erlangt hat.

Falls der Bund ohne Inanspruchnahme von seiner Haftung frei wird oder Ersatz für erbrachte Leistungen erlangt hat, werden die entsprechenden Beträge zur wiederholten Ausnutzung durch Übernahme neuer Bundesdeckungen bereitgestellt.[63] Der bestehende Höchstbetrag wird in den letzten Jahren nicht voll ausgeschöpft. Die Verpflichtungen des Bundes liegen zur Zeit bei ca. DM 134 Mrd.[64]

Ebenso wie die früheren Haushaltsgesetze ermächtigt § 8 des Haushaltsgesetzes 1992 den Bundesminister für Wirtschaft, im Einvernehmen mit dem Bundesminister der Finanzen, dem Bundesminister für wirtschaftliche Zusammenarbeit und dem Bundesminister des Auswärtigen, „Richtlinien" zu erlassen.

Die seit 1. Januar 1984 geltenden „Richtlinien für die Übernahme von Ausfuhrgewährleistungen" vom 30. Dezember 1983 [65] bestimmen die Voraussetzungen für die Gewährung von Garantien und Bürgschaften, die Modalitäten der Deckung, die Entschädigungsregelung und die Organisation der beteiligten Stellen.

Daneben bestehen „Richtlinien für die Übernahme von Garantien für Kapitalanlagen im Ausland" vom 30. September 1985.[66]

Die Richtlinien sind auf unbestimmte Zeit erlassen und gelten weiter, solange auch in künftigen Haushaltsgesetzen Richtlinien des Bundesministers für Wirtschaft vorgeschrieben und Gewährleistungen nach derartigen Richtlinien übernommen werden.[67] Bei den übrigen Sparten (gebundene und ungebundene Finanzkredite, Umschuldungen und Aufbauvorhaben in Entwicklungsländern) sind „Richtlinien" nicht bekannt.

In den Richtlinien wird die Geschäftsführung für die Übernahme von Gewährleistungen einem Konsortium übertragen. Dieses Konsortium besteht aus der Hermes Kreditversicherungs AG, Hamburg/Berlin und der Treuarbeit Aktiengesellschaft Wirtschaftsprüfungsgesellschaft Steuerberatungsgesellschaft, Berlin/ Frankfurt/M. Federführender Mandatar ist die erstgenannte Gesellschaft, woraus sich auch die gebräuchliche Bezeichnung der Aus-

---

63 § 13 Abs. 3 Haushaltsgesetz 1992.

64 Vgl. Bundeswirtschaftsministerium, Ausfuhrgarantien und Ausfuhrbürgschaften der Bundesrepublik Deutschland, Bericht über das Jahr 1990, S. 11.

65 Veröffentlicht im Bundesanzeiger Nr. 42 aus 1984.

66 Veröffentlicht im Bundesanzeiger Nr. 187 aus 1985.

67 Schallehn/Stolzenburg, Abschnitt I., S. 37.

fuhr- und sonstigen Deckungen des Bundes als „Hermes-Deckungen" erklärt.[68]

Die Richtlinien sollen bei der Entscheidung über die Indeckungnahme der einzelnen Exportgeschäfte helfen.[69] Sie sind nicht Bestandteil des jeweiligen Vertrages, der zwischen der Bundesrepublik und dem Exporteur zustande kommt.[70]

Außer den internen Richtlinien für die Vergabe von Deckungen gibt es „Allgemeine Bedingungen", die kraft ausdrücklicher Bestimmung[71] Gegenstand eines jeden Vertrages sind, der zwischen der Bundesrepublik Deutschland und dem Exporteur zustande kommt.[72] Sowohl im Deckungsantrag als auch in der Deckungsurkunde wird darauf hingewiesen, daß die Deckung aufgrund der Allgemeinen Bedingungen übernommen wird.[73] Sie erfüllen damit dieselben Aufgaben, die im Wirtschaftsleben den Allgemeinen Geschäftsbedingungen zukommen.[74]

Einheitliche Allgemeine Bedingungen für die verschiedenen Sicherheitsleistungen und Gewährleistungen bestehen nicht. Jede Sparte (Ausfuhrgeschäfte, gebundene/ungebundene Finanzkredite, Kapitalanlagen etc.) hat eigene Allgemeine Bedingungen.

Mit Wirkung vom 1.10.1986 ist der überwiegende Teil der Allgemeinen Bedingungen neu gefaßt und in bezug auf Standardprobleme angeglichen worden.

Für spezielle Deckungsformen, die so stark von der Norm abweichen, daß die Allgemeinen Bedingungen nicht angewendet werden können, bestehen „Besondere Bedingungen". Die Besonderen Bedingungen gelten neben den Allgemeinen Bedingungen, schließen jedoch die Anwendung einzelner Vorschriften der Allgemeinen Bedingungen aus bzw. ändern sie ab oder ergänzen sie.[75] Zu nennen sind hier u.a. die Deckung von Konsignationslägern[76], Messelägern[77] und Bauleistungen[78], auf die später noch einzugehen ist.

---

68 Schallehn/Stolzenburg, Abschnitt I., Tz. 18.
69 Glotzbach, a.a.O., S. 29.
70 Christopeit, a.a.O., S. 16.
71 Vgl. z.B. § 1 AllgBed-AG.
72 Glotzbach, a.a.O., S. 30.
73 Glotzbach, a.a.O., S. 30.
74 Christopeit, a.a.O., S. 16.
75 Christopeit, a.a.O., S. 18.
76 Abgedruckt bei Schallehn/Stolzenburg, Abschnitt VIII., S. 67 ff.
77 Abgedruckt bei Schallehn/Stolzenburg, Abschnitt VIII., S. 81 ff.
78 Siehe Merkblatt für Bauleistungsdeckungen.

§ 3 Abgrenzung zwischen Garantien und Bürgschaften

Die in den Haushaltsgesetzen gewählten Bezeichnungen Bürgschaften und Garantien für vom Bund übernommene Gewährleistungen besagen im Gegensatz zum bürgerlich-rechtlichen Sprachgebrauch nichts über den Unterschied oder über die Rechtsnatur der beiden Vertragstypen.[79] Es handelt sich hierbei vielmehr um ein rein äußerliches Trennungsmerkmal, das in den 20-er Jahren eingeführt wurde und bis heute unverändert bestehen geblieben ist.[80] Die Einteilung in Bürgschaften und Garantien dient lediglich der Unterscheidung, ob es sich bei dem Schuldner der gesicherten Forderung um einen privaten oder hoheitlichen Abnehmer handelt.[81] So verwenden die Allgemeinen Bedingungen für Geschäfte, bei denen der ausländische Vertragspartner ein Staat, eine Gebietskörperschaft oder eine vergleichbare Institution ist, den Ausdruck „Bürgschaft"[82], für private ausländische Schuldner den Begriff „Garantie".[83]

Bürgschaften werden auch gegeben, wenn der ausländische Kunde zwar eine natürliche oder juristische Person des Privatrechts ist, für die Zahlung jedoch selbstschuldnerisch eine öffentlich-rechtliche Körperschaft eintritt.[84]

Die Unterscheidung zwischen privaten und öffentlichen Vertragspartnern ist insoweit von Bedeutung, als für Bürgschaften und Garantien in Teilbereichen unterschiedliche Allgemeine Bedingungen bestehen.

So werden z.B. bei Regierungsgeschäften niedrigere Prämien erhoben als für Geschäfte mit privaten Abnehmern.[85] Auch ist der Umfang der gedeckten Risiken bei Bürgschaften ein anderer als bei Garantien.[86] Die typischen wirtschaftlichen Schadenstatbestände Konkurs, Vergleich, fruchtlose Zwangsvollstreckung etc. werden von den Ausfuhrbürgschaften nicht umfaßt.[87] Ferner bestehen Abweichungen hinsichtlich der Selbstbeteiligungsquoten im Garantie- bzw. Bürgschaftsfall.[88]

---

79 Reuter, a.a.O., S. 167.

80 Reuter, a.a.O., S. 167.

81 Nielsen, in: Bankrecht und Bankpraxis II, 5. Teil, Rdnr. 188.

82 Vgl. vor § 1 AllgBed-FB.

83 Vgl. vor § 1 AllgBed-FG. Als Faustregel gilt: Der Garantienehmer muß konkursfähig sein.

84 Glotzbach, a.a.O., S. 33.

85 Siehe Entgeltmerkblatt (E) – Ausfuhrgarantien und Ausfuhrbürgschaften.

86 Schallehn/Stolzenburg, Abschnitt II, Tz. 5.

87 Vgl. § 4 AllgBed-AB und § 4 Abs. 3 und Abs. 4 AllgBed-AG.

88 Vgl. § 6 AllgBed-AG und § 6 AllgBed-AB.

§ 4 Anwendungsbereich der Bundesdeckungen

I. Überblick

Das bundesdeutsche Deckungssystem unterscheidet hinsichtlich des Gegenstandes, d.h. der garantierten oder verbürgten Forderung in Ausfuhrgeschäfte, Finanzkredite, Kapitalanlagen und Umschuldungen.[89]

II. Unterscheidungskriterien

Die Exportrisiken können nach folgenden drei Gesichtspunkten unterschieden werden:

a) nach der Rechtsnatur des ausländischen Vertragspartners,
b) nach der Risikoart,
c) nach dem Zeitpunkt des Risikoeintritts.

1. Wegen der verschieden gelagerten Risiken wird nach der Rechtsnatur des ausländischen Abnehmers die Gewährleistung des Bundes entweder als Bürgschaft oder als Garantie übernommen.[90] Bezüglich der Kriterien, die eine Bundesdeckung als Bürgschaft oder als Garantie qualifizieren, kann auf die Ausführungen zu § 3 verwiesen werden.

2. Hinsichtlich der Risikoart wird zwischen politischen und wirtschaftlichen Risiken unterschieden. Politische Risiken sind Gefahren, die von staatlichen Maßnahmen oder von Ereignissen des politischen Geschehens ausgehen, welche die Durchführung des Exportgeschäftes unmöglich machen oder erschweren.[91] Sie können den Exporteur an der Erfüllung des Vertrages hindern oder auch zum Verlust oder zur Schmälerung des Erlöses aus dem Exportgeschäft führen.[92]

Folgende politische Risiken werden von den bundesdeutschen Gewährleistungen erfaßt:[93]

---

89 Christopeit, a.a.O., S. 20; vgl. auch Glotzbach, a.a.O., S. 32.

90 Glotzbach, a.a.O., S. 33.

91 Glotzbach, a.a.O., S. 33.

92 Christopeit, a.a.O., S. 20.

93 Eine abschließende Auflistung aller gedeckten Risiken findet sich in den Allgemeinen Bedingungen.

- Embargos, die nach Abschluß des Exportvertrages erlassen werden (neue Embargos);
- Annullierung erteilter Ausfuhrlizenzen;
- Einfuhrverbote, die nach Abschluß des Exportvertrages erlassen werden (neue Einfuhrverbote);
- Annullierung erteilter Einfuhrlizenzen;
- Enteignungen der Ware (Nationalisierungen, Sozialisierungen, Beschlagnahmen);
- Krieg, Unruhen, Revolutionen;
- Konvertierungs- und Transferverbote oder -beschränkungen;
- Zahlungsverbote und Moratorien;
- Kursverluste.

Zu den wirtschaftlichen Risiken sind alle Risiken zu zählen, die nicht aus dem staatlichen Bereich oder politischen Sektor stammen.[94] Die Zahlungsunfähigkeit bei privaten Käufern[95] und die Zahlungsunwilligkeit bei öffentlichen Käufern gelten als Tatbestände des wirtschaftlichen Risikos. Darüber hinaus gibt es als weiteren wirtschaftlichen Garantie- und Bürgschaftsfall den Nichtzahlungstatbestand (protracted default).

Zu beachten ist, daß die gesamten politischen und wirtschaftlichen Risiken nicht einheitlich bei allen Gewährleistungen des Bundes abgedeckt werden. Es sind die jeweiligen Allgemeinen Bedingungen heranzuziehen, in denen die gedeckten Risiken abschließend aufgezählt sind.

Nicht alle Gefahren, die ein Exportgeschäft bedrohen, werden von der Bundesrepublik durch ihre Garantien und Bürgschaften abgedeckt. Bis auf den Fall eines deutschen Embargos und der Annullierung erteilter Ausfuhrlizenzen[96] sieht die Bundesrepublik für inländische Risiken grundsätzlich keine Haftung über die Hermesdeckung vor. Nur die im Ausland liegenden Risiken eines Exportgeschäftes werden versichert. Typische Unternehmerrisiken, wie das Risiko eines Streiks oder Schwierigkeiten bei der Materialbeschaffung, soll der deutsche Exporteur selbst tragen.[97] Soweit durch Krieg, Unruhen, Revolutionen oder Enteignungen in der Bundesrepublik Schäden entstehen, ist der Exporteur auf andere Entschädigungswege verwiesen.[98]

---

94 Christopeit, a.a.O., S. 21.

95 Zu den möglichen Ursachen einer Zahlungsunfähigkeit siehe unten § 6 IV.2.

96 Z.B. § 4, Nr. 3e AllgBed-FB.

97 Schallehn/Stolzenburg, Abschnitt V., Tz. 8, 11.

98 Z.B. die Kriegsfolgengesetzgebung der BRD; vgl. Bundesgesetze und Leistungen für die Geschädigten des Krieges und der Kriegsfolgen, Herausgeber: Bundesminister für Vertriebene, Flüchtlinge und Kriegsgeschädigte, Bonn, im Juni 1957; insbesondere: §§ 22 ff. des Bundesleistungsgesetzes.

Auch das Transportrisiko wird durch die staatliche Ausfuhrkreditversicherung nicht abgesichert. Neben der Inanspruchnahme von Frachtführer und Spediteur[99] besteht die Möglichkeit, eine Transportversicherung mit einem privaten Transportversicherer abzuschließen.

3. Die Unterscheidung der Exportrisiken nach dem Zeitpunkt des Risikoeintritts führt zur Einteilung in Fabrikations- und Ausfuhrrisiken. Bei der Deckung des Fabrikationsrisikos beginnt die Haftung aus der Deckung mit Inkrafttreten des Ausfuhrvertrages und endet mit der Abnahme der Ware im Werk des Herstellers. Beim Ausfuhrrisiko beginnt die Haftung mit dem Versand der Ware und erlischt mit dem Eingang der gedeckten Forderung beim Exporteur. Welche Ereignisse die Haftung des Bundes auslösen, wird durch diese Unterscheidung jedoch nicht gesagt. Die gedeckten Risiken sind vielmehr in den jeweiligen „Allgemeinen Bedingungen" in einem Risikokatalog aufgeführt.

§ 5 Die Deckung des Fabrikationsrisikos

I. Gegenstand der Deckung

Garantien und Bürgschaften zur Deckung der Fabrikationsrisiken können grundsätzlich nur bei der Fabrikation von Gütern, die eine Spezialanfertigung erfordern oder in ungewöhnlich großer Menge gefertigt werden und deshalb anderweitig schwer verwertbar sind, gewährt werden.[100] In die Deckung miteinbezogen werden auch Waren, für die besonders lange Herstellungsfristen erforderlich sind.[101]

Neben Investitionsgütern können im Einzelfall auch Konsumwaren als Spezialanfertigung anzusehen oder aus anderen Gründen schwer verwertbar sein. Hier wird von Fall zu Fall entschieden, ob eine Fabrikationsdeckung übernommen werden kann.[102]

Fabrikationsdeckungen können unter den genanten Voraussetzungen (anderweitig schwer verwertbar oder lange Herstellungsfristen) auch dann ge-

99 §§ 407 ff., 425 ff. HGB.

100 Von Halem, a.a.O., S. 57.

101 Glotzbach, a.a.O., S. 38.

102 Schallehn/Stolzenburg, Abschnitt III., Tz. 4.

währt werden, wenn es sich nicht um echte Liefergeschäfte, sondern um die Fabrikation von Sacheinlagen eines deutschen Fabrikanten in ausländische Unternehmen handelt.[103]

Auch nach der Änderung der Allgemeinen Bedingungen für Fabrikationsrisikogarantien/Fabrikationsrisikobürgschaften sind die „Selbstkosten" Gegenstand der Fabrikationsrisikodeckung. Als „Selbstkosten" galten früher „nur die direkten und indirekten Aufwendungen, die nach den Grundsätzen ordnungsgemäßer Kostenrechnung auf die in Fertigung begriffenen Waren zu verrechnen sind".[104] In den seit dem 1. Oktober 1986 geltenden Allgemeinen Bedingungen für Fabrikationsrisikogarantien/Fabrikationsrisikobürgschaften ist in § 2 Abs. 2 nunmehr eine Definition der Selbstkosten enthalten, wobei die Leitsätze für die Preisermittlung aufgrund von Selbstkosten – entsprechend der Anlage zur Verordnung PR Nr. 30/53 über die Preise bei öffentlichen Aufträgen vom 21. November 1953[105] in der zuletzt durch Verordnung zur Änderung preisrechtlicher Vorschriften vom 13. Juni 1989 geänderten Fassung[106] – maßgebend sind.[107] Damit kann auf betriebswirtschaftlich anerkannte und übliche Berechnungsgrundlagen zurückgegriffen werden. Für Fremdkapital und Ausfuhrfinanzierung entstandene Aufwendungen werden als Selbstkosten berücksichtigt, „wenn und soweit sie dem Ausfuhrvertrag unmittelbar zugeordnet werden können."[108]

Zeichnungen, die für die Durchführung eines fest abgeschlossenen Geschäftes speziell notwendig sind, sowie Konstruktions-, Modell- und Vertriebskosten, die sich auf das gedeckte Geschäft beziehen und den Grundsätzen ordnungsgemäßer Kostenrechnung entsprechen, gehören zu den Selbstkosten.[109] Erhöhen sich die Selbstkosten durch Preisgleitklauseln, so kann

---

103 Schallehn/Stolzenburg, Abschnitt III., Tz. 5.

104 Graf von Westphalen, ZIP 1986, S. 1500; siehe auch § 2 Abs., 1 AllgBed-FG/FB in der Fassung vom Dezember 1973.

105 Bundesanzeiger Nr. 244 vom 18.12.1953.

106 BGBl. 1989 I., S. 1094.

107 Graf von Westphalen, ZIP 1986, S. 1500.

108 Diese von den LSP (Leitsätze für die Preisermittlung) abweichende Regelung erklärt sich vorwiegend daraus, daß die LSP für die Preisermittlung fertiger Objekte konzipiert sind, während es bei der Fabrikationsrisikodeckung um die Schadensermittlung für abgebrochene Projekte geht.

109 Schallehn/Stolzenburg, Abschnitt III., Tz. 23 f.

der Exporteur die zusätzlichen Kosten miteinbeziehen lassen.[110] In die Dekkung können auch Zulieferungen Dritter einbezogen werden, falls der Exporteur insoweit einen Antrag stellt.[111] Ausländische Zulieferungen sind jedoch nur in beschränktem Maße deckungsfähig,[112] weil Güter nichtdeutschen Ursprungs nur bei Hinzutreten besonderer Kriterien „Deckungen zur Förderung der deutschen Ausfuhr" (so das Haushaltsgesetz) rechtfertigen;[113] Zulieferungen aus dem Bestellerland können überhaupt nicht in eine Fabrikationsrisikodeckung einbezogen werden.[114]

Als nicht deckungsfähige Kostenarten werden ausdrücklich der kalkulatorische Gewinn und das für die vom Bund übernommene Deckung entrichtete Entgelt genannt.[115] Ausgenommen von einer Deckung sind auch „Aufwendungen, die nach dem anwendbaren Recht verboten sind".[116] Durch diese Regelung wird nun klargestellt, daß weder Bestechungsgelder noch sonstige „nützliche Abgaben" zu den Selbstkosten gerechnet werden.[117] Nach dem früher geltenden Selbstkostenbegriff, wonach „besondere Aufwendungen", die für das Zustandekommen des Exportvertrages anfielen, zu den „Selbstkosten" gerechnet wurden, vorausgesetzt, sie standen in keinem krassen Mißverhältnis zum Auftragswert, waren die genannten Aufwendungen durchaus deckungsfähig.[118]

Der Regelfall ist die Deckung aller Selbstkosten. § 2 Abs. 4 AllgBed FG/FB eröffnet jedoch die Möglichkeit, die Deckung der Selbstkosten auf „abgrenzbare, in sich geschlossene und selbständig anderweitig verwertbare Teile der im Ausfuhrvertrag vereinbarten Lieferungen und Leistungen zu beschränken". Die frühere Praxis der Beschränkung der Deckung auf sog. Spezialanfertigungen – d.h. des Absetzens der Selbstkosten serienmäßig produzierter Fertigteile – wird damit modifiziert und erstmals in den Allgemeinen Bedingungen festgeschrieben. Voraussetzung einer „Teildeckung" ist, daß die Teile, deren Selbstkosten gedeckt werden sollen, in sich geschlossene

---

110 Zu den Voraussetzungen siehe bei Schallehn/Stolzenburg, Abschnitt III., Tz. 61 ff.

111 Christopeit, a.a.O., S. 26.

112 Glotzbach, a.a.O., S. 39.

113 Zu den Einzelheiten siehe bei Schallehn/Stolzenburg, Abschn. III., Tz. 33 ff.

114 Schallehn/Stolzenburg, Abschnitt III., Tz. 34.

115 § 2 Abs. 3 Nr. 1 und Nr. 2 AllgBed-FG/FB.

116 § 2 Abs. 3 Nr. 3 AllgBed-FG/FB.

117 Graf von Westphalen, ZIP 1986, S. 1500.

118 Graf von Westphalen, ZIP 1986, S. 1500; vgl. auch Schallehn/Stolzenburg, Abschnitt III., Tz. 27 (Stand VII/83).

Einheiten darstellen, die selbständig, d.h. ohne die Teile, deren Selbstkosten nicht in die Deckung einbezogen werden sollen, anderweitig verwertbar sind. Da außer Verwertungserlösen[119] für die ungedeckten Teile alle im Zusammenhang mit dem Ausfuhrgeschäft erlangten Vermögensvorteile auf die gedeckten entschädigungsfähigen Selbstkosten angerechnet werden, empfiehlt es sich, nur dann die Selbstkosten für bestimmte Lieferungen und Leistungen von der Deckung auszunehmen, wenn davon ausgegangen werden kann, daß bei einer erforderlichen (isolierten) anderweitigen Verwertung zumindest die Selbstkosten erlöst werden.[120]

II. Deckungsnehmer

Nicht nur Hersteller von Waren, sondern auch Händler, Konstruktionsbüros oder Generalunternehmer kommen als Deckungsnehmer von Fabrikationsrisikogarantien/-bürgschaften in Frage: Die früheren (bis September 1986 geltenden) Bedingungen für die Übernahme von Fabrikationsrisikodeckungen machten aufgrund des anderen Selbstkostenbegriffs („... Aufwendungen, die auf die in Fertigung begriffenen Waren zu verrechnen sind")[121] Differenzierungen im Deckungsumfang erforderlich, je nachdem, ob eigene Selbstkosten und/oder solche von Unterlieferanten zur Deckung anstanden. Diese Differenzierung ist durch den geänderten Selbstkostenbegriff und die Anwendung der „Leitsätze für die Preisermittlung aufgrund von Selbstkosten" überflüssig geworden. Nunmehr sind immer die „Selbstkosten für die im Ausfuhrvertrag mit dem ausländischen Schuldner vereinbarten Lieferungen und Leistungen bis zur Höhe des Auftragswertes" Gegenstand der Deckung, so daß es keinen Unterschied macht, ob der Deckungsnehmer der Hersteller der Ware oder ein Händler, Generalunternehmer etc. ist.

III. Der Haftungszeitraum

Die Haftung des Bundes aus der Fabrikationsrisikodeckung beginnt mit Inkrafttreten des Ausfuhrvertrages (§ 3 Abs. 1 AllgBed-FG/FB).[122] Dies be-

---

119 Vgl. § 7 AllgBed-FG/FB.

120 Merkblatt über die neuen Allgemeinen Bedingungen für die Ausfuhrgewährleistungen des Bundes, S. 3.

121 Vgl. § 2 Abs. 1 Bed-FG/FB (a.F.).

122 Bis zur Neufassung der „Allgemeinen Bedingungen" setzte die Haftung des Bundes schon mit der Fabrikation ein (§ 4 Bed-FB/FG (a.F.)).

deutet, daß alle Erfordernisse erfüllt sein müssen, die für sein Inkrafttreten gem. §§ 158 ff. BGB vorgesehen sind, z.B. die Vorlage einer Importgenehmigung, einer Devisentransfergenehmigung oder sonstiger nach dem Recht des Bestellerlandes erforderlichen Genehmigungen.[123]

Die Fabrikationsrisikodeckung endet mit der Abnahme der Ware, spätestens mit dem Versand derselben,[124] wobei unter Versand die zollamtliche Abfertigung an der trockenen Grenze oder die Verschiffung beim Seetransport zu verstehen ist.[125]

IV. Die gedeckten Risiken

1. Politische Risiken

a. Stoppanordnung

Bei Exportgeschäften mit privaten und öffentlichen Käufern wird in gleicher Weise das Risiko der sog. „Stoppanordnung" des Bundesministers für Wirtschaft gedeckt.[126]

Der Garantiefall/Bürgschaftsfall tritt nach dieser mit Geltung vom 1. Oktober 1986 neu eingeführten Bestimmung ein, wenn der Bund im Hinblick auf gefahrerhöhende Umstände eine Weisung erteilt, in deren Ausführung der Garantienehmer/Bürgschaftsnehmer die Fertigstellung oder den Versand der Ware endgültig abbricht bzw. endgültig unterläßt oder länger als sechs Monate unterbricht bzw. zurückstellt. Ein gedeckter Schadenstatbestand ist auch dann gegeben, wenn der Deckungsnehmer ohne Weisung des Bundes im Hinblick auf gefahrerhöhende Umstände die Fertigstellung oder den Versand der Ware unterbricht bzw. zurückstellt und der Bund eine Fortsetzung der Fertigung bzw. den Versand der Ware nicht innerhalb von sechs Monaten seit dem Zeitpunkt anordnet, in dem der Deckungsnehmer den Bund von der Unterbrechung der Fertigung bzw. dem Zurückstellen der Versendung unterrichtet hat.

---

123 Graf von Westphalen, ZIP 1986, S. 1500.

124 § 3 Abs. 2 AllgBed-FG/FB.

125 Schallehn/Stolzenburg, Abschnitt III., Tz. 73.

126 § 4 Nr. 1 und Nr. 2 AllgBed-FG/FB.

b. Politische Umstände im Ausland

Ein weiterer politischer Garantie- bzw. Bürgschaftsfall ist gegeben, wenn die Versendung der fertiggestellten Ware in der vertraglich vorgesehenen oder einer anderen dem Garantie- bzw. Bürgschaftsnehmer zumutbaren Weise endgültig oder länger als sechs Monate durch

- gesetzgeberische oder behördliche Maßnahmen im Ausland oder
- kriegerische Ereignisse, Aufruhr oder Revolutionen im Ausland gehindert ist.[127]

Als gesetzgeberische oder behördliche Maßnahmen im Ausland kommen vor allem folgende Tatbestände in Betracht:

aa. Neue Einfuhrverbote

Das durch neue Einfuhrverbote gestörte Exportgeschäft wird durch die Fabrikationsrisikodeckung gesichert, wenn es sich um ein Verbot handelt, das nach Inkrafttreten des Ausfuhrvertrages, aber vor Versand der Ware erlassen wird. Mit Aufnahme der Fabrikation macht der Exporteur Aufwendungen, die unweigerlich zu einem Schaden führen, wenn er durch ein Embargo zum Abbruch der Warenherstellung gezwungen wird. Ist die Ware anderweitig verwertbar, so wird sich der Exporteur zur Fortsetzung der Herstellung entschließen und versuchen, die Ware – auch unter Inkaufnahme eines möglichen Gewinnverlustes – an einen anderen Käufer zu veräußern.

Das ausländische Einfuhrverbot, das nach Inkrafttreten des Ausfuhrvertrages, aber vor Versand der Ware erlassen wird, macht die Leistung des Exporteurs nachträglich rechtlich unmöglich; der Vertrag ist nicht etwa nichtig nach § 134 BGB.[128] Bei Anwendung deutschen Schuldstatuts wird der Exporteur gem. § 275 BGB von der Verpflichtung zur Leistung frei, verliert aber seinerseits den Gegenanspruch, § 323 Abs. 1 BGB. Während der Zeit eines vorübergehenden Einfuhrverbotes tritt keine Leistungsbefreiung ein, der Exporteur gerät aber auch nicht in Verzug und braucht daher die Ware erst mit dem Wegfall des Einfuhrverbotes herzustellen.[129]

---

127 § 4 Nr. 3a AllgBed-FG/FB.

128 Vgl. RGZ 117, 129; Erman-Brox, Anm. 11 zu § 134.

129 Erman-Battes, Anm.6, 10 zu § 275. Das vorübergehende Einfuhrverbot steht dem dauernden gleich, wenn es die Erreichung des Geschäftszweckes unmöglich macht oder dem ausländischen Käufer nicht zugemutet werden kann, den Vertrag bis zum Wegfall des Verbotes einzuhalten, siehe BGH LM Nr. 3, 4, 7 zu § 275; Nr. 3 zu § 323 Abs. 1.

bb. Annullierung erteilter Importlizenzen

Das Haftungssystem deckt weiterhin die Gefahr, daß das ausländische Herstellerland eine erteilte Importlizenz nach Haftungsbeginn zurückzieht oder nachweislich ohne Verschulden des Deckungsnehmers und des ausländischen Bestellers nicht verlängert.[130] Eine Deckung wird nicht übernommen, wenn der von der Importlizenz umfaßte Zeitraum normalerweise zur Herstellung der Ware ausgereicht hätte, die Importlizenz aber nicht verlängert wird und der deutsche Deckungsnehmer die Verzögerung selbst zu verschulden hat oder die Überschreitung des Zeitplanes in seine Risikosphäre fällt, z.B. Streik, Materialmangel.[131]

Ein Garantie- bzw. Bürgschaftsfall ist auch dann gegeben, wenn das Bestimmungsland nach Haftungsbeginn eine Importlizenzpflicht einführt und der ausländische Käufer trotz Antrages keine Importlizenz erhält.[132]

cc. Deckung des Kriegsrisikos

Die durch kriegerische Ereignisse, Aufruhr oder Revolution im Ausland hervorgerufenen Gefahren machen entweder schon den Versand der Ware unmöglich oder beinhalten als Folge von Maßnahmen und Ereignissen des politischen Raumes die Enteignung, Beschlagnahme, Zerstörung oder Beschädigung der Ware.[133]

Im Rahmen der Fabrikationsrisikodeckung tritt der Garantie- bzw. Bürgschaftsfall ein, wenn der Versand der fertiggestellten Ware aufgrund der genannten Ereignisse unmöglich oder länger als sechs Monate gehindert ist.

c. Neue Embargos und Annullierung erteilter Ausfuhrlizenzen

Mit § 4 Nr. 3e ist nunmehr in den Allgemeinen Bedingungen für Fabrikationsrisikogarantien/-bürgschaften geregelt, daß auch das Risiko eines deutschen Embargos gedeckt wird. Bis zur Neufassung der AllgBed-FG/FB war es dem deutschen Exporteur nur aufgrund eines gesonderten Antrags möglich, dieses Risiko in die Fabrikationsdeckung einzubeziehen. Die Haftung des Bundes bezieht sich auf ein Embargo, welches die Durchführung des Vertrages unmöglich macht, weil das Embargo „aufgrund einer gem. § 27

130 Glotzbach, a.a.O., S. 41.

131 Schallehn/Stolzenburg, Abschnitt V., Tz. 137.

132 Schallehn/Stolzenburg, Abschnitt V., Tz. 137.

133 Christopeit, a.a.O., S. 33.

i.V.m. §§ 2, 7 AWG vom 28.4.1961 nach Beginn der Haftung, also nach Inkrafttreten des Ausfuhrvertrages, erlassenen Rechtsverordnung" beruht.

Die Unmöglichkeit der Vertragsdurchführung kann darauf beruhen, daß eine ohne Widerrufsvorbehalt erteilte Ausfuhrgenehmigung widerrufen oder zurückgenommen, eine befristete ohne Widerrufsvorbehalt erteilte Ausfuhrgenehmigung nicht verlängert oder ein Verbot oder eine Beschränkung der Ausfuhr der Ware bzw. der Erbringung der Leistung eingeführt und aus diesem Grund eine Ausfuhrgenehmigung versagt wird. Voraussetzung für alle Tatbestände ist jedoch, daß die getroffenen Maßnahmen nicht auf ein Verschulden des Garantienehmers/Bürgschaftsnehmers zurückzuführen sind. Der Deckungsnehmer muß sich also in jeglicher Hinsicht gesetzestreu verhalten haben. Es müssen ihm alle nach dem AWG bzw. nach den einschlägigen Verordnungen vorgesehenen Ausfuhrgenehmigungen erteilt worden sein.[134]

Die Deckung der aufgeführten Risiken dauert bis zur vollständigen Vertragserfüllung durch den deutschen Exporteur,[135] länger also, als die normale Fabrikationsrisikodeckung, die spätestens mit der zollamtlichen Abfertigung der Ware bzw. Verschiffung endet. Zu den Selbstkosten gehören daher auch die Versand- und Verpackungskosten.

d. Embargomaßnahmen eines Zuliefer- oder Transitlandes

Die Embargodeckung ist gem. § 4 Nr. 3 f. AllgBed-FG/FB erweitert worden, soweit es sich um „die Ausfuhr von Lieferungen und Leistungen aus Drittländern" handelt und diese „nach der Fabrikationsrisikogarantieerklärung/Fabrikationsrisikobürgschaftserklärung vorgesehen und anderweitig nicht ersetzbar sind". In entsprechender Anwendung von § 4 Nr. 3e AllgBed-FG/FB müssen die Embargomaßnahmen eines Zuliefer- oder Transitlandes auf „gesetzgeberischen oder behördlichen Beschränkungen" beruhen und dürfen nicht auf ein Verschulden des Zulieferanten zurückzuführen sein. Weitere Voraussetzung der Einstandspflicht des Bundes ist die Unmöglichkeit oder Unzumutbarkeit der Durchführung des Ausfuhrvertrages aufgrund der im Ausland ergehenden gesetzgeberischen oder behördlichen Beschränkungen.

Rechtlich gesehen wird hier an den Tatbestand des § 275 BGB zugunsten des Garantienehmers/Bürgschaftsnehmers angeknüpft. Dies bedeutet, daß die Embargomaßnahme des Zuliefer- oder Transitlandes für den Garantie-

---

134 Graf von Westphalen, ZIP 1986, S. 1501.

135 § 3 Abs. 3 AllgBed-FG/FB.

nehmer/Bürgschaftsnehmer nicht vorhersehbar war, weil nur dann die tatbestandliche Voraussetzung des § 275 BGB, die nachträgliche Unmöglichkeit bzw. das nachträgliche Unvermögen, vorliegt.[136] Es handelt sich hierbei um das Problem, daß zwingende (öffentlich-rechtliche) Vorschriften eines Drittlandes nach deutschem Kollisionsrecht nicht anzuwenden, jedoch zu berücksichtigen sind, wenn der ausländische Staat seine Interessen durchsetzen kann.[137]

2. *Wirtschaftliche Risiken*

Auf den ersten Blick mag die Deckung wirtschaftlicher Risiken überflüssig erscheinen, da sie auch im Inlandsgeschäft vorkommen und wirtschaftliche Gefahren innerhalb des im Geschäftsleben üblichen Risikobereiches liegen.[138] Doch bei näherer Betrachtung zeigt sich, daß der Außenhandel Unsicherheitsfaktoren in sich birgt, die im Binnenhandel nicht oder nicht in gleichem Maße vorkommen und daher einer Absicherung bedürfen. Unzureichende Auskunftsmöglichkeiten, große Entfernungen und verschiedene Sprachen erschweren die Beurteilung der Bonität des ausländischen Vertragspartners und erhöhen damit das Insolvenzrisiko.[139] Fremde Rechtsordnungen und abweichende Geschäftsbräuche zwingen den Exporteur häufig, Zahlungsverzögerungen und damit Zinsverluste hinzunehmen, weil die Mittel der Zwangsvollstreckung nur unter Schwierigkeiten auszuschöpfen sind und die Entwicklung des Schuldnervermögens schwer zu überwachen ist.[140] Unterschiedliche Rechtsordnungen können zu einer abweichenden Vertragsauslegung führen und somit beispielsweise eine Verzögerung der Kaufpreiszahlung bewirken.[141] Durch die Deckung der wirtschaftlichen Risiken wird

---

136 Vgl. Schulte, Die Anknüpfung von Eingriffsnormen, insbesondere wirtschaftlicher Art, im internationalen Vertragsrecht, S. 91 ff.; vgl. auch BGH AWD 1961, 102 – Amerikanische Embargobestimmungen; BGH NJW 1972, 1575 – Nigerianisches Ausfuhrverbot.

137 Siehe hierzu Kegel in Soergel/Siebert, vor Art. 7 EGBGB, Rz. 396 ff.; MünchKomm-Sonnenberger, Einl. EGBGB, Rz. 277 ff.; Reithmann/Martiny, Internationales Vertragsrecht, Rz. 514; Drobning, Das Profil des Wirtschaftskollisionsrechts, RabelsZ 52 (1988), S. 5; Basedow, Wirtschaftskollisionsrecht, RabelsZ 52 (1988), S. 20 ff.

138 Glotzbach, a.a.O., S. 42.

139 Christopeit, a.a.O., S. 37.

140 Christopeit, a.a.O., S. 38.

141 Z.B. Großbritannien: Die Auffassung der britischen Banken über den Rahmen

das Insolvenzrisiko ausgeschaltet und die für den Außenhandel typischen Zahlungsverzögerungen werden bis zum endgültigen Zahlungseingang überbrückt.

a. Insolvenz des Schuldners

Als gedeckter Tatbestand erscheint das Insolvenzrisiko des ausländischen Bestellers nur bei der Hermes-Garantie, da wirtschaftliche Risiken dieser Art nur bei privaten ausländischen Abnehmern auftreten.

Voraussetzung des wirtschaftlichen Garantiefalles nach § 4 Nr. 3b AllgBed-FG ist, daß die „Durchführung des Vertrages unmöglich oder unzumutbar" wird. Im Gegensatz zu den Bedingungen für Fabrikationsrisiken alter Fassung, die allein auf die fehlende Zumutbarkeit abstellten, beinhalten die seit Oktober 1986 geltenden Allgemeinen Bedingungen für Fabrikationsrisikogarantien auch einen objektivierten Verschuldensmaßstab. Ein Unterschied zwischen Unzumutbarkeit und Unmöglichkeit dürfte sich in der Praxis jedoch kaum herausbilden, da § 276 BGB nach allgemeiner Meinung ohnehin von einem objektivierten Verschuldensbegriff ausgeht,[142] und sich eine Verschlechterung der Position des Garantienehmers nicht erkennen läßt.[143]

Als wirtschaftliche Garantiefälle gelten folgende Tatbestände:

- Eröffnung des Konkursverfahrens über das Schuldnervermögen oder Ablehnung der Eröffnung mangels Masse;
- Eröffnung des amtlichen Vergleichsverfahrens oder eines anderen amtlichen Verfahrens, das zum Ausschluß der Einzelzwangsvollstreckung führt;
- Abschluß eines außeramtlichen Vergleichs als Stundungs-, Quoten- oder Liquidationsvergleich, vorausgesetzt, daß diesem Vergleich alle oder eine Gruppe untereinander vergleichbarer Gläubiger, einschließlich des Garantienehmers zugestimmt haben;

---

der Ermessensfreiheit beim Dokumenten-Akkreditiv entsprach bis zur Revision der „Einheitlichen Richtlinien und Gebräuche für Dokumenten-Akkreditive" im Jahre 1962 nicht den Grundsätzen, die in den „Einheitlichen Richtlinien" (Revision 1952) niedergelegt waren. Die „Einheitlichen Richtlinien" galten im Sterling-Block nur bei besonderer Vereinbarung; vgl. Zahn/Eberding/Ehrlich, Zahlung und Zahlungssicherung im Außenhandel, S. 7.

142 Palandt-Heinrichs, § 276 Anm. 4 B a; Staudinger-Löwisch, § 276, Rz. 16.

143 Graf von Westphalen, ZIP 1986, S. 1502.

– nachweisliche Verschlechterung der wirtschaftlichen Verhältnisse des ausländischen Bestellers dahingehend, daß der ausländische Schuldner seine Zahlungen ganz oder im wesentlichen Umfang eingestellt hat.

Bis zur Neufassung der Allgemeinen Bedingungen galt es auch als wirtschaftlicher Garantiefall, wenn eine Zwangsvollstreckung wegen einer Kaufpreisforderung nicht zur vollen Befriedigung des Garantienehmers führte. Durch die Herausnahme diese Tatbestandes ist eine Systemwidrigkeit im Rahmen der Fabrikationsrisikodeckung beseitigt worden.[144] Bei der Fabrikationsrisikogarantie kommt es darauf an, daß die Durchführung des Vertrages unmöglich oder unzumutbar wird. Erfolglose Zwangsvollstrekkungsmaßnahmen in das Vermögen des ausländischen Bestellers erbringen aber nicht den Nachweis, daß „Fertigstellung und Versendung der Ware dem Garantienehmer nicht mehr zugemutet" werden können, wie der entsprechende Text der Bedingungen für Fabrikationsrisikogarantien lautete.[145] Die Fabrikationsrisikodeckung bezieht sich auf die Selbstkosten und nicht auf die Kaufpreisforderung des Exporteurs. Fruchtlose Zwangsvollstreckungsmaßnahmen als Garantiefall gehören daher zu den Ausfuhrrisikodeckungen.[146] Die klassischen Insolvenzfälle, nämlich Konkurs, Vergleich etc., kommen in der Praxis relativ selten vor.[147] Von größerer Bedeutung sind die Fälle, in denen die Forderungserfüllung wegen verschlechterter Vermögensverhältnisse scheitert bzw. hinausgezögert wird. Häufig nimmt der ausländische Besteller wegen Illiquidität die Verschiffungsdokumente nicht auf oder es werden die Wechsel nicht eingelöst.[148] Die Versicherung des wirtschaftlichen Risikos bedeutet also in erster Linie eine Überbrückung der Zahlungsverzögerungen und stellt vornehmlich eine Liquiditätshilfe für den deutschen Exporteur dar.[149]

b. Unmöglichkeit/Unzumutbarkeit der Vertragsdurchführung

Die klassischen Insolvenzfälle (Konkurs/Vergleich) entfallen bei Regierungsgeschäften. Daher ist in § 4 Nr. 3b AllgBed-FB ein wirtschaftlicher Bürgschaftsfall eigener Art normiert.[150]

---

144 Graf von Westphalen, ZIP 1986, S. 1502.

145 § 5 Abs. 1 Nr. 1d Bed-FG (a.F.).

146 Vgl. § 4 Abs. 3 Nr. 4 AllgBed-AG.

147 Schallehn/Stolzenburg, Abschnitt V., Tz. 50.

148 Schallehn/Stolzenburg, Abschnitt V., Tz. 50.

149 Christopeit, a.a.O., S. 39.

150 Das in § 4 Nr. 3b AllgBed-FB genannte Risiko wird in der Lit. zum Teil auch zu den polit. Risiken gezählt, vgl. Schallehn/Stolzenburg, Abschn.V., Tz. 7.

Dieser tritt dann ein, wenn die Durchführung des Vertrages unmöglich oder unzumutbar ist, weil die wirtschaftlichen Verhältnisse des ausländischen Schuldners nachweislich so ungünstig sind, daß er seine Zahlungen ganz oder im wesentlichen Umfang eingestellt hat und deshalb mit einer Durchführung des Vertrages nicht mehr gerechnet werden kann. Wichtig ist dieser Tatbestand vor allem bei Geschäften, die Vorauszahlungen vorsehen und der Exporteur frühzeitig erfährt, daß seine Forderungen nicht erfüllt werden.

c. Lossagung vom Vertrag

Wenn und soweit sich „der ausländische Schuldner endgültig vom Vertrag losgesagt oder sonst in schwerwiegender Weise gegen seine Vertragspflichten verstoßen hat", ist gem. § 4 Nr. 3c AllgBed-FG/FB ein Garantiefall/Bürgschaftsfall gegeben, vorausgesetzt, dem Garantienehmer/Bürgschaftsnehmer ist aus diesem Grunde die „Fortsetzung der Fertigung bzw. der Versand der Ware" nicht mehr zumutbar. Die Vertragsverletzung muß so gravierend sein, daß „mit einer Durchführung des Vertrages nicht mehr gerechnet werden kann". Hierbei kann an den Tatbestand der Erfüllungsverweigerung gem. § 326 BGB angeknüpft werden,[151] der bei ernsthafter und endgültiger Verweigerung der Forderungserfüllung die Einräumung einer Frist zur Erbringung der vertraglichen Leistung entbehrlich macht.[152] Eine nur vorübergehende, den Verzug begründende Vertragsverletzung des ausländischen Bestellers läßt den Garantiefall/Bürgschaftsfall somit nicht eintreten.[153]

d. Nichtzahlung von Stornierungskosten

Ein Garantiefall/Bürgschaftsfall liegt auch dann vor, wenn „der ausländische Schuldner den Vertrag kündigt und aus der Kündigung entstandene gesetzliche oder vertragliche Ansprüche des Garantienehmers/Bürgschaftsnehmers innerhalb von sechs Monaten nach ihrer Fälligkeit nicht erfüllt werden".[154] Es zeigt sich bei diesem Tatbestand eine Parallele zu § 649 BGB,

151 Graf von Westphalen, ZIP 1986, S. 1501.

152 Vgl. BGH NJW 1982, 2316; BGH NJW 1984, 48, 49.

153 Graf von Westphalen, ZIP 1986, S. 1501.

154 § 4 Nr. 3d AllgBed-FG/FB.

der dem Garantienehmer/Bürgschaftsnehmer nicht nur einen Anspruch auf Stornierungskosten,[155] sondern darüber hinaus – allerdings unter Anrechnung der ersparten Aufwendungen – auch einen Anspruch auf den Geschäftsgewinn zuspricht. Der Anspruch reduziert sich jedoch gem. § 2 Abs. 1 AllgBed-FG/FB auf die Selbstkosten, da diese Gegenstand der Deckung sind und nicht der Gewinn.

§ 6 Die Deckung des Ausfuhrrisikos

I. Gegenstand der Deckung

Gegenstand der Deckung sind die im Ausfuhrvertrag mit dem ausländischen Schuldner für Lieferungen und Leistungen des Deckungsnehmers als Gegenleistung vereinbarten Geldforderungen.[156] Reine Kompensationsgeschäfte sind also von der Deckung ausgeschlossen.[157]

Garantien und Bürgschaften zur Deckung von Ausfuhrrisiken werden für Waren aller Art übernommen, es sei denn, daß es sich um Kriegsmaterial handelt.[158] Die Waren müssen auch nicht anderweitig schwer verwertbar sein oder lange Herstellungsfristen erfordern, wie dies bei der Fabrikationsrisikodeckung verlangt wird. Gebrauchte Waren und Konsumgüter werden uneingeschränkt in die Deckung miteinbezogen.[159]

Gem. § 2 Abs. 3 AllgBed-AG/AB können Kreditzinsen und Finanzierungskosten bis zur Fälligkeit der Hauptforderung in die garantierte bzw. verbürgte Forderung aufgenommen werden. Voraussetzung für deren Dekkung ist die ausdrückliche Erwähnung in der jeweiligen Ausfuhrgarantie- bzw. Ausfuhrbürgschaftserklärung.[160]

Bis zur Neufassung der Allgemeinen Bedingungen für Ausfuhrgarantien/ -bürgschaften wurden Ansprüche auf Schadensersatz auch dann nicht von der Garantie/Bürgschaft erfaßt, wenn sie in den Bestimmungen des Liefer-

155 Graf von Westphalen, ZIP 1986, S. 1501.

156 § 2 Abs. 1 AllgBed-AG/AB.

157 Zu den verschiedenen Formen von Kompensationsgeschäften (Barter/ counterpurchase, switch transaction und consideration) siehe Schmitthoff, Export Trade, S. 137. Vgl. auch Welt, Countertrade, S. 10 ff. und S. 41 f.

158 Glotzbach, a.a.O., S. 44.

159 Schallehn/Stolzenburg, Abschnitt IV., Tz. 8.

160 Graf von Westphalen, ZIP 1986, S. 1505.

vertrages ausdrücklich vorgesehen waren. Seit Oktober 1986 erstreckt sich § 2 Abs. 2 AllgBed-AG/AB nunmehr auch auf Surrogatforderungen.[161] Unter der Voraussetzung, daß der Ausfuhrvertrag wirksam zustandegekommen ist, sind auch solche Geldforderungen Gegenstand der Ausfuhrgarantie bzw. Ausfuhrbürgschaft, „die auf den Ausgleich erbrachter Lieferungen und Leistungen gerichtet sind und aufgrund des Ausfuhrvertrages oder aus anderen Rechtsgründen an die Stelle der als Gegenleistung vereinbarten Geldforderung treten." Hierunter fallen nicht nur Schadensersatzansprüche wegen Nichterfüllung, sondern auch Aufwendungsersatzansprüche aus § 649 und § 645 BGB. Nicht gedeckt sind aber Bereicherungsansprüche aufgrund eines nichtigen Vertrages oder Schadensersatzansprüche, die über den Gegenwert erbrachter Lieferungen und Leistungen hinausgehen.

Verzugszinsen, Vertragsstrafen, Reuegeld und sonstige Nebenkosten, werden nach wie vor nicht in die Deckung einbezogen.[162]

Der Bund kann auf Antrag eine Deckung, die er für ein Liefer- oder Leistungsgeschäft übernimmt, auch auf Forderungen erstrecken, die aus dem Wirksamwerden von Preisgleitklauseln entstehen.[163]

Gem. § 3 der bis September 1986 geltenden AllgBed-AG/AB sollten Forderungen nur insoweit garantiert bzw. verbürgt werden, als die ihnen zugrundeliegenden Lieferungen und Leistungen ganz oder überwiegend deutscher Herkunft waren. Mit der Neuregelung der AllgBed-AG/AB ist diese Vorschrift ersatzlos weggefallen, woraus zu schließen ist, daß diese Einschränkungen nun nicht mehr gelten. Ohnehin handelte es sich bei § 3 alter Fassung um eine Sollvorschrift, die Ausnahmen zuließ. So konnte unter bestimmten Voraussetzungen eine Deckung für Transitgeschäfte und Zulieferungen in Form von Unterlieferungen übernommen werden.[164]

II. Deckungsnehmer

Wie bei der Fabrikationsrisikodeckung können Ausfuhrdeckungen sowohl an den Fabrikanten wie auch an den Händler gegeben werden. Ausfuhrgewährleistungen zugunsten ausländischer Firmen werden vom Bund nicht übernommen. Deutsche Zweigniederlassungen ausländischer Stammhäuser

161 Graf von Westphalen, ZIP 1986, S. 1505.

162 § 2 Abs. 3 AllgBed-AG/AB.

163 Zu den Einzelheiten siehe das Merkblatt über Preisgleitklauseln; abgedruckt bei Schallehn/ Stolzenburg, Abschnitt IV., Anlage 1

164 Vgl. hierzu Schallehn/Stolzenburg, Abschnitt IV., Tz. 52 ff.

können Ausfuhrgewährleistungen für solche Exportgeschäfte beantragen, die unmittelbar von ihnen getätigt werden. Es darf sich hierbei jedoch nicht um Zulieferungen an ihre ausländischen Stammhäuser handeln.

III. Der Haftungszeitraum

Die Haftung aus der Ausfuhrgarantie bzw. Ausfuhrbürgschaft beginnt ausdrücklich mit dem Versand der Ware.[165] Übernimmt der Bund die Deckung für Forderungen aus Leistungen, so beginnt die Haftung mit dem Beginn der Leistungen.[166]

Durch die Neuregelung der Allgemeinen Bedingungen ist eine Klarstellung dahingehend erfolgt, daß Fabrikationsrisikodeckung und Ausfuhrrisikodeckung nahtlos ineinander übergehen, soweit sie die gleichen Lieferungen und Leistungen betreffen und das Haftungsende aus der Fabrikationsrisikodeckung vor dem Versand der Ware liegt.[167]

Die Haftung des Bundes aus der Deckung endet, „sobald und soweit die garantierte/verbürgte Forderung erfüllt ist".[168] Die Ausfuhrdeckungen sind also nicht zeitlich befristet.

Eine Neuerung bringt § 3 Abs. 2 AllgBed-AG/AB: Danach ist der Dekkungsnehmer verpflichtet, innerhalb von zwei Jahren nach Fälligkeit der garantierten/verbürgten Forderung einen Entschädigungsantrag zu stellen, um dem Verlust seiner Ansprüche gegen den Bund zu entgehen. Unterbleibt die rechtzeitige Anzeige innerhalb der Ausschlußfrist,[169] so wird die Erfüllung der garantierten/verbürgten Forderung angenommen – die Forderung „gilt als erfüllt".

IV. Die gedeckten Risiken

Für Ausfuhrgarantien gibt es seit dem 1. Oktober 1986 unterschiedliche Bedingungen.

---

165 § 3 Abs. 1, 1. Hs. AllgBed-AG/AB.
166 § 3 Abs. 1, 2. Hs. AllgBed-AG/AB.
167 § 3 Abs. 1, Satz 2 AllgBed-AG/AB.
168 § 3 Abs. 1, Satz 3 AllgBed-AG/AB.
169 Graf von Westphalen, ZIP 1986, S. 1505.

- Für das mittel- und langfristige Geschäft: Allgemeine Bedingungen für Ausfuhrgarantien (G);
- für das kurzfristige Geschäft: Allgemeine Bedingungen für Ausfuhrgarantien/kurzfristige Einzeldeckungen (G/kE).

Die Bedingungen für das kurzfristige Geschäft, AllgBed (G/KE), haben im Gegensatz zu den AllgBed (G) keinen „protracted default" (Nichtzahlungsfall, d.h. Nichtzahlung innerhalb von sechs Monaten nach Fälligkeit der Forderung), sind im übrigen aber identisch. Für Geschäfte mit privaten Schuldnern zu kurzfristigen Zahlungsbedingungen wird der „protracted default" wie zuvor auch im Rahmen von Ausfuhr-Pauschal-Gewährleistungen (APG)[170] gedeckt.

Die Abgrenzung für die Anwendung der AllgBed (G) und AllgBed (G/kE) erfolgt nach den gleichen Kriterien wie bei dem zum 1.4.1984 eingeführten Nichtzahlungsfall für Ausfuhrgarantien: Die AllgBed (G/kE) gelten für Forderungen gegen private ausländische Schuldner, sofern die vereinbarte Kreditlaufzeit zwei Jahre nicht übersteigt und eine Kreditlaufzeit von mehr als zwei Jahren im Hinblick auf Warenart und Auftragswert nicht zulässig wäre.

Für Ausfuhrbürgschaften gibt es auch weiterhin einheitliche Bedingungen für das kurzfristige Geschäft, da hier der Nichtzahlungsfall nach wie vor für alle Kreditlaufzeiten zum Standarddeckungsumfang gehört.

1. Politische Risiken

a. Allgemeiner politischer Garantie-/Bürgschaftsfall

aa. „Politische Umstände" als Voraussetzung

Bis zur Neuregelung der Allgemeinen Bedingungen lag ein „politischer" Garantie- bzw. Bürgschaftsfall vor, wenn „ausschließlich allgemeine staatliche Maßnahmen des Schuldnerlandes" die Erfüllung oder Beitreibung der Forderung unmöglich machte.[171] Davon weicht § 4 Abs. 2 AllgBed-AG/AB ersichtlich in zweierlei Hinsicht ab: Nicht mehr „allgemeine staatliche Maßnahmen des Schuldnerlandes" sind erforderlich, sondern „politische Umstände", die bezüglich der gedeckten Forderung als „gesetzgeberische oder behördliche Maßnahme" einzuordnen sind, sofern hierdurch die „Erfüllung

---

170 Siehe unten § 9 III.

171 § 6 AllgBed-AG/AB (a.F.).

oder Beitreibung der garantierten/verbürgten Forderung in jeder Form" verhindert wird.

Die Neufassung des allgemeinen politischen Tatbestandes bringt für den Bund als Deckungsgeber bei der Kontrolle im Entschädigungsverfahren eine Erleichterung. Der Bund hatte zu prüfen, ob es sich um „allgemeine staatliche Maßnahmen" und nicht um Einzelmaßnahmen handelte, die in die Deckung nicht einbezogen werden konnten.[172] Da „gesetzgeberische oder behördliche Maßnahmen im Ausland" auch dann vorliegen, wenn es sich um eine gezielte Maßnahme gegen einen einzelnen Exporteur handelt oder ein Maßnahmegesetz gegen eine bestimmte Gruppe von Exporteuren erlassen wird, können Abgrenzungsprobleme der oben genannten Art nicht mehr auftreten.[173]

Nach der alten Regelung setzte ein „politischer" Garantie- bzw. Bürgschaftsfall voraus, daß die Erfüllung oder Beitreibung der Forderung „ausschließlich" auf „allgemeine staatlichen Maßnahmen des Schuldnerlandes" unterblieb. Es durften also nicht noch andere politische Ereignisse für den Eintritt des Schadensfalles ursächlich sein, ohne daß die Einstandspflicht des Bundes entfiel. Eine Ausschließlichkeit im Sinne von § 6 Abs. 2 AllgBed-AG/AB (a.F.) wird nun nicht mehr verlangt. Dennoch kann auf eine adäquate Kausalität der gesetzgeberischen oder behördlichen Maßnahmen i.S. von § 4 Abs. 2 AllgBed-AG/AB nicht verzichtet werden, da diese als eine unverzichtbare Voraussetzung des politischen Garantie- bzw. Bürgschaftsfalles anzusehen ist.[174]

bb. Zahlungsverbot und Moratorium

Typische Fälle gesetzgeberischer Maßnahmen im Sinne des allgemeinen politischen Tatbestandes sind Zahlungsverbote und Moratorien.

Bei einem Moratorium handelt es sich um die einstweilige Zahlungseinstellung oder den befristeten Zahlungsaufschub, welcher in wirtschaftlicher Notlage eines Landes entweder gegenüber dem Ausland (Transfer-Moratorium) oder im Inland (Aufbringungsmoratorium) zum Schutze einer Gesamtheit von Schuldnern verfügt werden kann.[175] Ihrer Natur nach sind solche Maßnahmen der Eröffnung des Konkurses über das Vermögen eines Schuld-

---

172 Vgl. Schallehn/Stolzenburg, Abschnitt V., Tz. 97 ff.

173 Graf von Westphalen, ZIP 1986, S. 1507.

174 Graf von Westphalen, ZIP 1986, S. 1507.

175 Achterberg/Lanz, Enzyklopädisches Lexikon für das Geld-, Bank- und Börsenwesen, S. 1223.

ners und der Stundung individueller Forderungen durch einen Gläubiger vergleichbar.[176]

Bei der Verhängung eines Moratoriums wird der ausländische Käufer von der Verpflichtung zur Zahlung des Kaufpreises nicht frei, gerät aber auch nicht in Verzug[177] und braucht daher weder zu erfüllen noch die Ware herauszugeben. Der deutsche Exporteur erleidet Zins- und Liquiditätsverluste und ist mit dem Risiko einer späteren Insolvenz des Käufers behaftet.

Mit Zahlungsverboten verbietet das Importland die Erfüllung ausländischer Forderungen in eigener und fremder Währung.[178] Der ausländische Käufer darf die Kaufpreisforderung des Exporteurs erst nach Aufhebung des Zahlungsverbotes erfüllen; bis dahin ist die Forderung (unbefristet) eingefroren.[179]

Für den Fall, daß durch die Verhängung des Zahlungsverbotes die Erfüllung dauernd unmöglich gemacht wird, greift bei Anwendung deutschen Schuldstatuts § 275 BGB ein, d.h., der Käufer wird von der Verpflichtung zur Zahlung des Kaufpreises frei. Dem Exporteur steht nun frei, die gelieferte Ware gem. §§ 323 Abs. 3, 812 ff. BGB zu kondizieren. Da der Erfüllungsort für Kondiktionsansprüche nach dem geltenden Schuldstatut bestimmt wird und bei Anwendung deutschen Rechts daher im Lande des Käufers liegt,[180] trägt der deutsche Exporteur die Kosten für den Rücktransport. Bei Unmöglichkeit der Herausgabe steht dem Exporteur ein Wertersatzanspruch nach § 818 Abs. 3 BGB zu, der ihm aber wegen des auch hierfür geltenden Zahlungsverbotes wenig nützt.[181]

cc. Kriegerische Ereignisse

Der allgemeine politische Garantie- bzw. Bürgschaftsfall ist auch gegeben, wenn „kriegerische Ereignisse oder Aufruhr oder Revolution im Ausland" ursächlich dafür sind, daß die „Erfüllung oder Beitreibung der garantierten Forderung" verhindert wird. Der Grund für die Einführung dieses Schadenstatbestandes wird in der Deckungspraxis gesehen, die sich im Zusammen-

---

176 Achterberg/Lanz, a.a.O., S. 1223.

177 RGZ 117, 130; vgl. auch Anm. 6 und 10 zu § 275.

178 Glotzbach, a.a.O., S. 45.

179 Glotzbach, a.a.O., S. 45.

180 Siehe BGH in AWD 1960, 101 f.; Kegel in Soergel/Siebert, Rdnr. 265 vor Art. 7 EGBGB.

181 Christopeit, a.a.O., S. 35.

hang mit dem iranisch-irakischen Krieg herausgebildet hatte:[182] Der Bund lehnte es ab, für Objekte, die innerhalb einer 50 km-Zone entlang der iranisch-irakischen Grenze lagen, weiterhin Deckung zu gewähren.

dd. Keine Möglichkeit zur Einzahlung des Gegenwertes

Der Garantie- bzw. Bürgschaftsfall liegt nicht nur dann vor, wenn die Erfüllung oder Beitreibung der gedeckten Forderung in jeder Form unmöglich ist, sondern auch, wenn gesetzgeberische oder behördliche Maßnahmen bzw. kriegerische Ereignisse oder Aufruhr oder Revolution im Ausland die Erfüllung oder Beitreibung der garantierten Forderung in der vereinbarten Währung verhindern und keine Möglichkeit zur Einzahlung des Gegenwertes zum Zwecke des Transfers[183] besteht und der Bund der Zahlung in einer anderen als der vereinbarten Währung mit schuldbefreiender Wirkung nicht zustimmt.

ee. Zeitliche Schranken

Der allgemeine politische Schadenstatbestand beinhaltet zwei zeitliche Grenzen. Die „gesetzgeberischen oder behördlichen Maßnahmen im Ausland", einschließlich „kriegerischer Ereignisse oder Aufruhr oder Revolution im Ausland", müssen „nicht später als zwölf Monate nach Fälligkeit" der Forderung des Deckungsnehmers eintreten. Die zweite zeitliche Schranke besteht darin, daß die Erfüllung oder Beitreibung der gedeckten Forderung mindestens für einen Zeitraum von sechs Monaten unmöglich sein muß.

Die neue zeitliche Begrenzung, die den Eintritt dieses politischen Schadensfalles so innerhalb von zwölf Monaten nach Fälligkeit zuläßt, geht davon aus, daß eine mehr als einjährige Überfälligkeit, die nicht auf gesetzgeberischen oder behördlichen Maßnahmen beruht, ihre Ursache in mangelnder Leistungsfähigkeit des Schuldners hat, so daß ausschließlich die wirtschaftlichen Schadenstatbestände einschlägig sind.

b. Konvertierungs- und Transferfall (KT-Fall)

Die politischen Risiken betreffen nicht nur handelspolitische und kriegsbedingte Eingriffe des Bestimmungslandes oder dritter Staaten. Es finden sich

182 Graf von Westphalen, ZIP 1986, S. 1507.

183 Gemeint ist der Transfer i.S.v. § 4 Abs. 2 Nr. 2 AllgBed-AG/AB.

auch devisenpolitische Maßnahmen, die zur Stützung der Zahlungsbilanz ergriffen werden. Der betreffende Staat versucht durch solche Maßnahmen das Defizit der Zahlungsbilanz zu beseitigen und eine drohende Illiquidität zu verhindern.[184] Devisenpolitische Instrumente von besonderer Tragweite sind Konvertierungs- und Transferverbote. Das Importland untersagt den Umtausch von Landeswährung in Devisen und erklärt sämtliche Zahlungen für landesgebunden.[185] Der ausländische Besteller kann daher die Kaufpreisforderung des deutschen Exporteurs nur in seiner landeseigenen Währung durch Einzahlung oder Hinterlegung bei einer Bank oder einem amtlichen Verrechnungskonto erfüllen.[186] Die Kaufpreisforderung des deutschen Exporteurs wandelt sich um in eine Forderung gegen die Bank oder die Hinterlegungsstelle. Die Forderung wird für den Exporteur durch „Auftauen" oder „Mobilisierung" verfügbar.[187] Das „Auftauen" des Betrages geschieht entweder durch Freigabe in den gewünschten Devisen, die ins Gläubigerland transferiert werden können oder durch Umwandlung in Wertpapiere, die ihrerseits dann verkauft werden müssen.[188] Bei der „Mobilisierung" bleibt die Forderung als solche bestehen, kann aber vom Exporteur verkauft oder beliehen werden, um so wenigstens einen Teilbetrag seiner Forderung zu erhalten.[189]

Konvertierungs- und Transferverbote führen zur teilweisen Unmöglichkeit der Forderungserfüllung.[190] Der ausländische Käufer hat also soweit zu leisten, wie es unter den gegebenen Umständen möglich ist. Er muß die vereinbarte Kaufpreisforderung bei einer Bank oder einem Verrechnungskonto einzahlen oder hinterlegen.[191] Wegen der dem deutschen Exporteur hieraus entstehenden Zins- und Liquiditätsverluste wird der sog. „KT-Fall" von der staatlichen Ausfuhrhaftung mitumfaßt. Der Tatbestand des Konvertierungs-

---

184 Christopeit, a.a.O., S. 34.

185 Glotzbach, a.a.O., S. 46.

186 Christopeit, a.a.O., S. 34. Es ist zu unterscheiden zwischen Ländern, mit denen die Bundesrepublik Deutschland ein Verrechnungsabkommen (Verrechnungsländer) abgeschlossen hat und solchen, mit denen keine derartigen Abkommen bestehen (Nichtverrechnungsländer). Bei einem Verrechnungsland genügt nämlich die Einzahlung bei einer zahlungsfähigen Bank nicht, sondern es muß die Einzahlung auf ein amtliches Verrechnungskonto erfolgen. Wegen der Einzelheiten siehe bei Schallehn/Stolzenburg, Abschnitt V., Tz. 78 ff.

187 Reuter, a.a.O., S. 129 f.

188 Reuter, a.a.O., S. 129 f.

189 Reuter, a.a.O., S. 129 ff.

190 RGZ 92, 17; Erman-Battes, Anm. 4 zu § 323.

191 Christopeit, a.a.O., S. 36.

und Transferfalles setzt voraus, daß „infolge von Beeinträchtigungen des zwischenstaatlichen Zahlungsverkehrs Beträge, die der ausländische Schuldner als Gegenwert für die garantierte/verbürgte Forderung bei einer zahlungsfähigen Bank oder einer anderen vom Bund anerkannten Stelle zum Zwecke der Überweisung an den Garantie-/ Bürgschaftsnehmer eingezahlt hat, nicht in die vereinbarte Währung konvertiert oder nicht transferiert werden, alle bestehenden Vorschriften für die Konvertierung und den Transfer dieser Beträge erfüllt waren und vier Monate nach Fälligkeit der Forderung, Einzahlung und Erfüllung dieser Vorschriften verstrichen sind."[192]

c. Das Kursrisiko bei Zahlungsregelungen

Der Exporteur kann sich gegen Kursschwankungen der Fakturenwährung im allgemeinen durch Devisentermingeschäfte sichern. Sowohl das Swap-Geschäft als auch das Outwrite-Geschäft stehen dem Außenhandelskaufmann als wirksame Instrumente zur Verfügung und verschaffen ihm eine Kalkulationsbasis für später erfolgende Zahlungen.[193] Beim Swap-Geschäft handelt es sich um eine Kombination aus einem Verkauf von Devisen am Kassamarkt und gleichzeitigem Rückkauf dieser Devisen zu einem festen Termin. Dadurch kann der Besitzer einer Währungsposition, der diese zum Zeitpunkt des Swap-Geschäfts nicht benötigt, später jedoch Verbindlichkeiten in dieser Währung zu erfüllen hat, den DM-Betrag bis zur Erfüllung des Termingeschäfts anders verwenden, z.B. zur Rückführung von Kontokorrentkrediten in heimischer Währung.[194] Beim Outwrite-Geschäft wird im Unterschied zum Swap-Geschäft ein Devisenbetrag zu einem bestimmten Erfüllungstag entweder nur ge- oder nur verkauft. Bei diesem Solo-Geschäft erfolgt also nur der Abschluß eines Devisentermingeschäftes ohne Kassageschäft.[195] Wegen dieser Absicherungsmöglichkeiten übernimmt der Bund nur die Deckung für Kursrisiken, die als Folge von Konvertierungs- und Transferverboten auftreten.

192 § 4 Abs. 2 Nr. 2 AllgBed-AG/AB.

193 Achterberg/Lanz, a.a.O., S. 419.

194 Büschgen, Bankbetriebslehre, S. 274; zu den verschiedenen Typen von Swap-Geschäften – Devisenswap, Währungsswap und Zinsswap – siehe Nabben, Financial Swaps, S. 24 f., 27 f. und Dreissig, Swap-Geschäfte aus bilanzsteuerrechtlicher Sicht, BB 1989, S. 332 f.; vgl. auch Füllbier, Zivilrechtliche Einordnung von Zins- und Währungsswaps, ZIP 1990, S. 554 ff.

195 Büschgen, a.a.O., S. 274.

Der ausländische Kunde ist infolge von KT-Verboten gehalten, den Kaufpreis nicht in der Fakturenwährung, sondern in der Währung seines Landes bei einer Bank einzuzahlen oder zu hinterlegen. Bis zum Auftauen oder zur Mobilisierung der Forderung[196] kann nun das Importland seine Währungsparitäten im Wege der Abwertung verändern und dem deutschen Exporteur einen Kursverlust zufügen, da auch die eingefrorene Forderung von der Abwertung erfaßt wird.[197] Ein vorher abgeschlossenes Devisentermingeschäft würde den Exporteur nicht sichern, da der Kursverlust nicht an der vereinbarten Währung, sondern an einer dritten Währung entsteht.

Der Bund steht für das Kursrisiko ein, „wenn nach Erfüllung aller bestehenden Vorschriften für die Konvertierung und den Transfer ausschließlich infolge einer Abwertung der vom ausländischen Schuldner auf die garantierte Forderung eingezahlten Beträge Kursverluste entstehen, sofern nach Abschluß des Ausfuhrvertrages erlassene Vorschriften des Schuldnerlandes eine schuldbefreiende Wirkung dieser Zahlung vorsehen".[198] Kursverluste an der vereinbarten Währung oder an einer anderen ohne Zustimmung des Bundes angenommenen Währung sind nicht gedeckt. Der Tatbestand des Kursrisikos bei Zahlungsregelungen ist jedoch nicht von allzu großer praktischer Bedeutung, da Schadensfälle dieser Art in den letzten Jahren kaum an den Bund herangetragen worden sind.[199]

d. Unmöglichkeit der Vertragserfüllung

Neu ist auch die Regelung nach § 4 Abs. 2 Nr. 4 AllgBed-AG/AB, wonach Uneinbringlichkeit infolge politischer Umstände vorliegt, „wenn gesetzgeberische oder behördliche Maßnahmen im Ausland, die nach Abschluß des Ausfuhrvertrages ergangen sind, oder kriegerische Ereignisse oder Aufruhr oder Revolution im Ausland die Erfüllung der vertraglich vom Garantie-/Bürgschaftsnehmer geschuldeten Lieferungen und Leistungen ganz oder teilweise hindern und dem Garantie-/Bürgschaftsnehmer deshalb durchsetzbare Forderungen für die schon erbrachten Lieferungen und Leistungen nicht zustehen".

Die Einführung dieses neuen Tatbestandes dokumentiert das Bemühen des Bundes, den Deckungsschutz für politische Risiken zu erweitern. Es ist nur konsequent, das Risiko eines „Verlustes von Ansprüchen infolge Un-

196 Hierzu siehe oben § 6 IV.1.a.bb.

197 Christopeit, a.a.O., S. 37.

198 § 4 Abs. 2 Nr. 3 AllgBed-AG/AB.

199 Auskunft der Hermes-AG vom 10.5.1991.

möglichkeit der Vertragserfüllung" in die Deckung mit einzubeziehen, nachdem schon das restriktive Element der „allgemeinen staatlichen Maßnahmen des Schuldnerlandes" als Voraussetzung des politischen Garantie-/Bürgschaftsfalles aufgegeben und die Risiken „kriegerischer Ereignisse" und „Aufruhr oder Revolution im Ausland" als politische Umstände im Sinne von § 4 Abs. 2 AllgBed-AG/AB normiert wurden.[200]

Nunmehr wird auch die bis zur Neuregelung der Allgemeinen Bedingungen bestehende Grauzone erfaßt, daß bestimmte Umstände die Erfüllung der vom Garantie-/Bürgschaftsnehmer geschuldeten Leistungen und damit das Entstehen einer einredefreien Forderung gegen den ausländischen Schuldner verhindern. Da diese Regelung nicht auf Maßnahmen des Schuldnerlandes beschränkt ist, werden auch sog. „Partnerlandsrisiken" erfaßt. Dies ist von Bedeutung, wenn in die Deckung einbezogene, nicht anderweitig ersetzbare Zulieferungen oder Lieferanteile aus Drittländern, die für die Durchführung des Exportgeschäftes benötigt werden, aufgrund der gedeckten politischen Risiken nicht beigebracht werden können.[201]

e. Verlust der Ware vor Gefahrübergang

Wenn infolge politischer Umstände die Ware während des Zeitraumes von der Versendung bis zum Übergang der Gefahr auf den ausländischen Schuldner durch ausländische staatliche Stellen beschlagnahmt oder auf andere Weise der Verfügungsgewalt des Exporteurs entzogen oder vernichtet oder beschädigt wird oder verlorengeht und der Ausfall sechs Monate nach der im Ausfuhrvertrag vereinbarten Fälligkeit der Forderung nicht ersetzt worden ist, liegt nach § 4 Abs. 2 Nr. 5 AllgBed-AG/AB ebenfalls Uneinbringlichkeit infolge politischer Umstände vor. Voraussetzung ist, daß keine Möglichkeit bestanden hat, die Gefahren bei anderen Versicherungsgesellschaften abzudecken, und der Ersatz des Schadens nicht durch gesetzliche Bestimmungen gewährleistet wird.

---

200 Graf von Westphalen, ZIP 1986, S. 1507.

201 Schallehn/Stolzenburg, Abschnitt V., Tz. 13a.

2. *Wirtschaftliche Risiken*

a. Allgemeine wirtschaftliche Schadenstatbestände

Wie bereits erwähnt, treten wirtschaftliche Risiken in Form von Insolvenzen nur bei Geschäften mit privaten ausländischen Abnehmern auf.[202] Versicherbare wirtschaftliche Risiken in diesem engen Sinne finden daher auch bei den Ausfuhrdeckungen nur durch Hermes-Garantien Berücksichtigung. Voraussetzung der in § 4 Abs. 3 AllgBed-AG normierten wirtschaftlichen Schadenstatbestände ist die Uneinbringlichkeit der Forderung des Exporteurs.

Uneinbringlichkeit im Sinne von § 4 Abs. 3 AllgBed-AG liegt vor, wenn mit Bezug auf das Vermögen des ausländischen Schuldners

1. ein Konkursverfahren eröffnet oder mangels Masse abgelehnt worden ist;
2. ein amtliches Vergleichsverfahren oder ein anderes amtliches Verfahren, das zum Ausschluß der Einzelzwangsvollstreckung führt, eröffnet worden ist;
3. ein außeramtlicher Vergleich (Stundungs-, Quoten- oder Liquidationsvergleich), dem alle oder eine Gruppe untereinander vergleichbarer Gläubiger einschließlich des Garantienehmers zugestimmt haben, abgeschlossen worden ist;
4. eine Zwangsvollstreckung wegen der garantierten Forderung nicht zur vollen Befriedigung geführt hat;
5. die wirtschaftlichen Verhältnisse nachweislich so ungünstig sind, daß der ausländische Schuldner seine Zahlungen ganz oder im wesentlichen Umfang eingestellt hat;
6. nach Versendung der Ware die Uneinbringlichkeit der garantierten Forderung gem. Nr. 1-5 zu besorgen ist und der Garantienehmer noch in seiner Verfügungsgewalt befindliche Ware anderweitig im Einvernehmen mit dem Bund verwertet und dabei einen Mindererlös erleidet.

Beim wirtschaftlichen Garantiefall „ungünstige Umstände" wird dem deutschen Exporteur der Nachweis des eingetretenen Schadens erleichtert.[203] Nach der Neuregelung der Allgemeinen Bedingungen genügt es nunmehr, daß der ausländische Schuldner seine Zahlungen gegenüber seinen Gläubigern „ganz oder im wesentlichen Umfang eingestellt hat". Die alte

---

202 Vgl. dazu oben § 5 IV.2.a.

203 Merkblatt über die neuen Allgemeinen Bedingungen für die Ausfuhrgewährleistungen des Bundes.

Regelung[204] sah vor, daß eine teilweise Bezahlung nachweislich aussichtslos erscheint, insbesondere eine Zwangsvollstreckung oder ein Konkursantrag keinen Erfolg versprechen. Die Änderung stellt nicht nur eine deutliche Verbesserung für Ausfuhrgarantien ohne Deckung des reinen Nichtzahlungsfalles (protracted default) dar,[205] dessen Nachweis im Schadensfall noch einfacher zu führen ist als beim Garantiefall „ungünstige Umstände", sie bietet dem Exporteur auch eine Alternative zu dem Garantiefall der Nichtzahlung, da dieser mit einem höheren Selbstbehalt versehen ist.[206]

b. Nichtzahlungsfall (protracted default)

aa. Uneinbringlichkeit der Forderung

Uneinbringlichkeit im Sinne des Nichtzahlungstatbestandes[207], in Anlehnung an den englischen Sprachgebrauch auch „protracted default" genannt, liegt vor, wenn die garantierte/verbürgte Forderung sechs Monate nach ihrer Fälligkeit nicht erfüllt worden ist und der Garantie-/Bürgschaftsnehmer die nach den Regeln der kaufmännischen Sorgfalt erforderlichen Maßnahmen zur Einziehung der gedeckten Forderung ergriffen hat.

Diese von der exportierenden Wirtschaft häufig verlangte Deckungszusage erscheint in ihren Voraussetzungen recht eindeutig und verständlich, bedarf in einigen Punkten jedoch einer Erläuterung.

bb. Fälligkeit der Forderung

Der Begriff „Fälligkeit" führt in der Praxis oft zu Mißverständnissen. Verfehlt wäre es, eine – nach dem Kalender bestimmte – Frist von sechs Monaten, gerechnet ab „Fälligkeit", zur Grundlage eines Entschädigungsantrages zu machen.[208] Fälligkeit i.S. des Nichtzahlungstatbestandes setzt voraus, daß die dem Deckungsnehmer zustehende Entgeltforderung sowohl frei von Einreden und Einwendungen als auch unbestritten ist. Bereits aus § 284 BGB folgt, daß Bestehen und Geltendmachung von Einreden gem. §§ 273, 320 BGB dazu führen, die Fälligkeit der Forderung zu verneinen.[209]

---

204 § 6 Abs. 2 lit. A Nr. 5 AllgBed-AG (a.F.).

205 Dazu unten § 6 IV.2.b.

206 Siehe § 6 Abs. 1 Nr. 3 AllgBed-AG.

207 § 4 Abs. 4 AllgBed-AG; § 4 Abs. 3 AllgBed-AB.

208 Graf von Westphalen, ZIP 1986, S. 1506.

209 BGH WM, 1984, 1095 (1097); vgl. auch MünchKomm-Wachshöfer, § 284, Rdnr. 13 f.

Unterstützung findet diese Interpretation auch in dem neu eingeführten § 5 AllgBed-AG/AB. Gem. § 5 Abs. 1 AllgBed-AG/AB ist Voraussetzung für die Entschädigung der gedeckten Forderung deren Fälligkeit. Aus § 5 Abs. 2 AllgBed-AG/AB ergibt sich, daß der Garantie-/Bürgschaftsnehmer die „Rechtsbeständigkeit der Forderung" dem Bund gegenüber nachzuweisen hat, da es zu den Verpflichtungen des Garantie-/Bürgschaftsnehmers gehört, „das Vorliegen der Voraussetzungen für den Eintritt des Garantie-/Bürgschaftsfalles sowie Grund und Höhe des Schadens auf seine Kosten nachzuweisen".[210] Auch wenn der Begriff der „Rechtsbeständigkeit der Forderung" juristisch schwer faßbar ist, so ergibt sich aber aus dem Gesamtzusammenhang von § 5 Abs. 1 und Abs. 2 AllgBed AG/AB, daß ein deckungspflichtiger Schaden des Garantie-/Bürgschaftsnehmers das Bestehen einer einrede- und einwendungsfreien Forderung voraussetzt.[211]

cc. Maßnahmen zur Einziehung der Forderung

Eine Tatbestandsvoraussetzung des protracted default ist, daß der Exporteur „die nach den Regeln der kaufmännischen Sorgfalt erforderlichen Maßnahmen" zur Einziehung der gedeckten Forderung ergriffen hat. Für den Exporteur stellt sich im Nichtzahlungsfall häufig die Frage, was unter den „erforderlichen Maßnahmen" zu verstehen ist und was von ihm als Beitrag zur Schadensverhütung bzw. Schadensminderung verlangt werden kann.

Der Garantie-/Bürgschaftsnehmer hat sich grundsätzlich so zu verhalten, als wenn seine Forderung nicht durch den Bund abgesichert wäre. Aus dieser Faustregel ergibt sich dann auch, daß für unterschiedlich hohe Geldforderungen nicht die gleichen Anstrengungen zur Eintreibung derselben ergriffen werden müssen. So ist es sicherlich unverhältnismäßig, für eine relativ geringe Forderung kostenträchtige Nachforschungen im Ausland anzustellen oder ein Inkassobüro einzuschalten. Hierzu wäre der Exporteur auch nicht bereit, wenn er keine Bundesdeckung erhalten hätte. Aufwendige und kostspielige Maßnahmen zur Beitreibung sind jedoch dann zu vertreten und vom Exporteur zu verlangen, wenn der hierfür aufgewandte Betrag nur einen Bruchteil der gedeckten Forderung ausmacht. Fristsetzungen und Androhung von Zwangsmaßnahmen zählen in der Regel zu den vom Exporteur zu ergreifenden Maßnahmen, die als ein Minimum an kaufmännischer Sorgfalt gelten. Auch ein Vorgehen auf dem Rechtswege, und zwar sowohl ge-

---

210 Zu den vom Exporteur im wirtschaftlichen Schadensfall beizubringenden Nachweisen siehe Schallehn/Stolzenburg, Abschnitt V., Tz. 49-57.

211 Graf von Westphalen, ZIP 1986, S. 1506.

gen den Schuldner als auch gegen etwaige sonstige Mitverpflichtete, kann normalerweise vom Exporteur verlangt werden, es sei denn, eine Rechtsverfolgung scheidet wegen nachweisbarer Aussichtslosigkeit (einer Zwangsvollstreckung oder der Stellung eines Konkursantrages) aus.[212]

dd. Mitteilungspflicht des Exporteurs

Zur Pflicht des Exporteurs gehört es, spätestens innerhalb von zwei Monaten den Nichteingang der Forderung dem Bund zu melden.[213] Die Überschreitung des Zeitraumes von zwei Monaten führt zu einer entsprechenden Verlängerung der schadensbegründenden Frist.[214] Mit der Einführung dieser Meldepflicht sollte dem Bund Gelegenheit gegeben werden, sich während des Laufs der Zweimonatsfrist in die Inkassobemühungen des Exporteurs einzuschalten, um ihm evtl. noch Weisungen erteilen zu können.[215]

ee. Der Nichtzahlungsfall beim Dokumenteninkasso

Der Nichtzahlungsfall gilt auch, soweit es sich um Zahlungsbedingungen im Bereich des Dokumenteninkassos D/P (Documents against Payment) oder D/A (Documents against Acceptance)[216] handelt und der ausländische Schuldner die Dokumente nicht aufgenommen hat. Die Nichtaufnahme der Dokumente steht bei diesen Geschäften dem Eintritt der Fälligkeit nicht entgegen.[217]

ff. Gedeckte Kreditlaufzeiten und frühere Regelung

Der Nichtzahlungstatbestand gehört erst seit dem 1.4.1984 zu den gedeckten Tatbeständen für mittel- und langfristige Ausfuhrgarantien.[218] Wenn der deutsche Exporteur einen umfassenderen Deckungsschutz auch für das kurzfristige Ausfuhrgeschäft mit privaten ausländischen Käufern wünscht,

---

212 Siehe hierzu auch Schallehn/Stolzenburg, Abschnitt X., Tz. 8 ff.

213 § 4 Abs. 4 Satz 1 AllgBed-AG.

214 § 4 Abs. 4 Satz 3 AllgBed-AG.

215 Schallehn/Stolzenburg, Abschnitt V., Vorblatt S. 3.

216 Zur Bedeutung des Zahlungsakkreditivs (D/P) und des Akzeptierungsakkreditivs (D/A) im internationalen Handelsverkehr siehe Nielsen, Grundlagen des Akkreditivgeschäfts, S. 24 f.

217 § 4 Abs. 4 AllgBed-AG; § 4 Abs. 3 Nr. 1 AllgBed-AB.

218 Zur Unterscheidung von kurz- und mittelfristigen/langfristigen Ausfuhrgarantien siehe oben § 6 IV.

so muß er auf die noch zu behandelnde Ausfuhr-Pauschal-Gewährleistung zurückgreifen.[219] Bei Ausfuhrbürgschaften gehörte der Nichtzahlungstatbestand schon zuvor zum Deckungsumfang, und zwar für alle Kreditlaufzeiten.[220]

3. Abgrenzung von politischen und wirtschaftlichen Risiken

Die Abgrenzung des politischen vom wirtschaftlichen Risikos bereitet dort Schwierigkeiten, wo die Zahlungsunfähigkeit von Unternehmen mittelbar durch politische Einflüsse hervorgerufen wird. Liegt die Ursache in einer allmählichen Verschlechterung der allgemeinen wirtschaftlichen Lage aus politischen Gründen, so handelt es sich um Risiken, die – wenn auch politisch bedingt – in erster Linie wirtschaftlicher Art sind. Die Zahlungsunfähigkeit eines Unternehmers unterliegt in solchen Fällen den wirtschaftlichen Schadenstatbeständen.[221]

Politische oder wirtschaftspolitische Maßnahmen des Staates gegen ganze Gruppen von Unternehmen, wie z.B. Importsperren, Embargo-Verfügungen, Eingriffe in den Devisenverkehr oder politische Ereignisse, die ohne Auswahl auf eine größere Anzahl von Unternehmen einwirken können und die Zahlungsunfähigkeit der Unternehmen verursachen oder mitverursachen, fallen eindeutig in den Bereich der politischen Risiken.[222]

4. Konkurrenzregelung

Die Konkurrenzregelung bestimmt, nach welchem Schadenstatbestand die Entschädigung erfolgt, wenn unterschiedliche Schadenstatbestände bei einer Forderung einschlägig sind. Die nun abschließende Regelung dieser Frage war erforderlich, weil für verschiedene Schadensfälle unterschiedliche Karenzfristen und Selbstbeteiligungssätze gelten können.[223] Grundsätzlich findet der Schadenstatbestand Anwendung, der zuerst eingetreten ist. Soweit ein wirtschaftlicher und ein politischer Garantie-/Bürgschaftsfall gleichzeitig eingetreten sind, wird Entschädigung nach dem politischen Deckungstat-

219 Siehe hierzu unten § 9 III.

220 Vgl. auch § 6 Abs. 2 lit. A Nr. 1 und Nr. 2 AllgBed-AB (a.F.)

221 Vgl. Wagner, Die Kreditversicherung, S. 72.

222 Vgl. Wagner, a.a.O., S. 72.

223 Siehe § 6 AllgBed-AG/AB.

bestand gewährt.[224] Das Verhältnis des protracted default zum allgemeinen politischen Schadenstatbestand und dem „KT-Fall" regelt eine Sonderbestimmung.[225] Eine Nachentschädigung ist vorgesehen, wenn der Garantie-/Bürgschaftsnehmer nach einer protracted default-Entschädigung einen KT-Schadensfall oder bei Ausfuhrgarantien einen anderen wirtschaftlichen Garantiefall nachweisen kann.

V. Mitverpflichtung Dritter

Sowohl beim politischen als auch beim wirtschaftlichen Garantie- bzw. Bürgschaftsfall tritt die Haftung des Bundes erst ein, wenn und soweit auch die gegen mithaftende Dritte begründeten Forderungen uneinbringlich sind.[226] Für die Feststellung der Uneinbringlichkeit der Forderung gelten die gleichen Grundsätze wie bei dem ausländischen Käufer auch.

VI. Sonderregelungen für Exporte aus den neuen Bundesländern in die UDSSR

Um nach dem Wegfall des Verrechnungsverkehrs im Handel mit der Sowjetunion per 31.12.1990 den Firmen in den neuen Bundesländern eine Hilfestellung bei der Fortführung der Exportbeziehungen zu ihren sowjetischen Abnehmern auf der Basis frei konvertierbarer Währungen zu geben, hat der Bund für die Deckung von Lieferungen und Leistungen mit Ursprung in den neuen Bundesländern für 1991 verschiedene Sonderregelungen zugelassen.[227] Hierdurch sollen gewachsene Geschäftsbeziehungen mit der Sowjetunion und der Vertrauensschutz in die Einhaltung langfristiger Lieferverpflichtungen aufrecht erhalten werden. Diese traditionellen Exporte sind auch dann deckungsfähig, wenn Sie durch neugegründete Unternehmen in den neuen Bundesländern abgewickelt werden, sofern und soweit diese Un-

---

224 § 4 Abs. 5 AllgBed-AG; § 4 Abs. 4 AllgBed-AB.

225 Siehe § 4 Abs. 5 Satz 3 AllgBed-AG; § 4 Abs. 4 Satz 3 AllgBed-AB.

226 § 4 Abs. 1 Satz 1 AllgBed-AG/AB.

227 Die Sonderregelungen für die UDSSR werden möglicherweise über das Jahr 1991 hinaus zugelassen. Sonderregelungen für Exporte aus den neuen Bundesländern in andere Länder gibt es nicht.

ternehemen die entsprechende Exporttätigkeit ehemaliger DDR-Firmen fortführen.[228]

1. Allgemeine Voraussetzungen

Unabhängig von der Warenart müssen die folgenden Voraussetzungen erfüllt sein, um die Sonderregelungen in Anspruch nehmen zu können:[229]

- Das exportierende Unternehemen hat vorzugsweise seinen Sitz in den neuen Bundesländern,
- das Exportgut wurde oder wird im wesentlichen dort hergestellt,
- der ausländische Käufer hat seinen Sitz in der Sowjetunion,
- die Lieferungen erfolgen aufgrund von Verträgen, die bis zum 31. Dezember 1991 abgeschlossen werden,
- die Zahlungsverpflichtung des sowjetischen Käufers wird durch eine Garantie der sowjetischen Außenwirtschaftsbank abgesichert,
- die Sanierungsfähigkeit des Antragstellers wird von der Treuhandanstalt bestätigt, soweit sich das Unternehmen des Antragstellers noch im Eigentum der Treuhandanstalt befindet.

2. Export von Chemikalien, Roh- und Hilfsstoffen, Konsumgütern, einfachen Ersatzteilen etc.

a) Bei der Deckung von Exportgeschäften mit Auftragswerten ab DM 5 Mio. wird unabhängig von der Warenart
   - auf An- und Zwischenzahlungen verzichtet,
   - ein Zahlungsziel von 360 Tagen akzeptiert.

b) Bei Auftragswerten ab DM 20 Mio. sind die folgenden Zahlungsbedingungen[230] deckungsfähig:
   - Verzicht auf An- und Zwischenzahlungen,
   - Laufzeit bis zu 720 Tagen,
   - Zahlungen in einer Rate am Ende der Laufzeit.

---

228 Hermes Kreditversicherungs-AG, AGA-Report, Nr. 29, Dezember 1990 und AGA-Report, Nr. 31, Mai 1991.

229 Im übrigen gelten die weiteren allgemeinen Voraussetzungen für die Indekkungnahme von Ausfuhren, so bleibt es z.B. hinsichtlich der Selbstbeteiligung bei den üblichen Sätzen; vgl. unten § 16 I.

230 Zu den normalerweise vom Bund akzeptierten Zahlungsbedingungen siehe unten § 15.

c) Der Bund ist bereit, sich in den Konditionen an konkrete, eventuell weitergehende staatlich unterstützte Konkurrenzangebote aus Drittstaaten anzupassen (Matching).[231]

3. Investitionsgüterexporte

Für Investitionsgüterexporte aus den neuen Bundesländern in die Sowjetunion, die üblicherweise mittel- und langfristig finanziert werden, sind unter den oben genannten allgemeinen Voraussetzungen die folgenden Sonderregelungen möglich:

- Die Leistung von An- und Zwischenzahlungen ist nicht erforderlich, d.h. eine Kreditierung bzw. Finanzierung von 100% des Auftragwertes ist zulässig.
- Die maximale Kreditlaufzeit von 8 $^1/_2$ Jahren wird auf 10 Jahre im Rahmen der nach Warenart und Auftragswert üblichen Laufzeiten verlängert.
- Es wird eine tilgungsfreie Zeit – entsprechend der jeweiligen Kreditlaufzeit – von höchstens 3 Jahren eingeräumt (d.h. Fälligkeit der ersten Rückzahlungsrate spätestens 3 Jahre nach Lieferung bzw. Betriebsbereitschaft).

In der Entscheidungspraxis des Bundes hinsichtlich der Indeckungnahme von Ausfuhren aus den neuen Bundesländern in die Sowjetunion hat sich zwischenzeitlich eine Verfahrensweise herausgebildet, die maximal dekkungsfähigen Kreditlaufzeiten und die Freijahre, in denen zumindest die Zinsen gezahlt werden müssen und eine Stundung oder Zinskapitalisierung nicht möglich ist, anhand der Höhe der Auftragswerte zu bestimmen. Die nachfolgende Aufstellung ermöglicht eine Einschätzung der zulässigen Kreditlaufzeiten, wobei jedoch darauf hinzuweisen ist, daß abweichende Entscheidungen aufgrund der jeweiligen Besonderheiten des Einzelgeschäftes möglich sind.[232]

Auftragswert (ca.):	Kreditlaufzeit:
1 – 7 Mio. DM (einschließl. 1 $^1/_2$ Freijahren)	6 Jahre
7 – 15 Mio. DM (einschließl. 2 Freijahren)	7 Jahre
15 – 30 Mio. DM (einschließl. $^1/_2$ Freijahren)	8 $^1/_2$ Jahre
über 30 Mio. DM (einschließl. 3 Freijahren)	10 Jahre

231 Zum Begriff des „Matching" siehe unten § 15 II. 4.

232 Hermes Kreditversicherungs-AG, AGA-Report, Nr. 31, Mai 1991, S. 4.

§ 7 Besonders gelagerte Risiken bei Bankgarantien und Zahlungen aus deutscher Kapitalhilfe

Neben den eigentlichen im Exportgeschäft liegenden Risiken, die im wesentlichen durch die bisher dargelegten verschiedenen Indeckungnahmen aufgefangen werden können, ergeben sich häufig dadurch noch zusätzliche Risiken, daß der deutsche Exporteur dem Besteller u.U. Bietungs-, Liefer-, Anzahlungs- und Gewährleistungsgarantien stellen muß. Vor allem bei mittel- und langfristigen Großaufträgen wird die Stellung solcher Sicherheiten verlangt. Die hieraus resultierenden Risiken passen nicht in das bisher entwickelte Schema und bedürfen daher einer besonderen Erörterung.

Bankgarantien[233] dienen „ausländischen" Interessen, da sie den ausländischen Besteller gegen aus der Sphäre des Exporteurs drohende Gefahren schützen.[234] Zugleich ermöglicht die Bestellung einer Bankgarantie häufig erst den Abschluß eines Geschäftes und ist dem deutschen Exporteur somit nicht weniger nützlich.

Bei der Bankgarantie handelt es sich um einen Garantievertrag,[235] einen gesetzlich nicht geregelten Vertragstyp.[236] Der deutsche Exporteur beauftragt seine Bank in Deutschland mit der Stellung der Garantie.[237] Diese gibt die Garantieerklärung gegenüber dem Importeur (Käufer),als Begünstigtem ab.[238] Zwischen Bank und Exporteur kommt ein Geschäftsbesorgungsver-

---

233 In den Vereinigten Staaten sind allein die Versicherungsgesellschaften berechtigt, Bankgarantien zu stellen, vgl. Schinnerer, Neue Wege zur Regelung der Bankgarantie, in: Festschrift für Hermann Hämmerle, S. 317, 325; zur Funktion der Bankgarantie im internationalen Zahlungsverkehr siehe Mars¢hall von Bieberstein, Bankgarantien im internationalen Zahlungsverkehr, in: Horn/Mars¢hall von Bieberstein/Rosenberg/Pavi¢evi¢ (Hrsg.), Dokumentenakkreditive und Bankgarantien im internationalen Zahlungsverkehr, S. 27 ff.

234 Christopeit, a.a.O., S. 41; vgl. auch Reithmann/ Martiny, Internationales Vertragsrecht, Rz. 515 ff.

235 Horn, Bürgschaften und Garantien, S. 26 ff., 63 ff.; siehe ferner von Caemmerer, Bankgarantien im Außenhandel, in: Festschrift für Otto Riese, S. 296.

236 Staudinger-Horn, Vorbem. zu §§ 765-778, Rdnr. 73; Axmann, Preisfaktoren, Zahlungsbedingungen und Zahlungssicherung im Außenhandel, DB 1973, Beilage Nr. 8, S. 7.

237 Zum Avalkredit siehe Schütz, Bankgeschäftliches Formularbuch, S. 331 ff.

238 Zu den Rechtsbeziehungen zwischen der Bank und dem Garantiebegünstigten siehe Pleyer, Die Bankgarantie im zwischenstaatlichen Handel, WM 1973, Sonderbeilage Nr. 2, S. 17 ff.

trag im Sinne der §§ 631, 675 BGB zustande, in dem sich der Exporteur zur Zahlung einer Avalprovision als Gegenleistung im Sinne der §§ 675, 631 BGB und außerdem zum Aufwendungsersatz gem. §§ 675, 670 BGB verpflichtet, d.h. vor allem zur Erstattung des Garantiebetrages, falls die Bank als Garant in Anspruch genommen wird.[239] Die Gefahr, die dem Exporteur droht (Verpflichtung zum Aufwendungsersatz wegen Inanspruchnahme der Bank aus der Garantie), ergibt sich aus dem zugrundeliegenden Exportgeschäft und stellt somit ein Außenhandelsrisiko dar.[240] An dieser Stelle muß eine Ausfuhrhaftung ansetzen und den möglichen Schaden des Exporteurs decken.

I. Die Deckung der Risiken bei Bietungsgarantien

Ein Exporteur, der sich an einer Ausschreibung im Ausland beteiligen will, muß häufig auf Anfordern der ausschreibenden Stelle eine Bankgarantie dafür stellen, daß er sein Angebot nicht zurückzieht, falls ihm der Zuschlag erteilt wird.[241] Die Höhe der Bietungsgarantie (Ausschreibungsgarantie; tender bond; bid bond) beträgt je nach Art des Falles 1% bis 20% des Ausschreibungswertes.[242] Der ausschreibende ausländische Kunde will sichergehen, daß bei einem Rücktritt des Bietenden von seinem Angebot die mit der Auswertung der Angebote aus verschiedenen Ländern und mit der Zuschlagserteilung entstandenen Kosten nicht umsonst getätigt worden sind.[243] Ferner will sich der ausländische Besteller vor dem Schaden schützen, der ihm evtl. entsteht, wenn durch die Zuschlagserteilung an einen nicht wortgetreuen Exporteur die Verbindlichkeit der übrigen Offerten verlorengeht.[244]

Der Bund haftet für Verluste aus der Garantie,[245] wenn

a) die Bietungsgarantie infolge politischer Umstände im Ausland widerrechtlich[246] in Anspruch genommen wird oder der nachgewiesene Anspruch

---

239 Horn, Bürgschaften und Garantien, S. 96.

240 Christopeit, a.a.O., S. 41 f.

241 Zahn/Eberding/Ehrlich, a.a.O., S. 373.

242 Trost, Bankgarantien im Außenhandel: „Die einheitlichen Richtlinien für Vertragsgarantien" der Internationalen Handelskammer von 1978, S. 23 f.

243 Zahn/Eberding/Ehrlich, a.a.O., S. 373.

244 Zahn/Eberding/Ehrlich, a.a.O., S. 373.

245 Schallehn/Stolzenburg, Abschnitt V., Tz. 154 ff.

246 Zu den Mißbrauchsmöglichkeiten von „Garantien zur Zahlung auf erstes Anfordern" siehe Horn, Bürgschaften und Garantien zur Zahlung auf erstes An-

auf Rückzahlung einer widerrechtlich in Anspruch genommenen Bietungsgarantie aufgrund eines der im Rahmen von Ausfuhrgarantien/-bürgschaften gedeckten Risiken (§ 4 AllgBed-AG/AB) uneinbringlich wird;

b) die Bietungsgarantie zu Recht in Anspruch genommen wird, der Exporteur aber die Ausführung des Geschäftes deshalb ablehnt, weil der Bund seine ursprünglich gegebene grundsätzliche Zusage auf Indeckungnahme des in Aussicht genommenen Ausfuhrgeschäftes zurückgezogen hat.

Der Bund gewährt Deckungsschutz unabhängig von einer Fabrikations- oder Ausfuhrrisikodeckung. Voraussetzung jedoch ist, daß das Geschäft, um das sich der Exporteur bemüht, dem Bund bekannt ist und seine grundsätzliche Billigung findet.[247]

II. Die Deckung der Risiken bei Anzahlungsgarantien

Anzahlungen sind im Außenhandel besonders dann üblich, wenn das Exportgut speziell für den ausländischen Kunden hergestellt wird (z.B. Kraftwerke, Stahlwerke, Brücken, Schiffe etc.), also anderweitig nicht oder nur schwer absetzbar ist.[248] Anzahlungen kommen aber auch bei Serienerzeugnissen vor. Sie dienen sowohl der Finanzierung des Exportgutes, indem sie zur Bezahlung von Material und Löhnen verwandt werden, als auch der Sicherung der Vertragstreue des Kunden.[249] Dem ausländischen Geschäftspartner ist daran gelegen, daß seine Anzahlung nicht verlorengeht, solange er selbst nicht einen Gegenwert in Form gelieferter Leistungen oder Waren erhalten hat.[250] Zur Sicherheit kann er sich vom Exporteur eine Anzahlungsgarantie (refundment bond) geben lassen. Sie gewährleistet, daß der ausländische Kunde die dem Exporteur geleistete Anzahlung zurückerhält, falls die

---

fordern, NJW 1980, S. 2153 ff., siehe auch Horn, Die neuere Rechtsprechung zum Mißbrauch von Bankgarantien im Außenhandel, IPRax 1981, S. 149 ff. und Jedzig, Aktuelle Rechtsfragen der Bankgarantie auf erstes Anfordern, WM 1988, S. 1469 ff.

247 Schallehn/Stolzenburg, Abschnitt V., Tz. 160.

248 Zahn/Eberding/Ehrlich, a.a.O., S. 374 f.; siehe auch Nielsen/Schütze, Zahlungssicherung und Rechtsverfolgung im Außenhandel, S. 29 f.

249 Zahn/Eberding/Ehrlich, a.a.O., S. 374.

250 Axmann, a.a.O., S. 9.

vertragsmäßige Lieferung der Ware unterbleibt. Betragsmäßig richtet sich die Anzahlungsgarantie nach der Höhe der geleisteten Anzahlung.[251]

Der Bund deckt gewisse in der Stellung solcher Gegengarantien liegende Risiken ab. Gegengarantien in Form von Schecks sind von der Deckung allerdings ausgeschlossen.[252] Die Indeckungnahme der Risiken aus Anzahlungsgarantien umfaßt das Risiko der widerrechtlichen Inanspruchnahme aus im Ausland liegenden politischen Gründen. Eine widerrechtliche Inanspruchnahme führt einen Fabrikationsrisikogarantie- bzw. -bürgschaftsfall herbei, der nach den allgemeinen Grundsätzen für Fabrikationsrisikodekkungen zu beurteilen ist. Die Schadensberechnung erfolgt also auf der Grundlage der Selbstkosten und nicht etwa der Beträge, die vom Exporteur für die Garantie zu leisten sind. Für den Zeitabschnitt nach der Fabrikationsdeckung umfaßt die Deckung für Anzahlungsgarantien neben dem Risiko der widerrechtlichen Inanspruchnahme aus im Ausland liegenden politischen Gründen auch das Risiko des Verlustes der Garantiesumme, wenn die Garantie vom ausländischen Besteller (rechtmäßig) in Anspruch genommen wird, weil der deutsche Exporteur seine Verpflichtungen aus im Ausland liegenden politischen Gründen nicht erfüllen kann. Ferner wird das Risiko gedeckt, daß der Anspruch auf Rückzahlung einer widerrechtlich in Anspruch genommenen Garantie aufgrund eines der im Rahmen von Ausfuhrgarantien/ -bürgschaften gedeckten Risiken (§ 4 AllgBed-AG/AB) uneinbringlich wird.[253] Die Grundlage für die Schadensberechnung stellt dann der gedeckte Garantie- bzw. Bürgschaftsbetrag dar.

III. Die Deckung der Risiken bei Liefer-, Leistungs- und Gewährleistungsgarantien

Mit der Liefergarantie (delivery guarantee) haftet die Bank dem ausländischen Käufer dafür, daß der Exporteur Regreßansprüche wegen Verletzung seiner Warenlieferungspflicht bezahlt;[254] die termin- und kontraktgerechte Lieferung der Ware soll gewährleistet werden. Die Leistungsgarantie (per-

251 Trost, a.a.O., S. 24 f.

252 Schallehn/Stolzenburg, Abschnitt V., Tz. 164.

253 Schallehn/Stolzenburg, Abschnitt V., Tz. 170.

254 Zahn/Eberding/Ehrlich, a.a.O., S. 377; vgl. hierzu auch Brüggemann, Die Banktechnik des Auslandsgeschäfts, S. 167.

formance guarantee)[255] soll sicherstellen, daß die vertraglich vereinbarte Leistung, z.B. eine Bau- oder Montageverpflichtung, technisch einwandfrei erbracht wird.[256] In der Praxis kommt es häufig vor, daß Akkreditiveröffnungen von der Erstellung einer Liefer- bzw. Leistungsgarantie abhängig gemacht werden. Dann tritt das Akkreditiv[257] erst in Kraft, wenn die garantierende Bank der Akkreditivbank die Erstellung der Garantie anzeigt.[258] Der Käufer stellt hierdurch sicher, keine Vorleistung zu erbringen, ohne daß auch der Exporteur für seine Verpflichtung eine Sicherheit geleistet hat.

Liefer- und Leistungsgarantie schließen kein Gewährleistungsrisiko ein, das grundsätzlich durch eine besondere Gewährleistungsgarantie zu sichern ist.[259] Die Gewährleistungsgarantie (warranty guarantee) wird vom ausländischen Käufer dafür verlangt, daß die gelieferte Ware bestimmte zugesagte Eigenschaften besitzt (z.B. daß eine Maschine gewisse Mindestkapazitäten aufweist) oder sonst mängelfrei ist.[260] Für den Exporteur bringt die Gewährleistungsgarantie den Vorteil, bereits vor Ablauf der Gewährleistungsfrist von seinem ausländischen Vertragspartner den vollen Kaufpreis zu erhalten, ohne daß ein gewisser Betrag zeitweise als Sicherheit zurückbehalten wird.

Die Höhe der Garantiesumme liegt bei der Gewährleistungsgarantie in der Regel bei etwa 5% des Vertragswertes,[261] bei Liefer- und Leistungsgarantie sind Sätze bis zu 20% durchaus üblich.[262]

Die Risiken aus Liefer- und Leistungsgarantien können in der Regel nicht allein gedeckt werden. Nur wenn für das gleiche Geschäft eine Fabrikations- bzw. Ausfuhrrisikodeckung gewährt wird, können die vom Exporteur zu stellenden Liefer- und Leistungsgarantien in die Deckung miteinbezogen

---

255 Die Bezeichnung wird zum Teil mit dem übergeordneten Begriff der Erfüllungsgarantie gleichgesetzt; zur performance guarantee siehe auch Gnichtel, The Intricacies of Performance Guarantees in Saudi Arabia, in: Banking Law Journal 1983, S. 354 ff.; Williams, On Demand and Conditional Performance Bonds, J.Bus.L., Jan. 1981, S. 8.

256 Nielsen/Schütze, a.a.O., S. 28.

257 Zu den Rechtsbeziehungen der Beteiligten eines Außenhandelsgeschäftes mit Akkreditiv siehe Horn, Internationale Zahlungen und Akkreditiv, in: Horn/Mars¢hall von Bieberstein/Rosenberg/Pavi¢evi¢ (Hrsg.), Dokumentenakkreditive und Bankgarantien im internationalen Zahlungsverkehr, S. 9 ff.

258 Brüggemann, Die Banktechnik des Auslandsgeschäfts, S. 167 f.

259 Nielsen/Schütze, a.a.O., S. 28.

260 Zahn/Eberding/Ehrlich, a.a.O., S. 378.

261 Zahn/Eberding/Ehrlich, a.a.O., S. 378.

262 Brüggemann, a.a.O., S. 167.

werden.[263] Die Haftung des Bundes umfaßt auch hier das Risiko der Inanspruchnahme der garantierenden Bank für den Fall, daß der deutsche Exporteur den Liefervertrag aus im Ausland liegenden politischen Gründen nicht erfüllen kann oder die Garantie aus im Ausland liegenden politischen Gründen widerrechtlich in Anspruch genommen wird.[264] Der Bund tritt auch für Verluste an der Garantiesumme ein, wenn der Anspruch auf Rückzahlung einer widerrechtlich in Anspruch genommenen Garantie aufgrund eines der im Rahmen von Ausfuhrgarantien/-bürgschaften gedeckten Risiken (§ 4 AllgBed-AG/AB) uneinbringlich wird.

Die Haftung für eine Gewährleistungsgarantie kann nur zusammen mit einer Ausfuhrrisikodeckung übernommen werden, es sei denn, daß nach Versand der Ware keine abdeckbaren Risiken entstehen können. In diesem Fall besteht die Möglichkeit der isolierten Deckung einer Gewährleistungsgarantie.[265] Ansonsten ergeben sich bezüglich des Haftungsumfanges keine Unterschiede zu den Gewährleistungen für Liefer- und Leistungsgarantien.

IV. Geschäfte bei Zahlungen aus deutscher Kapitalhilfe

Die Forderung des Exporteurs wird vom ausländischen Käufer zuweilen mit Mitteln aus deutscher Kapitalhilfe bezahlt. Seit 1958 gewährt die Kreditanstalt für Wiederaufbau (KfW) neben Refinanzierungskrediten an deutsche Exporteure auch Direktdarlehen an Ausländer.[266] Da die Darlehensvergabe teilweise an den Bezug deutscher Waren bzw. deutscher Leistungen geknüpft ist, wird der Exporteur bisweilen eine Bezahlung seiner Forderungen aus Mitteln erhalten, die von der Kreditanstalt für Wiederaufbau vergeben werden.

Die Verträge zwischen der Kreditanstalt für Wiederaufbau und den ausländischen Darlehensnehmern können Klauseln enthalten, nach denen bei Vorliegen besonderer Umstände die Zahlung der Darlehensvaluta ausgesetzt

---

263 Eine Ausnahme wurde früher zugunsten Berliner Exporteure gemacht, die eine isolierte Deckung von Liefer- und Leistungsgarantien beantragen konnten. Nach Wiederherstellung der staatlichen Einheit Deutschlands sind derartige Sonderregelungen weitgehend entfallen und gegenstandlos geworden. Siehe hierzu Schallehn/Stolzenburg, Abschnitt XIV.

264 Schallehn/Stolzenburg, Abschnitt V., Tz. 177.

265 Schallehn/Stolzenburg, Abschnitt V., Tz. 180.

266 § 2 Abs. 1 Gesetz über die Errichtung der Kreditanstalt für Wiederaufbau; zu den Aufgaben der KfW siehe auch Achterberg/Lanz, a.a.O., S. 1068.

oder der Darlehensvertrag gekündigt werden kann. Kommt diese Klausel zum Zuge, so läuft der deutsche Exporteur Gefahr, daß seine Forderung gegen den ausländischen Besteller uneinbringlich wird. Zur Absicherung dieses sog. Kapitalhilfe-Embargorisikos gewährt der Bund Deckungsschutz (nur) im Zusammenhang mit der normalen Fabrikationsrisikodeckung.[267] Im Gegensatz zur normalen Fabrikationsrisikodeckung wird jedoch nicht vorausgesetzt, daß es sich bei den Waren um anderweitig schwer verwertbare Güter oder Güter mit langen Herstellungsfristen handelt. Die erweiterte Fabrikationsrisikodeckung bei Zahlungen aus deutscher Kapitalhilfe kann also auch dann gewährt werden, wenn eine normale Fabrikationsrisikodeckung nicht in Frage käme, weil diese Waren anderweitig leicht zu verwerten sind.

Die Haftung des Bundes richtet sich nach den Bedingungen für die Übernahme von Garantien und Bürgschaften zur Deckung von Fabrikationsrisiken. Darüber hinaus gewährt der Bund Deckung für die Risiken, daß Fertigstellung und Versand der Ware dem Deckungsnehmer nicht mehr zugemutet werden können oder daß nach Versand der Ware die Ausfuhrforderung uneinbringlich wird, weil die Auszahlungen aus dem Darlehen für das betreffende Geschäft eingestellt worden sind. Der Deckungsschutz endet abweichend von der normalen Fabrikationsrisikodeckung erst mit Eingang der letzten Rate aus der Kapitalhilfe.

§ 8 Grundsatz der einheitlichen Deckung aller Risiken

Der Bund übernimmt Bürgschaften und Garantien zur Deckung der Fabrikations- und Ausfuhrrisiken grundsätzlich nur unter gleichzeitiger Absicherung aller politischen und wirtschaftlichen Risiken. Der Exporteur kann nicht die für ihn wichtigen Risiken heraussuchen und isoliert decken lassen, um ein niedrigeres Entgelt zu entrichten. Das Haftungssystem der Bundesrepublik Deutschland strebt wie die private Versicherungswirtschaft eine gewisse Risikomischung an, auch wenn nicht nach den gleichen versicherungsmathematischen Grundsätzen verfahren wird.[268] Der Exporteur kann beispielsweise bei Exporten in politisch labile Länder keine isolierte Dekkung einzelner oder aller politischen Risiken beantragen und sich bei Exporten in politisch stabile Länder auf die wirtschaftlichen Risiken beschrän-

---

267 Siehe Merkblatt über die Erweiterung der Fabrikationsrisikodeckung bei Zahlungen aus deutscher Kapitalhilfe, abgedruckt bei Schallehn/Stolzenburg, Abschnitt III., S. 29, Anlage 2.

268 Siehe hierzu unten § 16 III.2.

ken.[269] Die politischen und wirtschaftlichen Risiken müssen stets zusammen abgedeckt werden, auch wenn die Sicherung gegen einzelne Risiken überflüssig erscheint, weil akute Gefahren nicht drohen.

Es ist auch nicht möglich, die Deckung etwa auf die politischen Risiken zu beschränken, weil die Bonität des ausländischen Abnehmers so schlecht ist, daß eine Deckung des wirtschaftlichen Risikos nicht in Betracht kommt und der Exporteur bereit wäre, die wirtschaftlichen Risiken selbst zu tragen.[270] In einem solchen Fall wird der Bund jegliche Deckung ablehnen, da das einzelne Exportgeschäft in bezug auf seine Förderungswürdigkeit als Ganzes beurteilt wird.[271]

Der Grundsatz der einheitlichen Deckung aller Risiken gilt nicht in zeitlicher Hinsicht. Die Risiken vor Versand und die Risiken nach Versand können isoliert abgesichert werden, und zwar für die Zeit vor Versand durch die geschlossene Deckung der politischen und wirtschaftlichen Risiken (Fabrikationsrisikogarantien und -bürgschaften) und für die Zeit nach Versand gleichfalls durch die geschlossene Deckung der politischen und wirtschaftlichen Risiken (Ausfuhrgarantien und -bürgschaften).[272]

Um der besonderen Natur des Außenhandels, der zu einer vielfältigen Gestaltung der Exportkontrakte und zu einem differenzierten System der Zahlungskonditionen geführt hat,[273] gerecht zu werden, schränkt das Haftungssystem des Bundes den Grundsatz der einheitlichen Deckung aller Risiken in einigen Fällen ein. Teilweise ergeben sich die Ausnahmen zwingend, weil die Indeckungnahme einzelner Risiken sinnlos wäre. Der Bund läßt solche Ausnahmen aber auch zu, um dem Exporteur eine kostengünstige Sicherungsmöglichkeit bieten zu können.

Folgende Fälle sind zu erwähnen:

1. Wenn es sich bei dem ausländischen Käufer um ein Tochterunternehmen des deutschen Exporteurs oder ein beteiligungsmäßig verbundenes Unternehmen[274] handelt, kann die Deckung auf politische Risiken beschränkt werden.[275] Der Exporteur kann in einem solchen Fall eine

---

269 Christopeit, a.a.O., S. 43.

270 Schallehn/Stolzenburg, Abschnitt VI., Tz. 114.

271 Zur Förderungswürdigkeit eines Exportgeschäftes siehe unten § 17 III.2.c.

272 Vgl. oben § 4 II.3.

273 Christopeit, a.a.O., S. 44.

274 Zum Begriff des verbundenen Unternehmens siehe Werner, Die Grundbegriffe der Unternehmensverbindungen des Konzerngesellschaftsrechts, JuS 1977, S. 141 ff., Maiberg, Gesellschaftsrecht, Rdnr. 277 ff.; Hueck, Gesellschaftsrecht, § 39 III.

275 Schallehn/Stolzenburg, Abschnitt V., Tz. 18.

Deckung der reinen politischen Risiken im Sinne von § 4 Abs. 2 AllgBed-AG erhalten. Zusätzlich zu den reinen politischen Risiken kann auch das Risiko gedeckt werden, daß die Tochtergesellschaft oder die Beteiligungsgesellschaft aufgrund politischer Ereignisse insolvent wird. Es handelt sich hierbei um ein wirtschaftliches Risiko, das aber ausschließlich auf politische Ursachen, Revolution, Aufruhr und allgemeine politische Maßnahmen zurückzuführen ist.[276]

2. Zuweilen kommt es vor, daß der Exporteur mit Billigung des Bundes die Ware anderweitig verwertet, weil die Gefahr des Eintritts eines wirtschaftlichen Schadensfalles bestanden hat. Durch die anderweitige Verwertung kann das wirtschaftliche Risiko wegfallen, das politische Risiko jedoch fortbestehen, wenn der Exporteur z.B. einen anderen Käufer findet, der als Sicherheit die Bürgschaft einer ausländischen Bank stellt oder sogar zur Abnahme der Ware gegen Barzahlung bereit ist – womit das wirtschaftliche Risiko entfallen ist -, dann aber aufgrund von KT-Beschränkungen der Kaufpreis oder die vom Bürgen bereitgestellten Beträge nicht transferiert und konvertiert werden können. Es ist auch möglich, daß die Ware, bevor sie dem anderen Käufer übereignet werden kann, als Folge von Krieg oder Revolution beschädigt oder zerstört oder von hoher Hand beschlagnahmt wird. Der Bund ist bereit, diese politischen Risiken weiterzudecken.
3. Wenn der Exporteur und sein ausländischer Vertragspartner Zahlungsbedingungen vereinbaren, durch die die Ausfuhrforderung insgesamt aus einem vor Fertigungsbeginn von einer inländischen oder ausländischen Bank zu eröffnenden Dokumentenakkreditiv zu bezahlen ist, so ist eine Deckung der wirtschaftlichen Risiken entbehrlich. In derartigen Fällen wird eine Fabrikationsrisikodeckung auf die politischen Risiken beschränkt.[277]

§ 9 Die einzelnen Deckungsformen

Um den vielfältigen Wünschen der Exportwirtschaft möglichst gerecht zu werden, sind verschiedene Deckungsformen entwickelt worden, die vor allem die unterschiedlichen Risiken und Geschäftsverbindungen der einzelnen

---

276 Schallehn/Stolzenburg, Abschnitt V., Tz. 19 ff.; zur Höhe der Selbstbeteiligung bei diesen Ausfällen siehe unten § 16 I.a.E.

277 Zur Ermäßigung des Fabrikationsrisikoentgelts bei einer Beschränkung auf die politischen Risiken siehe die Entgelttabelle in § 16 III.2.

Exporteure berücksichtigen.[278] Das deutsche Ausfuhrhaftungssystem kennt als verschiedene Deckungsformen die Einzeldeckung, die revolvierende Deckung und die Pauschaldeckung.[279] Der Exporteur kann entsprechend seiner geschäftlichen Aktivitäten ein einzelnes Exportgeschäft, laufende Exportgeschäfte mit einem ausländischen Kunden oder den gesamten Export gegen die Außenhandelsgefahren absichern.[280]

I. Die Einzeldeckung

Der Exporteur kann für jedes einzelne Exportgeschäft – sofern die Voraussetzungen für eine Indeckungnahme vorliegen – eine Einzeldeckung erhalten, und zwar sowohl als Garantie (für Privatgeschäfte) als auch in Form einer Bürgschaft (für Regierungsgeschäfte).[281] Eine isolierte Deckung der Risiken vor Versand (Fabrikationsrisiken) und der Risiken nach Versand (Ausfuhrrisiken) ist möglich. Übernimmt der Bund für ein Exportgeschäft die Deckung für beide Risikogruppen, so wird der übernommene Deckungsschutz in einer Urkunde zusammengefaßt.[282] Von der Einzeldeckung werden grundsätzlich alle nach den Bedingungen abdeckbaren, in dem jeweiligen Geschäft liegenden Risiken umfaßt. Eine Ausnahme dahingehend, daß allein die politischen Risiken gedeckt werden, wird z.B. gemacht, wenn der ausländische Vertragspartner ein Tochterunternehmen des deutschen Exporteurs ist.[283] Die früher möglich gewesene getrennte Deckung nur der Risiken der Nichtkonvertierung und des Nichttransfers, die sog. „Isolierte KT-Dekkung", ist Anfang 1981 mit der Einführung des neuen Ausfuhr-Pauschal-Gewährleistungssystems abgeschafft worden.[284]

---

278 Reuter, a.a.O., S. 188.

279 Glotzbach, a.a.O., S. 58.

280 Im Rahmen dieses Abschnittes werden nur die verschiedenen Formen der Deckung von Ausfuhren dargestellt. Der Deckung von Finanzkrediten und Kapitalanlagen im Ausland sind besondere Abschnitte gewidmet.

281 Schallehn/Stolzenburg, Abschnitt VIII., Tz. 2; wegen der Abgrenzung und der Terminologie siehe oben § 3.

282 Vgl. hierzu die Ausfuhrgarantieerklärung bzw. Ausfuhrbürgschaftserklärung zur Deckung des Fabrikationsrisikos und des Ausfuhrrisikos, abgedruckt bei Schallehn/Stolzenburg, Abschnitt VIII., S. 105 ff.

283 Siehe hierzu oben § 8.

284 Siehe hierzu unten § 9 III.

II. Die revolvierende Deckung

Wünscht ein Exporteur seinen gesamten Außenhandelsumsatz mit einem bestimmten ausländischen Besteller abzusichern, so übernimmt der Bund auf Antrag die Haftung in Form einer revolvierenden Deckung. Gedeckt werden nur Ausfuhrrisiken aus kurzfristigen Geschäften, d.h. aus Verträgen mit Kreditfristen von maximal zwei Jahren. Fabrikationsrisiken können weder als Garantie noch als Bürgschaft in die revolvierende Deckung einbezogen werden. Die revolvierende Deckung ist immer dann sinnvoll und zu empfehlen, wenn der deutsche Exporteur mit einem ausländischen Kunden in ständiger Geschäftsverbindung steht und ihn laufend beliefert.[285]

Der Exporteur schätzt aufgrund seiner bisherigen Umsätze – sofern dies möglich ist – den wahrscheinlichen Höchstbetrag aller seiner im Risiko befindlichen Lieferungen und Leistungen und meldet die Summe zusammen mit dem Namen des Käufers dem Bund. Der Bund prüft die Bonität des ausländischen Kunden und setzt – falls er zur Übernahme einer Deckung bereit ist – einen Höchstbetrag fest, der die oberste Haftungsgrenze darstellt. Sämtliche Forderungen des Exporteurs gegen den ausländischen Abnehmer sind dann gesichert, soweit sie in ihrer Summe den festgesetzten Höchstbetrag nicht überschreiten. Aufgrund der sog. Andienungspflicht[286], nach der alle Lieferungen und Leistungen dem Bund angezeigt werden müssen, ist es möglich, daß die gesamten Forderungen den gedeckten Höchstbetrag überschreiten. Die offenen Forderungen, die über diesen Betrag hinausgehen, rücken erst dann in die Deckung nach, wenn ältere Forderungen durch Erfüllung aus der Deckung ausscheiden. Der überschießende Betrag unterliegt aber trotzdem der Entgeltpflicht.

Um zu vermeiden, daß der Exporteur auch für solche Versendungen ein Entgelt zu zahlen hat, die nicht oder nur zum Teil unter die Deckung fallen können, weil sie über den Rahmen des festgesetzten Höchstbetrages hinausgehen, hat der Bund eine revolvierende Deckung mit beschränkter Andienungspflicht geschaffen. Bei dieser Deckungsform ist der Exporteur verpflichtet, alle Forderungen aus Lieferungen und Leistungen anzumelden, solange noch im Rahmen des vom Bund festgesetzten Höchstbetrages Raum

285 Schallehn/Stolzenburg, Abschnitt VIII., Tz. 10.

286 Siehe hierzu Abschnitt IV Ziff. 3 der „Besonderen Bedingungen" der revolvierenden Ausfuhrgarantieerklärung/Ausfuhrbürgschaftserklärung zur Deckung des Ausfuhrrisikos; abgedruckt bei Schallehn/Stolzenburg, Abschnitt VIII., Anlagen 13 u. 16.

ist.[287] Dem Exporteur steht es frei, diejenigen Forderungen, für die im Zeitpunkt der Versendung der Ware oder des Beginns der Leistung kein Raum für die Einbeziehung in die Deckung ist, dem Bund anzudienen.[288] Entscheidet er sich für eine Andienung, so rücken sie in den Deckungsschutz ein, sobald und soweit durch Erfüllung älterer, gedeckter Forderungen innerhalb des Höchstbetrages wieder Platz wird. Dient der Exporteur die Forderung nicht an, so fallen sie auch dann nicht unter die Deckung, wenn der ausländische Abnehmer ältere Forderungen beglichen hat und dadurch im Rahmen des Höchstbetrages wieder Raum frei werden sollte.

Um im Schadensfall eine einwandfreie Nachprüfung der gedeckten Forderungen zu ermöglichen, müssen bei der revolvierenden Deckung mit beschränkter Andienungspflicht die angemeldeten Forderungen einzeln mit dem jeweiligen Fakturenwert in die monatlich zu erfolgenden Versandmeldungen aufgenommen werden.[289]

Die Vertragslaufzeit beträgt zwölf Monate und verlängert sich stillschweigend von Jahr zu Jahr, wenn nicht spätestens einen Monat vor Ablauf des jeweiligen Vertragsjahres gekündigt wird.

Der Vorteil der revolvierenden Deckung gegenüber einer Einzeldeckung liegt für den Exporteur in ihrer einfacheren Handhabung. Der Exporteur muß bei den einzelnen Geschäftsabschlüssen mit dem gleichen Kunden nicht jedesmal eine neue Einzeldeckung beantragen, sondern meldet nur monatlich seine Umsätze. Ein Verbilligungseffekt[290] resultiert daraus, daß er nur einmal jährlich eine Bearbeitungsgebühr zu zahlen hat.[291]

---

287 Siehe hierzu Abschnitt IV Ziff. 3 der „Besonderen Bedingungen" der revolvierenden Ausfuhrgarantieerklärung/Ausfuhrbürgschaftserklärung mit beschränkter Andienungspflicht; abgedruckt bei Schallehn/Stolzenburg, Abschnitt VIII., Anlage 14.

288 Abschnitt IV Ziff. 3 der „Besonderen Bedingungen" der revolvierenden Ausfuhrgarantieerklärung/Ausfuhrbürgschaftserklärung mit beschränkter Andienungspflicht.

289 Abschnitt IV Ziff. 3 der „Besonderen Bedingungen" der revolvierenden Ausfuhrgarantieerklärung/Ausfuhrbürgschaftserklärung mit beschränkter Andienungspflicht.

290 Voigt, Handbuch der Exportfinanzierung, S. 51.

291 Zur Bearbeitungsgebühr siehe unten § 16 III.1.

III. Die Ausfuhr-Pauschal-Gewährleistung

Im Rahmen der Ausfuhrgewährleistungen der Bundesrepublik Deutschland stehen der Exportwirtschaft für die Absicherung förderungswürdiger Exporte an private und öffentliche Besteller Ausfuhr-Pauschal-Gewährleistungen zur Verfügung. Insbesondere den mittelständischen Unternehmen wird damit eine umfassende, verwaltungsmäßig einfache und kostengünstige Absicherungsmöglichkeit gegen wirtschaftliche und politische Ausfuhrrisiken angeboten. Eine Ausfuhr-Pauschal-Gewährleistung kommt immer dann in Betracht, wenn ein Exporteur nicht nur verschiedene, sondern auch wechselnde Käufer hat.

In die Gewährleistung werden Forderungen einbezogen, die eine Kreditlaufzeit von zwei Jahren nicht überschreiten. Die Deckung von Fabrikationsrisiken im Rahmen der Ausfuhr-Pauschal-Gewährleistung ist nicht möglich; diese können aber zusätzlich abgesichert werden. Die Einbeziehung von Geschäften, deren Risikoübernahme einer Einzelprüfung und Einzelentscheidung durch den Bund bedarf, ist ausgeschlossen; dies gilt insbesondere für Geschäfte, die über eine Warenlieferung hinausgehende Verpflichtungen zum Inhalt haben, wie z.B. Anlagen- und Bauleistungsgeschäfte.[292]

Der kostenmäßige Vorteil einer Ausfuhr-Pauschal-Gewährleistung liegt darin, daß die jeweilige Risikomischung einen individuellen Entgeltsatz ermöglicht, der in der Regel deutlich unter dem Entgeltsatz für entsprechende Einzeldeckungen liegt.[293] Eine Bearbeitungsgebühr entfällt. Die Ausfuhr-Pauschal-Gewährleistung stellt mit einem Anteil von über 50% der vom Bund versicherten Geschäfte inzwischen die wichtigste Form der Indeckungnahme von Exportrisiken dar.[294] Wegen der gleichzeitigen Indeckungnahme von Geschäften mit privaten Unternehmen und öffentlichen Bestellern wird nicht die bei Einzeldeckungen übliche terminologische und sachliche Unterscheidung in „Garantien" und „Bürgschaften" gemacht.[295]

---

292 Merkblatt über die Übernahme von Ausfuhr-Pauschal-Gewährleistung (APG), Abschnitt 1.

293 Schallehn/Stolzenburg, Abschnitt VIII., Tz. 47; siehe hierzu auch unten § 16 III.2.(4.).

294 Dies war nicht immer so, vgl. Reuter, a.a.O., S. 188.

295 Hinsichtlich der Bearbeitungszuständigkeit bei den Mandataren wird allerdings auch bei den APG nach privaten und öffentlichen Käufern unterschieden. Zur Aufgabenteilung von Hermes und Treuarbeit siehe unten § 17 I.

Der Exporteur ist verpflichtet, alle Ausfuhrgeschäfte mit privaten Abnehmern in allen Ländern, die nicht der OECD angehören, in die Ausfuhr-Pauschal-Gewährleistung einzubeziehen. Ausgenommen von der Einbeziehungspflicht sind Zahlungsabwicklungen aus Sichtakkreditiven[296] und aus Geschäften mit verbundenen Tochterunternehmen[297].

Der Bund versucht eine gesunde Risikomischung dadurch zu erreichen, daß er den Exporteur zwingt, möglichst viele Absatzgebiete in die Deckung einzubeziehen. Die Einbeziehungspflicht besteht jedoch nicht für Geschäfte, die keinen Risikoschutz benötigen oder anderweitig (z.B. über Forfaitierung, Factoring) abgesichert werden können.[298] Daher genießt der Exporteur ein Wahlrecht dahingehend, über den Mindestumfang hinaus private Abnehmer in OECD-Ländern, öffentliche Abnehmer, Geschäfte aus Sichtakkreditiven und Geschäfte mit verbundenen (Tochter-)Unternehmen in die Ausfuhr-Pauschal-Gewährleistung einzubeziehen oder sie herauszunehmen.

In den Besonderen Bedingungen der Ausfuhr-Pauschal-Gewährleistung wird ein bestimmter Betrag als „Selbstprüfungsgrenze" festgesetzt, bis zu der jeder Käufer vom Exporteur beliefert werden kann. Wie auch bei der revolvierenden Deckung wird mit der Erfüllung einer alten Forderung dieser Höchstbetrag insoweit für eine neue Forderung wieder frei. Die Besonderheit der Selbstprüfungsgrenze ist jedoch, daß der Exporteur einen ausländischen Käufer nicht namentlich zu benennen braucht, wenn er ihn im Rahmen des durch die Selbstprüfungsgrenze festgesetzten Höchstbetrages beliefert.[299] Da die Bundesrepublik Deutschland auf diese Weise keine Kenntnis vom Käufer erlangt, muß der Exporteur die Zahlungsfähigkeit und Vertrauenswürdigkeit des Abnehmers selbst prüfen. Er hat lediglich die mit dem Abnehmer getätigten Umsätze dem Hermes zu melden.

---

296 Es handelt sich hierbei um die Zahlung aus unwiderruflichen, nicht später als gegen Vorlage der Dokumente auszahlbaren Akkreditiven; siehe auch Münchener Rechtslexikon, Stichwort „Akkreditiv"; zur Bedeutung des Akkreditivs im internationalen Zahlungsverkehr siehe Rowe, Letters of Credit, S. 3ff.; Nielsen, Aktuelle Rechtsfragen zum Dokumenten-Akkreditiv, S. 1 ff.

297 Verbundene Unternehmen in diesem Sinne sind Gesellschaften, mit denen eine mehrheitliche kapitalmäßige Verflechtung des Gewährleistungsnehmers besteht, oder Beteiligungsgesellschaften, auf die der Exporteur durch Beteiligung an der Geschäftsführung einen maßgeblichen Einfluß ausübt.

298 Schallehn/Stolzenburg, Abschnitt VIII., Tz. 53.

299 Siehe Abschnitt IV. der Besonderen Bedingungen für Ausfuhr-Pauschal-Gewährleistungen.

Der Exporteur beantragt die Festsetzung eines (revolvierenden) Höchstbetrages, wenn der Forderungsbestand gegen den ausländischen Abnehmer die Selbstprüfungsgrenze übersteigt oder über sechs Monate hinausgehende Zahlungsbedingungen vereinbart werden sowie bei Lieferungen an verbundene Unternehmen.[300] Im Falle der Überschreitung der Selbstprüfungsgrenze setzt der Hermes dann einen individuellen Höchstbetrag für den Kunden fest, legt eine Kundenliste an und der Bund haftet für diesen Kunden nur bis zu dem neu festgesetzten Höchstbetrag.

In der Ausfuhr-Pauschal-Gewährleistungs-Erklärung wird ein Gesamthöchstbetrag benannt, der die äußerste Grenze der Gesamthaftung des Bundes bezeichnet.[301] Die gedeckten Schadenstatbestände im Rahmen der Ausfuhr-Pauschal-Gewährleistung entsprechen denen der Ausfuhrdeckungen und sind in den speziell für Ausfuhr-Pauschal-Gewährleistungen geschaffenen Allgemeinen Bedingungen im einzelnen aufgelistet.[302] Für private Abnehmer besteht neben dem Deckungsschutz für alle wirtschaftlichen und politischen Risiken zusätzlich Deckungsschutz in Höhe des doppelten Höchstbetrages für die Konvertierungs- und Transferrisiken sowie die Risiken der Nichtzahlung infolge allgemeiner staatlicher Maßnahmen wie Zahlungsverbot und Moratorium. Diese Erweiterung des Deckungsbereiches der politischen Risiken stellt einen weiteren Vorteil der Ausfuhr-Pauschal-Gewährleistung dar. Der Deckungsnehmer trug im Rahmen der früheren Ausfuhr-Pauschal-Gewährleistung neben dem üblichen Selbstbehalt[303] noch ein sog. Eigenvorrisiko für alle wirtschaftlichen Schadensfälle eines Jahres. Diese zusätzliche Selbstbeteiligung ist nun abgeschafft worden.

IV. Sonderformen

Die besondere Natur des Außenhandels hat zu einer Vielfalt von Vertragsgestaltungen und zu einem differenzierten System der Zahlungsbedingungen geführt.[304] Allein die Vertragsanbahnung im Exportgeschäft ist häufig mit

300 Siehe Abschnitt IV., Ziff. 5 der Besonderen Bedingungen für Ausfuhr-Pauschal-Gewährleistungen.

301 Abschnitt XVI. der Besonderen Bedingungen für Ausfuhr-Pauschal-Gewährleistungen.

302 Seit dem 1. April 1988 gelten auch für Ausfuhr-Pauschal-Gewährleistungen neue Allgemeine Bedingungen.

303 Zur Selbstbeteiligung siehe unten § 16 I.

304 Christopeit, a.a.O., S. 44.

nicht unerheblichen Kosten und Gefahren verbunden, die der Binnenhandel nicht kennt. Die allgemeinen Formen der Deckung passen hier nicht oder umfassen Risikobereiche, die gar nicht auftreten können und deren Einbeziehung in die Deckung daher sinnlos wäre. Die Ausfuhrkreditversicherung trägt diesem Umstand Rechnung, indem sie Sonderformen für die Indekkungnahme bestimmter Risiken entwickelt hat.

1. Beschlagnahmedeckungen

Nicht immer sind Liefer- und Leistungsgeschäfte der Grund für die Verbringung einer Ware in das Ausland. Der Außenhandel kennt Formen des Exports, bei denen im Zeitpunkt des Verbringens der Ware in das Ausland noch nicht feststeht, ob ein Geschäftsabschluß überhaupt getätigt wird und die Ware im Abnehmerland verbleibt.[305] Hierzu gehören die Konsignation[306] und der Kauf auf Probe. Ein Fall, bei dem der Verkauf der Ware nicht bzw. nicht primär beabsichtigt ist, ist die Beschickung ausländischer Messen.

Der Exporteur ist in diesen Fällen vom Schicksal der Ware in ungleich größerem Maße abhängig, als wenn er bereits einen festen Kaufvertrag abgeschlossen hätte.[307] Vor Abschluß des Kaufvertrages trägt der Exporteur die Gefahr eines zufälligen Untergangs, des Verlustes oder einer zufälligen Beschädigung der Ware selbst. Erst mit Abschluß des Kaufvertrages kann die Gefahrtragung auf den ausländischen Abnehmer übergehen, nach deutschem Recht regelmäßig erst mit Übergabe oder Versendung oder Übereignung der Ware. Aus diesem Grunde hat der Bund Deckungsformen geschaffen, bei denen der Schutz vor politischen Risiken, vor allem der Schutz vor einer Beschlagnahme der Waren, im Vordergrund steht.

Gegenstand der Beschlagnahmedeckung ist der Gesamtwert der Waren, die in das Konsignationslager oder zur Messe geliefert oder auf Probe verkauft werden. Die Deckung des Beschlagnahmerisikos wird für die Zeit des Transportes der Ware an den Ort der Einlagerung, Messe oder Erprobung, für die Zeit des Verbleibens der Ware im Ausland und für die Zeit eines et-

---

305 Schallehn/Stolzenburg, Abschnitt VIII., Tz. 85.

306 Die Konsignation ist eine besondere Art der Kommission. Der inländische Auftraggeber (Konsignant) liefert an seinen ausländischen Beauftragten (Konsignator) Ware in Kommission auf Konsignationslager, damit dieser sie im eigenen Namen, aber für Rechnung des Eigentümers gegen Provision verkauft; Achterberg/Lanz, a.a.O., S. 1020; siehe auch Deutsche Bank, Außenwirtschafts-Alphabet, Stichwort: „Konsignation".

307 Schallehn/Stolzenburg, Abschnitt VIII., Tz. 86.

waigen Rücktransportes aus dem Konsignationslager, Messelager oder von dem Ort der Erprobung in die Bundesrepublik gewährt.[308] Von der Deckung wird das Risiko umfaßt, daß während dieses gesamten Zeitabschnittes aus politischen Gründen eine Beschlagnahme durch ausländische staatliche Stellen oder Verlust, Beschädigung oder Vernichtung durch politische Ereignisse, also auch durch Kriegswirren etc., erfolgt, soweit der Exporteur diese Gefahren nicht auf dem deutschen Versicherungsmarkt anderweitig abdekken kann und Ersatz aufgrund gesetzlicher Bestimmungen nicht möglich ist.[309]

Der Bund gewährt die Beschlagnahmedeckung auch als revolvierende Deckung. Praktische Bedeutung hat die revolvierende Beschlagnahmedekkung indessen nur bei Konsignationen erlangt.[310] Zur vertraglichen Gestaltung einer revolvierenden Beschlagnahmedeckung ergeben sich keine Unterschiede zu den sonstigen Formen einer revolvierenden Deckung.[311]

Mit Abschluß eines Kaufvertrages verlagert sich das Risikointeresse des Exporteurs. Nicht mehr das Risiko einer Beschlagnahme der Ware, sondern das Risiko des Nichterhalts des Kaufpreises ist nun von Bedeutung. Um diesem Umstand gerecht zu werden, besteht die Möglichkeit, dem Exporteur im Wege der sog. „Anschlußdeckung" eine volle Deckung für die Kaufpreisforderung zu gewähren.[312]

2. Deckungen von Bauleistungsgeschäften

Die Errichtung größerer Bauten im Ausland hat in den letzten Jahren infolge von Liquiditätsproblemen vor allem der Entwicklungsländer stark nachgelassen.[313] Dennoch besteht ein Bedarf für die Absicherung gegen Risiken aus Bauleistungsgeschäften, die sowohl mit privaten ausländischen Auftraggebern als auch mit ausländischen Regierungen abgeschlossen werden.

Die Erstellung von Straßen, Staudämmen, Bewässerungsanlagen, Häfen etc. unterscheidet sich im Hinblick auf den Leistungscharakter sehr wesent-

---

308 Abschnitt IV. Ziff. 1a der Besonderen Bedingungen für Beschlagnahmerisikogarantien/-bürgschaften.

309 Abschnitt IV. Ziff. 1a der Besonderen Bedingungen für Beschlagnahmerisikogarantien/-bürgschaften.

310 Schallehn/Stolzenburg, Abschnitt VIII., Tz. 103.

311 Siehe oben § 9 II.

312 Siehe hierzu Schallehn/Stolzenburg, Abschnitt VIII., Tz. 113 f., 119 ff.

313 Vgl. Treuarbeit, Bundesgarantien für Kapitalanlagen im Ausland (1960-1990), S. 1 ff.

lich von Liefergeschäften. Im Gegensatz zum Lieferanten erbringt der Bauunternehmer die Leistung (Bauanlagen, Bauwerke etc.) weitgehend im Ausland. Zur Durchführung des Auftrages müssen Maschinen und Geräte in das Ausland verbracht und wieder zurückgeschafft, Bau-, Bauhilfs- und Baubetriebsstoffe beschafft und an der Baustelle gelagert und der Bauplatz mit Baubüros, Werkstätten, Wohnbaracken etc. ausgestattet werden.[314] Zwar benötigt der Bauunternehmer für die Errichtung von Bauwerken auch im Inland Maschinen, Betriebsstoffe und Werkstätten, doch sind diese nicht den im Ausland auftretenden Risiken ausgesetzt.

Der Bund gewährt Deckung für Montage und Baugeräte, die zur Erstellung eines Bauwerkes dienen und deren Eigentümer der deutsche Unternehmer ist.[315] Die Übernahme einer Deckung für Baugeräte, die der deutsche Unternehmer gemietet hat, ist nur ausnahmsweise möglich. Der Bund entscheidet hier von Fall zu Fall. Für im Ausland angemietete Geräte bereitet die Deckung keine Schwierigkeiten, wenn es sich bei dem ausländischen Vermieter um eine Firma handelt, die mit einer deutschen Firma kapitalmäßig verbunden ist oder wenn entsprechende Geräte in der Bundesrepublik nicht zu beschaffen sind. Die Haftung des Bundes umfaßt die Beschlagnahme durch ausländische staatliche Stellen sowie Verlust, Beschädigung oder Vernichtung infolge anderer politischer Ereignisse.[316] Die Haftung beginnt mit dem Transport der Montage- oder Baugeräte von der Bundesrepublik in das Bestimmungsland und endet mit dem Rücktransport in die Bundesrepublik.[317]

Im Zusammenhang mit der Montage- und Baugeräte-Deckung kann dem Unternehmer auch eine Ersatzteillager-Deckung gewährt werden, da beim Einsatz verschiedener Maschinen und Geräte die Anlegung eines Ersatzteillagers häufig erforderlich ist. Die Deckung erfolgt jedoch nur in pauschalierter Form unabhängig davon, wie hoch der tatsächliche Wert der ins Ausland verbrachten Ersatzteile ist. So werden im Schadensfall bis zu 20% des im Haftungsdokument gedeckten Gerätewertes vom Bund ersetzt.[318] Die Höhe des Pauschsatzes kann der Unternehmer bei Antragstellung selbst bestimmen. Verwirklicht sich ein gedecktes Risiko und kommt es zum Schadensfall, so muß der Deckungsnehmer nachweisen, daß er Ersatzteile an die

314 Voigt, a.a.O., S. 52.

315 Siehe auch Merkblatt für Bauleistungsdeckungen, Abschnitt III, Ziff. 2; abgedruckt bei Schallehn/Stolzenburg, Abschnitt VIII., Anlage 31.

316 Zu dem der Deckung zugrundeliegenden Gerätewert siehe bei Schallehn/Stolzenburg, Abschnitt VIII., Tz. 213 ff.

317 Merkblatt für Bauleistungsdeckungen, Abschnitt III., Ziff. 2.

318 Merkblatt für Bauleistungsdeckungen, Abschnitt III., Ziff. 3.

ausländische Baustelle versandt hat, deren Wert mindestens der Höhe des gedeckten Pauschbetrages entspricht. Für den Fall, daß er nur einen geringeren Wert nachweisen kann, wird nur dieser als Gegenstand der Entschädigung herangezogen.

Für Montage- und Baugeräte, die nach einer Bauausführung im Ausland eingelagert werden, um sie später an einer anderen ausländischen Baustelle einzusetzen, kann der Bund für den Zeitraum der Einlagerung eine Deckung übernehmen, wenn der Zeitraum nach dem Ende der vorangegangenen Gerätedeckung sechs Monate nicht überschreitet.

Im Rahmen der Deckungen von Bauleistungsgeschäften übernimmt der Bund auch die Haftung für die Baustelleneinrichtung. Es handelt sich hierbei um Aufwendungen, die der Bauunternehmer nach Abschluß des Bauleistungsvertrages im Hinblick auf die zu erbringende Bauleistung für die Einrichtung der Baustelle macht. Hierunter fallen Planungs- und Konstruktionskosten, Kosten für die Erschließung der Baustelle und auch Ausrüstungs-, Reise- und Unterbringungskosten für das Personal.[319]

Der Bund deckt natürlich auch die Bauleistungsforderung selbst, die infolge von wirtschaftlichen oder politischen Risiken uneinbringlich werden kann. Hier gelten die allgemeinen Grundsätze für Ausfuhrrisikogarantien bzw. -bürgschaften. Eine Fabrikationsrisikodeckung kann für Fertigungen übernommen werden, die in der Bundesrepublik hergestellt werden müssen und notwendiger Bestandteil des vom Unternehmer im Ausland zu errichtenden Bauwerkes werden.[320]

Neben den vielen Besonderheiten, die die Herstellung der Bauanlage, des Bauwerkes usw. betreffen, folgt auch die Forderung des deutschen Bauunternehmers gegen den ausländischen Besteller im Vergleich zur Forderung des Lieferanten häufig anderen Regeln. Eine wichtige Besonderheit ist die Bezahlung der Forderung aus der Bauleistung fortlaufend nach Situationen. Anders als bei der kreditierten Forderung, die teilweise erst nach Bauende fällig wird, hat der ausländische Bauherr hierbei jeweils nach Fertigstellung einzelner Bauabschnitte Zahlung zu leisten. Dem deutschen Deckungsnehmer steht es frei, welche Zahlungsweise er vereinbart. Für die an den Bund zu zahlenden Entgelte und die im Schadensfall nicht gedeckten Selbstbeteiligungssätze ergeben sich aber nicht unwesentliche Unterschiede.[321]

319 Merkblatt für Bauleistungsdeckungen, Abschnitt III., Ziff. 5.

320 Schallehn/Stolzenburg, Abschnitt VIII., Tz. 143.

321 Hierzu siehe unten § 16 III.2.(Tabelle).

3. Deckungen für Leasinggeschäfte mit dem Ausland

Der Leasingvertrag ist ein eigengearteter Vertragstyp, der sich nach amerikanischen Vorbildern in Deutschland erst seit Beginn der sechziger Jahre entwickelt hat.[322] Um auch dem deutschen Exporteur, der sich nicht eines Kaufgeschäftes, sondern des Leasing als besondere Form des Warenverkehrs bedient,[323] Deckungsschutz gewähren zu können, hat der Bund eine besondere Deckungsform für Leasinggeschäfte geschaffen.

Man unterscheidet zwei Formen des Leasing, das Finance Leasing und das Operating Leasing.[324] Finance Leasingverträge werden vor allem von den Leasinggesellschaften abgeschlossen. Der Mieter teilt Typ und Lieferant des Investitionsobjektes, das er in seinem Betrieb einsetzen will, der Leasinggesellschaft mit und führt mit dem Lieferanten abschlußreife Vorverhandlungen.[325] Die Leasinggesellschaft braucht daher nur noch auf der Basis des ausgehandelten Angebotes als Käufer aufzutreten. Das Investitionsgut wird in der Regel unmittelbar vom Produzenten oder Händler zum Leasingnehmer transportiert.[326] Während der zwischen Leasingnehmer und Leasinggeber vereinbarten Vertragsdauer ist der Vertrag unkündbar.[327] Die Summe der vereinbarten Leasingraten entspricht regelmäßig dem Listenwert des Leasinggegenstandes, zumindest aber dem Gesamtbetrag der Selbstkosten des Leasinggegenstandes.[328]

Beim Operating Leasing handelt es sich im Gegensatz zum Finance Leasing um kurzfristige und jederzeit kündbare Verträge.[329] Sie werden vor allem dann abgeschlossen, wenn bestimmte Objekte mit hohen Anschaffungs-

---

322 Larenz, Lehrbuch des Schuldrechts, Band 2, Besonderer Teil, § 63 III.

323 Zur immer größer werdenden Bedeutung des Leasing im Exportgeschäft siehe Feinen, Leasing kann einen Beitrag zur Exportförderung leisten, RIW 1986, S. 1 ff.

324 Spittler, Leasing für die Praxis, S. 5.

325 Sannwald, Der Finanzierungsleasingvertrag über bewegliche Sachen mit Nichtkaufleuten, S. 19.

326 Sannwald, a.a.O., S. 20.

327 Leifert, Finanzierungs-Leasing in Deutschland, S. 17.

328 Schallehn/Stolzenburg, Abschnitt VIII., Tz. 289; siehe auch Kurstedt, Finanzleasing beweglicher Güter, S. 37 ff.

329 Graf von Westphalen, Der Leasingvertrag, Rdnr. 3, 12 ff., 526 ff.; Hagenmüller, Leasing-Handbuch. Entwicklung und Einsatzmöglichkeiten bei den Unternehmungen, S. 13. Zur Kündigungsregelung im Leasingvertrag siehe auch Graf von Westphalen, Aktuelle Rechtsfragen zur Leasing-Vertragspraxis, S. 126 ff.

kosten vom Leasingnehmer unregelmäßig, saisonweise oder sogar nur einmal benötigt werden.[330] Als Charakteristikum des Operating Leasing kann angesehen werden, daß die von einem Leasingnehmer zu entrichtenden Entgelte zur Amortisation des Kaufpreises für das Gut nicht ausreichen.[331] Regelmäßiger Bestandteil des Operating Leasingvertrages ist ein Service bezüglich des Leasinggegenstandes seitens des Leasinggebers.[332]

Das Operating Leasing eignet sich wegen seiner Besonderheiten (jederzeitige Kündbarkeit, Summe der Leasingraten reichen nicht zur Amortisation des Leasinggegenstandes) nicht für das Ausfuhrhaftungssystem des Bundes.[333] Der Bund bietet Deckungsschutz daher nur für typische Finance Leasingverträge an.[334]

Von der Deckung ausgeschlossen sind sogenannte Mischverträge, bei denen nach dem Inhalt des Vertrages von Anfang an vorgesehen ist, daß der ausländische Leasingnehmer nach Ablauf einer bestimmten Zeit das Leasinggut nicht mehr „mietet", sondern käuflich erwirbt. Anders verhält es sich hingegen, wenn dem Leasingnehmer eine Kaufoption eingeräumt wird, ihm also vertraglich das Recht eingeräumt wird, den Leasingvertrag durch Bezahlung aller noch ausstehenden Raten vorzeitig abzulösen und danach das Eigentum an dem Leasinggut zu erwerben.[335] Um dieser in der Praxis häufig anzutreffenden vertraglichen Gestaltung Rechnung zu tragen, werden Leasinggeschäfte mit Kaufoption von der Bundesdeckung mitumfaßt.

Der Bund ist darauf bedacht, daß der Leasinggeber im Falle von Zahlungsschwierigkeiten des Leasingnehmers diesem gegenüber eine möglichst günstige Stellung innehat, der Leasinggeber vor allem sein Eigentum an dem Leasinggut während der Laufzeit der Deckung nicht aufgibt. Für eine Übertragung des Eigentums an dem Leasinggut behält sich der Bund seine Zustimmung daher stets vor.[336]Zur weiteren Stärkung der Position des Lea-

---

330 van Hove, Die Rechtsnatur der Leasingverträge und ihre Abwicklung in der Zwangsvollstreckung, S. 23 f.; Kurstedt, a.a.O., S. 34.

331 Reiche, Leasing, zivilrechtliche Beurteilung und steuerrechtliche Zurechnung, S. 53.

332 Larenz, a.a.O., § 63 II; vgl. auch Reiche, Leasing, zivilrechtliche Beurteilung und steuerrechtliche Zurechnung, S. 55.

333 Schallehn/tolzenburg, Abschnitt VIII., Tz. 290.

334 Merkblatt für die Gewährung von Garantien und Bürgschaften für Leasinggeschäfte, Ziff. 2.1.

335 Siehe Fn. 334

336 Siehe Fn. 334

singgebers verlangt der Bund regelmäßig, daß dem Leasingnehmer ein vertraglich gesichertes Recht eingeräumt wird, bei Zahlungsverzug des Leasingnehmers den Leasinggegenstand zurücknehmen zu dürfen. Durch Abschluß eines neuen Leasingvertrages oder durch einen Verkauf zum Restwert kann der Leasinggegenstand dann unter Umständen anderweitig verwertet werden.

Gegenstand der Deckung ist der Gesamtbetrag der Leasingraten und nicht etwa der Wert oder Kaufpreis des Leasinggegenstandes. Bei Leasingverträgen mit Verlängerungsoption sind Kaufpreis und Verlängerungsmiete ebenfalls nicht Gegenstand der Deckung.[337] Im Schadensfall ist die Summe der noch ausstehenden Leasingraten Grundlage für die vom Bund zu zahlende Entschädigung. Von der Deckung für Leasinggeschäfte sind alle in den jeweiligen Allgemeinen Bedingungen aufgeführten Risiken erfaßt. Insoweit ergeben sich also keine Besonderheiten.

Trotz zunehmender Bedeutung des Auslandsleasings wird die speziell hierfür geschaffene Deckungsform wenig genutzt.[338] Dieses liegt darin begründet, daß der Bund eine Anzahlung in Höhe von 15% des Objektpreises bis zur Lieferung an den Leasingnehmer verlangt[339] und damit eine für Leasingverträge unübliche Zahlungsbedingung aufstellt.

Hierbei beruft sich der Bund auf die internationale Konditionendisziplin, die eine Angleichung an die normalen Forderungsdeckungen aus Kaufverträgen und eine Gleichschaltung der Exportkreditsätze innerhalb der OECD gebiete.[340] Der Leasingnehmer, der die Vorteile der Ratenzahlung des Leasinggeschäftes nutzen möchte, ist häufig nicht willens und in der Lage, frühzeitig eine 15%ige Anzahlung bezogen auf die Gesamtsumme der Leasingraten zu tätigen. Die Anzahlungsverpflichtung stellt für ihn dann ein unüberwindbares Hindernis für die Nutzung der Hermesgarantie/-bürgschaft dar.

---

337 Merkblatt für die Gewährung von Garantien und Bürgschaften für Leasinggeschäfte, Ziff. 3.2.

338 Kissner/Feinen/Bittmann, Forfaitierung, Leasing, Factoring im Auslandsgeschäft, S. 71; siehe auch Feinen, a.a.O., S. 4.

339 Merkblatt für die Gewährung von Garantien und Bürgschaften für Leasinggeschäfte, Ziff. 2.1.

340 Siehe Schallehn/Stolzenburg, Stichwortverzeichnis unter „Leasing".

§ 10 Abgrenzung zu anderen Maßnahmen der Risikoreduzierung

I. Private Ausfuhrkreditversicherungen

1. Gedeckte Risiken

Im Gegensatz zu der vom Bund betriebenen staatlichen Ausfuhrkreditversicherung, die wirtschaftliche und politische Risiken abdeckt, beschränken sich die privaten Kreditversicherer, die das Ausfuhrkreditversicherungsgeschäft betreiben, ausschließlich auf das kommerzielle Risiko, d.h. das Risiko der Zahlungsunfähigkeit und der Nichtzahlung (protracted default) des Schuldners.[341]

Der private Kreditversicherer wäre überfordert, wenn er auch das politische Risiko aus dem Exportkredit tragen sollte.[342] Generell steht ein Versicherer für eine Vielzahl von Risiken nur ein, wenn er davon ausgehen kann, für einzelne Insolvenzfälle eintreten zu müssen. Aus der Ansammlung der Prämien von gut verlaufenen Risiken kann er die an ihn herangetragenen Schadensfälle regulieren. Bei der Verwirklichung des politischen Risikos ist der Schadensfall dagegen nicht individuell begründet, sondern auf eine Maßnahme zurückzuführen, die eine große Anzahl gleichgelagerter Fälle betrifft, häufig sogar ganze Länder ergreift.[343] Risiken dieser Art können von einem privaten Versicherungsunternehmen auf der Grundlage einer normalen versicherungsmäßigen Kalkulation nicht versichert werden.[344]

Aus der ausschließlichen Deckung des kommerziellen Risikos ergibt sich, daß für die private Versicherung keine Geschäfte in Frage kommen, bei denen – auch wenn es sich um westliches Ausland handelt – staatliche Stellen als Käufer auftreten,[345] da diese nicht zahlungsunfähig werden können. Für Geschäfte mit Käufern aus dem Ostblock, die überwiegend staatliche oder

341 Vgl. Wagner, Die Kreditversicherung, S. 71. Der protracted default gehört bei den privaten Kreditversicherern erst seit kurzem zu den gedeckten Tatbeständen, noch bevor das Bundesaufsichtsamt seine Zustimmung geben konnte.

342 Kaulbach, Die zivilrechtliche Einordnung der Ausfuhrgewährleistungen des Bundes, VersR 1985, S. 808.

343 Wagner, a.a.O., S. 71.

344 Wagner, a.a.O., S. 71.

345 Voigt, a.a.O., S. 43.

halbstaatliche Institutionen sind, bieten die privaten Kreditversicherer folglich keine Versicherungen an.[346] Derartige Abnehmer stellen kein kalkulierbares Insolvenzrisiko, sondern ein von politischen Gegebenheiten abhängiges Risiko dar.[347]

Die Beschränkung der Haftung der privaten Kreditversicherer auf das rein wirtschaftliche Risiko bedeutet weiter, daß Schäden, bei denen die Zahlungsunfähigkeit des Kunden verursacht worden ist durch Krieg und kriegerische Ereignisse, durch Streik und Unruhen, durch Behinderung des Waren- und Zahlungsverkehrs von hoher Hand, Naturkatastrophen und Schäden, die ihre Ursache in der Atomenergie haben, nicht gedeckt werden.[348]

Das wirtschaftliche Risiko der Zahlungsunfähigkeit des Abnehmers, für das der private Kreditversicherer eintritt, liegt vor bei:[349]

a) Konkursen,

b) gerichtlichen oder außergerichtlichen Vergleichsverfahren,

c) fruchtloser Zwangsvollstreckung,

d) nachgewiesener Uneinbringlichkeit der Forderung aus wirtschaftlichen Gründen, wenn z.B. eine Zwangsvollstreckung oder ein Konkursantrag keine Aussicht auf Erfolg verspricht.

Die – zuweilen nicht einfache – Abgrenzung des politischen Risikos vom wirtschaftlichen Risiko,[350] die für die staatliche Exportkreditversicherung vor allem wegen unterschiedlicher Karenzzeiten und Selbstbeteiligungssätze der einzelnen Schadenstatbestände wichtig ist, hat für die private Kreditversicherung wegen der ausschließlichen Deckung kommerzieller Risiken wesentlich größere Bedeutung.

2. *Umfang der Deckung*

Der Versicherungsschutz der privaten Kreditversicherer umfaßt – ähnlich wie die Bundesdeckung – Risiken aus Warenlieferungen und Dienstleistungen sowie für die Zeit vom Vertragsschluß bis zur Versendung einer Ware das Fabrikationsrisiko.[351] Keine Deckung wird übernommen für Vertrags-

---

346 Greulich, Die Kreditversicherung, S. 34.

347 Schallehn/Stolzenburg, Abschnitt II., Tz. 28.

348 Greulich, a.a.O., S. 34.

349 Schallehn/Stolzenburg, Abschnitt II., Tz. 28.

350 Zur Abgrenzung des politischen vom wirtschaftlichen Risiko siehe oben § 6 IV.3.

351 Schallehn/Stolzenburg, Abschnitt II., Tz. 28.

strafen, Verzugszinsen, Schadensersatz, Rechtsverfolgungskosten und Kursverluste.[352]

3. Prämie

Im Gegensatz zur Einheitsprämie bei den Bundesdeckungen werden in der privaten Kreditversicherung die Prämien den Verhältnissen des einzelnen Versicherungsvertrages angepaßt.[353] Unterschiedliche Faktoren, wie z.B. die Branche des Exporteurs und des Kunden, der Umsatz, Streuung und Anzahl der Kunden, die Liefer- und Zahlungsbedingungen sowie Schadenserfahrungen, werden hierbei berücksichtigt.[354]

Neben der Prämie hat der Versicherungsnehmer einen Anteil an den Kosten zu tragen, die dem Kreditversicherer für die Erstprüfung der Risiken sowie für die jährlichen Folgeprüfungen im Rahmen der Überwachung entstehen. Die Pauschalgebühr beträgt z.Zt. ca. DM 125, kann im Einzelfall jedoch variieren.[355]

4. Selbstbeteiligung und Haftungszeitraum

Auch bei der privaten Kreditversicherung ist der Versicherungsnehmer im Schadensfall mit einer bestimmten Quote am Ausfall beteiligt. Die Höhe der Selbstbeteiligung liegt hier im Durchschnitt ca. 5% über der bei der jeweils vergleichbaren vom Bund angebotenen Deckungsform. So liegen die Selbstbeteiligungssätze der privaten Kreditversicherer für Ausfuhrrisiken zwischen 20 und 30%, für Fabrikationsrisiken bei 15%. Der Selbstbehalt bei den entsprechenden Bundesdeckungen beträgt je nach Risikoart 15-25% für Ausfuhrgarantien bzw. -bürgschaften und 10% bei der Übernahme von Garantien und Bürgschaften zur Deckung der Fabrikationsrisiken.[356]

---

352 § 1 Nr. 4 Allgemeine Versicherungs-Bedingungen für die Ausfuhr-Kreditversicherung; vgl. auch Schallehn/Stolzenburg, Abschnitt II., Tz. 28.

353 Stolzenburg, Risikoreduzierung durch staatliche Exportkreditversicherung, Sonderreihe der BfAI; Praxis des Außenhandels, S. 4.

354 Stolzenburg, Risikoreduzierung durch staatliche Exportkreditversicherung, S. 4.

355 Auskunft der Allgemeinen Kreditversicherungs AG, Mainz und der Gerling-Konzern Speziale Kreditversicherungs-AG, Köln, vom 8.5.1991.

356 Siehe Merkblatt über die Gewährung von Ausfuhrgarantien und Ausfuhrbürgschaften.

Die Kreditlaufzeit beträgt bei der privaten Versicherung in der Regel nicht mehr als fünf Jahre.[357]

5. *Deckungsformen*

Die private Ausfuhrkreditversicherung versucht eine ausreichende Risikostreuung dadurch zu erreichen, daß der Versicherungsnehmer seine gesamten Exportforderungen in einem Mantelvertrag oder eine andere Rahmenvereinbarung einbringen muß.[358] Der Versicherungsnehmer wird verpflichtet, ohne Ausnahme – ggf. oberhalb einer im Vertrag festgelegten Anbietungsgrenze – alle Kunden namentlich zur Versicherung aufzugeben.[359] Für das kurzfristige Warengeschäft ist diese Versicherungsform obligatorisch. Bei der Lieferung von Investitionsgütern besteht ausnahmsweise die Möglichkeit, Deckungsschutz in Form einer Einzelversicherung zu bekommen.[360] Der Mantelvertrag verhindert eine negative Risikoselektion durch den Versicherungsnehmer und bietet dem Versicherungsgeber eine Basis für eine versicherungstechnisch tragbare Risikodeckung.[361]

Die privaten Kreditversicherer können ihre Versicherungsverträge weitgehend frei gestalten und auf die Bedürfnisse des einzelnen Vertragspartners Rücksicht nehmen. Im Gegensatz zur staatlichen Exportförderung der Bundesrepublik, die durch die Bindung an öffentlich-rechtliche Vorschriften dem Grundsatz der Gleichbehandlung Folge zu leisten hat, sind bei der privaten Kreditversicherung im Schadensfall auch Kulanzregelungen möglich.[362]

6. *Anbieter von privaten Kreditversicherungen*

Die private deutsche Exportkreditversicherung wird von mehreren Kreditversicherungsgesellschaften betrieben. Namentlich sind dies

357 Voigt, a.a.O., S. 43

358 Schallehn/Stolzenburg, Abschnitt II., Tz. 29; siehe auch Beuter, Kreditversicherung heute, Kreditwesen 1987, S. 781.

359 Wagner, a.a.O., S. 35.

360 Schallehn/Stolzenburg, Abschnitt II., Tz. 29.

361 Wagner, a.a.O., S. 85.

362 Schallehn/Stolzenburg, Abschnitt II., Tz. 31.

1. die Allgemeine Kreditversicherungs-AG,
   Ernst-Ludwig-Straße 2,
   6500 Mainz 1
2. die Gerling-Konzern Speziale Kreditversicherungs-AG,
   Hohenzollernring 62,
   5000 Köln 1,
3. die Zürich Kautions- und Kreditversicherungs-AG,
   Zürichhaus am Opernplatz,
   6000 Frankfurt/M. 1
4. und auch die Hermes Kreditversicherungs-AG,
   Friedensallee 254,
   2000 Hamburg 50.

Einschränkend ist zu bemerken, daß die Hermes Kreditversicherungs-AG mit Rücksicht auf das Mandat des Bundes für die staatliche Exportkreditversicherung die private Ausfuhrkreditversicherung nicht isoliert anbietet. Hermes versichert allerdings im Rahmen von Mantelverträgen für Inlandsrisiken auch Forderungen ihrer Versicherungsnehmer an ausländische Abnehmer in Westeuropa. Hierbei finden im Grundsatz die Bedingungen der inländischen Warenkreditversicherung (kurzfristiges Geschäft) oder Investitionsgüterkreditversicherung (mittelfristiges Geschäft) Anwendung. Für die Auslandsrisiken werden jeweils besonders kalkulierte Prämienzuschläge berechnet.[363]

Auch die Zürich Kautions- und Kreditversicherungs-AG betreibt keine spezielle Ausfuhrkreditversicherung. Sie versichert Forderungen an ausländische Abnehmer – beschränkt auf Westeuropa – lediglich im Rahmen eines inländischen Mantelvertrages, wenn die Auslandsforderungen deutlich weniger als die Inlandsforderungen ausmachen, d.h. maximal 20-30%.[364]

Neben der privaten Kreditversicherung sind noch die sowjetischen Spezialinstitute für Ostblockversicherungen zu nennen, die nur Geschäfte mit sozialistischen Staatshandelsländern (einschließlich Kuba und Vietnam) decken. Es sind dies

1. die DARAG Deutsche Auslands- und Rückversicherungs-AG, Berlin (Ost),
2. die GARANT-Versicherungs-AG, Wien
3. und die Black-Sea and Baltic General Insurance
   Company Ltd., London,

363 Information der Hermes-Kreditversicherungs-AG vom 26.4.1991.

364 Information der Zürich Kautions- und Kreditversicherungs-AG vom 16.5.1991.

wobei alle drei Firmen Tochtergesellschaften der in Moskau domizilierenden INGOSSTRAKH sind.[365]

Die sowjetischen Institute decken wirtschaftliche und politische Risiken. Im Gegensatz zu Hermes und der privaten Kreditversicherung auferlegen sie dem Versicherungsnehmer außer bei der Fabrikationsrisikoversicherung keinerlei Eigenbeteiligung am Risiko. Die Kreditlaufzeit beträgt unter bestimmten Voraussetzungen bis zu zehn oder mehr Jahren.[366]

II. Förderungsprogramme der Bundesländer

Die Förderungsmaßnahmen einiger Bundesländer werden nicht primär für Zwecke der Ausfuhrförderung eingesetzt, sondern unter dem Gesichtspunkt der Mittelstandsförderung und Regionalförderung.[367] Ein die Ausfuhr fördernder Effekt ist jedoch nicht zu verkennen, wenn Unternehmen Risiken, die im Rahmen der Gewährleistungen des Bundes nicht erfaßt werden, auf die Länder abwälzen können. Am bekanntesten sind die Rückbürgschaftsmaßnahmen der Bundesländer Baden-Württemberg[368], Bayern[369], Rheinland-Pfalz[370], Niedersachsen[371] und Nordrhein-Westfalen[372], die kapital-

365 Voigt, a.a.O., S. 42.

366 Voigt, a.a.O., S. 43.

367 Vgl. Wittstock/Dahremöller, Finanzierung und Risikoabsicherung des Exports mittelständischer Unternehmen, S. 73 ff.

368 Vgl. Landesregierung Baden-Württemberg: Exportgarantieprogramm des Landes Baden-Württemberg vom 21.4.1979, in: Landeskreditbank Baden-Württemberg, Exportförderung für mittelständische Unternehmen, Stuttgart 1979.

369 Vgl. Bayerische Staatsregierung: Programm zur Förderung des Zugangs kleiner und mittlerer Unternehmen sowie Angehöriger freier Berufe zu internationalen Märkten (Mittelständisches Garantieprogramm), in: Gemeinsame Bekanntmachung des Bayerischen Staatsministeriums der Finanzen Nr. 91 – L 6918 – 7/79-15841 sowie für Wirtschaft und Verkehr Nr. 3375 – III/4a-4400 – vom 3. März 1976.

370 Vgl. Landesregierung Rheinland-Pfalz: Exportgarantieprogramm des Landes Rheinland-Pfalz vom 9. Februar 1977, in: Finanzierungs-Aktiengesellschaft Rheinland-Pfalz, Merkblatt zum Exportgarantieprogramm, Mainz 1977.

371 Vgl. Landesregierung Niedersachsen: Niedersächsisches Exportgarantieprogramm, in: Runderlaß des Niedersächsischen Ministers für Wirtschaft und Verkehr – 214-4022 – vom 30. November 1977.

372 Vgl. Landesregierung Nordrhein-Westfalen: Mittelständisches Garantieprogramm des Landes Nordrhein-Westfalen für die mittelständische Wirtschaft

schwachen kleineren und mittleren Unternehmen Exportmöglichkeiten eröffnen sollen. Beim Wettbewerb um Auslandsaufträge sind kleinere und mittlere Unternehmen gegenüber Großunternehmen durch die Notwendigkeit, Gegengarantien zu stellen, häufig benachteiligt, weil das Garantievolumen vielfach den Finanzierungsspielraum übersteigt. Mangels ausreichender Sicherheiten sind die Banken häufig nicht bereit, neben dem eingeräumten Kreditrahmen auf Rechnung mittelständischer Unternehmen Akkreditive an ausländische Besteller als Auszahlungs-, Bietungs- oder Erfüllungsgarantien in ausreichender Höhe bereitzustellen, die selbständige Zahlungsverpflichtungen der Bank begründen.[373] Die Exportförderungsprogramme der Länder tragen diesen Risiken Rechnung. Die Ausgestaltung der Programme ist weitgehend ähnlich. Ihr Ziel ist es, die Besicherungsmöglichkeiten und den Finanzierungsspielraum eines exportierenden mittelständischen Unternehmens durch Stellung von Rückgarantien für die von der Hausbank abgegebenen Auszahlungs-, Bietungs- und Erfüllungsgarantien zu erhöhen.[374] Die Höhe der Rückgarantie ist je nach Bundesland auf 70% bis 90% des Ausfalls begrenzt. Für die Übernahme von Rückgarantien werden von den Bundesländern unterschiedliche Bearbeitungsgebühren und Zeitentgelte erhoben.[375]

Der vor einigen Jahren unternommene Versuch, die exportwirksamen Rückbürgschaftsmaßnahmen der Bundesländer mit dem Ausfuhrdeckungssystem des Bundes zu verbinden oder zu harmonisieren, ist gescheitert.[376]

III. Exportfinanzierung

Zu trennen und zu unterscheiden von den Fragen der Garantien und Bürgschaften der Bundesrepublik für Exportrisiken ist die Frage der Finanzierung von Ausfuhrgeschäften. Während bei der kurzfristigen Exportfinanzierung der normale Kontokorrentkredit in Form eines Betriebsmittelkredits

---

und die freien Berufe, in: Runderlaß des Finanzministers vom 1.3.1980 – VV 47-3-II A 4 – .

373 Wittstock/Dahremöller, a.a.O., S. 73; siehe auch Voigt, a.a.O., S. 86 f.

374 Wittstock/Dahremöller, a.a.O., S.74.

375 Eine Aufstellung der Kosten der Inanspruchnahme von Exportgarantien findet sich bei Wittstock/Dahremöller, a.a.O., S. 77.

376 Schallehn/Stolzenburg, Abschnitt II., Tz. 41.

die typische, ganz überwiegende Finanzierungsquelle darstellt, zeigt sich bei der langfristigen Finanzierung ein wesentlich differenzierteres Bild.[377] Hier tritt der normale Bankkredit gegenüber den speziellen Exportfinanzierungsprogrammen der Sonderkreditinstitute AKA und KfW wie auch der Geschäfts- und Landesbanken zurück.[378]

1. Die Ausfuhrkredit-Gesellschaft mbH (AKA)

Die AKA ist für die mittel- und langfristige Exportfinanzierung das führende Institut in der Bundesrepublik Deutschland. Die AKA ist ein privatrechtliches Unternehmen, das im Jahre 1952 als Konsortialinstitut von den deutschen Großbanken, von einer Reihe größerer Staats- und Regionalbanken und führenden Privatbankiers gegründet wurde.[379]

Für ihre speziellen Finanzierungsaufgaben[380] standen der AKA 1991 revolvierend von den Konsortialbanken eingeräumte Refinanzierungsrahmen in Höhe von DM 2 Mrd. – Plafond A – und DM 12 Mrd. – Plafond C – sowie eine Rediskontlinie der Deutschen Bundesbank – Plafond B – über DM 2,25 Mrd. zur Verfügung. Die Mittel aus Plafond A und B werden ausschließlich für Lieferantenkredite vergeben.[381] Im Rahmen des Plafonds C werden Kredite an ausländische Abnehmer oder Banken (Bestellerkredite)

---

377 Blomeyer, Exportfinanzierung, S. 143; vgl. auch Gerlach, Zahlungsziele und deren Refinanzierung im Exportgeschäft, BfAI/NfA, Mai 1981, S. 5. Verschiedene Finanzierungsformen, die für das kurzfristige und für das mittel- und langfristige Außenhandelsgeschäft möglich sind, werden aufgezeigt von Kemmer/Rädlinger, Technik der Außenhandelsfinanzierung, S. 77 ff.

378 Blomeyer, a.a.O., S. 143; siehe auch von Westphalen, Rechtsprobleme der Exportfinanzierung, S. 456 ff., Voigt, a.a.O., S. 71 ff., und Reitz, Export-Finanzierung, S. 36 ff.

379 Voigt, a.a.O., S. 71 ff.; Abel, Ausfuhrerleichterungen in der Bundesrepublik Deutschland, S. 42 ff. Die derzeitigen Konsortialbanken der AkA sind im Geschäftsbericht 1989, S. 15 ff. aufgeführt. Vgl. auch Dormanns, Exportfinanzierung und – kreditversicherung in der Bundesrepublik und anderen Industrieländern, Bank-Betrieb 1973, S. 429 f.

380 Im einzelnen siehe hierzu Ausfuhrkredit-Gesellschaft mbH, Geschäftsbericht 1990, S. 19 ff.

381 Vgl. Ausfuhrkredit-Gesellschaft mbH, Kreditrichtlinien, S. 3 ff. Zur Abhängigkeit der Finanzierung eines Exportgeschäftes durch die AKA vom Bestehen einer Ausfuhrdeckung des Bundes siehe Schröder, Staatliche Ausfuhrgarantien und Ausfuhrbürgschaften, Zeitschrift für das gesamte Kreditwesen 1973, S. 665 f.

gewährt.[382] Die Kreditbedingungen der Plafonds weichen u.a. hinsichtlich Verwendungszweck, Laufzeit, Höhe des Selbstfinanzierungsanteils des Exporteurs, Zinssatz und Tilgung voneinander ab.[383] So sind Kredite aus Plafond A für Exportgeschäfte in alle Länder verwendbar, während Kredite aus Plafond B früher ausschließlich für Exporte nach Entwicklungsländern, neuerdings aber auch nach allen Industrienationen mit Ausnahme in Länder der EG bereitgestellt werden können.[384] Plafond A und B bieten neben Krediten mit variablen Zinsen[385] auch Festzinssätze an, wobei zur Zeit für Plafond A-Kredite Festzinssätze nur bei einer Laufzeit bis zu 5 Jahren und für Plafond B-Kredite nur bis zu 2 Jahren quotiert werden.[386] Der variable Zinssatz des Plafonds A richtet sich jeweils nach der Situation am Geldmarkt, während der variable Zinssatz des Plafonds B abhängig von der Entwicklung des Diskontsatzes der Deutschen Bundesbank ist und zur Zeit 0,75% p.a. über diesem Satz beträgt.[387] Die Gewährung von Bestellerkrediten im Rahmen des Plafonds C richtet sich weitgehend nach den Grundsätzen für Plafond A-Kredite. Die AKA gewährt die Kredite aus Plafond A und B gegen Solawechsel ohne Fälligkeitsdaten, die jeweils für drei Monate im voraus abgerechnet werden.[388] Die Mobilisierungstechnik im Rahmen des Plafonds C kennt keine Wechsel des Exporteurs, da Schuldner der AKA ein ausländischer Besteller ist. Die Refinanzierung erfolgt vielmehr im allgemeinen auf der Basis langfristiger Buchkredite der Konsorten der AKA.[389]

2. *Die Kreditanstalt für Wiederaufbau (KfW)*

Die KfW wurde 1948 durch Gesetz[390] in der Rechtsform der Körperschaft des öffentlichen Rechts zur Finanzierung der deutschen Wirtschaft nach der

---

382 Vgl. Ausfuhrkredit-Gesellschaft mbH, Kreditrichtlinien, S. 3 ff.

383 Blomeyer, a.a.O., S. 156; siehe auch Voigt, a.a.O., S. 73 ff. und Wittstock/Dahremöller, a.a.O., S. 36 ff.

384 Wittstock/Dahremöller, a.a.O., S. 36 f.

385 Der Zinssatz beträgt zur Zeit 10,25% p.a. für Plafond A und 7,25% p.a. für Plafond B (Stand August 1991).

386 Stand August 1991.

387 Blomeyer, a.a.O., S. 158; siehe auch Ausfuhrkredit-Gesellschaft mbH, Kreditrichtlinien, S. 10; Voigt, a.a.O., bringt auf S. 182 ein Muster eines Finanzierungs- und Tilgungsplanes für einen Kredit aus Plafond A.

388 Voigt, a.a.O., S. 73; Blomeyer, a.a.O., S. 156 ff.

389 Voigt, a.a.O., S. 73; Blomeyer, a.a.O., S. 156.

390 Rechtsgrundlage der KfW ist heute das KfW-Gesetz in der Fassung vom

Zerstörung im Zweiten Weltkrieg gegründet.[391] Neben der Investitionsfinanzierung durch zinsgünstige Kredite ist die KfW seit Anfang der 50er Jahre auch an der langfristigen Exportfinanzierung beteiligt.[392] Im Rahmen der mittel- und langfristigen Exportfinanzierung verfügt die KfW über eine revolvierende Kreditlinie in Höhe von DM 500 Mio. sowie über eine jährlich neu festgesetzte Refinanzierungslinie von DM 120 Mio. aus dem ERP-Sondervermögen[393] d.h., daß sich die KfW zur Bewältigung der ihr zugeschriebenen Aufgaben selbst verschulden muß. Da die genannten Mittel wegen der starken Inanspruchnahme von KfW-Finanzierungen allein nicht ausreichen, mußte die KfW in den letzten Jahren in verstärktem Umfang zusätzlich auf Marktmittel zur Refinanzierung zurückgreifen.[394]

An erster Stelle stehen im Kreditprogramm der KfW die Kredite an ausländische Besteller.[395] Voraussetzung einer Kreditgewährung ist, daß es sich um den Export langlebiger Investitionsgüter handelt und daß eine Deckung des Finanzrisikos durch eine staatliche Ausfuhrgarantie/-bürgschaft vorliegt.[396] Die Refinanzierung von Lieferantenkrediten ist nur in begrenzten Ausnahmefällen möglich, wenn ein Kreditinstitut bereit ist, für die von ihm durchgeleiteten Kredite die Gewährleistungshaftung zu übernehmen.[397]

Die KfW bemüht sich, ihre Mittel im Vergleich zu Marktsätzen zu grundsätzlich niedrigeren Konditionen zur Verfügung zu stellen. Die Zinssätze für Exportkredite sind fest für die gesamte Laufzeit, wodurch der deutsche Exporteur und der ausländische Besteller vom Zinsänderungsrisiko entlastet werden.[398]

23.6.1969; BGBl. I 1969, S. 574 ff.

391 Wittstock/Dahremöller, a.a.O., S. 29 f. Die KfW hat heute ein Kapital von DM 1 Mrd., das zu 80% beim Bund und zu 20% bei den Ländern liegt.

392 Wittstock/Dahremöller, a.a.O., S. 30.

393 Vgl. Voigt, a.a.O., S. 73; Blomeyer, a.a.O., S. 80 f.; OECD, The Export Credit Financing Systems in OECD Member Countries, S. 57 f. Eine genaue Aufstellung der Mittel für die Exportfinanzierung und der von der KFW im Jahre 1990 gewährten Kredite kann dem Bericht über das Geschäftsjahr 1990, S. 12 ff., herausgegeben von der KfW, entnommen werden.

394 Voigt, a.a.O., S. 81; Wittstock/Dahremöller, a.a.O., S. 30.

395 Siehe hierzu Kreditanstalt für Wiederaufbau, Zusammenarbeit mit Entwicklungsländern, S. 7 ff.

396 Im einzelnen siehe Blomeyer, a.a.O., S. 165 f. und Wittstock/Dahremöller, a.a.O., S. 31.

397 Kreditanstalt für Wiederaufbau, Mittel- und langfristige Exportfinanzierung der KfW, Ein Leitfaden für die Praxis, S. 7 f.

398 Wittstock/Dahremöller, a.a.O., S. 32. Die Konditionen aus dem KfW-Export-

3. Die Deutsche Finanzierungsgesellschaft für Bestellerkredite in Entwicklungsländern GmbH (DEG)

Die DEG ist als Investitions-Institut 1962 von der Bundesrepublik gegründet worden. Ihre Geschäftstätigkeit ist in erster Linie auf die Beteiligung an privaten Investitionen in Entwicklungsländern gerichtet.[399] Daneben kann die Gesellschaft Bürgschaften und Garantien übernehmen sowie Kreditaufträge, vor allem im Zusammenhang mit Beteiligungen, erteilen.[400]

Damit ist die DEG ein Finanzinstitut, das sich hauptsächlich der Investitionsfinanzierung, nicht der Absatzfinanzierung widmet. Dennoch ist eine Verwandtschaft zur Exportfinanzierung nicht zu verkennen, da es der DEG statutenmäßig möglich ist, Gewährleistungen zu übernehmen und Kreditaufträge zu erteilen.[401]

§ 11 Die Deckung von gebundenen Finanzkrediten

I. Begriffsbestimmung

Der Bund kann auf Antrag eines inländischen Kreditgebers Deckungen für gebundene Finanzkredite an das Ausland übernehmen. Die gesetzliche Grundlage hierfür findet sich in § 8 Abs. 1 Ziff. 1 lit.a) und b) 2. Altern. Haushaltsgesetz 1992. Das Haushaltsgesetz ermächtigt den Bund sowohl zur Deckung von Liefer- und Leistungsgeschäften als auch zur Deckung von Darlehen im Sinne des bürgerlichen Rechts.[402] Die Darlehen heißen „gebun-

---

finanzierungsprogramm bei der mittel- und langfristigen Finanzierung von Exporten in Entwicklungsländern über Bestellerkredite sind derzeit in etwa marktgerecht und allenfalls bei langen Laufzeiten leicht zinsverbilligt, während in anderen Ländern häufig erheblich höhere Zinsverbilligungen gewährt wurden; vgl. OECD, Arrangement on Guidelines for Officially Supported Export Credits, Interest Rate Study (1), Reported by Mr. Wallen, S. 1 ff.

399 Deutsche Finanzierungsgesellschaft für Beteiligungen in Entwicklungsländern GmbH (DEG), Investitionen in Entwicklungsländern, Abschnitt 1; siehe auch Deutsche Finanzierungsgesellschaft für Beteiligungen in Entwicklungsländern GmbH, Partner DEG: Ein Porträt.

400 Blomeyer, a.a.O., S. 149; siehe auch Deutsche Finanzierungsgesellschaft für Beteiligungen in Entwicklungsländern GmbH, Geschäftsbericht 1990, S. 5 ff.

401 Blomeyer, a.a.O., S. 149.

402 Hierzu siehe auch oben § 2.

dene Finanzkredite", weil sie „im Zusammenhang mit Ausfuhren" stehen müssen.[403] Die Darlehen sind an Lieferungen und Leistungen deutscher Exporteure gebunden und dienen der Ablösung von Verpflichtungen aus solchen Liefer- oder Leistungsgeschäften zugunsten der deutschen Exporteure.[404] Die Deckung wird dem deutschen Kreditinstitut (Deckungsnehmer) gewährt, das dem ausländischen Schuldner, der zugleich der Importeur der Ware ist, das Darlehen bewilligt. Mit Wirkung vom 1. Oktober 1986 gelten auch für diese Formen der Bundesgewährleistungen neue Allgemeine Bedingungen.[405] Da es sich ebenfalls um Deckungen für Forderungen handelt, sind sie mit den Allgemeinen Bedingungen für Ausfuhrgarantien und Ausfuhrbürgschaften weitgehend identisch.

II. Umfang der Deckung

Deckungsgegenstand ist die im Kreditvertrag zwischen dem Deckungsnehmer und dem ausländischen Schuldner vereinbarte Geldforderung auf Rückzahlung der Darlehensvaluta.[406] Die Haftung des Bundes setzt voraus, daß die Auszahlung des Darlehensbetrages nicht an den Kreditnehmer, sondern unmittelbar an den deutschen Exporteur, dessen Lieferungen mit dem Finanzkredit verbunden sind, zu erfolgen hat. Die vom Bund in Deckung genommene Forderung umfaßt auch die im Kreditvertrag vereinbarten Kreditzinsen und Finanzierungsnebenkosten bis zur Fälligkeit der Hauptforderung.[407] Schadensersatzforderungen und sonstige Nebenforderungen, z.B. auch Verzugszinsen, Vertragsstrafen und Reuegeld sind von der Deckung ausgeschlossen. Ansprüche, die durch die Auszahlung vor Stellung des Antrages auf Deckung entstanden sind, werden ebenfalls nicht gedeckt.[408]

Die Haftung des Bundes aus der Deckung beginnt mit der Auszahlung des Darlehens und endet, sobald und soweit die Forderung erfüllt ist.[409] Wie bei der Deckung von Ausfuhren besteht ein Unterschied zwischen Finanzkrediten an private ausländische Schuldner („Garantien") und an öffentlich-recht-

---

403 Glotzbach, a.a.O., S. 61.

404 Vgl. von Halem, a.a.O., S. 65.

405 Allgemeine Bedingungen für Garantien/Bürgschaften für gebundene Finanzkredite.

406 § 2 Abs. 1 AllgBed-FKG/FKB.

407 § 2 Abs. 2 AllgBed-FKG/FKB.

408 Schallehn/Stolzenburg, Abschnitt XIX., Tz. 15.

409 § 3 Abs. 1 AllgBed-FKG/FKB.

liche Schuldner („Bürgschaften"). Als Deckungsform ist nur die Einzeldeckung möglich.

III. Grundsätze zur Vergabe von Finanzkreditdeckungen

Der Bund gewährt nicht für alle Forderungen aus gebundenen Finanzkrediten Deckungsschutz. Die Kredite müssen entweder der Finanzierung förderungswürdiger Vorhaben[410] dienen oder im besonderen staatlichen Interesse der Bundesrepublik liegen[411]. Diese Voraussetzungen gelten allgemein als erfüllt, wenn es sich um Finanzkredite handelt, die der Finanzierung von Ausfuhrgeschäften für Investitionsgüter oder Anlagen, insbesondere in Entwicklungsländern, dienen. Es sollen auch nur solche Kredite gedeckt werden, die zur Bezahlung größerer Projekte vergeben werden.[412]

IV. Die gedeckten Risiken

1. Politische Risiken

Uneinbringlichkeit der gedeckten Darlehensforderung infolge politischer Umstände liegt vor, wenn gesetzgeberische oder behördliche Maßnahmen im Ausland oder kriegerische Ereignisse, Aufruhr oder Revolution im Ausland die Erfüllung oder Beitreibung der gedeckten Forderung in jeder Form verhindern (Allgemeiner politischer Schadenstatbestand)[413]. An politischen Risiken sind ferner gedeckt das Konvertierungs- und Transferrisiko und das Risiko eines durch amtliche Abwertung entstandenen Kursverlustes.[414]Hinsichtlich des Umfanges der gedeckten Risiken gelten im wesentlichen die gleichen Grundsätze wie bei der Ausfuhrdeckung.[415]

---

410 § 8 Abs. 1 Ziff. 1 lit.a) Haushaltsgesetz 1992.

411 § 8 Abs. 1 Ziff. 1 lit.b) Haushaltsgesetz 1992.

412 Von Halem, a.a.O., S. 66.

413 § 4 Abs. 2 Nr. 1 AllgBed-FKG/FKB. Der allgemeine politische Schadenstatbestand erfaßt vor allem auch die Risiken von Zahlungsverboten und Moratorien, die sogenannten ZM-Risiken.

414 § 4 Abs. 2 Nr. 2 und Nr. 3 AllgBed-FKG/FKB.

415 Siehe oben § 6 IV.

2. Wirtschaftliche Risiken

Ein wirtschaftlicher Garantie- bzw. Bürgschaftsfall[416] tritt ein, wenn mit Bezug auf das Vermögen des ausländischen Schuldners

ein Konkursverfahren eröffnet oder mangels Masse abgelehnt worden ist;

oder ein amtliches Vergleichsverfahren oder ein anderes amtliches Verfahren, das zum Ausschluß der Einzelzwangsvollstreckung führt, eröffnet worden ist;

oder ein außeramtlicher Vergleich (Stundungs-, Quoten- oder Liquidationsvergleich), dem alle oder eine Gruppe untereinander vergleichbarer Gläubiger einschließlich des Garantienehmers zugestimmt haben, abgeschlossen worden ist;

oder eine Zwangsvollstreckung wegen der gedeckten Forderung nicht zur vollen Befriedigung geführt hat;

oder die wirtschaftlichen Verhältnisse nachweislich so ungünstig sind, daß der ausländische Schuldner seine Zahlungen ganz oder im wesentlichen Umfang eingestellt hat.

Es handelt sich hier also um die gleichen wirtschaftlichen Risiken, die auch bei Ausfuhrgeschäften von der Bundesdeckung erfaßt werden.[417]

Im Zuge der Neufassung der Allgemeinen Bedingungen ist nun auch für Geschäfte mit öffentlich-rechtlichen Käufern der Nichtzahlungstatbestand (protracted default)[418] eingeführt worden, nachdem zuvor schon für Geschäfte mit privaten ausländischen Käufern Deckungsschutz für den Nichtzahlungsfall gewährt wurde.[419] Auch hier handelt es sich um eine mit den Allgemeinen Bedingungen für Ausfuhrgeschäfte identische Regelung.[420]

---

416 § 4 Abs. 3 AllgBed-FKG.

417 Siehe hierzu oben § 6 IV.2.

418 § 4 Abs. 3 AllgBed-FKB.

419 Vgl. § 6 Abs. 2 lit.a) Nr. 6 Bed-FKG (a.F.) und § 4 Abs. 4 AllgBed-FKG (n.F.).

420 Siehe hierzu oben § 6 IV.2.b.

V. Die Abhängigkeit des Finanzkredits von dem Ausfuhrgeschäft

Der Bund gewährt eine Finanzkreditdeckung nicht bedingungslos. Wie schon erwähnt, verlangt der Bund eine Vereinbarung im Kreditvertrag zwischen Deckungsnehmer und ausländischem Schuldner, wonach die Auszahlung der Darlehensvaluta nicht an den Kreditnehmer, sondern unmittelbar an den deutschen Exporteur zu erfolgen hat.[421] Darüber hinaus wird der Darlehensgeber in seiner Deckungsurkunde verpflichtet, mit dem Exporteur zu vereinbaren, daß der Exporteur für die Rückzahlung des Darlehens einsteht, wenn der ausländische Schuldner unter Berufung auf mangelhafte Vertragserfüllung die Rückzahlung des Darlehens verweigert und der Exporteur diese Mängel zu vertreten hat.[422]

Der Exporteur wird regelmäßig mit dem ausländischen Schuldner hilfsweise einen laufzeitkongruenten und gleichwertig besicherten Lieferantenkredit vereinbaren, um die Abwicklung des Geschäftes auch bei Wegfall des Finanzkredites sicherzustellen.[423] Bei der zunehmenden Größe mancher Geschäfte sind jedoch Situationen denkbar, in denen eine eigene Kreditierung des Exporteurs ausscheidet.[424] Eine ordnungsgemäße Abwicklung des Geschäftes ist in diesen Fällen nur dann gewährleistet, wenn der vorgesehene Finanzkredit auch tatsächlich zur Auszahlung gelangt.[425] Der Bund besteht daher bei der Indeckungnahme eines derartigen Geschäftes darauf, daß die kreditgewährende Bank vor der Auszahlung des Darlehens eine Kündigung oder Aussetzung der Auszahlung des Finanzkredites nicht ohne Zustimmung des Bundes vornehmen kann (Nichtauszahlungsklausel).[426]

Die Auflage des Bundes bedeutet für die kreditgebende Bank, die auf ihr autonomes Kündigungs- und Zahlungsaussetzungsrecht verzichten muß, ein erhöhtes Risiko. Falls der Bund seine Zustimmung zur Kündigung oder Einschränkung des Finanzkreditvertrages verweigert, ist sie zur Erfüllung des Finanzkreditvertrages verpflichtet und muß offenkundige Risiken, z.B. aus

421 Siehe auch Schallehn/Stolzenburg, Abschnitt XIX., Tz. 59.

422 Siehe Abschnitt VIII. des Merkblattes über die Gewährung von Garantien und Bürgschaften für gebundene Finanzkredite an das Ausland.

423 Schallehn/Stolzenburg, Abschnitt XIX., Tz. 61; siehe auch Voigt, a.a.O., S. 61 f.; zum Lieferantenkredit im Bereich der Exportfinanzierung siehe Harries, Rechtsfragen der langfristigen Exportfinanzierung, AWD/BB 1973, S. 1 ff.

424 Voigt, a.a.O., S. 61 f.

425 Siehe Abschnitt VIII. des Merkblattes für gebundene Kredite.

426 Siehe Abschnitt VIII. des Merkblattes für gebundene Kredite.

der Verschlechterung der Bonität des ausländischen Bestellers oder des Bestellerlandes, eingehen.[427] Das erhöhte Verlustrisiko gleicht die kreditgewährende Bank im allgemeinen dadurch aus, daß sie dem Exporteur für den Fall der Zustimmungsverweigerung durch den Bund eine besondere Prämie (Schattenprämie) in Rechnung stellt.[428]

VI. Die Deckblattbürgschaft

1. Allgemeines

Das Instrument der sogenannten „Deckblattbürgschaft" soll Kreditinstituten die Refinanzierung bundesgedeckter gebundener Finanzkredite für Ausfuhrgeschäfte auf dem Kapitalmarkt ermöglichen. Insbesondere die Erleichterung der Refinanzierung von großen Anlageprojekten mit langfristigen Zahlungszielen war Grund für die Einführung dieser Deckungsart.[429] Die Deckblattbürgschaft wird durch Ausstellung einer besonderen Urkunde (das sog. Deckblatt) übernommen, die auf das Dokument über die Finanzkreditdekkung Bezug nimmt. Durch Besondere Bedingungen für Deckblattbürgschaften werden die Allgemeinen Bedingungen für die Übernahme von Finanzkreditgarantien und -bürgschaften in einigen Punkten verbessert und damit die rechtlichen Voraussetzungen geschaffen, daß Refinanzierungen zu festen Zinsen bei Hypothekenbanken, Schiffspfandbriefbanken und bei bestimmten öffentlich-rechtlichen Kreditinstituten in Anspruch genommen werden können.[430]

2. Inhalt der Deckblattbürgschaft

Bei Finanzkreditforderungen, die an eine Hypothekenbank im Sinne des § 1 HBG[431] oder ein anderes Institut, das dem Gesetz über die Pfandbriefe und verwandten Schuldverschreibungen unterliegt, abgetreten werden, entfallen für den Bund Haftungsbeschränkungen, Einschränkungs- und Aufhebungs-

427 Voigt, a.a.O., S. 62.
428 Voigt, a.a.O., S. 62.
429 Siehe Blomeyer, a.a.O., S. 130 f.
430 Schallehn/Stolzenburg, Abschnitt XV., Tz. 29.
431 Abgedruckt in Fleischmann/Bellinger/Kerl, Hypothekenbankgesetz, S. 1 ff.

möglichkeiten, soweit solche die Sicherheitensituation des Zessionars beeinträchtigen.[432] So kann der Bund im Gegensatz zur normalen Deckung von gebundenen Finanzkrediten die Deckung für noch nicht ausgezahlte Darlehensbeträge nicht kündigen, einschränken oder aussetzen, wenn es unwahrscheinlich erscheint, daß der ausländische Schuldner oder ein Mitverpflichteter seinen Verpflichtungen nachkommen wird oder wenn diese mit der Erfüllung einer Forderung, für die der Bund die Gewährleistung übernommen hat, in Verzug geraten. Dem Bund ist es auch verwehrt, mit fälligen Forderungen aufzurechnen. Der Bund kann gegenüber dem Zessionar generell nicht geltend machen, daß der gedeckten Finanzkreditforderung rechtshemmende, rechtshindernde oder rechtsvernichtende Einreden oder Einwendungen entgegenstehen. Auf das bei Finanzkreditdeckungen übliche Verbot der anderweitigen Deckung des Selbstbehalts verzichtet der Bund. Um aber nicht zu einer Haftungserhöhung zu kommen, ist die Geschäftsbank verpflichtet, dem Bund gegenüber eine sogenannte „Freistellungsverpflichtung" zu übernehmen für den Fall, daß der Bund aufgrund der Deckblattbürgschaft dem Zessionar eine höhere Entschädigung leisten muß, als er der Geschäftsbank aus der Finanzkreditdeckung zu zahlen verpflichtet gewesen wäre.[433] Die Geschäftsbank muß dem Bund also die aus der Dekkungsverbesserung entstehende Entschädigungsdifferenz erstatten.[434]

Der genannte Verzicht des Bundes auf Einwendungen und Einreden wertet die gedeckte Finanzkreditforderung derartig auf, daß sie als kapitalmarktfähig im Sinne der Hypotheken- und Pfandbriefbank-Vorschriften zu gelten hat, d.h. sie kann durch Ausgabe ungedeckter Schuldverschreibungen refinanziert werden.

Ursprünglich bestand nur die Möglichkeit, Deckblattbürgschaften in Anspruch zu nehmen, die auf 50% des von der Geschäftsbank gewährten Finanzkredites beschränkt waren. Nunmehr ist eine quotenmäßige Begrenzung der Abtretung der Finanzkreditforderung an Hypothekenbanken entfallen, so daß bis zu 100% der gedeckten Forderung von der Deckblattbürgschaft erfaßt werden. Eine quotenmäßige Begrenzung ist aber auf Antrag der abtretenden Bank nach wie vor möglich.

---

432 Im einzelnen siehe hierzu Ziff. 5 der Besonderen Bedingungen.

433 Vgl. Ziff. 7 der Besonderen Bedingungen.

434 Siehe hierzu Dormanns, Die Deckblattbürgschaft – Refinanzierungserleichterung für große Exportgeschäfte, Die Bank 1978, S. 170 ff.

3. *Deckungsnehmer (Zedent)*

Deckblattbürgschaften können solchen Kreditinstituten gewährt werden, zu deren Gunsten Ausfuhrgewährleistungen für Forderungen aus gebundenen Finanzkrediten übernommen werden. Handelt es sich bei dem Antragsteller um eine gemischte Hypothekenbank (§ 46 HBG) bzw. ein vergleichbares Kreditinstitut oder eine Landesbank, so kann eine Deckblattbürgschaft auch für die Refinanzierung im Rahmen des eigenen Geschäftsbetriebes gewährt werden.[435]

4. *Das refinanzierende Institut (Zessionar)*

Durch die Deckblattbürgschaft wird die Refinanzierung bei Hypothekenbanken, bei Schiffspfandbriefbanken, bei aufgrund des „Gesetzes über die Pfandbriefe und verwandten Schuldverschreibungen öffentlich-rechtlicher Kreditanstalten"[436] emittierenden Instituten und bei solchen öffentlich-rechtlichen Kreditinstituten ermöglicht, die aufgrund besonderer gesetzlicher Vorschrift in einer den vorgenannten Banken vergleichbaren Weise gedeckte Schuldverschreibungen emittieren.[437]

Mit Zustimmung des Bundes ist eine Weiterabtretung der durch die Deckblattbürgschaft gesicherten Forderung an die vorgenannten Kreditinstitute zulässig. Für eine Rückabtretung der Forderung an den ursprünglichen Zedenten ist eine besondere Zustimmung des Bundes nicht erforderlich; sie ist dem Bund jedoch unter gleichzeitiger Rückgabe der die Deckungsverbesserungen enthaltenden Deckblattbürgschaftsurkunde anzuzeigen.[438]

---

435 Für diese Kreditinstitute gelten Sonderbestimmungen, die in Ziff. 9 der „Besonderen Bedingungen für die Zustimmung des Bundes zur Abtretung garantierter/verbürgter Finanzkreditforderungen mit verbesserter Deckung gegenüber dem Zessionar (Deckblattbürgschaft)" geregelt sind.

436 Abgedruckt in BGBl. I. 1963, S. 312 ff.

437 Merkblatt über die Gewährung von Deckblattbürgschaften, Ziff. 3.

438 Ziff. 2 der Besonderen Bedingungen.

§ 12 Die Deckung von ungebundenen Finanzkrediten

I. Begriffsbestimmung

Im Gegensatz zu den gebundenen Finanzkrediten sind ungebundene Finanzkredite nicht an deutsche Lieferungen und Leistungen gebunden und dienen nicht der Ablösung von Verpflichtungen aus Liefer- und Leistungsgeschäften eines deutschen Unternehmens an das Ausland.[439] Ungebundene Finanzkredite sind Darlehen, die für ein bestimmtes kommerzielles Vorhaben gegeben werden, sie sollen also, wenn auch nicht unmittelbar objektgebunden, so doch projektgebunden sein.[440]

II. Umfang der Deckung, gedeckte Risiken

Gegenstand der Deckung ist wie bei den gebundenen Finanzkrediten der Anspruch auf Rückzahlung der Darlehensvaluta.[441]Umfang und Größe der vom Bund in die Deckung einbezogenen Risiken entsprechen gleichfalls dem Deckungsschutz von gebundenen Finanzkrediten.[442]

III. Voraussetzungen der Indeckungnahme

Die Ermächtigungsnorm des Haushaltsgesetzes[443] verlangt, daß die Kredite der Finanzierung förderungswürdiger Vorhaben dienen oder im besonderen staatlichen Interesse der Bundesrepublik Deutschland liegen. Diese Voraussetzung gilt im allgemeinen als erfüllt, wenn folgende Grundsätze beachtet werden[444]:

---

439 Schallehn/Stolzenburg, Abschnitt XX., Tz. 1.

440 Von Halem, a.a.O., S. 67.

441 § 2 Abs. 1 AllgBed-ungeb. FKG/ungeb. FKB.

442 Siehe § 6 AllgBed-ungeb. FKG/ungeb. FKB.

443 § 8 Abs. 1 Ziff. 2b Haushaltsgesetz 1992.

444 Merkblatt über die Gewährung von Garantien und Bürgschaften für ungebundene Finanzkredite an das Ausland, Abschnitt II.

a) Das zu finanzierende Projekt muß geeignet sein, die wirtschaftliche Entwicklung des Empfängerlandes zu fördern, und sich in ein ausgewogenes Entwicklungsprogramm einfügen lassen.
b) Das Vorhaben soll technisch und betriebswirtschaftlich ausgereift sein und nach Fertigstellung sachgemäß geführt werden können.
c) Die Gesamtfinanzierung des Projektes muß gesichert sein.
d) Die Rückzahlung des Darlehens muß in konvertierbarer Währung vereinbart sein.
e) Durch die vertragliche Gestaltung muß sichergestellt sein, daß der Darlehensbetrag bestimmungsgemäß verwendet wird.
f) Die Finanzierung durch den deutschen Kreditgeber soll auf einen Teil der Gesamtkosten beschränkt sein.
g) Das zu finanzierende Projekt soll durch öffentliche Ausschreibungen, die allen Lieferländern der freien Welt gleiche Chancen einräumen, vergeben werden.

Der Kreditgeber hat zu beachten, daß für Forderungen, die vor Beantragung einer Bundesdeckung entstanden sind, keine Gewährleistung vom Bund übernommen wird. Eine frühzeitige Antragstellung empfiehlt sich auch deshalb, weil eine Deckungszusage für den Finanzkredit nicht erteilt werden soll, wenn der Kreditgeber die Gewährleistung ohne Einverständnis des Bundes zum Gegenstand der Vertragsverhandlungen mit dem Darlehensnehmer macht.[445]

§ 13 Die Deckung von Kapitalanlagen im Ausland

Aufgrund des Haushaltsgesetzes[446] sowie der dazu erlassenen Richtlinien[447] kann der Bund auf Antrag zugunsten von Unternehmen mit Sitz oder Wohnsitz im Gebiet der Bundesrepublik Deutschland Deckungsschutz für Kapitalanlagen im Ausland übernehmen. Der Bund gewährt nur „Garantien". Die „Allgemeinen Bedingungen für die Übernahme von Garantien für Kapitalanlagen im Ausland", die in der Regel Bestandteil des zwischen dem Bund

---

445 Merkblatt über die Gewährung von Garantien und Bürgschaften für ungebundene Finanzkredite an das Ausland, Abschnitt I.

446 § 8 Abs. 1 Ziff. 3 Haushaltsgesetz 1992.

447 „Richtlinien für die Übernahme von Garantien für Kapitalanlagen im Ausland" vom 13. Januar 1967 in der Fassung vom 21. Juli 1986; die Neufassung ist im Bundesanzeiger Nr. 137 vom 30.7.1986, S. 10141 veröffentlicht worden.

und dem Deckungsnehmer geschlossenen Vertrages werden,[448] sind im Zuge der Reform 1986 ebenfalls neu gefaßt worden. Sie bringen dem Garantienehmer in einigen Punkten Verbesserungen, die auch für bereits bestehende Garantien in Anspruch genommen werden können.[449]

I. Voraussetzungen für die Übernahme von Garantien

Durch die Übernahme von Garantien sollen Kapitalanlagen vorzugsweise in Entwicklungsländern gefördert[450] und hierdurch die Beziehungen der Bundesrepublik Deutschland zu diesen Ländern vertieft werden.[451] Die Garantien sollen in erster Linie für Kapitalanlagen bei Unternehmen im Ausland übernommen werden, die sich mit der Erzeugung, der Gewinnung oder dem Vertrieb von Gütern oder mit Beförderungsleistungen befassen.[452] Weiterhin setzt die Gewährung von Deckungsschutz für Kapitalanlagen voraus, daß diese förderungswürdig sind und zwischen der Bundesrepublik Deutschland und dem Anlageland eine Vereinbarung über die Behandlung derartiger Kapitalanlagen besteht[453] (Investitionsförderungsvertrag). Besteht mit dem Anlageland noch kein Investitionsförderungsvertrag, kommt es darauf an, ob ein ausreichender Schutz der Kapitalanlage durch die Rechtsordnung des betreffenden Landes oder in sonstiger Weise gewährleistet erscheint.[454]

---

448 Siehe hierzu unten § 17 IV.

449 Die Anwendung der neuen Bedingungen auf alte Garantieverträge setzt lediglich einen (formlosen) Antrag des Garantienehmers auf Änderung der entsprechenden Garantiebedingungen voraus. Vgl. auch Schallehn/Stolzenburg, Abschnitt XVIII., Vorblatt S. 1.

450 Zur Deckungspolitik des Bundes unter dem Gesichtspunkt der Entwicklungshilfe siehe Schüller, Entwicklungshilfe durch staatliche Absicherung von Export- und Anlagerisiken?, Ordo, Bd. 23/1972, S. 103 ff.

451 Schallehn/Stolzenburg, Abschnitt XVIII., Tz. 2a. Für die Qualifizierung eines Landes als Entwicklungsland ist das Entwicklungsländer-Steuergesetz in der Fassung vom 13.2.1975, abgedruckt im BGBl. I, S. 493, BStBl. I, S. 163, maßgebend. Es werden daher keine Garantien für Kapitalanlagen in „abhängigen Gebieten" übernommen. Zum Entwicklungsländer-Steuergesetz siehe auch Flick/Husmann, Das neue Entwicklungsländer-Steuergesetz, S. 31 ff.

452 Richtlinien für die Übernahme von Garantien für Kapitalanlagen im Ausland, Abschnitt I, Ziff. 2.

453 § 2 AllgBed-K.

454 § 2 AllgBed-K.

II. Gegenstand der Deckung

Gegenstand der Garantien sind folgende Kapitalanlagen:[455]

a) Anteile an ausländischen Unternehmen (Anlageunternehmen), die gegen Erbringung von Kapital, Gütern oder sonstigen Leistungen unter Einräumung von Stimm-, Kontroll- oder Mitspracherechten sowie einer Teilnahme am Ertrag und am Liquidationserlös gewährt werden. Dekkungsschutz wird für Beteiligungen an ausländischen Unternehmen auch dann gewährt, wenn sich diese zu 100% im Besitz des Garantienehmers befinden.
b) Kapitalausstattungen von Niederlassungen oder Betriebsstätten deutscher Unternehmen im Ausland (Dotationskapital). Dotationskapital ist das der Niederlassung oder Betriebsstätte langfristig vom Garantienehmer zur Verfügung gestellte Kapital, das streng vom „laufenden Verrechnungskonto" zwischen der Hauptniederlassung im Inland und der Niederlassung oder Betriebsstätte im Ausland zu trennen ist.[456] Für die Niederlassung oder Betriebsstätte ist ein gesonderter Jahresabschluß aufzustellen, in dem das Dotationskapital wie ein Stammkapital zu behandeln und auszuweisen ist.[457]
c) Beteiligungsähnliche Darlehen, d.h. Darlehen, die im Zusammenhang mit einer Beteiligung stehen und nach Zweck und Umfang den Charakter einer Beteiligung haben.

Darüber hinaus können auch Erträge (Dividenden, Zinsen etc.) aus einer Beteiligung Gegenstand der Garantien sein. Voraussetzung hierfür ist, daß bereits eine garantierte Beteiligung besteht. In diesem Fall können bis zur Höhe von 300% des Einbringungswertes auch reinvestierte Gewinne – soweit sie auf die garantierte Beteiligung entfallen – als vom Garantienehmer erbrachte Leistungen anerkannt werden.[458]

---

455 § 3 AllgBed-K.

456 Merkblatt für die Übernahme von Bundesgarantien für Kapitalanlagen im Ausland, Abschnitt C; abgedruckt bei Schallehn/Stolzenburg, Abschnitt XVIII., Anlage 1a.

457 Merkblatt für die Übernahme von Bundesgarantien für Kapitalanlagen im Ausland, Abschnitt C.

458 Siehe im einzelnen Merkblatt für die Übernahme von Bundesgarantien für Kapitalanlagen im Ausland, Abschnitt C.

Höchst- oder Mindestbeträge für Kapitalanlagen oder Mindestbeteiligungsprozentsätze bestehen nicht. Der Unternehmer hat zu beachten, daß Kapitalanlagen und Erträge, soweit er auf die Kapitalanlage vor Stellung seines Antrages auf Übernahme einer Garantie bereits Leistungen erbracht hat, nicht garantiert sind. Eine frühzeitige Antragstellung ist also ratsam.

III. Gedeckte Risiken

Die Haftung des Bundes umfaßt nur politische Risiken.[459] Gedeckt sind Verluste an der Kapitalanlage oder an deren Erträgen, soweit sie durch folgende Ereignisse oder Maßnahmen in dem Anlageland verursacht worden sind:

a) Verstaatlichung, Enteignung, enteignungsgleiche Eingriffe und rechtswidrige Unterlassungen von hoher Hand, die in ihren Auswirkungen einer Enteignung gleichzusetzen sind (Enteignungsfall);
b) Krieg oder sonstige bewaffnete Auseinandersetzungen, Revolution oder Aufruhr (Kriegsfall);
c) Zahlungsverbote oder Moratorien (Moratoriumsfall);
d) Unmöglichkeit der Konvertierung oder des Transfers von Beträgen, die zum Zwecke des Transfers in die Bundesrepublik bei einer zahlungsfähigen Bank eingezahlt worden sind (KT-Fall).

IV. Der Garantiefall

Für Verluste am Kapital haftet der Bund[460]:

a) bei Beteiligungen:

aa. bei vollständiger oder teilweiser Entziehung der Beteiligungsrechte;

bb. bei vollständiger Entziehung oder Zerstörung der Vermögenswerte des ausländischen Unternehmens, an dem die Beteiligung besteht. Einer vollständigen Entziehung oder Zerstörung kommt es gleich, wenn ein so wesentlicher Teil der Vermögenswerte entzogen oder zerstört wird, daß das Unternehmen auf die Dauer ohne Verluste nicht mehr fortgeführt werden kann.[461]

---

459 § 4 Abs. 1 AllgBed-K.

460 Vgl. § 5 AllgBed-K.

461 Vgl. Merkblatt für die Übernahme von Bundesgarantien für Kapitalanlagen im Ausland, Abschnitt D.

Zwischen der Beteiligung als solcher und dem Vermögen des Unternehmens, an dem Beteiligung besteht, ist also zu unterscheiden. Wirkt das politische Ereignis oder die politische Maßnahme auf die Beteiligung als solche ein, greift die Haftung des Bundes sowohl für Total- als auch für Teilverluste. Wird dagegen das Vermögen des Unternehmens geschädigt, an dem die Beteiligung besteht, haftet der Bund nur für Totalverluste oder diesen gleichkommende Verluste.

b) bei Kapitalausstattungen von Niederlassungen oder Betriebsstätten:

bei vollständiger Entziehung oder Zerstörung der Vermögenswerte der Niederlassung. Dem kommt es gleich, wenn ein so wesentlicher Teil der Vermögenswerte entzogen oder zerstört wird, daß die Niederlassung oder Betriebsstätte auf Dauer ohne Verluste nicht mehr fortgeführt werden kann und damit als verloren anzusehen ist.[462]

c) bei beteiligungsähnlichen Darlehen:
   aa. bei vollständiger oder teilweiser Entziehung der Darlehensforderung, wenn die Forderung selbst durch einen Enteignungs-, Moratoriums- oder KT-Fall betroffen wird;
   bb. wenn die Forderung ganz oder teilweise nicht mehr erfüllt oder beigetrieben werden kann, weil das schädigende Ereignis auf das Vermögen des Unternehmens einwirkt und dadurch die gesamten Vermögenswerte des Unternehmens entzogen oder zerstört werden oder wenn ein so wesentlicher Teil der Vermögenswerte entzogen oder zerstört wird, daß das Unternehmen auf die Dauer ohne Verluste nicht mehr fortgeführt werden kann.

Für Verluste an Erträgen haftet der Bund nur bei Beteiligungen und beteiligungsähnlichen Darlehen, nicht dagegen bei Kapitalausstattungen von Niederlassungen oder Betriebsstätten. Es handelt sich hierbei um Erträge, die für einen bestimmten Zeitraum auf garantierte Beteiligungen und beteiligungsähnliche Darlehen als Gewinnanteile ausgegeben werden oder als Zinsen zu zahlen sind. Von den gedeckten Risiken dürften in erster Linie das Konvertierungs- und Transferrisiko von praktischer Bedeutung sein. Das Enteignungsrisiko, diesem Risiko gleichzusetzende Maßnahmen sowie Zahlungsverbote und Moratorien sind aber gleichwohl in die Deckung eingeschlossen.

---

462 Von Halem, a.a.O., S. 69.

V. Begrenzung der Garantie der Höhe nach

Die Garantien für Kapitalanlagen im Ausland werden in zweierlei Weise der Höhe nach begrenzt. Die Begrenzung erfolgt einmal bei der Feststellung der Verluste durch den „Einbringungswert" und zum anderen bei der Berechnung der Entschädigung durch den „Höchstbetrag der Garantie".

Die vom Bund zu leistende Entschädigung wird aufgrund des vom Garantienehmer nachgewiesenen Schadens berechnet. Bei der Berechnung der Entschädigung ist vom Brutto-Verlust auszugehen.[463] Der Brutto-Verlust wird der Höhe nach durch den Wert der vom Garantienehmer auf die garantierte Kapitalanlage erbrachten Leistungen, den Einbringungswert, begrenzt. Als Einbringungswert gilt derjenige Betrag, dessen Höhe sich aus dem nach den deutschen Grundsätzen ordnungsgemäßer Buchführung und Bilanzierung aktivierungsfähigen Wert der dem Garantienehmer obliegenden und von ihm erbrachten Leistungen auf die Kapitalanlage errechnet.[464] Als Leistungen des Garantienehmers können auch die Beträge anerkannt werden, die ihm in Form von Anteilen anläßlich einer Umwandlung offener – aus Gewinnanteilen gebildeter – Rücklagen in Gesellschaftskapital zugeteilt werden.[465]

Durch den Höchstbetrag der Garantie, der vom Bund in der Garantieerklärung festgesetzt wird, ergibt sich eine Begrenzung der für einen Verlust zu zahlenden Entschädigung.[466] Der Höchstbetrag der Garantie setzt sich zusammen aus dem „Höchstbetrag für die Kapitaldeckung", der für Verluste an der Kapitalanlage maßgebend ist, und dem „Höchstbetrag für die Ertragsdeckung", der für Verluste an Erträgen maßgebend ist.[467]

Der Höchstbetrag der Garantie für die Kapitaldekkung wird in Höhe des voraussichtlichen Einbringungswertes festgesetzt.[468] Erbringt der Garantienehmer darüber hinaus Leistungen, so fallen diese nicht unter die Garantie.

463 Vgl. §§ 6 und 18 Abs. 1 AllgBed-K.

464 § 7 Abs. 1 AllgBed-K.

465 § 7 Abs. 2 AllgBed-K.

466 Von Halem, a.a.O., S. 69.

467 Von Halem, a.a.O., S. 69; vgl. auch § 8 Abs. 1 AllgBed-K.

468 § 8 Abs. 2 AllgBed-K.

Der Höchstbetrag der Garantie für die Ertragsdeckung beträgt 50% des Höchstbetrages der Garantie für die Kapitaldeckung.[469]

In den einzelnen Garantiejahren sind die ersten 10% der anfallenden Erträge gedeckt.[470] Wenn also in fünf Garantiejahren die gedeckten Erträge von 10% von Garantiefällen betroffen werden, so ist die Ertragsdeckung insgesamt ausgeschöpft.[471] Sofern der Garantienehmer nach der Entschädigung durch den Bund Eingänge zu verzeichnen hat, kann er die Ertragsdekkung in den durch die Eingänge frei gewordenen Grenzen wieder aufleben lassen. Ein entsprechender Antrag an den Bund genügt. Die nach Entschädigung erfolgten Eingänge werden zwischen dem Bund und dem Garantienehmer in dem Verhältnis von Entschädigungsbetrag und Selbstbeteiligung aufgeteilt.[472]

Für Bagatellschäden, das sind Schäden bis zur Höhe von DM 4000,--, ist die Entschädigungspflicht des Bundes ausgeschlossen.[473] Das gilt nicht, wenn während eines Zeitraumes von einem Jahr mehrere Bagatellschäden auftreten und die Summe der Verluste DM 4000,-- oder mehr beträgt.

VI. Der Haftungszeitraum

Es ist zu unterscheiden zwischen der Laufzeit der Garantie und dem Beginn der Deckung aus der Garantie.[474] Die Laufzeit der Garantie beginnt mit dem Tage der Zustellung der Garantieerklärung an den Garantienehmer. Sie beträgt in der Regel 15 Jahre, kann aber in begründeten Ausnahmefällen, z.B. wenn sich die Erstellung einer Produktionsanlage über mehrere Jahre erstreckt, auf 20 Jahre festgesetzt werden. Bei Ablauf kann sie jeweils um bis

469 § 8 Abs. 3 AllgBed-K. Im Zuge der Neufassung der AllgBed für Kapitalanlagen im Ausland ist der Höchstbetrag der Garantie der Ertragsdeckung auf 50% des Einbringungswertes der Kapitalanlage angehoben worden. Er betrug zuvor 24%. Dieses stellt eine nicht unerhebliche Verbesserung des Garantieinstrumentes dar.

470 Merkblatt für die Übernahme von Bundesgarantien für Kapitalanlagen im Ausland, Abschnitt E, Ziff. 2. Vor der Neufassung der AllgBed-K konnte über einen Jahressatz von 8% nicht hinausgegangen werden.

471 Merkblatt für die Übernahme von Bundesgarantien für Kapitalanlagen im Ausland, Abschnitt E, Ziff. 2.

472 § 21 AllgBed-K.

473 § 10 Abs. 2 AllgBed-K.

474 Merkblatt für die Übernahme von Bundesgarantien für Kapitalanlagen im Ausland, Abschnitt G.

zu fünf Jahre verlängert werden.[475] Die Deckung aus der Garantie beginnt mit dem Zeitpunkt, in dem die Leistung auf die Kapitalanlage erbracht wird, jedoch nicht bevor die Garantieerklärung dem Unternehmer zugegangen ist.[476] Die Deckung endet mit Ablauf der in der Garantieerklärung festgesetzten Laufzeit der Garantie.[477]

§ 14 Die Deckung des Wechselkursrisikos

I. Allgemeines

Die Wechselkursdeckung des Bundes – ein Teil der zugunsten deutscher Exporteure für förderungswürdige Ausfuhrgeschäfte übernommenen Gewährleistungen – ist immer dann von Bedeutung, wenn der Exporteur mit dem ausländischen Besteller im Liefervertrag eine Bezahlung in fremder Währung vereinbart. Es handelt sich hierbei um ein Risiko sui generis[478], das entsteht, wenn sich während der Laufzeit des Lieferantenkredites der Wechselkurs der fremden Währung gegenüber der DM verschlechtert.[479] Die Wechselkursrisikoversicherung des Bundes gewährleistet nicht den Bestand, sondern nur die Höhe der Forderung.[480] Der Bund gewährt Deckungsschutz isoliert oder kombiniert mit einer Ausfuhrgarantie bzw. Ausfuhrbürgschaft. Die Übernahme von Teildeckungen, die mindestens 60% jeder geschuldeten Rate umfassen, ist ausnahmsweise möglich. Dagegen werden keine Teildekkungen übernommen, die sich auf bestimmte Raten beschränken.[481]

---

475 Richtlinien für die Übernahme von Bundesgarantien für Kapitalanlagen im Ausland, Abschnitt VII. Vor der Neufassung der Richtlinien war eine Verlängerung nach 20 Jahren Deckungsschutz nicht möglich.

476 § 11 Abs. 1 AllgBed-K.

477 § 11 Abs. 4 AllgBed-K.

478 Voigt, a.a.O., S. 65.

479 Eine ausführliche Untersuchung verschiedener Wechselkursrisiken findet sich bei Scharrer/Gehrmann/Wetter, Währungsrisiko und Währungsverhalten deutscher Unternehmen im Außenhandel, S. 48. Siehe auch Gerlach, Rationelle Zahlungsabwicklung von Exportaufträgen und Absicherung des Währungsrisikos, S. 21.

480 Voigt, a.a.O., S. 65.

481 Merkblatt über die Gewährung von Wechselkursgarantien und Wechselkursbürgschaften für Ausfuhrgeschäfte, Abschnitt I.

II. Voraussetzungen der Indeckungnahme

Deckungen werden nur gewährt im Rahmen von Ausfuhrverträgen, die auf US-Dollar, Pfund Sterling und Schweizer Franken lauten.[482] Außerdem können andere frei konvertible und an den deutschen Devisenbörsen notierte Währungen mit Ausnahme der Währungen der EG-Länder gedeckt werden, wenn der Exporteur glaubhaft macht, daß das Zustandekommen des Ausfuhrgeschäftes von der Vereinbarung einer solchen Währung abhängt. Es werden nur Forderungen aus Ausfuhrgeschäften gedeckt, deren Laufzeit mehr als zwei Jahre ab Liefervertragsabschluß beträgt.

III. Gegenstand der Deckung

Gegenstand der Deckung sind Zahlungen in der vertraglich vereinbarten Fremdwährung.[483] Außer Tilgungsraten können auch Kreditzinsen in die Deckung eingeschlossen werden.[484] Das gleiche gilt für Zahlungen Dritter, die zu einem Übergang der in der Fremdwährung vereinbarten Forderung führen (Surrogatzahlungen).[485] Hierzu gehören z.B. Zahlungen des Bundes aus gewährten Ausfuhrdeckungen oder Zahlungen aus privaten Kreditversicherungen, nicht jedoch Erlöse aus anderweitiger Verwertung. Die Haftung des Bundes erstreckt sich nur auf Forderungen aus solchen Geschäften, bei denen Lieferungen oder Leistungen ganz oder überwiegend deutscher Herkunft sind.[486]

IV. Umfang der Deckung

Der Bund leistet Entschädigung für Ausfälle durch Wechselkursverschlechterungen, die dadurch entstehen, daß der an der Frankfurter Börse amtlich notierte Mittelkurs einer am Fälligkeitstage in Fremdwährung eingehenden

---

482 Merkblatt über die Gewährung von Wechselkursgarantien und Wechselkursbürgschaften für Ausfuhrgeschäfte, Abschnitt II.

483 § 2 Abs. 1 AllgBed-WKG/WKB.

484 § 2 Abs. 2 AllgBed-WKG/WKB.

485 § 2 Abs. 3 AllgBed-WKG/WKB.

486 § 3 AllgBed-WKG/WKB.

Zahlung um mehr als 3% gegenüber dem in Deckung genommenen Kurs gefallen ist.[487] Der zu deckende Kurs wird nach einer Vorlaufzeit von zwei Jahren ermittelt.[488] Die Vorlaufzeit beginnt am Tage des Abschlusses des Ausfuhrvertrages. Eine Änderung des einmal als Tag des Vertragsabschlusses angegebenen Datums ist nicht möglich.[489] Innerhalb der zweijährigen Vorlaufzeit trägt der Exporteur das Kursrisiko selbst. Es bleibt ihm überlassen, es auf dem Devisenterminmarkt abzusichern.[490] Der Exporteur kann beantragen, die Vorlaufzeit auf drei oder vier Jahre zu verlängern. Dieser Antrag muß aber gleich gestellt werden und kann nicht nachgeholt werden.[491]

Der Bund leistet Entschädigung für Ausfälle durch Wechselkursverschlechterungen, die bis zum Tage der Fälligkeit der einzelnen Raten eintreten. Dies gilt auch dann, wenn Zahlungen innerhalb einer bestimmten Frist nach Fälligkeit eingehen.[492] Gewährt der Bund eine kombinierte, d.h. eine Ausfuhrdeckung verbunden mit einer Wechselkursdeckung, so kann er auf Antrag des Exporteurs Wechselkursänderungen, die innerhalb von zwölf Monaten nach Fälligkeit der einzelnen Zahlungsraten eintreten, in die Dekkung einbeziehen.[493]

Für die Entschädigung[494] ist maßgeblich die Differenz zwischen dem gedeckten Kurs und dem amtlichen Mittelkurs, der der Berechnung zugrunde zu legen ist (Schadenskurs).

---

487 § 7 AllgBed-WKG/WKB; siehe hierzu auch Dormanns, Wechselkurssicherung durch Versicherung – Das Angebot der Hermes, S. 159.

488 Merkblatt über die Gewährung von Wechselkursgarantien und Wechselkursbürgschaften für Ausfuhrgeschäfte, Abschnitt III, Ziff. 2.

489 Merkblatt über die Gewährung von Wechselkursgarantien und Wechselkursbürgschaften für Ausfuhrgeschäfte, Abschnitt III, Ziff. 2.

490 Schallehn/Stolzenburg, Abschnitt IX., Tz. 10; vgl. auch Voigt, a.a.O., S. 65; Horn, Monetäre Probleme im internationalen Handel- und Kapitalverkehr, S. 20. Einen Überblick über verschiedene Möglichkeiten zur Abdeckung der Währungsrisiken im Außenhandelsgeschäft gibt Briner, Grundlagen und Anforderungen an ein praktikables Absicherungskonzept gegen Währungsrisiken im außenhandelorientierten Industriebetrieb, S. 95.

491 Schallehn/Stolzenburg, Abschnitt IX., Tz. 10.

492 Vgl. §§ 8 u. 9 AllgBed-WKG/WKB.

493 Schallehn/Stolzenburg, Abschnitt IX., Tz. 15.

494 Vgl. § 9 AllgBed-WKG/WKB.

Als Schadenskurs gilt demnach

a) bei isoliert gewählten Wechselkursdeckungen der Kurs am Tage des Zahlungseinganges, höchstens jedoch der Kurs am Tage der Fälligkeit;
b) bei kombinierten Wechselkursdeckungen ohne Einbeziehung der Wechselkursänderungen innerhalb von zwölf Monaten nach jeweiliger Fälligkeit ebenfalls der Kurs am Tage des Zahlungseingangs, bei Zahlungseingang nach Fälligkeit höchstens der Kurs am Tage der Fälligkeit;
c) bei kombinierten Wechselkursdeckungen mit Einbeziehung der Wechselkursänderungen innerhalb von zwölf Monaten nach jeweiliger Fälligkeit der Kurs am Tage des Zahlungseingangs, bei Zahlungseingang nach Ablauf der zwölf Monate höchstens der Kurs am letzten Tage dieser Frist.

V. Fortfall der Entschädigung

Die Entschädigung durch den Bund erfolgt für jede Zahlung gesondert und abschließend. Bei isolierten Wechselkursdeckungen entfällt eine Entschädigungspflicht des Bundes, wenn und soweit die gedeckten Zahlungen nicht innerhalb von sechs Monaten nach jeweiliger Fälligkeit eingegangen sind.[495] Diese Frist kann in Ausnahmefällen verlängert werden, wenn z.B. ein Entschädigungsverfahren einer privaten Kreditversicherung noch nicht abgeschlossen ist. Bei kombinierten Wechselkursdeckungen beträgt diese Frist zwölf Monate. Sie verlängert sich auf achtzehn Monate, wenn in die kombinierte Deckung das Risiko von Wechselkursänderungen, die innerhalb von zwölf Monaten auftreten, eingeschlossen sind.[496]

VI. Abführung von Kursgewinnen

Der Garantie-/Bürgschaftsnehmer ist verpflichtet, Kursgewinne aus garantierten/verbürgten Zahlungen an den Bund abzuführen, wenn der Mittelkurs, der am Tage des Eingangs einer Zahlung amtlich notiert wird, um mehr als 3% gegenüber dem gedeckten Kurs gestiegen ist.[497] Kursgewinne, die nicht

495 § 6 Abs. 4 AllgBed-WKG/WKB.

496 Schallehn/Stolzenburg, Abschnitt IX., Tz. 17.

497 § 10 Abs. 1 AllgBed-WKG/WKB.

höher sind als 3%, brauchen nicht abgeführt zu werden. Die Ermittlung von Kursgewinnen erfolgt entsprechend den für die Berechnung der Entschädigung dargelegten Regeln.[498] Sobald der Bund aus der Wechselkursdeckung nicht mehr in Anspruch genommen werden kann und danach Zahlungen eingehen, sind Kursgewinne aus diesen Zahlungen nicht mehr abzuführen, es sei denn, daß der verspätete Zahlungseingang auf eine Einflußnahme des Deckungsnehmers zurückzuführen ist.[499]

VII. Berücksichtigung der Konsensus-Zinssätze

Die Wechselkursdeckung des Bundes verfolgt ausschließlich den Zweck, die Kursrisiken eines in Fremdwährung abgeschlossenen Exportgeschäftes zu beschränken. Etwaige Nebenwirkungen auf die Finanzierungskosten dürfen dem deutschen Exporteur zu keinen Wettbewerbsvorteilen verhelfen, die nach internationalen Vereinbarungen unzulässig wären. Bei Exportgeschäften in andere EG-Staaten dürfen Wechselkursdeckungen aus diesem Grunde nicht gewährt werden, da sie eine unzulässige Beihilfe im Sinne der Art. 92 ff. EG-Vertrag[500] darstellen.

Zu beachten sind vor allem die Vorschriften des Übereinkommens über Leitlinien für öffentlich unterstützte Exportkredite (OECD-Konsensus).[501] Diese Vorschriften schreiben bei Inanspruchnahme einer öffentlichen Finanzierungshilfe die Einhaltung bestimmter Mindestzinssätze vor. Hierbei handelt es sich entweder um die währungseinheitlichen nur nach Kreditlaufzei-

498 Siehe auch § 10 Abs. 3 AllgBed-WKG/WKB.

499 Merkblatt über die Gewährung von Wechselkursgarantien und Wechselkursbürgschaften für Ausfuhrgeschäfte, Abschnitt IV.

500 Abgedruckt in BGBl. 1986 II, S. 104; siehe auch Läufer, EWG-Vertrag. Grundlage der Europäischen Gemeinschaft, S. 6 ff.; Lefevre, Staatliche Ausfuhrförderung und das Verbot wettbewerbsverfälschender Beihilfen im EWG-Vertrag, S. 3 f.

501 Siehe dazu unten § 67 II. Der Text ist abgedruckt im Textanhang unter V. 4; siehe hierzu auch Bundeswirtschaftsministerium, Bericht über das Jahr 1990, Ausfuhrgarantien und Ausfuhrbürgschaften der Bundesrepublik Deutschland, S. 18; vgl. ferner Mills, Trade Finance, in: Euromoney Yearbook '86, S. 208; Ball/Knight, Export Finance, S. 15 ff.; Nerlich, Exportfinanzierung und Exportkreditversicherung in konkurrierenden Ländern, in: Industrie- und Handelskammer Hannover-Hildesheim (Hrsg.), Schriften zur Außenwirtschaft, Nr. 12, S. 11.

ten und Bestimmungsländern differenzierten jeweils gültigen „Mindestzinssätze" (MZS) für die Refinanzierung oder die gegebenenfalls für bestimmte „Niedrigzinswährungen" offiziell notifizierten günstigeren „marktüblichen Referenzzinssätze" (CIRR = commercial interest reference rate),[502] die als Kosten der Kreditaufbringung mit öffentlicher Finanzierungshilfe nicht unterschritten werden dürfen.[503] Die Wechselkursdeckung des Bundes, die als öffentliche Finanzierungshilfe anzusehen ist,[504] darf nicht dazu führen, daß der deutsche Exporteur geringere Kreditaufbringungskosten hat als ein Wettbewerber, der originär in der Angebotswährung die diesbezügliche MZS oder CIRR-Sätze aufwenden muß.[505] Bei der Prüfung eines Antrages auf Gewährung einer Wechselkursdeckung müssen also die Refinanzierungskosten des deutschen Exporteurs zu DM-Marktzinssätzen, erhöht um die Prämien und kalkulatorischen Kurssicherungskosten der ungedeckten Vorlaufzeit und der 3%igen Schwelle dem MZS oder CIRR-Satz der Fremdwährung gegenübergestellt werden.[506] Sind letztere niedriger, so kann der Bund einem Antrag auf Übernahme einer Wechselkursdeckung entsprechen, andernfalls muß er ihn als unzulässig zurückweisen.

502 Hierzu siehe Ball/Knight, a.a.O., S. 16 ff.

503 Ergänzung des Merkblattes über die Gewährung von Wechselkursgarantien und Wechselkursbürgschaften für Ausfuhrgeschäfte.

504 Schallehn/Stolzenburg, Abschnitt IX., Tz. 23.

505 Ergänzung des Merkblattes über die Gewährung von Wechselkursgarantien und Wechselkursbürgschaften für Ausfuhrgeschäfte. Zu den möglichen Wettbewerbsverzerrungen zwischen OECD-Ländern aufgrund unterschiedlicher nominaler Marktzinsen der jeweiligen Inlandswährungen siehe Hombach, Exportkreditversicherung und Exportfinanzierung-Wettbewerbsverzerrungen durch Subventionierung, in: Johannes Gutenberg-Universität Mainz (Hrsg.), Arbeitspapiere zur Betriebswirtschaftslehre des industriellen Anlegers, S. 58.

506 Schallehn/Stolzenburg, Abschnitt IX., Tz. 23.

§ 15 Die Zahlungsbedingungen des Exportgeschäfts

I. Allgemeines

Gemäß Ziff. 2.3 der „Richtlinien für die Übernahme von Ausfuhrgewährleistungen" sind Anträge auf Gewährung von Bundesdeckungen für Exportgeschäfte dahin zu prüfen, ob handels- und branchenübliche Zahlungsbedingungen vereinbart sind. Im Gegensatz zur früheren Praxis, wonach alle Exportgeschäfte hinsichtlich ihrer Zahlungsbedingungen von den Behörden der Länder zusammen mit dem Bundeswirtschaftsministerium geprüft wurden, erfolgt eine Prüfung der Exportgeschäfte hinsichtlich ihrer Zahlungsbedingungen heute nur noch, wenn dem Bund ein Antrag auf Gewährung einer Ausfuhrdeckung für ein bestimmtes Exportgeschäft zugeht. Prüfungsverfahren dieser Art werden auch bei vergleichbaren ausländischen Exportkreditversicherungen durchgeführt. Die zugrunde gelegten Kriterien haben eine weitestgehende internationale Vereinheitlichung gefunden.[507]

Unter den Begriff der „Zahlungsbedingungen" fallen verschiedene Elemente. Hierzu gehören z.B.:
- die Höhe der Anzahlung (z.B. bei mehr als sechs Monaten Kredit grundsätzlich mindestens 15% erforderlich),
- die Kreditfristen (abhängig von Warenart, Auftragswert, Stückwert),
- der Beginn der Kreditlaufzeit (sog. starting point; bei reinen Liefergeschäften ab Lieferung, bei Investitionsgüter- und Anlagengeschäften ggf. Montageende, Betriebsbereitschaft),
- die Frequenz der Tilgungen (äußerst gleichhohe Halbjahresraten),
- die Zinserhebungsmethode (degressiv mit den Tilgungsfälligkeiten).[508]

Zu den Zahlungsbedingungen werden auch Sicherheiten, Wertklauseln, Zahlungswege (z.B. über ein Drittland), Auszahlungsvoraussetzungen etc. gerechnet.

Für die maximal zulässigen Kreditlaufzeiten im Rahmen der Exportkreditversicherung sind die Warenarten von besonderer Bedeutung. Im internationalen Handel sind für Rohstoffe, Halbfertigwaren, Konsumgüter, Ersatzteile etc. Zahlungsfristen von maximal sechs Monaten üblich. Bei langlebigen Konsumgütern, kleinen Maschinen etc. können die Zahlungsfristen auch bis zu einem Jahr betragen. In Abhängigkeit vom Auftragswert, Stück-

---

507 Siehe hierzu unten § 67 II.

508 Schallehn/Stolzenburg, Abschnitt VI., Tz. 5.

wert und technischem Stand staffeln sich die Fristen bis zu fünf Jahren. Zahlungsfristen von über fünf Jahren sind nur bei Investitionsgütern mit höheren Auftragswerten und Anlagengeschäften üblich.[509]

Bundesdeckungen sind grundsätzlich für alle im Exportgeschäft gängigen Warenarten erhältlich. Bestimmte Warenarten, wie z.B. militärische Güter, die einer besonderen Ausfuhrgenehmigung bedürfen, können unter dem Gesichtspunkt der Förderungswürdigkeit von einer Bundesdeckung ausgeschlossen werden. Das Vorliegen einer Ausfuhrgenehmigung schließt nicht automatisch den Erhalt einer Gewährleistung des Bundes ein. Liegen Dekkungsbeschränkungen für ein Land vor, so können Warenarten von der Dekkung ausgeschlossen werden, so daß z.B. nur noch Deckungen für Waren deutscher Herkunft, für lebensnotwendige Güter, Ersatzteile etc. gewährt werden.[510]

Verlangt ein Einfuhrland eine Import- oder Devisenlizenz, so müssen die vom Exporteur vereinbarten Zahlungsbedingungen identisch sein mit denjenigen Zahlungsbedingungen, die in der notwendigen Import- oder Devisenlizenz für den betreffenden Export niedergelegt sind. Eine Bundesdeckung kann nicht gewährt werden für Geschäfte, bei denen die vereinbarten Zahlungsbedingungen von denen in einer Einfuhr- oder Devisenlizenz aufgeführten Zahlungsbedingungen abweichen.[511]

II. Zahlungsbedingungen bei einzelnen Warenarten und besonderen Ausfuhrgeschäften

1. Konsumgüter

Unter den Begriff der Konsumgüter fallen vor allem Rohstoffe, materialintensive Massengüter (z.B. Bleche, Ersatzteile, pharmazeutische Produkte etc.). Bei der Deckung von Konsumgüterexporten erkennt der Bund nur Kreditlaufzeiten bis zu 180 Tagen nach Lieferung an. Vorauszahlungen werden in der Regel nicht vorausgesetzt. Eine darüber hinausgehende Prüfung der Zahlungsbedingungen wird nicht vorgenommen. Bei der Lieferung von Düngemitteln und Pflanzenschutzmitteln werden ausnahmsweise Kreditlaufzeiten bis zu 270 Tagen nach Lieferung anerkannt. Für Lieferungen an

509 Vgl. OECD, The Export Credit Financing Systems, S. 268 ff.

510 Siehe hierzu auch unten § 17 III.2.b.

511 Schallehn/Stolzenburg, Abschnitt VI., Tz. 16.

Produktionsstätten deutscher Unternehmen im Ausland kommen bis zu 360 Tagen Kredit in Betracht.

Bei langlebigen Konsumgütern, wie z.B. Kühlschränken, Haushaltsgeräten, kleineren Maschinen, richten sich die vom Bund akzeptierten Zahlungsbedingungen nach Warenart, Stückwert und Höhe des Auftragswertes. Von Bedeutung ist es auch, ob und ggf. wie die einzelnen Zahlungsraten gestaffelt sind (Monatsraten, Quartalsraten, Halbjahresraten). Mehrjährige Kreditlaufzeiten kommen auf keinen Fall in Betracht. Bei Krediten über zwölf Monate fordert der Bund regelmäßig die Vereinbarung einer Anzahlung.[512]

2. *Investitionsgüter*

Bei dem Investitionsgüterexport wird zwischen den eigentlichen, langlebigen Kapitalgütern und den sog. Quasi-Kapitalgütern (z.B. Autos, Traktoren) unterschieden. Die Einordnung der Quasi-Kapitalgüter erfolgt zwischen den eigentlichen Kapitalgütern und den langlebigen Konsumgütern. Die Lieferung von Anlagen wird den Investitionsgüterschäften gleichgestellt.

Die vom Bund anerkannten Kreditlaufzeiten richten sich sowohl bei den eigentlichen Kapitalgütern als auch bei den Quasi-Kapitalgütern nach der Warenart, dem Auftragswert, der Anzahlungshöhe und der Staffelung der Kreditraten. Bei Anzahlungen, die 15% übersteigen und bei Tilgungen, die in Quartals- oder Monatsraten erfolgen, können auch für geringere Auftragswerte als im Normalfall Kreditlaufzeiten im Bereich bis vier Jahre vereinbart werden. Soweit mehrere Lieferungen an einen ausländischen Käufer zusammentreffen, können die Auftragswerte für die Beurteilung der maximal zulässigen Kreditlaufzeit zusammengerechnet werden.

Die beim Quasi-Kapitalgüterexport anerkannten Kreditlaufzeiten sind im allgemeinen kürzer als bei dem eigentlichen Kapitalgüterexport. Eine Kreditlaufzeit von fünf Jahren nach Lieferung bzw. Betriebsbereitschaft soll auch bei schweren Kapitalgütern und Anlagen grundsätzlich nicht überschritten werden. Für darüber hinausgehende Laufzeiten gelten internationale Vereinbarungen, auf die noch einzugehen ist.[513]

Bei der Kreditierung von Geschäften, die einen Anteil an örtlichen Kosten enthalten, ist darauf zu achten, daß der in die Deckung einzubeziehende Betrag den Betrag der An- und Zwischenzahlungen (vor Beginn der Kreditlaufzeit) nicht übersteigen darf.

---

512 Schallehn/Stolzenburg, Abschnitt VI., Tz. 26 ff.

513 Siehe unten § 67 II.; vgl. auch OECD, a.a.O., S. 268 ff.; Esser, Die Harmonisierung der Exportkredit-Versicherung in der EWG, S. 14 ff.

Investitionsgüterexporte mit einer Kreditlaufzeit von zwölf Monaten nach Lieferung bedürfen im allgemeinen nicht einer Anzahlung als Voraussetzung für den Erhalt einer Bundesdeckung. Der Bund verlangt jedoch, daß die Kreditraten in gleicher Höhe und gleichen Abständen gestaffelt sind.

Sofern die anzuerkennende Kreditlaufzeit zwölf Monate übersteigt, muß der Exportvertrag eine angemessene Anzahlung vorsehen. Als angemessen ist eine Anzahlung zu bezeichnen, wenn bis zur Lieferung bzw. Betriebsbereitschaft mindestens 15% des Auftragswertes bezahlt werden.[514]

Für Kreditlaufzeiten ab zwei Jahre werden die Leitlinien für Exportkredite der OECD (Konsensus), zu deren Einhaltung die Bundesrepublik sich verpflichtet hat, herangezogen.[515] Danach dürfen Kredite nur staatlich unterstützt werden, wenn An- und Zwischenzahlungen in Höhe von 15% des Auftragswertes vereinbart worden sind. Für die An- und Zwischenzahlungen selbst sind andere staatliche Unterstützungen als Bürgschaften und Garantien zur Deckung der üblichen Risiken vor Beginn der Kreditlaufzeit nicht zulässig.[516]

Bei der Deckung von Fabrikationsrisiken verlangt der Bund grundsätzlich, daß bereits vor Vertragsabschluß oder spätestens bei Fabrikationsbeginn ein gewisser Prozentsatz, im allgemeinen mindestens 5% des Auftragswertes bezahlt werden. Ausnahmsweise kann von einer An- und Zwischenzahlung abgesehen werden, wenn bei Auftragserteilung durch eine erstklassige Bank ein Akkreditiv eröffnet wird, das spätestens bei der Vorlage der Versanddokumente auszahlbar ist, und wenn hierdurch eine Minderung der bei längerer Fertigungszeit bestehenden Risiken erreicht werden kann. Der Bund setzt jedoch voraus, daß die Bonität des ausländischen Käufers keinerlei Grund zu Beanstandungen gibt.

Nur in begründeten Ausnahmefällen kann von dem Erfordernis abgerückt werden, daß diejenigen Kreditraten, die vereinbarungsgemäß nach Lieferung zu zahlen sind, spätestens sechs Monate nach Lieferung einsetzen, von gleicher Höhe sind und äußerstenfalls einen halbjährlichen Abstand haben.[517]

---

514 Schallehn/Stolzenburg, Abschnitt VI., Tz. 35 ff.

515 Siehe dazu unten § 67 II.

516 Vgl. OECD, a.a.O., S. 268 ff.

517 Schallehn/Stolzenburg, Abschnitt VI.,Tz. 39 ff.

3. Verkauf von Lizenzen, Leistungsgeschäfte

Bei der Deckung von Forderungen aus dem Verkauf von Lizenzen und Know-how akzeptiert der Bund eine Kreditierung nur dann, wenn Lizenzen und Know-how als Teil eines größeren, auch sonstige Lieferungen und Leistungen umfassenden Geschäftes übertragen werden.

Bei Forderungen aus Leistungsverträgen (Dienstleistungen, Werkleistungen) werden im allgemeinen Zahlungsbedingungen von 180 Tagen vereinbart. Der Bund ist jedoch bereit, in Ausnahmefällen, die durch die Eigenart eines Projektes bedingt sind, längere Fristen bei der Gewährung einer Deckung hinzunehmen.

Bauleistungen werden in der Regel nach Situationen, d.h. nach Leistungsfortschritt bezahlt. Der Bund entscheidet von Fall zu Fall, ob bei der Deckung von Forderungen aus Bauleistungsgeschäften Zahlungsbedingungen anerkannt werden, die eine Kreditierung vorsehen.[518]

4. Matching

Der deutsche Exporteur ist nicht immer in der Lage, beim Abschluß eines Exportgeschäftes die Zahlungsbedingungen mit den zuvor genannten Voraussetzungen und Regeln in Einklang zu bringen. Sind die Zahlungsbedingungen vom Standpunkt des deutschen Exporteurs aus gesehen als schlechter zu bezeichnen, so bedeutet dies nicht in jedem Fall, daß der Bund den Deckungsschutz ablehnen wird. Wenn der deutsche Exporteur nachweisen kann, daß ausländische Konkurrenz zu den ebenfalls schlechteren Bedingungen anbietet und hinsichtlich der Exportkreditversicherung und/oder der Finanzierung staatliche Unterstützung erhält, kann im Einzelfall dennoch Deckungsschutz gewährt werden. Der vom Exporteur zu erbringende Nachweis ist aufgrund der internationalen Zusammenarbeit der Exportkreditversicherer (Berner Union, EG, OECD) meist problemlos zu beschaffen.[519]

---

518 Siehe hierzu auch oben § 9 IV.2.

519 Zum Verfahren des Matching im einzelnen siehe OECD, a.a.O., S. 272, 274 f.

III. Zahlungsbedingungen bei revolvierenden Deckungen und Ausfuhr-Pauschal-Gewährleistungen

Während der Laufzeit einer revolvierenden Deckung oder einer Ausfuhr-Pauschal-Gewährleistung können sich die Zahlungsbedingungen, zu denen der deutsche Exporteur liefert, ändern. Sofern sich die Zahlungsbedingungen verschlechtern, hat der Exporteur zur Aufrechterhaltung des Deckungsschutzes die Zustimmung des Bundesministers für Wirtschaft einzuholen.[520] Sofern sich die Zahlungsbedingungen verbessern, bedarf es keinerlei Zustimmung.

Bisweilen kommt es vor, daß ein Exporteur auf Deckungsschutz für einzelne Versendungen wegen günstigerer Zahlungsbedingungen keinen Wert legt. Normalerweise wäre der Exporteur in einem solchen Fall bei der revolvierenden Deckung und der Ausfuhr-Pauschal-Gewährleistung verpflichtet, diese Versendungen ebenso zur Entgeltberechnung anzudienen wie die Versendungen, die er zu den im Gewährleistungsvertrag festgehaltenen Zahlungsbedingungen tätigt. Der Exporteur kann die Andienung der Versendungen mit günstigeren Zahlungsbedingungen vermeiden, wenn er bereits bei Antragstellung für eine Gewährleistung des Bundes erklärt, daß bestimmte Geschäfte nicht unter den Schutz der Deckung fallen sollen.[521]

IV. Besonderheiten bei der Deckung von Akkreditivgeschäften

1. Fabrikationsrisikodeckung

Nicht selten vereinbaren die Vertragsparteien eines Exportgeschäftes Zahlungsbedingungen, nach denen die gesamte zu deckende Forderung aus einem vor Fertigungsbeginn von einer inländischen oder ausländischen Bank zu eröffnenden Dokumenten-Akkreditiv zu zahlen ist. Da in einem solchen Fall die Deckung der wirtschaftlichen Risiken überflüssig ist, wird die Fa-

520 Vgl. § 15 Abs. 2 AllgBed-APG.

521 Schallehn/Stolzenburg, Abschnitt VI., Tz. 23 f.

brikationsrisikodeckung bei Geschäften mit privaten ausländischen Abnehmern auf die politischen Risiken gemäß § 4 Abs. 1, 2, 3a, b und f Allgemeine Bedingungen für Fabrikationsrisikogarantien (AllgBed-FG) beschränkt. Wird das Exportgeschäft mit einer ausländischen Regierung oder einer sonstigen Körperschaft des öffentlichen Rechts abgeschlossen, kann die Deckung ebenfalls auf die politischen Risiken gemäß § 4 Abs. 1, 2, 3a, e und f der AllgBed-FB beschränkt werden, wenn das Akkreditiv von einer ausländischen oder inländischen Bank erwartet wird.[522]

2. *Ausfuhrrisikodeckung*

Bei einem normalen Akkreditivgeschäft, bei dem die aus dem Akkreditiv verpflichtete Bank spätestens gegen Vorlage der Dokumente den Kaufpreis zu zahlen hat, lehnt der Bund jegliche Gewährleistungsübernahme ab, wenn eine deutsche Bank aufgrund einer uneingeschränkten Bestätigung des Akkreditivs dem Exporteur gegenüber selbst haftet. Handelt es sich bei dem ausländischen Importeur um einen privaten Abnehmer und ist die aus dem Akkreditiv verpflichtete Bank eine ausländische Bank, so besteht die Möglichkeit, eine isolierte Deckung der politischen Risiken, insbesondere des Zahlungsverbots und Moratoriums sowie der Konvertierungs- und Transferrisiken (sog. KT/ZM-Deckung) zu erhalten. Bei Exportgeschäften mit ausländischen Regierungen und sonstigen Körperschaften des öffentlichen Rechts gewährt der Bund ebenfalls nur eine KT/ZM-Deckung, wenn das Akkreditiv von einer ausländischen privaten Bank eröffnet wird.[523]

V. Besonderheiten bei einzelnen Zahlungsbedingungen

1. *Preisgleitklauseln*

Wenn der deutsche Exporteur mit dem ausländischen Abnehmer eine sog. Preisgleitklausel vereinbart hat, müssen die Zahlungsbedingungen für Beträge, die sich aus der Preisgleitklausel und einer eventuellen Kapitalisierung von Bauzeitzinsen (bis zum Beginn der Kreditlaufzeit) ergeben, den Zah-

522 Siehe hierzu den „Grundsatz der einheitlichen Deckung aller Risiken", oben § 8.

523 Schallehn/Stolzenburg, Abschnitt VI., Tz. 78 ff.

lungsbedingungen des Grundgeschäftes entsprechen, d.h., daß nur die gleiche Quote wie für das Grundgeschäft und nicht etwa 100% dieser Beträge kreditiert werden dürfen.[524]

2. Kassatorische Klausel

Eine kassatorische Klausel bedeutet die Vereinbarung zwischen dem Verkäufer und dem Käufer, daß bei Verzug des ausländischen Abnehmers die ganze Forderung fällig wird. Ist eine derartige Klausel in die Zahlungsbedingungen aufgenommen worden, so ist der Bund im Schadensfall berechtigt, die Entschädigung entsprechend den in den Zahlungsbedingungen des Ausfuhrvertrages ursprünglich festgelegten Fälligkeiten zu leisten. Selbstverständlich kann der Bund die Entschädigung auch früher erbringen.[525]

3. Pay-as-you-earn-Geschäfte

Unter Pay-as-you-earn-Geschäften versteht man Geschäfte, bei denen der Kaufpreis für das gelieferte Gut aus den Verkaufserlösen für die Erzeugnisse beglichen wird, die mit dem gelieferten Gut produziert werden. Der Bund lehnt die Indeckungnahme solcher Forderungen grundsätzlich ab.[526] Sofern jedoch feste Zahlungstermine vereinbart werden und die jeweilige Ware üblichen Anforderungen (z.B. Anzahlung) entspricht, gilt dies natürlich nicht, da es unerheblich ist, woher die Mittel für die Kreditierung stammen.

---

524 Vgl. insoweit auch den Konsensus, Nr. 5, abgedruckt im Textanhang unter V. 4.

525 Vgl. § 5 Abs. 1 AllgBed-AG/AB.

526 Schallehn/Stolzenburg, Abschnitt VI., Tz. 120.

§ 16 Selbstbeteiligung, Karenzzeit, Bearbeitungsgebühr und Entgelt

I. Selbstbeteiligung

Jeder Deckungsnehmer muß im Schadensfall einen bestimmten Prozentsatz des Verlustes selbst tragen. Dieser Prozentsatz, auch „Selbstbeteiligungsquote" genannt, bestimmt sich nach dem schädigenden Ereignis, dem gedeckten Risiko, und reicht von 5% bis 25%.[527] Die prozentuale Beteiligung des Exporteurs wird nach der Größe des Schadens berechnet.[528] Der Exporteur hat also auch dann einen (quotalen) Selbstbehalt von 5%-25% zu tragen, wenn der entstandene Verlust nur einen Teil der vom Bund gedeckten Selbstkosten oder der gedeckten Forderung betrifft. Die Selbstbeteiligungssätze sind Mindestquoten,[529] die im Einzelfall, z.B. bei gesteigerten politischen Risiken in bestimmten Ländern oder bei schlechter Bonität des ausländischen Abnehmers, erhöht werden können. Die Selbstbeteiligung darf nicht anderweitig abgedeckt werden.[530] Dem Exporteur ist es jedoch gestattet, die ihn belastende Selbstbeteiligung quotenmäßig an Zulieferanten abzuwälzen, falls er eine Deckung erhält, die auch die Zulieferungen an ihn umfaßt.[531]

Die Bestimmung der Höhe der Selbstbeteiligungssätze erfolgt nach verschiedenen Grundsätzen. Der wohl wichtigste Grundsatz ist, daß die Haftung des Versicherers, hier der Bundesrepublik Deutschland, nur den Kostenanteil des Exportgeschäftes abdecken und den Gewinn des Exporteurs

---

527 Die Selbstbeteiligungsquoten haben sich im Laufe der Jahre geändert. Für politische Risiken bestand 1952/53 eine Selbstbeteiligungsquote von 15%, für wirtschaftliche Risiken von 25% (Lichey, a.a.O., S. 23). 1958 betrug die Selbstbeteiligungsquote für politische Risiken grundsätzlich 20%, für wirtschaftliche Risiken regelmäßig 30% (Reuter, a.a.O.,S. 184). Christopeit, a.a.O., S. 55, teilt für 1968 eine Selbstbeteiligungsquote von 10% bis 15% bei politischen Risiken, für wirtschaftliche Risiken von 10% bis 20% mit. Demgegenüber betragen heute die Selbstbehalte bei politischen Risiken 10%, bei wirtschaftlichen Risiken 10% bis 25% (vgl. Schaubild in § 16 I.).

528 Christopeit, a.a.O., S. 56.

529 Glotzbach, a.a.O., S. 35.

530 § 6 Abs. 2 AllgBed-FG/FB; § 6 Abs. 2 AllgBed-AG/AB.

531 Schallehn/Stolzenburg, Abschnitt XIII., Tz. 21.

ungesichert lassen soll.[532] Neben der Gewinnmarge soll auch ein Bruchteil der Selbstkosten ungedeckt bleiben, so daß der Exporteur einen leichten Verlust riskieren muß.[533] Durch diese Grundregel wird der Exporteur zu einer vorsichtigen Krediteinräumung veranlaßt. Im Hinblick auf eine etwaige Selbstbeteiligung am Verlust kann der Exporteur die Bonitätsprüfung des ausländischen Kunden nicht allein dem Bund überlassen, sondern er wird selbst Nachforschungen anstellen. Auch bei der Vereinbarung der Kreditlaufzeit wird er aus eigenem Interesse Zurückhaltung üben. Die Höhe der Selbstbeteiligungssätze entspricht daher grundsätzlich der Höhe des Gewinns zuzüglich eines kleinen Prozentsatzes der Selbstkosten.[534]

Die Gewinne bei den einzelnen Exportgeschäften sind unterschiedlich groß. So muß z.B. in der deutschen Werftindustrie zur Zeit mit einer geringeren Gewinnmarge kalkuliert werden als auf anderen von der Konkurrenz nicht so stark bedrängten Weltmärkten. Für die Bestimmung der Selbstbeteiligungssätze ist daher von einer durchschnittlichen Gewinnquote auszugehen. Der derzeitige Unternehmergewinn bei Außenhandelsgeschäften kann mit etwa 10%–15% des Kaufpreises beziffert werden. Zu diesen 10%–15% muß noch der ungedeckte Anteil der Selbstkosten hinzugezählt werden, der bei etwa 5% der Gesamtforderung liegen dürfte.[535] Aus der Addition dieser Quoten ergibt sich eine durchschnittliche Höhe der Selbstbeteiligungssätze von 15%–20%.

Nach einem weiteren wichtigen Grundsatz, der die Höhe der Selbstbeteiligungssätze maßgeblich mitbestimmt, hat der Exporteur bei politischen Risiken eine geringere Selbstbeteiligung zu tragen als bei wirtschaftlichen Risiken. Dem liegt die Überlegung zugrunde, daß sich der Exporteur gegen wirtschaftliche Risiken besser schützen kann als gegen politische Risiken, indem er vor Abschluß eines Geschäftes Informationen über Zahlungsfähigkeit und Geschäftsgebaren des ausländischen Kunden einholt und gegebenenfalls die Stellung von Sicherheiten verlangt,[536] oder, soweit es möglich ist, die Ware unter Eigentumsvorbehalt liefert. Die durchschnittliche Selbst-

532 Christopeit, a.a.O., S. 56.

533 Segré, Die mittelfristige Exportfinanzierung. Europäische Probleme und Erfahrungen, S. 63.

534 Christopeit, a.a.O., S. 56.

535 Christopeit, a.a.O., S. 56. Während der durchschnittliche Unternehmergewinn im Laufe der Jahre unterschiedlich hoch anzusetzen war, ist der ungedeckte Anteil der Selbstkosten, den der Deckungsnehmer als eigenes Risiko tragen soll, mit etwa 5% gleich geblieben.

536 Glotzbach, a.a.O., S. 35.

beteiligung von 15%–20% erfährt nach dieser Regel bei politischen Risiken also eine Ermäßigung und beträgt grundsätzlich 10%.

Bei der Festsetzung der Selbstbeteiligungssätze im einzelnen trägt der Bund den Besonderheiten verschiedener Exportgeschäfte und unterschiedlicher Risikogruppen Rechnung. Abweichungen vom durchschnittlichen Selbstbehalt von 5%–10% nach oben oder unten sind festzustellen. Auf folgende Fälle ist hinzuweisen:

1. Die Tatsache, daß die Selbstbeteiligung im Rahmen der Fabrikationsrisikodeckung bei den wirtschaftlichen Risiken nur 10% beträgt, ist darauf zurückzuführen, daß bei dieser Deckung sowieso nur die Selbstkosten ersetzt werden. Bei einer weiteren Erhöhung der Selbstbeteiligungsquote wäre der vom Exporteur zu tragende Verlustanteil unverhältnismäßig hoch und der gedeckte Kreditanteil würde stark unter den Kostenanteil herabsinken.[537]
2. Bei Deckungsanträgen der Werftindustrie kann auf Antrag im Einzelfall die Selbstbeteiligung bei allen Fabrikations- und Ausfuhrrisiken auf 10% vom Ausfall gesenkt werden. Dieses liegt darin begründet, daß die Werftindustrie schon seit geraumer Zeit einer starken Konkurrenz auf dem Weltmarkt ausgesetzt ist und dadurch bedingt unter dem Durchschnitt liegende Gewinne erzielt.
3. Die Selbstbeteiligungssätze bei dem Nichtzahlungstatbestand (protracted default) auferlegen dem Deckungsnehmer Selbstbehalte von bis zu 25%. Dies ist damit zu rechtfertigen, daß sich das Risiko der Nichtzahlung häufiger als andere Risiken verwirklicht und es für den Garantie-/Bürgschaftsnehmer relativ einfach ist, im Gegensatz zu anderen Risiken den Nachweis für den Eintritt dieses Garantie- bzw. Bürgschaftsfalles zu erbringen. So muß er dem Bund lediglich nachweisen, daß der ausländische Kunde innerhalb einer gewissen Frist nicht gezahlt hat, was sicherlich problemloser zu bewerkstelligen ist, als etwa die Insolvenz des Schuldners festzustellen.[538]
4. Durch die besondere Lage Berlins sollten bisher Exporteure in Berlin (West) und in der Bundesrepublik nicht benachteiligt werden. Der Bund hatte daher im Rahmen der deutschen Exportkreditversicherung eine

---

537 Christopeit, a.a.O., S. 57.

538 Für den Exporteur besteht aber in bestimmten Fällen die Möglichkeit einer Nachentschädigung, wenn nämlich auf einen Nichtzahlungsschaden einer der übrigen wirtschaftlichen Garantiefälle (Insolvenzfälle) oder ein Konvertierungs- und Transferschaden folgt (§ 4 Abs. 5 AllgBed-AG; § 4 Abs. 4 AllgBed-AB). Zu den Nachweispflichten im Entschädigungsverfahren siehe unten § 17 VII.1.

Selbstbeteiligungssätze

	Politische Risiken	Wirtschaftl. Risiken	
		Insolvenz etc.	protracted default
1. Fabrikationsrisikodeckungen[1]	10%	10%	
2. Ausfuhrrisikodeckungen[2]			
Garantien a. kurzfristige Geschäfte	10%	15%	
b. mittel- u. langfristige Geschäfte	10%	15%	25%
Bürgschaften	10%		15%
3. Deckungen v. Bankgarantien: Bietungs-, Anzahlungs-, Liefer-, Leistungs- u. Gewährleistungsgarantie	10%	10%	
4. Beschlagnahmedeckungen	10%		
5. Deckungen von Bauleistungsgeschäften[3]	10%	15%	25%
6. Deckungen von Leasinggeschäften	10%	15%	15%
7. Deckungen von gebundenen Finanzkrediten[4]	10%	15%	15%
8. Deckungen von ungebundenen Finanzkrediten[5]	10%	20%	20%
9. Deckungen von Kapitalanlagen im Ausland[6]	5%		

[1] Die Selbstbeteiligungssätze sind innerhalb einer Deckungsart für Bürgschaften und Garantien in der Regel gleich. Abweichungen von dieser Regel – wie bei den Ausfuhrrisikodeckungen – sind in der Tabelle dargestellt.

[2] Versichert der Exporteur seine Ausfuhrgeschäfte im Rahmen einer revolvierenden Deckung oder einer Ausfuhr-Pauschal-Gewährleistung, so ergeben sich keinerlei Abweichungen im Hinblick auf die Selbstbeteiligungssätze. Die bei früheren Ausfuhr-Pauschal-Garantien übliche Festsetzung eines Eigenvorrisikos für wirtschaftliche Schadensfälle eines Jahres ist abgeschafft worden.

[3] Ist die Förderung aus der Bauleistung fortlaufend nach Situationen zu bezahlen, so beträgt die Selbstbeteiligung im Rahmen der Bauleistungsdeckung nach Wahl des Antragstellers, →

Reihe von Maßnahmen getroffen, die den durch die Lage Berlins zusätzlich entstandenen politischen Risiken Rechnung trugen.[539] Bei Exportgeschäften mit Berliner Fertigung bestand daher u.a. die Möglichkeit, auf Antrag die Selbstbeteiligung zu senken. Bei Exportgeschäften, deren Fertigung zu mehr als 30% des Auftragswertes in Berlin lagen, konnte die Selbstbeteiligung für alle Risiken auf 10% gesenkt werden. Nach Wiederherstellung der staatlichen Einheit Deutschlands sind derartige frühere Sonderregelungen weitgehend entfallen und gegenstandslos geworden.

Bei Deckungen für Ausfuhrgeschäfte, die aus deutscher Kapitalhilfe bezahlt werden, beträgt die Selbstbeteiligung 10%. Dies gilt sowohl für das Risiko der Nichtzahlung der bereitgestellten Kapitalhilfemittel als auch für die übrigen im Zusammenhang mit der Fabrikationsgarantie/-bürgschaft gedeckten Risiken.

Bei Wechselkursdeckungen hat der Deckungsnehmer keinerlei Selbstbeteiligung am Kursverlust zu tragen. Die "Schwelle" von 3% hat keinen Selbstbeteiligungscharakter, sondern löst die Entschädigungspflicht des Bundes aus.

Bei der Beschränkung auf politische Risiken bei Tochterunternehmen beträgt die Selbstbeteiligung, wie bei den politischen Risiken üblich, 10% vom Ausfall. Die Selbstbeteiligung für das politische Insolvenzrisiko beträgt 15%, da es sich um ein wirtschaftliches Risiko handelt.

- entweder für alle Risiken 12,5% vom Ausfall,
- oder es gelten die normalen Selbstbeteiligungssätze von 10% bzw. 15% vom Ausfall.

Die Selbstbeteiligung für den Nichtzahlungsfall beträgt allerdings jeweils 10% mehr als die Selbstbeteiligung für alle sonstigen wirtschaftlichen Risiken, d.h. je nach Wahl des Deckungsnehmers 22,5% bei im übrigen geltender Selbstbeteiligung von 12,5% oder 25% bei Geltung der normalen Selbstbeteiligungssätze.

4 Auf Antrag des Deckungsnehmers kann die Selbstbeteiligung für alle Risiken auf 5% des Ausfalls ermäßigt werden (sogenannte 5% Alternative). Die Ermäßigung setzt allerdings voraus, daß die kreditgewährende Bank die Selbstbeteiligung selbst trägt, also nicht auf den Exporteur abwälzt. Bei der normalen Selbstbeteiligung von 10% bzw. 15% ist die Weitergabe des Risikos an den Exporteur möglich (§ 6 Abs. 3 Satz 2 AllgBed geb. FKG/FKB). Eine anderweitige Absicherung des Selbstbehalts ist für beide Alternativen verboten (§ 6 Abs. 3 Satz 1 AllgBed geb. FKG/FKB).

5 Eine Abwälzung der Selbstbeteiligung bei der Deckung von ungebundenen Finanzkrediten kann bis zu ihrer vollen Höhe vom Bund zugelassen werden. Eine auf die Selbstbeteiligung beschränkte Absicherung (z.B. Depotstellung durch den Dekkungsnehmer) ist nicht zulässig.

6 Die Selbstbeteiligung von 5% stellt einen Mindestsatz dar. In der Regel setzt der Bund bei den einzelnen gedeckten Geschäften einen höheren Selbstbehalt fest.

---

539 Schallehn/Stolzenburg, Abschnitt XIV., Vorbem.

II. Karenzzeit

Der Bund haftet für einen eingetretenen Schaden nicht sofort. Zwischen dem Eintritt eines gedeckten Ereignisses und der Entschädigungszahlung des Bundes muß in der Regel erst eine bestimmte Frist verstreichen, in der sich herausstellen soll, ob das eingetretene Risiko von Dauer ist oder vorübergeht. Diese sogenannten Karenzzeiten oder auch Karenzfristen betragen mehrere Monate und sind bei den einzelnen Risiken verschieden lang. Der Garantie- bzw. Bürgschaftsfall gilt erst nach Ablauf der jeweiligen Frist als eingetreten.

Zu den Karenzzeiten werden im allgemeinen auch die Fristen für den „Nichtzahlungstatbestand" (protracted default) gezählt, obwohl diese konstitutive, schadensbegründende Fristen darstellen und nicht wie die übrigen Karenzfristen reine Wartefristen sind.[540]

Die einzelnen Karenzzeiten beginnen frühestens mit Fälligkeit der Forderung zu laufen. Werden Ausfuhrverträge prolongiert, gelten die neuen, nicht etwa die ursprünglichen Fälligkeiten. Karenzfristen können im Einzelfall oder länderweise verlängert werden.

Die Festsetzung der verschiedenen Karenzfristen beruht auf folgenden Erwägungen:

1. Konvertierungs- und Transferverbote werden erfahrungsgemäß innerhalb von vier Monaten entweder aufgehoben oder durch ein Zahlungsverbot oder Moratorium, das auch die in Landeswährung eingezahlten Beträge umfaßt, ersetzt.[541] Bei KT-Risiken ist somit der Zweck der Karenzzeit, eine vorzeitige Entschädigung zu verhindern, mit vier Monaten erreicht.
2. Für das wirtschaftliche Risiko der Zahlungsunfähigkeit sind Karenzzeiten überflüssig, weil als Zeitpunkt für den Eintritt des Haftungsfalles der Tag der Eröffnung des Konkurs- oder Vergleichsverfahrens über das Vermögen des ausländischen Schuldners, der Tag des Abschlusses eines außeramtlichen Vergleichs und der Tag der fruchtlosen Zwangsvollstreckung gelten[542] und es dem Exporteur obliegt, den Eintritt der jeweiligen Ereignisse durch entsprechende Beweismittel (Eröffnungsprotokoll, Pfändungsprotokoll, etc.) nachzuweisen.[543] Hierdurch wird sicher festgestellt, daß der Schaden endgültig eingetreten ist.

---

540 Schallehn/Stolzenburg, Abschnitt XIII., Tz. 36; vgl. z.B. § 4 Abs. 4 AllgBed-AG mit § 4 Abs. 2 Nr. 1 AllgBed-AG.

541 Christopeit, a.a.O., S. 61.

542 § 4 Abs. 3 AllgBed-AG.

543 § 5 Abs. 2 AllgBed-AG.

3. Für das Risiko des Kursverlustes an vom ausländischen Schuldner bei einer Bank oder einem Verrechnungskonto eingezahlten Beträgen[544] sind Karenzzeiten nicht eingeführt worden, weil nach Aufhebung des Konvertierungs- oder Transferverbotes unmittelbar festgestellt werden kann, in welcher Höhe der Exporteur einen Kursverlust durch eine Abwertung im Land des ausländischen Schuldners erlitten hat. Es besteht also kein Grund, eine gewisse Zeit bis zur Schadensregulierung verstreichen zu lassen.
4. Sowohl beim protracted default[545] als auch bei den allgemeinen politischen Risiken[546] besteht eine Karenzzeit von sechs Monaten. Alle diese Risiken haben gemein, daß sie häufig auf undurchsichtigen Sachverhalten (Krieg, Revolution oder Zahlungsverweigerung ohne Angabe von Gründen) beruhen und die zukünftige Entwicklung der Geschehensabläufe schwer vorauszusehen ist. Auf der einen Seite ist dem Bund daran gelegen, mit einer Entschädigungszahlung möglichst lange zu warten, um so mehr Klarheit über die Verhältnisse des ausländischen Schuldners bzw. die politische Entwicklung des Importlandes zu bekommen. Auf der anderen Seite ist der Garantie- bzw. Bürgschaftsnehmer auf eine schnelle Schadensregulierung bedacht, um eventuell drohende Liquiditätsprobleme zu vermeiden. Eine Karenzzeit von sechs Monaten stellt daher einen Kompromiß dar.
5. Bis zur Neuregelung der Allgemeinen Bedingungen im Oktober 1986 gab es für Fabrikationsrisiken keine Karenzzeiten, weil der Bundesminister für Wirtschaft in jedem einzelnen Fall erklärte, ob der Bürgschafts- oder Garantiefall eingetreten war[547] und die Bundesrepublik mit dieser Erklärung sofort haftete. Im Zuge der Neukonzipierung der Schadenstatbestände wurde in Abkehr vom Prinzip der ministeriellen Feststellung eines Schadensfalles der Eintritt des Garantie- bzw. Bürgschaftsfalles nach den schon dargelegten Regeln objektiviert[548] und für einige Schadenstatbestände Karenzzeiten eingeführt. Die bei Fabrikationsrisiken geltenden Karenzzeiten von sechs Monaten beruhen ebenfalls auf einem Kompromiß, der die widerstreitenden Interessen von

544 Siehe hierzu § 4 Abs. 2 Nr. 3 AllgBed-AG/AB und oben § 6 IV.1.c.

545 Siehe oben § 6 IV.2.b.

546 Hierunter fallen alle in der ersten und zweiten Spalte der Tabelle aufgeführten politischen Risiken.

547 Vgl. § 5 Abs. 2 Bed-FG/FB (a.F.).

548 Siehe oben § 5 IV.; vgl. Merkblatt über die neuen Allgemeinen Bedingungen für die Ausfuhrgewährleistungen des Bundes.

Deckungsgeber auf Klarheit der Verhältnisse und Deckungsnehmer auf baldige Schadensliquidierung berücksichtigt.

6. Bei Wechselkursdeckungen gibt es keine Karenzzeiten, weil der Bund sowieso erst nach einer Vorlaufzeit von zwei Jahren zur Haftung herangezogen werden kann.

Karenzzeiten /Politische Risiken

		Politische Umstände im Ausland[1] u. politische Maßnahmen i.S.d. allg. polit. Schadenstatbestände[2] einschließl. Kriege, Enteignungen, Moratorien und Beschlagnahmen	Gefahrenerhöhende Umstände, die zur Unterbrechung der Fabrikation führen	Konvertierungs- u. Transferverbote	Kursverluste an eingezahlten Beträgen	Embargo nach dem AWG/Embargo eines Zuliefer od. Transitlandes	Verlust von Ansprüchen infolge Unmöglichkeit d. Vertragserfüllung	Verlust der Ware vor Gefahrübergang
1.	Fabrikationsrisikodeckungen	6 Monate[3]	6 Monate[4]			keine Karenzzeit		
2.	Ausfuhrrisikodeckungen[5]	6 Monate		4 Monate	keine Karenzzeit		keine Karenzzeit	6 Monate
3.	Beschlagnahmedeckungen	6 Monate		4 Monate	keine Karenzzeit			
4.	Deckungen von Bauleistungsgeschäften	6 Monate		4 Monate	keine Karenzzeit		keine Karenzzeit	6 Monate
5.	Deckungen von Leasinggeschäften	6 Monate		4 Monate	keine Karenzzeit		keine Karenzzeit	6 Monate
6.	Deckungen v. geb. Finanzkrediten[6]	6 Monate		4 Monate	keine Karenzzeit			
7.	Deckungen v. ungeb. Finanzkrediten	6 Monate		4 Monate	4 Monate			
8.	Deckungen v. Kapitalanlagen im Ausland	keine Karenzzeit		keine Karenzzeit				

1 § 4 Nr. 3a AllgBed-FG/FB
2 § 4 Abs. 2 Nr. 1 AllgBed-AG/AB
3 Falls die Versendung der fertiggestellten Ware endgültig gescheitert ist, entfällt die Karenzzeit.
4 Auch bei diesem Risiko enfällt die Karenzzeit, wenn Fertigstellung oder Versand der Ware endgültig abgebrochen bzw. unterlassen werden.
5 Bei revolvierenden Deckungen und bei Ausfuhr-Pauschal-Gewährleistungen bestehen die gleichen Karenzzeiten wie bei Einzeldeckungen. Die Karenzzeiten für kurzfristige und für mittel-/langfristige Geschäfte im Rahmen von Ausfuhrgarantien sind ebenfalls gleich.
6 Im Falle der 5%-Alternative (siehe hierzu Fn. 4 bei den SB-Sätzen), d.h. wenn die finanzkreditgewährende-Bank auf eigenes Risiko 5% Selbstbeteiligung übernimmt, verkürzen sich die Fristen für die politischen Risiken und den protracted default auf drei Monate.

Karenzzeiten /Wirtschaftliche Risiken

		Lossagung vom Vertrag	Nichtzahlung von Stornierungskosten	Insolvenz, Unmöglichkeit/ Unzumutbarkeit der Vertragsdurchführung	protracted default
1.	Fabrikationsrisiko-deckungen	keine Karenzzeit	6 Monate	keine Karenzzeit	
2.	Ausfuhrrisiko-deckungen			keine Karenzzeit	6 Monate
3.	Beschlagnahme-deckungen				
4.	Deckungen von Bauleistungs-geschäften			keine Karenzzeit	6 Monate[1]
5.	Deckungen von Leasinggeschäften			keine Karenzzeit	6 Monate
6.	Deckungen v. geb. Finanzkrediten			keine Karenzzeit	6 Monate
7.	Deckungen v. ungeb. Finanzkrediten			keine Karenzzeit	6 Monate
8.	Deckungen v. Kapitalanlagen im Ausland				

Grundsätzlich keine Karenzzeiten bestehen bei:

1. Deckungen für Bankgarantien (Bietungsgarantien, Anzahlungsgarantien, Liefer-, Leistungs- und Gewährleistungsgarantien);
2. Deckungen für Lieferungen, die aus deutscher Kapitalhilfe bezahlt werden;
3. Wechselkursdeckungen.

1 Für den Zeitraum vor Versand besteht keine Karenzzeit

III. Bearbeitungsgebühr und Entgelt

1. Bearbeitungsgebühr

Bearbeitungsgebühren werden als Antragsgebühren und Ausfertigungsgebühren erhoben. Sie werden weder auf das Entgelt für die Übernahme von Bundesdeckungen angerechnet, noch können sie erstattet werden.

a. Antragsgebühr

Für die Bearbeitung von Anträgen auf Gewährung von Garantien und Bürgschaften des Bundes wird eine nach der Höhe des zur Deckung angetragenen Wertes gestaffelte Antragsgebühr erhoben. Sie ist sowohl für neue Anträge wie auch für Anträge auf Verlängerung bereits bestehender Deckungen zu entrichten. Die Antragsgebühr wird bei Antragstellung erhoben und muß in jedem Fall bezahlt werden, auch dann, wenn der Antrag negativ beschieden wird oder das Ausfuhrgeschäft aus irgendwelchen Gründen nicht zustande kommt.

Für revolvierende Deckungen[549] wird die Antragsgebühr einmal jährlich erhoben. Für die Bearbeitung von Anträgen auf Gewährung einer Ausfuhr-Pauschal-Gewährleistung verzichtet der Bund aufgrund der mit dieser Dekkungsform verbundenen Vereinfachung der Verfahrensweise[550] auf eine Antragsgebühr.[551] Falls der deutsche Exporteur für ein Ausfuhrgeschäft mit dem gleichen Käufer sowohl einen Antrag auf Deckung des Fabrikationsrisikos wie auch einen Antrag auf Deckung des Ausfuhrrisikos stellt, so ist die Antragsgebühr nur einmal zu zahlen. Ähnlich verhält es sich, wenn Wechselkursdeckungen beantragt werden, und für das gleiche Vorhaben ein Antrag auf Übernahme einer Ausfuhrgarantie/-bürgschaft gestellt und die Antragsgebühr in entsprechender Höhe entrichtet ist. In diesem Fall entfällt die Zahlung einer Antragsgebühr für die Wechselkursgarantie/-bürgschaft.

Die Höhe der Antragsgebühr richtet sich nach dem Auftragswert bzw. nach den Selbstkosten bei isolierten Fabrikationsrisikodeckungen. Bei revolvierenden Deckungen ist der beantragte Höchstbetrag maßgebend.

Es gilt folgende einheitliche Gebührenstaffel:[552]

---

549 Hierzu siehe oben § 9 II.

550 Hierzu siehe oben § 9 III.

551 Siehe Entgelt-Merkblatt für Ausfuhrgewährleistungen, Abschnitt I.

552 Siehe Entgelt-Merkblatt für Ausfuhrgewährleistungen, Abschnitt I.

Antragswert		Antragsgebühr
	bis DM 3.000,–	DM 30,–
über DM 3.000,–	bis DM 10.000,–	DM 50,–
über DM 10.000,–	bis DM 50.000,–	DM 100,–
über DM 50.000,–	bis DM 250.000,–	DM 200,–
über DM 250.000,–	bis DM 500.000,–	DM 300,–
über DM 500.000,–	bis DM 1 Mio.	DM 400,–
über DM 1 Mio.		DM 500,–

Für die Bearbeitung von Anträgen auf Deckung gebundener Finanzkredite ist eine einheitliche Antragsgebühr von DM 500,– zu entrichten, die aber entfällt, wenn vom Exporteur für eine vorlaufende Deckung eine Antragsgebühr bezahlt wurde.[553] Bei Deckungen für ungebundene Finanzkredite und für Kapitalanlagen im Ausland beträgt die Bearbeitungsgebühr bei einem Gewährleistungsbetrag bis zu DM 10 Mio. 1 ‰ und von dem DM 10 Mio. übersteigenden Betrag 1/2 ‰, jedoch höchstens insgesamt DM 20.000,–[554].

b. Ausfertigungsgebühr

Neben der Antragsgebühr wird bei Geschäften mit einem Auftragswert von mehr als DM 5 Mio. für die Ausstellung der Garantie-/Bürgschaftserklärung eine Ausfertigungsgebühr erhoben, die 1/10 ‰ des Auftragswertes, höchstens jedoch DM 10.000,– beträgt. Berechnungsgrundlage beim gebundenen Finanzkredit ist der Darlehensbetrag. Geht der Finanzkreditdeckung eine Deckung zugunsten des Exporteurs voraus, entfällt die Ausfertigungsgebühr.

Für revolvierende Deckungen wird die Gebühr nicht erhoben, weder bei erstmaliger Antragstellung noch bei Verlängerungen. Auch für Ausfuhr-Pauschal-Gewährleistungen ist eine Ausfertigungsgebühr nicht vorgesehen.

553 Merkblatt über die Gewährung von Garantien und Bürgschaften für gebundene Finanzkredite an das Ausland, Abschnitt VI.

554 Wird bei diesen Gewährleistungen ein Übernahmeantrag abgelehnt oder kommt aus einem anderen Grunde eine Gewährleistung nicht zustande, so werden drei Viertel der Bearbeitungsgebühr erstattet. Erscheint ein eingereichter Antrag von vornherein als aussichtslos, so wird die Bearbeitungsgebühr nicht erhoben oder – falls sie schon gezahlt ist – voll erstattet.

2. *Entgelt*

Der Exporteur hat für die Gewährung von Garantien und Bürgschaften an die Bundesrepublik ein Entgelt zu entrichten. Da es sich bei den Bundesdekkungen nicht um eine Versicherung im versicherungstechnischen Sinne, sondern um eine staatliche Förderungsmaßnahme handelt,[555] stellen die für die einzelnen Deckungsarten unterschiedlichen Entgelte keine nach versicherungswirtschaftlichen Prinzipien kalkulierte Prämien dar. Der in den Richtlinien aufgestellte Grundsatz der Selbsttragung[556] gebietet jedoch, daß die Entgelte auf Dauer so festzusetzen sind, daß Kosten und Schäden, die aufgrund der Gewährung von Bundesdeckungen entstehen, ohne die Inanspruchnahme des Bundeshaushaltes getragen werden können.[557]

Die Höhe der Entgeltsätze richtet sich nach der Art der Deckung (Bürgschaft oder Garantie), der Höhe der gedeckten Forderung, der Länge des dem ausländischen Käufer eingeräumten Kredits, der Zahl der gedeckten Risiken und den Deckungsformen (Einzeldeckung, revolvierende Deckung oder Ausfuhr-Pauschal-Gewährleistung).[558] In einigen Fällen ist die Höhe des Entgelts auch vom Bestimmungsland abhängig. Die Entgeltsätze werden stets auf den gedeckten Betrag, also Betrag der Selbstkosten oder Ausfuhr- oder Kreditforderung, gegebenenfalls erhöht um Zinsforderungen, erhoben.[559] Sie werden also nicht nur aus der vom Bund gedeckten Haftungsquote, sondern aus dem Gesamtbetrag einschließlich der Selbstbeteiligung des Deckungsnehmers errechnet.

Bei einigen Deckungsformen werden die Entgelte aufgegliedert in ein Grundentgelt und ein Zeitentgelt. Das Grundentgelt ist immer zu zahlen; ein

---

555 Vgl. den Wortlaut von § 8 Abs. 1, Nr. 1a Haushaltsgesetz 1992

556 Richtlinien für die Übernahme von Ausfuhrgewährleistungen vom 30. Dezember 1983, Ziff. 6.

557 1990 standen den Entschädigungsleistungen und Verwaltungskosten von DM 3,319 Mrd. Einnahmen in Höhe von DM 746,7 Mio. gegenüber, so daß sich für den Bundeshaushalt DM 2,573 Mrd. Defizit ergaben. Der Bund rechnet auch für 1991 mit einem erheblichen Defizit. Die Defizite betrugen für das Jahr 1988 DM 1,578 Mrd. und für das Jahr 1989 DM 2,572 Mrd. Vgl. Bundeswirtschaftsministerium, Ausfuhrgarantien und Ausfuhrbürgschaften der Bundesrepublik Deutschland, Berichte über die Jahre 1988, S. 11 ff., 1989, S. 11 ff., 1990, S. 11 ff.

558 Glotzbach, a.a.O., S. 36.

559 Die Auswirkungen der „Hermes-Entgelte" unter Berücksichtigung von Auftragshöhe, Zinssatz, Laufzeit und Art des Abnehmers hat Voigt, a.a.O., S. 56 ff., an einigen Beispielen sehr anschaulich dargestellt.

Zeitentgelt wird fällig, wenn der Exporteur die gedeckte Forderung kreditiert. Es wird für jeden angefangenen Monat der Kreditlaufzeit berechnet.

Entgelterstattungen werden vorgenommen, wenn das vom Bund übernommene Risiko vor bedingungsgemäßem Haftungsbeginn, also vor Inkrafttreten des Ausfuhrvertrages bzw. vor Lieferbeginn[560], entfallen ist und nach den Umständen des Falles eine Inanspruchnahme des Bundes ausgeschlossen ist.[561] Kommt der Deckungsnehmer seiner Verpflichtung zur Entgeltzahlung nicht nach, so kann der Bund von der Deckung zurücktreten bzw. die Deckung kündigen.[562]

Eine Zusammenstellung der Entgeltsätze ergibt folgendes Bild:[563]

560 Vgl. § 3 Abs. 1 AllgBed-AG/AB.

561 Schallehn/Stolzenburg, Abschnitt XIII., Tz. 18c; siehe auch § 16 Abs. 3 AllgBed-FG/FB.

562 Vgl. z.B. § 16 Abs. 2 AllgBed-FG/FB.

563 Entgelt-Merkblatt für Ausfuhrgewährleistungen, Abschnitt II.

Entgelte für die Übernahme von Deckungen

1) – Entgeltsätze für Fabrikationsrisikodeckungen –

Art der Deckung	Garantien	Bürgschaften
Fabrikationsrisikodeckung unter Einschluß aller deckungsfähigen Risiken	1% der gedeckten Selbstkosten, wenn Zeitraum vom Fabrikationsbeginn bis zum Ende der Fabrikationsrisikodeckung nicht länger als ein Jahr; 1,25% der gedeckten Selbstkosten, wenn Zeitraum vom Fabrikationsbeginn bis zum Ende der Fabrikationsrisikodeckung länger als ein Jahr	1% der gedeckten Selbstkosten, wenn Zeitraum vom Fabrikationsbeginn bis zum Ende der Fabrikationsrisikodeckung nicht länger als ein Jahr; 1,25% der gedeckten Selbstkosten, wenn Zeitraum vom Fabrikationsbeginn bis zum Ende der Fabrikationsrisikodeckung länger als ein Jahr
Fabrikationsrisikodeckung, beschränkt auf die politischen Risiken	0,75% der gedeckten Selbstkosten, wenn Zeitraum vom Fabrikationsbeginn bis zum Ende der Fabrikationsrisikodeckung nicht länger als ein Jahr; 0,9% der gedeckten Selbstkosten, wenn Zeitraum vom Fabrikationsbeginn bis zum Ende der Fabrikationsrisikodeckung länger als ein Jahr	0,75% der gedeckten Selbstkosten, wenn Zeitraum vom Fabrikationsbeginn bis zum Ende der Fabrikationsrisikodeckung nicht länger als ein Jahr; 0,9% der gedeckten Selbstkosten, wenn Zeitraum vom Fabrikationsbeginn bis zum Ende der Fabrikationsrisikodeckung länger als ein Jahr

2) - Entgeltsätze für Forderungsdeckungen - (Ausfuhrrisikodeckungen u. Deckungen von geb. Finanzkrediten)

Art der Deckung	Garantien	Bürgschaften
Deckung unter Einschluß aller deckungsfähigen Risiken	1,5% des gedeckten Forderungsbetrages unter Einschluß eines zeitentgeltfreien Zeitraumes von 6 Monaten ab Risikobeginn (Grundentgelt) zzgl. 1 ‰ für jeden angefangenen Monat über 6 Monate ab Risikobeginn hinaus auf den jeweiligen Forderungsbetrag (Zeitentgelt)	1% des gedeckten Forderungsbetrages ohne Einschluß eines zeitentgeltfreien Zeitraumes (Grundentgelt) zzgl. 0,55 ‰ für jeden angefangenen Monat ab Risikobeginn auf den jeweiligen Forderungsbetrag (Zeitentgelt)
Deckung für vertragliche Zinsen	1,5% des gedeckten Zinsbetrages	1% des gedeckten Zinsbetrages
Deckung für Geschäfte oder Forderungsteile mit den Zahlungsbedingungen Kasse gegen Dokumente (D/P)	1% des gegen Dokumente zu zahlenden Betrages	1% des gegen Dokumente zu zahlenden Betrages
Deckung für Geschäfte oder Forderungsteile mit Zahlung aus Sichtakkreditiv (KT/ZM-Deckung)	0,75% des gegen Dokumente auszahlbaren Betrages	0,75% des gegen Dokumente auszahlbaren Betrages (soweit die Deckung auf KT/ZM beschränkt wird)
Deckung für Geschäfte mit Tochtergesellschaften (Pol.-Ris.-/Pol.-Insolv.-Deckung) mit den Zahlungsbedingungen Kasse gegen Dokumente (D/P)	0,85% des gegen Dokumente zu zahlenden Betrages	– – – – – – – – – – – –
Deckung für Geschäfte mit Tochtergesellschaften (Pol.-Ris.-/Pol.-Insolv.-Deckung) zu Kreditbedingungen	1,2% des gedeckten Forderungsbetrages unter Einschluß eines zeitentgeltfreien Zeitraumes von 6 Monaten ab Risikobeginn (Grundentgelt) zzgl. 0,75 ‰ für jeden angefangenen Monat über 6 Monate ab Risikobeginn hinaus auf den jeweiligen Forderungsbetrag (Zeitentgelt)	– – – – – – – – – – – –

3) – Entgeltsätze für Deckungen im Rahmen von Bauleistungsgeschäften –

Art der Deckung	Garantien	Bürgschaften
Bauleistungsdeckung zu Bauleistungssonderbedingungen, d.h. bei Bezahlung der Forderung nach Situationen mit einem maximalen Einbehalt von 10% (schließt Gerätedeckung und Deckung von Gegengarantien – Ausnahme Bietungsgarantie – mit ein)	1% des vollen Bauleistungswertes (d.h. ohne Abzug von Vorauszahlungen); ist der Wert der eingeschlossenen Nebendeckungen höher, so wird das Entgelt aus diesem erhoben	1% des vollen Bauleistungswertes (d.h. ohne Abzug von Vorauszahlungen); ist der Wert der eingeschlossenen Nebendeckungen höher, so wird das Entgelt aus diesem erhoben
Fabrikationsrisikodeckung im Zusammenhang mit einem Baugeschäft zu Bauleistungssonderbedingungen	1% der gedeckten Selbstkosten, wenn Zeitraum vom Fabrikationsbeginn bis zum Ende der Fabrikationsrisikodeckung nicht länger als ein Jahr; 1,25% der gedeckten Selbstkosten, wenn Zeitraum vom Fabrikationsbeginn bis zum Ende der Fabrikationsrisikodeckung länger als ein Jahr	1% der gedeckten Selbstkosten, wenn Zeitraum vom Fabrikationsbeginn bis zum Ende der Fabrikationsrisikodeckung nicht länger als ein Jahr; 1,25% der gedeckten Selbstkosten, wenn Zeitraum vom Fabrikationsbeginn bis zum Ende der Fabrikationsrisikodeckung länger als ein Jahr
Ersatzteillagerdeckung	1% des gedeckten Wertes	1% des gedeckten Wertes
Einlagerungsdeckung für einen Zeitraum von 6 Monaten	0,5% des gedeckten Wertes	0,5% des gedeckten Wertes
Einlagerungsdeckung für einen Zeitraum von 12 Monaten	1% des gedeckten Wertes	1% des gedeckten Wertes
Baustellenkostendeckung	1% der gedeckten Baustellenkosten	1% der gedeckten Baustellenkosten
Bevorratungsdeckung	1% des Betrages der durchschnittlichen Bevorratung	1% des Betrages der durchschnittlichen Bevorratung
Gerätedeckung (wird auch isoliert gewährt), soweit nicht entgeltfrei mitgedeckt	1% des gedeckten Gerätewertes	1% des gedeckten Gerätewertes
Globale Gerätedeckung (Laufzeit 2 Jahre mit entgeltpflichtiger Verlängerungsmöglichkeit)	1% des Gerätewertes für Laufzeit von 2 Jahren	1% des Gerätewertes für Laufzeit von 2 Jahren

4) - Entgeltsätze für Deckungen von Bankgarantien -

Art der Deckung	Garantien	Bürgschaften
Deckung der Bietungsgarantie	0,4% des gedeckten Betrages	0,4% des gedeckten Betrages
Deckung für Gegengarantien, wie insbesondere Liefer-, Leistungs-, Gewährleistungs-, Erfüllungs-, Zollgarantien, sowie Anzahlungsgarantien über Fabrikationsende hinaus (diese Deckungen werden in der Regel nur zusammen mit Fabrikationsrisiko- oder Forderungsdeckungen übernommen)	0,4% des gedeckten Betrages	0,4% des gedeckten Betrages

5) - Entgeltsätze für sonstige Beschlagnahmedeckungen -

Art der Deckung	Garantien	Bürgschaften
Beschlagnahmedeckung mit KT-Deckung (z.B. Konsignationslager)	0,75% des gedeckten Warenwertes	0,75% des gedeckten Warenwertes
Beschlagnahmedeckung ohne KT-Deckung (z.B. Messelager)	0,4% des gedeckten Warenwertes	0,75% des gedeckten Warenwertes
Revolvierende Konsignationslagerdeckung mit KT-Deckung (Laufzeit 1 Jahr mit entgeltpflichtiger Verlängerungsmöglichkeit)	0,9% des gedeckten Höchstbetrages pro Jahr	0,9% des gedeckten Höchstbetrages pro Jahr
Revolvierende Konsignationslagerdeckung ohne KT-Deckung (Laufzeit 1 Jahr mit entgeltpflichtiger Verlängerungsmöglichkeit)	0,6% des gedeckten Höchstbetrages pro Jahr	0,6% des gedeckten Höchstbetrages pro Jahr

6) - Entgeltsätze für Wechselkursdeckungen -

Art der Deckung	Garantien	Bürgschaften
Wechselkursdeckung (isoliert)	0,7% pro Jahr auf den jeweils ausstehenden gedeckten Forderungsbetrag	0,7% pro Jahr auf den jeweils ausstehenden gedeckten Forderungsbetrag
Wechselkursdeckung (kombiniert, d.h. mit Forderungsdeckung)	0,6% pro Jahr auf den jeweils ausstehenden gedeckten Forderungsbetrag	0,6% pro Jahr auf den jeweils ausstehenden gedeckten Forderungsbetrag
Wechselkursdeckung kombiniert mit einer lediglich alle politischen Risiken umfassenden Forderungsdeckung	0,65% pro Jahr auf den jeweils ausstehenden Forderungsbetrag	--------- ------
Wechselkursdeckung unter Einbeziehung eines Zeitraumes von 12 Monaten nach jeder vertraglichen Fälligkeit (nur bei kombinierten Deckungen möglich)	Pauschale Entgeltberechnung bis 6 Monate nach jeweiliger Fälligkeit	Pauschale Entgeltberechnung bis 6 Monate nach jeweiliger Fälligkeit
Wechselkursdeckung, bei der eine Option auf Umstellung in die fremde Währung innerhalb oder nach Ablauf der Vorlaufzeit eingeräumt ist (Zusatzentgelt)	0,3% pro Jahr	0,3% pro Jahr

7) - Entgeltsätze für Deckblattbürgschaften -

Verbesserte Deckung von abgetretenen garantierten/verbürgten Finanzkreditforderungen gegenüber dem Zessionar (Deckblattbürgschaft)	0,125% pro Jahr auf den abgetretenen und noch ausstehenden Kapitalbetrag	0,125% pro Jahr auf den abgetretenen und noch ausstehenden Kapitalbetrag

8) - Bei Ausfuhr-Pauschal-Gewährleistungen -

erfolgt die Festsetzung des Entgelts aufgrund der im jeweiligen Vertrag gedeckten Risiken.[1]

9) Entgelt für Deckungen von ungebundenen Finanzkrediten

Für die Garantie/Bürgschaft wird ein Entgelt erhoben, das bezüglich des gedeckten Darlehensbetrages jährlich am Beginn jedes Vertragsjahres und bezüglich der gedeckten Zinsen einmalig bei Übernahme der Deckung zu entrichten ist. Das Entgelt beträgt 0,75% jährlich vom jeweils ausstehenden garantierten/verbürgten Betrag der Darlehensforderung. Für die Zinsdeckung beträgt das Entgelt einmalig 0,75% vom Betrag der insgesamt in die Deckung einbezogenen Zinsen.

10) - Entgelte für Deckungen von Kapitalanlagen im Ausland -

Für Kapital- und Ertragsdeckung wird von dem zu Beginn des jeweiligen Garantiejahres garantierten Betrag ein laufendes Entgelt von 0,5% p.a. berechnet. Auf die während der schon laufenden Garantie noch nicht erbrachten und damit noch nicht gedeckten Leistungen wird anstelle des normalen Entgelts ein auf ein Sechstel ermäßigtes Entgelt erhoben.

11) Das Entgelt für die Deckung von Leasinggeschäften wird in derselben Art und Höhe wie bei Ausfuhrrisikodeckungen üblich berechnet.

12) Bei Deckungen von Geschäften, die aus deutscher Kapitalhilfe bezahlt werden, gelten die gleichen Entgeltsätze, die bei Fabrikationsrisiko- und Ausfuhrrisikodeckungen erhoben werden.

---

[1] Siehe hierzu unten §16 III. 2. (4.)

Zur Erläuterung der einzelnen Entgeltsätze ist auf folgendes hinzuweisen:

1. Wie eingangs schon erwähnt, beruht die Unterscheidung zwischen Deckungen, für die der Exporteur ein Zeitentgelt zu entrichten hat und Deckungen, für die sowohl ein Grundentgelt als auch ein Zeitentgelt erhoben werden, auf dem Umstand, daß das Zeitentgelt von der Kreditierung des Kaufpreises abhängig ist, der ausländische Käufer die Forderung also erst nach Ablauf einer gewissen Zeit zu erfüllen hat. Aus diesem Grunde ist kein Zeitentgelt zu zahlen, wenn sich – wie bei der Deckung von Baugeräten und Messelägern – die Haftung auf den Verlust der Waren und Geräte beschränkt, so daß mangels einer Kaufpreisforderung auch keine Kreditlaufzeiten vorliegen können. Ähnlich verhält es sich bei den Deckungen für Fabrikationsrisiken, die sich auf den Zeitraum vor Versand der Ware beziehen. Da bei dieser Gewährleistungsart keine kreditierten Forderungen abzudecken sind – der Kaufpreis wird in der Regel erst mit Versand oder Abnahme der Ware fällig – entfällt auch hier die Erhebung eines Zeitentgeltes.
2. Der Unterschied zwischen den Entgeltsätzen für die Deckungen vor Versand der Ware (Fabrikationsrisikodeckungen), deren Basissatz 1% beträgt, und den Entgeltsätzen für die Deckungen nach Versand der Ware (Ausfuhrdeckungen), deren Basissatz 1,5% beträgt, ist darauf zurückzuführen, daß vor Versand weniger Schäden auftreten als nach Versand der Ware. Vor dem Ende der Fabrikationsperiode ist der Kaufpreis in der Regel noch nicht fällig, so daß häufige Risiken wie Insolvenzen oder Konvertierungs- und Transferverbote nicht zu den möglichen Gefahrenquellen gehören. Die Höhe der Entgeltsätze wird also durchaus nach kaufmännischen Gesichtspunkten festgesetzt, wobei die Schadensneigung der Exportgeschäfte einen wichtigen Faktor darstellt.
3. Für Ausfuhrgarantien hat der Exporteur in der Regel ein höheres Entgelt zu zahlen als für Ausfuhrbürgschaften. Dieses wird damit begründet, daß Bürgschaften nur bei Exportgeschäften mit staatlichen Käufern gewährt werden und bei staatlichen Käufern das Risiko der Zahlungsunfähigkeit nicht bestehe.[564] Auch hier findet der Grundsatz Anwendung,

564 Christopeit, a.a.O., S. 66. Am Beispiel Chinas kann jedoch gezeigt werden, daß diese landläufige Meinung nicht mehr uneingeschränkt richtig ist. Anfang August 1986 kam es in der sozialistischen Volksrepublik China zum ersten formellen Konkurs eines staatlichen Unternehmens. Ende 1986 wurde ein Insolvenzgesetz verabschiedet, das nur für staatliche Unternehmen gilt. Zumindest in der Volksrepublik China kann ein staatlicher Käufer also zahlungsunfähig werden (siehe hierzu Lauffs, Konkursgesetzgebung in der Volksrepublik China, RIW 1986, S. 779, sowie Zheng, Banruptcy Law of the People's Republic of China: Principle, Procedure & Practice, Vand.J.Transnat'l L., Vol. 19, Fall 1986, No. 4, S. 683 ff.; siehe ebenfalls einen Kurzbericht in BfAI/NFA Nr. 167, S. 5).

daß höhere Entgelte zu verlangen sind, wenn die Gefahr eines Schadens besonders groß ist.

4. Die Entgeltsätze für Ausfuhr-Pauschal-Gewährleistungen werden für jeden einzelnen Exporteur gesondert festgesetzt. Von ausschlaggebender Bedeutung ist hierbei der jeweilige Risikograd, der sich nach der Bonität der ausländischen Käufer und der wirtschaftlichen und politischen Gesamtsituation des Einfuhrstaates beurteilt.[565] Eine breite Streuung des Risikos und die Einsparung von Verwaltungskosten ermöglichen es dem Bund, die Entgeltsätze für Ausfuhr-Pauschal-Gewährleistungen niedriger anzusetzen als für Einzeldeckungen. Einen bestimmten Mindestentgeltsatz wird der Bund jedoch nicht unterschreiten, auch wenn alle nur denkbaren günstigen Umstände zusammentreffen. Dies ergibt sich aus dem Charakter der Bundesdeckungen, die als staatliches Förderungsinstrument nicht in Wettbewerb zu Versicherungsangeboten der privaten Assekuranz geraten soll.[566]
5. Wenn der Bund feststellt, daß die Bonität des ausländischen Käufers besonders schlecht und die wirtschaftliche oder politische Lage des Einfuhrlandes instabil ist, er sich aber trotzdem für die Übernahme einer Deckung entscheidet, so kann er im Einzelfall auch bei Einzeldeckungen und revolvierenden Deckungen eine Erhöhung des Entgeltes vornehmen. Es besteht also durchaus die Möglichkeit, bei der Festsetzung des Entgelts von den im Schaubild aufgeführten Prozentsätzen abzurükken und den Besonderheiten des Einzelfalles Rechnung zu tragen.

565 Christopeit, a.a.O., S. 67; nähere Einzelheiten hierzu und vom Interministeriellen Ausschuß für die Festsetzung der Entgelthöhe bei Ausfuhr-Pauschal-Gewährleistungen zu berücksichtigende Grundsätze finden sich bei Schallehn/Stolzenburg, Abschnitt VIII., Tz. 81 f.

566 Schallehn/Stolzenburg, Abschnitt VIII., Tz. 82.

§ 17 Übernahme und Durchführung der Bundesdeckungen

I. Geschäftsführung

Der Bund hat die Geschäftsführung einem Konsortium, bestehend aus der „Hermes-Kreditversicherungs-AG" und der „Treuarbeit Aktiengesellschaft Wirtschaftsprüfungsgesellschaft Steuerberatungsgesellschaft", übertragen. Unter der Federführung des Hermes[567] nehmen diese beiden privaten Gesellschaften die mit der Übernahme und Durchführung von Bundesgarantien und -bürgschaften im Außenwirtschaftsverkehr verbundenen Aufgaben wahr. Der Hermes befindet sich in Privatbesitz,[568] die Treuarbeit in der Hand der Bundesrepublik Deutschland.

Die Geschäftsführung ist in einem Geschäftsvertrag bzw. Mandatarvertrag zwischen dem Bund und den Mandataren näher geregelt. Sie erstreckt sich auf die Entgegennahme der Anträge und sonstigen Erklärungen der Deckungsnehmer in bezug auf die Übernahme von Ausfuhrgewährleistungen sowie auf deren Bearbeitung und Abwicklung. Die Mandatare bereiten die Anträge zur Entscheidung vor und übermitteln die getroffenen Entscheidungen ebenso wie eventuelle Weisungen an die Deckungsnehmer.[569] Im Außenverhältnis zu den antragstellenden Exporteuren und Banken handeln Hermes und Treuarbeit im Namen, im Auftrage und für Rechnung des Bundes,[570] sind also zivilrechtlich Vertreter i.S. der §§ 164 ff. BGB.

567 Vgl. Abschnitt I., Ziff. 3 der Richtlinien für die Übernahme von Ausfuhrgewährleistungen.

568 Die Aktien des Hermes werden u.a. zu 50,6% von der Münchener Rückversicherungs-Gesellschaft und zu 25,2% von der Allianz-Versicherungs-AG, beide München, gehalten.

569 Abschnitt I. Ziff. 3 der Richtlinien für die Übernahme von Ausfuhrgewährleistungen vom 30. Dezember 1983.

570 Vgl. die jeweiligen §§ 1 der Allgemeinen Bedingungen.

Hermes und Treuarbeit sind mit der Bearbeitung getrennter Gebiete beauftragt. Der Hermes ist zuständig für:

a) Fabrikationsrisikodeckungen;
b) Ausfuhrrisikodeckungen;
c) Deckungen von Bankgarantien;
d) Beschlagnahmedeckungen;
e) Deckungen von Bauleistungsgeschäften;
f) Deckungen von Leasinggeschäften;
g) Deckungen von gebundenen Finanzkrediten;
h) Wechselkursdeckungen.

Die Treuarbeit ist zuständig für:

a) Deckungen von Kapitalanlagen im Ausland;
b) Deckungen von ungebundenen Finanzkrediten.

Über die endgültige Vergabe einer Bundesdeckung entscheidet – nach Vorbearbeitung oder Vorentscheidung durch den Hermes oder die Treuarbeit – teils geschlossen, teils einzeln der Interministerielle Ausschuß.[571]

Die Tätigkeit der beiden Mandatare unterliegt der Prüfung durch den Bundesminister für Wirtschaft, den Bundesminister der Finanzen sowie den Bundesrechnungshof.

II. Antragstellung

Bundesgarantien und Bundesbürgschaften werden nur auf Antrag übernommen. Der Exporteur oder das Kreditinstitut sollen nach den vom Bundesminister für Wirtschaft erlassenen Richtlinien einen Antrag möglichst vor Abschluß des Ausfuhrvertrages und gegebenenfalls des Kreditvertrages, jedenfalls vor Beginn des zu deckenden Risikos stellen.[572] Anhand von Merkblättern, die über die technische Ausgestaltung des deutschen Deckungssystems und die der Exportwirtschaft angebotenen Deckungsformen unterrichten, können Exporteure und Banken vor einer Antragstellung prüfen, welche der gebotenen Möglichkeiten jeweils zweckmäßig und günstig ist.

Entsprechend der Zuständigkeitsverteilung ist der Antrag entweder an den Hermes oder die Treuarbeit zu richten. Hierzu kann sich der Antragsteller

---

571 Hierzu siehe unten § 17 III.

572 Abschnitt I. Ziff. 4 der Richtlinien für die Übernahme von Ausfuhrgewährleistungen vom 30. Dezember 1983.

besonderer Formulare bedienen.[573] Die Antragsformulare enthalten eine Reihe von Fragen, die das gesamte Exportgeschäft in allen Einzelheiten erfaßt. Die Fragen beziehen sich u.a. auf den ausländischen Partner, die Abschlußdaten, die vereinbarte Währung, die Zahlungsbedingungen, die zu leistenden Sicherheiten und auf Einzelheiten der bisherigen Geschäftsverbindungen. Ferner sind Angaben darüber zu machen, ob die Ware bzw. Leistung ihren Ursprung im Geltungsbereich des Außenwirtschaftsgesetzes der Bundesrepublik Deutschland hat, ob die Ware bzw. Leistung genehmigungspflichtig ist und ob für die ordnungsgemäße Durchführung des Geschäftes Lieferungen bzw. Leistungen aus Drittländern erforderlich sind. Dabei bestehen Unterschiede entsprechend den verschiedenen Deckungsarten und gedeckten Exportgeschäften. Bei Großgeschäften mit über DM 25 Mio. Auftragswert verlangt der Bund regelmäßig ein sogenanntes Memorandum über die wirtschaftliche Zweckmäßigkeit und Rentabilität des Projektes; ein derartiges Memorandum ist dem Antrag beizufügen.

Während mittlere und kleinere Geschäfte meist unverändert angenommen werden, können sich seitens der Mandatare bei Großgeschäften Änderungswünsche ergeben.[574] Diese beziehen sich im wesentlichen auf zusätzliche Sicherheiten und die Zahlungsbedingungen.[575] Da der Exporteur mit solchen Auflagen rechnen muß, setzt er sich zweckmäßigerweise vor dem endgültigen Abschluß des Exportgeschäftes mit dem Hermes oder der Treuarbeit in Verbindung, um etwaige Änderungsvorschläge beim Vertragsschluß berücksichtigen zu können.[576]

Die beiden Mandatare können ferner selbständig Auskünfte einholen und den Antrag mit diesen Auskünften ergänzen.[577]

Antragstellungen, bei denen der Abschluß des Exportgeschäftes bereits längere Zeit zurückliegt, laufen erhöhte Gefahr abgelehnt zu werden.[578] Der Exporteur kann sich jedenfalls bei zwischenzeitlichen Einschränkungen einer Länderdeckungspolitik[579] nicht darauf berufen, zum Zeitpunkt des Vertragsschlusses sei ein Geschäft noch uneingeschränkt deckungsfähig gewesen. Auch der Umstand, daß ein Exporteur sich gegenüber einem ausländischen Abnehmer durch Vertragsabschluß gebunden hat, und bei der Nichter-

573 Antragsformulare abgedruckt im Anhang unter IV.

574 Vgl. Reuter, a.a.O., S. 201.

575 Glotzbach, a.a.O., S. 67.

576 Reuter, a.a.O., S. 201.

577 Christopeit, a.a.O., S. 236.

578 Schallehn/Stolzenburg, Abschnitt XI., Tz. 21.

579 Zur Länderdeckungspolitik siehe unten § 17 III.2.b.

füllung des Vertrages vertragsbrüchig würde, veranlaßt den Bund nicht zur Gewährung einer Deckung.[580] Zahlreiche ausländische Exportkreditversicherer weisen nach Vertragsabschluß eingereichte Deckungsanträge schon deshalb zurück, weil sie sich nicht vor vollendete Tatsachen („faits accomplis") stellen lassen wollen.[581] Der Bund verfolgt zwar nicht eine derartige strenge Deckungspolitik, erwartet aber, vor allem bei größeren Anlageprojekten, daß der Exporteur den Deckungsantrag in einem Zeitpunkt stellt, in dem etwaige Wünsche des Bundes bei der Vertragsgestaltung noch berücksichtigt werden können.[582]

III. Aufgaben und Entscheidungspraxis des Interministeriellen Ausschusses

Der Antrag des Exporteurs auf Gewährung einer Bundesdeckung wird vom Hermes oder der Treuarbeit zur Entscheidung an den „Interministeriellen Ausschuß" weitergeleitet.

1. Organisationsform des Ausschusses

Der schon bisher tätige Interministerielle Ausschuß ist auch in den neuen „Richtlinien für die Übernahme von Ausfuhrgewährleistungen"[583] vorgesehen. Der Ausschuß stellt eine organisatorische Form der Zusammenarbeit zwischen den in § 8 des Haushaltsgesetzes[584] genannten Bundesministerien, nämlich dem Bundesminister für Wirtschaft als Federführer, dem Bundesminister der Finanzen, dem Bundesminister für wirtschaftliche Zusammenarbeit und dem Bundesminister des Auswärtigen dar. Dabei kommt neben dem federführenden Bundesminister für Wirtschaft dem Bundesminister für Finanzen als Träger der gesetzlichen Ermächtigung die besondere Bedeutung

---

580 Schallehn/Stolzenburg, Abschnitt XI., Tz. 21.

581 Siehe hierzu das englische System, unten § 37.

582 Zur strengeren Vergabepraxis bei ungebundenen Finanzkrediten siehe oben § 12 III.

583 BGBl 1983 I S. 1516. Die zuvor geltenden Richtlinien waren nicht veröffentlicht; Reuter, a.a.O., teilt sie inhaltlich mit (S. 153 f. und S. 202).

584 BGBl 1991 I, S. 2360.

zu, daß ohne seine Zustimmung eine Ausfuhrgewährleistung nicht übernommen werden kann.[585]

2. *Aufgaben des Ausschusses*

a. Ausschußsitzungen und Behandlung der Anträge

Aufgabe des Ausschusses ist die Behandlung grundsätzlicher Fragen der Deckungspolitik, des Deckungssystems und der Deckungsformen einerseits und die Beratung über die konkreten Anträge auf Übernahme von Ausfuhrgarantien und Ausfuhrbürgschaften andererseits.[586] Der Ausschuß tagt in 14-tägigem Rhythmus an jeweils zwei Tagen. Der erste Tag (intern A-Sitzung genannt) dient dabei der Behandlung von Fragen grundsätzlicher Bedeutung. Neben den vier Ressorts nehmen an dieser Sitzung auch Vertreter der Mandatare teil.

Am zweiten Tag der alle vierzehn Tage stattfindenden Ausschußsitzungen (intern B-Sitzung genannt) werden überwiegend Entscheidungen über die Übernahme von Gewährleistungen für Einzelgeschäfte beraten. Als beratende Sachverständige nehmen an dieser Sitzung auch Vertreter der Bundesbank, der Kreditanstalt für Wiederaufbau (KfW) und der Ausfuhrkreditgesellschaft mbH (AKA) sowie weitere, persönlich berufene Experten aus Industrie, Bankwirtschaft und Exporthandel teil. Die Mitwirkung der ehrenamtlich tätigen Sachverständigen ist von besonderer Bedeutung für die Ausschußarbeit, da sie zum Verständnis für die Belange der Wirtschaft entscheidend beiträgt und somit ein hohes Maß an Praxisnähe in der Entscheidungsfindung gewährleistet.[587]

Die einzelnen Anträge werden anhand von den Mandataren erarbeiteter Sitzungsvorlagen behandelt. Soweit die Voraussetzungen für eine positive Entscheidung vorliegen, wird diese in der Sitzung getroffen und die Zusage zur Übernahme der beantragten Bundesdeckung gegeben.

Vor dem Abschluß eines Ausfuhrvertrages und gegebenenfalls eines Kreditvertrages kann gegenüber dem Antragsteller eine „grundsätzliche Stel-

---

585 § 8 Abs. 1 Haushaltsgesetz 1992; Abschnitt I Ziff. 3 der Richtlinien.

586 Bundeswirtschaftsministerium, „30 Jahre Interministerieller Ausschuß für Ausfuhrgarantien und Ausfuhrbürgschaften" (Bericht über Aufgaben und Arbeit des Ausschusses im Rahmen der staatlichen Exportkreditversicherung anläßlich seiner 750. Sitzung), S. 10.

587 Bundeswirtschaftsministerium, „30 Jahre Interministerieller Ausschuß für Ausfuhrgarantien und Ausfuhrbürgschaften", S. 10.

lungnahme" über die Aussichten einer Indeckungnahme abgegeben werden.[588] Diese grundsätzliche Stellungnahme umfaßt die Zusicherung des Bundes, über die beantragte Ausfuhrgewährleistung bei unveränderter Sach- und Rechtslage positiv zu entscheiden, sofern der Ausfuhrvertrag bzw. der Kreditvertrag innerhalb einer gesetzten Frist abgeschlossen wird.[589] Ändert sich nach Abgabe der grundsätzlichen Stellungnahme die Sach- und Rechtslage derart, daß bei Kenntnis der nachträglich eingetretenen Änderung die Stellungnahme nicht abgegeben worden wäre oder aus rechtlichen Gründen nicht hätte abgegeben werden dürfen, ist der Bund an die Zusicherung nicht gebunden.[590]

Der Interministerielle Ausschuß kann nicht alle rund 40.000 Anträge, die jährlich gestellt werden, in dieser Weise behandeln. Für Geschäfte mit geringem Umfang sind deshalb Befugnisse z.T an einen sogenannten „Kleinen Interministeriellen Ausschuß", dem ein Vertreter des Wirtschafts- und des Finanzministeriums angehört, und zum Teil an die Mandatare delegiert, die bei der Entscheidung nach vom Interministeriellen Ausschuß festgelegten Grundsätzen verfahren. Der Kleine Interministerielle Ausschuß und die Mandatare stellen ihre Entscheidungen in Listenform zusammen und legen sie dem Interministeriellen Ausschuß zur Genehmigung vor.

Besonders bedeutsame Grundsatzfragen behandelt der Ausschuß in Sondersitzungen (intern C-Sitzungen genannt), die in unregelmäßigen Abständen angesetzt werden und an denen weitere Sachverständige aus den mit Export- und Finanzierungsfragen befaßten Verbänden teilnehmen. Hierdurch wird die Möglichkeit eröffnet, einem breiten Forum Gelegenheit zur Anhörung und Diskussion über Fragen der Exportwirtschaft zu geben.[591] Diese intensive Zusammenarbeit erleichtert im Ergebnis sowohl bei der Behandlung der Grundsatzfragen als auch bei der Entscheidung über Einzelan-

---

588 Abschnitt I Ziff. 4 der Richtlinien.

589 Die grundsätzliche Stellungnahme stellt als Zusage, die auf einen Verwaltungsakt bezogen ist, eine Zusicherung i.S.d. § 38 VerwVfG dar. Es handelt sich weder um eine bloße Beratung bzw. Auskunft noch um einen Vorbescheid (von Spiegel, Die neuen Richtlinien für die Übernahme von Ausfuhrgewährleistungen durch die Bundesrepublik Deutschland, NJW 1984, S. 2007). Vgl. auch Borggrefe/Dorscheid, Neue Richtlinien für die Übernahme von Ausfuhrdeckungen des Bundes, in: BfAI/NfA vom 21.3.1984, S. 2. Zur Übernahmeentscheidung als Verwaltungsakt siehe unten § 18 I.1.

590 Abschnitt I. Ziff. 4 der Richtlinien.

591 Bundeswirtschaftsministerium, „30 Jahre Interministerieller Ausschuß für Ausfuhrgarantien und Ausfuhrbürgschaften", S. 11.

träge eine sachgerechte Abwägung aller Gesichtspunkte im Interesse der Exportwirtschaft.

b. Sonderbestimmungen für einzelne Länder

Eine weitere wichtige Aufgabe des Interministeriellen Ausschusses besteht darin, Sonderbestimmungen für einzelne Länder aufzustellen. Diese Sonderbestimmungen werden von dem Ausschuß laufend der aktuellen wirtschaftlichen und politischen Risikosituation angepaßt. Risikoballungen auf einem Markt sollen soweit als möglich vermieden werden, weil nur bei einer vernünftigen Risikomischung der Grundsatz der Selbsttragung aufrecht erhalten werden kann.

Sonderbestimmungen für Abnehmerländer sind ein Bestandteil aller Exportkreditversicherungssysteme der Welt. Ausländische Exportversicherer, die die Länderrisiken durch unterschiedliche Höhe der Prämien ausgleichen, ändern ihre Beschlußlage häufig durch Umstufung eines Landes innerhalb der Prämienkategorien.[592] Wegen der Einheitsprämie ist eine solche Maßnahme im deutschen System nicht möglich.

Zur Eingrenzung von Länderrisiken hat der Interministerielle Ausschuß einen Maßnahmekatalog zur Verfügung, der sich etwa wie folgt darstellen läßt:[593]

- Grundsätzliches Erfordernis für Staatssicherheiten, Zentralbank-Garantien oder sonstige Garantien;
- Beschränkung der Kreditlaufzeit, unterschiedliche Behandlung von kurzfristigen und mittelfristigen Geschäften;
- Beschränkungen der Warenart, z.B. nur lebenswichtige Güter;
- Erhöhung von Selbstbeteiligungssätzen;[594]
- Verlängerung von Karenzfristen;
- Sperre für künftige Verträge;
- Zulässigkeit von Versendungen nur noch im Rahmen bezahlter Außenstände;

592 Schallehn/Stolzenburg, Abschnitt XVI., Tz. 2.

593 Offizielle Veröffentlichungen über Länderbeschlüsse erfolgten bis Ende 1986 nicht, weil ständige Änderungen eine publizistische Aktualität angeblich nicht ermöglichten. Nunmehr enthält der von der Hermes-Kreditversicherungs-AG herausgegebene AGA-Report – Ausfuhr-Gewährleistungen-Aktuell – in der Rubrik „Länderinformationen" für den Exporteur wichtige Hinweise zur Deckungspraxis des Bundes bezüglich bestimmter Länder. Vgl. den AGA-Report Nr. 31 vom Mai 1991.

594 Diese Maßnahme stellt indirekt eine Prämienerhöhung dar.

- Sperre für künftige Versendungen;
- Verbot der Auszahlungen von Finanzkrediten.

Soweit der Ausschuß im Rahmen der Länderbeschlüsse darauf hinweist, daß „keine Flaggenklausel" akzeptiert wird, bedeutet dies folgendes: Eine Reihe von ausländischen Abnehmerländern protektionieren ihre Seeschifffahrt in der Weise, daß sie bei der Vergabe von Importlizenzen oder bei der Eröffnung von Akkreditiven den Transport der Ware in das Importland auf Schiffen des Importlandes vorschreiben.[595] Auch wenn für ein Land kein Flaggenklauselverbot besteht, so werden Geschäfte deutscher Exporteure, bei denen diese sich einer derartigen Flaggenklausel unterworfen haben, hinsichtlich der Förderungswürdigkeit kritisch betrachtet, da das Recht der Flaggenwahl dem Exporteur erhalten bleiben soll.

c. Die „Förderungswürdigkeit" eines Exportgeschäftes und das „besondere staatliche Interesse"

Nach den Bestimmungen des Haushaltsgesetzes können Ausfuhrgarantien und Ausfuhrbürgschaften nur „im Zusammenhang mit förderungswürdigen Ausfuhren" oder „im Zusammenhang mit Ausfuhren, an deren Durchführung ein besonderes staatliches Interesse besteht", übernommen werden.[596] Die Auslegung der Begriffe „Förderungswürdigkeit" und „besonderes staatliches Interesse" und die Entscheidung hierüber im Einzelfall ist Aufgabe des Interministeriellen Ausschusses.[597] Dieser hat also unter Einbeziehung aller Umstände darüber zu befinden, ob und in welchem Umfang er die genannten Kriterien als erfüllt ansieht.

Die staatliche Exportkreditversicherung in der Bundesrepublik ist, ebenso wie in allen anderen westlichen Industrieländern, zur dauerhaften Unterstützung und Förderung der Exportbemühungen ihrer Wirtschaft geschaffen worden. Es widerspräche der Zielsetzung dieses Förderungsinstrumentes, wenn im Wege einer restriktiven und starren Auslegung des Begriffs „Förderungswürdigkeit" die Gewährleistungsübernahme auf Ausnahmefälle beschränkt würde. Andererseits kommt eine staatliche Unterstützung für solche Ausfuhrgeschäfte nicht in Betracht, die gegen Gesetze oder sonstige Bestimmungen der Bundesrepublik, der Abnehmerländer oder etwaiger Drittländer, soweit sie von der Ausführung eines Ausfuhrgeschäftes betroffen

---

595 Schallehn/Stolzenburg, Abschnitt XVI., Tz. 11.

596 § 8 Abs. 1 Ziff. 1a und b Haushaltsgesetz 1992.

597 Bundeswirtschaftsministerium, „30 Jahre Interministerieller Ausschuß für Ausfuhrgarantien und Ausfuhrbürgschaften", S. 15.

sind, verstoßen. In solchen Fällen ist die Förderungswürdigkeit zu verneinen und ein Antrag auf Übernahme einer Bundesdeckung abzulehnen.[598]

Der Begriff der Förderungswürdigkeit wird in den Richtlinien näher erläutert.[599] Danach dürfen der Durchführung des Ausfuhrgeschäftes keine wichtigen Interessen der Bundesrepublik Deutschland entgegenstehen. § 7 Abs. 1 AWG kann man entnehmen, was zu diesen im Außenwirtschaftsverkehr maßgebenden Interessen gehört, nämlich die Landessicherheit, das friedliche Zusammenleben der Völker sowie die auswärtigen Beziehungen.[600] Ferner werden an das Ausfuhrgeschäft in bezug auf die vereinbarten Konditionen gewisse Mindestanforderungen gestellt. So sollen Ausfuhrgeschäfte nur unterstützt werden, wenn die Vertragsbedingungen mit den nach Art und Umfang der Warenlieferung oder der zu erbringenden Leistung im Außenhandel üblichen Konditionen übereinstimmen. Insbesondere sollen die vom Bund unterstützten Ausfuhrgeschäfte in bezug auf die Bezahlungsbedingungen bzw. Rückzahlungsbedingungen zwischenstaatlichen Vereinbarungen und den international abgestimmten Grundsätzen für Exportgeschäfte entsprechen.[601]

Trotz grundsätzlich zu bejahender Förderungswürdigkeit können einem Geschäft Risikobedenken entgegenstehen. Zwischen Förderungswürdigkeit und Risiko besteht eine wechselseitige Abhängigkeit dahingehend, daß an die Förderungswürdigkeit eines Exportgeschäftes umso strengere Anforderungen zu stellen sind, je höher das mit der Gewährleistungsübernahme verbundene Risiko einzuschätzen ist.[602] Bei der Entscheidung über risikomäßig kritische Deckungsanträge kann die Grenze der Vertretbarkeit im Einzelfall weitergezogen werden, wenn an der Realisierung des Ausfuhrgeschäftes ein besonderes staatliches Interesse besteht.[603] Bei Abwägung aller Gesichtspunkte sind insbesondere die Bedeutung des Exportgeschäftes für die Exportfirma, ihre Beschäftigungslage, die technologischen Faktoren und entwicklungspolitischen Aspekte in die Betrachtung einzubeziehen.[604] Die Prüfung kann ergeben, daß die Gesichtspunkte, die für eine Förderung des Ge-

---

598 Vgl. von Spiegel, a.a.O., S. 2008.

599 Abschnitt I. Ziff. 2 der Richtlinien.

600 Vgl. von Spiegel, a.a.O., 1984, S. 2008.

601 Zur Abhängigkeit der Gewährleistungsübernahme vom Bestehen eines Investitionsschutzabkommens siehe Dolzer, Das deutsch-chinesische Investitionsschutzabkommen, in: Horn/Schütze (Hrsg.), Wirtschaftsrecht und Außenwirtschaftsverkehr der Volksrepublik China, S. 63.

602 Wittstock/Dahremöller, a.a.O., S. 47.

603 Abschnitt I. Ziff. 2 der Richtlinien.

604 Wittstock/Dahremöller, a.a.O., S. 48.

schäftes sprechen, so gewichtig sind, daß ein besonderes staatliches Interesse an der Durchführung des Ausfuhrprojektes bejaht werden muß und auch erhebliche Risikobedenken zurückgestellt werden können.[605]

Sämtliche Entscheidungen des Interministeriellen Ausschusses müssen im Rahmen der Vorschriften des Bundeshaushaltsrechts ergehen. Insbesondere dürfen Ausfuhrgewährleistungen nicht übernommen werden, wenn der im Haushaltsgesetz festgesetzte Höchstbetrag der Gewährleistungen nicht ausreicht[606] oder wenn mit hoher Wahrscheinlichkeit der Eintritt eines Schadens zu erwarten ist.[607]

Die flexible, an den Besonderheiten des Einzelfalles und der gesamtwirtschaftlichen Lage der Exportwirtschaft orientierte Entscheidungspraxis des Interministeriellen Ausschusses ist durch das Bundeskabinett ausdrücklich bestätigt worden.[608] Das Kabinett hat den im Interministeriellen Ausschuß vertretenen Ressorts jedoch auch die Verpflichtung auferlegt, durch eine größtmögliche Risikostreuung das Gesamtrisiko aus allen übernommenen Gewährleistungen in jedem einzelnen Haushaltsjahr in einem vertretbaren Rahmen zu halten und sicherzustellen, daß auch künftig sich das Ausfuhrgewährleistungsinstrument langfristig aus den Entgelteinnahmen selbst trägt.[609]

IV. Verpflichtung des Bundes durch Aushändigung der Haftungserklärung

Fällt die Entscheidung des Interministeriellen Ausschusses über den Antrag auf Gewährung einer Bundesdeckung positiv aus, so verpflichtet sich die Bundesrepublik Deutschland durch Ausstellung der Garantie-/Bürgschaftserklärung. Diese Urkunde wird vom Hermes, der Treuarbeit und der Bundesschuldenverwaltung[610] unterzeichnet. Hierbei fungieren die Mandatare

605 Bundeswirtschaftsministerium, „30 Jahre Interministerieller Ausschuß für Ausfuhrgarantien und Ausfuhrbürgschaften", S. 16.

606 Der Höchstbetrag der Gewährleistungen beträgt derzeit DM 180 Milliarden (§8 Abs. 2 Haushaltsgesetz 1992).

607 Abschnitt I. Ziff. 2 der Richtlinien.

608 Kabinettsbeschlüsse vom 30. November 1977 und 2. Februar 1983.

609 Bundeswirtschaftsministerium, „30 Jahre Interministerieller Ausschuß für Ausfuhrgarantien und Ausfuhrbürgschaften", S. 17.

610 Die Mitwirkung der Bundesschuldenverwaltung bezieht sich auf die formelle Prüfung und Beurkundung der Bundesverpflichtung, nicht auf die vom Inter-

als Vertreter des Bundesministers für Wirtschaft, der seinerseits den Bund als den Vertragspartner des Deckungsnehmers vertritt.

In der Übernahmeerklärung sind die Einzelheiten der Deckung aufgeführt, insbesondere

die vertraglichen Leistungen und Rechte des Gewährleistungsnehmers, die von der Ausfuhrgewährleistung umschlossen sind (Deckungsgegenstände),

die Umstände, bei deren Eintritt eine Entschädigung des Bundes erfolgt (Risikotatbestände),

der vom Gewährleistungsnehmer selbst zu tragende Anteil am Ausfall (Selbstbehalt),

der Betrag, bis zu dem eine Entschädigung des Bundes höchstens gewährt werden darf (Höchsthaftungssumme) sowie

die Voraussetzungen, unter denen der Bund die Deckung beschränken darf (Deckungseingriffe).

Außerdem wird auf die jeweiligen Allgemeinen Bedingungen und unter Umständen auf die Besonderen Bedingungen Bezug genommen.

Die unterzeichnete Haftungserklärung wird dem Garantie-/Bürgschaftsnehmer zugestellt.

V. Pflichten des Gewährleistungsnehmers und Rechtsfolgen von Pflichtverletzungen

Im Zuge der Neufassung der Allgemeinen Bedingungen sind der Pflichtenkatalog überarbeitet und die Rechtsfolgen von Pflichtverstößen klar herausgestellt worden. Insgesamt wurden die Bewertung von Pflichten und die Rechtsfolgen aus Pflichtverletzungen allgemeinen versicherungsrechtlichen Grundsätzen angepaßt, wobei die Gesichtspunkte der Ursächlichkeit, des Verschuldens und der Erheblichkeit von Verstößen stärker betont wurden.[611]

1. Pflichten des Gewährleistungsnehmers

Bei den Pflichten des Deckungsnehmers ist zu unterscheiden in Pflichten vor und nach Übernahme der Gewährleistung, d.h. Pflichten während des

---

ministeriellen Ausschuß getroffene Entscheidung über einen Deckungsantrag.

611 Merkblatt über die neuen Allgemeinen Bedingungen für Ausfuhrgewährleistungen des Bundes.

Antragsverfahrens und im Laufe der Abwicklung des Ausfuhrgeschäftes bzw. während der Fabrikation. Vor der Annahme eines Deckungsantrages prüft der Bund die Bonität des ausländischen Bestellers.[612] Dazu soll der Antragsteller das gesamte, ihm über seinen ausländischen Geschäftspartner vorliegende Material dem Antrag beifügen. In diesem Zusammenhang steht auch die Pflicht des Exporteurs, seine bisherigen Zahlungserfahrungen mit dem ausländischen Kunden – soweit er mit ihm schon in Geschäftsverbindung gestanden hat – dem Bund mitzuteilen.[613] Hierzu hat der Exporteur Angaben darüber zu machen, seit wann er mit dem ausländischen Kunden in Geschäftsverbindung steht und ob der ausländische Kunde alle Verpflichtungen erfüllt hat.[614] Ferner hat der Exporteur die noch offenen Forderungen nach Höhe und Fälligkeit anzugeben. Schließlich verlangt der Bund die Versicherung des Exporteurs, daß ihm keine Umstände bekannt sind, die das beabsichtigte Ausfuhrgeschäft als gefährdet erscheinen lassen.

Nach Übernahme der Gewährleistung darf der Dekkungsnehmer Änderungen oder Ergänzungen, die sich auf den in der Garantie-/Bürgschaftserklärung dargestellten Sachverhalt oder auf die mit dem Schuldner oder sonstigen Verpflichteten getroffenen Vereinbarungen beziehen, nicht ohne Zustimmung des Bundes vornehmen. Insbesondere darf der Garantie-/Bürgschaftsnehmer keine Zahlung in einer anderen als der vertraglich vereinbarten Währung an Erfüllungs Statt annehmen.[615]

Der Garantie-/Bürgschaftsnehmer hat eine Meldepflicht, ihm alle bekannt werdenden gefahrerhöhenden Umstände unverzüglich anzuzeigen. Als gefahrerhöhender Umstand gilt insbesondere, daß der Schuldner in Verzug gerät oder um Prolongation nachsucht, die Vermögensmasse, Zahlweise oder allgemeine Beurteilung des Schuldners sich verschlechtert oder vom Schuldner die Rückgabe gelieferter Ware angeboten wird. Der Deckungsnehmer hat in einem solchen Falle dem Bund mitzuteilen, welche Maßnahmen er zur Sicherung seiner Ansprüche beabsichtigt oder getroffen hat.[616]

Der Garantie-/Bürgschaftsnehmer ist verpflichtet, dem Bund über die Einzelheiten und den jeweiligen Abwicklungsstand des Ausfuhrgeschäftes bzw.

---

612 Zu den Problemen bei der Durchführung einer Bonitätsprüfung siehe Zinn, Bonitätsprüfung bei Auslandskrediten, ZfgesKw 1978, S. 288 ff.

613 Schallehn/Stolzenburg, Abschnitt V., Tz. 34.

614 § 15 Nr. 1 AllgBed-AG/AB; § 13 Nr. 1 AllgBed-FG/FB; siehe auch § 15 Nr. 1 AllgBed geb. FKG/geb. FKB.

615 § 15 Nr. 2 AllgBed-AG/AB; § 13 Nr. 2 AllgBed-FG/FB; § 15 Nr. 2 AllgBed geb. FKG/geb. FKB.

616 § 15 Nr. 4 AllgBed-AG/AB; § 13 Nr. 4 AllgBed-FG/FB; § 15 Nr. 4 AllgBed geb. FKG/geb. FKB.

des Kreditvertrages sowie über sonstige Umstände, die für die Gewährleistung von Bedeutung sein können, jederzeit Auskunft zu erteilen. Der Bund ist auch berechtigt, jederzeit die Bücher und Unterlagen des Deckungsnehmers, die für die Garantie bzw. Bürgschaft von Bedeutung sein können, einzusehen.[617]

2. *Rechtsfolgen von Pflichtverletzungen*

Verletzt der Deckungsnehmer Verpflichtungen, die ihm nach den Allgemeinen Bedingungen oder der Haftungserklärung des Bundes obliegen, so treten Befreiungen des Bundes von der Entschädigungsverpflichtung ein. Im Gegensatz zu den früheren Allgemeinen Bedingungen kann der Bund auch bei Vorliegen aller Voraussetzungen für eine Befreiung von der Entschädigungspflicht hiervon im Einzelfall ganz oder teilweise unter Berücksichtigung des eingetretenen Risikos und der Schwere des Verstoßes absehen.[618] Dies ermöglicht bei der Beurteilung von Pflichtverletzungen eine angemessene Reaktion und mehr Einzelfallgerechtigkeit als das bisher angewandte „Alles oder Nichts"-Prinzip.

Haftungsbefreiungen greifen z.B. nicht ein, wenn bei unwahren Angaben im Antragsverfahren der Bund feststellt, daß die die Pflichtverletzung begründende Unvollständigkeit oder Unrichtigkeit des Antrages auf seine Entscheidung auf die Übernahme einer Deckung keinen Einfluß gehabt hat oder wenn dem Deckungsnehmer die Unrichtigkeit oder Unvollständigkeit seiner Angaben weder bekannt noch fahrlässig unbekannt war.[619] Das gleiche gilt bei fehlerhaften Sicherheiten, wenn der Bund feststellt, daß die fehlende oder mangelhafte Sicherheit auf seine Entscheidung über die Übernahme der Deckung keinen Einfluß gehabt hätte. Auch sonstige Obliegenheitsverletzungen führen nicht zum Haftungsausschluß, wenn durch die Pflichtverletzung ein Schaden weder entstanden, noch zu besorgen ist.

Unabhängig davon, ob ein Schaden entstanden oder zu besorgen ist, ist der Bund bei einer Verletzung der Pflicht, keine Änderungen oder Ergänzungen, die sich auf die mit dem Schuldner getroffenen Vereinbarungen beziehen, vorzunehmen, von der Verpflichtung zur Entschädigung auch dann frei,

---

617 § 15 Nr. 7 und Nr. 8 AllgBed-AG/AB; § 13 Nr. 7 und Nr. 8 AllgBed-FG/FB; § 15 Nr. 7 und Nr. 8 AllgBed geb. FKG/geb. FKB.

618 Merkblatt über die neuen Allgemeinen Bedingungen für Ausfuhrgewährleistungen des Bundes.

619 § 16 Nr. 1 AllgBed-AG/AB; § 14 Nr. 1 AllgBed-FG/FB; § 16 Nr. 1 AllgBed geb. FKG/geb. FKB.

wenn er feststellt, daß er den Änderungen oder Ergänzungen nicht zugestimmt hätte. Ferner kann der Bund die Entschädigung verweigern, wenn der Deckungsnehmer ihm bekanntwerdende gefahrerhöhende Umstände nicht unverzüglich mitteilt und diese Unkenntnis für den Bund im Zusammenhang mit anderen Ausfuhrgewährleistungen eine Risikoerhöhung bewirkt oder der Bund daran gehindert wird, Maßnahmen zur Risikominderung zu ergreifen.

VI. Abtretung der Ansprüche des Gewährleistungsnehmers

1. Abtretung der Ansprüche aus der Garantie bzw. Bürgschaft

Wenn Banken und andere Kreditinstitute ein Exportgeschäft finanzieren, verlangen sie häufig, daß der Exporteur seine Rechte aus der vom Bund gewährten Deckung abtritt. Aus diesem Grund sind in den Allgemeinen Bedingungen Regeln über die Abtretung von Ansprüchen aus Bundesgewährleistungen vorgesehen. Danach bedarf die Abtretung der Ansprüche gegen den Bund auf Entschädigung in einem eventuellen Schadensfall der schriftlichen Zustimmung des Bundes.[620] Es handelt sich hierbei um ein Abtretungsverbot gem. § 399 BGB, daß mit einem Zustimmungsvorbehalt versehen ist.[621] Ohne die Zustimmung des Bundes ist eine vorgenommene Abtretung also unwirksam.[622] Eine nachträgliche Zustimmung ist möglich; wird sie vom Bund verweigert, so bleibt die Abtretung ohne Wirkung.[623]

Der Bund erteilt seine Zustimmung zur Abtretung der Ansprüche aus einer übernommenen Garantie oder Bürgschaft nur unter der Bedingung, daß eine etwaige Schadensabrechnung ausschließlich zwischen dem Bund und dem Garantie-/Bürgschaftsnehmer erfolgt.[624] In der Abtretungserklärung heißt es weiter, daß die Rechtsbeziehungen aus der Bundesdeckung von der Abtretung nicht berührt werden. Der Zessionar erwirbt somit nur einen An-

---

620 § 20 AllgBed-AG/AB; § 17 AllgBed-FG/FB; § 20 AllgBed geb FKG/geb. FKB. Siehe auch die Ausführunge zur Deckblattbürgschaft, oben § 11 VI.

621 Schmidt in Soergel/Siebert, § 399, Rdnr. 4; vgl. auch Baumgärtel, Der Einfluß von Zustimmungserfordernissen auf die Abtretbarkeit einer Forderung, JZ 1958, S. 654 ff.

622 Vgl. BGHZ 40, 156; BGH LM Nr. 8 zu § 399 BGB.

623 MünchKomm-Roth, § 399, Rdnr. 28 f.

624 Vgl. die bei Schallehn/Stolzenburg, Abschnitt XV., Anlage 1, abgedruckte Abtretungserklärung.

spruch auf Auszahlung der im Deckungsverhältnis als berechtigt und fällig festgestellten Entschädigungsbeträge.[625] Er tritt nicht in den Vertrag zwischen dem Bund und dem Deckungsnehmer ein und hat keine Ansprüche gegen den Bund auf Auskunftserteilung über das Vertragsverhältnis, dessen Ausgestaltung oder Änderung.

2. Abtretung der gedeckten Forderung

Die Abtretung der gedeckten Forderung, also der Forderung gegen den ausländischen Schuldner, kann ohne Zustimmung des Bundes vorgenommen werden, soweit sie lediglich zu Sicherungszwecken (z.B. an eine finanzierende Bank) erfolgt.[626] Darüber hinausgehende Verfügungen über die gedeckte Forderung (z.B. Forfaitierung, Factoring) bedürfen zum Erhalt der Bundesdeckung unbedingt der Zustimmung des Bundes. Eine derartige Zustimmung kann unter bestimmten Auflagen sowohl für stille als auch für offene Abtretungen erteilt werden.[627]

VII. Entschädigungsverfahren

1. Nachweispflichten und Beweislast

Dem Deckungsnehmer obliegt der Nachweis für den rechtlichen Bestand und die Höhe der gedeckten Forderung, für den Eintritt eines gedeckten Risikos und für den ursächlichen Zusammenhang zwischen Risikoeintritt und Uneinbringlichkeit.[628] Er muß in seinem Entschädigungsantrag also darlegen und beweisen, daß gedeckte Ereignisse und Maßnahmen vorliegen und einen Schaden verursacht haben, sowie, daß die den einzelnen Schadenstatbeständen zugeordneten Karenzfristen abgelaufen sind. Wird der Bestand der Forderung bestritten oder werden dagegen Einreden oder Einwendungen erhoben, kann der Bund den Entschädigungsantrag zurückweisen, bis der

625 Schallehn/Stolzenburg, Abschnitt XV., Tz. 8.

626 § 19 AllgBed-AG/AB; § 19 AllgBed geb. FKG/geb. FKB.

627 Merkblatt über die neuen Allgemeinen Bedingungen für die Ausfuhrgewährleistungen des Bundes.

628 Vgl. § 5 Abs. 2 AllgBed-AG/AB; § 5 Abs. 2 AllgBed-FG/FB; § 5 Abs. 2 AllgBed geb. FKG/geb. FKB.

Deckungsnehmer – erforderlichenfalls durch Entscheidung des im Verhältnis zwischen ihm und seinem ausländischen Schuldner zuständigen Gerichts oder Schiedsgerichts – die Rechtsbeständigkeit der Forderung nachgewiesen hat. Nach den Allgemeinen Bedingungen trägt der Deckungsnehmer ausdrücklich das Risiko des anwendbaren Rechts und Gerichtsstandes.[629]

Der Deckungsnehmer hat die Einzelheiten des von ihm gemeldeten Schadensfalles den jeweiligen Merkmalen eines Tatbestandes zuzuordnen und die entsprechenden Nachweise zu erbringen. Im Schadensfall des Konkurses z.B. bedeutet dies, daß der Deckungsnehmer einen Nachweis über die Verfahrenseröffnung bzw. Ablehnung einer Verfahrenseröffnung durch Gerichtsbeschluß erbringen kann. In diesem Fall muß der Deckungsnehmer ferner nachweisen, daß er seine in das Konkursverfahren geratenen Forderungen angemeldet hat und daß diese – nach Durchführung des Prüfungstermins – durch den Konkursverwalter anerkannt bzw. nicht bestritten worden sind.[630]

Wenn eine Zwangsvollstreckung wegen der gedeckten Forderung nicht zur vollen Befriedigung geführt hat, so muß der Deckungsnehmer zuvor einen vollstreckbaren Titel (Urteil, vollstreckbares Schuldanerkenntnis u.ä.) erlangt haben, aufgrund dessen er eine Zwangsvollstreckung in das Schuldnervermögen durchgeführt hat. Die Fruchtlosigkeit ist durch Vorlage eines Vollstreckungsprotokolls nachzuweisen, aus dem hervorgehen muß, daß die Zwangsvollstreckung ohne Erfolg geblieben ist.

Im Nichtzahlungsfall (protracted default) hat der Deckungsnehmer eine Bankbestätigung darüber einzureichen, daß die Forderung innerhalb von sechs Monaten nach Fälligkeit nicht beglichen wurde und noch aussteht. Desweiteren verlangt der Bund einen Schriftwechsel mit dem ausländischen Schuldner, seinem Vertreter oder sonstigen Stellen, der Aufschluß gibt über die Nichterfüllung der Forderung und über die zur Einziehung der Forderung und zur Realisierung etwaiger Sicherheiten ergriffenen Maßnahmen.[631]

Den Nachweis für den Bestand der Forderung kann der Exporteur in der Regel dadurch erbringen, daß er den Exportvertrag, Auftrag/Auftragsbestätigung, Handelsrechnungen, Versandpapiere (z.B. Konnossement, Luftfrachtbrief, Spediteurübernahmebescheinigung etc.) und seine Inkassokorrespondenz (Inkassoauftrag und -bestätigung, Bezahlt-/Unbezahltmeldungen, Akzept/Protestmeldungen) vorlegt.

---

629 Vgl. § 5 Abs. 2 AllgBed-AG/AB; § 5 Abs. 2 AllgBed-FG/FB; § 5 Abs. 2 AllgBed geb. FKG/geb. FKB.

630 Schallehn/Stolzenburg, Abschnitt X., Tz. 22.

631 Schallehn/Stolzenburg, Abschnitt X., Tz. 27.

Zur Ermittlung der Höhe der gedeckten Forderung und der Errechnung der Entschädigung hat der Exporteur eine Reihe von Angaben zu machen. So muß er seine gesamten Forderungen auflisten nach Rechnungsdatum, Betrag, Teilzahlungen und Gutschriften, vereinbarten Zahlungsbedingungen und Zahlungszielen, Fälligkeiten, erhaltene Zahlungen und Leistungen des Schuldners oder dritter Personen, Erlöse aus anderweitiger Verwertung usw.

2. *Schadensfeststellung bei nur teilweiser Leistung des Schuldners*

Bei der Schadensabrechnung werden die von der Deckung betroffenen Versendungen und Forderungen nicht isoliert betrachtet, sondern es werden sämtliche Forderungen aus der Geschäftsbeziehung des Deckungsnehmers mit seinem ausländischen Schuldner in die Betrachtung einbezogen. In den früher geltenden Allgemeinen Bedingungen war eine Regelung dahingehend getroffen, daß vor Eintritt eines Garantie-/Bürgschaftsfalles, also vor einer Insolvenz oder einem übermäßig langen Zahlungsverzug, die Zahlungen des ausländischen Schuldners unabhängig von deren Bestimmung auf die jeweils ältesten Forderungen verrechnet wurden.[632] Auf diese Weise sollte sichergestellt werden, daß in einer kritischen Situation, die häufig dem Eintritt eines Schadens vorausgeht, nicht Manipulationen zwischen deutschem Exporteur/Gläubiger und ausländischem Schuldner in der Weise vorgenommen wurden, daß ungedeckte Forderungen bevorzugt befriedigt wurden und die gedeckten Forderungen dann für eine Entschädigung durch den Bund übrigblieben.[633] Diese Anrechnungsklausel ist vom BGH wegen Verstoßes gegen §§ 5 u. 9 AGBG für unwirksam erklärt worden.[634]

Die jetzige Anrechnungsbestimmung sieht vor, daß bei Zahlungen auf gedeckte Forderungen sowie bei Zahlungen auf ungedeckte Forderungen, die früher fällig sind als die garantierte/verbürgte Forderung, die Tilgungsbestimmung des ausländischen Schuldners gilt, unabhängig davon, ob zwischen Deckungsnehmer und ausländischem Schuldner eine andere Anrech-

632 § 10 Abs. 1 Bed-AG/AB (a.F.).

633 Schallehn/Stolzenburg, Abschnitt X., Tz. 53; von Westphalen, ZIP 1986, S. 1510.

634 BGH ZIP 1983, 184 = WM 1983, 151; BGH WM 1983, 912. In beiden Fällen stützt der BGH seine Entscheidung vor allem auf die Unklarheitenregel, wonach Formularverträge bei Auslegungszweifeln gegen diejenige Vertragspartei auszulegen sind, die das Formular verwendet hat und sich klarer hätte ausdrücken können.

nungsregelung vereinbart ist.[635] Durchgreifende Bedenken gegen die Wirksamkeit dieser neuen Bestimmung bestehen nicht.[636] Der kategorische Ausschluß der zwischen Deckungsnehmer und ausländischem Schuldner vereinbarten Anrechnungsregelung ist auch unter Berücksichtigung der Wertungskriterien von § 366 BGB gem. § 9 Abs. 2 Nr. 1 AGBG wirksam. Das in § 366 BGB normierte Bestimmungsrecht des Schuldners, das einen wesentlichen Grundgedanken dieser Vorschrift darstellt,[637] wird nicht verdrängt, da sich die „Tilgungsbestimmung des ausländischen Schuldners" durchsetzt.

Zahlungen auf ungedeckte Forderungen, die zur selben Zeit wie die garantierte/verbürgte Forderung oder später als diese fällig sind, werden nach der neuen Bestimmung bei Eintritt eines wirtschaftlichen Schadensfalles nach der Reihenfolge ihrer Fälligkeit angerechnet, es sei denn, nach den Umständen des Einzelfalles ist auszuschließen, daß der Deckungsnehmer auf die Tilgungsbestimmung der Zahlung Einfluß genommen hat.[638] Auch hier sind Bedenken gegen die Wirksamkeit der Vorschrift nicht angebracht. Der Regelfall wird sein, daß eine Einflußnahme des Deckungsnehmers auf die Tilgungsbestimmung des Schuldners auszuschließen ist. Dann aber gilt die gleiche Anrechnungsregelung wie bei Zahlungen vor Eintritt des Garantie-/Bürgschaftsfalles. Läßt sich eine solche Einflußnahme des Deckungsnehmers nicht ausschließen, so muß dem Bund ein Schutz vor eventuellen Manipulationen zwischen Exporteur und ausländischem Schuldner zugebilligt werden. Eine unangemessene Benachteiligung des Garantie-/Bürgschaftsnehmers gem. § 9 AGBG ist hierin jedenfalls nicht zu erkennen.[639] Bei Uneinbringlichkeit der Forderung aus politischen Gründen bleibt bei derartigen Zahlungen die Tilgungsbestimmung des ausländischen Schuldners ohnehin maßgeblich.[640]

Sobald der Deckungsnehmer alle für die Prüfung und Berechnung der Entschädigung erforderlichen Angaben und Unterlagen eingereicht hat,

635 § 7 Abs. 1 Nr. 1 AllgBed-AG/AB; § 7 Abs. 1 Nr. 1 AllgBed geb. FKG/geb. FKB.

636 Im Ergebnis so auch von Westphalen, ZIP 1986, S. 1510, der der Vorschrift des § 7 Abs. 1 Nr. 1 AllgBed-AG/AB jedoch eine gewisse Ungereimtheit konstatiert.

637 BGHZ 91, 375, 379 f.

638 § 7 Abs. 1 Nr. 2 AllgBed-AG/AB; § 7 Abs. 1 Nr. 2 AllgBed geb. FKG/geb. FKB.

639 Anderer Auffassung von Westphalen, ZIP 1986, S. 1510.

640 § 7 Abs. 1 Nr. 2 AllgBed-AG/AB; § 7 Abs. 1 Nr. 1 AllgBed geb. FKG/geb. FKB.

stellt der Bund innerhalb von zwei Monaten die Schadensberechnung auf.[641] Erkennt der Deckungsnehmer die Schadensberechnung an, so wird der Entschädigungsbetrag innerhalb eines Monats nach Bekanntgabe der Schadensberechnung ausgezahlt. Bei Ausfuhrrisikogarantien und -bürgschaften und bei Deckungen für gebundene Finanzkredite ist der Entschädigungsantrag nach jeweiliger dem Bund mitgeteilter Fälligkeit der gedeckten Forderung zu stellen.[642]

3. Forderungsübergang auf den Bund und Pflichten des Deckungsnehmers nach Entschädigung

Mit der Zahlung einer Entschädigung geht die Forderung des Deckungsnehmers mit allen Nebenrechten und Sicherheiten in Höhe der Entschädigung auf den Bund über.[643] Der Garantie-/Bürgschaftsnehmer hat auf Verlangen des Bundes die zum Übergang der Forderung und sonstigen Rechte etwa erforderlichen Rechtshandlungen vorzunehmen.

Auch nach Forderungsübergang bleibt der Deckungsnehmer verpflichtet, alle zur Einziehung der entschädigten Forderung und zur Verwertung von Sicherheiten geeigneten Maßnahmen durchzuführen; als geeignete Maßnahme gilt auch die Führung eines Rechtsstreites im Ausland.[644] Hierbei taucht die Frage auf, ob der Bund die Rückzahlung einer bereits gezahlten Entschädigung verlangen kann, wenn der Anspruch aus dem Exportgeschäft im Ausland von einem parteiischen oder korrupten Gericht verneint wird. In der Beweislastregelung der Allgemeinen Bedingungen[645] wird dem Deckungsnehmer ausdrücklich das Risiko des jeweils anwendbaren Rechts des Gerichtsstandes auferlegt. Diese Regelung kann auch für eine Rechtsverfolgung nach Entschädigungszahlung herangezogen werden, jedoch geht sie davon aus, daß die jeweiligen ausländischen Gesetze korrekt angewendet werden – was in gewissen Ländern ohnehin zu Überraschungen führen kann. Da das Risiko der Rechtsbeugung in den Allgemeinen Bedingungen

---

641 § 7 Abs. 5 AllgBed-FG/FB;§ 7 Abs. 3 AllgBed-AG/AB; § 7 Abs. 3 AllgBed geb. FKG/geb. FKB.

642 § 3 Abs. 2 AllgBed-AG/AB; § 3 Abs. 2 AllgBed geb. FKG/geb. FKB.

643 § 10 Abs. 1 AllgBed-AG/AB; § 11 Abs. 1 AllgBed-FG/FB; § 10 Abs. 1 AllgBed geb. FKG/geb. FKB.

644 § 11 Abs. 1 AllgBed-AG/AB; § 12 Abs. 1 AllgBed-FG/FB; § 11 Abs. 1 AllgBed geb. FKG/geb. FKB.

645 § 5 Abs. 2 AllgBed-AG/AB; § 5 Abs. 2 AllgBed-FG/FB; § 5 Abs. 2 AllgBed geb. FKG/geb. FKB.

keine Berücksichtigung gefunden hat, muß es der Deckungsnehmer selbst tragen. Es wäre sicherlich wünschenswert, das Risiko offensichtlicher und erweislicher Rechtsbeugung aufgrund seines hoheitlichen Charakters als politisches Risiko anzuerkennen,[646] doch steht der klare numerus clausus der in den Allgemeinen Bedingungen aufgezählten politischen Risiken einer derartigen Einordnung entgegen. Schwer vorstellbar ist allerdings, daß der Bund in einem offensichtlichen Fall der Rechtsbeugung tatsächlich die gezahlte Entschädigung zurückverlangt.

Der Garantie-/Bürgschaftsnehmer bleibt verpflichtet, alle Zahlungseingänge oder sonstige Leistungen des Schuldners oder dritter Personen anzuzeigen und die dem Bund zustehenden Beträge abzuführen.[647] Zur Überwachung derartiger Rückflüsse und zur Aufstellung einer endgültigen Schadensabrechnung ist der Bund berechtigt, Informationen vom Garantie-/ Bürgschaftsnehmer einzuholen und ihm etwaige Weisungen zu erteilen.

4. Umschuldungen

Die sogenannten Umschuldungen stellen einen Sonderfall des Entschädigungsverfahrens und der Rückflußregelung bei politisch bedingten Schadensfällen dar.[648] Nach dem Haushaltsgesetz ist der Bundesminister der Finanzen ermächtigt, Haushaltsmittel auch für Umschuldungen im Außenwirtschaftsverkehr einzusetzen, soweit hiervon Forderungen deutscher Gläubiger betroffen sind, für die eine Bundesdeckung besteht.[649]

Der Begriff „Umschuldung" ist weder im Haushaltsgesetz noch in anderen Gesetzen definiert; Richtlinien für Umschuldungsmaßnahmen existieren nicht. Im Rahmen der Bundesdeckungen lassen sich Umschuldungen als Maßnahmen bezeichnen, mit denen durch Vereinbarungen von Regierung zu Regierung Zahlungs- und/oder Transferverpflichtungen ausländischer Staa-

---

646 So Heymann-Horn, § 349, Rdnr. 107, der das Risiko offensichtlicher und erweislicher Rechtsbewegung als einen Sonderfall des politischen Risikos qualifiziert.

647 § 8 Abs. 1 AllgBed-AG/AB; § 8 Abs. 2 AllgBed-FG/FB; § 8 Abs. 2 AllgBed geb. FKG/geb. FKB.

648 Schallehn/Stolzenburg, Abschnitt X., tz. 97. Zu den insoweit auftretenden allgemeinen Rechts- und Bewertungsfragen siehe Horn, Rechtsfragen internationaler Umschuldungen, WM 1984, S. 713 ff.; Dielmann, Teilwertberichtigungen auf Bankkredite bei internationalen Umschuldungen, RIW 1984, S. 460 ff.

649 § 8 Abs. 1 Nr. 1c und Nr. 2b Haushaltsgesetz 1992.

ten aus Exportgeschäften deutscher Exporteure mit Abnehmern in den jeweils betroffenen Staaten für bestimmte Perioden gestundet und in neue Fälligkeiten umgewandelt werden, wobei Umschuldungsmaßnahmen häufig auch gedeckte Forderungen aus gebundenen Finanzkrediten oder direkte Forderungen der Bundesrepublik z.B. aus Kapitalhilfekrediten betreffen.[650] Legt man einen internationalen Maßstab an, so entspricht der in der Terminologie der Bundesdeckungen verwendete Begriff der Umschuldungen anderen Bezeichnungen wie „Konsolidierung", „Restrukturierung", im Englischen insbesondere „rescheduling"[651] und im weitesten Sinne auch „Prolongation".[652]

Die Kompetenz des Bundes, Umschuldungsvereinbarungen abzuschließen, die auch im Innenverhältnis, also zwischen Bund und Exporteur wirksam sind, ergibt sich nun aus den jeweiligen Allgemeinen Bedingungen. Darin heißt es ausdrücklich, daß der Bund berechtigt ist, über die gedeckte Forderung einschließlich der Selbstbeteiligung des Exporteurs Umschuldungsvereinbarungen abzuschließen.[653] Bis zur Neuregelung der Allgemeinen Bedingungen wurde in jeden Deckungsantrag eine sog. Umschuldungsklausel aufgenommen, die nach Unterschrift des Exporteurs die entsprechende Legitimation des Bundes darstellte.[654]

Da die jeweiligen Allgemeinen Bedingungen Bestandteil des zwischen Bund und Deckungsnehmer geschlossenen Vertrages werden, erteilt der Deckungsnehmer – wie früher durch Unterzeichnung der sog. Umschuldungsklausel – bereits im Vorwege für das zur Deckung beantragte Geschäft dem Bund die Ermächtigung, verbindliche Umschuldungsverhandlungen zu führen. Diese bereits vorweg erteilte Ermächtigung ist aus folgenden Erwägungen sinnvoll und nützlich:

Gerät ein Schuldnerland in Transfer- und Zahlungsschwierigkeiten, so werden häufig Maßnahmen zur Devisenbewirtschaftung ergriffen. Diese führen wiederum dazu, daß Exporteure und Banken gegen den ausländischen Schuldner ihre Forderungen nicht mehr zivilrechtlich durchsetzen können, weil für den Schuldner ein Fall der nicht zu vertretenden Unmög-

---

650 Seit 1950 sind von der Bundesrepublik Deutschland mehr als 120 Umschuldungsabkommen mit verschiedenen Staaten geschlossen worden.

651 Siehe hierzu Kohler, Private Banks and the Renegotiation of Public and Private Sector Exposure, in: Norbert Horn (ed.), Adaptation and Renegotiation of Contracts in International Trade and Finance, S. 329 ff.

652 Schallehn/Stolzenburg, Abschnitt X., Tz. 99.

653 § 14 Abs. 1 AllgBed-AG/AB; § 14 Abs. 1 AllgBed geb. FKG/ geb. FKB.

654 Siehe die bei Schallehn/Stolzenburg, Abschnitt X., Tz. 100 abgedruckte Umschuldungsklausel.

lichkeit – zumindest für einen nicht überschaubaren Zeitraum – gegeben ist, der zur Leistungsverweigerung berechtigt und Schadensersatzansprüche wie z.B. Verzugszinsen ausschließt.[655] Entschließt sich der Schuldner zur Einzahlung in Landeswährung, so kann sogar Erfüllungswirkung eintreten, wenn nach den jeweiligen Landesgesetzen durch entsprechende Zahlungen schuldbefreiende Wirkung eintritt.[656] Zur Regelung derartiger Situationen, die die vertraglichen Rechte der Exporteure und Banken und nach Übergang der Forderung auch die Rechte des Bundes beeinträchtigen, werden Umschuldungsvereinbarungen getroffen, durch die der Bund auf bilateraler Ebene ein „Auftauen" der „eingefrorenen" Forderung bewirken kann.[657] Dies geschieht derart, daß der Bund völkerrechtliche Verhandlungen mit der Regierung des jeweiligen Schuldnerlandes aufnimmt und die Aufhebung derjenigen Devisenbewirtschaftungsmaßnahme zu erreichen versucht, die den Schuldner bis dahin an der ordnungsgemäßen Vertragserfüllung hinderte.

Vor Abschluß eines bilateralen Regierungsabkommens wird jede Umschuldung von staatlich gedeckten Forderungen im sog. „Pariser Club" zur Verhandlung gestellt.[658] Der Pariser Club ist eine nicht institutionalisierte Zusammenarbeit der wichtigsten OECD-Länder, die seit Mitte der fünfziger Jahre unter Vorsitz des französischen Finanzministeriums ihre Vorgehensweise bei Umschuldungsmaßnahmen koordinieren.[659] Hauptaufgabe des Pariser Clubs ist es, die Notwendigkeit von Umschuldungen zu prüfen und für

---

655 Kühn/Rotthege, Inanspruchnahme des deutschen Bürgen bei Devisensperre im Lande des Schuldners, NJW 1983, S. 1233 ff.; vgl. auch Guth, Das internationale Finanzsystem in der Stabilisierungskrise, S. 11 ff.

656 Schallehn/Stolzenburg, Abschnitt X., Tz. 100.

657 Zu den Auswirkungen der internationalen Schuldenkrise auf die staatlichen Exportkreditversicherungen, vor allem der bundesdeutschen, siehe Arendt, Hermes-gedeckte Umfinanzierung von Moratorien?, Kreditwesen 1987, S. 228 ff.

658 Kohler, Private Banks and the Renegotiation of Public and Private Sector Exposure, in: Norbert Horn (ed.), Adaptation and Renegotiation of Contracts in International Trade and Finance, S. 323; Horn, Rechtsfragen internationaler Umschuldungen, WM 1984, S. 713; siehe auch Horn, The Crisis of International Lending and Legal Aspects of Crisis Management, in: Norbert Horn (ed.), Adaptation and Renegotiation of Contracts in International Trade and Finance, S. 300 ff.; Storck, Umschuldungen im Euromarkt, Die Bank 1983, S. 306 ff.; Dorscheid, Export Credit Insurance and its International Coordination, in: Horn (Hrsg.), The Law of International Trade Finance, S. 589 f.

659 Horn, Rechtsfragen internationaler Umschuldungen, WM 1984, S. 713, Kohler, a.a.O., S. 323.

das Schuldnerland annehmbare Umschuldungskonditionen auszuhandeln, welche von allen Gläubigerländern getragen werden. Das Verhandlungsergebnis wird unter Berücksichtigung der auf eine Analyse der jeweiligen wirtschaftlichen und finanziellen Situation des Schuldnerlandes beruhenden Vorschläge des Internationalen Währungsfonds, der Weltbank und zuweilen auch der UNCTAD erreicht.[660] Der Pariser Club verlangt regelmäßig vom Schuldnerland, daß es ein Abkommen mit dem Internationalen Währungsfonds über eine finanzielle Beteiligung (Stand by-Abkommen) schließt, die mit wirtschaftspolitischen Auflagen verbunden ist und so einen reibungslosen Umschuldungsablauf gewährleisten soll.[661] Bei den Verhandlungen wird ein Konsolidierungszeitraum festgelegt, der normalerweise ein bis zwei Jahre vorsieht.

Die in den Allgemeinen Bedingungen dem Bund eingeräumten Umschuldungsrechte beziehen sich auch auf nicht garantierte/verbürgte Nebenforderungen und nicht garantierte/verbürgte Teile nur teilweise gedeckter Forderungen.[662] Der Deckungsnehmer muß ferner die Regelungen der Umschul-

---

660 Zur Organisation und zu den Aufgaben dieser Institution siehe Dolzer, International Agencies for the Formulation of Transnational Economic Law, in: Norbert Horn / Clive Schmitthoff (eds.), The Transnational Law of International Commercial Transaction, S. 61 ff.; Paatii Ofosu-Amaah, The World Bank – Legal Aspects of its Recent Lending Activities, in: Norbert Horn / Clive Schmitthoff (eds.), The Transnational Law of International Commercial Transactions, S. 305 ff.; zur Darlehenstätigkeit der Weltbank siehe Stockmayer, Projektfinanzierung und Kreditsicherung, S. 22 ff.; Matzel, Die Sicherung von Weltbankkrediten unter besonderer Berücksichtigung der Kapitalkraft der Mitgliedsländer, S. 52 ff.; Delaume, Legal Aspects of International Lending and Economic Development Financing, S. 35 ff.

661 Zu den allgemeinen Kreditvereinbarungen des Internationalen Währungsfonds siehe Gold, The General Arrangement to Borrow of the International Monetary Fund, in: Engels/ Gutowski/Wallich (eds.), International Capital Movements, Debt and Monetary System, S. 135 ff.; siehe auch Kloten, Notenbanken und Internationaler Währungsfonds: Ihre Kompetenzen und die Implikationen, in: Engels/Gutowski/ Wallich (eds.), International Capital Movements, Debt and Monetary System, S. 235 ff.; Friedmann, A Longer Run View of Defense of Development and the International Monetary Fund, in: Engels/Gutowski/Wallich (eds.), International Capital Movements, Debt and Monetary System, S. 85 ff.

662 § 14 Abs. 1 AllgBed-AG/AB; § 14 Abs. 1 AllgBed geb. FKG/ geb. FKB.

dungsvereinbarung gegen sich gelten lassen hinsichtlich der in dem Umschuldungsabkommen getroffenen Verzinsung und Wechselkurse der Fremdwährungen.[663]

Die Entschädigungsansprüche des Deckungsnehmers bleiben von der Umschuldung unberührt, weil der Bund vor Abschluß der Umschuldungsvereinbarung seine Bereitschaft zur Entschädigung erklären muß.[664] Das Umschuldungsverfahren tritt also nicht an die Stelle des normalen Entschädigungsverfahrens, sondern schafft gewisse verfahrensmäßige Erleichterungen für Entschädigung und Rückflußregelung.[665]

§ 18 Rechtsform der Bundesdeckungen

I. Öffentlich-rechtliche Begründung und privatrechtlicher Vollzug des Gewährleistungsvertrages

Der Gewährleistungsvertrag zwischen dem Exporteur bzw. der Bank und dem Bund kommt nach den „Richtlinien für die Übernahme von Ausfuhrgewährleistungen" in einem zweistufigen Verfahren zustande.[666] Am Anfang steht die positive Entscheidung des Interministeriellen Ausschusses über den Antrag auf Indeckungnahme eines Exportgeschäftes. Die Übernahmeentscheidung wird dem Antragsteller schriftlich mitgeteilt. Der Gewährleistungsanspruch selbst wird erst mit der Aushändigung der Haftungserklärung durch den Bund begründet,[667] in der auch die Vertragsmodalitäten festgelegt sind. Die Gliederung in „Übernahmeentscheidung" und „vertragliche Abwicklung" orientiert sich an der in der verwaltungsrechtlichen Literatur entwickelten und von der Rechtsprechung grundsätzlich anerkannten sog. Zwei-Stufen-Theorie.[668] Danach kann sich der Staat bei der Erbringung ein und derselben Leistung stufenweise mehrerer Handlungsformen bedienen, indem er zunächst über die Bewilligung der Leistung durch Verwaltungsakt,

663 § 14 Abs. 3 und Abs. 4 AllgBed-AG/AB; § 14 Abs. 3 und Abs. 4 AllgBed geb. FKG/geb. FKB.

664 § 14 Abs. 2 AllgBed-AG/AB; § 14 Abs. 2 AllgBed geb. FKG/ geb. FKB.

665 Schallehn/Stolzenburg, Abschnitt X., Tz. 126.

666 Abschnitt I. Ziff. 4 und Abschnitt II. Ziff. 5 der Richtlinien.

667 Abschnitt II. Ziff. 5.2 der Richtlinien.

668 Nachweise bei von Zezchwitz, Rechtsstaatliche prozessuale Probleme des Verwaltungsprivatrechts, NJW 1983, S. 1876, Fn. 26.

also hoheitlich entscheidet, und dann über die Leistungsabwicklung mit dem Begünstigten einen privatrechtlichen Vertrag schließt.[669]

1. *Entscheidung als Verwaltungsakt*

Über die Qualifizierung der Übernahmeentscheidung als Verwaltungsakt i.S. des Verwaltungsverfahrensgesetzes bestehen keine Zweifel.[670] Der Interministerielle Ausschuß ist „Behörde" gem. § 35 VwVfG, da er als Verwaltungsverbund[671] – bestehend aus Mitgliedern verschiedener Bundesministerien – innerhalb der ihm zugewiesenen Kompetenzen Verwaltungsakte erlassen kann.[672] Mit seinen Bescheiden an die Antragsteller legt der Interministerielle Ausschuß einseitig fest, ob eine Bundesdeckung zu gewähren oder zu versagen ist, und trifft damit die „Regelung eines Einzelfalles".

Die Entscheidung erfolgt „auf dem Gebiet des öffentlichen Rechts", weil der Interministerielle Ausschuß spezifische Verwaltungsaufgaben wahrnimmt, wenn er über die „Förderungswürdigkeit" eines Exportgeschäftes und das „besondere staatliche Interesse" hieran entscheidet.

2. *Durchführung in privatrechtlicher Form*

Mit der Bewertung der Bewilligung oder Versagung der Bundesdeckung als Verwaltungsakt ist noch nichts über die Bewertung des Vollzugsgeschäfts gesagt. Sofern gesetzlich nichts anderes bestimmt ist, steht es dem Staat hinsichtlich des Leistungsvollzuges frei, mit dem Begünstigten entweder einen öffentlich-rechtlichen[673] oder einen privatrechtlichen Vertrag zu schlie-

---

669 Forsthoff, Lehrbuch des Verwaltungsrechts, Allgemeiner Teil, S. 197; Erichsen/Martens, Allgemeines Verwaltungsrecht, § 31.

670 Vgl. von Spiegel, a.a.O., S. 2006; Schallehn/Stolzenburg, Abschnitt I., Tz. 20 f.; Christopeit, a.a.O., S. 239 ff.

671 Wolff/Bachof, Verwaltungsrecht I, § 77 V.

672 Christopeit, a.a.O., S. 243 f.

673 Wenn sich ein öffentlich-rechtlicher Vertrag anschließt, handelt es sich allerdings nicht um Zweistufigkeit im Sinne der Zwei-Stufen-Theorie; vgl. BVerwGE 1, 308 ff.; Ipsen, Rechtsfragen der Investitionshilfe, Archiv des Öffentlichen Rechts, Band 78, S. 461, 498, 602; Wallerath, Allgemeines Verwaltungsrecht, § 2 II 2a.

ßen.[674] Der Gewährleistungsvertrag ist eindeutig dem privaten Recht zuzuordnen. Dies läßt sich anhand folgender Gesichtspunkte aufzeigen:

- Der Exporteur bzw. die Bank hat nach den Richtlinien und den Allgemeinen Bedingungen als Gegenleistung „Deckungsentgelte" zu zahlen.[675] „Entgelt" steht als Terminus des Privatrechts im Gegensatz zur öffentlichrechtlichen „Gebühr".
- Die Entgeltsätze sollen so bemessen sein, „daß sich das Deckungsinstrument auf langer Sicht selbst trägt".[676] Die Ausfuhrgewährleistungen des Bundes sind folglich nicht als Zuwendungen (Subventionen) konzipiert, die zwar theoretisch auch privatrechtlich durchgeführt werden können, in aller Regel jedoch nur ein Träger öffentlicher Verwaltung gewährt. Die Ausfuhrgewährleistungen beinhalten vielmehr dem Massenprinzip des Versicherungsgeschäfts[677] unterliegende Schuldrechtsbeziehungen, wie sie auch von einem privaten Unternehmen eingegangen werden können.
- Nach den Richtlinien sollen Ausfuhrdeckungen, die auf dem privaten Versicherungsmarkt allgemein in derselben Art und in demselben Umfang angeboten werden, nicht als Ausfuhrgewährleistungen übernommen werden.[678] Die Ausfuhrgewährleistungen des Bundes stellen somit eine Ergänzung der von dem privaten Versicherungsmarkt angebotenen Ausfuhrdeckungen dar; dafür, daß sie sich von diesen außer in Art und/oder Umfang des Deckungsgegenstandes auch in der rechtlichen Zuordnung unterscheiden, ist kein Grund ersichtlich.[679]
- Bei der Übernahme einer Ausfuhrgewährleistung müssen zunächst die Höhe der gedeckten Forderung oder des gedeckten Kreditbetrages bestimmt und dann die Herkunft der Lieferungen und Leistungen, die der gedeckten Forderung zugrunde liegen, geprüft werden. Das Geschäftsgebaren des Antragstellers und des ausländischen Käufers und die Einhaltung der dem Antragsteller obliegenden Pflichten sind zu überwachen. Im Falle einer Schadensmeldung ist zu prüfen, ob der Schaden auf eines der

---

674 Zu dieser Wahlfreiheit der öffentlichen Verwaltung vgl. Lange, Die Abgrenzung von öffentlich-rechtlichem und privatrechtlichem Vertrag, S. 500 m.w.N. dort Fn. 5.

675 Abschnitt II Ziff. 6.1 der Richtlinien für die Übernahme von Ausfuhrgewährleistungen vom 30. Dezember 1983.

676 Abschnitt II Ziff. 6.1 der Richtlinien für die Übernahme von Ausfuhrgewährleistungen vom 30. Dezember 1983.

677 Prölss-Martin, Versicherungsvertragsrecht, Vorb. II 1 und § 1 Anm. 1B.

678 Abschnitt I Ziff. 1.2 der Richtlinien für die Übernahme von Ausfuhrgewährleistungen vom 30. Dezember 1983.

679 Von Spiegel, a.a.O., S. 2007.

gedeckten Risiken zurückzuführen ist und ob die Karenzzeiten abgelaufen sind. Schließlich muß die Höhe der Entschädigung berechnet und eine entsprechende Schadensbegleichung vorgenommen werden. Hierbei handelt es sich ausschließlich um kaufmännische Angelegenheiten, um Aufgaben also, die Private wahrnehmen können.[680] Von einer typischen Verwaltungsaufgabe, die ein Indiz für die Zuordnung des Gewährleistungsvertrages zum öffentlichen Recht darstellen würde, kann somit nicht gesprochen werden.

3. Auswirkungen der Zweistufigkeit

Die Zweistufigkeit der Rechtsbeziehungen wirkt sich auf das Rechtsverhältnis zwischen Staat und Bürger – hier Exporteur bzw. Bank – konkret aus. In der ersten, verwaltungsrechtlichen Stufe sind die Bundesministerien an das Verwaltungsverfahrensgesetz vom 25. Mai 1976 und an alle sonstigen allgemein anerkannten Grundsätze des Verwaltunngshandels gebunden, wie z.B. die Gleichbehandlung, die Ausübung pflichtgemäßen Ermessens, den Vertrauensschutz des Bürgers, die Verhältnismäßigkeit bei Eingriffen usw.[681] So ist der Bund nicht berechtigt, „unnötig harte"[682] oder „unverhältnismäßige"[683] Anforderungen an die Bonität des ausländischen Kunden oder die Zahlungsbedingungen zu stellen, darf also einem Deckungsantrag nicht „aus einer offenbaren Unbilligkeit"[684] ablehnen. Unzulässig und damit willkürlich und mißbräuchlich wäre es, wenn der Bund bei der Ablehnung einzelner Deckungsanträge von der bisherigen Verwaltungsübung ohne sachlichen Grund abweichen würde.

In diesem Zusammenhang stellt sich die Frage, ob ein genereller Anspruch auf Gewährung einer Bundesdeckung besteht. Nach den Richtlinien haben der Exporteur und die Bank, die eine Bundesdeckung gewähren, keinen Anspruch darauf, daß ihrem Deckungsantrag gefolgt wird und der Bund ihnen eine Deckung gewährt. Dieser Aussage ist insofern zuzustimmen, als die Entscheidung über den Deckungsantrag ein „ermessensfreier" Verwaltungsakt ist, so daß der Bund die Übernahme einer Deckung bei Vorliegen besonderer Gründe auch ablehnen darf. Aus Art. 3 Abs. 1 GG ergibt sich ein

680 Christopeit, a.a.O., S. 258.

681 Hierzu siehe Forsthoff, a.a.O., § 11.

682 Vgl.Eyermann/Fröhler, Verwaltungsgerichtsordnung, Rdnr. 16 ff. zu § 114.

683 Vgl.Eyermann/Fröhler, a.a.O., Rdnr. 16 ff. zu § 114.

684 Vgl. OVG Hamburg in MDR 1949, S. 315.

Anspruch des Bürgers auf Gleichbehandlung durch die Verwaltung. Der einzelne Bürger kann aus dieser Vorschrift nicht die Leistung selbst begehren, er kann aber verlangen, daß sie nicht willkürlich versagt wird.[685] Das Recht des Bürgers auf Gleichbehandlung durch die Verwaltung stellt also ein Recht auf fehlerfreien Ermessensgebrauch dar.[686] Es gibt dem Exporteur bzw. der Bank zunächst nur den Anspruch, daß über den gestellten Deckungsantrag nicht fehlerhaft entschieden wird. Ein formeller Rechtsanspruch auf eine Bundesdeckung entsteht erst, wenn kein zulässiger Grund gegeben ist, der den Bund zur Ablehnung des Antrages berechtigen würde:[687] Der Bund ist dann verpflichtet, dem Antragsteller eine Deckungszusage zu erteilen, da die Ablehnung des Antrages „aus keinem sachlichen Grunde zu rechtfertigen" wäre.[688]

Aus der Zweistufigkeit folgt weiter, daß die Parteien vom Abschluß des Deckungsvertrages an ihr Rechtsverhältnis „ausschließlich auf privatrechtliche Grundlage gestellt haben"[689] und damit für hoheitliche Einwirkungen auf den Deckungsvertrag kein Raum mehr ist. Sämtliche Entscheidungen, die der Bund vom Zeitpunkt der Aushändigung der Haftungsurkunde an trifft, sind nach bürgerlichem Recht zu beurteilen. Der Bund kann von den vertraglich vereinbarten Rechten rechtswirksam nur Gebrauch machen, wenn er hierzu privatrechtlich legitimiert ist und kann eine Änderung des Gewährleistungsvertrages nur mit privatrechtlichen Mitteln erreichen.[690]

II. Vertragstyp der bundesdeutschen Gewährleistungen

Die rechtliche Einordnung der vom Bund für Ausfuhrgeschäfte übernommenen Gewährleistungen ist zwar nicht von erheblicher praktischer Bedeutung,[691] da die Vertragsbeziehungen zwischen Bund und Exporteur bzw. Bank durch die Allgemeinen Bedingungen weitgehend geregelt sind.[692] Doch ist es nicht zutreffend, daß die einzelnen Bestimmungen des Sicherungsvertrages durch die verschiedenen Allgemeinen Bedingungen eine „er-

685 BVerfGE 3, 10.

686 Christopeit, a.a.O., S. 276.

687 Christopeit, a.a.O., S. 276.

688 Wolff, Verwaltungsrecht I, § 43 IIIb.

689 BGH NJW 1964, 197.

690 Christopeit, a.a.O., S. 227.

691 So aber Christopeit, a.a.O., S. 263.

692 Schallehn/Stolzenburg, Abschnitt II., Tz. 1.

schöpfende" Regelung erfahren[693] und somit die Feststellung des Vertragstyps der Bundesdeckungen dahinstehen kann.[694] Hieran hat sich durch die Überarbeitung und Neufassung der Allgemeinen Bedingungen im Jahre 1986 nichts geändert. Es gibt Grenzfälle, in denen Bedingungen unter übergeordneten Gesichtspunkten zu interpretieren oder Regelungslücken auszufüllen sind.[695]

Von praktischer Bedeutung ist die Feststellung des Vertragstyps auch für die Frage der Abhängigkeit der staatlichen Haftung vom Bestand der Forderung des Garantie- bzw. Bürgschaftsnehmers.[696] Fraglich ist hier u.a., ob die Bundesrepublik als Deckungsgeber die dem ausländischen Schuldner gegen die Forderung des deutschen Deckungsnehmers zustehenden Einreden geltend machen kann. Die eindeutige Bestimmung des Vertragstyps gibt ferner Aufschluß darüber, ob bei der Abwicklung der Bundesdeckungen das Versicherungsvertragsgesetz Anwendung findet oder nicht.

Aus der Terminologie läßt sich für die Bestimmung des Vertragstyps der Bundesdeckungen wenig herleiten. Wie oben gezeigt, hat die Unterscheidung in Bürgschaften und Garantien historische Gründe, ein Rückschluß auf die zivilrechtliche Natur des Vertrages kann hieraus nicht gezogen werden. Wichtig ist, daß man eine einheitliche Rechtsfigur für die Ausfuhrgewährleistungen des Bundes zu suchen hat, da die Substanz der Allgemeinen Bedingungen für Bürgschaften und Garantien gleich ist.

Das Rechtsverhältnis zwischen der Bundesrepublik und dem Exporteur oder der Bank stellt sich als ein Vertrag dar, der die Sicherheit des Exporteurs oder der Bank dadurch zu erreichen versucht, daß sich die Bundesrepublik zur Erfüllung der Verbindlichkeiten des ausländischen Vertragspartners verpflichtet, falls dieser seiner Leistungspflicht nicht nachkommt.[697] Die Bundesrepublik tritt also für eine fremde Verbindlichkeit ein.

1. Mögliche Vertragstypen

Die Bundesdeckungen gehören zu dem Gebiet der Interzessionen, d.h. es handelt sich um Verträge, die einem Vertragspartner zum Eintreten für oder in eine fremde Verbindlichkeit verpflichten.[698] Es kommen zunächst die ku-

693 So aber Reuter, a.a.O., S. 176.

694 Graf von Westphalen, ZIP 1986, S. 1498.

695 Schallehn/Stolzenburg, Abschnitt II., Tz. 1.

696 Christopeit, a.a.O., S. 264.

697 Christopeit, a.a.O., S. 264.

mulative oder privative Schuldübernahme in Betracht. Bei der nicht im Gesetz geregelten kumulativen Schuldübernahme (Schuldmitübernahme, Schuldbeitritt) verpflichtet sich der Übernehmer neben dem bisherigen Schuldner für dieselbe Schuld als Gesamtschuldner.[699] Bei der (befreienden) privativen Schuldübernahme scheidet der Erstschuldner aus dem Schuldverhältnis aus; der Gläubiger kann sich nur noch an den Übernehmer halten (§ 414 BGB).

Die Gewährleistungen des Bundes sind weder kumulative noch privative Schuldübernahmen. Nach den Allgemeinen Bedingungen für Bürgschaften und Garantien tritt die Bundesrepublik der Schuld des ausländischen Schuldners nicht derart bei, daß sich der Deckungsnehmer wahlweise an den ausländischen Kunden oder die Bundesrepublik halten könnte. Auch soll der ausländische Vertragspartner nicht aus seiner Erfüllungspflicht in der Weise entlassen werden, daß der Garantie- bzw. Bürgschaftsnehmer von vornherein die Bundesrepublik in Anspruch nehmen kann. Die Bundesdeckungen sind vertraglich vielmehr so ausgestaltet, daß zwischen der Bundesrepublik und dem Deckungsnehmer eine zweite Verpflichtung begründet wird, bei der der haftende Staat nicht Schuldner der Urschuld, sondern Schuldner einer neuen (sekundären) Schuld wird.[700]

Da die Vertragspartner eine zweite Verpflichtung begründen, kommen somit als mögliche Vertragstypen der Bundesdeckungen die Bürgschaft, der Garantievertrag und der Versicherungsvertrag in Betracht.

2. *Abgrenzung zur Bürgschaft, zum Garantievertrag und zum Versicherungsvertrag*

a. Unterschiede zur Bürgschaft gem. §§ 765 ff. BGB

Durch den Bürgschaftsvertrag verpflichtet sich der Bürge gegenüber dem Gläubiger eines Dritten, „für die Erfüllung der Verbindlichkeiten des Dritten einzustehen" (§ 765 Abs. 1 BGB). Die Verpflichtung des Bürgen ist, wie in ihrer Entstehung, so in ihrem Inhalt und Fortbestand von der des Hauptschuldners abhängig; sie ist ihr gegenüber akzessorisch.[701] Die Bürgschaft

698 Vgl. Staudinger-Horn, Vorbem. zu §§ 765-778, Rdnr. 1.

699 Zeiss in Soergel/Siebert, Rdnr. 5 vor § 414; Erman-Westermann, Anm. 6 ff. vor § 414; BGH WM 1965, 361.

700 Glotzbach, a.a.O., S. 71.

701 Larenz, a.a.O., S. 417.

erlischt dann, wenn die Hauptschuld zum Erlöschen gebracht wird.[702] Aufgrund des Prinzips der Akzessorietät stehen dem Bürgen die Einreden und Einwendungen des Hauptschuldners gegenüber dem Gläubiger gem. § 768 BGB zu. Nach § 770 BGB hat der Bürge folglich ein Leistungsverweigerungsrecht, als der Hauptschuldner das Recht hat, das seinem Vertrag zugrunde liegende Rechtsgeschäft gegenüber dem Bürgen anzufechten. Entsprechend kann sich der Gläubiger durch Aufrechnung gegen eine fällige Forderung des Hauptschuldners befriedigen. Diese Leistungsverweigerungsrechte sind Ausdruck des Grundsatzes der Akzessorietät, der für das gesamte Bürgschaftsrecht typisch ist. Kennzeichnend ist weiter, daß sich der Bürge mit Erfolg darauf berufen kann, wenn und soweit die Verpflichtung des Schuldners aus dem Hauptvertrag nicht entstanden oder erloschen ist (§§ 765, 767 BGB). Auch ist es dem Bürgen gem. § 768 BGB gestattet, die Einrede der Verjährung gegenüber dem Gläubiger zu erheben.[703]

Sämtliche diese Merkmale finden sich bei der Bundesdeckung nicht. Vor allem ist sie nicht streng akzessorisch,[704] da ihr Gegenstand die Absicherung der sachlichen Gefährdung der Exportforderung ist. Die Bundesdeckung soll dem deutschen Exporteur seine Geldforderung gegenüber dem ausländischen Schuldner bei Vorliegen ganz bestimmter Tatbestände gewährleisten, wobei sich der Exporteur einen im einzelnen festgelegten Selbstbehalt abziehen lassen muß.[705] Bei der Bürgschaft gem. § 765 ff. BGB steht hingegen das Eintreten für die Persönlichkeit des Hauptschuldners im Vordergrund;[706] sie ist typologisch und entsprechend ihrer Interessenlage „schuldnerbezogen".[707]

Die Leistung des Bürgen ist folglich stets Ersatz für die Nichterfüllung der Hauptpflicht des Schuldners. Demgegenüber stellt die Bundesdeckung nicht auf die Person des ausländischen Schuldners ab, sondern bezweckt die Absicherung einzelner bestimmter, über den Bereich des persönlichen Insol-

---

702 Palandt-Thomas, § 765, Anm. 3b.

703 Staudinger-Horn, § 768, Rdnr. 9.

704 Graf von Westphalen, Bilanzrechtliche Bewertung Hermes-gesicherter Auslandsforderungen, BB 1982, S. 713; vgl. auch Christopeit, a.a.O., S. 266 ff.; a.A. Heymann-Horn, § 349, Rdnr. 100, 107.

705 Graf von Westphalen, Bilanzrechtliche Bewertung Hermes-gesicherter Auslandsforderungen, BB 1982, S. 713; vgl. auch Nielsen, in: Bankrecht und Bankpraxis II, Fünfter Teil, Rdnr. 189.

706 Christopeit, a.a.O., S. 266 f.

707 Boetius, Der Garantievertrag, Diss. München 1966, S. 40; Graf von Westphalen, Die Bankgarantie im internationalen Handelsverkehr, S. 56.

venzrisikos des Schuldners hinausgehender Risiken wie z.B. Konvertierung, Transfer, Moratorium und Zahlungsverbot.[708]

Gegen die Annahme einer Bürgschaft spricht auch, daß der Bund ein gewichtiges Eigeninteresse am Zustandekommen von Auslandsgeschäften hat, er mithin „zur Förderung der deutschen Ausfuhr" tätig wird.[709] Aus der Bürgschaft ergibt sich auch keine allgemeine Sorgfaltspflicht des Gläubigers dahingehend, die Inanspruchnahme des Bürgen möglichst zu vermeiden.[710] Eine umfassende Interessenwahrung für den Bürgen durch den Gläubiger ist dem Bürgschaftsrecht fremd.[711] Diese vom Gesetz ermöglichte Gleichgültigkeit des Gläubigers gegenüber den Belangen des Bürgen akzeptiert der Bund bei der Übernahme von Gewährleistungen jedoch nicht.[712]

b. Unterschiede zum Garantievertrag

Der Garantievertrag ist das selbständige Versprechen, einem anderen dafür einzustehen, daß ein bestimmter tatsächlicher oder rechtlicher Erfolg eintritt oder die Gefahr eines bestimmten künftigen Schadens sich nicht verwirklicht.[713] Der grundsätzliche Unterschied zur Bürgschaft besteht darin, daß die Schuld des Gewährleistenden nicht nur vom Fortbestand, sondern manchmal sogar von der Entstehung der gesicherten Schuld unabhängig ist.[714]

Die Bundesdeckungen ähneln durchaus Garantien, die Banken gegen Entgelt für ihre Kunden übernehmen.[715] Doch ist eine Garantie im banküblichen Sinne nicht gegeben, weil dem Bund der Einwand der Unwirksamkeit des Grundgeschäfts zusteht und im Falle der Zahlung die gesicherte Forderung auf den Bund übergeht.[716]

---

708 Graf von Westphalen, Bilanzrechtliche Bewertung Hermes-gesicherter Auslandsforderungen, BB 1982, S. 713; ders., Rechtsprobleme der Exportfinanzierung, S. 402.

709 Schallehn/Stolzenburg, Abschnitt II., Tz. 2b.

710 Kaulbach, Die zivilrechtliche Einordnung der Ausfuhrgewährleistungen des Bundes, VersR 1985, S. 807.

711 Weitzel, Die Bürgschaft, JuS 1981, S. 114.

712 Vgl. § 15 Nr. 6 AllgBed-AG/AB.

713 Staudinger-Horn, Vorbem. zu §§ 765-778, Rdnr. 73; vgl. auch Esser-Weyers, Schuldrecht, Band 2, Besonderer Teil, § 40 V.4.

714 Palandt-Thomas, Einf. vor § 765, Anm. 3c; vgl. auch BGH NJW 1967, 1020.

715 Ebenso BGH WM 1962, 1053, für Hermes-Deckungen vor 1945, die allerdings nur bedingt vergleichbar sind.

716 Nielsen, in: Bankrecht und Bankpraxis II, Fünfter Teil, Rdnr. 189.

Der Unterschied zur Bankgarantie, welche auf „erstes Anfordern" zahlbar gestellt ist,[717] ist evident. Bei diesem Sicherungsmittel verspricht die Bank dem Begünstigten, auf dessen erste Anforderung hin Zahlung zu leisten, ohne den Nachweis für die Berechtigung der Inanspruchnahme zu verlangen und ohne jede Einwendung zu erheben.[718]

Die Gewährleistungen des Bundes sind jedoch keinesfalls abstrakte, vom Entstehen und Bestehen der Exportforderung unabhängige Verpflichtungen,[719] sondern vom Vorliegen bestimmter, in den Bedingungen im einzelnen bezeichneter Ereignisse abhängige Einstandsverpflichtungen des Bundes, die darauf ausgerichtet sind, dem deutschen Exporteur den Erhalt der versicherten Forderung zu gewährleisten.[720]

Gegen die Qualifizierung der Bundesdeckungen als Garantieverträge spricht auch, daß es sich bei letzteren um einseitig verpflichtende Verträge handelt, die eine Verpflichtung lediglich für den Garanten begründen.[721] Der Deckungsnehmer hat aber für die Übernahme der Deckung in jedem Fall ein von vornherein festgelegtes Entgelt an den Bund zu entrichten, was den zwischen Bund und Deckungsnehmer abgeschlossenen Vertrag zu einem zweiseitig verpflichtenden Vertrag werden läßt.

c. Unterschiede zum Versicherungsvertrag

Ein Versicherungsvertrag liegt vor, wenn der Versicherer gegen Entgelt für den Fall eines ungewissen Ereignisses bestimmte Leistungen übernimmt, wobei das übernommene Risiko auf eine Vielzahl durch die gleiche Gefahr bedrohter Personen verteilt wird und der Risikoübernahme eine auf dem Gesetz der großen Zahl beruhende Kalkulation zugrunde liegt.[722] Zur Abgrenzung der Bürgschaft und des Garntievertrages ist als subjektives Moment wichtig, daß der Kreditversicherer nicht für die Persönlichkeit des Schuldners einstehen (Bürgschaft) oder den Eintritt eines bestimmten rechtlichen oder tatsächlichen Erfolges gewährleisten (Garantievertrag), sondern die

---

717 Auch Bürgschaften können „auf erstes Anfordern" zahlbar gestellt werden, doch ändert dies nichts an der für eine Bürgschaft erforderliche Akzessorietät, die aus den genannten Gründen bei den Bundesdeckungen nicht vorliegt.

718 Dohm, Bankgarantien im Internationalen Handel, Rdnr. 33; vgl. auch von Westphalen, Die Bankgarantie im Internationalen Handelsverkehr, S. 145 ff.

719 Christopeit, a.a.O., S. 267 f.

720 Von Westphalen, Bilanzrechtliche Bewertung Hermes-gesicherter Auslandsforderungen, BB 1982, S. 713.

721 Glotzbach, a.a.O., S. 72.

722 BVerwG VersR 1980, 1013.

normale Abwicklung des Rechtsgeschäfts gegen Störungen durch Kreditgefahren sichern will.[723]

Aus dem Grundsatz der Selbsttragung, der in den Richtlinien für die Übernahme von Gewährleistungen formuliert ist, dem Streben nach einer möglichst großen Risikomischung und anderen „mit wesentlichen Grundgedanken der gesetzlichen Regelung" für Versicherungsverträge (Versicherungsvertragsgesetz) übereinstimmenden Ausgestaltungen der vertraglichen Beziehungen zwischen Bund und Deckungsnehmer, wird hergeleitet, daß es sich bei den Gewährleistungen des Bundes um Versicherungsverträge handele.[724]

Dem ist jedoch entgegenzuhalten, daß sich das Versicherungsvertragsgesetz auf kommerzielle Versicherer, die mit Gewinnerzielungsabsicht handeln und dem freien Markt ausgesetzt sind, bezieht.[725] Die zur Risikodeckung erforderlichen Mittel werden hier unter Berücksichtigung einer versicherungsmathematischen Kalkulation von einer Gefahrengemeinschaft[726] aufgebracht. Der Bund will weder am Markt und Wettbewerb teilnehmen, er will vielmehr fördern, noch handelt es sich bei den vom Bund erhobenen Entgelten um Prämien, die nach länderspezifischen Risikogruppen kalkuliert wären. Die Entgelte für „Bürgschaften" sind zwar niedriger als die für „Garantien". Innerhalb dieser Gruppen sind die Entgelte jedoch gleich, obwohl der Bund auch für ungewöhnlich große Einzelgeschäfte und für schwierige Märkte Risiken übernimmt. Von einer spezifischen Aufteilung eines Risikos unter den Beteiligten kann also nicht die Rede sein.[727]

Zu beachten ist vor allem, daß die vereinnahmten Entgelte dem Bundeshaushalt zufließen und mögliche Überschüsse nicht der Rücklagenbildung dienen[728], auch wenn die Entgelte so kalkuliert sind, daß damit die zu zahlenden Entschädigungen in etwa gedeckt sind. Die Leistungen im Schadensfall werden jedoch dem Bundeshaushalt entnommen. Der Bundeshaushalt ist also die Quelle der Schadensleistungen und nicht ein von den Prämien der Versicherten gebildeter Stock.[729]

---

723 Schnedelbach, Das Recht der Kreditversicherung, S. 8.

724 Kaulbach, a.a.O., S. 807 ff.

725 Schallehn/Stolzenburg, Abschnitt II., Tz. 2d.

726 Prölss/Martin, a.a.O., Vorbem. II 1; Bruck/Möller, Versicherungsvertragsgesetz, Anm. 3, 7, 8 zu § 1.

727 Schallehn/Stolzenburg, Abschnitt II., Tz. 2d; vgl. auch von Westphalen, Rechtsprobleme der Exportfinanzierung, S. 402 f.

728 Von Westphalen, Bilanzrechtliche Bewertung Hermes-gesicherter Auslandsforderungen, BB 1982, S. 713; Glotzbach, a.a.O., S. 72 f.

729 Christopeit, a.a.O., S. 267 f.

Für die rechtliche Einordnung der Bundesgewährleistungen ist ohne Bedeutung, daß der Mandatar des Bundes, die Hermes AG, als auch auf dem privaten Versicherungssektor tätige Gesellschaft selbst sehr wohl nach versicherungsmathematischen Grundsätzen und natürlich auch mit Gewinnerzielungsabsicht handelt, demzufolge ihren Aktionären bei positivem Geschäftsverlauf eine Dividende ausbezahlt.[730] Das Mandatsgeschäft für den Bund stellt für die Hermes AG nur einen Teil ihrer geschäftlichen Tätigkeit dar, für die sie vom Bund pro abgewickeltes Geschäft eine Bearbeitungsgebühr erhält. Der Bund bezahlt die Hermes AG also unabhängig vom Schadensverlauf eines in Deckung genommenen Ausfuhrgeschäftes, so daß Verluste des staatlichen Gewährleistungssystems die Hermes AG nicht treffen. Unter rechtlicher Wertung ist der Deckungsvertrag demzufolge auch nicht als Versicherungsvertrag zu qualifizieren.[731]

Es bleibt festzustellen, daß es sich bei den Bundesdeckungen weder um Bürgschafts- oder Garantieverträge noch um Versicherungsverträge handelt. Der Deckungsvertrag, der Bestandteile aller drei untersuchten Vertragstypen aufweist,[732] ist als Vertrag „sui generis" zu bewerten.[733] Auf Verträge dieser Art finden die Allgemeinen Vertragsvorschriften des BGB Anwendung,[734] die zur Ergänzung der Allgemeinen Bedingungen für die Übernahme von Bundesdeckungen herangezogen werden können.

§ 19 Der Rechtsweg bei den Bundesdeckungen

Die Zuordnung der Übernahmeentscheidung zum öffentlichen und des Gewährleistungsvertrages zum privaten Recht wirft die Frage des Rechtsweges auf. In den Allgemeinen Bedingungen ist jeweils in einer der letzten Bestimmungen der Gerichtsstand geregelt worden, wobei es heißt, daß für Streitigkeiten zwischen dem Bund und dem Deckungsnehmer aus der Garantie/Bürgschaft die ordentlichen Gerichte in Hamburg zuständig sind.[735] Die-

---

730 Für das Jahr 1990 zahlte die Hermes AG eine Dividende von 18% je Aktie aus; vgl. auch Hermes Kreditversicherungs-Ag, Geschäftsbericht 1990, S. 44.

731 Im Ergebnis so auch Stöcker, Bürgschaften und Garantien des Staates, S. 43 ff.

732 Vgl. Horn, Bürgschaften und Garantien, S. 121 f.

733 So auch Nielsen, Bankrecht und Bankpraxis II, Fünfter Teil, Rdnr. 189; Glotzbach, a.a.O., S. 73; Conrad, Bürgschaften und Garantien als Mittel der Wirtschaftspolitik, S. 21.

734 Vgl. Erman-Battes, Einl. § 305, Anm. 14 ff.; RG 126, 67.

735 Vgl. § 19 AllgBed-FG/FB.

se Bestimmung ist jedoch keine generelle Zuweisung an die Zivilgerichtsbarkeit, sondern besagt nur, daß ein Rechtsstreit bezüglich des Vollzugsgeschäftes entsprechend seiner privatrechtlichen Natur vor die Zivilgerichte gehört.[736] Aufgrund der Zweistufigkeit der Rechtsbeziehungen muß hinsichtlich des Rechtsweges zwischen den Verwaltungsakten des Interministeriellen Ausschusses und dem privatrechtlichen Vertrag unterschieden werden. Für Streitigkeiten, die aus der Übernahmeentscheidung resultieren, sind demnach die Verwaltungsgerichte zuständig.[737] Durch die den Gerichtsstand regelnde Bestimmung würde der Verwaltungsrechtsweg nur verschlossen sein, wenn sie Vorschrift eines Bundesgesetzes wäre, das alle Streitigkeiten aus den Rechtsbeziehungen, die zwischen Bund und Deckungsnehmer bestehen, den ordentlichen Gerichten zuweisen würde. Die Allgemeinen Bedingungen sind aber weder Gesetze im materiellen noch im formellen Sinne, sie sind ihrer Natur nach vielmehr den allgemeinen Geschäftsbedingungen des privaten Wirtschaftslebens gleichzusetzen.[738]

I. Ablehnung eines Deckungsantrages

Im Falle der Ablehnung eines Antrages auf Gewährung einer Bundesdekkung kommt als Klageart die Leistungsklage in Betracht, da der Antragsteller eine Leistung des Bundes begehrt. Als Unterart der Leistungsklage hat der Antragsteller sein Begehren in Form einer Verpflichtungsklage gem. § 42 Abs. 1 VwGO geltend zu machen.[739] Das in § 68 Abs. 2 VwGO vorgesehene Vorschaltverfahren wird nicht durchgeführt, da der den Verwaltungsakt erlassende Interministerielle Ausschuß eine Dienststelle von „obersten"

736 Vgl. Siebert, Privatrecht im Bereich öffentlicher Verwaltung, in: Festschrift für H. Niedermeyer, S. 238.

737 Vgl. §§ 13 GVG, 40 VwGO.

738 Vgl. Christopeit, a.a.O., S. 287; Graf von Westphalen, ZIP 1986, S. 1509 f.

739 So auch Zuleeg, Die Rechtsform der Subventionen, S. 83. Hierbei ist nicht erforderlich, daß der Antragsteller zur Aufhebung des ablehnenden Bescheids auch die Anfechtungsklage erhebt, da die Verpflichtungsklage – wie sich aus § 113 Abs. 4 VwGO ergibt – bei Begründetheit auch zur Aufhebung des ablehnenden Bescheids führt (Eyermann/Fröhler, a.a.O., § 42, Rdnr. 15).

Bundesbehörden (Bundesministerien) ist.[740] Das Verwaltungsgericht Köln ist das für den Sitz der Bundesministerien (Bonn) örtlich zuständige Gericht.[741]

II. Streitigkeiten über die Begründung und Abwicklung des Deckungsvertrages

Der Gewährleistungsvertrag kommt durch Aushändigung der Haftungsurkunde zustande.[742] Weigert sich der Bund, dem positiv beschiedenen Antragsteller die Haftungsurkunde auszuhändigen, so können der Exporteur oder die Bank Klage auf Abgabe einer Willenserklärung (Annahme des Vertragsangebots) erheben.[743] Die Verpflichtung zum Abschluß des Gewährleistungsvertrages ergibt sich aus dem vorangegangenen Verwaltungsakt, der die Verpflichtung des Bundes zum Vertragsabschluß festlegt.[744] Aufgrund der durch die Allgemeinen Bedingungen getroffenen Vereinbarung sind die ordentlichen Gerichte in Hamburg örtlich zuständig.[745]

Weigert sich der Bund zur Zahlung der Entschädigung, so kann der Dekkungsnehmer eine entsprechende Leistungsklage erheben. Falls der Dekkungsnehmer eine Deckungsbeschränkung des Bundes oder einen Rücktritt vom Vertrag für unzulässig hält, so kann er gem. § 256 ZPO auf Feststellung des Bestehens oder Nichtbestehens des Deckungsvertrages klagen. Die örtliche und sachliche Zuständigkeit für diese Klagen entspricht der bei der Leistungsklage auf Abschluß des Deckungsvertrages. Dieses ergibt sich für die Zahlungsklage aus der Anwendung der Zweistufentheorie i.V.m. den Allgemeinen Bedingungen und für die Feststellungsklagen aus dem zivilprozessualen Grundsatz, daß bei Feststellungsklagen der Gerichtsstand der entsprechenden Leistungsklage.gegeben ist.[746]

---

740 Vgl. Eyermann/Fröhler, a.a.O., § 52, Rdnr. 6 ff.

741 § 52 Ziff. 2 VwGO.

742 Siehe oben § 17 IV.

743 Christopeit, a.a.O., S. 288.

744 Henze, Verwaltungsrechtliche Probleme der staatlichen Finanzhilfe zugunsten Privater, S. 104 ff.

745 § 19 AllgBed-FG/FB; § 22 AllgBed-AG/AB.

746 Baumbach/Lauterbach/Albers/Hartmann, § 256, 4.A.; Stein-Jonas-Schumann, § 256, Rdnr. 101.

2. Kapitel
Die staatliche Exportkreditversicherung in Frankreich

§ 20 Geschichtliche Entwicklung

Wie in Deutschland so war auch in Frankreich die Inlandskreditversicherung Wegbereiter der Ausfuhrkreditversicherung. Die ersten privaten Gesellschaften wurden um die Mitte des 19. Jahrhunderts gegründet: die „Securité commerciale", der „Crédit commercial" und der „Ducroire".[1] Da die Geschäftspolitik dieser Gesellschaften darin bestand, Kaufleute gegen die Verluste infolge von Konkursen zweifelhafter Schuldner abzusichern, mußten sie ihre Tätigkeit bald einstellen.[2] Auch die in der Folgezeit gegründeten Gesellschaften „Assurance Commerciale" und „Assurance Mutuelle du Capital" scheiterten an ihrer verfehlten Geschäftspolitik.[3] Die Inlandskreditversicherung in Frankreich kam bis zum Ende des Ersten Weltkrieges über die beschriebenen Anläufe nicht hinaus; Ansätze zur Einführung einer Ausfuhrkreditversicherung sind bis zu diesem Zeitpunkt überhaupt noch nicht erkennbar.

Nach dem Ersten Weltkrieg erlebte die Inlandskreditversicherung mit einer Reihe von Gesellschaftsgründungen einen beachtlichen Aufschwung.[4] Die französischen Exporteure verlangten jetzt auch eine staatliche Intervention zur Errichtung einer Exportkreditversicherung,[5] wobei sie bereits auf ausländische Beispiele hinweisen konnten.[6] Zwar wurde eine besondere Kommission eingesetzt, die sich mit den Problemen einer Exportkreditversi-

---

1 De Mirimonde, L'Assurance-crédit, S. 10; Picard/Besson, Traité général des assurances terrestres en droit français, tome III., assurances de choses, assurances de responsabilité, S. 251.

2 Vgl. Richard, Histoire des institutions d'assurance en France, S. 214 ff.

3 Glotzbach, a.a.O., S. 76.

4 Vgl. Picard/Besson, a.a.O., S. 251

5 Richard, a.a.O., S. 215.

6 Z.B. Großbritannien, vgl. Perder, Die staatliche Ausfuhrkreditversicherung, S. 33 ff.

cherung befaßte; die Arbeit dieser Kommission führte jedoch zu keiner konkreten staatlichen Maßnahme.[7]

Die im Jahre 1924 gegründete private Versicherungsfirma „La Nationale-Crédit et Réassurances" ging teilweise auf die Forderungen der Exporteure ein, indem sie neben Inlandskrediten auch Exportkredite mitversicherte.[8] Andere französische Versicherungen folgten dem Beispiel.[9] 1927 schlossen sich elf französische und schweizerische Versicherungsgesellschaften zusammen, die an der Kreditversicherung interessiert waren und die nicht selbständig die Versicherung gegen kommerzielle Risiken übernehmen wollten. Sie gründeten zum Zwecke der Kreditversicherung in Frankreich und der Exportkreditversicherung ein Spezialunternehmen, die „Société Française d'Assurance pour Favoriser le Crédit (SFAFC)".[10] Dieses Unternehmen war dank seiner internationalen Beziehungen in der Lage, seine Kunden mit den nötigen wirtschaftlichen Informationen zu versorgen.[11] Die SFAFC nahm bald den führenden Platz unter den Kreditversicherungsgesellschaften Frankreichs ein.[12] Im Gegensatz zu den Ausfuhrkreditversicherungsgesellschaften anderer Länder gelang es ihr, die sich in der Weltwirtschaftskrise häufenden Schadensfälle ohne staatliche Hilfe zu regulieren.[13]

Auch in Frankreich waren die privaten Versicherungsgesellschaften weder willens noch in der Lage, die politischen Ausfuhrrisiken abzusichern.[14] Daher führte der französische Staat 1928 [15] die Versicherung des politischen Kreditrisikos auf eigene Rechnung ein.[16] Dabei erstreckte sich die staatliche

7 Richard, a.a.O., S. 215.

8 Stentzel, Frankreich, in: W. Michalski (Hrsg.), HWWA-Studien zur Exportförderung, S. 46.

9 Vgl. Spensberger, Die deutsche Exportkreditversicherung und die Exportkreditrückversicherung, S. 52.

10 Richard, a.a.O., S. 215.

11 Merlin, L'Assurance-crédit à l'exportation, Revue générale des assurances terrestres 1946, S. 226.

12 Zur Bedeutung der SFAFC in der französischen Exportwirtschaft zur damaligen Zeit siehe Schmidlin/Ducrocq, L'Organisation et la Réglementation du Commerce Extérieur en France, S. 144 ff.

13 Glotzbach, a.a.O., S. 77.

14 Zum Problem der mangelnden Kalkulierbarkeit des politischen Risikos siehe Hehner, Die Risiken im Ausfuhrhandel und die Möglichkeit ihrer Übertragung auf Versicherungsgesellschaften und den Staat, S. 85.

15 Gesetz vom 10.7.1928; vgl. Bon, L'assurance-crédit d'Etat, thèse, S. 99 ff.

16 Vgl. Picard/Besson, a.a.O., S. 256; Spensberger, Die deutsche Exportkreditversicherung und die Exportkreditrückversicherung, S. 58.

Garantie nur auf Exportgeschäfte mit öffentlichen Käufern und auch nur auf solche Exporte, die im nationalen Interesse lagen.[17] 1936 wurde die staatliche Garantie auch auf jene Exporte ausgedehnt, die an ausländische private Abnehmer gerichtet waren.[18] Zur Durchführung der staatlichen Ausfuhrkreditversicherung wurde eine Art „Interministerieller Ausschuß" gebildet, die „Commission Interministerielle de l'Assurance-Crédit d'Etat". Dieser Ausschuß setzte sich zusammen aus Vertretern des Handels-, Finanz-, Arbeits- und Außenministeriums, der Banque Française du Commerce Extérieur, der Banque de France und des Office National du Commerce Extérieur.[19]

Die institutionelle Zweigleisigkeit des Ausfuhrgarantiesystems (Deckung der kommerziellen Risiken durch eine private Gesellschaft, Übernahme der politischen Risiken durch den Staat) zeigte jedoch nicht den erhofften Erfolg. Die Exportwirtschaft war nicht bereit, sich bei verschiedenen Institutionen um die Deckung ihrer Ausfuhrgeschäfte zu bemühen. Die privaten Versicherungsgesellschaften verhielten sich bei der Deckung der kommerziellen Risiken allzu zurückhaltend.[20] Die staatliche Ausfuhrkreditversicherung hingegen sah sich aufgrund zu geringer Werbemittel nicht in der Lage, ihre Tätigkeit in der Exportwirtschaft bekannt zu machen.[21] Nach dem Zweiten Weltkrieg wurde daher durch das Gesetz Nr. 45–015 vom 2.12.1945 [22] die Regierung autorisiert, eine Exportversicherung zu schaffen. Durch das Dekret Nr. 46–1332 vom 1.6.1946 wurde schließlich die „Compagnie Française d'Assurance pour le Commerce Extérieur (COFACE)" ins Leben gerufen.[23] Das Dekret sah gleichzeitig die Errichtung der „Banque Française du Commerce Extérieur" (BFCE) vor,[24] womit die enge Beziehung der Finanzierung und Versicherung im Außenhandel deutlich wird.[25] Die COFACE erhielt die Rechtsform einer Aktiengesellschaft, auch, um die

---

17 Spensberger, a.a.O., S. 58.

18 Gesetz vom 22.8.1936; vgl. Bon, L'assurance-crédit d'Etat, thèse, S. 108 ff.; Schmidlin/Ducrocq, a.a.O., S. 144.

19 Glotzbach, a.a.O., S. 77.

20 Glotzbach, a.a.O., S. 77.

21 Merlin, a.a.O., S. 228; vgl. auch Besson, Assurance Crédit, S. 191, Anm. 9.

22 Vgl. Journal Officiel de la République Française, 77. Jg. vom 3.12.1945.

23 Vgl. Journal Officiel, 78. Jg. vom 7.6.1946.

24 Zum heutigen Aufgabenbereich der BFCE im Rahmen der Außenhandelskreditierung siehe Chambre de Commerce et d'Industrie de Paris, Le financement des exportations en Allemagne Fédérale et en France, S. 12 ff.

25 Vgl. Gavalda, Les institutions du commerce extérieur et en particulier de l'exportation, in J.C.C., Ann., Fasc. 39 bis A, 12; Branger, Traité d'économie bancaire, tome 1: Les Institutions de banque, S. 297.

Beziehungen zu den ausländischen Gesellschaften gleichen Typs zu erleichtern.[26] Als Aktionäre sind folgende Institutionen an der COFACE beteiligt: die Caisse des Dépôts et Consignations, der Crédit National, die Banque Française du Commerce Extérieur, die verstaatlichten Banken, die verstaatlichten Versicherungsgesellschaften und die Société Française d'Assurance pour Favoriser le Crédit (SFAFC),[27] wobei das Dekret vom 1. Juni 1946 die Beteiligung der privaten SFAFC auf 30% am Aktienkapital begrenzt.[28]

Die COFACE, die 1948 ihre Tätigkeit begann, vereinigte das staatliche und private Ausfuhrkreditversicherungssystem in einer Institution, indem sie sowohl die Aufgaben der staatlichen Ausfuhrkreditversicherung (Deckung der politischen Risiken) als auch die Tätigkeit der privaten SFAFC auf dem Gebiet der Ausfuhrkreditversicherung (Deckung der kommerziellen Risiken) übernahm.[29] Die SFAFC blieb weiterhin auf dem Gebiet der Inlandskreditversicherung tätig. Die COFACE profitierte in nicht unerheblichem Maße davon, daß sie die gesamte Auslandsabteilung der SFAFC übernahm. So blieben der neugegründeten Gesellschaft der im Ausland geschulte Mitarbeiterstab und vor allem die guten Auslandsbeziehungen des Privatunternehmens erhalten.[30] Durch die 30%-ige Beteiligung der SFAFC am Aktienkapital der COFACE sollte auch eine Fortführung der guten Zusammenarbeit mit den ausländischen Kreditversicherungsgesellschaften sichergestellt werden.[31] Dennoch handelt es sich bei der COFACE um eine Form der staatlichen Ausfuhrkreditversicherung, da, wie gezeigt, überwiegend staatliche Institutionen zu den Anteilseignern der COFACE gehören.

---

26 Merlin, a.a.O., S. 229, Fn. 27.

27 Art. 8 Abs. 1 des Dekretes vom 1.6.1946.

28 Art. 8 Abs. 2 des Dekretes vom 1.6.1946.

29 Vgl. Guesnon, La compagnie Française d'Assurance pour le Commerce Extérieur, Bulletin de liaison et d'information de l'Administration centrale des Finances, S. 37; Bonnasse, Nature et perspective de l'exportation, Revue générale des assurances terrestres, S. 198.

30 Merlin, a.a.O., S. 229.

31 Branger, a.a.O., S. 297.

§ 21 Rechtliche Grundlagen

I. Gesetzliche Rahmenbestimmungen

Grundlage der französischen staatlichen Ausfuhrkreditversicherung in ihrer heutigen Form ist Art. 17 des Gesetzes Nr. 45-015 vom 2. Dezember 1945 (Loi No. 45-015 du 2 Décembre 1945 relative à la nationalisation de la Banque de France et des grandes banques et à l'organisation du crédit).[32] Art. 17 ermächtigt die französische Regierung, die Ausfuhrkreditversicherung neu zu organisieren, wobei dem Finanz- und Wirtschaftsminister ein Vorschlagsrecht zukommt und dem Conseil National du Crédit ein Recht zur Stellungnahme eingeräumt wird.

Das aufgrund dieses Artikels erlassene Dekret Nr. 46-1332 vom 1. Juni 1946 [33] führte – wie bereits erwähnt – zur Gründung der COFACE. Das Dekret enthält Angaben über die Aufgaben (Art. 5), die Anteilseigner (Art. 8) und die Organisation (Art. 11 ff.) der Gesellschaft. Nach Art. 6 Absatz 2 hat die Commission des Garanties et du Crédit au Commerce Extérieur – eine Art „Interministerieller Ausschuß" – darüber zu entscheiden, für welche Geschäfte Ausfuhrdeckungen übernommen werden. Art. 6 Absatz 1 überläßt die Definition der Risiken, die von der COFACE für Rechnung des französischen Staates gedeckt werden, einem besonderen Dekret, das am 16. April 1948 unter der Nr. 48-719 erging.[34]

Ein Erlaß des Wirtschafts- und Finanzministers – ebenfalls vom 16. April 1948 – bestimmt, daß die COFACE gemäß der Stellungnahme der Commission des Garanties et du Crédit au Commerce Extérieur und gemäß den Bestimmungen des Dekrets Nr. 48-719 die Bedingungen der Bewilligung und Wirkungsweise der für Rechnung des Staates gewährten Garantien festsetzt.

Die Tätigkeit der COFACE wird von zwei weiteren Dekreten bestimmt: Das Dekret Nr. 49-1077 vom 4. August 1949 [35] legt die Zusammensetzung und Wirkungsweise der Commission des Garanties et du Crédit au Commerce Extérieur fest. Die finanziellen Beziehungen zwischen dem französischen

---

32 Journal Officiel, 77. Jg. vom 3.12.1945.

33 Journal Officiel, 78. Jg. vom 7.6.1946; das Dekret wurde abgeändert oder ergänzt durch die Dekrete vom 4. August 1949, 16. März 1957, 25. Oktober 1963 und 25. April 1964.

34 Journal Officiel, 80. Jg. vom 27.4.1948.

35 Journal Officiel, 81. Jg. vom 5.8.1949.

Staat und der COFACE werden durch das Dekret Nr. 57-318 vom 16. März 1957 geregelt.[36]

II. Allgemeine und Besondere Bedingungen

Die COFACE hat entsprechend des erwähnten Erlasses vom 16. April 1948 im Einvernehmen mit der Commission des Garanties et du Crédit au Commerce Extérieur eine Reihe von Allgemeinen Bedingungen (Conditions Générales) ausgearbeitet. Bei diesen Allgemeinen Bedingungen handelt es sich – wie in Deutschland – um Allgemeine Geschäftsbedingungen, die kraft ausdrücklicher Bestimmung Gegenstand des jeweiligen Garantievertrages werden.[37]

Im französischen System der Exportkreditversicherung wird unterschieden zwischen der Deckung von kurzfristigen und mittelfristigen Ausfuhrkrediten und von Finanzkrediten sowie der Deckung von Kapitalanlagen im Ausland.[38] Die von der COFACE angebotenen Versicherungspolicen knüpfen an diese Unterscheidung an.

Bei der Indeckungnahme von Ausfuhrgeschäften wird die jeweilige Deckungsform von der Art des verkauften Gutes und der Dauer des gewährten Kredites bestimmt. Für kurzfristige Ausfuhrkredite mit einer Laufzeit von bis zu drei Jahren stehen dem französischen Exporteur Pauschalpolicen zur Verfügung, die je nach ihrer inhaltlichen Ausgestaltung sämtliche Ausfuhrgeschäfte erfassen (polices globales) oder eine Auswahl der einzelnen zu versichernden Geschäfte ermöglichen (polices d'abonnement).[39] Für Ausfuhrgeschäfte mit einer Kreditlaufzeit von mehr als drei Jahren kommt dagegen nur die Einzelpolice (police individuelle) in Betracht.[40]

Die Allgemeinen Bedingungen differieren bei einigen Versicherungspolicen, je nachdem, ob das Exportgeschäft mit einem öffentlichen oder priva-

---

36 Journal Officiel, 89. Jg. vom 17.3.1957.

37 Glotzbach, a.a.O., S. 79.

38 Vondenhof/Falkenstein/Schlebusch, COFACE-Hermes, S. 3; Stentzel, a.a.O., S. 57 ff.; OECD, Export Credit Financing Systems, S. 46 ff.; Ball/Knight, a.a.O., S. 183 ff.; Scafuro, The World's Principal Export Credit Insurance Systems, S. 31 ff.

39 Ball/Knight, a.a.O., S. 183 ff.

40 Ball/Knight, a.a.O., S. 183 ff.; vgl. Scafuro, a.a.O., S. 31 f.

ten Vertragspartner abgeschlossen wird.[41] Andere Policen wiederum sehen für öffentliche Käufer lediglich einen Zusatz (avenant) vor, der die Allgemeinen Bedingungen in einigen Punkten abändert.[42] Für die Deckung von Fabrikations- und Kreditrisiken gibt es dagegen keine unterschiedlichen Allgemeinen Bedingungen. Einige Policen im Bereich der Deckung kurzfristiger Ausfuhrkredite sehen einen Zusatz (avenant) für die Deckung der Fabrikationsrisiken vor.[43]

Verschiedene Allgemeine Bedingungen gelten beispielsweise für die Deckung des Risikos von Preissteigerungen (risques économiques), des Kursrisikos (risques de change) und die Deckung von Bankgarantien.[44] Neben den Allgemeinen Bedingungen gibt es für alle Policen Besondere Bedingungen, die gleichfalls Bestandteil des Garantievertrages werden; sie enthalten u.a. Einzelheiten über Selbstbeteiligung, Karenzfristen und Entgeltsätze.

§ 22 Organisation der COFACE

Die COFACE ist in der Form einer Aktiengesellschaft mit einem Spezialstatut gegründet worden.[45] Soweit keine anderslautenden gesetzlichen Bestimmungen vorhanden sind, unterliegt die COFACE den allgemeinen privatrechtlichen Gesetzen.[46] Die gesetzlichen Sonderbestimmungen, die nur für die COFACE erlassen worden sind, regeln die Beziehungen zwischen der COFACE und dem französischen Staat, dem sie eine beherrschende Rolle einräumen.[47] Eine nicht unbeachtliche Ausnahme von den privatrechtlichen Gesetzen betrifft das Verhältnis der COFACE zur Öffentlichkeit. Gem. Art. 16 des Dekretes Nr. 46-1332 ist die COFACE von allen Publizitätsvorschriften befreit.

---

41 Vondenhof/Falkenstein/Schlebusch, a.a.O., S. 3; vgl. auch Ball/Knight, a.a.O., S. 181 f.

42 Glotzbach, a.a.O., S. 80.

43 Glotzbach, a.a.O., S. 80.

44 Vondenhof/Falkenstein/Schlebusch, a.a.O., S. 3.

45 Stentzel, a.a.O., S. 48.

46 Vgl. Décret 46-1332, Art. 16.

47 Stentzel, a.a.O., S. 48; vgl. auch Glotzbach, a.a.O., S. 80 f.

I. Die interne Aufgabenteilung

In dem Dekret Nr. 46-1332 ist in Art. 5 festgelegt, daß sich die COFACE in zwei Bereiche gliedert.[48] Eine Abteilung übernimmt die Versicherung von Risiken, die auf dem privaten Versicherungsmarkt nicht gedeckt werden können, für deren Deckung allein die Finanzkraft des Staates ausreicht.[49] Es handelt sich hierbei um die kommerziellen Risiken bei mittelfristigen Ausfuhrkrediten, alle politischen Risiken und das Risiko von Preissteigerungen. Die COFACE bereitet hierbei die eingereichten Aufträge lediglich vor, während die endgültige Entscheidung der öffentlichen Hand in Gestalt der Commission des Garanties et du Crédit au Commerce Extérieur vorbehalten bleibt. Diesem dem deutschen „Interministeriellen Ausschuß" vergleichbaren Gremium gehören u.a. an: die Leiter der Abteilung für Außenwirtschaftsbeziehungen, der Abteilung für Außenfinanzen und der Staatskasse im Finanz- und Wirtschaftsministerium und je ein Vertreter des Außenministeriums, der Banque de France, des Crédit National und verschiedene Fachministerien.[50]

Die zweite Abteilung versichert ausschließlich die kommerziellen Risiken bei kurzfristigen Ausfuhrkrediten. In diesem Fall entscheidet nicht der zuvor genannte Ausschuß über die Annahme oder Ablehnung eines Deckungsantrages, sondern die COFACE selbst.[51]

Durch diese Konstruktion wurde an die Versicherungspraxis vor dem Zweiten Weltkrieg angeknüpft, wobei die kommerziellen Risiken von privaten Versicherungsgesellschaften und die politischen Risiken vom Staat übernommen wurden. Jedoch nicht nur die formale Gliederung in die beiden Bereiche, sondern auch Geschäftsgrundsätze des Vorkriegssystems sind bei der

48 Zur Doppelrolle der COFACE vgl. Gavalda, a.a.O., Ann., Fasc. 39 bis A, 14 f.; Guesnon, a.a.O., S. 37 ff.; Picard/Besson, a.a.O., Anm. 532; Merlin, a.a.O., S. 229; Ferronière/de Chillaz, Les opérations de banque, Anm. 461; Dangeard/Pontet, Les techniques de l'exportation, S. 62.

49 Glotzbach, a.a.O., S. 81. Vgl. auch COFACE, A Guide to Coface's Facilities, S. 3 f.

50 Art. 1 des Dekretes Nr. 49-1079 vom 4.8. 1949.

51 Zur Aufgabenteilung siehe auch Wilhelms, Länderbeitrag Frankreich, in: Holthus/Kebschull (Hrsg.), Die Entwicklungspolitik wichtiger OECD-Länder, Bd. 2, S. 172; Nezeys, Les Relations économiques extérieurs de la France. Commerce, investissements, politique économique extérieure, S. 229; Franko/Stephenson, French Export Behaviour in Third World Markets, in: Center for Strategic and International Studies (eds.), World Trade Competition. Western Countries and Third World Markets. S. 187 f.

Gründung der COFACE berücksichtigt worden. So arbeitet die Abteilung, in der die kommerziellen Risiken bei kurzfristigen Ausfuhrkrediten versichert werden, auf eigene Rechnung, wenn auch eine staatliche Kontrolle ausgeübt wird.[52] Die Versicherung in dem anderen Sektor erfolgt auf Rechnung des Staates.[53] Dies hat zur Folge, daß der Grad der Selbständigkeit in beiden Bereichen unterschiedlich ist.[54]

II. Die staatlichen Weisungs- und Kontrollbefugnisse

Der französische Staat hat sich zur Ausübung der Versicherungs- und Kontrollbefugnisse über die COFACE mehrere Möglichkeiten geschaffen, um seinen Einfluß sicherzustellen.[55] Ein Weg besteht in der Mitbestimmung der Geschäftspolitik über das Aktienstimmrecht. Das Aktienkapital der COFACE liegt überwiegend in Händen staatlicher Unternehmen.[56] Der Staat nutzt diese indirekte Möglichkeit der Einflußnahme jedoch nur zurückhaltend aus, da ihm an laufenden Weisungsbefugnissen und schneller Kontrolle gelegen ist. Aus diesem Grunde hat er der Aktionärsversammlung auch nur geringe Rechte zugestanden. So wählt die Aktionärsversammlung nur ein Drittel der Verwaltungsratsmitglieder. [57] Für den Fall eines Mißtrauensvotums der Aktionäre gegen die Rechnungslegung der Gesellschaft ist bestimmt, daß die staatlich bestellte „Commission des Garanties et du Crédit au Commerce Extérieur" entscheidet.[58]

---

52 Vgl. OECD, Export Credit Financing Systems, S. 44; Bodenstein/Eberth, Kreditsicherung im Geschäftsverkehr mit dem Ausland, S. 126.

53 In beiden Fällen werden die Ausfuhrrisiken von der COFACE im eigenen Namen gedeckt; vgl. Dangeard/Pontet, a.a.O., S. 62.

54 Stentzel, a.a.O., S. 49. Für eine solche Bereichsgliederung gibt es keine stichhaltigen Argumente, zumal auch die Exportversicherungen in anderen Ländern ohne eine entsprechende Regelung auskommen. Die Gliederung in zwei Bereiche kann nur aus der historischen Entwicklung erklärt werden.

55 Vgl. Berthelot, French Aid Performance and Development Policy, European development Policies, S. 47.

56 Siehe oben § 20 a.E.

57 Art. 10c der Statuten der COFACE. Die Statuten sind gebilligt durch die Dekrete vom 10.1.1948, 14.6.1951 und 7.4.1961, zitiert nach: Compagnie Française d'Assurance pour le Commerce Extérieur: Status et textes regissant la compagnie, S. 10.

58 Statuten der COFACE, Art. 33, S. 15.

Eine zweite staatliche Einflußmöglichkeit auf die Geschäftsführung der COFACE besteht in der Einflußnahme auf die Zusammensetzung des Verwaltungsrates, der die Gesellschaft überwacht. Die fünfzehn Mitglieder des Verwaltungsrates werden durch Dekret auf Vorschlag des Finanzministers und nach Stellungnahme des Wirtschaftsministers ernannt:[59] Fünf Mitglieder werden aus dem Kreis der Persönlichkeiten mit großen Außenhandelserfahrungen gewählt, fünf weitere auf Vorschlag der größten Gewerkschaften und die letzten fünf aus dem Kreis der Persönlichkeiten mit großen Bank- und Versicherungserfahrungen.[60]

Ein vom Verwaltungsrat gewählter Vorsitzender übernimmt die Geschäftsführung der COFACE.[61] Zur Entlastung des Vorsitzenden kann der Verwaltungsrat einen Direktor bestimmen, der für die laufenden Geschäfte verantwortlich ist und mit beratender Stimme bei den Verwaltungsratssitzungen mitwirkt.[62] Die Kompetenzen des Verwaltungsrates entsprechen den Kompetenzen eines Vorstandes.[63] Die Einflußnahme des französischen Staates ist durch das Vorschlagsrecht des Finanzministers sowie durch die Wahl der Aktionärsvertreter, die staatliche Unternehmen repräsentieren, gewährleistet. Es handelt sich hierbei jedoch nur um eine indirekte Einflußnahme.

Der Finanzminister ernennt zwei staatliche Prüfer (commissaires du gouvernement),[64] die an allen Verwaltungsratssitzungen teilnehmen und Zugang zu der gesamten Korrespondenz der Gesellschaft sowie sämtlichen anderen Unterlagen haben. Die Prüfer haben das Recht, bei jeder Entscheidung des Verwaltungsrates ein Veto einzulegen, wenn „nationale Interessen" verletzt erscheinen. Die COFACE kann gegen das Veto Einspruch beim Finanzminister erheben, der dann binnen zehn Tagen eine Entscheidung trifft.[65]

In der staatlich garantierten Abteilung der COFACE ist der Einfluß des Staates stärker als in der anderen Abteilung. Die Rechte des Verwaltungsrates sind in der staatlich garantierten Abteilung durch die „Commission des

---

59 Statuten der COFACE, Art. 12, S. 9.

60 Statuten der COFACE, Art. 12, S. 9; vgl. auch Stentzel, a.a.O., S. 50 und Glotzbach, a.a.O., S. 81.

61 Statuten der COFACE, Art. 14, S. 10; zur organisatorischen Struktur der COFACE in diesem Zusammenhang siehe auch García, Les instruments de la politique française du commerce extérieur, Notes et Etudes Documentaires, S. 63 f.

62 Statuten der COFACE, Art. 17, S. 11.

63 Stentzel, a.a.O., S. 50. Die Kompetenzen des Verwaltungsrates sind in Art. 19 der Statuten ausführlich festgelegt.

64 Statuten der COFACE, Art. 26, S. 13.

65 Statuten der COFACE, Art. 26, S. 13 f.

Garanties et du Crédit au Commerce Extérieur" erheblich eingeschränkt. Die Kommission ist befugt, sämtliche Nachfragen nach Garantieleistungen dieser Abteilung zu überprüfen.[66] Die Kommission setzt für die Geschäfte, die von ihr nicht geprüft werden, Rahmenbedingungen fest, unter denen die Garantien ohne vorherige Prüfung bewilligt werden.[67] Sowohl die Prämien als auch die sonstigen Versicherungskonditionen werden von der Kommission bestimmt.[68]

Der Kommission gehören neun Vollmitglieder und vier beratende Mitglieder an.[69] Unter den Vollmitgliedern befinden sich sechs Vertreter verschiedener Ministerien sowie je ein Vertreter der Banque de France, des Crédit National sowie der CNCE. Die beratenden Mitglieder sind Angehörige halbstaatlicher Organisationen.[70] Als Vorsitzender der Kommission fungiert der Direktor der Abteilung „Wirtschaftliche Beziehungen zum Ausland" im Finanzministerium.[71] Der dominierende Staatseinfluß in dieser Kommission ist somit unverkennbar.

III. Die finanziellen Beziehungen zwischen der COFACE und dem Staat

Die finanziellen Beziehungen zwischen dem französischen Staat und der COFACE werden durch ein Dekret vom 16. März 1957 geregelt.[72] Dabei muß die auf eigene Rechnung arbeitende Abteilung der COFACE jährlich 0,5% der Nettoprämien[73] an das Finanzministerium abführen.[74] Als Gegenleistung räumt das Finanzministerium der COFACE zur Überbrückung von

66 Vgl. Dekret Nr. 48-719 vom 16.4.1948, Journal Officiel, 80. Jg. vom 27.4.1948, Art. 3 nach Änderung durch das Dekret Nr. 49-1079 vom 4.8.1949, Journal Officiel, 81. Jg. vom 5.8. 1949.

67 Vgl. Dekret Nr. 49-1079 vom 4.8.1949, Art. 3.

68 Vgl. Dekret Nr. 49-1079 vom 4.8.1949, Art. 17.

69 Vgl. Dekret Nr. 63-252 vom 14.3.1963, Journal Officiel vom 16.3.1963.

70 Siehe hierzu Wilhelms, a.a.O., S. 174, der die organisatorische Struktur der COFACE in einem Schaubild darstellt.

71 Vgl. Wilhelms, a.a.O., S. 174.

72 Dekret Nr. 57-318 vom 16.3.1957, Journal Officiel, 89. Jg. vom 17.3.1957.

73 Prämien-Schadenszahlungen.

74 Dekret Nr. 57-318 vom 16.3. 1957, Art. 8; siehe auch OECD, Export Credit Financing Systems, S. 44.

Liquiditätsengpässen kurzfristige Kredite ein.[75] Desweiteren übernimmt der Staat die Verluste der COFACE, soweit sie 10% der Nettoprämien übersteigen. Andererseits fließt ein Teil des Gewinns, der 10% der Nettoprämien überschreitet, in die Staatskasse.[76] Diese Regelung gilt ohne absolute Begrenzung, d.h. im Gegensatz zu den Exportkreditversicherungen anderer Länder schränken keine Fonds oder Plafonds die Handlungsfreiheit der COFACE ein.[77]

Folgt man allein der Rechnungslegung der COFACE, so werden die Abteilungen der französischen Exportkreditversicherung nicht durch Subventionen unterstützt.[78] Die Förderung kann jedenfalls in der Zusage des Staates, als Rückversicherer einzustehen, gesehen werden. Hierdurch wird es der COFACE ermöglicht, auf die Bildung sehr hoher Reserven für außergewöhnliche Schadensereignisse zu verzichten und andererseits die Versicherung schwer kalkulierbarer Risiken zu übernehmen.[79]

IV. Die Monopolstellung der COFACE

Durch die staatliche Gesetzgebung ist der COFACE die Rolle eines Alleinanbieters eingeräumt worden. Gem. Art. 8 des Dekrets Nr.- 46-1332 ist es der SFAFC zwar weiterhin erlaubt, die Exportversicherung anzubieten, jedoch nur auf Rechnung und zu den Bedingungen der COFACE. Unter diesen Umständen hat die SFAFC die Versicherung von Exporten völlig eingestellt.[80]

---

75 Dekret Nr. 57-318 vom 16.3. 1957, Art. 6.

76 Dekret Nr. 57-318 vom 16.3. 1957, Art. 8.

77 Stentzel, a.a.O., S. 52; vgl. für Italien Kebschull, Italien, in: W. Michalski (Hrsg.), HWWA-Studien zur Exportförderung, S. 62 ff., und für die USA Hachmeier, USA, in: W. Michalski (Hrsg.), HWWA-Studien zur Exportförderung, S. 56 f.

78 Siehe hierzu Stentzel, a.a.O., S. 152, der die Ergebnisse der für staatliche Rechnung und mit staatlicher Garantie arbeitenden Abteilung in einer Tabelle zusammengefaßt hat. Vgl. auch Fleisig/Hill, The Benefits and Costs of Official Export Credit Programs of Industrialized Countries, S. 1 ff. Zur indirekten Subventionierung durch die französische Exportkreditversicherung siehe unten § 23 VIII. u. 64 a.E.

79 Stentzel, a.a.O., S. 52.

80 Vgl. MOCI, Nr. 280 vom 12.10.1963.

Die staatlich eingeräumte Monopolstellung wirkt sich in vielen Beziehungen günstig aus, was sich vor allem bei der Versorgung der Nachfrage zeigt. Da alle Versicherungsverträge mit der COFACE abgeschlossen werden, hat die Gesellschaft im Laufe der Zeit einen umfassenden Einblick in die wirtschaftliche Lage der Lieferanten und der ausländischen Abnehmer bekommen. So verfügt die COFACE über eine Kartei von weit über 100.000 Kundenkarten, die es ermöglichen, innerhalb von wenigen Stunden einen Antrag auf Indeckungnahme eines Exportgeschäftes[81] zustimmend oder abschlägig zu beantworten, sofern der Käufer in der Kartei erfaßt ist.[82] Falls die Kartei über den Importeur keine oder nur unzureichende Angaben enthält, informiert sich die COFACE – auch mit Hilfe der Handelsattachés – innerhalb von zwei bis vier Tagen, sofern die Einholung von Informationen nicht gehindert ist.[83] Die guten Informations- und Beratungsmöglichkeiten tragen dazu bei, manchen Schaden im voraus abzuwenden; dies wird sich letztlich auch über eine geringere Verlustquote senkend auf die Kostenlage auswirken.[84]

§ 23 Die Deckung von Ausfuhrgeschäften

I. Fabrikationsrisiken

Das Fabrikationsrisiko (risque de fabrication)[85] kann in Frankreich wie in Deutschland entweder getrennt oder zusammen mit dem Ausfuhrrisiko gedeckt werden.[86] Die COFACE sieht die Deckung des Fabrikationsrisikos vorwiegend im Rahmen von Einzelpolicen vor,[87] die beispielsweise für den

---

81 Eine Zusammenstellung der wichtigsten Exportländer Frankreichs und diesbezügliche Angaben zur Größenordnung der von der COFACE gedeckten Ausfuhrgeschäfte finden sich in COFACE, Rapport d'activité 1990, S. 13 ff.

82 Greene, Die Exportkreditversicherung, ihre Rolle im wachsenden Welthandel, Zeitschrift für Betriebswirtschaft, 1965, S. 565.

83 Greene, a.a.O., S. 566.

84 Stentzel, a.a.O., S. 53.

85 Bei Ausfuhrgeschäften wird wie im deutschen System nach dem Zeitpunkt eines möglichen Schadenseintritts unterschieden (Fabrikationsperiode und Ausfuhrperiode), vgl. COFACE, A Guide to Coface's Facilities, S. 10.

86 Vondenhoff/Falkenstein/Schlebusch, a.a.O., S. 13; Stentzel, a.a.O., S. 64

87 Siehe hierzu Ball/Knight, a.a.O., S. 181 f.

Verkauf schwerer Investitionsgüter mit langer Kreditlaufzeit ausgestellt werden. Bei Ausfuhrgeschäften mit kurzer Kreditlaufzeit, etwa bei dem Verkauf von Konsumgütern, ermöglichen spezielle Zusätze (avenant) die Dekkung des Fabrikationsrisikos.[88]

Gegenstand der Fabrikationsrisikodeckung ist die Summe der Selbstkosten des Exporteurs, die bei der Herstellung der Ware in Frankreich entstehen, sowie die Kosten, die durch eine evtl. Unterbrechung der Herstellung bedingt sind (z.B. Lagerkosten, Gerichtskosten).[89]

Die Fabrikationsrisikodeckung ist grundsätzlich auf Exportverträge zugeschnitten, die unmittelbar zwischen einem inländischen Exporteur und einem ausländischen Käufer abgeschlossen werden. Entscheidet sich der Fabrikant dafür, die Ware nicht selbst, sondern über einen Händler zu exportieren, so ist der Händler unmittelbar Vertragspartner des ausländischen Käufers. Einige staatliche Exportkreditversicherungssysteme bieten in einem solchen Fall dem Händler eine eigene Fabrikationsrisikodekkung an. Demgegenüber gewährt die COFACE eine Fabrikationsrisikodeckung entweder nur dem Händler oder nur dem Hersteller.[90]

Die Haftung aus der Fabrikationsrisikodeckung beginnt mit dem Inkrafttreten des Ausfuhrvertrages, also grundsätzlich mit dem Datum der Unterzeichnung des Vertrages[91] und erlischt mit dem Versand der Ware bzw. mit dem Beginn der Haftung aus der sich in der Regel anschließenden Kreditrisikodeckung.[92]

1. Politische Risiken

Die politischen Risiken werden von der COFACE bei Geschäften mit privaten und öffentlichen Käufern in gleicher Weise gedeckt. Der Umfang der Deckung ist je nach Deckungsform in den Allgemeinen und Besonderen Bedingungen festgelegt.

---

88 Vondenhof/Falkenstein/Schlebusch, a.a.O., S. 13.

89 Vgl. Wilhelms, a.a.O., S. 358 ff.

90 Vondenhof/Falkenstein/Schlebusch, a.a.O., S. 14.

91 Art. 4 § 1 Allgemeine Bedingungen (Conditions Générales) – Type SP.

92 COFACE, L'assurance des crédits à l'exportation: Bien d'équipements lourds ou sur devis, grands ensembles industriels, marchés de traveaux ou d'études, S. 12. Das Ausfuhrrisiko wird im französischen Exportkreditversicherungssystem als Kreditrisiko (risque de crédit) bezeichnet.

Folgende politische Risiken werden von der Fabrikationsrisikodeckung umfaßt:[93]

- Politische Risiken im engen Sinne: Krieg, Bürgerkrieg, Revolution und Aufruhr im Ausland, jede Maßnahme eines ausländischen Staates, die die Erfüllung des Vertrages unmöglich macht sowie Maßnahmen der französischen Regierung, die die Ausfuhr der bestellten Ware verbieten, deren Beschlagnahme anordnen oder deren Fertigstellung untersagen;
- Katastrophenrisiken:[94] Wirbelsturm, Überschwemmung, Erdbeben, Vulkanausbruch und Sturmflut im Ausland;[95]
- Risiko der Zahlungsüberweisung: politische Ereignisse, wirtschaftliche Schwierigkeiten im Ausland und staatliche Maßnahmen des Auslandes, die den Transfer der vom Schuldner eingezahlten Beträge verhindern oder verzögern.

Die Gewährleistung umfaßt bei Geschäften mit öffentlichen Käufern je nach Deckungsform außerdem den Vertragsbruch bzw. die bloße Zahlungsunwilligkeit des ausländischen Schuldners.[96]

2. *Wirtschaftliche Risiken*

Wirtschaftliche Risiken im Stadium der Herstellung der Ware treten im französischen Versicherungssystem nur bei Geschäften mit privaten Käufern auf. Die Gefahr, daß ein öffentlicher Käufer seinen vertraglichen Pflichten nicht nachkommt, insbesondere seine Schulden nicht begleicht, fällt noch in den Deckungsbereich der politischen Risiken.[97]

Bei Geschäften mit privaten Käufern stehen dem Deckungsnehmer zur Absicherung des wirtschaftlichen Risikos vor Versendung der Ware sämtliche Deckungsformen zur Verfügung. Im Bereich der mittel- und langfristi-

---

93 Siehe Art. 4 des Dekrets Nr. 48-719, Journal Officiel vom 27.4.1948; vgl. auch MOCI, Nr. 418 vom 6.2.1965; Ball/Knight, a.a.O., S. 34 f.; Scafuro, a.a.O., S. 31 f.; Dunn/Knight, Export Finance, S. 82 f.; Wilhelms, a.a.O., S. 392 f.

94 Das Katastrophenrisiko wird im allgemeinen zu den politischen Risiken im weiteren Sinne gezählt.

95 Das Katastrophenrisiko wird im deutschen System nicht gedeckt.

96 Die Einbeziehung dieses Risikos in den Deckungskatalog soll den Versicherten von der häufig schwierigen Beweislast bei Zahlungsunfähigkeit des Abnehmers entlasten. Vgl. Wilhelms, a.a.O., S. 392; Beyfuss, Exportversicherung und Exportfinanzierung, S. 15.

97 Vondenhof/Falkenstein/Schlebusch, a.a.O., S. 15; Stentzel, a.a.O., S. 58.

gen Ausfuhrkredite gewährt die COFACE für das wirtschaftliche Risiko Deckungsschutz nur zusammen mit dem politischen Risiko.[98]

Ein wirtschaftlicher Garantiefall im Stadium der Herstellung der Ware tritt bei Zahlungsunfähigkeit des privaten ausländischen Schuldners ein.[99] Zahlungsunfähigkeit liegt vor, wenn im Ausland ein juristisches Verfahren, das dem französischen Konkursverfahren oder einem anderen gerichtlichen Güteverfahren entspricht, eröffnet worden ist oder der ausländische Vertragspartner einen außergerichtlichen Vergleich zur Abwendung des Konkurses mit seinen Gläubigern geschlossen hat.[100] Gleiches gilt, falls eine auch nur teilweise Bezahlung der Forderung unwahrscheinlich und eine Zwangsvollstreckung oder ein Konkursantrag zwecklos erscheinen.[101]

Die Fabrikationsrisikodeckung erfaßt keine Schäden, die durch die Zahlungsunwilligkeit des ausländischen privaten Schuldners oder durch seine Lossagung vom Vertrag bedingt sind.[102]

II. Ausfuhrrisiken

Gegenstand der Ausfuhrrisikodeckung, die auch als Kreditrisikodeckung[103] bezeichnet wird, ist die als Preis vereinbarte Geldforderung, d.h. der Rechnungswert der Ware. Außer der eigentlichen Geldforderung deckt die COFACE auch alle im Einvernehmen mit ihr aufgewendeten Kosten für eine Beitreibung der Forderung.[104] Von der Deckung ausgenommen sind dagegen Kredit- und Verzugszinsen.

Für ausländische Zulieferungen gewährt die COFACE Deckungsschutz nur in beschränktem Maße. Es sollen nur solche Forderungen gedeckt wer-

---

98 Vondenhof/Falkenstein/Schlebusch, a.a.O., S. 15 f.; zur Finanzierung von mittel- und langfristigen Ausfuhrkrediten in Frankreich siehe OECD, Export Credit Financing Systems, S. 46 ff.

99 COFACE, L'assurance des crédits à court terme, Anhang 1, Art. 1.

100 Vgl. MOCI, Nr. 418 vom 6.2.1965.

101 Vgl. MOCI, Nr. 418 vom 6.2.1965.

102 Vondenhof/Falkenstein/Schlebusch, a.a.O., S. 16.

103 Der französische Exporteur kann sich auf der Basis des von der COFACE in Deckung genommenen Lieferantenkredits über die Geschäftsbanken bei der „Banque Française pour le Commerce Extérieur" refinanzieren, ähnlich wie dies in Deutschland über die Hausbank des Exporteurs unter zusätzlicher Einschaltung der Ausfuhrkredit GmbH oder gegebenenfalls der Kreditanstalt für Wiederaufbau geschieht.

104 Vondenhof/Falkenstein/Schlebusch, a.a.O., S. 17.

den, deren zugrundeliegenden Lieferungen und Leistungen ganz oder überwiegend nationalen Ursprungs sind.[105]

1. Politische Risiken

Die Deckung des Ausfuhrrisikos umfaßt im wesentlichen die gleichen politischen Schadenstatbestände wie die Deckung des Fabrikationsrisikos.[106] Dies gilt sowohl für Lieferungen und Leistungen an öffentliche wie an private Käufer.

Zu den politischen Risiken, die als ursächlich für die Nichterfüllung der Zahlungsforderung anerkannt werden, gehören Katastrophen, Krieg, Moratorien sowie alle Schwierigkeiten, die im Zusammenhang mit der Überweisung des geschuldeten Geldes auftreten. Bei öffentlichen Käufern wird ferner das Risiko der Zahlungsunfähigkeit oder der Zahlungsverweigerung gedeckt.

2. Wirtschaftliche Risiken

Das kommerzielle Risiko kann, wie bereits ausgeführt, nach der Terminologie der französischen Versicherungsregeln nur bei Verträgen mit privaten Importeuren entstehen. Die COFACE deckt die Zahlungsunfähigkeit (Insolvenz) des Schuldners als wirtschaftliches Risiko nach Versendung der Ware unter den gleichen Voraussetzungen wie im Stadium der Herstellung der Ware.[107] Über das Insolvenzrisiko hinaus erstreckt sich die Ausfuhrrisikodeckung auch auf das Risiko der bloßen Zahlungsunwilligkeit des ausländischen Schuldners.[108]

Der Exporteur bekommt die Schäden aus der vollständigen oder teilweisen Nichterfüllung der Geldschuld ersetzt, noch bevor die Zahlungsunfähigkeit im Sinne der Insolvenz bejaht zu werden braucht. Die Nichtzahlung darf jedoch nicht darin begründet liegen, daß der Exporteur seinerseits ge-

---

105 Zu weiteren Einzelheiten siehe unten § 23 III. und bei Wilhelms, a.a.O., S. 396.

106 Siehe Art. 4 des Dekrets Nr. 48-719 vom 16.4.1948, Journal Officiel vom 27.4.1948

107 Vgl. COFACE, L'assurance des crédits à courts terme à l'exportation, Anhang 1, Art.1; zur Feststellung der Zahlungsunfähigkeit siehe Stentzel, a.a.O., S. 57 f. und MOCI, Nr.- 418 vom 6.2.1965.

108 Vondenhof/Falkenstein/Schlebusch, a.a.O., S. 19.

gen vertragliche Pflichten verstoßen hat. Unter dieser Voraussetzung wird das Risiko der Nichtzahlung seitens des ausländischen Käufers innerhalb von sechs Monaten nach Fälligkeit der Geldforderung von der Ausfuhrrisikodeckung erfaßt.[109]

III. Ausländische Zulieferungen

Die Deckung von ausländischen Zulieferungen ist in Frankreich wie in anderen europäischen Ländern an internationale Regeln im Rahmen der Europäischen Gemeinschaft gebunden.[110] So enthält die Entscheidung des Rates der EG vom 10. Dezember 1982 Regelungen über die Zulieferungen aus Mitgliedstaaten oder aus Ländern außerhalb der EG sowie die Finanzierung der Zulieferungen.[111]

Die COFACE handhabt die Deckung ausländischer Zulieferanteile nicht in vollem Einklang mit der genannten EG-Entscheidung. Trägt der französische Hauptlieferant allein sämtliche Risiken in bezug auf den Endabnehmer, so müßte die COFACE ausländische Zulieferungen aus EG-Ländern automatisch in die Deckung einbeziehen, soweit sie nicht ganz bestimmte, vom Vertragswert abhängige Vertragsanteile übersteigen.[112] Die Praxis der COFACE sieht jedoch so aus, daß Zulieferungen aus EG-Ländern nur dann automatisch von der Deckung umfaßt werden, wenn der ausländische Zulieferanteil 10% des Fakturenwertes nicht überschreitet.[113] Übersteigt der Zulieferanteil 10%, so entscheidet die Commission des Garanties et du Crédit au Commerce Extérieur von Fall zu Fall über die Deckungszusage. Diese Abweichung von den EG-Richtlinien wird u.a. damit erklärt, daß ausländische Zulieferungen im Rahmen eines französischen Ausfuhrgeschäftes

109 Vondenhof/Falkenstein/Schlebusch, a.a.O., S. 19.

110 Im einzelnen siehe unten § 66 III.

111 Die Entscheidung ist abgedruckt im Amtsblatt der EG Nr. L 357 vom 18.12.1982. Siehe auch eine in diesem Zusammenhang bestehende Richtlinie des Rates vom 27.11.1984, abgedruckt im Amtsblatt der EG Nr. L 314 vom 4.12.1984.

112 Zu den von der EG festgelegten Voraussetzungen, bei deren Vorliegen die ausländischen Zulieferungen automatisch in die Deckung einzubeziehen sind, siehe im einzelnen unten § 66 III.

113 Vondenhof/Falkenstein/Schlebusch, a.a.O., S. 22; vgl. auch Stentzel, a.a.O., S. 55 f.; Wilhelms, a.a.O., S. 396; OECD, Export Credit Financing Systems, S. 46 f.

durch vom französischen Staat subventionierte Kredite mitfinanziert werden, sofern und soweit eine Deckungszusage der COFACE vorliegt.[114] Damit die ausländischen Zulieferungsanteile nicht übermäßig steigen, bemüht man sich, die subventionierte Finanzierung dieser Anteile zu begrenzen.[115]

IV. Bestimmungsland

Ein weiteres Kriterium für die Versicherbarkeit von Außenhandelstransaktionen ist das Bestimmungsland. Hierbei taucht das Problem auf, inwieweit unter dem Aspekt der Kreditversicherung Länder der Franc-Zone als Ausland angesehen werden und ob die Versicherungsbestimmungen, die allgemein für den Außenhandel gelten, auch im Handel mit diesen Ländern angewendet werden können. Nach dem Zweiten Weltkrieg, als die Autonomiebestrebungen der Länder innerhalb der Franc-Zone zu einem Rückzug der französischen Zentralgewalt führten, die infolgedessen die Aufrechterhaltung der politischen Sicherheit in diesen Staaten nicht länger garantieren konnte, entstand für den Exporteur bei Lieferungen in die Franc-Zonen-Länder ein höheres politisches Risiko als vorher.[116] Die COFACE paßte sich den veränderten politischen Realitäten allmählich an, indem sie die Versicherung für immer mehr Franc-Zonen-Länder übernahm.[117]

Dabei hat die COFACE bei der Versicherung in die Franc-Zonen-Länder allerdings einige Besonderheiten eingeführt. So ist der Abschluß einer Markterschließungsversicherung nur in besonderen Fällen möglich, und zwar nur dann, wenn sich der Vertrag auch auf andere Länder bezieht.[118] Nicht versicherungsfähig sind Lieferungen in die Departements und die Territoires d'Outre-Mer.[119]

---

114 Vondenhof/Falkenstein/Schlebusch, a.a.O., S. 22.

115 Vondenhof/Falkenstein/Schlebusch, a.a.O., S. 22; zur Frage der Finanzierung und Subventionierung französischer Exporte siehe Dunn/Knight, a.a.O.; Ball/Knight, a.a.O., S. 187 ff.

116 Stentzel, a.a.O., S. 56.

117 Stentzel, a.a.O., S. 56; Wilhelms, a.a.O., S. 396.

118 Conseil National du Patronat Français, Facilités administratives à l'exportation, S. 3.

119 MOCI, Nr. 19 vom 12.4.1961.

V. Selbstbeteiligung[120]

Auch im französischen Versicherungssystem gilt das Prinzip, daß der Dekkungsnehmer am Risiko selbst beteiligt ist.[121] Im Schadensfall muß er den Prozentsatz des Ausfalls, der nicht von der Deckung umfaßt ist, selbst tragen. Die Selbstbeteiligung wird in den Besonderen Bedingungen festgesetzt und richtet sich nach der Art der Versicherungspolice und dem Umfang der gedeckten Risiken.[122] Der Deckungsnehmer darf seine Selbstbeteiligung nicht anderweitig abdecken. Die Höhe der Selbstbeteiligungssätze wird im wesentlichen nach den gleichen Grundsätzen bestimmt wie bei der deutschen Exportkreditversicherung.[123]

Die Tabelle enthält eine Aufstellung der im französischen System vorgesehenen Selbstbeteiligungssätze auf der Basis der Deckung mittelfristiger Ausfuhrkredite.[124] Hierbei handelt es sich um Standardsätze, die in Ausnahmefällen herauf- oder herabgesetzt werden können.[125]

---

120 Die französische Terminologie geht von dem gedeckten Betrag (quotité Garantie) aus. In dieser Darstellung wird jedoch an der deutschen Terminologie festgehalten, um einen Vergleich der Selbstbeteiligungssätze zu erleichtern.

121 Vgl. Wilhelms, a.a.O., S. 407; Stentzel, a.a.O., S. 73 ff.; Glotzbach, a.a.O., S. 84 f.; Vondenhof/Falkenstein/Schlebusch, a.a.O., S. 22 f.; OECD, Export Credit Financing Systems, S. 46 f.; Schulz/Schweinitz, Maßnahmen zur Erleichterung der Ausfuhr in den Benelux-Ländern, Frankreich und Italien, S. 27; Dormanns, Exportfinanzierung und -kreditversicherung in der Bundesrepublik und anderen Industrieländern, in: Bank-Betrieb 1973, S. 480.

122 Ball/Knight, a.a.O., S. 184.

123 Siehe oben § 16 I.; vgl. auch The Chase Manhattan Bank, Chase Guide to Government Export Credit Agencies, S. 36.

124 Vgl. die bei Ball/Knight, a.a.O. auf S. 181 f. aufgelisteten Deckungsquoten.

125 Vondenhof/Falkenstein/Schlebusch, a.a.O., S. 23; vgl. auch Stentzel, a.a.O., S. 71 ff.

Selbstbeteiligungssätze

	Gedeckte Risiken	Selbstbeteiligung
1.	Fabrikationsrisiken – politische Risiken	10%
	Risiko der Nichtzahlung des öffentlichen Käufers	10%
	– wirtschaftliche Risiken (Insolvenz des privaten Käufers)	10-15% *
2.	Ausfuhrrisiken – politische Risiken	10%
	Risiko der Nichtzahlung des öffentlichen Käufers	10%
	– wirtschaftliche Risiken (Insolvenz des privaten Käufers)	10-15% *
	– wirtschaftliche Risiken (Zahlungsunwilligkeit des privaten Käufers)	10–15% *

* 10%, wenn das Exportgeschäft durch eine von der COFACE anerkannte Bankbürgschaft abgesichert ist.

VI. Karenzzeit

Der Schadensfall gilt erst mit Ablauf bestimmter Fristen (délais constitutifs) als eingetreten.[126] Die Existenz dieser Fristen soll verhindern, daß von dem Eintritt eines Schadens ausgegangen wird, obgleich bloß eine Verzögerung bei der Vertragserfüllung oder der Überweisung des geschuldeten Geldes vorliegt.[127] Die Karenzzeiten sind bei den einzelnen Risiken verschieden lang und hängen von der Rechtsnatur des ausländischen Käufers ab. Im Falle eines Schadens zur Zeit der Herstellung der Ware (Fabrikationsrisiko) beginnt die Frist mit dem Eintritt des Ereignisses zu laufen, daß den Exporteur an der Erfüllung seiner vertraglichen Verpflichtungen oder der Herstellung der Ware hindert. Bei einem Ausfuhrrisikoschaden beginnt die Karenzzeit im Falle der Nichtzahlung mit dem Fälligkeitstermin, im Falle des Nichttransfers mit der Hinterlegung des Kaufpreises in der Währung des Käuferlandes bei einer Bank und im Falle der Zahlungsunfähigkeit mit dem Datum des Abschlusses eines außergerichtlichen Vergleichs zu laufen.[128]

Die Bedeutung der Karenzzeit als Instrument eines Exportkreditversicherungssystems liegt in der Einflußnahme auf die Liquiditätsstruktur einer Ex-

126 Glotzbach, a.a.O., S. 85; Schulz/Schweinitz, a.a.O., S. 28; Wilhelms, a.a.O., S. 407 ff.; Ball/Knight, a.a.O., S. 181 f.

127 Siehe hierzu oben § 16 II.

128 Glotzbach, a.a.O., S. 85.

portfirma.[129] Indem die Entschädigung erst nach einer bestimmten Zeitspanne gezahlt wird, muß der Exporteur während dieser Zeit die Liquiditätslücke mit anderen Mitteln auffüllen, wodurch insbesondere im Kumulationsfalle die unternehmerischen Pläne empfindlich getroffen werden können.[130] Um diese Wirkung der Karenzzeiten auf das Unternehmen zu entschärfen, ist in Frankreich der Anspruch auf künftige Entschädigung auf Dritte übertragbar gemacht worden. Durch eine schriftliche Genehmigung der COFACE kann der zukünftige Anspruch auf Entschädigung auf Banken übertragen werden, die ihrerseits bereit sind, einen Überbrückungskredit zu gewähren.[131] Die Karenzzeiten stellen in ihrer Wirkung somit keine Bedrohung der Liquidität des Exporteurs dar, sondern bedeuten eine mit Schaden verbundene zusätzliche Zinslast.[132]

---

129 Vgl. Schulz, Exportfinanzierung und Exportkreditversicherung als dominierende Wettbewerbsfaktoren beim Investitionsgüterexport, S. 150 f.

130 Stentzel, a.a.O., S. 77.

131 Stentzel, a.a.O., S. 78; zur Rediskontierung dieser Kredite durch die Banque de France siehe Conseil National du Patronat Français, Facilités administratives à l'exportation, S. 61.

132 Stentzel, a.a.O., S. 78. Vgl. auch, COFACE, A Guide to Coface's Facilities, S. 11.

Karenzzeiten[133]

Gedeckte Risiken		Fristen
1.	Fabrikationsrisiken – politische Risiken	6 Monate
	Risiko der Nichtzahlung des öffentlichen Käufers	6 Monate
	– wirtschaftliche Risiken (Insolvenz des privaten Käufers)	keine Karenzzeit Ausnahme: 6 Monate bei Abschluß eines außergerichtlichen Vergleichs
2.	Ausfuhrrisiken – politische Risiken	6 Monate
	Risiko der Zahlungsabwicklung: KT-Risiken	6 Monate *
	Risiko der Nichtzahlung des öffentlichen Käufers	6 Monate
	– wirtschaftliche Risiken (Insolvenz des privaten Käufers)	keine Karenzzeit Ausnahme: 6 Monate bei Abschluß eines außergerichtlichen Vergleichs
	Zahlungsunwilligkeit des privaten Käufers	maximal 8 Monate **

* Die Frist kann im Einzelfall verkürzt werden bei Ländern, die allgemein Verzögerungen kennen.

** Sobald die Insolvenz des Schuldners durch eine gerichtliche Entscheidung festgestellt ist, tritt der Garantiefall ein.

VII. Die verschiedenen Deckungsformen

Wie jeder anderen Versicherungsgesellschaft stellt sich auch der COFACE das Problem, einerseits die Kundenwünsche hinsichtlich der Ausgestaltung der Policen berücksichtigen zu wollen, andererseits im Geschäftsinteresse

133 Im einzelnen siehe COFACE, Des Assurances pour protéger vos créances à l'étranger, développer vos exportations, prospecter de nouveaux marchés, S. 13 f.

auf eine möglichst breite Risikostreuung achten zu müssen. Das Eingehen auf alle Kundenwünsche würde automatisch dazu führen, daß der COFACE überwiegend „schlechte" Risiken zur Versicherung angetragen würde. Dies würde die Prämiensätze in die Höhe treiben und hierdurch bedingt die Nachfrage nach Garantieleistungen verringern. Im Interesse einer breiten Risikostreuung ist die COFACE deshalb bemüht, eine möglichst große Nachfrage zu erreichen, und zwar sowohl hinsichtlich der Zahl der versicherten Geschäfte wie auch in bezug auf die Risikoarten.[134] Vor allem bei der Versicherung der kurzfristigen Exportkreditrisiken hat das staatliche französische Versicherungssystem anfänglich den Weg der Globalpolice eingeschlagen.[135] Der Exporteur war gezwungen, seine gesamten Exporte innerhalb eines Jahres bei der COFACE zu versichern.[136] Es bestand die Möglichkeit, sich nur gegen das kommerzielle Risiko abzusichern. Der Exporteur konnte das politische Risiko nur versichern lassen, wenn er sich zugleich auch gegen die kommerziellen Risiken absichern ließ.[137] Aufgrund der gegen die Globalpolicen von seiten der Exporteure erhobenen Einwände hat die COFACE 1965 beschlossen, von dem starren Globalprinzip abzugehen und den Kundenwünschen durch die Bildung neuer Policen entgegenzukommen.[138]

Im französischen Exportkreditversicherungssystem richten sich die angebotenen Garantien nur nach der Art der verkauften Güter und der Dauer des Geschäftes,[139] während z.B. in Deutschland die einzelnen Deckungsformen nach der Laufzeit der kreditierten Forderung sowie nach der Bedeutung der laufenden Lieferbeziehungen unterschieden werden.[140] In ihrer praktischen Bedeutung sind die französischen Deckungsformen denen der deutschen jedoch vergleichbar. Die COFACE bietet spezielle Versicherungspolicen für

---

134 Stentzel, a.a.O., S. 68.

135 Bei mittel- oder langfristigen Exportkrediten bestehen schon die Banken auf einem Versicherungsabschluß, so daß hierbei ohnehin alle Kredite versichert werden (Conseil National du Patronat Français, Facilités administratives à l'exportation, S. 44). Hierzu siehe auch OECD, Export Credit Financing Systems, S. 47.

136 Zu einigen Ausnahmen vom Erfordernis der Einbeziehung sämtlicher Exporte siehe COFACE, Statuts et textes régissants la compagnie, S. 7.

137 COFACE, Statuts et textes regissants la compagnie, S. 12.

138 Vgl. Aménagement de l'assurance-crédit court terme, MOCI, Nr. 485 vom 29.9.1965; Assurance-crédit à court terme – la Garantie des exportations courantes, MOCI, Nr. 566 vom 4.7.1966.

139 Vondenhof/Falkenstein/Schlebusch, a.a.O., S. 25.

140 Siehe hierzu oben § 8.

den Verkauf von schweren Investitionsgütern, industriellen Großanlagen oder Bauaufträgen (mittel- und langfristige, individuelle Verträge) und Garantien für Konsumgüter, leichte Investitionsgüter und Serienprodukte (kurzfristige Verträge, entsprechend der laufenden Belieferung) an.[141]

Pauschalgarantien nehmen in Frankreich einen sehr breiten Raum ein. Neben der Konsumgüterausfuhr mit Lieferantenkrediten bei einer Laufzeit von bis zu 180 Tagen erfassen sie auch den Export von leichten Investitionsgütern und Serienfertigungen mit Kreditlaufzeiten von bis zu drei Jahren.[142] Der im deutschen Versicherungssystem für Pauschalgewährleistungen geltende Grundsatz, daß der Exporteur seine gesamten Exportforderungen absichern muß, findet im französischen System nur beschränkte Anwendung.

Die COFACE bietet Pauschalpolicen zum einen in Form einer Globalgarantie (police globale)[143] an, deren globaler Charakter sich nur auf die Deckung der wirtschaftlichen Risiken bezieht.[144] Hinsichtlich der Versicherung der politischen Risiken steht es dem Exporteur grundsätzlich frei, welche der von ihm belieferten Länder er in die Deckung einbeziehen möchte.[145] Hierbei achtet die COFACE jedoch darauf, daß eine tragbare Risikomischung erhalten bleibt.

Zum anderen steht dem Exporteur eine Pauschalpolice in Form einer Dauergarantie (police d'abonnement)[146] zur Verfügung, bei der er frei bestimmen kann, welches Exportgeschäft in die Deckung einbezogen werden soll. Diese Deckungsform wird allerdings nur für Ausfuhrgeschäfte mit einer Kreditlaufzeit zwischen 180 Tagen und drei Jahren gewährt.[147]

COFACE bietet die einheitliche Absicherung aller Risiken bei jeder Form der Pauschalgarantie an. Eine isolierte Deckung der politischen bzw. der wirtschaftlichen Risiken kann im Rahmen der Versicherungspolicen für den Konsumgüterexport gewährt werden. Die Versicherungspolicen für schwere Investitionsgüter und Serienfertigungen erlauben nur in beschränktem Maße eine getrennte Deckung von politischen und wirtschaftlichen Risiken. So

141 Zur Bedeutung der französischen Exportkreditversicherung bei der Außenhandelsfinanzierung siehe Auberger/Drean, Une technique nouvelle de financement du commerce extérieur: le crédit acheteur, S. 161 ff.

142 Ball/Knight, a.a.O., S. 185; Stentzel, a.a.O., S. 70.

143 COFACE, Des Assurances, a.a.O., S. 9.

144 Vondenhof/Falkenstein/Schlebusch, a.a.O., S. 28; Ball/Knight, a.a.O., S. 184; siehe auch die tabellarische Aufstellung der verschiedenen Policen bei Ball/Knight, a.a.O., auf S. 182 f.

145 Stentzel, a.a.O., S. 71; Vondenhof/Falkenstein/Schlebusch, a.a.O., S. 28.

146 COFACE, Des Assurances, S. 9.

147 Vgl. Dunn/Knight, a.a.O., S. 83; Glotzbach, a.a.O., S. 84.

können im Rahmen der Globalgarantien nur die wirtschaftlichen Risiken, bei den Dauergarantien nur die politischen Risiken versichert werden.[148]

Einzeldeckungen (police individuelle)[149] werden von der COFACE nur für den Export schwerer Investitionsgüter im Rahmen mittel- und langfristiger Ausfuhrgeschäfte angeboten.[150]

1. Die Deckung von schweren Investitionsgütern und industriellen Großanlagen

a. Die verschiedenen Versicherungspolicen

Dem französischen Deckungsnehmer stehen für den Export schwerer Investitionsgüter und industrieller Großanlagen sowie allgemein für alle Ausfuhrgeschäfte mit einer Kreditlaufzeit von mehr als drei Jahren drei Formen der Einzeldeckung zur Verfügung:[151]

- für Geschäfte mit öffentlichen Käufern die Versicherungspolice SP[152],
- für Geschäfte mit privaten Käufern die Versicherungspolice PR[153] für die isolierte Deckung der politischen Risiken und
- die Versicherungspolice PRC[154] für die einheitliche Deckung politischer und wirtschaftlicher Risiken bei Geschäften mit privaten Käufern.

Im Rahmen dieser drei Versicherungspolicen können sowohl das Fabrikationsrisiko oder das Ausfuhrrisiko allein oder auch beide Risiken zusammen gedeckt werden.[155]

Verwirklicht sich während der Fabrikationsperiode ein versichertes Risiko, richtet sich die Höhe der Entschädigung nach der Höhe der Herstellungskosten (Selbstkosten) des Exporteurs. Bei Eintritt eines Ausfuhrrisikos

---

148 Stentzel, a.a.O., S. 71; Vondenhof/Falkenstein/Schlebusch, a.a.O., S. 28; Ball/Knight, a.a.O., S. 184.

149 COFACE, Des Assurances, S. 8.

150 Vondenhof/Falkenstein/Schlebusch, a.a.O., S. 28.

151 Vondenhof/Falkenstein/Schlebusch, a.a.O., S. 28; vgl. auch Ball/Knight, a.a.O., S. 182 f.; Stentzel, a.a.O., S. 70; du Page, La pratique de l'exportation, S. 7; Organisation des Nations Unies, Crédit à l'exportation et financement du développement, Première partie: Pratiques et problèmes actuels, S. 22 f.; OECD, Export Credit Financing Systems, S. 46 f.; Scafuro, a.a.O., S. 31.

152 SP ist die Abkürzung für Police acheteurs publics.

153 PR ist die Abkürzung für Police acheteurs privés risques politiques.

154 PRC ist die Abkürzung für Police risques politiques et risques commerciaux.

155 Glotzbach, a.a.O., S. 97; Ball/Knight, a.a.O., S. 37.

bestimmt sich der Verlust nach der Höhe der noch ausstehenden Forderung des Exporteurs. Die Entschädigungssumme wird in beiden Fällen auf der Basis einer Verlustrechnung in französischer Währung berechnet.[156]

b. Die Deckung besonders gelagerter Risiken

aa. Die Deckung von Bankgarantien

Auf Verlangen des Exporteurs versichert die COFACE im Rahmen der Dekkung von schweren Investitionsgütern und industriellen Großanlagen auch Risiken, die im Zusammenhang mit der Übernahme von Bankgarantien für Rechnung des Exporteurs entstehen. Folgende Bankgarantien können in den Deckungsschutz der COFACE miteinbezogen werden:[157]

- Bietungsgarantien bei Teilnahme des Versicherungsnehmers an einer Ausschreibung;
- Vertragserfüllungsgarantien, die eine vertragsgerechte Lieferung bzw. Leistung gewährleisten;
- Auszahlungsgarantien, die gewährleisten, daß die ausgezahlten Beträge zurückerstattet werden, sofern die Lieferung nicht zum richtigen Zeitpunkt erfolgt ist.[158]

Die Bietungsgarantie und die Vertragserfüllungsgarantie kann auch unabhängig von der Garantie für Fabrikations- und Ausfuhrrisiken übernommen werden. Eine Deckung der Auszahlungsgarantie wird von der COFACE dagegen nur im Rahmen der Fabrikationsrisikodeckung angeboten.[159]

Bietungs- und Leistungsgarantien werden von Banken, auch von Versicherungsgesellschaften und einem Zusammenschluß von Versicherungsgesellschaften (SOFRASCAU) gegeben.[160] Die COFACE garantiert die Verpflichtungen, behält sich aber das Rückgriffsrecht auf den Exporteur vor.[161]

---

156 Vondenhof/Falkenstein/Schlebusch, a.a.O., S. 29.

157 Vondenhof/Falkenstein/Schlebusch, a.a.O., S. 30; vgl. auch Stentzel, a.a.O., S. 66 f.; Dunn/Knight, a.a.O., S. 89.

158 Eine ausführliche Beschreibung der verschiedenen Garantien findet sich oben in § 7 I.

159 Weitere Einzelheiten bei Glotzbach, a.a.O., S. 101; vgl. auch COFACE, L'assurance des crédits à l'exportation, S. 25 f.

160 Wilhelms, a.a.O., S. 404.

161 Vgl. OECD, Export Credit Financing Systems, S. 48. Siehe auch MOCI, Nr. 540 vom 31.1.1983, S. 36 ff. („Garantie de marché: c'est le maquis!").

bb. Die Geräte-Deckung

Ferner kann sich der französische Exporteur gegen Risiken absichern, die aus dem Einsatz von Betriebsmitteln in einem fremden Land resultieren, in dem Bauarbeiten durchgeführt werden müssen.[162] Die Deckung dieser Risiken erfolgt nur im Zusammenhang mit der Deckung von Fabrikationsrisiken.[163] Die COFACE deckt die Gefahren der Beschädigung und der Nichtrückführbarkeit der Betriebsmittel, wenn folgende Tatbestände gegeben sind:[164]

- Wiederausfuhrverbot, erlassen von dem Land, in dem die Betriebsmittel eingesetzt wurden;
- Beschlagnahme, Stillegung oder Pfändung durch die Behörden dieses Landes;
- unvorhergesehene Ereignisse, wie Krieg und Naturkatastrophen.

Die Betriebsmittelrisikodeckung wird nur unter der Voraussetzung gewährt, daß die Maschinen und Geräte in dem Land, in dem sie verwendet werden sollen, offiziell zugelassen sind und für den Exporteur keine andere Versicherungsmöglichkeit besteht.[165]

2. *Die Deckung von leichten Investitionsgütern und Serienprodukten*

Für Geschäfte über leichte Investitionsgüter, Serienprodukte oder Produkte, die in der Regel nach Katalog verkauft werden, kann dem französischen Exporteur Deckungsschutz im Rahmen der Policen BE[166] und BI[167] gewährt werden.[168] Diese beiden Versicherungspolicen sehen vor, daß die Laufzeit der Lieferantenkredite maximal drei Jahre beträgt. Das wirtschaftliche Risiko wird bei der Versicherungspolice BI nur gedeckt, wenn das Zahlungsziel

---

162 Vgl. COFACE, L'assurance des crédits à l'exportation, S. 26 f.; Branger, a.a.O., S. 300; Stentzel, a.a.O., S. 65 f.

163 Glotzbach, a.a.O., S. 102.

164 Vondenhof/Falkenstein/Schlebusch, a.a.O., S. 30; Glotzbach, a.a.O., S. 102; vgl. auch MOCI, Nr. 173 vom 3.10.1962 und: Garantie contre le risque de non-réexportation du matériel d'entreprise, L'Usine Nouvelle, Nr. 44 vom 2.11.1967.

165 Vondenhof/Falkenstein/Schlebusch, a.a.O., S. 30.

166 BE ist die Abkürzung für Biens d'Equipement.

167 BI ist die Abkürzung für Biens d'Investissement.

168 Glotzbach, a.a.O., S. 95; vgl. auch OECD, Export Credit Financing Systems, S. 46.

länger als sechs Monate ist. Beide Versicherungspolicen gewähren Deckungsschutz für Ausfuhrrisiken und wahlweise für Fabrikationsrisiken.[169] Die Versicherungspolice BE hat hinsichtlich der Deckung von Ausfuhrrisiken grundsätzlich globalen Charakter.[170] Bezüglich der politischen Risiken ist es dem Exporteur gestattet, die Länder auszuwählen, die in die Deckung miteinbezogen werden sollen.

Bei der Police BI hat der Deckungsnehmer grundsätzlich die Wahl, welche Geschäfte er versichern will. Die Deckung kann nur die politischen Risiken umfassen oder auf wirtschaftliche Risiken ausgedehnt werden. Die wirtschaftlichen Risiken können jedoch nicht allein gedeckt werden.[171]

Im Rahmen der Versicherungspolicen BE und BI werden normalerweise nur Geschäfte mit privaten ausländischen Käufern gedeckt. Durch einen Zusatz (avenant) kann die Deckung auch auf Verträge mit öffentlichen Geschäftspartnern erweitert werden.[172]

Der Selbstbehalt hinsichtlich des wirtschaftlichen Risikos beträgt für die USA, Kanada und einige europäische Staaten 15%, ansonsten generell 20%. Bei den politischen Risiken kann der Deckungsnehmer zwischen einem Selbstbehalt von 10% oder 20% wählen.

Die COFACE leistet Ersatz für einen Fabrikationsschaden, wenn aufgrund eines in der Versicherungspolice aufgeführten Ereignisses die Ausführung des Auftrages sechs Monate lang unterbrochen wird. Ein durch das Ausfuhr-bzw. Kreditrisiko verursachter Schadensfall liegt vor, wenn die Zahlungsunfähigkeit des ausländischen Schuldners durch eine Konkurseröffnung festgestellt werden kann oder wenn sechs Monate nach Abschluß eines außergerichtlichen Vergleichs vergangen sind. Die COFACE verzichtet auf eine juristische Feststellung der Zahlungsunfähigkeit, wenn aufgrund der wirtschaftlichen Lage des ausländischen Schuldners selbst eine teilweise Zahlung unwahrscheinlich ist oder wenn nur so geringfügige Zahlungen im Konkursfalle zu erwarten sind, daß die Konkurskosten nicht gedeckt werden können.[173] Zum Schutz von Exporteuren, deren Kunden in Ländern leben, in denen sich Konkurs- und Vergleichsverfahren ungewöhnlich lange hinziehen, ist außerdem die Vermutung einer Zahlungsunfähigkeit eingeführt worden. Danach gilt ein Schuldner als zahlungsunfähig, wenn er eine Forderung

---

169 Vgl. Ball/Knight, a.a.O., S. 185.

170 Vondenhof/Falkenstein/Schlebusch, a.a.O., S. 31; Glotzbach, a.a.O., S. 96.

171 Stentzel, a.a.O., S. 72; siehe auch Assurance-crédit à l'exportation – exportations de matérials industriels de série et de demi-série, Polices B.I., MOCI, Nr. 588 vom 1.10.1966.

172 Vondenhof/Falkenstein/Schlebusch, a.a.O., S. 31.

173 MOCI, Nr. 418 vom 6.2.1965.

nicht binnen neun Monaten begleicht, deren Rechtsgültigkeit oder Höhe er nicht angefochten hat.[174]

Bei politischen Risiken wird ein Schadensfall anerkannt, wenn aufgrund einer der in der Versicherungspolice vorgesehenen Schadenstatbestände die Forderung des Deckungsnehmers nach Ablauf von sechs Monaten unerfüllt bleibt. Verwirklicht sich das Risiko eines Transferverbotes, so ist die COFACE erst zur Entschädigung verpflichtet, nachdem der Gegenwert der gedeckten Forderung sechs Monate lang in Landeswährung bereitgestellt worden ist und sämtliche für den Transfer erforderlichen Formalitäten erfüllt worden sind.[175]

3. Die Deckung von Konsumgütern

Für den Export von Konsumgütern mit einer Kreditlaufzeit von weniger als 180 Tagen bietet die COFACE die Versicherungspolicen GCP[176], ACS[177] und PCT[178] an, die als Pauschalgarantien qualifiziert werden können.

a. Die Versicherungspolice GCP

Der Versicherungsschutz der Police GCP erstreckt sich auf alle Risken, die nach Versand der Ware auftreten können.[179] Grundsätzlich werden nur die wirtschaftlichen und politischen Ausfuhrrisiken privater Kunden gedeckt.[180] Durch Zusätze (avenants) in der Versicherungspolice können darüber hinaus die Risiken in die Deckung einbezogen werden, die bei Geschäften mit öffentlichen Käufern oder auch im Stadium der Herstellung der Ware auftreten. Entsprechend dem pauschalen Charakter der GCP wird der gesamte Exportumsatz des Versicherungsnehmers von der Deckung umfaßt. Die COFACE akzeptiert jedoch keine Geschäfte, die durch die Bedingung „Zahlung vor Lieferung" oder durch ein unwiderrufliches, in Frankreich bestätigtes Akkreditiv abgewickelt werden.

---

174 MOCI, Nr. 418 vom 6.2.1965.

175 Vondenhof/Falkenstein/Schlebusch, a.a.O., S. 32.

176 GCP ist die Abkürzung für „Police globale – risques commerciaux et politiques".

177 ACS ist die Abkürzung für „Police assurance – crédit simplifié".

178 PCT ist die Abkürzung für „Police – risques politiques, catastrophiques, non transfert".

179 Ball/Knight, a.a.O., S. 184.

180 Stentzel, a.a.O., S. 71; Ball/Knight, a.a.O., S. 184.

Der Exporteur entscheidet zusammen[181] mit der COFACE darüber, welche Geschäfte unter den Versicherungsschutz fallen. Er ist jedoch verpflichtet, mindestens 50% seines Auslandsumsatzes zur Deckung anzutragen.[182] Auf diese Weise will die COFACE sicherstellen, daß eine vernünftige Risikomischung erreicht wird. Hinsichtlich der politischen Risiken hat der Exporteur die Möglichkeit, die Länder auszuwählen, für die Deckungsschutz gewährt werden soll.[183]

Der Selbstbehalt[184] für wirtschaftliche Risiken beträgt 15% oder 20% je nach Bestimmungsland. Ein Selbstbehalt von nur 10% wird festgelegt, wenn das Ausfuhrgeschäft durch eine von der COFACE anerkannte Bankbürgschaft gesichert wird. Das politische Risiko kann nach Wahl des Deckungsnehmers mit 10% oder 20% Selbstbehalt versichert werden, wobei die politischen Risiken pro ausländischem Käufer nur bis zur Höhe des dreifachen Betrages versichert sind, der von der Deckung des wirtschaftlichen Risikos erfaßt wird. Die hierbei bestehende Obergrenze liegt bei FF 3 Mio.

Die „Clients non-nommés-Klausel" ist von der COFACE eingeführt worden, um dem Deckungsnehmer die dringende Lieferung von Proben und Mustern zu ermöglichen.[185] Auch soll vermieden werden, daß der Deckungsnehmer Kosten für eine Bonitätsprüfung des ausländischen Kunden tragen muß, wenn sich die Kreditrisiken nur auf geringe Beträge beziehen. Nach der Clients non-nommés-Klausel kann der Exporteur unter gewissen Umständen seine Ausfuhrgeschäfte mit privaten Kunden ohne vorherige Anfrage bei der COFACE zur Deckung bringen. Unter dem Vorbehalt, daß der Deckungsnehmer keine negativen Auskünfte über die Bonität seines ausländischen Kunden erhält, wird ihm die Deckungszusage der COFACE automatisch erteilt. In den Besonderen Vertragsbedingungen findet sich eine Vereinbarung darüber, bis zu welcher Summe ein Geschäft abgesichert ist. Der Exporteur braucht also nicht die Zustimmung der COFACE für Ge-

---

181 Vondenhof/Falkenstein/Schlebusch, a.a.O., S. 32; COFACE, A Guide to Coface's Facilities, S. 12.

182 Stentzel, a.a.O., S. 71; zu Ausnahmen von der Einbeziehungspflicht siehe Gavalda, a.a.O., Ann., Fasc. 39 bis B, 10 f.; COFACE, L'assurance des crédits à l'exportation, S. 11 f.

183 Assurance-crédit court terme – la Garantie des exportations courantes, MOCI, Nr. 566 vom 4.7.1966.

184 Zum Selbstbehalt siehe Assurance-crédit court terme – la Garantie des exportations courantes, MOCI, Nr. 566 vom 4.7.1966; Vondenhof/Falkenstein/Schlebusch, a.a.O., S. 33; Glotzbach, a.a.O., S. 94.

185 Vondenhof/Falkenstein/Schlebusch, a.a.O., S. 33.

schäfte einzuholen, die unter dieser Summe bleiben.[186] Der Selbstbehalt bzw. die Deckungsquote für wirtschaftliche Risiken liegt allerdings bei 50%.

b. Die Versicherungspolice ACS

Die COFACE bietet in Form der Versicherungspolice ACS eine vereinfachte Pauschaldeckung für den Konsumgüterexport an.[187] Sie ist gedacht für Unternehmen, deren Exporterfahrungen gering sind oder deren Exportumsatz während des letzten Bilanzjahres FF. 1.000.000 nicht übersteigt.[188] Die Laufzeit der Police beträgt zwölf Monate und kann nur einmal verlängert werden. Danach muß sich der Exporteur für eine der anderen von der COFACE angebotenen Deckungsformen entscheiden.

Die Versicherungspolice ACS stellt wie die GCP eine Pauschalgarantie dar. Sie unterscheidet sich aber von der Police GCP in folgenden Punkten:[189]
- die ACS enthält kein Entgeltminimum;
- der Entgeltsatz beträgt unabhängig vom Bestimmungsland des Exports 1% bezogen auf den monatlichen Umsatz des Deckungsnehmers;
- gedeckt ist die teilweise oder völlige Nichterfüllung der Forderung, ganz gleich, ob wirtschaftliche oder politische Gründe Ursache der Nichterfüllung sind oder ob es sich um Geschäfte mit privaten oder öffentlichen Käufern handelt;
- die Karenzzeit beträgt sechs Monate;
- die Selbstbeteiligung liegt unabhängig vom Bestimmungsland des Exports bei 10% für Geschäfte mit öffentlichen Auftraggebern und bei 15% für Geschäfte mit privaten Kunden;
- die Bearbeitungsgebühr beträgt FF 500, darüber hinaus erhebt die COFACE einen Kostenbeitrag von FF 100 pro Versicherungsanfrage für die Überprüfung der ausländischen Kunden.

---

186 Die Clients non nommés-Klausel kann durchaus mit der Selbstprüfungsgrenze bei der reformierten Pauschaldekkung im Rahmen des deutschen Exportkreditversicherungssystems verglichen werden.

187 Vgl. Ball/Knight, a.a.O., S. 184.

188 Vondenhof/Falkenstein/Schlebusch, a.a.O., S. 34; COFACE, A Guide to Coface's Facilities, S. 13.

189 Vondenhof/Falkenstein/Schlebusch, a.a.O., S. 34.

c. Die Versicherungspolice PCT

Die Versicherungspolice PCT erfaßt nur politische Risiken, die nach Versand der Ware auftreten.[190] Weder Schadensfälle während der Fabrikationsperiode noch wirtschaftliche Risiken fallen unter den Deckungsschutz. Dem Deckungsnehmer ist es überlassen, die Länder zu bestimmen, für die der Versicherungsschutz gelten soll. Er hat alle Geschäfte, die er mit Kunden in den von ihm gewählten Ländern tätigt, der COFACE anzudienen. Die Versicherungspolice PCT ist grundsätzlich nur für Geschäfte mit privaten Kunden gedacht. Durch einen Zusatz im Versicherungsvertrag kann der Deckungsschutz jedoch auf alle Geschäfte mit öffentlichen Käufern der in der Police bereits aufgeführten Länder ausgedehnt werden [191]

4. Die Deckung von Dienstleistungen

Die COFACE hat die Versicherungspolice PGS[192] eingeführt, um auch für Forderungen aus Forschungsaufträgen sowie technischer Unterstützung für ausländische Auftraggeber Deckungsschutz gewähren zu können.[193] In die Deckung einbezogen werden Verträge mit einer Abwicklungszeit von maximal zwölf Monaten sowie einer Kreditlaufzeit von maximal drei Jahren.[194] Dem Deckungsnehmer steht es frei, bei Geschäften mit privaten Auftraggebern wirtschaftliche und politische Risiken entweder einzeln oder zusammen versichern zu lassen. Hinsichtlich der wirtschaftlichen Risiken müssen sämtliche Ausfuhrgeschäfte in die Deckung einbezogen werden. Ansonsten entsprechen die Vertragsbedingungen denen der Policen BE und BI.[195]

---

190 Vgl. Glotzbach, a.a.O., S. 95; Ball/Knight, a.a.O., S. 181; 184.

191 Zu weiteren Einzelheiten siehe COFACE, Des Assurances, S. 18 ff. und COFACE, A Guide to Coface's Facilities, S. 13 f.

192 PGS ist die Abkürzung für „Police globale services".

193 Vondenhof/Falkenstein/Schlebusch, a.a.O., S. 35.

194 Ball/Knight, a.a.O., S. 185.

195 Siehe oben § 23 VII.2.

VIII. Entgelt

Der französische Exporteur hat für die Ausfuhrdeckung ein Entgelt (prime) zu entrichten. Während alle staatlichen Exportkreditversicherungen die Entgelte in der Regel so kalkulieren, daß ihr Aufkommen – auf Dauer gesehen – für die zu leistenden Entschädigungen ausreicht,[196] haben einige Dekkungsformen des französischen Systems (z.B. Kostensteigerungsgarantie[197]) eindeutig Subventionscharakter.[198] Das französische System der Entgeltberechnung weist eine Vielzahl von Einzelfaktoren auf. Die Geldsätze und Berechnungsformen werden jedoch nur unvollständig veröffentlicht, so daß mangelnde Transparenz eine „flexible Handhabung" ermöglicht.[199]

Die Höhe des Entgelts bestimmt sich nach verschiedenen Gesichtspunkten. Berücksichtigt werden die Rechtsnatur des Käufers, die Höhe der gedeckten Forderung, die Länge des eingeräumten Kredits, die Zahl der gedeckten Risken, die Deckungsform, die Höhe des Selbstbeteiligungssatzes und die geographische Verteilung der Ausfuhrgeschäfte.[200]

1. Schwere Investitionsgüter und industrielle Großanlagen

Im Bereich der Einzeldeckungen, die insbesondere beim Export schwerer Investitionsgüter Anwendung finden, hat der Exporteur ein „Grundentgelt" (prime de base) und ein „Zeitentgelt" (prime prorata temporis) zu entrichten. Das Grundentgelt wird von Fall zu Fall unter Berücksichtigung der zu deckenden Risiken festgelegt; das Zeitentgelt ist an den gewährten Kredit gebunden.[201]

Zur Berechnung des Grundentgelts sind zunächst die nach Länderkategorien geordneten Richtsätze (taux de base) heranzuziehen. Die Richtsätze sind abhängig von der Kategorie, in der das Importland eingestuft wird, von

196 Dies gilt insbesondere für die staatliche Exportkreditversicherung der Bundesrepublik Deutschland, siehe oben § 16 III.2.

197 Hierzu siehe Dunn/Knight, a.a.O., S. 88; Ball/Knight, a.a.O., S. 186.

198 Vondenhof/Falkenstein/Schlebusch, a.a.O., S. 35 f.; vgl. auch Stahr, Exporthilfe à la française, Absatzwirtschaft 1983, S. 68 ff.

199 Vgl. Stentzel, a.a.O., S. 80; Vondenhof/Falkenstein/ Schlebusch, a.a.O., S. 36; Wilhelms, a.a.O., S. 398.

200 Vgl. Glotzbach, a.a.O., S. 85; Wilhelms, a.a.O., S. 398.

201 Vondenhof/Falkenstein/Schlebusch, a.a.O., S. 36; Stentzel, a.a.O., S. 79 ff. Vgl. auch COFACE, A Guide to Coface's Facilities, S. 16.

der Rechtsnatur des ausländischen Schuldners sowie der Art der gedeckten Risiken.

Richtsätze nach Ländergruppen

Klassifikation des Importlandes	Kategorie				
	1	1b	2	3	4
Öffentliche Käufer	0,4%	0,6%	0,75%	1%	1,2%
private Käufer – politische Risken	0,2%	0,3%	0,375%	0,5%	0,6%
politische und wirtschaftliche Risiken	0,85%	0,3%	1,125%	1,35%	1,55%

Die Richtsätze werden sodann mit der Deckungsquote multipliziert, im Fall des Fabrikationsrisikos zusätzlich mit dem Faktor 2/3. Für den Fall, daß sowohl das Fabrikations- als auch das Ausfuhrrisiko gedeckt werden soll, erhebt die COFACE nur das höhere der beiden Grundentgelte.

Demnach läßt sich die Berechnung des Grundentgelts schematisch folgendermaßen darstellen:

Satz	Bemessungsgrundlage
Fabrikationsrisiko RS x DQ x 2/3	gedeckter Betrag
Kreditrisiko Lieferantenkredit RS x DQ	Summe der Liefer- und Kreditraten (Zinsen inkl.)
Kreditrisiko Finanzkredit RS x DQ	gesamter Kreditbetrag (Zinsen inkl.)

RS = Richtsatz DQ = Deckungsquote

Das vom Deckungsnehmer zu entrichtende Zeitentgelt hängt nicht vom Land des Schuldners, sondern von der Natur der gedeckten Risiken ab.[202] Der Zinssatz beträgt:[203]

0,5% pro Jahr

- für Geschäfte mit öffentlichen Käufern und für Geschäfte, die durch die Bürgschaft einer öffentlichen Einrichtung gesichert sind;
- für Geschäfte, die mit privaten Käufern abgeschlossen werden und gegen politische und wirtschaftliche Risiken gedeckt werden sollen, wenn die Bürgschaft einer von der COFACE anerkannten Bank vorliegt;

202 Vondenhof/Falkenstein/Schlebusch, a.a.O., S. 41 Dunn/Knight, a.a.O., S. 83 f.

203 Vgl. Wilhelms, a.a.O., S. 398.

0,25% pro Jahr für gegen politische Risiken gedeckte Geschäfte mit privaten Kunden;

0,85% pro Jahr für Geschäfte mit privaten Kunden (ohne Bankbürgschaft), bei Deckung der wirtschaftlichen und politischen Risiken.

Darüber hinaus erhebt die COFACE eine Antragsgebühr, die sich nach der Höhe des Auftragswertes richtet und zwischen FF 294 und FF 1.176 liegt.[204]

2. *Leichte Investitionsgüter und Serienprodukte*

Das Entgelt für die Versicherungspolicen BE und BI, die für den Export leichter Investitionsgüter und Serienprodukte bestimmt sind, wird anhand von Richtsätzen bestimmt. Bei der Deckung wirtschaftlicher Risiken hängen die Richtsätze vom Bestimmungsland der exportierten Güter ab, bei der Deckung politischer Risiken richten sie sich nach der Deckungsquote.

Bei der Versicherungspolice BE gelten folgende Richtsätze:[205]

- 0,58% bis 0,95% für die Deckung der wirtschaftlichen und politischen Risiken bei Geschäften mit privaten Käufern;
- 0,42% bis 0,7% für die Deckung des wirtschaftlichen Risikos bei privaten Käufern;
- 0,31% bis 0,5% für die Deckung politischer Risiken bei öffentlichen Käufern (bei einer Deckungsquote von 90%).

Die Entgeltsätze, die für die Versicherungspolice BI erhoben werden, liegen deutlich höher, da es sich nicht um Pauschal-, sondern um Abonnementsgarantien handelt.[206]

Bei der Deckung von Ausfuhrrisiken wird das Entgelt durch Multiplikation des Richtsatzes mit dem gedeckten Forderungsbetrag errechnet. Bei der Berechnung des Entgelts wird ein Zeitfaktor berücksichtigt, der die Versicherungsdauer in Monaten enthält.[207] Eine pauschale Erhöhung des Entgelts um 5% erfolgt, wenn Zinsen in gedeckten Forderungsbeträgen mitberücksichtigt werden.

Bei der Deckung von Fabrikationsrisiken wird der Basissatz mit der Gesamtsumme der Bestellung multipliziert. Auch hier erfolgt die Berechnung unter Berücksichtigung eines Zeitfaktors.

---

204 Stand: April 1991.

205 Vgl. Ball/Knight, a.a.O., S. 185 ff.; Dunn/Knight, a.a.O., S. 83.

206 Vondenhof/Falkenstein/Schlebusch, a.a.O., S. 42; Stentzel, a.a.O., S. 81.

207 Stentzel, a.a.O., S. 81.

Die Antragsgebühr bei der Versicherungspolice BE beläuft sich auf FF 100 bis FF 125. Im Rahmen der Versicherungspolice BI erhebt die COFACE eine zusätzliche Gebühr für jeden Deckungsantrag in Höhe von FF 294 bis FF 1.176.

3. Konsumgüter

Bei der Versicherungspolice GCP bewegen sich die Entgeltsätze in folgendem Rahmen:[208]

Ausfuhrrisikodeckung bei Geschäften mit einer Kreditlaufzeit von bis zu 180 Tagen:

- öffentliche Käufer: 0,483% oder 0,546% (je nach Deckungsquote)
- private Käufer
  - wirtschaftliche Risiken: 0,3% bis 1,2%
  - politische Risiken: 0,242% oder 0,270%

Die Berechnung der Prämien erfolgt auf der Grundlage des Umsatzes, den der Deckungsnehmer der COFACE monatlich melden muß. Für die Deckung wirtschaftlicher Risiken setzt die COFACE eine Mindestprämie pro Versicherungsjahr fest.[209]

Fabrikationsrisikodeckung bei Geschäften mit einer Kreditlaufzeit von bis zu 180 Tagen:

- öffentlicher Käufer: 0,046% bis 0,052%
- private Käufer
- politische Risiken: 0,023% bis 0,029%

Der Entgeltsatz bestimmt sich in seiner Höhe nach dem Auftragswert.

Bei der Versicherungspolice ACS beträgt der Entgeltsatz 1% des Exportumsatzes, dessen Höhe der Deckungsnehmer monatlich der COFACE zu melden hat.[210] Das Entgelt wird hierbei unabhängig vom Bestimmungsland des Exports erhoben. Darüber hinaus hat der Deckungsnehmer eine Antragsgebühr in Höhe von FF 500 zu entrichten.

Im Rahmen der Versicherungspolice PCT wird ein Entgelt von 0,426% des monatlich zu meldenden Exportumsatzes erhoben.[211] Bei Geschäften mit öffentlichen Käufern erfolgt eine Verdoppelung des Prozentsatzes, soweit die bloße Nichtzahlung der Forderung durch den Schuldner gedeckt ist. Fer-

---

208 Vgl. Ball/Knight, a.a.O., S. 184.

209 Vondenhof/Falkenstein/Schlebusch, a.a.O., S. 43.

210 Ball/Knight, a.a.O., S. 184.

211 Ball/Knight, a.a.O., S. 184; Vondenhof/Falkenstein/ Schlebusch, a.a.O., S. 43.

ner hat der Deckungsnehmer bei der Antragstellung eine Gebühr von FF 1.176 und bei der Ausweitung der Garantie auf neue Länder eine Gebühr von FF 470,40 zu zahlen.[212]

Bei allen drei Policen (GCP, ACS, PCT) werden zusätzliche Gebühren für die Überwachung des ausländischen Schuldners erhoben.

§ 24 Die Deckung von gebundenen Finanzkrediten

I. Begriffsbestimmung

Die COFACE deckt für Rechnung des Staates seit 1964 neben Lieferantenkrediten auch sogenannte Finanzkredite (Käuferkredite)[213]. Darunter sind Darlehen zu verstehen, die französische Banken oder Finanzierungsinstitute ausländischen Schuldnern im Zusammenhang mit Exportgeschäften gewähren. Es sollen in der Regel nur solche Finanzkredite gedeckt werden, die der Bezahlung größerer Vorhaben dienen. Hierbei handelt es sich insbesondere um Ausfuhrgeschäfte mit mittel- bzw. langfristiger Kreditlaufzeit, wie die Lieferung von Investitionsgütern. Neben ausländischen Unternehmen kommen als Darlehensnehmer auch ausländische private oder öffentliche Bankinstitute in Betracht, die mit dem Darlehen Barzahlungskäufe refinanzieren.[214]

Die COFACE macht die Deckungszusage davon abhängig, daß der Kreditvertrag zwischen der französischen Bank (Deckungsnehmer) und dem ausländischen Schuldner eine Vereinbarung enthält, wonach die Auszahlung des Darlehensbetrages nicht an den Darlehensnehmer, sondern unmittelbar an den Exporteur zu erfolgen hat.[215] Als weitere Vertragsbedingung kommt hinzu, daß sich der Darlehensnehmer zur Rückzahlung der Mittel verpflichtet und das zugrundeliegende Ausfuhrgeschäft versichert ist.

Der Finanzkredit kann nur soweit in Anspruch genommen werden wie die vertraglich geschuldeten Lieferungen und Leistungen tatsächlich erbracht worden sind. Bei Geschäften mit einer Vertragssumme von mindestens 1 Mio. FF und einer Abwicklungszeit von mehr als neun Monaten hängt

212 Vondenhof/Falkenstein/Schlebusch, a.a.O., S. 35.

213 Vgl. Gavalda, a.a.O., Ann., Fasc. 39 bis B, 14; Branger, a.a.O., S. 302.

214 Glotzbach, a.a.O., S. 103.

215 Diese Bedingung gilt auch für die Übernahme von Deckungen für derartige Finanzkredite im deutschen Versicherungssystem.

dieser Betrag von der Höhe der zur Durchführung und Erfüllung des Vertrages notwendigen Ausgaben ab (System progressiver Zahlungen).[216]

II. Gegenstand der Deckung, gedeckte Risiken

Gegenstand der Deckung ist die im Darlehensvertrag vereinbarte Forderung gegen den ausländischen Schuldner auf Rückzahlung der Darlehensvaluta. Die Haftung der COFACE aus der Garantie beginnt mit der Auszahlung des Kreditbetrages und endet mit dem Eingang des geschuldeten Geldes beim Exporteur.

Zur Deckung gebundener Finanzkredite werden nur Einzelgarantien angeboten: die Police individuelle PR für Transaktionen mit privaten Käufern und die Police individuelle SP für Geschäfte mit öffentlichen Käufern. Der Katalog der Risiken, die wirtschaftliche und politische Schadensfälle verursachen können, ist für Käufer- und Lieferantenkredite identisch.[217]

III. Verbindung zwischen Ausfuhrgeschäft und Finanzkredit

Die Gewährung einer Finanzkreditdeckung wird davon abhängig gemacht, daß der französische Exporteur der COFACE gegenüber eine Regreßverpflichtung eingeht, wonach er für die Rückzahlung des Darlehens einzustehen hat, wenn der ausländische Schuldner unter Berufung auf mangelhafte Vertragserfüllung die Rückzahlung des Darlehens verweigert und der Exporteur diese Mängel zu vertreten hat.[218] Wird die Gewährung des Finanzkredites durch ein System progressiver Zahlungen abgewikkelt, hat der Exporteur der COFACE gegenüber eine Verpflichtungserklärung abzugeben, im Schadensfall und im Rahmen der an die Banken gezahlten Entschädigung die Beträge zurückzuzahlen, die die von ihm getätigten Ausgaben übersteigen.[219] Auf diese Weise soll verhindert werden, daß eine die Versicherungsbedingungen übersteigende Entschädigung geleistet wird. Desweiteren hat der Exporteur dafür Sorge zu tragen, daß die Banken jederzeit die

216 Vondenhof/Falkenstein/Schlebusch, a.a.O., S. 45 f.

217 Siehe oben § 23 II.

218 In Deutschland ist die Gewährung einer Finanzkreditdeckung an den Abschluß einer Regreßvereinbarung zwischen Darlehensgeber und Exporteur gebunden. Siehe hierzu oben § 11 V.

219 Vondenhof/Falkenstein/Schlebusch, a.a.O., S. 47.

Auszahlung des Kredites an die tatsächlich getätigten Ausgaben anpassen können, um so eine Überfinanzierung zu vermeiden.[220]

IV. Selbstbeteiligung, Karenzzeit, Entgelt

Die Selbstbeteiligung beträgt für die politischen und kommerziellen Kreditrisiken einheitlich 5%, ohne daß die Banken die Möglichkeit haben, ihre Selbstbeteiligung auf den Exporteur abzuwälzen. Die Karenzzeit beträgt zwei Monate (acht Monate bei der Zahlungsunwilligkeit eines privaten Schuldners). Die Entgeltsätze für Finanzkreditdeckungen sind grundsätzlich die gleichen wie für die mit Lieferantenkrediten verbundenen Ausfuhrgarantien.[221] Bei einer kombinierten Ausfuhr- und Finanzkreditdeckung wird das Entgelt für jeden Deckungsnehmer getrennt berechnet und erhoben.

§ 25 Die Deckung des Wechselkursrisikos

Der französische Exporteur kann im allgemeinen eine Wechselkursdeckung nur dann beantragen, wenn er einen über französische Währung lautenden Vertrag nicht auszuhandeln und auf dem Devisentransfermarkt die Transaktion nicht ausreichend zu decken vermag.[222] COFACE deckt alle konvertierbaren Währungen (EG-Währungen, US Dollar, Schweizer Franken, Pfund Sterling, Yen, usw.).[223] Wechselkursdeckungen können isoliert oder zusammen mit einer Ausfuhrdeckung übernommen werden.[224]

Die COFACE entschädigt Wechselkursverluste von mehr als 3% in voller Höhe, soweit die Deckungsquote 100% beträgt.[225] Auf Antrag des Exporteurs kann auch eine Deckung mit Selbstbehalt gewährt werden. Führt die Veränderung des Wechselkurses zu einem Kursgewinn für den Exporteur, so hat dieser den oberhalb von 2,25% liegenden Gewinn an die COFACE abzuführen.[226] Bei einer von der COFACE gewährten Garantie mit einer Dek-

220 Vondenhof/Falkenstein/Schlebusch, a.a.O., S. 47.

221 Siehe oben § 23 VIII.

222 Wilhelms, a.a.O., S. 399; OECD, Export Credit Financing Systems, S. 48.

223 Ball/Knight, a.a.O., S. 186; COFACE, A Guide to Coface's Facilities, S. 19.

224 Wilhelms, a.a.O., S. 399.

225 Vondenhof/Falkenstein/Schlebusch, a.a.O., S. 54.

226 Dunn/Knight, a.a.O., S. 89.

kungsquote von weniger als 100% kann der Exporteur den Teil des Kursgewinnes für sich behalten, der dem nicht gedeckten Teilbetrag entspricht.[227]

Die französische Wechselkursgarantie enthält eine Vorlaufzeit von zwölf Monaten, während der sich der Exporteur Deckung auf dem Devisentransfermarkt beschaffen kann.[228] Versichert wird in der Regel der zum Datum der Vertragsunterzeichnung gültige Wechselkurs. Bei Verträgen im Werte von mindestens FF 50 Mio. kann der versicherte Kurs auf das Datum der Unterbreitung des Originalangebotes fixiert werden.[229]

Die COFACE bietet dem französischen Exporteur vier Formen der Wechselkursdeckung an:[230]

I. Die Exporterlösgarantie

Die sogenannte Exporterlösgarantie (Garantie de change sur rapatriements)[231] deckt das Risiko des Exporteurs bzw. seiner Bank im Falle einer Abwertung der ausländischen Devise, in der der Vertrag ausgestellt ist, zwischen Vertragsunterzeichnung und Rückfluß der vom ausländischen Schuldner gezahlten Devisen.[232] Die Exporterlösgarantie wird für die meisten EG-Währungen, den US Dollar, den Schweizer Franken sowie für einige Währungen der Ölländer angeboten. Die COFACE deckt grundsätzlich den am Tag des Vertragsabschlusses notierten Kassakurs.[233] Nimmt der Exporteur an einer öffentlichen Ausschreibung teil, kann unter bestimmten Bedingungen der Kurs am Tag der Angebotsabgabe in Deckung genommen werden. In beiden Fällen muß der Deckungsantrag vor Vertragsabschluß gestellt werden; eine rückwirkende Indeckungnahme des Wechselkursrisikos ist nicht möglich.[234] Voraussetzung für die Deckung des Wechselkurses am Ta-

227 Vondenhof/Falkenstein/Schlebusch, a.a.O., S. 54.

228 Wilhelms, a.a.O., S. 399; vgl. auch Dunn/Knight, a.a.O., S. 89.

229 Wilhelms, a.a.O., S. 399.

230 Siehe zum folgenden MOCI, Nr. 522 vom 27.9.1982, S. 88-91.

231 Die Garantie de change sur rapatriement entspricht der einzigen Deckungsform für Wechselkursrisiken im deutschen Versicherungssystem.

232 Vgl. Ball/Knight, a.a.O., S. 186 f.; OECD, Export Credit Financing Systems, S. 48; COFACE, Des Assurances, S. 17.

233 Vondenhof/Falkenstein/Schlebusch, a.a.O., S. 55.

234 Vondenhof/Falkenstein/Schlebusch, a.a.O., S. 55; COFACE, Des Assurances, S. 17.

ge der Angebotsabgabe ist, daß der Vertrag in den folgenden neun Monaten zustande kommt; andernfalls greift die Gewährleistung nicht ein.

Das Entgelt für die Exporterlösgarantie wird in Form einer prorata temporis-Prämie erhoben.[235]

Der Entgeltsatz beträgt:[236]

- 0,36% pro Jahr für EG-Währungen
- 0,648% pro Jahr für alle anderen Währungen.

Das vom Exporteur zu entrichtende Entgelt wird während des gesamten Zeitraumes zwischen dem Tag des Vertragsabschlusses und der letzten Fälligkeit der Forderung auf die jeweils ausstehenden Forderungsbeträge berechnet. Bei der Wechselkursdeckung bezogen auf den Tag der Angebotsabgabe erhebt die COFACE bereits bei Ausfertigung der Versicherungspolice eine Prämie von 0,05% des zu deckenden Forderungsbetrages, mindestens jedoch FF 2.000. Diese Prämie wird selbst dann nicht von der COFACE erstattet, wenn das Geschäft später nicht zustande kommt.[237]

II. Die Kursgarantie bei Terminverkäufen

Die sogenannte Terminkursgarantie (Garantie du risque de change sur la base du cours à terme à la date de remise de l'offre) deckt Verluste, die der Exporteur bei einem Terminverkauf der erlangten Devisen durch einen Kursverfall der Fremdwährung im Zeitraum zwischen der Abgabe des Vertragsangebotes und dem Terminverkauf selbst erleidet.[238]

Voraussetzung der Gewährleistung ist, daß Zahlung in Dollar, Yen, DM oder Schweizer Franken vereinbart ist. Der Terminkurs der betreffenden Währung muß im Zeitpunkt der Angebotsabgabe höher sein als der Kassakurs. Außerdem muß sich der Exporteur verpflichten, den Gewinn, den er aus der Garantie des Terminkurses zieht – nach Abzug der Versicherungskosten – seinen ausländischen Vertragspartnern in Form von Preisnachlässen zukommen zu lassen.[239]

---

235 Wilhelms, a.a.O., S. 399; Vondenhof/Falkenstein/Schlebusch, a.a.O., S. 55.

236 Vgl. Ball/ Knight, a.a.O., S. 187.

237 Vondenhof/Falkenstein/Schlebusch, a.a.O., S. 56; COFACE, Des Assurances, S. 17.

238 Vgl. Wilhelms, a.a.O., S.400; Ball/Knight, a.a.O., S. 186; COFACE, Des Assurances, S. 18.

239 Vondenhof/Falkenstein/Schlebusch, a.a.O., S. 56; Ball/ Knight, a.a.O., S. 186.

Von der Garantie werden Änderungen des Terminkurses im Zeitpunkt der Vertragsausführung erfaßt, die längstens zwölf Monate dauern darf. Als gedeckter Kurs gilt der Terminkurs zum Zeitpunkt der Angebotsabgabe.[240]

Durch einen Vergleich zwischen dem versicherten Terminkurs und dem tatsächlichen Kurs der Terminverkäufe ergibt sich ein Kursverlust oder -gewinn. Der Exporteur muß die Terminverkäufe innerhalb von fünf Tagen nach Inkrafttreten des Vertrages tätigen; anderenfalls wird derjenige Kurs der Berechnung zugrunde gelegt, zu dem der Exporteur bei Einhaltung der Frist die Zahlung erhalten hätte.[241]

Neben einer Prämie von 0,10% pro Monat und einem Entgelt von 0,30% erhebt die COFACE eine Antragsgebühr von 1/10.000 des Angebotsbetrages, wobei die Antragsgebühr mindestens FF 5.000 und höchstens FF 100.000 beträgt.

III. Die Transfergarantie für Zulieferverträge

Die sogenannte Transfergarantie (Garantie de change sur transferts de devises) deckt Verluste aus Devisentransfers im Rahmen von in Fremdwährung abgeschlossenen Zulieferverträgen, die aus einem Kursanstieg der vereinbarten Fremdwährung resultieren.[242] Gegenstand der Devisentransfergarantie können nur solche ausländischen Zulieferungen und Leistungen sein, die zur Durchführung des Exportgeschäftes notwendig sind, weil sich der französische Exporteur das erforderliche Material unter zumutbaren Bedingungen im eigenen Land nicht beschaffen kann.[243] Die Zulieferverträge müssen mindestens ein Volumen von FF 100.000 aufweisen, um von der COFACE als deckungsfähig anerkannt zu werden.[244] Gedeckt ist der Kurs am Tage der Vergabe des Zuliefervertrages.[245] Der für die Bestimmung der Kursveränderung maßgebliche Wechselkurs ist der Kurs, zu dem die transferierten Devisen gekauft worden sind.[246]

Die übrigen Versicherungsbedingungen, einschließlich der von der COFACE erhobenen Entgelte, entsprechen denen der Exporterlösgarantie.

---

240 Wilhelms, a.a.O., S. 409.

241 Vondenhof/Falkenstein/Schlebusch, a.a.O., S. 56.

242 Vgl. Ball/Knight, a.a.O., S. 186; Wilhelms, a.a.O., S. 399.

243 Vondenhof/Falkenstein/Schlebusch, a.a.O., S. 57.

244 Ball/Knight, a.a.O., S. 186.

245 Wilhelms, a.a.O., S. 409.

246 Vondenhof/Falkenstein/Schlebusch, a.a.O., S. 57.

IV. Die Bürgschaftskursgarantie

Gegenstand einer Bürgschaftskursgarantie (Garantie de change sur caution) können Bankgarantien sein, die im Rahmen eines Exportgeschäftes (Bietungs-, Anzahlungs-, Erfüllungsgarantien usw.) übernommen worden sind.[247] Die COFACE versichert den Verlust einer Bank, der durch die Aufwertung der betreffenden ausländischen Währung zwischen Abgabe der Bürgschaftserklärung und Erfüllung eintritt.[248]

Die Bürgschaftskursgarantie wird wegen der großen Zahl der im Auslandsgeschäft erklärten Bürgschaftsverpflichtungen als Dauerpolice (police d'abonnement) angeboten. Die Laufzeit beträgt ein Jahr.[249] Bei Anzahlungsgarantien ist der gedeckte Kurs der am Tag der Rückführung der Anzahlung notierte Kurs; bei Erfüllungsgarantien ist dies der am Tag der Garantieübernahme notierte Kurs.[250] Ein Selbstbehalt ist nicht vorgesehen, die COFACE deckt also den gesamten Betrag der Garantieübernahme.

§ 26 Besondere Deckungen

Die französische Exportkreditversicherung bietet eine Reihe von Sonderdeckungen an, die dazu gedacht sind, Exportgeschäfte zu erleichtern und nicht unbedingt an die Deckung von Lieferanten- oder Bestellerkrediten gebunden sind.

I. Die Kostensteigerungsgarantie

Die Garantie „risques économiques" sichert den Exporteur gegen das Risiko einer Produktionskostensteigerung im Stadium der Herstellung von Exportgütern ab. Erhöhen sich während der Ausführung eines Auftrages die Produktionskosten, so läuft der Exporteur Gefahr, mit Verlust zu arbeiten.[251]

247 Vgl. Wilhelms, a.a.O., S. 400; Vondenhof/Falkenstein/Schlebusch, a.a.O., S. 57; Dunn/Knight, a.a.O., S. 88.

248 Vondenhof/Falkenstein/Schlebusch, a.a.O., S. 57; COFACE, Des Assurances, S. 19.

249 Wilhelms, a.a.O., S. 409.

250 Vondenhof/Falkenstein/Schlebusch, a.a.O., S. 57.

251 Glotzbach, a.a.O., S. 100 f.

Bedroht sind vor allem Exporteure, die Aufträge größeren Umfangs zu Festpreisen übernommen haben. Deshalb gewährt die COFACE eine Kostensteigerungsgarantie nur, wenn die Produktionsdauer mindestens ein Jahr beträgt.[252] In die Deckung einbezogen werden nur Lieferungen und Leistungen französischen Ursprungs.[253] Weitere Voraussetzung ist, daß es sich um ein Ausfuhrgeschäft in ein Land außerhalb der EG handelt. Außerdem muß der Exporteur nachweisen, daß ihm aufgrund ausländischer Konkurrenz die vertragliche Vereinbarung einer Preisgleitklausel unmöglich ist.[254]

Entschädigt werden Kostensteigerungen oberhalb einer Schwelle von 6,5%.[255] 1977 wurde die Zulassung für Schadensersatzansprüche strenger gestaltet, indem seither die Kostensteigerung nicht mehr anhand des Lohnindexes, sondern unter Zuhilfenahme des Einzelhandelspreisindexes ermittelt wird.[256] Der Entgeltsatz beträgt 1,15% pro Jahr des Deckungsbetrages.[257]

II. Die Versicherung von Investitionen

Die „Garantie des investissements" kommt jenen französischen Unternehmen zugute, die im Ausland investieren, sofern die Investitionen im Zusammenhang mit französischen Exporten stehen.[258] Ausländische Käufer von Industrieanlagen verlangen häufig, daß sich der Exporteur am Kapital ihrer Unternehmen beteiligt.[259] Dies ist beim Handel mit Entwicklungsländern vor allem dann der Fall, wenn der Importeur im Umgang mit den speziellen Industrieanlagen noch unerfahren ist und/oder in der Beteiligungsübernahme eine Gewähr für die reibungslose Arbeit der Anlage sieht.[260]

Die Garantie des investissements kann immer dann gewährt werden, wenn es sich um eine Investition im Bereich des Handels, der Industrie oder der Dienstleistungen handelt, die zum Zeitpunkt der Antragsstellung noch

252 OECD, Export Credit Financing Systems, S. 48.

253 Vgl. auch Wilhelms, a.a.O., S. 404; Glotzbach, a.a.O., S. 101.

254 Vondenhof/Falkenstein/Schlebusch, a.a.O., S. 63.

255 Dunn/Knight, a.a.O., S. 88.

256 OECD, Export Credit Financing Systems, S. 48; Wilhelms, a.a.O., S. 404.

257 Vondenhof/Falkenstein/Schlebusch, a.a.O., S. 63.

258 Stentzel, a.a.O., S. 67; vgl. auch COFACE, Des Assurances, S. 20.; COFACE, A Guide to Coface's Facilities, S. 21.

259 Glotzbach, a.a.O., S. 104.

260 Stentzel, a.a.O., S. 67.

nicht ausgeführt worden ist.[261] Die Investition bzw. Beteiligung kann in Geld- oder Sachmitteln erfolgen.

Es werden lediglich politische Risiken und das Transferrisiko gedeckt; das wirtschaftliche Risiko und das Katastrophenrisiko werden nicht erfaßt.[262] Unter den politischen Risiken sind Eingriffe in die Beteiligungsrechte des Garantienehmers aufgrund politischer Ereignisse (Nationalisierung, Enteignung, Konfiszierung, Zwangsverwaltung, Krieg, Revolution oder Aufstände) zu verstehen.[263] Der Betrag der Deckung orientiert sich am Wert der ursprünglichen Investitionen. Entschließt sich der Exporteur, den Gewinn erneut zu investieren, so kann die Garantie um 100% oder 50% erhöht werden.

Die Laufzeit der Garantie beträgt maximal fünfzehn Jahre; sie wird von dem Zeitpunkt an berechnet, in dem die Hälfte der geplanten Investitionen getätigt ist.[264] Der vom Exporteur zu tragende Selbstbehalt beläuft sich auf 5% des Investitionswertes. Der Entgeltsatz beträgt 0,4% bis 0,6% pro Jahr.

III. Die Messeversicherung

Die „assurance-foire" entschädigt einen Teil der Verluste, die französische Firmen aus der Teilnahme an einer Messe oder einer wirtschaftlichen Veranstaltung in einem Nicht-EG-Land erleiden.[265] Deckungsnehmer können grundsätzlich nur solche Unternehmen sein, die eigene Erzeugnisse oder Dienstleistungen exportieren.

Deckungsgegenstand sind die Kosten für die Teilnahme an einer Handelsmesse:[266]

- Standmiete;
- spezielle Gestaltung des Standes (Handwerkerlöhne, Materialmiete, Installationen);
- Transport (von der Unternehmung zur Messe) der aus Frankreich versandten und ausgestellten Artikel;

---

261 Vondenhof/Falkenstein/Schlebusch, a.a.O., S. 64.

262 Stentzel, a.a.O., S. 67; vgl. auch COFACE, Des Assurances, S. 21.

263 Glotzbach, a.a.O., S. 105; Vondenhof/Falkenstein/Schlebusch, a.a.O., S. 64.

264 COFACE, Des Assurances, S. 21.

265 Vgl. Wilhelms, a.a.O., S. 402; Glotzbach, a.a.O., S. 88; Stahr, Exporthilfe à la française, Absatzwirtschaft 1983, S. 72; MOCI, Nr. 522 vom 27.9.1982, S. 69 („L'assurance-foire").

266 Stentzel, a.a.O., S. 63 f.; Wilhelms, a.a.O., S. 402.

- Verpackung dieser Artikel;
- Hin- und Rückreisen auf direktem Weg von bis zu vier Delegierten;
- Aufenthaltskosten der Delegierten in bestimmter Höhe;
- sämtliche Versicherungen in Verbindung mit Versand der Ausstellungsartikel und Reise der Delegierten (ausgenommen Messesicherung);
- Werbungskosten in Verbindung mit der Messe (Anzeigen, Kataloge, Warenproben) in bestimmter Höhe.

Der Deckungsnehmer erhält bereits bei Ende der kommerziellen Veranstaltung eine vorläufige Entschädigung in Höhe der gedeckten Messekosten abzüglich der Selbstbeteiligung, die 30% bis 50% beträgt.[267] Nach einer Amortisationsperiode, die je nach Versicherungstyp und Deckungsbetrag zwei bis drei Jahre dauert, erfolgt die endgültige Abrechnung. Der Deckungsnehmer muß nun entsprechend den während der Amortisationsperiode in dem Messeland getätigten Umsätzen die erhaltene vorläufige Entschädigung ganz oder teilweise zurückzahlen.[268]

Der Entgeltsatz beträgt 2% der versicherten Ausgaben.

IV. Die Marketing-Versicherung

Im Rahmen der Marketing- oder auch Markterschließungs-Versicherung (assurance-prospection) sichert die COFACE den Exporteur gegen das Risiko finanzieller Verluste, die aus einem gänzlichen oder teilweisen Mißerfolg einer Markterschließungskampagne resultieren.[269] Die Ursache des Mißerfolgs spielt hierbei keine Rolle.[270]

Die Marketing-Versicherung kann grundsätzlich nur für ein Land oder eine Gruppe von Ländern, auf die das französische Unternehmen seine geschäftlichen Interessen konzentriert, gewährt werden.[271] Eine Deckung aus-

---

267 Glotzbach, a.a.O., S. 89; Vondenhof/Falkenstein/Schlebusch, a.a.O., S. 64. Diese Vorauszahlung stellt eine bedeutende Finanzierungshilfe dar.

268 Vgl. im einzelnen COFACE, L'assurance-protection et l'assurance-foire, S. 25.

269 Conseil National du Patronat Français, Facilités administratives à l'exportation, S. 2; vgl. auch Ball/Knight, a.a.O., S. 186 f.; Stahr, a.a.O., S. 71 f.; MOCI, Nr. 522 vom 27.9.1982, S. 67 f.; COFACE, A Guide to Coface's Facilities, S. 7 f.

270 Stentzel, a.a.O., S. 61.

271 COFACE, Des Assurances, S. 23.

schließlich für EG-Länder kann jedoch nicht beantragt werden; auf diese darf nicht mehr als 50% des versicherten Budgets entfallen.[272]

Außer in Fällen sehr spezifischer Operationen – Marktuntersuchung, besonders kostenaufwendige Einzelvorführung von Ausrüstungsgütern – müssen sich die gedeckten Ausgaben in ein Gesamtkonzept zur Förderung des französischen Exports einordnen lassen und dürfen nicht als isolierte Ausgaben anzusehen sein.[273] Zu den von der COFACE gewöhnlich akzeptierten Ausgabenkategorien gehören u.a.:[274]

- Personalkosten einer aufzubauenden Exportabteilung;
- Anpassung von Produkten an die Anforderungen bestimmter Märkte (Studien, Zulassung, Prototypen, Vorserieneinrichtung);
- Marktstudien;
- Reisen, einschl. Gehälter und Soziallasten während ihrer Dauer;
- feste Vergütung lokaler Vertreter;
- Unterhaltung eines ständigen Delegierten, eines Büros oder einer Handelsfiliale im Ausland;
- Vorführungen von Ausrüstungen (insb. Finanzmittelbindung);
- Kostenlose Vorstudien und Angebotsunterbreitungen;
- Werbung jeder Art (Kataloge, Presse, Radio, Fernsehen, Kino, Schaufenster, Werbegeschenke etc.);
- Bemusterungs- und Kollektionskosten;
- Messen/Ausstellungen;
- Praktika und Besuche in Frankreich von ausländischen Vertretern oder Kunden;
- Rechtsberatung;
- Finanzierung der Markterschließungsaktion.

Die COFACE gewährt Versicherungsschutz für mehrere Jahre. Hierbei sind zwei Phasen zu unterscheiden:[275]

Innerhalb der ersten Phase, die auch als Markterschließungsperiode bezeichnet wird[276] und einen Zeitraum von einem Jahr bis zu fünf Jahren umfaßt, erhält der Deckungsnehmer vorläufige Entschädigungsleistungen. In der sich anschließenden Amortisationsperiode, die mindestens genauso lang

272 Vondenhof/Falkenstein/Schlebusch, a.a.O., S. 65; COFACE, A Guide to Coface's Facilities, S. 7.

273 Wilhelms, a.a.O., S. 401; Stentzel, a.a.O., S. 61; Conseil National du Patronat Français, a.a.O., S. 3.

274 Vgl. MOCI, Nr. 522 vom 27.9.1982, S. 67.

275 Vondenhof/Falkenstein/Schlebusch, a.a.O., S. 65; Stentzel, a.a.O., S. 63; Ball/Knight, a.a.O., S. 40.

276 Vgl. Stentzel, a.a.O., S. 63.

ist wie die Markterschließungsperiode,[277] erhält der Deckungsnehmer keine Entschädigungen mehr, sondern kann seinerseits zur Zurückerstattung herangezogen werden.

Alle zwölf Monate wird eine Bilanz erstellt, die sämtliche Ausgaben und den Teil der Verkaufsabschlüsse beinhaltet, die zur Feststellung der Amortisierung der Ausgaben herangezogen werden können. Dieser Teil richtet sich nach einem Amortisierungssatz, der von Fall zu Fall festgelegt wird.[278] Wenn die Gesamtheit der Ausgaben über dem Amortisierungssatz (Anteil aller Verkaufsabschlüsse)[279] liegt, wird der Deckungsnehmer entsprechend seiner Selbstbeteiligung, die zwischen 25% und 50% liegt, entschädigt. Weist die Bilanz einen Gewinn auf, so muß dieser an die COFACE abgeführt werden.[280]

Der Entgeltsatz beträgt 3% der gedeckten Quote[281] der Marktforschungsausgaben.

1. Assurance-prospection simplifiée

Die „assurance-prospection simplifiée" stellt eine vereinfachte Form der Marketing-Versicherung dar. Sie ist vorgesehen für Unternehmen, deren Gesamtumsatz unter 150 Mio. FF liegt.[282] Im Unterschied zur normalen assurance-prospection erfolgt eine pauschale Festlegung des Amortisierungssatzes und des Ausgabenbudgets. Die COFACE deckt ein Ausgabenbudget bis zu 500.000 FF.[283]

Die Versicherungszeit wird zunächst auf ein Jahr festgelegt. Sie kann auf Wunsch des Deckungsnehmers zweimal verlängert werden. Es schließt sich die ergänzende Amortisierungsperiode an, innerhalb derer der Deckungsnehmer frühere Entschädigungszahlungen eventuell zurückerstatten muß.[284]

---

277 Conseil National du Patronat Français, a.a.O., S. 6.

278 Vondenhof/Falkenstein/Schlebusch, a.a.O., S. 65; Stentzel, a.a.O., S. 63; Ball/Knight, a.a.O., S. 187.

279 Weitere Einzelheiten hierzu bei COFACE, L'assurance-protection et l'assurance-foire, S. 8.

280 Ball/Knight, a.a.O., S. 187.

281 Die gedeckte Quote liegt entsprechend der Selbstbeteiligung bei 50% bis 75%; vgl. COFACE, A Guide to Coface's Facilities, S. 7.

282 Ball/Knight, a.a.O., S. 187; vgl. auch MOCI, Nr. 522 vom 27.9.1982, S. 68.

283 COFACE, Des Assurances, S. 24.

284 Vondenhof/Falkenstein/Schlebusch, a.a.O., S. 66.

Der Selbstbehalt wird normalerweise mit 50% festgesetzt; der Entgeltsatz beträgt 1,5% der gedeckten Ausgaben.[285]

2. Assurance-prospection étude de marché

Mit der „assurance-prospection étude de marché" bietet die COFACE eine Versicherungsform an, die die Kosten eines Unternehmens bei der Einführung eines neuen Produkts auf dem ausländischen Markt deckt.[286] Voraussetzung einer Indeckungnahme ist, daß die Einführungskampagne mit Hilfe der ANVAR[287] oder einer anderen öffentlichen Institution durchgeführt wird.

Die Versicherungsdauer beläuft sich auf ein Jahr. Der Selbstbehalt beträgt 25%. Die übrigen Versicherungsbedingungen entsprechen denen der assurance-prospection.

3. Versicherungen für Spezialvorhaben

Schließlich stehen dem französischen Exporteur noch drei weitere Formen der „assurance-prospection" zur Verfügung, die für einzelne Spezialvorhaben gedacht sind.

a. Assurance-demonstration

Die Vorführung von schwerem Material im Ausland verursacht häufig nicht unerhebliche Kosten. Die „assurance-demonstration" deckt die Kosten für Transport und für technisches Personal, die Kosten, die durch den Stillstand des Materials verursacht werden und die Gebühren für die Vorführung.

Versicherungsschutz wird gewährt für einen Zeitraum von zwölf bis achtzehn Monaten. Im Anschluß hieran läuft eine drei- bis fünfjährige Amortisierungsperiode. Der vom Deckungsnehmer zu tragende Selbstbehalt beträgt 50%.

---

285 COFACE, Des Assurances, S. 24.

286 Vondenhof/Falkenstein/Schlebusch, a.a.O., S. 66.

287 Agence Nationale de Valorisation de la Recherche.

b. Assurance-offre

Mit der „assurance-offre" wird eine Deckung für Ausschreibungen über große Industrieanlagen angeboten.[288] Sie soll in Branchen von besonderer Bedeutung für die französische Wirtschaft die Wettbewerbsfähigkeit solcher Unternehmen erhalten, die zwar technisch qualifiziert sind, deren Finanzierungspotential aber für die Realisierung derartiger Projekte nicht ausreicht.[289]

Gedeckt werden die direkten Angebotskosten (Missionen, Studien, Pläne, Kostenanschläge, Übersetzung). Weiter darf der Unternehmer für das fragliche Projekt keinen französischen Konkurrenten haben. Die Selbstbeteiligung liegt bei 50%. Für den Fall, daß der Deckungsnehmer den Auftrag erhält, sind eventuell geleistete Entschädigungszahlungen an die COFACE zurückzuerstatten.[290]

c. Assurance-préétudes

Die „assurance-préétudes" richtet sich ausschließlich an unabhängige, kleine und mittlere Forschungsinstitute und Ingenieurbüros. Im Unterschied zur normalen assurance-prospection, die Ausgaben für Studien und kostenlose Vorentwürfe abdeckt, die im Rahmen einer umfassenden Werbekampagne anfallen, ist die assurance-préétudes für Vorentwürfe im Rahmen von Einzelaktionen vorgesehen.[291]

Von der Deckung werden die Ausgaben erfaßt, die unmittelbar mit der Erstellung kostenloser Vorentwürfe zusammenhängen. Hierbei handelt es sich in etwa um die gleichen Einzelposten wie bei der assurance-offre. Die Versicherungszeit ist auf drei Jahre festgelegt; die Amortisierungsperiode beträgt fünf Jahre. Der Selbstbehalt liegt bei 50%.

288 Stahr, a.a.O., S. 72.

289 Wilhelms, a.a.O., S. 403.

290 Weitere Details siehe MOCI, Nr. 540 vom 31.1.1983, S. 15 f.

291 Vondenhof/Falkenstein/Schlebusch, a.a.O., S. 67.

§ 27 Das Verfahren der Indeckungnahme eines Exportgeschäftes

I. Die Antragstellung

Der französische Exporteur oder das Kreditinstitut, die ein Ausfuhrgeschäft oder einen Auslandskredit decken lassen wollen, müssen spätestens fünfzehn Tage nach Vertragsabschluß bei der COFACE einen entsprechenden Deckungsantrag (demande de garantie) stellen. Wenn ein Ausfuhrkredit mit einer Laufzeit von mehr als fünf Jahren, ein Finanzkredit oder eine Kapitalanlage gedeckt werden soll, ist der Antrag sowohl bei der COFACE als auch bei dem Ausschuß „Long Terme Exportation" der Abteilung für Außenwirtschaftsbeziehungen im Wirtschafts- und Finanzministerium einzureichen. Die hierfür vorgesehenen Antragsformulare sind bei der COFACE erhältlich. Sie enthalten eine Reihe von Fragen, die sich auf das zu deckende Exportgeschäft beziehen.[292]

Der Exporteur hat u.a. Angaben über Firma und Adresse des ausländischen Schuldners, über den Vertragsgegenstand, die vereinbarte Währung, die Zahlungsbedingungen, die zu leistenden Sicherheiten, die Art der zu deckenden Risiken und die bisherigen Geschäftsbeziehungen zu machen.[293]

II. Die Entscheidung über den Antrag

Über die Annahme oder Ablehnung eines Deckungsantrages entscheidet entweder die COFACE selbst oder die Commission des Garanties et du Crédit au Commerce Extérieur, je nachdem, ob COFACE die Deckung auf eigene Rechnung oder für Rechnung des Staates übernimmt.[294] Bei der Deckung für Rechnung des Staates trifft die COFACE lediglich Vorbereitungen. Für die Übernahme von Ausfuhrkrediten mit einer Laufzeit von mehr als fünf Jahren, Finanzkrediten und Kapitalanlagen muß zunächst der Ausschuß „Long Terme Exportation" dem Antrag zustimmen, bevor dieser an die

292 Glotzbach, a.a.O., S. 106.

293 Glotzbach, a.a.O., S. 106.

294 Vgl. die Ausführungen oben § 21 I.

Commission des Garanties weitergeleitet werden kann.[295] Die Commission des Garanties legt dann die Garantiebedingungen im einzelnen fest.

Wenn der Deckungsantrag angenommen wird, gibt die COFACE dem Deckungsnehmer ein Versicherungsversprechen (promesse de garantie), das für einen Zeitraum von sechs Monaten gilt.[296] Sofern noch kein Export- bzw. Darlehensvertrag abgeschlossen worden ist, muß dies innerhalb der Sechs-Monats-Frist geschehen und der COFACE angezeigt werden. Hierbei hat sich der Deckungsnehmer erneut eines hierfür vorgesehenen Antragsformulares zu bedienen, das als Grundlage für die Errichtung der Garantieurkunde dient.

III. Die Aushändigung der Garantieurkunde

Da die COFACE alle Risiken im eigenen Namen deckt, gleichgültig, ob die Deckung für Rechnung des Staates oder auf eigene Rechnung erfolgt, wird die Garantieurkunde in allen Fällen von der COFACE ausgestellt, die allein dem Deckungsnehmer verpflichtet ist.[297]

Die Garantieurkunde besteht in der Regel aus drei Teilen: der Übernahmeerklärung, den Allgemeinen Bedingungen und den Besonderen Bedingungen. Während die Allgemeinen Bedingungen die für alle Policen einer Deckungsform geltenden grundsätzlichen Bestimmungen enthalten, legen die Besonderen Bedingungen die für das jeweilige Exportgeschäft gesondert vereinbarten Modalitäten fest. Hierzu gehören u. a. die Selbstbeteiligung und das zu entrichtende Entgelt. Die von der COFACE und dem Deckungsnehmer unterzeichnete Garantieurkunde wird dem Deckungsnehmer ausgehändigt.

---

295 Vgl. COFACE, L'assurance des crédits à l'exportation, S. 16 f.

296 Zur vergleichbaren vorläufigen Deckungszusage im deutschen System siehe oben § 17 III.2.a.

297 Vgl. Glotzbach, a.a.O., S. 107.

3. Kapitel
Die staatliche Exportkreditversicherung in Großbritannien

§ 28 Geschichtliche Entwicklung

Bereits vor 1914 befaßte sich in Großbritannien die private Warenkreditversicherung – wenn auch in bescheidenem Umfang – mit der versicherungsmäßigen Deckung von Risiken im Exportgeschäft. Deckung wurde jedoch nur gegen einige wirtschaftliche Risiken, insbesondere gegen die Insolvenz des ausländischen Geschäftspartners, gewährt. Die britischen Warenkreditversicherer konnten im Exportkreditversicherungsgeschäft auf größere Erfahrungen zurückblicken; dennoch zogen sie sich bereitwillig aus dem Exportkreditversicherungsgeschäft zurück und überließen die Durchführung gänzlich dem Staat.[1]

Während des Ersten Weltkrieges wurde in Großbritannien eine erste staatliche Exportversicherung, das „War-Risk-Insurance-Office" gegründet, das britische Exporteure gegen Kriegsgefahren schützen sollte.[2] 1919 wurde diese staatliche Stelle in das „Export Credits Guarantee Department" (ECGD) umgewandelt,[3] das organisatorisch dem „Department of Overseas Trade" unterstellt wurde. Das ECGD sollte in erster Linie durch Exporterleichterungen zur Beseitigung der Arbeitslosigkeit beitragen und in zweiter Linie die wirtschaftliche Entwicklung der kleinen Staaten in Mittel- und Südost-Europa, die durch das Ende des Ersten Weltkrieges entstanden waren, fördern.[4]

Dieses erste Export-Kredit-System (Advances Scheme) sah eine Bevorschussung des Exporteurs in Verbindung mit einer Garantiestellung durch den Staat vor. Der britische Exporteur zog auf den ausländischen Käufer ei-

---

1 Lichey, a.a.O., S. 16.

2 Reuter, a.a.O., S. 397.

3 Das ECGD ist damit die älteste Institution innerhalb der „Berner Union"; hierzu siehe unten § 65.

4 ECGD, A History of ECGD, 1919/1979, S. 7.

ne Tratte, ließ sie akzeptieren und verlangte von dem Importeur gleichzeitig eine Sicherheit für den Kredit.[5] Gegen die Verschiffungspapiere erhielt der Exporteur dann von dem ECGD einen Vorschuß in Höhe von 80% des Selbstkostenpreises.

Da die Exportkreditversicherung kaum in Anspruch genommen wurde, kam es je nach der Sicherheitsleistung des ausländischen Abnehmers zu einer Bevorschussung bis zu 100%, bei einer gleichzeitigen Risikobeteiligung des Exporteurs von mindestens 20%.[6] Die Prämien, die im ersten Jahr bei 3%, im zweiten Jahr bei 4% und im dritten Jahr bei 5% lagen, waren für die Exporteure jedoch zu hoch, so daß der Erfolg weiterhin gering war. Dies führte 1921 zu einer vollständigen Reorganisation der britischen Exportkreditversicherung.

Das Advances Scheme wurde durch ein Garantie-System ergänzt. Das ECGD übernahm nunmehr auch die Versicherung gegen Exportrisiken durch Indossieren von Wechseln, die der britische Exporteur auf den ausländischen Abnehmer zog.[7] Je nach der Art des versicherten Geschäfts und der Laufzeit des Kredits betrug die Haftung 42,5% bis 100%. Die Länderliste wurde erweitert und umfaßte nun die ganze Welt. Die beiden Systeme, genannt „Advances" und „First Guarantee"-System, blieben bis 1926 die Grundlage der britischen Exportkreditversicherung.[8]

Ein Gutachten von Fachleuten der Privatversicherung führte in der Folgezeit zu erneuten Reorganisationen der staatlichen Exportkreditversicherung. Da in dem Gutachten u.a. festgestellt wurde, daß von den im Garantiefonds bereitgestellten £ 26 Mio. nur £ 3,5 Mio. ausgenutzt worden waren, setzte man die Entgeltsätze deutlich herunter; sie überschritten nur in Einzelfällen 1% der Haftungssumme. 1932 führte das ECGD, das inzwischen eine unabhängige Behörde geworden war und die bisherigen Garantieformen durch das „Credit Insurance Scheme" abgelöst hatte, die „Comprehensive Guarantee" ein,[9] die in etwa der deutschen Ausfuhr-Pauschal-Gewährleistung entspricht, also den ganzen Jahresumsatz des Exporteurs versichert.[10] Die Höhe der Deckung wurde auf 75% des Ausfuhrwertes festgesetzt. Die Deckung des Transferrisikos wurde erst 1935 durch das „General Transfer Adden-

5 Christopeit, a.a.O., S. 77.

6 Reuter, a.a.O., S. 398.

7 Christopeit, a.a.O., S. 77 f.

8 Vgl. ECGD, A History of ECGD, 1919/1979, S. 8 ff.

9 Vgl. Dieckmann, Das britische Exportfinanzierungssystem, S. 49 ff, der die „Comprehensive Polices" als von der „britischen Kultur geprägte Entscheidungsparameter" betrachtet.

10 Vgl. Christopeit, a.a.O., S. 78; ECGD, A History of ECGD, 1919-1979, S. 17.

dum" eingeführt. Da die staatliche Exportkreditversicherung weder den privaten Versicherungen Konkurrenz machen noch sie ersetzen sollte, schloß man von vornherein die Deckung solcher Risiken im Exportgeschäft aus, die die privaten Unternehmen traditionell bereits versicherten, in erster Linie die Transportversicherung.[11]

Die Inanspruchnahme des ECGD steigerte sich erst mit Beginn der Weltwirtschaftskrise. Bis 1938/39 wurde der Garantiefonds schrittweise auf £ 50 Mio. erhöht, die Inanspruchnahme steigerte sich dabei in etwa gleichem Tempo bis auf £ 43 Mio.[12]

1940 wurden in Großbritannien die „Improved Transfer Risk Facilities" und die „Pre-Shipment Policies" eingeführt.[13] Die Improved Transfer Risk Facility war eine spezielle Versicherung gegen alle Kriegsrisiken. Sie gewährte Deckungsschutz bis zu 90% gegen den Verlust der Ware durch irgendwelche kriegerischen Ereignisse. Die Pre-Shipment Policy sicherte den Exporteur gegen die vergebliche Herstellung der Ware. Damit bot das ECGD dem britischen Exporteur in den Kriegsjahren eine umfassende Absicherung gegen alle möglichen Risiken. Als zusätzliche Maßnahme wurde der Garantiefonds verdoppelt, da aufgrund des Krieges mit einer verstärkten Nachfrage an staatlichen Garantien zu rechnen war. Schließlich ist noch die 1940 eingeführte „All In" War Emergency Policy U zu nennen, die zu 85% bei Insolvenz des Käufers und zu 90% bei allen anderen Gründen den Exporteur gegen die Unmöglichkeit der Auslieferung der Ware seitens des Verkäufers, der Annahme der Ware durch den Käufer und gegen die Insolvenz des Käufers deckte.[14]

Für die Nachkriegsentwicklung sind die Export Guarantees Acts von 1945, 1949, 1951, 1952, 1957, 1959, 1961 und 1970 von maßgeblicher Bedeutung.[15] Die Gesetze führten u.a. die Dollar-Markt-Policen, Zwischenhandelspolicen, Veredelungspolicen, Dienstleistungspolicen und spezielle Bankgarantien ein. Der Garantiefonds wurde im Laufe der Zeit mehrfach erhöht.[16] 1958 beauftragte der britische Wirtschaftsminister einen Ausschuß (Speed Committee) mit der Untersuchung, ob die Exportkreditversicherung einem selbständigen Unternehmen übertragen oder in der bisherigen Form

11 Lichey, a.a.O., S. 18.

12 ECGD, A History of ECGD, 1919-1979, S. 16.

13 Vgl. Christopeit, a.a.O., S. 78.

14 Christopeit, a.a.O., S. 78.

15 Siehe im einzelnen hierzu Reuter, a.a.O., S. 399 Fn. 1; vgl. auch Abel, Exportförderungsmaßnahmen konkurrierender Industrieländer, S. 34.

16 Siehe hierzu Lichey, a.a.O., S. 17 ff.

einer Regierungsbehörde weiterzuführen sei. Das „Speed Committee" sprach sich für die Beibehaltung der geltenden Form aus.[17]

§ 29 Rechtliche Grundlagen

Die staatliche Exportkreditversicherung bietet dem britischen Exporteur Deckungsschutz gegen Risiken, die normalerweise von den privaten Versicherungsgesellschaften nicht erfaßt werden. Die derzeitige gesetzliche Grundlage für die Übernahme dieser staatlichen Ausfuhrrisikogarantien bildet der „Export Guarantees and Overseas Investment Act" von 1978.[18]

Dieses Gesetz ermächtigt den Staatssekretär für Handel und Industrie,[19] nach Rücksprache mit dem Advisory Council[20] und mit Zustimmung des Schatzamtes (Treasury) Exportgarantien von bis zu insgesamt £ 25 Mrd. zu übernehmen.[21] Dieser Rahmen kann durch einen Beschluß des britischen Unterhauses (House of Commons) auf £ 40 Mrd. heraufgesetzt werden. Für Verpflichtungen in ausländischer Währung besteht eine Obergrenze von SDR[22] 15 Mrd., die durch gleichartigen Beschluß auf SDR 25 Mrd. erweitert werden kann.[23] Ein zusätzlicher Rahmen von £ 500 Mio., der auf £ 750 Mio. heraufgesetzt werden kann, ist für die Deckung von Investitionen im Ausland geschaffen worden.

Nach Sektion 1 (1) des Gesetzes von 1978 können Exportgarantien zur Förderung des Außenhandels gewährt werden (for the purpose of encouraging trade with other countries). Antragsberechtigt sind Personen oder Unternehmen, deren geschäftliche Tätigkeit in Verbindung steht mit dem Export, der Herstellung, der Bearbeitung oder mit dem Vertrieb von Waren, mit der Anbietung von Leistungen und jeder anderen Gelegenheit, die dem Se-

---

17 ECGD, A History of ECGD, 1919/1979, S. 26.

18 Vgl. Schmitthoff, Export Trade, S. 395; die wichtigsten Bestimmungen sind abgedruckt bei Dundas, European Export Credit Agencies, in: Robert S. Rendell (ed.), International Financial Law, S. 298.

19 Das Gesetz spricht nur vom Secretary of State.

20 Eine Rücksprache mit dem Advisory Council ist nicht erforderlich bei Vergabe von Garantien im Rahmen von Sektion 2. Zu Sektion 2 siehe im folgenden.

21 Ball/Knight, a.a.O., S. 280.

22 SDR = Special Drawing Rights.

23 1991 lag das Sterling-Limit bei £ 35,5 Mrd. und das Limit für ausländische Währungen bei SDR 25 Mrd.

cretary of State zur Förderung des Außenhandels dienlich erscheint.[24] Nach Sektion 2(1) können Deckungen für Außenhandelsgeschäfte übernommen werden, die im nationalen Interesse liegen (to be expedient in the national interest). Der Unterschied zwischen beiden Sektionen liegt darin, daß im Rahmen von Sektion 1 nur Garantien gewährt werden, wenn die Übernahme von Risiken wirtschaftlich vernünftig ist und im Rahmen von Sektion 2 auch Geschäfte in Deckung genommen werden können, die bei rein wirtschaftlicher Betrachtungsweise zwar zurückgewiesen werden müßten, aber aus Gründen des nationalen Interesses noch Berücksichtigung finden.[25] Der Begriff des „nationalen Interesses" ist im Gesetz nicht definiert. Er wird sehr weit ausgelegt, wobei wirtschaftliche, industrielle, regionale und politische Erwägungen eine Rolle spielen.[26]

In den Sektionen 3 bis 11 des Export Guarantees and Overseas Investment Act von 1978 finden sich die einzelnen Ermächtigungen für die Übernahme der im britischen Exportkreditversicherungssystem möglichen Dekkungen, wie z.B. die Deckung von mittel- und langfristigen Ausfuhrgeschäften (Sektion 3), die Deckung von Bankgarantien (Sektion 4) und die Dekkung von Investitionen im Ausland (Sektion 11).

Der Export Guarantees and Overseas Investment Act erteilt sämtliche Ermächtigungen im Zusammenhang mit der Übernahme von staatlichen Gewährleistungen dem Secretary of State. Sektion 12 dieses Gesetzes bestimmt schließlich, daß das Export Credits Guarantee Department (ECGD) als Behörde des Secretary of State dessen Aufgaben wahrnimmt. Die Gewährung von Deckungsschutz erfolgt dann im Namen und für Rechnung des britischen Staates.[27]

Neben der gesetzlichen Ermächtigungsgrundlage bestehen – wie in anderen Ländern auch – Allgemeine Bedingungen (general conditions), die für jede Deckungsform und für die verschiedenen Deckungsarten die einzelnen Modalitäten festlegen.

---

24 Sektion 1 (2) des Export Guarantees and Overseas Investment Act von 1978.

25 Vgl. Dundas, a.a.O., S. 299. Die oben erwähnten Ermächtigungsrahmen gelten für beide Sektionen, wobei in den letzten Jahren ca. 75% aller Deckungen unter Sektion 1 und ca. 25% unter Sektion 2 fielen (vgl. ECGD, ECGD-Services, S. 48 ff.).

26 Ball/Knight, a.a.O., S. 280; siehe auch Dundas, a.a.O., S. 299.

27 Daher wird irgendeine Form der Rückversicherung nicht benötigt. Rückversicherung wird auch nicht gewährt.

§ 30 Organisation des ECGD

Das ECGD ist eine selbständige Behörde, die dem Staatssekretär für Handel und Industrie (Secretary of State for Trade and Industry) untersteht.[28] Die hohe Anzahl von Anträgen auf Schadensbegleichung in den letzten Jahren gab der britischen Regierung Anlaß zu einer genauen Überprüfung des staatlichen Exportkreditversicherungssystems.[29] Nach einer Reihe von Untersuchungen in den Jahren 1984 und 1985 ergaben sich letztendlich jedoch keine gravierenden Änderungen in der Organisationsstruktur des ECGD. Der Vorschlag des „Mathews Committee", das ECGD in eine Körperschaft des öffentlichen Rechts umzuwandeln, wurde abgelehnt. Einige wenige Änderungen, die mehr die Effizienz der Verwaltung betreffen, sind auf den „Chapman report" von 1985 zurückzuführen. Eine Reihe von Schlüsselpositionen sind nunmehr mit Fachleuten aus der Wirtschaft besetzt, so vor allem die Position des „Chief Executive", der dem ECGD vorsteht und vom Secretary of State benannt wird.[30]

Der Hauptsitz des ECGD ist zweigeteilt; ein Teil befindet sich in der City of London, der andere in Cardiff.[31] Der britische Exporteur wendet sich jedoch zunächst stets an eine der neun Zweigniederlassungen, deren Entscheidungsbefugnisse 1985 deutlich beschnitten worden sind.[32]

Organisatorisch gliedert sich das ECGD in fünf Abteilungen:[33]

1. In die „Comprehensive Group", die für die Übernahme von Pauschalgarantien und die Abwicklung entsprechender Schadensfälle zuständig ist;
2. in die „International Group", die sich mit der Beobachtung der allgemeinen wirtschaftlichen Entwicklungen der Auslandsmärkte befaßt, Verhandlungen über internationale Umschuldungsabkommen führt und die Versicherung von Investitionen betreut;

---

28 Sektion 12 des Export Guarantees and Overseas Investment Act von 1978.

29 Ball/Knight, a.a.O., S. 279.

30 Ball/Knight, a.a.O., S. 279; vgl. auch OECD, Export Credit Financing Systems, S. 135 f.

31 Zu den weiteren Einzelheiten bzgl. der genauen Aufgabenteilung der beiden Abteilungen des „Headquarters" siehe ECGD, ECGD-Services, S. 10.

32 Zu der hierzu geführten Diskussion siehe Ball/Knight, a.a.O., S. 279. Zu den Befugnissen der Zweigniederlassungen vor 1985 siehe Schallehn/Stolzenburg, Abschnitt XII, 1a (7).

33 OECD, Export Credit Financing Systems, S. 137; zur früheren Aufteilung siehe Reuter, a.a.O., S. 402.

3. in die „Project Group", die für die Deckung einzelner Projekte, die Deckung von Geschäften im Flugzeug- und Schiffsbau und für die Gewährung von Bankgarantien einschließlich aller hieraus resultierenden Schadensregulierungen zuständig ist;
4. in die „Resource Management Group", die sämtliche finanziellen Angelegenheiten und die Betreuung der dem ECGD zur Verfügung stehenden Mittel wahrnimmt;
5. in den „Planning and Information Technology Service", der sich mit technologischen Fragen und Problemen des Managements befaßt.

Wie schon erwähnt, steht der „Chief Executive" an der Spitze des ECGD. Er koordiniert sämtliche Abteilungen und vertritt die Entscheidungen des ECGD nach außen.

Wenngleich das ECGD eine Regierungsbehörde ist, hat es doch die Aufgabe, nach kaufmännischen Grundsätzen zu handeln. Es wird von ihm erwartet, das es über die Jahre gesehen einen Ausgleich zwischen seinen Einnahmen (Prämien, Rückflüsse etc.) und seinen Ausgaben (Schadenszahlungen, Verwaltungskosten etc.) herbeiführt und auf diese Weise sich selbst trägt.[34] Das ECGD verfügt nicht über einen bestimmten Fonds. Werden Überschüsse erzielt, so sind diese am Ende des Jahres an die Staatskasse abzuführen.[35]

Das ECGD wird bei der Erfüllung der ihm zuerkannten Aufgaben durch folgende Institutionen Unterstützt:[36]

1. Dem „Export Guarantees Advisory Council", das sich als ein besonderer Ausschuß darstellt, der dem ECGD für den Hauptteil seiner Arbeitstätigkeit – das „kommerzielle Geschäft"[37] – Weisungen erteilt.[38] Das Advisory Council setzt sich aus zehn führenden Persönlichkeiten aus Banken, Handel und Industrie zusammen. Die Mitglieder werden vom

34 ECGD, ECGD and the Bank Manager, S. 5. Das ECGD hat in den letzten Jahren mit nicht unerheblichem Verlust gearbeitet; vgl. die Bilanzen der letzten Jahre, unten § 63. Die Bedeutung des ECGD für die britische Exportwirtschaft ist sehr beachtlich: 1990 deckte es annähernd 25% des britischen Gesamtexports; siehe auch ECGD, Annual Report 1989/90, S. 16 ff.

35 Vgl. OECD, Export Credit Financing Systems, S. 136.

36 Ball/Knight, a.a.O., S. 280.

37 Im Gegensatz zu den Gewährleistungen, die aufgrund eines „nationalen Interesses" gewährt werden.

38 Vgl. auch Sektion 12 (2) des Export Guarantee and Overseas Investment Act von 1978.

Staatssekretär für Handel und Industrie bestimmt und wechseln in einem turnusmäßigen Rhythmus.[39]

2. Der „Project Exports Policy Division", die 1980 ins Leben gerufen wurde und sich aus Bediensteten (civil servants) des Department of Trade and Industry rekrutiert. Diese Kommission soll sicherstellen, daß bei Ausfuhrgeschäften, die eine besondere Unterstützung des Staates verdienen, auch sämtliche Interessen berücksichtigt werden.
3. Dem Schatzamt (Treasury), das einen besonders kritischen Einfluß auf die Aktivitäten des ECGD ausübt. Aufgrund steigender Kosten für die Staatskasse durch zinsverbilligte Exportkredite und durch die Verluste des ECGD in den letzten Jahren,[40] nimmt das Schatzamt eine führende Stellung ein bei der Ausarbeitung von Versicherungspolicen und allgemeinen Veränderungen innerhalb des staatlichen Exportkreditversicherungssystems. Für die Übernahme von Deckungen benötigt das ECGD stets die Zustimmung des Schatzamtes;[41] in der Praxis hat das Schatzamt indessen seine Befugnisse weitgehend an das ECGD delegiert.[42]
4. Dem „Export Credit Guarantee Committee", einem Ausschuß, dem Mitglieder verschiedener Ministerien und der Bank von England angehören.[43] Der Ausschuß trifft sich in regelmäßigen Abständen, um allgemeine Fragen der britischen Exportkreditversicherung und besondere Änderungsvorschläge zu erörtern.[44]

---

39 Siehe auch Report of the Committee to consider the Structure, Functions and Status of the Export Credits Guarantee Department, S. 9 und Scafuro, a.a.O., S. 97.

40 Innerhalb der letzten Jahre arbeitete das ECGD 1981 das letzte Mal mit Gewinn. Im Geschäftsjahr 1989/90 betrug der Verlust £ 3.130 Mio.; vgl. ECGD, Annual Report 1989/90, S. 16.

41 Vgl. Sektion 1 und 2 des Export Guarantee and Overseas Investment Act von 1978.

42 OECD, Export Credit Financing Systems, S. 136; ECGD, ECGD-Services, S. 9.

43 Der Ausschuß ist mit dem „Interministeriellen Ausschuß" Deutschlands und der „Commission des Garanties et du Crédit au Commerce Extérieur" Frankreichs vergleichbar.

44 Vgl. Dunn/Knight, a.a.O., S. 127.

§ 31 Deckungsformen

I. Vorbemerkungen

Aufgrund seiner mehr als 70-jährigen Tätigkeit besitzt das ECGD große Erfahrungen auf dem Gebiet der Exportkreditversicherung. Es stellt dem britischen Exporteur eine Reihe von Deckungsmöglichkeiten in zum Teil sehr günstig ausgestalteter Form zur Verfügung. Abgesehen von den Verlusten der letzten Jahre hat das ECGD in der gesamten Zeit seines Bestehens ein sehr positives finanzielles Ergebnis erzielt.[45] Dieses ist nicht zuletzt auf die reichhaltigen Erfahrungen des ECGD zurückzuführen; dabei hat es vor allem die Erkenntnis, daß eine ausgewogene Risikostreuung (spread of risks) die Voraussetzung für ein ausgewogenes Ergebnis einer Exportkreditversicherungsinstitution ist,[46] frühzeitig in die Praxis umgesetzt: Es hat das „Prinzip der Pauschaldeckung", d.h. der Deckung des gesamten Außenhandelsumsatzes eines Unternehmers, mit dem Erfolg in das System der britischen Exportkreditversicherung eingeführt, daß derzeit ca. 75% des gesamten vom ECGD gedeckten Exports durch Pauschalpolicen abgewickelt werden.[47]

II. Die Pauschalpolice

Die Pauschalpolice (Comprehensive Guarantee)[48] steht im britischen System auch deshalb im Vordergrund, weil vom Gesamtexport der Export von Konsumgütern den größten Anteil ausmacht[49] und das ECGD für die Deckung dieses Exports nur die Pauschaldeckung anbietet. Der Kreis der Kon-

---

45 Vgl. die Angaben über die Jahresabschlüsse des ECGD bei Christopeit, a.a.O., S. 85; Ball/Knight, a.a.O., S. 279; ECGD, Trading Results 1984/85, S. 3 ff.

46 Vgl. Dieckmann, a.a.O., S. 45.

47 ECGD, ECGD-Services, S. 10; siehe auch Hintz, Systeme der Exportfinanzierung, S. 117 und Fry, Finance for Exports, S. 5, der für 1971 einen Prozentsatz von 85 angibt.

48 Zur „Comprehensive Policy" generell siehe Eser, International Exporting Agreements, § 9.05 [4].

49 Vgl. ECGD, Annual Report 1989/90, S. 4 ff.

sumgüter wird dabei weit gezogen. Zu den Konsumgütern zählen z.B. auch Warenarten wie Traktoren, Bagger, Kraftfahrzeuge etc.[50]

Ein Exporteur, der Deckungsschutz im Rahmen einer Pauschalpolice wünscht, hat grundsätzlich seinen gesamten künftigen Export beim ECGD abzusichern. Dies gilt sowohl für gute wie für schlechte Märkte. Die flexible Gestaltung der britischen Pauschalpolice erlaubt es dem Deckungsnehmer jedoch, seinen Export nach bestimmten Märkten von der Andienungspflicht auszuschließen, vorausgesetzt, daß der Export, der in der Andienungspflicht verbleibt, hinsichtlich Warenart sowie Bestimmungsland noch eine vernünftige Mischung ergibt und einen beachtlichen Teil seines Exports darstellt.[51] Entschließt sich der Exporteur für die Herausnahme bestimmter Märkte, so muß er allerdings damit rechnen, daß dies zu einer Erhöhung der Prämie führt und auch von der normalen Pauschalpolice abweichende Konditionen zugrunde gelegt werden.

Der Exporteur hat die Wahl zwischen der Deckung vom Vertragsschluß (Comprehensive Guarantee Contracts) und der Deckung vom Tage der Versendung (Comprehensive Guarantee Shipments).[52] Das ECGD deckt den gesamten Umsatz des Deckungsnehmers für ein Jahr oder – in Einzelfällen – für drei Jahre im voraus und sichert so das gesamte Kurz-Termin-Geschäft ab.[53] Die Comprehensive Guarantee verlängert sich nach Ablauf automatisch um ein Jahr. Wie die entsprechende deutsche Ausfuhr-Pauschal-Gewährleistung kennt auch die Comprehensive Guarantee das Verfahren der „Selbstprüfung".[54] Der Deckungsnehmer braucht also Ausfuhrgeschäfte in bestimmter Größenordnung dem ECGD nicht mitzuteilen, sondern ist hinsichtlich dieser Geschäfte automatisch versichert.[55]

Unter der Comprehensive Guarantee können auch Verkäufe aus im Ausland gehaltenen Konsignationslägern, aus Geschäften über britische Exporthändler, unter Einschaltung eines Confirming Houses und auch Transitgeschäfte gedeckt werden.[56] Die Indeckungnahme erfolgt im Wege eines Zusatzes.

---

50 Vgl. ECGD, ECGD-Services, S. 10.

51 ECGD, ECGD-Services, S. 10 f.

52 ECGD, Merkblatt „Comprehensive Short Term and Extended Terms Guarantees".

53 Christopeit, a.a.O., S. 80.

54 Siehe oben § 9 III.

55 ECGD, ECGD-Services, S. 21.

56 Vgl. ECGD, Merkblatt „Comprehensive Short Term and Extended Terms Guarantees".

Regelmäßig wickelt sich der im Rahmen von Pauschal-Policen gedeckte Export auf kurzfristiger Basis ab (d.h. von Barzahlung bis zu sechs Monaten). Das ECGD ist aber bereit, innerhalb der Pauschaldeckung diese Fristen auszudehnen, also über sechs Monate hinauszugehen (extended terms).[57]

III. Die Einzeldeckung

Die Einzeldeckung (specific guarantee) wird dem britischen Exporteur immer dann angeboten, wenn es sich um die Lieferung von Kapitalgütern oder ganzen Anlagen handelt.[58] Sie stellt eine für das einzelne Geschäft „maßgeschneiderte" Police dar,[59] die aber auch nur in diesen besonderen Fällen zur Anwendung kommt. Der britische Exporteur kann die specific guarantee also nicht – wie im deutschen System – auch für den Export von Konsumgütern und Quasi-Konsumgütern benutzen.

Die Einzeldeckung kann als Deckung „ab Fabrikation" oder „ab Versand", also als Fabrikationsrisikodeckung oder Ausfuhrrisikodeckung gewährt werden.[60] Die gedeckten Risiken entsprechen denen bei der Pauschalpolice; die Deckung hingegen beträgt einheitlich 90% für alle Risiken. In besonderen Fällen, wenn eine Kreditlaufzeit von drei Jahren und mehr vereinbart und schon eine gewisse schadensfreie Zeit verstrichen ist, kann die Deckung auf 100% erhöht werden, ohne daß hierfür eine besondere Prämie erhoben wird. Das ECGD ist bereit, die politischen Risiken separat zu versichern, falls die Deckung der wirtschaftlichen Risiken unakzeptabel erscheint.[61]

Für die einzelnen Exportgeschäfte, die nach ihrem wirtschaftlichen Inhalt besonders ausgestaltet sind, gibt es besondere Typen von Einzelpolicen, z.B.: besondere Policen für Bauleistungsgeschäfte und den Verkauf von

57 Vgl. ECGD, Merkblatt „Comprehensive Short Term and Extended Terms Guarantees"; ECGD, ECGD-Services, S. 25 f.; im einzelnen siehe hierzu unten §§ 32 I.1. u. 32 II.1.

58 Kuhlmann, Länderbeitrag Großbritannien, in: Holthus/Kebschull (Hrsg.), Die Entwicklungspolitik wichtiger OECD-Länder, Bd. 1 S. 326; OECD, Export Credit Financing Systems, S. 138.

59 ECGD, ECGD-Services, S. 71.

60 Kuhlmann, a.a.O., S. 366.

61 OECD, Export Credit Financing Systems, S. 139.

Flugzeugen. Wechselkursversicherungen für Exportkredite werden vom ECGD nicht angeboten.[62]

IV. Deckungsvoraussetzungen

Wie schon erwähnt, verlangt das ECGD bei der Gewährung einer Pauschaldeckung von jedem Deckungsnehmer die Zusammenstellung einer vernünftigen Risikomischung. Die Pauschalpolicen räumen dem Exporteur eine gewisse Ermessensfreiheit ein im Rahmen von Geschäften mit kurzfristiger Kreditlaufzeit;[63] für alle anderen Geschäfte (größere Projekte; mittel- und langfristige Geschäfte; Geschäfte, für die Spezialgarantien zur Verfügung stehen; Bestellerkredite) wird die Kreditwürdigkeit des Käufers oder Kreditnehmers gefordert und, falls erforderlich, das Projekt selbst auf seine Durchführbarkeit untersucht.[64] In einigen Fällen verlangt das ECGD die Stellung einer zusätzlichen Sicherheit in Form einer Bankgarantie.[65]

Das ECGD verfolgt ständig die wirtschaftliche und finanzielle Entwicklung aller Überseemärkte. Für einige Länder setzt es Höchstgrenzen fest, bis zu denen ein einzelnes Geschäft in Deckung genommen werden kann. Oftmals werden dem Exporteur auch Beschränkungen auferlegt, die vor allem die Zahlungsmodalitäten des Ausfuhrgeschäftes betreffen.

Eine Anzahlung bei Lieferung wird ausnahmslos gefordert bei Geschäften mit einer Kreditlaufzeit von über zwölf Monaten. In der Regel sind dies 15 bis 20%, wobei mindestens 5% bei Vertragsschluß zu zahlen sind. Rückzahlungen müssen normalerweise in gleichen halbjährlichen Raten erfolgen. Der Beginn der Rückzahlungen richtet sich hierbei nach den von der Berner Union hierfür aufgestellten Richtlinien.[66] Die Zahlung von Zinsen hat ebenfalls in halbjährlichen Abständen zu geschehen.

---

62 Siehe aber die Versicherung gegen Wechselkursschwankungen in Zusammenhang mit Ausschreibungen für Kapitalgüterkontrakte, § 35 II.

63 ECGD, ECGD-Services, S. 21 f.

64 Das Büro in Cardiff führt eine Kartei mit Informationen über annähernd 200.000 ausländische Käufer und ist somit in den meisten Fällen in der Lage, die Bonität eines Käufers in kurzer Zeit zu beurteilen (vgl. Waxman, Finance of International Trade, S. 259). Siehe hierzu auch Fischer, Die staatliche Exportkreditfinanzierung und -versicherung in Großbritannien und den USA, Wirtschaftsdienst 1956, S. 100.

65 OECD, Export Credit Financing Systems, S. 139.

66 Siehe hierzu unten § 65 III.

Es liegt im Ermessen des ECGD, ob sogenannte „local costs" und „foreign-made elements" in die Deckung miteinbezogen werden oder nicht.[67] Unter den „local costs" sind Aufwendungen zu verstehen, die für Arbeitskräfte, Waren und Dienstleistungen zur Errichtung des Projekts im Ausland zu tätigen sind. Bei den „foreign-made elements" handelt es sich um ausländische Zulieferungen, die zur Erstellung z.B. einer größeren Anlage (Staudamm, Wasserwerk) erforderlich sind.[68] Bei Geschäften mit einer Kreditlaufzeit von bis zu sechs Monaten können local costs und foreign-made elements mitversichert werden, ohne daß hierfür eine betragsmäßige Höchstgrenze bestünde. Bei Geschäften mit einer Kreditlaufzeit von zwei Jahren und mehr dürfen diese Kosten den Wert des eigentlichen Vertrages nicht überschreiten.[69]

Das ECGD soll nicht in Konkurrenz mit den kommerziellen Versicherern treten. Die meisten vom ECGD angebotenen Versicherungspolicen sehen deshalb vor, daß im Schadensfall eine Entschädigung versagt wird, wenn sich ein Risiko verwirklicht hat, daß im Zeitpunkt des Abschlusses des Ausfuhrvertrages von einer anderen staatlichen Institution oder einer kommerziellen Versicherungsgesellschaft hätte abgesichert werden können.[70]

Das ECGD folgt dem Grundsatz, daß Kreditversicherung eine vertrauliche Angelegenheit ist und der Versicherungsnehmer die Tatsache, daß er versichert ist, nicht aufdecken sollte. Es erscheint dem ECGD nicht wünschenswert, den Käufer davon in Kenntnis zu setzen, daß im Falle eines von ihm verschuldeten Schadens der Verkäufer den größten Teil seines Ausfalls ersetzt bekommt.[71] Die Entwicklung der Exportkreditversicherung hat die Wahrscheinlichkeit steigen lassen, daß ein bestimmter Exporteur versichert ist. Es besteht jedoch ein Unterschied zwischen der Wahrscheinlichkeit des Vorliegens einer Versicherung und der absoluten Gewißheit über diese Tatsache.[72] Aus diesem Grund besteht das ECGD normalerweise auf der Geheimhaltung der Indeckungnahme. Andererseits ist beim Bestellerkredit der Käufer sich über die Mitwirkung des ECGD im klaren, so daß in diesem Fall kein Anlaß zur Geheimhaltung besteht.

67 OECD, Export Credit Financing Systems, S. 139.

68 Fry, a.a.O., S. 5 f.

69 OECD, Export Credit Financing Systems, S. 139.

70 Schmitthoff, a.a.O., S. 396.

71 Vgl. ECGD, ECGD-Services, S. 16; siehe auch Waxman, a.a.O., S. 260.

72 Vgl. ECGD, ECGD-Services, S. 16.

§ 32 Die Deckung von Lieferantenkrediten

I. Die Comprehensive Short Term Guarantee

1. Gegenstand und Umfang der Deckung

Der größte Teil des britischen Exportes, vor allem Konsumgüter, wird auf kurzfristiger Basis abgewickelt (d.h. von Barzahlung bis zu sechs Monaten).[73] Die „Comprehensive Short Term Guarantee" (CST Guarantee) ist entwickelt worden, um dem britischen Exporteur eine Versicherung seiner gesamten Geschäfte, die eine Laufzeit von nicht mehr als sechs Monaten haben, zu einer wirtschaftlich vertretbaren Prämie zu ermöglichen.[74]

Sowohl Fabrikanten als auch Händler können eine CST Guarantee beantragen. Die Versicherungsdauer beträgt ein Jahr und verlängert sich bei Ablauf automatisch um ein weiteres Jahr.

Auf Verlangen des Deckungsnehmers wird auch der Zeitraum vom Abschluß des Ausfuhrvertrages bis zum Versand der Ware gedeckt. Diese mit der deutschen Fabrikationsrisikodeckung vergleichbare Zusatzpolice (additional pre-credit cover) ist auf Verträge beschränkt, die den Export der jeweiligen Waren innerhalb eines Zeitraumes von zwölf Monaten ab Vertragsschluß vorsehen. Für Verträge, deren Auslieferungsperiode zwölf Monate überschreitet, steht dem Exporteur die „Supplemental Extended Terms Guarantee" zur Verfügung.[75] Entscheidet sich der Exporteur für die Deckung des Zeitraumes vor Versand (the pre-credit risk), so werden sämtliche von der Pauschalpolice erfaßten Geschäfte in dieser Weise abgesichert; er kann also nicht einzelne Verträge herausnehmen und hierfür eine separate Deckung des „pre-credit risk" beantragen. Das ECGD erhebt für diese zusätzliche Deckung eine Pauschalgebühr von £ 100,-.[76]

Wie der deutsche und der französische Exporteur braucht auch der britische Exporteur die im Rahmen einer Pauschalpolice abgesicherten Geschäfte nicht sämtlich anzuzeigen. Die Einzelheiten eines Geschäftes werden dem ECGD in der Regel erst bekannt, wenn es zum Schadensfall kommt. Bei Ausfuhrgeschäften mit einem Volumen von bis zu £ 250,– unterliegt der bri-

---

73 ECGD, ECGD-Services, S. 21.

74 Vgl. Schmitthoff, a.a.O., S. 397 ff.

75 Hierzu siehe unten § 32 II.

76 ECGD, ECGD-Services, S. 21.

tische Exporteur keinerlei Beschränkungen, vorausgesetzt, es liegen ihm keine nachteiligen Informationen über den ausländischen Vertragspartner vor. Bis zu einem weiteren Limit, das im allgemeinen bei £ 5.000,– festgesetzt wird, darf der Exporteur auf der Grundlage einer positiven Bankauskunft oder der entsprechenden Mitteilung einer Auskunftei über den Käufer Geschäfte abwickeln, ohne das ECGD vorher in Kenntnis zu setzen.[77] Erfahrungen aus früheren Geschäftsbeziehungen mit dem ausländischen Kunden können ebenfalls zur Begründung des Kreditlimits herangezogen werden. Höhere Kreditlimite müssen vom ECGD genehmigt werden. Die einmal festgesetzten Höchstgrenzen bleiben solange bestehen, bis die Garantie ausgelaufen ist oder das ECGD oder der Deckungsnehmer sie widerrufen. Ähnlich der im deutschen System bekannten revolvierenden Deckung[78] rückt ein nachfolgendes Geschäft mit dem ausländischen Käufer in die Deckung ein, sobald das vorhergehende abgewickelt ist.

2. Gedeckte Risiken

Folgende Risiken („causes of loss") werden von der CST Guarantee gedeckt:[79]

- Insolvenz des Käufers,
- Nichtzahlung durch den Käufer bei akzeptierter Ware (protracted default),
- Nichtannahme der verschifften Ware durch den Käufer,
- Konvertierungs- und Transferrisiken (einschließlich Zahlungsverbot und Moratorium),
- Neue Einfuhrverbote oder Aufhebung von erteilten Lizenzen,
- Krieg, Bürgerkrieg etc. im Ausland,
- Neue Ausfuhrverbote.

3. Selbstbeteiligung

Bei den Risiken der Insolvenz des Käufers und der Nichtzahlung (bei akzeptierter Ware) trägt der Exporteur einen Selbstbehalt von 10%.[80] Dies gilt

---

77 ECGD, ECGD-Services, S. 22; vgl. auch Dunn/Knight, a.a.O., S 130.

78 Siehe hierzu oben § 9 II.

79 Vgl. Schmitthoff, a.a.O., S. 398 f.; ECGD, Merkblatt „Comprehensive Short Term and Extended Terms Guarantees".

80 Vgl. Ball/Knight, a.a.O., S. 281; OECD, Export Credit Financing Systems, S. 138 f.

auch für das Risiko der Nichtannahme der verschifften Ware durch den Käufer; allerdings hat der Exporteur hier ein Eigenvorrisiko von 20% zu tragen.[81] Bei allen anderen von der CST Guarantee erfaßten Risiken beträgt der Selbstbehalt 10% für den Zeitraum vor Versand der Ware (pre-credit risk) und 5% für die Zeit nach Versand.

4. Öffentliche Käufer

Handelt es sich bei dem ausländischen Vertragspartner des Deckungsnehmers um einen öffentlichen Käufer (public buyer), so deckt das ECGD zusätzlich das Risiko der Nichtzahlung oder des Vertragsbruchs durch den öffentlichen Käufer, vorausgesetzt, den Deckungsnehmer trifft keinerlei Mitschuld.[82] Unter den Begriff des öffentlichen Käufers fallen zentrale, regionale und lokale staatliche Käufer und auch andere mit staatlichen Aufgaben betraute Einrichtungen, wobei das ECGD darüber entscheidet, ob letztere als öffentlich-rechtlich anzusehen sind. Das ECGD behält sich vor, jeden einzelnen Käufer zu überprüfen. Der vom Exporteur zu tragende Selbstbehalt beträgt 10% für vor Versand eintretende Schadensfälle und 5% für die Zeit nach Versand.[83]

5. Karenzzeiten und Entschädigung

Unter der Voraussetzung, daß der britische Exporteur sämtliche zur Schadensregulierung erforderlichen Unterlagen eingereicht hat, er die Bedingungen der ECGD-Police eingehalten und auch nicht gegen Bestimmungen des Ausfuhrvertrages verstoßen hat, wird die Entschädigung mit dem Tag der Feststellung des Schadens fällig. Im einzelnen bedeutet dies folgendes:[84]

- Bei der Insolvenz des ausländischen Käufers gilt der Schadensfall unmittelbar mit dem Nachweis der Insolvenz als eingetreten, d.h., ECGD wird die Entschädigung des Exporteurs veranlassen, sobald die Insolvenz des

---

81 Vgl. The Chase Manhattan Bank, Chase Guide to Government Export Credit Agencies, S. 134.

82 ECGD, ECGD-Services, S. 23; vgl. auch Sargent, Public and Private Funding in International Trade, in: Lew/Stanbrook (eds.) , International Trade: Law and Practice, S. 131.

83 ECGD, ECGD-Services, S. 23.

84 ECGD, Merkblatt „Comprehensive Short Term and Extended Terms Guarantees".

ausländischen Käufers feststeht und der Exporteur diesbezügliche Nachweise erbracht hat.[85] Eine Karenzzeit besteht folglich nicht.

- Bei der Nichtzahlung (protracted default) besteht eine Karenzzeit von sechs Monaten, die mit dem Tag der Fälligkeit des Kaufpreises zu laufen beginnt.
- Bei der Nichtannahme der verschifften Ware besteht eine Karenzzeit von einem Monat, nachdem der Exporteur die Ware im Selbsthilfeverkauf weiter veräußert hat.
- Verwirklicht sich das Konvertierungs- und Transferrisiko (einschließlich Zahlungsverbot und Moratorium), so hat der Exporteur eine viermonatige Karenzzeit abzuwarten, die, je nachdem, welches der spätere Zeitpunkt ist, entweder mit der Fälligkeit des Kaufpreises oder unmittelbar nach Erfüllung aller für den Transfer erforderlichen Formalitäten zu laufen beginnt.
- Bei allen anderen Risiken beträgt die Karenzzeit vier Monate.

6. *Entgelt*

Das für eine CST Guarantee zu zahlende Entgelt wird individuell berechnet. Maßgeblich sind vor allem die Höhe des jährlichen Gesamtumsatzes des Exporteurs sowie der Umfang des vom ECGD gewährten Kreditlimits. Berücksichtigung finden auch die Kreditwürdigkeit des ausländischen Käufers und die politische Stabilität des Importlandes.[86]

Die Entgeltzahlung erfolgt monatlich.[87] Das ECGD setzt zu Beginn des Versicherungsjahres für jede Police und jeden Deckungsnehmer einen Pauschalsatz fest, der in Verbindung mit den vom Deckungsnehmer jeden Monat zu meldenden Exporten das zu zahlende Entgelt ergibt. Exporteure, die auch das Fabrikationsrisiko in die Deckung mit einbeziehen, müssen hierfür monatlich ein zusätzliches Entgelt entrichten. Die Pauschalsätze können im Laufe eines Versicherungsjahres variieren, wenn das ECGD für bestimmte Märkte nachteilige Erfahrungen macht.

Die Entgeltsätze für eine CST Guarantee bewegen sich zwischen 0,35% und 1,31% p.a. des versicherten Wertes.[88] Garantienehmer, deren versicherte

---

85 Der Nachweis der Insolvenz kann in ähnlicher Weise wie bei der deutschen und französischen Exportkreditversicherung erbracht werden. Im einzelnen siehe Waxman, a.a.O., S. 263.

86 ECGD, ECGD and the Bank Manager, S. 8 f.

87 Vgl. ECGD, ECGD-Services, S. 23; Schmitthoff, a.a.O., S. 402.

88 Vgl. OECD, Export Credit Financing Systems, S. 139. Die durchschnittliche

Exporte nicht mehr als £ 25.000,–pro Jahr betragen, zahlen das Entgelt nicht monatlich, sondern nur einmal im Jahr.[89]

Zusätzlich hat der Exporteur zu Beginn eines jeden Versicherungsjahres eine nicht erstattungsfähige Gebühr zu zahlen, die der Abgeltung der Kosten für die Ausstellung und Handhabung der Police (Gewährung von Kreditlimiten etc.) dient. Diese Gebühr ist nicht ein Fixum für alle Policeninhaber, sondern variiert je nach Größe des Umsatzes und des Umfanges, wie er sich der Dienstleistungen des ECGD bedient. Zur Zeit beträgt diese Gebühr mindestens £ 105,-.[90]

7. Abänderungsrecht des ECGD

In dem Bemühen, den Deckungsschutz solange wie möglich aufrecht zu erhalten, sich gleichzeitig aber vor der Inanspruchnahme wegen übergroßer Risiken zu schützen, behält sich das ECGD das Recht vor, während der Laufzeit der Garantie die Versicherungsbedingungen zu ändern.[91] So kann das ECGD z.B. für bestimmte Märkte eine Beschränkung der Zahlungsbedingungen verlangen, gewisse Risiken von der Deckung ausschließen, den Selbstbehalt des Exporteurs bzw. die Deckungsquote ändern oder die Karenzfristen verlängern. Für Exporte in Länder mit erhöhtem Schadensrisiko erhebt das ECGD einen Zuschlag auf die monatlich zu zahlende Prämie.

II. Die Supplemental Extended Terms Guarantee

1. Gegenstand und Umfang der Deckung

Viele Exportgüter wie z.B. Nutzfahrzeuge, Maschinen, technisches Zubehör und andere Maschinenbauprodukte (engeneering goods) können nur in seltenen Fällen zu den von der normalen CST Guarantee verlangten Konditionen verkauft werden. Aus diesem Grund bietet das ECGD dem britischen

---

Prämie für Pauschaldeckungen ist seit 1954 ständig gesunken, vgl. ECGD, A History of ECGD, 1919/1979, S. 33.

89 Schmitthoff, a.a.O., S. 402.

90 ECGD, Merkblatt „Comprehensive Short Term and Extended Terms Guarantees".

91 ECGD, ECGD-Services, S. 24.

Exporteur die „Supplemental Extended Terms Guarantee" an für Geschäfte mit Kreditlaufzeiten von sechs Monaten bis zu fünf Jahren.[92] In Einzelfällen kann diese Frist auch noch verlängert werden. Die Supplemental Extended Terms Guarantee steht dem Exporteur auch zur Verfügung, wenn er eine Fabrikationsperiode von mehr als zwölf Monaten (gerechnet ab Vertragsschluß) absichern lassen will, unabhängig davon, ob die vereinbarte Kreditlaufzeit sechs Monate überschreitet oder nicht.[93] Diese Garantie kann sowohl vom Lieferanten als auch von einem Händler beantragt werden.

2. *Die Abhängigkeit von der CST Guarantee*

Obwohl die Supplemental Extended Terms Guarantee eine in sich abgeschlossene mit einem eigenen Prämiensystem versehene Garantie ist, kann sie nur in Verbindung mit der CST Guarantee gewährt werden.[94] Der Dekkungsnehmer ist entsprechend dem Pauschalprinzip verpflichtet, alle Geschäfte, die mit ausgedehnten Kreditfristen (extended terms) verbunden sind, anzudienen.[95] Sofern eine vernünftige Risikostreuung (spread of risk) gewährleistet ist, kann er auch einzelne Märkte aus der Deckung herausnehmen.[96] Beschränkungen für bestimmte Märkte, die das ECGD im Rahmen der CST Guarantee aufgestellt hat, gelten ebenfalls für die Supplemental Extended Terms Guarantee, es sei denn, der Exporteur trifft mit dem ECGD hierüber eine besondere Vereinbarung, die allerdings eine erhöhte Prämie zur Folge hat. Die Supplemental Extended Terms Guarantee ist entwickelt worden sowohl für einzelne Geschäfte mit ausländischen Käufern als auch für fortlaufende Geschäfte mit ausländischen Verteilern oder Händlern des britischen Deckungsnehmers. Jedes einzelne zur Deckung angetragene Ausfuhrgeschäft muß vom ECGD gebilligt werden.[97]

---

92 The Chase Manhattan Bank, a.a.O., S. 136; Ball/Knight, a.a.O., S. 282; Waxman, a.a.O., S. 264; Kuhlmann, a.a.O., S. 326.

93 OECD, Export Credit Financing Systems, S. 138.

94 ECGD, ECGD-Services, S. 25.

95 ECGD, ECGD-Services, S. 25.

96 Vgl. hierzu oben § 31 II.

97 Ball/Knight, a.a.O., S. 282.

3. Entgelt

Das für eine Supplemental Extended Terms Guarantee zu zahlende Entgelt wird in anderer Weise festgesetzt als bei der CST Guarantee. Es gibt keine zusätzliche jährlich zu entrichtende Prämie und es wird auch kein Zusatzentgelt für die Fabrikationsdeckung verlangt. Die Höhe des Entgelts richtet sich nach der Laufzeit der vom ECGD gestellten Garantie und nach der Risikogruppe, in die das Käuferland eingestuft wird.[98] Das durchschnittliche Entgelt für eine Supplemental Extended Guarantee liegt zur Zeit bei 2,05% p.a.[99]

III. Die Supplemental Foreign Currency Extended Terms Guarantee

Diese Garantie ergänzt die oben beschriebene Supplemental Extended Terms Guarantee, indem sie Deckungsschutz für Ausfuhrgeschäfte bietet, die in ausländischer Währung abgeschlossen werden. Es handelt sich auch hier um eine in sich geschlossene Versicherungspolice, wobei der Deckungsschutz (Gegenstand und Umfang) und das Entgeltsystem dem der Supplemental Extended Terms Guarantee entsprechen und auch nur in Verbindung mit dieser gewährt wird.[100]

Die gedeckten Ausfuhrgeschäfte müssen eine Kreditlaufzeit von nicht weniger als zwei Jahren und einen Mindestwert von umgerechnet US $ 250.000,– aufweisen. Das vom Exporteur an das ECGD zu entrichtende Entgelt entspricht einem Prozentsatz der gewählten ausländischen Währung und ist in Pfund Sterling zu zahlen. Der bei der Umrechnung anzuwendende Wechselkurs ist den jeweiligen Garantiebedingungen zu entnehmen. Eine eventuelle Schadensregulierung erfolgt in gleicher Weise.[101]

98 Ball/Knight, a.a.O., S. 96; ECGD, ECGD-Services, S. 25.
99 ECGD, ECGD-Services, S. 25.
100 ECGD, ECGD-Services, S. 26.
101 ECGD, ECGD-Services, S. 26.

IV. Der Verkauf von Waren an bzw. durch ausländische Tochtergesellschaften und Beteiligungsgesellschaften

Mit vielen Ländern wird der Handel erleichtert, wenn der Exporteur vor Ort eine Zweigniederlassung gründet, die eine lokale Beteiligung zuläßt. Vor allem in Entwicklungsländern ist in den letzten Jahren der Trend zu beobachten, daß durch eine Beteiligung an ausländischen Gesellschaften die Durchsetzung lokaler Interessen verfolgt wird.[102]

Das ECGD hat sich dieser Entwicklung angepaßt und bietet Deckungsschutz für Warenlieferungen an ausländische Tochtergesellschaften und Beteiligungsgesellschaften, wobei der Umfang der Deckung abhängig gemacht wird von der Einflußnahmemöglichkeit des britischen Exporteurs auf die im Ausland befindliche Gesellschaft.[103]

Für den Handel mit Tochtergesellschaften (subsidiary companies), d.h. Gesellschaften, bei denen der britische Exporteur die Kapitalmehrheit[104] besitzt, ist zu unterscheiden zwischen der Warenlieferung an die Tochtergesellschaft und dem anschließenden Weiterverkauf der Ware durch die Tochtergesellschaft. Für die erste Transaktion gewährt das ECGD Deckungsschutz nur für politische Risiken. Die Weiterveräußerung hingegen unterliegt keiner Deckungsbeschränkung. Sowohl die gedeckten Risiken als auch die Prämien und sonstigen Versicherungsbedingungen entsprechen denen beim Direktverkauf eines britischen Exporteurs an einen ausländischen Kunden.

Für den Handel mit Beteiligungsgesellschaften (associate companies), d.h. Gesellschaften, bei denen der britische Exporteur zwar Anteilseigner ist, aber keine Kapitalmehrheit besitzt, gewährt das ECGD nur Deckungsschutz für Lieferungen des britischen Exporteurs an die im Ausland befindliche Gesellschaft und zwar in der Regel nur für politische Risiken.[105] Auf Wunsch des Exporteurs kann aber auch das Insolvenzrisiko abgesichert werden. Wenn die Beteiligung des britischen Exporteurs an der Gesellschaft besonders gering ist oder Zahlung von dritter Seite garantiert wird, kann im Einzelfall auch uneingeschränkter Deckungsschutz gewährt werden.[106]

---

102 ECGD, ECGD-Services, S. 27.

103 Waxman, a.a.O., S. 264 f.

104 Das ECGD fordert ein „direct controlling interest".

105 Waxman, a.a.O., S. 265.

106 Waxman, a.a.O., S. 265.

V. Die Lager-Garantie

Das britische Exportkreditversicherungssystem kennt wie das deutsche System auch die Versicherung von im Ausland angelegten Warenlagern.[107] Die „Supplementary Stocks Guarantee" steht Exporteuren zur Verfügung, die ihre beabsichtigten Verkäufe im Rahmen einer CST Guarantee versichert haben.[108] Zu den gedeckten Risiken gehören Krieg zwischen Großbritannien und dem Land, in dem sich das Warenlager befindet, Beschlagnahmen durch die Regierung jenes Landes oder der Regierung eines Landes, durch das der Transit der Waren führt. Maßnahmen, die eine Rückführung der Waren verhindern, zählen ebenfalls zu den gedeckten Risiken.[109]

Die Handhabung der Stocks-Policy ist recht einfach. Der Deckungsnehmer und das ECGD vereinbaren zu Beginn der Versicherungsperiode für jedes Land, in dem ein Warenlager angelegt werden soll, einen bestimmten Betrag (stocks limit), der als versicherte Höchstgrenze gilt. Das ECGD verlangt für die Stocks-Policy eine zusätzliche Prämie, die sich erhöht, falls der Exporteur das Warenlager erweitert und entsprechende Deckung begehrt. Die Verpflichtung des ECGD aus der Garantie endet achtzehn Monate nachdem die in das ausländische Lager verbrachten Waren in Großbritannien zur Verschiffung gelangt sind.[110]

Auch für Güter, die zu Demonstrations–bzw. Versuchszwecken vorübergehend ins Ausland gebracht werden, ist Deckungsschutz seitens des ECGD zu erhalten. Diese Absicherungsform ist insbesondere für Aussteller auf Handelsmessen in Übersee von Bedeutung.[111]

VI. Die External Trade Guarantee

Im Rahmen der sogenannten „External Trade Guarantee", die seit 1987 nur noch als Zusatzpolice zur CST Guarantee gewährt wird, erhalten britische

---

107 Siehe oben § 9 IV.1.

108 Vgl. Dieckmann, a.a.O., S. 56 f.; Schmitthoff, a.a.O., S. 407; Waxman, a.a.O., S. 265; zur Entstehungsgeschichte der „Stocks-Policy" siehe Reuter, a.a.O., S. 411.

109 ECGD, ECGD-Services, S. 27 f.; Schmitthoff, a.a.O., S. 403; Waxman, a.a.O., S. 265.

110 Dieckmann, a.a.O., S. 57.

111 ECGD, ECGD-Services, S. 28.

Exporteure[112] Versicherungsschutz für Transitgeschäfte. Die zu liefernden Waren werden direkt vom „Lieferland" ins „Käuferland" verschifft, ohne daß ein entsprechender Import in das Vereinigte Königreich erfolgt.[113] Ausgenommen von dieser Deckung sind gewisse Waren und Güter, die in direkter Konkurrenz mit dem britischen Handel stehen. Entsprechend der CST Guarantee ist der Versicherungsnehmer einer External Trade Guarantee verpflichtet, seine gesamten Transitgeschäfte bzw. einen akzeptablen Teil dieser Geschäfte dem ECGD anzudienen. Als Zahlungsziele dürfen dem Käufer maximal Fristen bis zu sechs Monaten eingeräumt werden.[114]

Der Deckungsumfang der External Trade Guarantee entspricht im wesentlichen dem einer CST Guarantee. Von der Deckung ausgeschlossen sind jedoch folgende Risiken:[115]

- die Nichtannahme der verschifften Ware;
- der protracted default;
- die Verlängerung einer Export-/Importlizenz;
- die Stornierung von bereits gewährten Export-/Importlizenzen.

Auch werden Verluste, die vor der Verschiffung der Ware entstehen, nicht von der Deckung erfaßt. Die Karenzzeit beträgt für alle Risiken zwölf Monate, mit Ausnahme des Insolvenzfalles, der sofort nach Erbringung eines entsprechenden Nachweises entschädigt wird. Die Selbstbeteiligungsquote liegt einheitlich bei 10%. Die Entgeltzahlung erfolgt in gleicher Weise wie bei der CST Guarantee.[116] Aufgrund der negativen Erfahrungen des ECGD mit der Indeckungnahme von Transitgeschäften sind die Prämiensätze für die External Trade Guarantee jedoch höher.[117]

---

112 Neben Herstellern (manufacturers) und Händlern (merchants) erhielten bis zum 31.7.1987 auch Confirming Houses Deckungsschutz im Rahmen der External Trade Guarantee. Wegen zu großer Verluste dieser Confirming Houses bietet ihnen das ECGD Deckungsschutz nur noch unter der CST Guarantee (vgl. Amendment Slip to 1986-87 „ECGD Services").

113 Schmitthoff, a.a.O., S. 403; OECD, Export Credit Financing Systems, S. 138.

114 ECGD, ECGD-Services, S. 29.

115 Dieckmann, a.a.O., S. 58; vgl. auch Waxman, a.a.O., S. 265.

116 Siehe oben § 32 I.6.

117 Dieckmann, a.a.O., S. 58.

VII. Specific Guarantee

Diese Garantie gilt für Exporte von Kapitalgütern und für größere Projekte, die nicht über die Comprehensive Policy abgedeckt werden können.[118] Im Gegensatz zur Pauschalpolice bezieht sich der im Rahmen einer Specific Guarantee[119] erhältliche Versicherungsschutz somit nur auf ein konkretes Geschäft. Die Deckung, die in der Regel 90% beträgt, der Exporteur also einen Selbstbehalt von 10% zu tragen hat, gilt sowohl für die Zeit vor als auch nach Versand der Güter. Wegen der häufig langen Herstellungsdauer der unter einer Specific Guarantee versicherten Güter ist die Nachfrage nach der Deckung der Fabrikationsrisiken entsprechend groß. Die gedeckten Risiken entsprechen weitgehend denen der CST Guarantee,[120] mit Ausnahme des Risikos, daß ein privater Käufer die bereits verschiffte Ware nicht annimmt.[121] Die Kosten für die Errichtung bzw. Aufstellung einer Anlage im Ausland können im Rahmen der Specific Guarantee mitversichert werden, soweit sie nicht im Rahmen einer Services Policy[122] gedeckt werden.

Die Specific Guarantee ist grundsätzlich auf Kontrakte mit Zahlungszielen von bis zu fünf Jahren begrenzt.[123] Ausnahmsweise akzeptiert das ECGD darüber hinaus gehende Zahlungsziele, wenn es sich entweder um besonders aufwendige Projekte mit langer Fabrikationsdauer handelt, oder der Exporteur den Nachweis erbringen kann, daß ausländischen Konkurrenten entsprechender Versicherungsschutz eingeräumt wird.[124] Bei Verträgen mit einer Laufzeit von mehr als drei Jahren kann das ECGD die Deckungsquote ohne Erhebung eines zusätzlichen Entgelts auf 100% erhöhen, wenn

---

118 Vgl. Kuhlmann, a.a.O., S. 326; OECD, Export Credit Financing Systems, S. 138 f.; The Chase Manhattan Bank, a.a.O., S. 134; Ball/Knight, a.a.O., S. 282; Dieckmann, a.a.O., S. 60 ff.

119 Die erste ECGD-Garantie für den Export von Kapitalgütern wurde 1933 zwei britischen Firmen zugesagt. Der zu versichernde Kontrakt mit einem Kontraktwert von zwei Millionen Pfund Sterling sah die komplette Lieferung der Ausrüstung für eine Elektrifizierung der Eisenbahn in der Gegend von Warschau vor (vgl. Dieckmann, a.a.O., S. 60).

120 Siehe oben § 32 I.2.

121 ECGD, ECGD-Services, S. 29.

122 Hierzu siehe unten § 32 X.

123 ECGD, Merkblatt „Specific Guarantee".

124 Diese Anpassung an andere staatliche Exportkreditversicherer wird als „Matching" bezeichnet; vgl. Waxman, a.a.O., S. 262, 265 und oben § 15 II. 4.

bis zu einem gewissen Zeitpunkt keine Schwierigkeiten bei der Vertragsabwicklung aufgetreten sind.[125]

Da es sich bei der Specific Guarantee um eine Einzelpolice handelt, sind für jedes Geschäft Verhandlungen mit dem ECGD über den begehrten Versicherungsschutz zu führen. Es wird dem britischen Exporteur geraten, diese Verhandlungen gleichzeitig mit den Verkaufsverhandlungen zu führen.[126] Das ECGD kann in diesem Fall bestätigen, ob eine Deckung für das Importland grundsätzlich erhältlich ist. Es kann ferner die Kreditwürdigkeit des Käufers feststellen und prüfen, ob die vorgeschlagenen Kreditbedingungen akzeptabel sind. Darüber hinaus macht das ECGD eventuell Auflagen bezüglich der Sicherstellung der im Exportkontrakt vorgesehenen Zahlungen. Hinsichtlich des Prämiensatzes nimmt das ECGD eine Indikation vor.[127]

Die rechtzeitige Kontaktaufnahme zum ECGD führt in der Regel zu einem Deckungsangebot (offer of cover). Es ist im allgemeinen für einen Monat gültig, sofern nicht veränderte Umstände einen vorzeitigen Widerruf herbeiführen. Eine Annahme des „Offer of cover" verpflichtet das ECGD, zu den festgelegten Bedingungen eine Versicherungspolice auszufertigen.[128]

Das vom Exporteur für eine Specific Guarantee durchschnittlich zu zahlende Entgelt liegt mangels Risikomischung (absence of any spread of risk) deutlich über dem für eine Pauschalpolice verlangten Entgelt. Für Geschäfte mit Zahlungszielen von fünf Jahren und einer Fabrikationszeit von bis zu zwei Jahren kann die Prämie bei „schlechten" Märkten bis zu £ 5 von Hundert des Vertragswertes betragen. Bei „gesunden" Märkten wird durchschnittlich eine Prämie von £ 2,5 von Hundert erhoben.[129] Im Einzelfall ist das ECGD bereit, einen Nachlaß zu gewähren. Es muß sich dann um ein größeres Projekt handeln, bei dem die Zahlung nach Fertigstellung einzelner Projektabschnitte erfolgt und das Gesamtrisiko des ECGD im Verhältnis zum Vertragswert gering ist.

Der Versicherungsschutz der Specific Guarantee kann sich grundsätzlich auch auf Fremdwährungskontrakte beziehen. Ferner ist die Absicherung eines zusätzlichen Verlustes aus einem Devisentermingeschäft bzw. einer Kreditaufnahme in Fremdwährung möglich.[130]

---

125 OECD, Export Credit Financing Systems, S. 139.

126 ECGD, ECGD-Services, S. 30.

127 Dieckmann, a.a.O., S. 61 f.; ECGD, ECGD-Services, S. 30.

128 Dieckmann, a.a.O., S. 62; ECGD, ECGD-Services, S. 30.

129 ECGD, ECGD-Services, S. 30; Waxman, a.a.O., S. 265.

130 Siehe hierzu unten § 35.

VIII. Specific Constructional Works Guarantee

Von überseeischen Kunden erhält der britische Fabrikant zuweilen die Anfrage, inwieweit er bereit ist, neben der Lieferung einer Anlage (z.B. einer Recycling-Anlage) auch umfangreiche Arbeiten vor Ort im Rahmen der Errichtung dieser Anlage (hier einer Recycling-Fabrik) vorzunehmen. Sowohl die Warenlieferungen als auch die Übernahme der Dienstleistungen sollen dann in einem Vertragswerk geregelt werden. Vor allem vor dem Hintergrund einer unzureichenden Beschäftigungslage im Inland sind viele britische Fabrikanten mit ihrem besonderen Know-how im Bereich technologisch hoch entwickelter Güter an derartigen Aufträgen sehr interessiert. Mittels einer „Specific Constructional Works Guarantee" kann der britische Fabrikant sowohl den Warenexport als auch die gewünschten Dienstleistungen versichern lassen.[131]

Die Zahlungen im Rahmen eines derartigen Vertrages erfolgen in der Regel gegen Vorlage von Ingenieur-Abnahmebescheinigungen bzw. nach periodischen Abrechnungen. Dementsprechend erstreckt sich die Deckung vor Präsentation der Bescheinigungen/Rechnungen (the pre-credit risk period) auf die entstandenen Kosten, deren Höhe seitens des Auftragnehmers nachzuweisen ist. Nach Vorlage der Bescheinigungen bzw. Rechnungen bezieht sich der Versicherungsschutz auf die ausstehenden Forderungen.[132]

Bezüglich der gedeckten Risiken sowie der Selbstbeteiligungsquote und der Entgeltsätze besteht Übereinstimmung zwischen einer „Specific Constructional Works Guarantee" und einer „Specific Guarantee".

Normalerweise wird in Bauverträgen (construction contracts) kein Fixpreis vereinbart. Außerdem besteht häufig eine begrenzte Verpflichtung des Auftragnehmers Extraarbeiten vorzunehmen. Das ECGD hat durch die Einführung der Specific Constructional Works Guarantee eine Versicherungspolice geschaffen, die diesen Besonderheiten Rechnung trägt. Für die Dekkung der Extraarbeiten wird ein Zusatzentgelt erhoben, von dem 10% bei Abschluß der Hauptarbeiten fällig sind.[133]

---

131 Vgl. Waxman, a.a.O., S. 266; OECD, Export Credit Financing Systems, S. 138; The Chase Manhattan Bank, a.a.O., S. 134.

132 ECGD, ECGD-Services, S. 31; vgl. auch Dieckmann, a.a.O., S. 64.

133 ECGD, ECGD-Services, S. 32.

IX. Die Deckung von Ausrüstungsgegenständen

Bei der Errichtung von Anlagen und der Erbringung von Dienstleistungen im Ausland sind häufig umfangreiche technische Ausrüstungen erforderlich. Diese müssen in das Importland gebracht werden und können erst nach erfolgter Abwicklung des Projektes wieder nach Großbritannien verschifft werden. Es besteht ein weiteres Risiko darin, daß z.B. aufgrund politischer Ereignisse ein Re-Export nicht möglich ist.

Dieses Risiko kann auch beim ECGD versichert werden,[134] sofern die Erbringung der Leistungen im Rahmen irgendeiner Ausprägungsform der „Specific Guarantee" versichert worden ist. Die hierfür vorgesehene „Supplementary (Contractor's Plant) Guarantee" bietet dem Versicherungsnehmer Deckungsschutz für eigene oder von ihm geliehene Ausrüstungsgegenstände. Zu den gedeckten Risiken gehören neben dem Risiko der Unmöglichkeit des Re-Exports aus politischen Gründen auch Krieg und Beschlagnahme, unabhängig davon, ob diese Ereignisse im Importland oder in einem Transitland auftreten.[135]

X. Die Deckung von Dienstleistungsexporten

1. Deckungsgegenstand

Die ECGD „Services Policies" decken die spezifischen Risiken von Dienstleistungen in Übersee ab. Diese Versicherung kann „comprehensive" (umfassend für wiederkehrende Leistungen) oder „specific" (speziell für einen bestimmten Vertrag) abgeschlossen werden. Das Feld der versicherbaren Dienstleistungen ist sehr weit. Hierzu zählen z.B. die technische und fachmännische Beratung durch Ingenieure, Architekten und Geometer, Reparaturen und Umbauten, das Überholen von Flugzeugen und Schiffen, die Veredelung, die Bereitstellung technischen Know-hows unter Lizenz, die Mitarbeit in der Filmbranche, etc.[136] Deckungsvoraussetzung ist, daß die Dienst-

---

134 Vergleichbaren Deckungsschutz bieten auch Hermes und COFACE an; siehe hierzu oben §§ 9 IV.2 u. 23 VII.1.b.bb.

135 ECGD, ECGD-Services, S. 32; vgl. auch Dieckmann, a.a.O., S. 64 f.

136 Vgl. ECGD, Merkblatt „Services Guarantees"; Kuhlmann, a.a.O., S. 326 f.; Schmitthoff, a.a.O., S. 403; The Chase Manhattan Bank, a.a.O., S. 134; Waxman, a.a.O., S. 266.

leistungen entweder im Ausland erbracht werden oder der Nutzen der Dienstleistungen dem Kunden in Übersee zugute kommt.

2. *Die Pauschaldeckung*

Unter der „Comprehensive Services Guarantee" muß der Deckungsnehmer sämtliche Geschäfte, die den Dienstleistungsbereich betreffen, dem ECGD andienen. Er kann jedoch auch hier einen Teil seiner Geschäfte von der Andienungspflicht ausschließen, sofern noch eine vernünftige Mischung hinsichtlich Leistungsart und Bestimmungsland übrig bleibt. Insoweit bestehen keine Unterschiede zur „Comprehensive Guarantee" im Bereich des Warenexports. Der Zeitraum, in dem eine Dienstleistung erbracht werden soll, darf in der Regel zwölf Monate nicht überschreiten; das vereinbarte Zahlungsziel muß unter 180 Tagen liegen.[137] Der Deckungsschutz beginnt, sobald der Deckungsnehmer seine Leistungen dem ausländischen Kunden in Rechnung gestellt hat. Auf Wunsch des Deckungsnehmers kann der Deckungsschutz auch ab Vertragsschluß gewährt werden. Die Geschäftsabschlüsse sind dem ECGD monatlich anzuzeigen.

Die Comprehensive Services Guarantee deckt folgende Risiken:[138]
- Insolvenz des Auftraggebers;
- Nichtzahlung durch den Auftrgaggeber (protracted default);
- Konvertierungs- und Transferrisiken (einschließlich Zahlungsverbot und Moratorium);
- Neue Einfuhrverbote oder Aufhebung von erteilten Lizenzen;
- Krieg, Bürgerkrieg etc. im Land des Auftraggebers;
- Neue Ausfuhrverbote;
- Vertragsbruch durch öffentliche Auftraggeber.

Die Selbstbeteiligungsquote im Schadensfall beträgt 10% bei der Insolvenz des Auftraggebers, beim protracted default und bei allen Risiken, die sich vor Versand der Rechnung (pre-credit period) verwirklichen. Für alle anderen Schadensfälle ist ein Selbstbehalt von 5% festgesetzt worden.[139] Die Karenzzeit beträgt sechs Monate im Nichtzahlungsfall (protracted default) und – mit Ausnahme des Insolvenzfalles, für den keine Karenzzeit besteht – vier Monate für die übrigen Schadensfälle. Die Entgeltzahlung erfolgt nach den gleichen Grundsätzen, die auch bei einer CST Guarantee gel-

---

137 ECGD, ECGD-Services, S. 32.

138 ECGD, Merkblatt „Services Guarantees".

139 ECGD, ECGD-Services, S. 33.

ten, wobei die jährlich zu entrichtende Gebühr mindestens £ 195,– beträgt.[140]

Die Comprehensive Services Guarantee ist unter den gleichen Abwandlungen erhältlich, die das ECGD auch im Rahmen einer CST Guarantee anbietet.[141]

3. Die Einzeldeckung

Dienstleistungen, die von einem Unternehmen nicht im Rahmen gleichartiger und sich wiederholender Geschäfte erbracht werden, oder für die Dekkungsschutz unter einer Pauschalpolice nicht erhältlich ist, z.B. eine Industrieberatung (consulting engineer's services) in Verbindung mit der Erstellung einer größeren Industrieanlage, können durch eine Einzel- bzw. Spezialdeckung (specific cover) abgesichert werden.[142] Die „Specific Services Guarantee" deckt den gesamten Zahlungsanspruch des britischen Unternehmers aus dem Dienstleistungsvertrag. Die gedeckten Risiken entsprechen denen der Comprehensive Services Guarantee, die Selbstbeteiligungsquote liegt jedoch einheitlich bei 10%.

4. Deckung für Leasinggeschäfte

Der britische Exporteur erhält Deckungsschutz für Leasinggeschäfte im Rahmen der Services Guarantees. Für das „Finance Leasing"[143] oder „Full payout Leasing", das effektiv eine Ersatzform des Kaufes darstellt, steht ihm die „Specific Shipments Hiring Policy" zur Verfügung.[144] Der Dekkungsschutz dieser Police, von der alle Warenarten wie z.B. Textilmaschinen, Nutzfahrzeuge, Container etc. erfaßt werden, bezieht sich auf die noch ausstehenden Leasingraten. Folgende Risiken werden hierbei abgesichert:
- Insolvenz des Leasingnehmers;
- Nichtzahlung durch den Leasingnehmer;

140 ECGD, Merkblatt „Services Guarantees".

141 Siehe oben § 32 II.

142 Vgl. Waxman, a.a.O., S. 266; The Chase Manhattan Bank, a.a.O., S. 134; Schmitthoff, a.a.O., S. 403.

143 Zum Begriff des „Finance Leasing" siehe die Ausführungen zur deutschen Exportkreditversicherung in § 9 IV.3.

144 ECGD, Merkblatt „Services guarantees".

- staatliche Maßnahmen , die den Transfer von Leasingraten verzögern oder verhindern;
- Krieg zwischen dem Importland und Großbritannien;
- Krieg, Bürgerkrieg, etc. im Importland.

Die sonstigen Bedingungen der Specific Shipments Hiring Policy stimmen mit denen der Specific Services Guarantee überein.

Geschäfte in Form des „Operating Leasing"[145], bei denen die Waren im Eigentum des Leasinggebers verbleiben und die keine Alternative zum Kauf der Waren darstellen, können entweder unter der Comprehensive Services Guarantee oder der Specific Services Guarantee versichert werden.[146] Im Gegensatz hierzu bietet die deutsche Exportkreditversicherung für Operating Leasingverträge keinen Deckungsschutz.[147]

§ 33 Finanzierungs-Garantien

Neben den verschiedenen Formen der Abdeckung von Risiken im Rahmen der Exportfinanzierung ist ein bedeutender Wettbewerbsfaktor allerdings die eigentliche Finanzierung von Exportgeschäften.[148] Insbesondere bei Investitionsgüterlieferungen in Entwicklungsländer setzt sich der Exporteur durch, der die günstigsten Finanzierungskonditionen bieten kann.[149] Das ECGD selbst übernimmt nicht die Finanzierung von Exporten; es kann dem Exporteur aber durch Bereitstellung von Finanzierungs-Garantien, die im Falle ei-

145 Zum Begriff des „Operating Leasing" siehe die Ausführungen zur deutschen Exportkreditversicherung in § 9 IV.3.

146 ECGD, Merkblatt „Services Guarantees".

147 Siehe oben § 9 IV.3.

148 Das britische Exportkreditversicherungssystem ist sehr stark mit der Finanzierung des britischen Exportes verknüpft (vgl. Committee to consider the Structure, Functions and Status of the Export Credits Guarantee Department (ECGD), a.a.O., S. 15). Dabei wird deutlich zwischen der Finanzierung des Lieferantenkredits und der des Bestellerkredits unterschieden. Dieser Unterscheidung soll auch hier gefolgt werden. Zu anderen „klassischen" Exportförderungsmaßnahmen in Großbritannien siehe Wilhelms, Das Exportförderungssystem Großbritannien, Aktuelle Absatzwirtschaft 1964 II, S. V ff.; OECD, Export Credit Financing Systems, S. 142 ff.; Ball/Knight, a.a.O., S. 284 ff.

149 Vgl. Kuhlmann, a.a.O., S. 327.

nes versicherten Schadensereignisses Zahlung direkt an die kreditgebende Bank vorsehen, den Erhalt einer günstigen Finanzierung erleichtern.[150]

I. Bankgarantien

1. Specific Bank Guarantee

Britische Banken, die Exportgeschäfte finanzieren, können vom ECGD eine Direktgarantie (Specific Bank Guarantee) erhalten. Voraussetzung ist, daß der Exporteur das entsprechende Geschäft bereits beim ECGD durch eine Supplemental Extended Terms Guarantee oder eine Specific Guarantee abgesichert hat und das Zahlung durch Wechsel oder Solawechsel vereinbart ist.[151] Die Garantie setzt Zahlungsfristen von zwei Jahren und mehr voraus, dient also vornehmlich der Absicherung von Exportgeschäften, die die Lieferung schwerer Investitionsgüter zum Gegenstand haben.[152] Die Deckungsquote beträgt 100% und das ECGD leistet Entschädigung, falls die Zahlung durch den ausländischen Käufer nicht innerhalb von drei Monaten nach Fälligkeit erfolgt.[153]

Der Deckungsschutz aus der Specific Bank Guarantee setzt ein, sobald die Waren versandt, die Arbeiten beendet oder die Dienstleistungen zufriedenstellend durchgeführt worden sind. Die Versicherungspolice des Exporteurs wird mit einem Zusatz versehen, um zu verdeutlichen, daß, wie bereits erwähnt, im Falle eines versicherten Schadensereignisses Zahlung direkt an die finanzierende Bank zu erfolgen hat.[154] Das ECGD trifft mit dem Exporteur eine besondere Vereinbarung über den Rückgriff gegen den Exporteur, den das ECGD in Höhe des Betrages nimmt, den es an den Exporteur unter seiner Police nicht als Entschädigung ausgezahlt hätte.[155] Gedacht ist hierbei in erster Linie an den vom Exporteur zu tragenden Selbstbehalt, der bei einer Bankgarantie – wie gezeigt – nicht erhoben wird.

---

150 Vgl. Schmitthoff, a.a.O., S. 404.

151 OECD, Export Credit Financing Systems, S. 140; Waxman, a.a.O., S. 270; Schmitthoff, a.a.O., S. 405; Fry, a.a.O.,S. 5.

152 Die „Comprehensive Banker's Guarantee", die Geschäfte mit Kreditlaufzeiten von weniger als zwei Jahren absicherte, ist 1987 abgeschafft worden.

153 ECGD, ECGD-Services, S. 35; vgl. Schmitthoff, a.a.O., S. 405.

154 ECGD, ECGD-Services, S. 35.

155 Vgl. Waxman, a.a.O., S. 270.

Das für eine Specific Bank Guarantee zu zahlende Entgelt beläuft sich auf 0,4% bis 0,75% der garantierten Summe (Kapital plus Zinsen). Die Bank selbst verlangt in der Regel vom Exporteur eine Gebühr (ca. 0,5% bis 0,75%) für den geliehenen Betrag.[156]

2. Comprehensive Extended Terms Bankers' Guarantee

Das ECGD bietet den Banken im Rahmen der Finanzierungs-Garantien eine Pauschalpolice (Comprehensive Extended Terms Bankers' Guarantee) an für Geschäfte, die bereits unter einer Supplemental Extended Terms Guarantee versichert sind.[157] Die Kreditlaufzeiten müssen sich zwischen zwei und fünf Jahren bewegen und die Exporte dürfen nicht für Abnehmer in EG-Ländern bestimmt sein. In Übereinstimmung mit dem ECGD wird eine Höchstgrenze festgesetzt, bis zu der Geschäfte von der Pauschalgarantie insgesamt gedeckt werden. Im übrigen entsprechen die Bedingungen denen der Specific Bank Guarantee.[158]

3. Foreign Currency Specific Bank Guarantee

Diese Garantie soll den Abschluß von Ausfuhrgeschäften, denen ein Lieferantenkredit zugrunde liegt, in ausländischer Währung ermöglichen.[159] Sie dient vor allem dem Export schwerer Investitionsgüter und setzt ein Geschäftsvolumen von mindestens £ 1 Mio. bei einer Kreditlaufzeit von zwei Jahren und mehr voraus. An ausländischen Währungen werden normalerweise US-Dollar, D-Mark und japanische Yen akzeptiert. Vor Einführung dieser neuen Versicherungspolice war die Finanzierung derartiger Verträge auf Pfund-Sterling beschränkt oder nur im Wege eines Käuferkredits möglich.

---

156 Ball/Knight, a.a.O., S. 284.

157 ECGD, ECGD-Services, S.36.

158 ECGD, ECGD-Services, S. 36.

159 Vgl. Schmitthoff, a.a.O., S. 406; OECD, Export Credit Financing Systems, S. 141.

4. Bankgarantien und die Zession einer ECGD-Police

Die Bankgarantien im Bereich der Außenhandelsversicherung/Außenhandelsfinanzierung sind auf das weitgehende Sicherheitsbedürfnis der englischen Banken zurückzuführen. Eine Bankgarantie des ECGD ist eine „first class security", d.h. eine erstklassige Banksicherheit.[160] Die Verfügbarkeit dieser Besicherungsform hat zu einer erheblichen Minderung der Relevanz einer Zession der Ansprüche aus den ECGD-Versicherungspolicen geführt. Die Zession der Ansprüche aus einer Exportversicherungspolice als bedingt verwendbare Kreditsicherheit hat in Großbritannien somit im Vergleich zur deutschen Kreditgewährungspraxis untergeordnete Bedeutung.[161]

Die Zession einer ECGD-Versicherungspolice ist nur bei Geschäften von Bedeutung, für die eine bedingungslose Bankgarantie nicht geeignet ist. Es bleibt dann bei der bisherigen Deckung, so daß die Police mit dem Selbstbehalt an die Bank abgetreten werden muß. Um einen Regreß auf den Exporteur zu vermeiden, fordern die Banken mit der Abtretung des Anspruches aus einer ECGD-Garantie Zahlung in voller oder teilweiser Höhe der Selbstbeteiligung des Exporteurs oder eine andere Sicherheit von diesem.[162] Gültige Ansprüche aus Garantien werden nach der Zession der finanzierenden Bank direkt ausbezahlt. Obwohl die Bank für alle Schadensfälle im Risiko bleibt, die die Police nicht deckt, erleichtern abgetretene Policen die Gewährung von Exportkrediten.[163]

Zur Abtretung von Ansprüchen aus ECGD-Policen ist die Zustimmung des ECGD erforderlich. Das ECGD ist grundsätzlich bereit, einer solchen Abtretung der Ansprüche sowohl an inländische Kreditinstitute als auch an ausländische Kreditinstitute zuzustimmen.[164]

---

160 Dieckmann, a.a.O., S. 66.

161 Dieckmann, a.a.O., S. 66.

162 Export Finance from the Banks, Midland Bank Review, S. 16 ff.

163 Vgl. Hintz, Systeme der Exportfinanzierung, S. 128 f.

164 Vgl. Dieckmann, a.a.O., S. 66 f., der die Abtretung der Ansprüche aus einer ECGD-Versicherungspolice nicht als eine exzellente Banksicherheit („first class security") einstuft, da sich die Ansprüche des Exporteurs gegenüber dem ECGD nur geltend machen lassen, sofern der Exporteur die Versicherungsbedingungen strikt befolgt hat.

II. Die Deckung von Bestellerkrediten

1. Buyer Credit Guarantee

Vor allem bei größeren Exportgeschäften, deren Absicherung auch durch spezielle Lieferantenkreditdeckungen vorgenommen werden kann, bevorzugen viele Exporteure die Vereinbarung von Barzahlung und verhelfen dem ausländischen Käufer zu einem Darlehen mit Rückzahlungsbedingungen, die der Käufer auch bei Stellung eines Lieferantenkredits erwarten könnte. Das ECGD gewährt Deckungsschutz für eben solche Darlehen, die Banken ausländischen Geschäftspartnern britischer Exporteure einräumen.[165] Der Vorteil bei dieser Methode der Absicherung eines Exportgeschäfts besteht für den Exporteur darin, daß er an der Kreditgewährung überhaupt nicht beteiligt ist und seine Bilanz nicht mit Bankschulden zu belasten braucht. Voraussetzung einer Indeckungnahme durch das ECGD ist, daß es sich um Warenexporte oder Dienstleistungen mit einem Geschäftsvolumen von mindestens £ 1 Mio. handelt.[166] Das Darlehen kann sowohl in Pfund Sterling als auch in anderen vom ECGD gebilligten Währungen, in der Regel US-Dollar, gegeben werden.[167]

Die „Buyer Credit Guarantee" sieht vor, daß der ausländische Käufer – wie bei den deutschen gebundenen Finanzkrediten – an den britischen Exporteur eine Anzahlung (normalerweise 15% oder 20%) bei Vertragsabschluß leistet. Der Restbetrag ist dann (regelmäßig) bei Lieferung an den britischen Exporteur zu zahlen; dies erfolgt in der Weise, daß die britische Bank an den britischen Exporteur den mit dem ausländischen Käufer vereinbarten Darlehensbetrag auskehrt und vom ausländischen Käufer die Rückzahlung des Darlehens verlangt.[168] Das ECGD gewährt der kreditgebenden Bank Deckungsschutz zu 100% für Kapital und Zinsen; gesichert ist das Risiko der Nichtzahlung, auf welchen Grund diese auch immer zurückzuführen ist. Die Karenzzeit bis zur Zahlung einer Entschädigung durch das ECGD beträgt drei Monate.[169]

---

165 Vgl. Schmitthoff, a.a.O., S. 405 f.; OECD, Export Credit Financing Systems, S. 140; Waxman, a.a.O., S. 273 f.; Ball/Knight, a.a.O., S. 284; The Chase Manhattan Bank, a.a.O., S. 136.

166 ECGD, ECGD-Services, S. 37.

167 Schmitthoff, a.a.O., S. 406.

168 ECGD, ECGD-Services, S. 37.

169 Ball/Knight, a.a.O., S. 284.

Die einzige direkte vertragliche Beziehung zwischen dem ECGD und dem britischen Exporteur besteht in einer sogenannten Prämienvereinbarung (premium agreement), die den Exporteur zur Zahlung der Prämie für die vom ECGD gewährte Deckung des Bestellerkredits verpflichtet: Obwohl die Garantie dem Darlehensgeber (der Bank) gegeben wird, ist eigentlicher Nutznießer der Exporteur, der dementsprechend auch das für die Garantie zu entrichtende Entgelt tragen soll.[170] Die Höhe dieses Entgelts soll dem ausländischen Käufer weder mitgeteilt werden noch als identifizierbare Größe aus den Vertragsmaterialien hervorgehen.[171] Die sogenannte Prämienvereinbarung sieht ebenfalls vor, daß das ECGD gegen den Exporteur Regreß nehmen kann, falls es der Bank Entschädigungsleistungen erbracht hat, zu einer Zeit, als der Exporteur gegen Pflichten aus dem Ausfuhrvertrag verstoßen hat.[172] Das ECGD ist zwar berechtigt, Regreß in voller Höhe zu nehmen, in der Praxis verlangt es vom Exporteur jedoch nicht mehr als maximal 10% der gesamten der Bank gegenüber bestehenden Verpflichtung.[173]

Der rechtliche Bestand des vom ECGD gedeckten Darlehensvertrages ist unabhängig vom Exportvertrag. Insgesamt handelt es sich um vier verschiedene vertragliche Beziehungen, die ein unter einer Buyer Credit Guarantee gedecktes Geschäft begleiten:[174]

1. Der Exportvertrag zwischen dem britischen Exporteur und dem ausländischen Käufer;
2. der Darlehensvertrag zwischen der finanzierenden Bank und dem ausländischen Darlehensnehmer (Käufer);
3. die vom ECGD der Bank gewährte Garantie (Buyer Credit Guarantee);
4. die Prämien- und Rückgriffsvereinbarung zwischen dem ECGD und dem britischen Exporteur.

Die Höhe des vom Exporteur zu entrichtenden Entgelts richtet sich nach den auch für eine Specific Policy maßgeblichen Entgeltsätzen.[175]

---

170 Vgl. Dunn/Knight, a.a.O., S. 130 f.

171 Zum Bemühen des ECGD, den ausländischen Käufer über das Vorhandensein bzw. über die Konditionen einer Exportversicherung im Unklaren zu lassen, siehe oben § 31 IV.

172 Ball/Knight, a.a.O., S. 284.

173 Dunn/Knight, a.a.O., S. 131.

174 Vgl. Waxman, a.a.O., S. 273.

175 Siehe oben § 33 I.1.

2. *Conditional Buyer Crèdit Guarantee*

Als eine Alternative zur normalen Buyer Credit Guarantee hat das ECGD eine bedingte Form der Bestellerkreditdeckung eingeführt. Die Gewährung einer „Conditional Buyer Credit Guarantee" wird von der Versicherung der Bank, daß alle Darlehensdokumente rechtlich gültig sind und der Darlehensvertrag beide Vertragsparteien sowohl in Großbritannien als auch im Land des Darlehensnehmers bindet, abhängig gemacht.[176] Hierdurch wird der kreditgewährenden Bank ermöglicht, die Vertragsverhandlungen völlig frei zu führen und einen Vertragsabschluß ohne direkte Beteiligung des ECGD zu tätigen. Diese neue Deckungsform ist für Geschäfte mit einem Wert von mindestens £ 1 Mio. gedacht, für die eine Bestellerkreditversicherung gewünscht wird und deren Finanzierung möglichst schnell gesichert sein soll.[177]

3. *Die Deckung von Rahmenkrediten*

Mit Rahmenkrediten (line of credit) sollen entweder verschiedene Exportgeschäfte für ein bestimmtes Projekt oder ein bestimmtes „Vertragsprogramm" finanziert werden. Viele Regierungen, die größere Projekte, z.B. den Bau von Elektrizitätswerken oder Staudämmen, planen oder einzelne Industriezweige entwickeln wollen, bevorzugen es, sich Kreditmöglichkeiten zu verschaffen ohne dabei einem einzelnen Lieferanten verpflichtet zu sein.[178] Um diesem Bedürfnis Rechnung zu tragen und um britischen Exporteuren neue Märkte zu eröffnen, gewährt das ECGD Deckungsschutz für die Bereitstellung von Rahmenkrediten, vornehmlich von britischen Banken an Regierungen, ausnahmsweise auch an privatrechtliche Institutionen.[179]

Der Rahmenkredit stellt den Höchstbetrag dar, unter dem einzelne britische Exporteure verschiedene Lieferungen tätigen können. Geschäfte mit einem Wert von nicht mehr als £ 25.000 werden hierbei noch als förderungswürdig anerkannt und in die Kreditlinie miteinbezogen.[180] Der vom ECGD gewährte Deckungsschutz ist normalerweise auf 85% des Vertragswertes be-

---

176 ECGD, ECGD-Services, S. 39.

177 ECGD, ECGD-Services, S. 39.

178 Vgl. Schmitthoff, a.a.O., S. 406 f.

179 Vgl. Schmitthoff, a.a.O., S. 406 ff.; vgl. auch OECD, Export Credit Financing Systems, S. 140.

180 Waxman, a.a.O., S. 274.

schränkt. Der volle Rechnungsbetrag ist direkt an den britischen Exporteur zu zahlen, sobald die Waren versandt sind. Der ausländische Käufer hat eine mindestens 5 %-ige Anzahlung spätestens 30 Tage nach Vertragsabschluß zu leisten. Das Darlehen für ein einzelnes Geschäft ist vom ausländischen Darlehensnehmer in halbjährlichen Raten, die sich je nach Vertragsgröße auf zwei bis fünf Jahre erstrecken können, zurückzuzahlen.[181]

Der Darlehensnehmer hat der kreditgewährenden Bank jedes einzelne Geschäft anzuzeigen. Erst wenn die Bank dieses Geschäft in den Kreditrahmen miteinbezogen hat, erstreckt sich auch der Deckungsschutz hierauf.

Zwischen dem Exporteur und dem ECGD besteht normalerweise keine vertragliche Beziehung, so daß der Exporteur das auch bei der Deckung von Rahmenkrediten von ihm zu entrichtende Entgelt über die kreditgewährende Bank an das ECGD zahlt.

§ 34 Die Sonderfazilitäten (Specialized Facilities)

In einem durch die Ölkrise 1973/1974 grundlegend veränderten wirtschaftlichen Umfeld sahen sich u.a. auch die britischen Exporteure mit neuartigen Problemen konfrontiert. Zur Bewältigung dieser Probleme wurden seinerzeit die „Specialized Facilities" in das Dienstleistungsangebot der staatlichen Exportkreditversicherung aufgenommen.[182]

I. Die Deckung von Garantien (Bonds Support)

Der britische „Bonds Support" erstreckt sich auf „performance, tender, advance payment, progress payment und retention bonds".[183] Die uneingeschränkte Freihalteerklärung des ECGD zugunsten einer Bank bzw. einer im deutschsprachigen Raum nicht bekannten „surety company"[184] ist also für

181 ECGD, ECGD-Services, S. 39.

182 ECGD, A History of ECGD 1919/1979, S. 36 f.; vgl. auch Dieckmann, a.a.O., S. 69.

183 Zu den verschiedenen Garantien und deren Bedeutung in der britischen Exportwirtschaft siehe Waxman, a.a.O., S. 277 f.

184 Hierbei handelt es sich um eine Garantie- bzw. Kautionsversicherungsgesellschaft.

Erfüllungs-, Bietungs-, Anzahlungs-, Zwischenzahlungs- und Gewährleistungsgarantien erhältlich.[185]

Der Deckungsschutz kann für Ausfuhrverträge mit einem Vertragswert ab £ 250.000 und Barzahlungsbedingungen bzw. ähnlichen Bedingungen beantragt werden, sofern eine Absicherung des Ausfuhrvertrages im Rahmen der verfügbaren ECGD-Policen vorgenommen wurde.[186]

Das ECGD hat im Falle einer Garantieinanspruchnahme den zur Zahlung Verpflichteten, also die Bank oder die surety company unverzüglich schadlos zu halten. Die Deckungsquote beträgt 100%. Das ECGD nimmt seinerseits den Exporteur jedoch in Regreß. Lediglich eine unberechtigte Inanspruchnahme der Garantie oder eine Inanspruchnahme, die zwar gerechtfertigt ist, vom Exporteur jedoch nicht zu verantworten ist, führt nicht zu einem sofortigen Rückgriff beim Exporteur.[187]

Das ECGD gewährt Deckungsschutz unter dieser Spezialpolice normalerweise nur für Geschäfte mit öffentlichen Käufern. Das Entgelt für eine Bietungsgarantie beträgt 1% p.a. des Garantiewertes, für alle anderen Garantien wird ein Entgelt von 1,25% p.a. des Garantiewertes erhoben. Das Mindestentgelt beläuft sich auf eine Jahresprämie.[188]

II. Die Deckung der ungerechtfertigten Inanspruchnahme einer Garantie

Der Deckungsschutz gegen die ungerechtfertigte Inanspruchnahme von Garantien (Cover against unfair calling of bonds) wird dem britischen Exporteur selbst angeboten.[189] Voraussetzung der Indeckungnahmen ist, daß bei dem zugrunde liegenden Exportgeschäft Barzahlungsbedingungen bzw. ähnliche Bedingungen vereinbart worden sind und daß dieses Geschäft bereits durch eine normale ECGD-Police, die auch das „pre-credit risk" umfassen muß, abgesichert ist.[190] Für Transitgeschäfte kann ein derartiger Deckungsschutz nicht beantragt werden.

---

185 Vgl. Dieckmann, a.a.O., S. 69.

186 ECGD, ECGD-Services, S. 41.

187 ECGD, ECGD-Services, S. 41; OECD, Export Credit Financing Systems, S. 141; vgl. auch Ball/Knight, a.a.O., S. 282 f.

188 ECGD, ECGD-Services, S. 41; Ball/Knight, a.a.O. S. 283.

189 Vgl. Schmitthoff, a.a.O., S. 408 f.; Waxman, a.a.O., S. 279.

190 ECGD, ECGD-Services, S. 41.

Das ECGD behält sich in jedem einzelnen Fall vor, die Übernahme einer „cover against unfair calling of a bond" vom Text der Garantieurkunde, von den Geschäftspraktiken im Land des Begünstigten und der Geschäftsmentalität des Begünstigten selbst abhängig zu machen.[191] Die gleichzeitige Beantragung einer „Bond Support" ist für den Erhalt des Deckungsschutzes nicht erforderlich.

Die Versicherung erfolgt durch Ausfertigung einer Zusatzpolice. Das ECGD verpflichtet sich, den Exporteur zu 100% zu entschädigen, falls die Garantie abgerufen und unverzüglich nachgewiesen wird, daß den Exporteur keinerlei Vertragsverletzungen vorzuwerfen sind oder daß Versäumnisse, die in seine Sphäre fallen, nicht von ihm beeinflußt werden konnten.[192]

Sofern das Exportgeschäft unter einer Pauschalpolice (comprehensive guarantee) abgesichert ist, gewährt das ECGD Deckungsschutz nur für öffentliche Käufer, wobei Bietungsgarantien ausgeschlossen sind. Für kurzfristige Geschäfte entsteht der Deckungsschutz hierbei automatisch, falls der Exporteur bei Erhalt der Pauschalpolice einen entsprechenden Zusatz beantragt hat. Für mittel- und langfristige Geschäfte wird die Zusatzpolice nur auf besonderen Antrag hin gewährt. Für andere Versicherungspolicen (specific guarantees oder buyer credit guarantees) ist die Deckung sämtlicher Garantietypen möglich.[193]

Das Entgelt für eine Zusatzpolice im Rahmen einer Comprehensive Short Term Guarantee beträgt zusätzlich 1% zu dem Entgelt, das für die Fabrikationsrisikodeckung (pre-credit cover) aller unter der Basispolice laufenden Verträge erhoben wird. Bei der Supplemental Extended Terms Guarantee beträgt das Entgelt für die Zusatzpolice 2‰ monatlich. Maßgeblich ist der Wert der Garantie. Handelt es sich bei der Basispolice um eine Specific Guarantee oder eine Buyer Credit Guarantee so sind 0,5% des Garantiewertes als Entgelt zu entrichten.[194]

---

191 Dieckmann, a.a.O., S. 70.

192 Schmitthoff, a.a.O., S. 409.

193 ECGD, ECGD-Services, S. 42.

194 ECGD, ECGD-Services, S. 42.

III. Die Deckung von Risiken im Zusammenhang mit Konsortiumsbeteiligungen

Als Versicherungsnehmer der „Project Participants Insolvency Cover" können britische Generalunternehmer oder Mitglieder eines Konsortiums, die sich zur Durchführung eines größeren Projekts zusammengeschlossen haben, auftreten. Sie können sich mit dieser von britischen Exporteuren häufig verlangten Police[195] gegen Verluste, die aus der Insolvenz eines Subunternehmers oder eines Konsortiumsmitgliedes entstehen, absichern. Bei den Subunternehmern bzw. Konsortiumsmitgliedern kann es sich sowohl um britische Firmen als auch um ausländische Firmen handeln.[196] Der Projektwert muß mindestens £ 20 Mio. umfassen.

Der Deckungsnehmer hat dem ECGD den genauen Betrag und den Zeitraum, für den Deckungsschutz begehrt wird, mitzuteilen. Als Entgelt sind 1,5% p.a. des versicherten Betrages zu entrichten. Das ECGD deckt nicht den vollen Betrag; dem Deckungsnehmer wird ein Selbstbehalt von 10% aufgegeben.

Der vom ECGD zu ersetzende Verlust wird aufgrund der Ausgaben festgestellt, die der Versicherungsnehmer zur Fortführung des Projektes tätigen muß. Es handelt sich hierbei also um die Kosten, die ansonsten das insolvente Konsortiumsmitglied hätte tragen müssen. Vorläufige Schadenszahlungen können vom ECGD gegen die Verpflichtung des Versicherungsnehmers, den erhaltenen Betrag im Konkursverfahren geltend zu machen, vorgenommen werden.[197]

§ 35 Die Deckung von Wechselkursrisiken

Das ECGD bietet dem britischen Exporteur keine Absicherungsmöglichkeit des Wechselkursrisikos, wie sie im Rahmen des deutschen Exportversicherungsinstrumentariums erhältlich ist. Deutsche Exporteure können – wie gezeigt[198] – eine Hermes-Versicherung zur Abdeckung des Kursrisikos für den

195 Vgl. OECD, Export Credit Financing Systems, 3rd ed., S. 139.
196 Vgl. Dieckmann, a.a.O., S. 71.
197 ECGD, ECGD-Services, S. 42.
198 Siehe oben § 14 IV.

nach Ablauf einer Vorlaufzeit von zwei Jahren beginnenden Zeitraum erhalten. Das britische System kennt zwei Formen der Wechselkursdeckungen:

I. Foreign Currency Contracts Endorsement

Falls ein britischer Exporteur in ausländischer Währung fakturiert und sich zum Schutz gegen Wechselkursschwankungen auf dem Devisenterminmarkt absichert bzw. einen Kredit in Fremdwährung aufnimmt, kann er einen hierdurch bedingten zusätzlichen Verlust mit dem „Foreign Currency Contracts Endorsement" abwenden. Es handelt sich hierbei um eine Zusatzpolice, die in Zusammenhang mit einer Comprehensive Short Term Guarantee, einer Comprehensive Extended Terms Guarantee oder einer Specific Guarantee beantragt werden kann.[199] Tritt ein unter der Basispolice versicherter Schadensfall ein, so zahlt das ECGD dem Exporteur eine um bis zu 15% erhöhte Entschädigung, vorausgesetzt, daß der Extraverlust auf den Abschluß eines Devisentermingeschäftes bzw. einer Kreditaufnahme in Fremdwährung zurückzuführen ist.[200] Für die Zusatzpolice ist ein zusätzliches Entgelt zu entrichten.

II. Tender to Contract/Forward Exchange Supplement Cover

Die 1977 eingeführte „Tender to Contract Guarantee" schützt den britischen Exporteur gegen Wechselkursschwankungen in Zusammenhang mit Ausschreibungen für Kapitalgüterkontrakte, die als Vertragswährung Fremdwährungen vorsehen. Die ECGD-Garantie bezieht sich auf den zum Zeitpunkt der Angebotshinauslegung gültigen Wechselkurs und sichert diesen bis zum endgültigen Abschluß des Vertrages.[201]

Der Exporteur wird somit von folgenden Risiken in Zusammenhang mit Fremdwährungskontrakten befreit:[202]

199 Vgl. ECGD, Merkblatt „Contracting and Financing in Foreign Currency"; vgl. auch Ball/Knight, a.a.O., S. 97.

200 ECGD, ECGD-Services, S. 24.

201 Vgl. Hombach, Exportkreditversicherung und Exportfinanzierung – Wettbewerbsverzerrungen durch Subventionierung -, S. 33 f.; Ball/Knight, a.a.O., S. 283; Waxman, a.a.O., S. 275; OECD, Export Credit Financing Systems, S. 141; Dieckmann, a.a.O., S. 72 f.

202 Vgl. Dieckmann, a.a.O., S. 72 f.; Waxman, a.a.O., S. 275.

1. Schließt der Exporteur zur Realisierung seiner Angebotskalkulation bereits vor Auftragserteilung Devisentermingeschäfte ab und erfolgt später kein Zuschlag, so können sich aus der vorzeitigen Auflösung dieser Devisengeschäfte eventuell Verluste ergeben.
2. Ohne Abschluß von Devisentermingeschäften führt eine Auftragserteilung bei einer zwischenzeitlichen Aufwertung des Pfund Sterling-Kurses zu einem geringeren Pfund Sterling-Gegenwert, als der Exporteur bei Erstellung seiner Kalkulation erwartet hatte.

Eine Tender to Contract Guarantee kann nur in Anspruch genommen werden, wenn die Finanzierung in US-Dollar, D-Mark, Yen, Schweizer Franken oder Kanadischen Dollar vereinbart wurde. Der Exporteur wendet sich schon zum Zeitpunkt der Angebotskalkulation an das ECGD und teilt diesem den geschätzten Vertragswert, der mindestens £ 10 Mio. betragen muß, mit. Das ECGD hält eine Liste bereit, aus der die jeweiligen garantierten Terminsätze ersichtlich sind. Deckungsschutz wird für eine Angebotsphase bis zu zwei Jahren gewährt, wobei die garantierten Termingeschäfte bei noch nicht beschiedenen Angeboten alle neun Monate neu festgesetzt werden.[203]

Erhält der britische Exporteur den Zuschlag für das Liefergeschäft und ist der Erlös aus dem Devisentermingeschäft geringer als die beim Abschluß des Vertrages garantierte Summe, zahlt das ECGD Verluste bis zu einer Höhe von 25% des Vertragswertes, wobei Verluste von nicht mehr als 1% vom Exporteur selbst getragen werden müssen; eventuelle Kursgewinne sind an das ECGD abzuführen.[204] Karenzzeiten bestehen nicht, so daß Zahlungen vom bzw. an das ECGD unmittelbar nach Feststellung des Verlustes bzw. des Gewinnes zu erfolgen haben.

Die Tender to Contract Guarantee kann auch von ausländischen Unternehmen in Anspruch genommen werden, soweit sie über eine Niederlassung in Großbritannien verfügen und die Exportgüter überwiegend in Großbritannien hergestellt werden. Für die Tender to Contract Guarantee ist ein nicht erstattungsfähiges Entgelt von 0,05% des versicherten Betrages zu zahlen. Kommt es zu einem Vertragsabschluß, so wird ein weiteres Entgelt, das sich nach dem tatsächlich gedeckten Zeitraum berechnet, erhoben. Für die ersten drei Monate sind dies 3% und für jeden weiteren Monat 0,25% des versicherten Betrages. Eine Versicherungsperiode von neun Monaten kostet jedoch nicht mehr als 4%.[205]

---

203 ECGD, ECGD-Services, S. 43.

204 Vgl. Ball/Knight, a.a.O., S. 283.

205 Die TTC/FES-Prämie wurde ab 1.4.1987 von 0,1% auf 0,05% des Vertragswertes herabgesetzt. Die Prämie, die für den Fall des Zuschlags von dem

Für den Fall, daß es sich als unmöglich erweist, die ausländische Währung unmittelbar nach Vertragsabschluß auf dem Devisenterminmarkt zu verkaufen, bietet das ECGD Deckungsschutz im Rahmen der „Forward Exchange Supplement Cover" an.[206] Unter dieser Police werden die garantierten Terminsätze solange aufrechterhalten, bis ein Devisentermingeschäft abgeschlossen werden kann. Die Forward Exchange Supplement Guarantee kann auch unabhängig von einer Tender to Contract Guarantee gewährt werden. In beiden Fällen erhebt das ECGD ein nicht erstattungsfähiges Entgelt in Höhe von £ 5.000,-, das nach Abschluß des Exportvertrages zu zahlen ist.[207]

§ 36 Die Versicherung von Auslandsinvestitionen

Das ECGD bietet britischen Firmen die Möglichkeit, ihre neuen Auslandsinvestitionen gegen nicht-kommerzielle Risiken zu versichern. Das „Investment Insurance Scheme" besteht unter dem „Overseas Investment and Export Guarantees Act" seit 1972. Die Versicherung bezieht sich prinzipiell auf alle Länder der Welt; sie wurde allerdings hauptsächlich zur Förderung von Investitionen in Entwicklungsländern eingerichtet.[208]

Deckungsschutz für Investitionen im Ausland ist erhältlich für alle britischen Firmen und deren ausländischen Tochtergesellschaften, vorausgesetzt, die Investition ist nachweisbar britischen Ursprungs. Tochtergesellschaften und Niederlassungen ausländischer Unternehmen in Großbritannien wird unter der Investment Insurance Scheme normalerweise kein Deckungsschutz gewährt.[209]

---

erfolgreichen Bewerber gezahlt werden muß, wurde dagegen um 0,5% erhöht. Bis zum 31.3.1987 waren für dieses Programm Verluste von insgesamt £ 123 Mio. aufgelaufen. Durch die nun erfolgte Maßnahme hofft das ECGD, für das Absicherungsprogramm langfristig das Prinzip der Selbstfinanzierung einführen zu können (vgl. BfAI/NfA vom 30.4.1987).

206 Diese Versicherungspolice findet in der britischen Exportwirtschaft jedoch nur eine verschwindend geringe Nachfrage (vgl. OECD, Export Credit Financing Systems, S. 141).

207 ECGD, Merkblatt „Contracting and Financing in Foreign Currency".

208 Vgl. Kuhlmann, a.a.O., S. 329 f.; 1990 bestanden für britische Projekte insgesamt 106 Versicherungsverträge mit einem versicherten Volumen von insgesamt £ 174,7 Mio. (vgl. ECGD, Annual Report 1989/90, S. 10).

209 Schmitthoff, a.a.O., S. 407 f.

Als versicherungsfähige Investitionen gelten Beteiligungen an ausländischen Unternehmen, die auch in Form von Betriebsausstattungen und der Einbringung technischen Know-hows erfolgen können. Beteiligungsähnliche Darlehen zählen zu den von der Deckung erfaßten Investitionen, wenn die durchschnittliche Tilgungsperiode nicht weniger als drei Jahre beträgt.[210] Die Investition muß neu sein und der Investor muß den Deckungsschutz beantragen, bevor er sich unwiderruflich zur Investition verpflichtet hat. Eine bereits bestehende Beteiligung kann grundsätzlich nicht mehr versichert werden; für eine Kapitalspritze in eine schon getätigte Beteiligung ist Dekkungsschutz unter Umständen erhältlich. Das ECGD deckt ferner die Reinvestition von Erträgen (Dividenden, Zinsen etc.) und den Ankauf eines ausländischen Anteils an einem bestehenden Unternehmen.[211]

Das Investment Insurance Scheme erfaßt folgende Risiken:[212]

- Enteignung: Hierunter fallen nicht nur Nationalisierung und Beschlagnahme, sondern auch indirekte Formen der Enteignung, die von der ausländischen Regierung zur Diskriminierung des Investors oder des Unternehmens, an dem die Beteiligung besteht, ergriffen werden.
- Krieg, Revolution, Aufstand etc.
- Beschränkungen im Kapitaltransfer: Erfaßt wird die Unmöglichkeit, Erträge in Pfund Sterling zu konvertieren oder Kapital zu repatriieren. Handelt es sich bei der Investition um ein Darlehen, so wird das Risiko der Nicht-Konvertierung von Kapitalrückzahlungen und Zinsen gedeckt.

In Einzelfällen ist das ECGD bereit, auch andere spezielle Formen politischer Risiken zu versichern, wenn hiervon die Lebensfähigkeit der Investition abhängt. Wirtschaftliche Risiken werden – wie bei der entsprechenden Deckung von Kapitalanlagen in der Bundesrepublik – nicht versichert.[213]

Zu Beginn der Versicherung wird ein versicherter Maximalbetrag festgesetzt, unter dem der Versicherungsnehmer alle zwölf Monate einen gegenwärtigen Betrag zur Deckung andient. Handelt es sich um eine Kapitalinvestition, so ergibt sich der jährlich versicherte Betrag aus der ursprünglichen Investition zuzüglich der bereits reinvestierten und der für das jeweilige Jahr erwarteten Erträge. Bei der Vergabe eines Darlehens setzt sich der gegenwärtige versicherte Betrag aus den in dem jeweiligen Jahr fällig werdenden Tilgungszahlungen und der Zinsen zusammen.[214]

---

210 ECGD, ECGD-Services, S. 44; vgl. auch Schmitthoff, a.a.O., S. 408.

211 ECGD, ECGD-Services, S. 44.

212 ECGD, ECGD-Services, S. 44 f.

213 Siehe oben § 13 III.

214 Schmitthoff, a.a.O., S. 408.

Die maximale Versicherungsdauer beträgt 15 Jahre. Es wird erwartet, daß der Investor die Versicherung für mindestens drei Jahre aufrechterhält. Danach kann er jährlich entscheiden, ob er weiterhin Deckungsschutz benötigt oder nicht. Wenn der Versicherungsschutz einmal erloschen ist, kann er nicht von neuem gewährt werden.[215]

Der Investor hat im Falle eines Schadensereignisses einen Anteil von 10% selbst zu tragen. Die Karenzzeit beträgt für das Enteignungsrisiko zwölf Monate und für das Risiko von Beschränkungen im Kapitaltransfer sechs Monate. Im Enteignungsfall beginnt die Karenzzeit mit Eintritt der enteignenden Maßnahme, im Fall der Beschränkungen im Kapitaltransfer mit dem Versuch, die ausländische Währung in Pfund Sterling zu konvertieren. Verwirklicht sich das Kriegs-, Revolutionsrisiko etc., erfolgt die Entschädigung mit dem Nachweis der Vermögensbeschädigung oder zwölf Monate nachdem das ausländische Unternehmen seinen Betrieb eingestellt hat.

Bei der Investition in Form eines Darlehens beträgt die Karenzzeit für alle Risiken einheitlich sechs Monate, beginnend mit der Fälligkeit der jeweiligen Rate.[216]

Als Entgelt sind jährlich 0,7% bis 1% des gegenwärtig versicherten Betrages zu zahlen, wobei der genaue Prozentsatz von der Einschränkung der in dem jeweiligen Land bestehenden Risken abhängt. Zusätzlich wird ein Entgelt in Höhe von einem Viertel des regulären Entgeltsatzes für die Differenz zwischen dem gegenwärtig versicherten Betrag und dem Maximalbetrag verlangt, vorausgesetzt, eine solche Differenz besteht überhaupt.[217]

§ 37 Das Verfahren der Indeckungnahme und die Pflichten des Versicherungsnehmers

Der britische Exporteur, der um Versicherungsschutz nachsucht, wendet sich entweder direkt an eine der neun regionalen Zweigstellen des ECGD oder er schaltet einen Versicherungsagenten ein, der für ihn die Verbindung mit dem ECGD herstellt. Soll das Exportgeschäft durch einen Käuferkredit finanziert werden, so frequentiert der Exporteur eine Bank oder ein Finanzierungsin-

215 ECGD, ECGD-Services, S. 45.

216 ECGD, ECGD-Services, S. 45 f.

217 OECD, Export Credit Financing Systems, S. 141.

stitut und wendet sich zusammen mit der Bank oder dem Finanzierungsinstitut an das ECGD.[218]

Der Exporteur hat ein Antragsformular auszufüllen, in dem Einzelheiten über das Exportgeschäft anzugeben sind. Gefragt wird hierin unter anderem nach dem Käuferland, nach dem Wert des Exportgeschäfts und nach eventuellen Erfahrungen mit dem ausländischen Käufer. Darüber hinaus verlangt das ECGD Mitteilung darüber, ob der ausländische Käufer noch Kredite zurückzahlen muß und welche Kreditlaufzeiten im einzelnen vereinbart worden sind.[219]

Das ECGD fordert die britischen Exporteure auf, so früh wie möglich den Kontakt mit dem ECGD herzustellen, um so gemeinsam alle Probleme des Exportgeschäfts erörtern zu können und vor allem, um dem ECGD die Möglichkeit einer eventuellen Einflußnahme auf die Konditionen des Exportgeschäfts offenzuhalten.[220]

Wenn sich die Vertragsverhandlungen zwischen dem Exporteur und dem ausländischen Käufer dem Ende nähern, gibt das ECGD dem eine Versicherungspolice (Einzelpolice) begehrenden Exporteur eine Absichtserklärung (letter of intent), in der die Vertragsbedingungen des Exportgeschäfts festgehalten werden, die das ECGD im Rahmen einer Deckungszusage bereit wäre zu akzeptieren. Diese Absichtserklärung bleibt sechs Monate gültig, sofern nicht veränderte Umstände zu einer Zurücknahme zwingen. Rückt der Abschluß des Exportgeschäfts in greifbare Nähe, folgt der reinen Absichtserklärung ein Deckungsangebot (offer of cover), das, sofern es vom Exporteur angenommen wird, das ECGD einen Monat lang zur Ausstellung einer Versicherungspolice bindet.[221] Für den Fall verzögerter Vertragsverhandlungen ist es möglich, die Absichtserklärung oder auch die Deckungszusage zu erneuern. Für einige Länder, bei denen das ECGD gehalten ist, die übernommenen Verpflichtungen insgesamt zu begrenzen, werden Absichtserklärungen und Deckungszusagen unter Umständen nicht erneuert, um keinen Deckungsschutz für Geschäfte bereitzuhalten, die sich nicht verwirklichen.[222] Ein Entgelt wird weder für die Absichtserklärung noch für das Deckungsangebot erhoben.

---

218 Vgl. Dundas, a.a.O., S. 301; ECGD, Getting into ECGD, S. 14.

219 Vgl. Schmitthoff, a.a.O., S. 402.

220 Vgl. ECGD, Getting into ECGD, S. 13.

221 Vgl. hierzu die „vorläufige Deckungszusage" im deutschen System, § 17 III.2.a.

222 ECGD, ECGD-Services, S. 30.

Erteilt das ECGD dem Exporteur letztendlich eine Deckungszusage, so ist dieser verpflichtet, eventuelle Schäden so gering wie möglich zu halten und das ECGD bei drohender Risikoverwirklichung unverzüglich zu verständigen.[223] Auf die Verpflichtung des Deckungsnehmers, den Abschluß einer Exportkreditversicherung als eine vertrauliche Angelegenheit zu behandeln und den ausländischen Geschäftspartner hierüber nicht zu informieren, ist bereits hingewiesen worden.[224]

Der Exporteur, der aufgrund eines versicherten Schadensereignisses vom ECGD entschädigt worden ist, trägt die volle Verantwortung für die Beitreibung seiner Forderung. Trotz der Schadenszahlung ist er verpflichtet, seine vertraglichen Rechte gegen den ausländischen Käufer zu verfolgen.[225] Das ECGD zeigt sich grundsätzlich bereit, dem Exporteur hierbei Hilfestellung zu leisten. Falls es erforderlich sein sollte, einen Anwalt oder ein Inkassobüro einzuschalten, ist es für den Exporteur ratsam, sich vorher an das ECGD zu wenden, das aufgrund seiner jahrzehntelangen Erfahrungen Namen von zuverlässigen ausländischen Anwälten und Inkassobüros bereithält. Mit Hilfe des ECGD kann auch die Handelsabteilung der lokalen Britischen Botschaft oder Hochkommission (High Commission) eingeschaltet werden.[226]

Die Verpflichtung zur Kostentragung der Beitreibungsmaßnahmen trifft grundsätzlich den Exporteur, gleichgültig, ob diese vor oder nach einer Schadenszahlung durch das ECGD erfolgen. Sofern die Einstandspflicht des ECGD feststeht, beteiligt es sich normalerweise aber an den verschiedenen Kosten, die zur Beitreibung der Forderung des Exporteurs erforderlich sind, wozu auch gerichtliche Verfahrenskosten zählen. Die Kostentragung erfolgt im gleichen Verhältnis wie die Schadenstragung, sie entspricht also dem Verhältnis von Deckungsquote und Selbstbehalt.[227]

---

223 ECGD, Merkblatt „Services Guarantees".

224 Siehe hierzu oben § 31 IV.

225 ECGD, ECGD-Services, S. 15.

226 Das ECGD hat eine Broschüre mit dem Titel „Cutting your Losses" herausgebracht, die sich an alle ECGD-Versicherungsnehmer wendet und Informationen zur Schadensregulierung enthält.

227 ECGD, ECGD-Services, S. 15 f.

4. Kapitel
Die staatliche Exportkreditversicherung in den USA

§ 38 Geschichtliche Entwicklung

Als stärkstes Produktions- und Kapitalland der Welt hat die amerikanische Wirtschaft erst 1934 durch die Gründung einer staatlichen Außenhandelsbank auf eine künstliche Exportförderung zurückgreifen müssen. Die Export-Import Bank of the United States, bekannt als Eximbank, wurde am 2. Februar 1934 als Export-Import Bank of Washington ins Leben gerufen.[1]

Die Export-Import Bank ist auch heute noch die einzige, nur der Förderung des Außenhandels der USA dienende amerikanische Institution.[2] Diese rein staatliche Bank, die verschiedentlich als „eine Kreuzung von Ausfuhr-Kredit-Anstalt, Deutsche Bundesbank und Hermes" bezeichnet wird,[3] zeigt bei der Auswahl der von ihr unterstützten Außenhandelstransaktionen eine Berücksichtigung verschiedener wirtschaftspolitischer Ziele, die von der amerikanischen Regierung im Laufe des Bestehens der Bank verfolgt wurden.[4]

Die Export-Import Bank wurde 1934 von Roosevelt zur Unterstützung seiner New Deal-Pläne für den Handel mit der Sowjetunion geschaffen. Nach der Anerkennung der Sowjetunion durch die USA erhoffte man sich

---

1 „Executive Order No. 6581" vom 2.2.1934 auf Grund des „National Industrial Recovery Act". Die Umänderung des Namens der Bank in Export-Import Bank of the United States erfolgte erst 1968.

2 Vgl. Sektion 2 (a) Export-Import Bank Act of 1945: „The objects and purpose of the Bank shall be to aid in financing and to facilitate exports and imports and the exchange of commodities between the United States ... and any foreign country ..."; vgl. auch United Nations, Department of Economic and Social Affairs, Export Credits and Development Financing: National Export Credit Systems, 1969, S. 92.

3 Vgl. Worsley, Eximbank – eine Kreuzung von AkA, BdL und Hermes, Der Volkswirt, 2.4.1956, S. 16 ff.

4 Vgl. Hachmeier, USA, in: W. Michalsky (Hrsg.), HWWA-Studien zur Exportförderung, S. 34.

eine Intensivierung der beiderseitigen Handelsbeziehungen und hielt besondere Finanzierungsformen für unerläßlich.[5] Wenngleich sich die Erwartungen infolge ergebnisloser Verhandlungen über die Rückzahlung sowjetischer Schulden an die USA nicht erfüllten, blieb die Export-Import Bank dennoch bestehen, da ihr ständig neue Aufgaben übertragen wurden, besonders im Handel mit lateinamerikanischen Ländern.[6]

Am 9. März 1934 wurde eine zweite Export-Import Bank of Washington, D.C., gegründet,[7] die den Handel zwischen den USA und Kuba fördern sollte. So finanzierte diese Bank anfänglich den kubanischen Ankauf von Silber, das in Philadelphia in kubanische Münzen geprägt wurde.[8] Die Bank wurde jedoch 1936 mit der ersten Export-Import Bank vereinigt.[9]

Aus einer speziellen Zielsetzung entwickelte sich die Aufgabenstellung der Export-Import Bank in der allgemeinen Unterstützung und Erleichterung der US-Exporte und Importe von Waren und Leistungen durch Bereitstellung von Finanzierungsmöglichkeiten.[10] Aufgrund von Kongreßbeschlüssen der Jahre 1935, 1937, 1939 und 1940 wurde die Bank als Exportfinanzierungsinstitution weitergeführt. Seit dem letzten Weltkrieg ist sie zu „einem Mädchen für alles" geworden, wie es in ihren eigenen Berichten heißt. Ihr wurden überall dort Aufgaben übertragen, wo es galt, die wirtschaftlichen, politischen und auch militärischen Ziele der amerikanischen Regierung auf außenwirtschaftlichem Gebiet zu unterstützen.

Die Export-Import Bank führte in den Jahren zwischen 1945 und dem Anlaufen des Marshallplanes staatliche amerikanische Hilfsleistungen in Höhe von 2 Mrd. $ für den Wiederaufbau Westeuropas und anderer durch den Krieg betroffene Gebiete durch.[11] In den darauffolgenden Jahren konzentrierte sie sich vor allem auf die Vergabe von Anleihen an ausländische Regierungen.

---

5 Glick/Duff, in: Robert S. Rendell (ed.), International Financial Law, Chapter 6: Export-Import Bank of the United States, S. 289.

6 Hachmeier, a.a.O., S. 34; vgl. auch Bank for International Settlements, (Monetary and Economic Department), Export Credit Insurance and Export Credit, S. 269 f.

7 Executive Order No. 6638 vom 9.3.1934.

8 Glick/Duff, a.a.O., S. 289.

9 Vgl. Higgins, United Nations and U.S Foreign Economic Policy, S. 60; Glick/Duff, a.a.O., S. 289.

10 Vgl. Hachmeier, a.a.O., S. 34; siehe auch Pearce, Subsidized Export Credit, S. 37 ff.

11 Reuter, a.a.O., S. 455.

Durch den Export-Import Bank Act vom 31. Juli 1945 erfuhr die Eximbank eine Reorganisation; sie wird seitdem als selbständige staatliche Anstalt (independent agency of the United States) geführt.[12] Die Unterstützung amerikanischer Exporteure durch die Vergabe von Krediten und Garantien setzt erst 1954 ein.[13]

Ende der fünfziger Jahre bestand zwar bereits ein Garantieprogramm der Export-Import Bank für Lieferanten- und Bankenexportkredite, jedoch war dieses System im Vergleich zu anderen Industrieländern wenig ausgebaut, und es wurde ihm auch keine große Bedeutung beigemessen.[14] Eine Einführung von Exportkreditversicherungsmöglichkeiten wurde allgemein für nicht notwendig gehalten.[15]

Die Regierung Eisenhower führte zur Verbesserung der Zahlungsbilanzposition ein umfangreiches Exportförderungsprogramm ein, dessen Ziel, besonders auf dem Finanzierungs- und Versicherungssektor, die Schaffung gleicher Wettbewerbsverhältnisse im internationalen Handel für die amerikanischen Exporteure war, wie sie bereits für die ausländischen Konkurrenten bestanden.[16] Das Programm wurde von der Regierung Kennedy aufgegriffen und weiter ausgebaut.[17] Das Ergebnis war schließlich ein vollständiger Umbau sowie die Neuschaffung von Exportkredit- und Garantiemöglichkeiten der USA im Jahre 1961.

Unter Führung der Export-Import Bank wurde so 1961 von zunächst vierzehn privaten Versicherungsgesellschaften in Form einer Aktiengesellschaft

---

12 Vgl. Sektion 3 (a), Export-Import Bank Act of 1945; siehe auch Bank for International Settlements, a.a.O., S. 269.

13 Reuter, a.a.O., S. 455.

14 Vgl. Hachmeier, a.a.O., S. 55.

15 Vor 1961 waren bereits sechs Gesetzesentwürfe zur Einrichtung einer Exportkreditversicherung eingebracht worden, von denen jedoch keiner realisiert wurde. Vgl. United States Senate, Foreign Commerce Study (Export Credit Guarantees), Hearings before the Committee on Interstate and Foreign Commerce, S. 38.

16 Hachmeier, a.a.O., S. 55; vgl. auch Economic Report of the President. Together with the Annual Report of the Council of Economic Advisers, 1961, S. 39 f.

17 „I am directing the president of the Export-Import Bank ... to place our exporters on a basis of full equality with their competitors in other countries." (Präsident Kennedy in seiner Botschaft an den Kongreß am 6.2.1961 über die Zahlungsbilanz). Zitiert bei: Marx, The United States Enters Export Credit Guarantee Competition, Political Science Quarterly, Vol. LXXVIII (1963), S. 245. Vgl. auch Bank for International Settlements, a.a.O., S. 270.

die „Foreign Credit Insurance Association" (FCIA) gegründet,[18] die seit dem 5.2.1962 ausschließlich für die Versicherung gegen Außenhandelsgefahren der amerikanischen Exportwirtschaft zuständig ist.[19] Die Export-Import Bank beschränkte sich von diesem Zeitpunkt an – im Rahmen der Exportkreditversicherung – auf die Vergabe von Bankgarantien, während die FCIA die gesamte übrige Exportkreditversicherung durchführte.

Zur Förderung privater Investitionen in Entwicklungsländern wurde die „Overseas Private Investment Corporation" (OPIC) gegründet.[20] Es handelt sich hierbei um eine autonome öffentliche Gesellschaft, die 1971 ihre Arbeit aufnahm.[21] Vordem waren die Investitionsförderungsprogramme von der „Agency for International Development" (AID) verwaltet worden.[22] Die OPIC übernahm neben der Finanzierung amerikanischer Investitionen in Entwicklungsländern auch die Versicherung von Krediten für entsprechende Investitionen.[23]

Die „Commodity Credit Corporation" (CCC) des Landwirtschaftsministeriums nahm bereits seit Anfang der dreißiger Jahre verschiedene Aufgaben im Zusammenhang mit der Sicherung stabiler Preise für die amerikanische

---

18 Zur Geschichte und zum Aufgabenbereich der FCIA siehe vor allem Keenan, Foreign Credit Insurance Association, S. 410 ff.; Bank for International Settlements, a.a.O., S. 271 ff.; Pearce, a.a.O., S. 37 f. und Vielmetter, Amerikanische Exportkreditversicherung und längerfristige Exportfinanzierung, Bank-Betrieb 1964, S. 109 ff.

19 Vgl. Keenan, a.a.O., S. 410 f.; zur Zeit gehören der FCIA über siebzig private Versicherungsgesellschaften an; die Mitgliedschaft steht jeder Gesellschaft offen.

20 Vgl. Fry, a.a.O., S. 11; Glick/Duff, a.a.O., S. 290; International Export Credits Institute, Division of International Reports, Inc., Insurance Systems in International Finance, S. 257.

21 Erbe, Länderbeitrag USA, in: Holthus/Kebschull (Hrsg.): Die Entwicklungspolitik wichtiger OECD-Länder, Bd. 1, S. 160.

22 Als Ergebnis langwieriger Diskussionen über die Effizienz der amerikanischen Entwicklungsbehörde wurden 1979 die AID, die OPIC und das neugeschaffene „Institute for Scientific and Technological Cooperation" in der „International Development Cooperation Agency" (IDCA) zusammengefaßt. Mit der Neuorganisation sollte dem Außenministerium zumindest teilweise die Kontrolle über die Entwicklungsbehörden entzogen werden. Der Versuch einer Reorganisation währte jedoch nur kurz, da die verschiedenen Behörden sich weigerten, ihre Zuständigkeiten an die IDCA zu übertragen. Unter Präsident Reagan wurde der alte Zustand schließlich wieder hergestellt (vgl. Erbe, a.a.O., S. 156.).

23 OECD, Export Credit Financing Systems, S. 234; Fry, a.a.O., S. 11.

Landwirtschaft wahr.[24] So wurde 1956 z.B. das sogenannte GSM-5-Programm begonnen, wonach Kunden amerikanischer Agrarprodukte direkte Kredite zu marktmäßigen Bedingungen für eine Laufzeit von drei Jahren erhalten konnten, in denen der Zinssatz festgeschrieben war.[25] 1979 wurde das GSM-5-Programm durch das GSM-101-Programm ergänzt,unter dem die CCC eine kreditgebende Bank in der USA gegen nicht-kommerzielle Risiken versicherte.[26]

Die Eximbank erfuhr unter der Nixon Administration eine völlige Umstrukturierung. Das gesamte Management wurde ausgewechselt und die Palette der Exportförderungsprogramme erweitert.[27] Die Bank hat jedoch während der ganzen Zeit ihres Bestehens um ihre Existenz kämpfen müssen. Die in den USA häufig anzutreffende Meinung, jegliche Form staatlich gesteuerter Exportförderung sei von Übel, führte unter der Reagan Administration zu Plänen, die staatliche Exportförderung einschließlich der Exportkreditversicherung erheblich einzuschränken.[28] Derartige Vorhaben konnten jedoch gegen den Widerstand des Kongresses nicht durchgesetzt werden, so daß letztendlich die Programme der Export-Import Bank der amerikanischen Wirtschaft erhalten worden sind.[29]

§ 30 Rechtliche Grundlagen

Die gegenwärtig geltende gesetzliche Grundlage der staatlichen amerikanischen Exportkreditversicherung bildet der Export-Import Bank Act of 1945,[30] der mehrmals durch Zusätze (amendments) abgeändert wurde. Im

24 The Chase Manhattan Bank, a.a.O., S. 139; Erbe, a.a.O., S. 181.

25 Erbe, a.a.O., S. 181; vgl. auch OECD, Export Credit Financing Systems, S. 245 f.

26 Vgl. United Nations Department of Agriculture, Agricultural Stabilization and Conservation Service, S. 93; Pomeroy, GSM-101 Assurance Program Protects U.S. Exporters from Noncommercial Risks, Foreign Agriculture 1980, Vol. 18, Nr. 4, S. 20 f.

27 Vgl. Fry, a.a.O., S. 8.

28 Vgl. Ball/Knight, a.a.O., S. 287.

29 Vgl. Ball/Knight, a.a.O., S. 287.

30 Der Export-Import Bank Act of 1945 wurde am gleichen Tag verabschiedet, an dem die beiden Häuser des amerikanischen Kongresses auch die Konventionen von Bretton Woods ratifiziert haben. Hiermit wollte man Amerikas Entschlossenheit zur unbedingten Teilnahme am internationalen Handels- und

Gegensatz zu den früheren, meist auf ein oder zwei Jahre befristeten Verlängerungsgesetzen zum Export-Import Bank Act hat das Änderungsgesetz über die Export-Import Bank vom 15. Oktober 1986 die weitere Existenz der Bank um sechs Jahre bis 1992 gesichert.[31.]

Besonders hervorzuheben sind zwei gesetzlich fixierte Prinzipien, die die Geschäftstätigkeit der Export-Import Bank betreffen. Nach Sektion 2 (a) des Export-Import Bank Act of 1945 in der Fassung vom 15. Oktober 1986 soll die Konkurrenz mit dem privaten Bankensektor vermieden werden. Sektion 2 (b) des Gesetztes schreibt vor, daß bei der Finanzierung und Versicherung von Exportgeschäften gute Rückzahlungsaussichten bestehen müssen.

Eximbank ist eine unabhängige staatliche Anstalt (Sektion 3 (a) des Export-Import Bank Act of 1945), sowohl in politischer als auch in finanzieller Hinsicht. Es ist jedoch gesetzlich festgelegt, daß Eximbank z.B. Geschäfte mit staatlichen Institutionen in Südafrika weder finanzieren noch in irgendeiner Weise versichern darf.[32] Dies gilt auch für Geschäfte auf dem privaten Sektor, soweit dadurch der südafrikanischen Apardheitspolitik Vorschub geleistet wird.[33] In gleicher Weise ausgeschlossen ist die Förderung von Waffenverkäufen in bestimmte Entwicklungsländer. Gesetzlich verboten ist auch die Förderung von Exporten in marxistisch-leninistisch orientierte Länder oder in Länder, deren wirtschaftliche Abhängigkeit von der Sowjetunion bekannt ist, es sei denn, der amerikanische Präsident erachtet die nationalen Interessen als höher stehend.[34] Die derzeitige Länderliste umfaßt die UDSSR, Afghanistan, Laos, Kambodscha, Angola, Benin, Mosambik, Nicaragua und Äthiopien.[35] Die dem amerikanischen Präsidenten hierbei eingeräumte Entscheidungsbefugnis ist nach der Executive Order 12166 weitgehend dem Secretary of State übertragen worden.[36]

Die Versicherungsprogramme der Eximbank werden überwiegend von der Foreign Credit Insurance Association (FCIA) durchgeführt. In einem Operating Agreement von 1983 ist u.a. festgelegt, daß die FCIA als Agent

---

Finanzgeschehen signalisieren (vgl. Glick/Duff, a.a.O., S. 289). Zu den Konventionen von Bretton Woods siehe Bachmann, Die Konventionen von Bretton Woods, S. 1 ff.

31 Ball/Knight, a.a.O., S. 287.

32 1978 Amendment to the Export-Import Bank Act of 1945.

33 Ball/Knight, a.a.O., S. 287.

34 Fry, a.a.O., S. 8; vgl. auch Export-Import Bank of the United States, Report to the U.S. Congress, S. 67.

35 Ball/Knight, a.a.O., S. 287.

36 Vgl. Export-Import Bank of the United States, Report to the U.S. Congress, S. 67.

der Eximbank für Marketing, für den Einzug der Gebühren und für die Abwicklung der Versicherungsfälle zuständig ist.[37] Die FCIA ist der einzige Agent der Eximbank. Ihr ist zwar ein hohes Maß an Unabhängigkeit verliehen worden, dennoch hat sich die Eximbank das Recht vorbehalten, die Befugnisse der FCIA in einigen Teilbereichen zu beschränken; dies betrifft z.B. die von den Versicherungsprogrammen erfaßten Märkte, Käufer, Produkte etc.[38]

Der Foreign Assistance Act of 1969 stellt die gesetzliche Grundlage für die Overseas Private Investment Corporation (OPIC) dar.[39] Danach wird die OPIC autorisiert, Versicherungs- und Finanzierungsprogramme[40] durchzuführen, um private US-amerikanische Investitionen in Entwicklungsländern zu fördern.[41] Der Foreign Assistance Act of 1969 verpflichtet die OPIC, nur solche private Investitionen zu fördern und zu unterstützen, die auf die speziellen wirtschaftlichen Bedürfnisse des Entwicklungslandes abgestimmt sind und auf die sozialen und wirtschaftlichen Verhältnisse der Bevölkerung Rücksicht nehmen. Die Förderung der wirtschaftlichen Beziehungen zwischen den USA und den Entwicklungsländern ist nicht das Ziel der von der OPIC durchgeführten Programme, obgleich die einzelnen Programme in Übereinstimmung mit der US-amerikanischen Handels- und Investitionspolitik stehen.[42]

Sektion 5 (f) des Commodity Credit Corporation Charter Act bildet die rechtliche Grundlage für das Versicherungsprogramm der Commodity Credit Corporation. Generell weist das Gesetz der CCC die Aufgabe zu, bei der Entwicklung neuer heimischer und ausländischer Märkte und der Errichtung von Vertriebseinrichtungen für agrarische Produkte behilflich zu sein.[43]

37 The Chase Manhattan Bank, a.a.O., S. 139.

38 OECD, Export Credit Financing Systems, S. 230 f.

39 Vgl. International Export Credits Institute, a.a.O., S. 257.

40 Die Finanzierungsprogramme sehen auch die direkte Vergabe von Krediten vor (vgl. OECD, Export Credit Financing Systems, S. 234).

41 Vgl. OECD, Export Credit Financing Systems, S. 234.

42 OECD, Export Credit Financing Systems, S. 234.

43 United States Department of Agriculture, Agricultural Stabilization and Conservation Service, S. 1.

§ 40 Institutionen der Exportkreditversicherung in den USA und ihre Organisation

Das staatliche Exportkreditversicherungsprogramm der USA wird heute im wesentlichen von den zwei kooperierenden Institutionen, der staatlichen Export-Import Bank of the United States (Eximbank) und der Foreign Credit Insurance Association (FCIA) durchgeführt. Daneben bieten die Overseas Private Investment Corporation (OPIC) und die Commodity Credit Corporation (CCC) spezielle Versicherungsprogramme an.

I. Die Export-Import Bank of the United States

Die Export-Import Bank befaßt sich sowohl mit der Finanzierung als auch mit der Versicherung amerikanischer Exporte. Die der Export-Import Bank verliehene Organisationsform einer „independent agency of the United States"[44] gewährt ihr eine weitgehende Selbständigkeit sowohl in der Wahl der zu unterstützenden Transaktionen als auch in der Manipulierung des jeweiligen gesamten Geschäftsumfanges, besonders durch Variation der Bedingungen der einzelnen Geschäftsarten. Nachteile dieser Regelung werden zum Teil darin gesehen, daß aus den von der Export-Import Bank ergriffenen Maßnahmen und der von der Regierung zur Einflußnahme auf die jeweilige zahlungsbilanzpolitische oder konjunkturelle Situation für notwendig erachteten Maßnahmen Divergenzen entstehen können.[45]

Die Geschäftsführung[46] der Export-Import Bank liegt bei einem fünfköpfigen Direktorium der Bank (Board of Directors of the Bank), das aus dem Präsidenten der Export-Import Bank als Vorsitzendem, dem Vizepräsidenten als stellvetretendem Vorsitzenden und drei weiteren Personen besteht. Das Direktorium wird vom Präsidenten der USA mit Beratung und Zustimmung des Senats ernannt.[47]

Obgleich dem fünfköpfigen Direktorium bei der Leitung der Export-Import Bank ein beträchtliches Maß an Eigenständigkeit eingeräumt worden

44 Vgl. Sektion 3 (a) Export-Import Bank Act of 1945.

45 Vgl. Hachmeier, a.a.O., S. 35.

46 Vgl. Sektion 3 Export-Import Bank Act of 1945.

47 Erbe, a.a.O., S. 162.

ist, existieren fünf weitere Körperschaften, die die Aktivitäten der Export-Import Bank mehr oder weniger beeinflussen können:[48]

1. Der Präsident der Vereinigten Staaten hat in gewissen Schlüsselbereichen einen Ermessensspielraum. Er kann Exportförderungsmaßnahmen der Export-Import Bank auch aus nicht finanz- oder wirtschaftspolitischen Erwägungen, z.B. aus menschenrechtlichen Gründen, verbieten. Die Befugnisse des Präsidenten sind in der Praxis weitgehend an das Secretary of State delegiert.
2. Ein Beirat (Advisory Committee), bestehend aus zwölf Personen, soll die Arbeit des Direktoriums der Bank unterstützen. Dieses Gremium, das Produktion, Handel, Banken, Landwirtschaft und Gewerkschaften repräsentieren soll, tritt vierteljährlich zusammen, um die Geschäftstätigkeit der Bank zu überprüfen und Verbesserungsvorschläge für die Geschäftspolitik zu machen.[49]
3. Der Kongress beobachtet die Aktivitäten der Export-Import Bank. Die Bank ist verpflichtet, dem Kongress jährlich einen Bericht über sämtliche durchgeführte Maßnahmen zuzuleiten und einen Vergleichsbericht zu erstellen. Einer besonderen Billigung durch den Kongress bedürfen Maßnahmen über $ 100 Mio. oder Verpflichtungen der Bank, die im Zusammenhang mit Geschäften im Bereich der atomaren Entwicklung stehen.
4. Das „National Advisory Committee on International Monetary and Financial Problems" (NAC)[50] überprüft alle Transaktionen der Export-Import Bank, bei denen Verpflichtungen von über $ 30 Mio. eingegangen werden.
5. Das „Office of Management and Budget" (OMB) überprüft sämtliche Aktivitäten der Export-Import Bank.

Für das fiskalische Jahr 1989 (welches am 30. September 1989 endete) gibt die Export-Import Bank einen Netto-Verlust von $ 847,9 Mio. an. Die Verluste in den vergangenen Jahren haben die akkumulierten Reserven, die 1981 einmal $ 2,2 Mrd. betrugen, nunmehr auf Null reduziert.[51] Das Grundkapital der Export-Import Bank beträgt $ 1 Mrd. und wird vom US-Schatz-

48 Vgl. hierzu Ball/Knight, a.a.O., S. 288.

49 Vgl. hierzu Hachmeier, a.a.O., S. 35, Fn. 19.

50 Vgl. zur Tätigkeit und Funktion des National Advisory Council on International Monetary and Financial Problems: Lindemann, Political and Administrative Affecting Financial and Credit Operations, in: Commission on Money and Credit (ed.), Fiscal and Debt Management Policies S. 497 ff.; vgl. auch Bank for International Settlements, a.a.O., S. 269.

51 Export-Import Bank, 1989 Annual Report, S. 27 ff.

ministerium gehalten; auf dieses Kapital ist eine Dividende von 5% pro Jahr zu zahlen.[52] Der Bank steht weder ein eigener Fonds zur Verfügung noch kann sie sich aus speziellen Fonds bedienen. Die Export-Import Bank ist jedoch autorisiert, $ 6 Mrd. vom Schatzministerium zu leihen.[53] Seit Mai 1975 finanziert die Bank ihre Geschäftstätigkeit durch die Aufnahme langfristiger Kredite bei der „Federal Financing Bank" des US Schatzministeriums. Am Ende des fiskalischen Jahres 1989 bestanden der Federal Financing Bank gegenüber Verpflichtungen in Höhe von $ 11 Mrd.[54]

Der Export-Import Bank sind für ihre gesamte Geschäftstätigkeit zwei Höchstgrenzen vorgegeben. Ein Gesamtlimit in Höhe von $ 40 Mrd. besteht für alle Aktivitäten der Export-Import Bank, also für die Vergabe von Krediten und für die Versicherung von Exportgeschäften. Ende September 1989 waren jedoch nur $ 26,8 Mrd. an Verpflichtungen von der Export-Import Bank eingegangen, so daß $ 13,2 Mrd. weiterhin zur Verfügung standen.[55] Von größerer Bedeutung ist die vom Kongress und vom Office of Management and Budget festgesetzte jährliche Höchstgrenze. Das Limit für das fiskalische Jahr 1989 lag bei $ 18,6 Mrd., einschließlich $ 17,9 Mrd. für Exportkreditversicherungen. Auch diese Höchstgrenze war nicht in Gefahr, erreicht zu werden. Die Verpflichtungen der Export-Import Bank aus der Exportkreditversicherung betrugen 1989 lediglich ca. $ 13,6 Mrd.[56]

Die Export-Import Bank ist verpflichtet, in ihrer Geschäftstätigkeit nicht mit dem privaten Bankensektor zu konkurrieren, sondern diesen möglichst zu ergänzen und zu unterstützen.[57] Die Kooperation mit dem privaten Bankgewerbe vollzieht sich sowohl im Bereich der Finanzierung als auch auf dem Gebiet der Versicherung von Exportgeschäften: so z.B. in der Bereitstellung von Garantien[58] für mittelfristige Exportkredite der Geschäftsban-

52 Hachmeier, a.a.O., S. 36.

53 Sektion 6 Export-Import Bank Act of 1945.

54 Export-Import Bank, 1989 Annual Report, S. 34.

55 Export-Import Bank, 1989 Annual Report, S. 37.

56 Export-Import Bank, 1989 Annual Report, S. 37.

57 Vgl. Sektion 2 (a) Export-Import Bank Act of 1945.

58 In der Literatur werden die Begriffe „Exportkreditgarantie" und „Exportkreditversicherung" teils synonym, teils unterschiedlich verwendet. Der Unterschied besteht darin, daß bei der „Garantie" eine Bank die Kreditrisiken direkt bei der Versicherungsinstitution decken kann, während bei der „Versicherung" der Exporteur die Versicherung erhält, wobei die Finanzierung von ihm selbst oder einer Bank bereitgestellt werden kann. Das amerikanische System verwendet den Begriff „Versicherung", sofern die FCIA als Versicherer, und den Begriff „Garantie", sofern die Export-Import Bank als Versicherer tätig wird.

ken an amerikanische Exporteure, durch die praktisch die gesamte direkte Kreditgewährung an die amerikanischen Exporteure von seiten der Export-Import Bank ersetzt wurde, sowie besonders in der Zusammenarbeit zwischen der Export-Import Bank und Privatbanken auf dem Gebiet der Exportkreditversicherung durch die Gründung der Foreign Credit Insurance Association.[59]

II. Die Foreign Credit Insurance Association

Abgesehen von den Versicherungsmöglichkeiten der Export-Import Bank wird das Exportkreditprogramm der USA im wesentlichen von der Foreign Credit Insurance Association durchgeführt. Die FCIA führt das Exportkreditversicherungsprogramm der USA für die private amerikanische Versicherungsindustrie wie auch für die staatliche Export-Import Bank durch.

Die FCIA versichert Exportkredite auf eigene Rechnung nur gegen kommerzielle Risiken; hierfür gilt eine maximale jährliche Verlustquote. Die FCIA übernimmt die kommerziellen Risiken eines Versicherungsvertrages bis zu einem bestimmten Betrag; bei dem übersteigenden Betrag erfolgt eine Risikoteilung mit der Export-Import Bank, die dann 50% des Risikos trägt.[60] Die Versicherung der politischen Risiken wird zwar technisch ebenfalls von der FCIA abgewickelt, jedoch wird hier der gesamte Verlust von der Export-Import Bank getragen; die FCIA handelt auf diesem Gebiet als Agent der Export-Import Bank und ist bei dem Abschluß von Versicherungsverträgen auch auf die Zustimmung der Export-Import Bank angewiesen.[61] Jedoch wird der FCIA bei der Versicherung von politischen Risiken schon seit längerer Zeit ein freier Bewilligungsspielraum eingeräumt.

Die Leitung der FCIA obliegt einem Vorstand, der sich aus neun Vertretern von an der FCIA beteiligten Versicherungsgesellschaften zusammensetzt. Der Vorstand trifft sich monatlich, um einzelne Versicherungsangelegenheiten zu besprechen und anstehende Entscheidungen über die Indekkungnahme von Exportgeschäften zu treffen. Repräsentanten der Eximbank

---

59 Hachmeier, a.a.O., S. 37.

60 Nehrt, Financing Capital Equipment Exports, S. 90; Glick/Duff, a.a.O., S. 290.

61 Hachmeier, a.a.O., S. 57; siehe auch Ball/Knight, a.a.O., S. 288; Hombach, Exportkreditversicherung und Exportfinanzierung –Wettbewerbsverzerrungen durch Subventionierung -, S. 41; Glick/Duff, a.a.O., S. 290; OECD, Export Credit Financing Systems, S. 230; Erbe, a.a.O., S. 178.

nehmen an den monatlichen Zusammenkünften regelmäßig teil.[62] Sitz der FCIA ist New York. Regionale Büros befinden sich in Los Angeles, Houston, Atlanta und Chicago.

Sowohl die Export-Import Bank als auch die FCIA arbeiten grundsätzlich nach dem Kostendeckungsprinzip, wobei die Bildung von Rücklagen für Schadensfälle eingeschlossen ist.[63] In den letzten Jahren haben sich jedoch nicht unerhebliche Verluste bei der staatlichen Exportkreditversicherung eingestellt, so daß auf akkumulierte Reserven zurückgegriffen werden mußte.[64]

III. Die Overseas Private Investment Corporation

Die Overseas Private Investment Corporation ist eine staatliche Gesellschaft, die 1969 gegründet wurde, um die staatliche Entwicklungshilfe von der Förderung privater Auslandsinvestitionen in den Entwicklungsländern zu trennen.[65] Vordem waren die Investitionsförderungsprogramme von der Agency for International Development (AID) verwaltet worden. Die OPIC unterstützt zwar Projekte, die unter entwicklungspolitischen Gesichtspunkten ausgewählt werden, hervorgehoben wird aber dabei das Ziel, vor allem Investitionen mit hoher finanzieller und wirtschaftlicher Leistungsfähigkeit vorzunehmen.[66] Hierdurch wird die OPIC, die mit eigenem Gesellschaftskapital ausgestattet ist, in die Lage versetzt, kostendeckend zu arbeiten.[67] Ihre Verpflichtungen sind jedoch in vollem Umfang bei der amerikanischen Regierung rückversichert.[68]

Die OPIC gewährt Versicherungen und finanziert selbst amerikanische Investitionen in Entwicklungsländern.[69] Das OPIC Programm wird nicht zur

---

62 International Exports Credits Institute, a.a.O., S. 249.

63 Hachmeier, a.a.O., S. 57.

64 Vgl. oben § 40 I.

65 Erbe, a.a.O., S. 160; vgl. auch Gilbert/Marra, Overseas Private Investment Corporation, S. 215 f.

66 Erbe, a.a.O., S. 161.

67 Bis Ende September 1990 erwirtschaftete die OPIC einen Gewinn von über $ 1,5 Mrd. (vgl. OPIC, Annual Report 1990, S. 5 u. Simpliner, The 1981 OPIC Amendments and Reagan's „Never Directions" in Third World Developing Policy, Law & Pol'y Int'l Bus., Vol. 14, Nr. 1, 1982, S. 186).

68 OECD, Export Credit Financing Systems, S. 234.

69 Vgl. Sektion 234 (c) Foreign Assistance Act of 1969.

Entwicklungshilfe im engeren Sinne gezählt. Die von der OPIC erbrachten Leistungen beziehen sich auf von der OECD als privat eingestufte Ressourcenzuflüsse. Durch die Beschränkung ihrer Leistungen auf die Entwicklungsländer und durch die organisatorische Einordnung in die International Development Cooperation Agency (IDCA) muß das OPIC-Programm jedoch zu den Maßnahmen der amerikanischen Entwicklungszusammenarbeit gerechnet werden.[70]

Die Leitung der OPIC nimmt ein Gremium aus Vertretern der Privatwirtschaft und des Staates wahr.[71] Der Leiter des AID führt kraft Amtes den Vorsitz. Acht der vom Präsidenten ernannten Direktoren kommen aus dem privaten Sektor, einschließlich der Arbeitnehmerorganisation und vier aus dem Außen-, Finanz-, Handels- und Arbeitsministerium.[72]

IV. Die Commodity Credit Corporation

Die Commodity Credit Corporation (CCC) ist eine Behörde der US-amerikanischen Regierung. Sie nimmt ihre Aufgaben unter der Ägide des Landwirtschaftsministeriums wahr.[73] Bereits seit den dreißiger Jahren bietet die CCC Programme zur Unterstützung von Agrarexporten an, wobei diese Programme in den letzten Jahren mehreren Modifikationen unterlagen.[74] Das bereits erwähnte GSM-5-Programm lief im September 1980 aus, teils wegen der Probleme bei der Refinanzierung der Gesellschaft, teils um die gewonnenen Kunden sukzessive an rein kommerzielle Kreditbedingungen zu gewöhnen.[75]

---

70 Erbe, a.a.O., S. 171; vgl. auch OECD, Export Credit Financing Systems, S. 234.

71 Die enge Zusammenarbeit von entwicklungspolitischer Behörde und privater Wirtschaft in der OPIC wird von der amerikanischen Regierung sehr positiv bewertet, so daß diese Organisation für die Entwicklungspolitik zunehmend an Bedeutung gewinnt (Erbe, a.a.O., S. 161). Die OPIC versicherte bis Ende September 1990 ein Gesamtvolumen von $ 3,7 Mrd. Dies sind ca. 10% der amerikanischen Investitionen in Entwicklungsländern (vgl. OPIC, Annual Report 1990, S. 4 und OECD, Investing in Developing Countries, Tabelle 7).

72 Erbe, a.a.O., S. 161; vgl. auch OECD, Export Credit Financing Systems, S. 218.

73 The Chase Manhattan Bank, a.a.O., S. 139.

74 Siehe hierzu oben § 38 a.E.

75 Erbe, a.a.O., S. 181.

Das GSM-5-Programm wurde zunächst durch das bereits 1979 etablierte GSM-101-Programm ergänzt, unter dem die CCC eine kreditgewährende Bank in den USA gegen nicht-kommerzielle Risiken versicherte.[76] In der Folgezeit wurde das sogenannte „Noncommercial Risk Assurance Program" durch das „GSM-102 Export Credit Guarantee Program" abgelöst, das Versicherungsschutz sowohl gegen kommerzielle als auch nicht-kommerzielle Risiken gibt.[77]

1986 wurde zusätzlich das GSM-103-Programm eingeführt, das kommerzielle Ausfuhrkredite mit einer Laufzeit von drei bis zehn Jahren versichert.[78] Dem CCC war für das fiskalische Jahr 1989 eine Deckungshöchstgrenze von insgesamt $ 500 Mio. vorgegeben.[79]

§ 41 Das Versicherungsprogramm der FCIA

I. Überblick

Das amerikanische Exportkreditversicherungsprogramm wird im allgemeinen, ebenso wie das Exportfinanzierungsprogramm[80], nach dem Kriterium der Versicherungsfristen (Länge des versicherten Exportkredits) unterteilt.[81] Danach sind zu unterscheiden:

---

76 Vgl. United States Department of Agriculture, Agricultural Stabilization and Conservation Service, S. 93; Pomeroy, a.a.O., S. 20 f.

77 Die wichtigsten von der CCC unterstützten Agrarprodukte waren 1988 und 1989 Weizen, Mais, Baumwolle und Reis (vgl. United States Department of Agriculture, Trade of the United States, Januar/Februar 1989 und März/April 1990).

78 Die Erweiterung der CCC-Fazilitäten ist auch als Antwort auf den harten Wettbewerb der amerikanischen Landwirtschaft mit der Europäischen Gemeinschaft zu verstehen (siehe hierzu Ball/Knight, a.a.O., S. 288).

79 OECD, Export Credit Financing Systems, S. 231.

80 Eine ausführliche Darstellung des amerikanischen Exportfinanzierungsprogramms findet sich bei OECD, Export Credit Financing Systems, S. 246 ff.; siehe auch Hachmeier, a.a.O., S. 32 ff.; Ball/Knight, a.a.O., S. 290 ff.; Pearce, Subsidized Export Credit, S. 37 ff.; Erbe, a.a.O., S. 111 ff.; Hombach, a.a.O., S. 58 ff.

81 Im Gegensatz zum amerikanischen System spielen die Kreditlaufzeiten für die einzelnen Versicherungspolicen der japanischen Exportkreditversicherung nur eine untergeordnete Rolle; siehe unten § 46.

- kurzfristige Verträge (bis 180 Tage),
- mittelfristige Verträge (180 Tage bis fünf Jahre, in Ausnahmefällen bis sieben Jahre),
- langfristige Verträge (über fünf Jahre)[82].

Die Ausnahmeregelung bei mittelfristigen Exportverträgen wurde zunächst für den Export von Düsenflugzeugen geschaffen, findet aber heute auch in besonderen Fällen auf andere Exportgüter Anwendung.

II. Allgemeine Voraussetzungen für die Versicherung von kurz- und mittelfristigen Ausfuhren

1. Antragsberechtigte

Als Antragsberechtigt für die FCIA-Versicherungen gelten alle Exporteure, die ihren Sitz und ihren ordentlichen Geschäftsbetrieb in den USA, ihren Territorien und Puerto Rico haben. Darunter fallen:[83]

- in den USA wohnhafte Einzelpersonen,
- nach amerikanischen Gesetzen gebildete und bestehende Firmen,
- Zweigfirmen in den USA von ausländischen, aber „amerikanisch kontrollierten" Unternehmungen (US-amerikanische Beteiligung über 50%),
- ausländische Firmen mit Tätigkeitsbereich in den USA, die keine „ausländisch kontrollierten" Unternehmungen sind.

2. Versicherbare Güter

Bei der FCIA sind alle legal exportierbaren Produkte versicherbar, die in den USA hergestellt oder verarbeitet und im Ausland gegen US Dollar verkauft werden.[84] Eine Ausnahme besteht bei den kurzfristigen Versicherungen

82 Die Versicherungsmöglichkeit für langfristige Verträge soll hier nur der Vollständigkeit halber erwähnt werden. Die einzelnen Versicherungsprogramme hierfür werden in der Regel von der Export-Import Bank selbst durchgeführt.

83 International Export Credits Institute, a.a.O., S. 250; Loomis, Public Money Sources for Overseas Trade and Investment, S. 21 f.; vgl. auch Sargent, Public and Private Funding in International Trade, S. 129.

84 Hachmeier, a.a.O., S. 59.

der FCIA, bei denen die Rechnung auch auf fremde Währung laufen darf.[85] Bei der kurzfristigen Versicherung soll es sich in der Regel um Verbrauchsgüter handeln, bei denen mindestens 50% des Produktionswertes amerikanischen Ursprungs sein soll.[86] Für die mittelfristige Versicherung ist keine entsprechend genaue Regelung vorgesehen; ausnahmsweise kann der Auslandsanteil 10 bis 20% betragen, unter Umständen auch mehr, und versichert werden, falls mit dem ausländischen Versicherer ein Abkommen über eine gegenseitige Versicherungsmöglichkeit abgeschlossen worden ist.[87] Sowohl bei der kurz- als auch bei der mittelfristigen Versicherung verlangt das FCIA den Abschluß von Exportverträgen zu „international üblichen" Kreditlaufzeiten. Als Anhaltspunkte können folgende Laufzeiten gelten:[88]
- Rohstoffe: bis zu 180 Tagen,
- kurzlebige Konsumgüter: bis 180 Tage,
- langlebige Konsumgüter (durable consumer goods): bis zwei Jahre,
- leichte Kapitalgüter: bis drei Jahre,
- schwere Kapitalgüter und Anlagen: bis fünf Jahre und mehr.

Die zulässige Kreditlaufzeit wird außer von den Gütern auch von der Auftragshöhe mitbestimmt. Die zur Zeit gültigen Richtlinien sehen folgende Kreditperioden vor:[89]

Auftragswert	Kreditperiode
unter $ 50.000	bis zu zwei Jahren
$ 50.000 –$ 100.000	bis zu drei Jahren
$ 100.000 –$ 200.000	bis zu vier Jahren
über $ 200.000	bis zu fünf Jahren

Seit 1982 bezieht sich der Deckungsschutz in der kurzfristigen Versicherung auch auf die Zinsforderungen des Exporteurs. Der Zinssatz darf jedoch nicht die Primarate (Prime Rate) der Chase Manhattan Bank zur Zeit der Versendung der Ware übersteigen. Liegt der vertraglich vereinbarte Zinssatz darunter, so ist dieser für den Deckungsschutz maßgebend.[90]

---

85 Linder, Eximbank looks ahead, International Commerce, Vol. 72 (1966), Nr. 18, S. 9.

86 Vgl. International Export Credits Institute, a.a.O., S. 250.

87 Hachmeier, a.a.O., S. 59. Ein Gegenseitigkeitsabkommen besteht z.B. mit der COFACE (vgl. OECD, Export Credit Financing Systems, S. 238 f.).

88 Vgl. Bundesstelle für Außenhandelsinformation, Exportförderung: Zusammenfassung der Exim-Bank über ihre Aktivitäten und Programme –BfAI-Dokument Nr. 58/81, S. 9 ff; International Export Credits Institute, a.a.O., S. 253 f.

89 Bundesstelle für Außenhandelsinformation, a.a.O., S. 18.

90 Keenan, a.a.O., S. 417.

3. Versicherbare Risiken

Der amerikanische Exporteur kann wahlweise kommerzielle und politische Risiken absichern lassen. Der Grundsatz der einheitlichen Deckung aller Risiken, wie er etwa im deutschen System gilt,[91] findet hier nur beschränkt Anwendung.

Als kommerzielle Risiken werden jene Risiken verstanden, die aus der Handlungsweise des ausländischen Käufers entstehen. Die Versicherungspolicen der FCIA decken folgende kommerzielle Risiken:[92]

- Insolvenz des ausländischen Käufers,
- Zahlungsverzug (protracted default),
- Annahmeverweigerung durch den Importeur, sofern hierin eine Vertragsverletzung zu sehen ist.

Die politischen Risiken liegen außerhalb der Einflußsphäre des Exporteurs und des Importeurs. Die FCIA versichert folgende politische Risiken:[93]

- Transferstörungen,
- Nichterneuerung oder Stornierung einer zuvor gültigen Export- oder Importlizenz,
- Krieg, Bürgerkrieg, Revolution und ähnliches im Zeitpunkt oder vor Fälligkeit der Zahlung,
- Enteignung, Verstaatlichung, staatlicher Eingriff in die Firma des Käufers vor oder im Zeitpunkt der Zahlung,
- Beschränkung oder Verbot für den Käufer, die erforderlichen Einlagen bei seiner Bank zu tätigen,
- zusätzliche Transport- oder Versicherungskosten nach Verschiffung, sofern diese außerhalb der USA aus politischen Gründen anfallen und nicht dem Käufer angelastet werden können.

Die amerikanische Exportwirtschaft ist durch die Risikodefinition der FCIA ihren Konkurrenten auf dem Weltmarkt annähernd gleichgestellt.[94] Als Mangel gegenüber ausländischen Exportkreditversicherungssystemen wird allgemein die immer noch nicht mögliche Versicherung von Katastrophenrisiken (Erdbeben, Überschwemmungen etc.) angesehen, durch die der Export in bestimmte geographische Gebiete erschwert werden kann.[95] Zu er-

---

91 Siehe oben § 8.

92 Keenan, a.a.O., S. 413; International Export Credits Institute, a.a.O., S. 250.

93 Keenan, a.a.O., S. 413; International Export Credits Institute, a.a.O., S. 251.

94 Vgl. Hachmeier, a.a.O., S. 61.

95 Katastrophenrisiken werden von den staatlichen Exportkreditversicherern Großbritanniens, Frankreichs und Japans versichert. Neuerdings bietet die Export-Import Bank in ihren Policen ebenfalls Deckungsschutz für Katastro-

wähnen ist außerdem die Nichtdeckung des Wechselkursrisikos, das im Handel mit Ländern mit unstabilen Währungsverhältnissen (z.B. Südamerika) von Bedeutung sein kann.[96] Das Wechselkursrisiko verwirklicht sich jedoch nur bei Verträgen, die über fremde Währung und nicht über US Dollar lauten; das gilt für die USA nur für einen Teil der kurzfristigen Exportkreditversicherungen.[97] Die weitaus bedeutendsten Risiken im Exportgeschäft – vom gesamtwirtschaftlichen Standpunkt aus betrachtet[98] – bleiben jedoch die vielfältigen anderen politischen Risiken (einschließlich des Transferrisikos), da es sich bei diesen um „verkettete" Risiken[99] handelt, die gesamte Länder und Exportbereiche mit einer Vielzahl von Importeuren und damit den Gesamtexport erheblich treffen können. Diese politischen Risken werden von der amerikanischen Exportkreditversicherung weitgehend gedeckt.

4. *Versicherungsbeginn*

Der Deckungsschutz beginnt grundsätzlich mit dem Zeitpunkt der Versendung der Exportgüter durch den Exporteur (post-shipment cover). Möglich ist auch die Einbeziehung der Fabrikationsperiode durch einen Vertragszusatz (pre-shipment cover).[100]

5. *Karenzzeit*

Bei den kommerziellen Risiken sieht die FCIA eine sofortige Zahlung vor, sobald der Beweis für einen derartigen Schadensfall (z.B. der Insolvenz des ausländischen Käufers) erbracht ist. Im Falle des Zahlungsverzuges des Käufers ist eine sechsmonatige Wartefrist vorgesehen.[101] Bei politischen Risiken erfolgt die Auszahlung der Haftungssumme innerhalb von drei Monaten nach Einreichen der zum Beweis des Schadensfalles erforderlichen Un-

---

phenrisiken.

96 Siehe aber die Guarantee for Foreign Currency Swap Transactions, unten § 42 IV. In der Bundesrepublik Deutschland, Frankreich und Japan ist das Wechselkursrisiko versicherbar; in Großbritannien ist die Abdeckung des Wechselkursrisikos nur bedingt möglich, siehe oben § 35.

97 Vgl. Hachmeier, a.a.O., S. 61.

98 Vgl. Hachmeier, a.a.O., S. 61.

99 Segré, Die mittelfristige Exportfinanzierung, a.a.O., S. 49.

100 Fry, a.a.O., S. 10.

101 The Chase Manhattan Bank, a.a.O., S. 142.

terlagen durch den Versicherten.[102] Die vergleichsweise[103] kurzen Karenzfristen können unter dem Aspekt der Wirksamkeit der FCIA-Versicherungspolicen auf die Exportbereitschaft amerikanischer Unternehmungen als positiv angesehen werden.[104]

III. Die kurzfristige Exportkreditversicherung

1. Die Short-Term Policy

Die Short-Term Policy dient überwiegend der Absicherung von Exportgütern wie elektronischem Zubehör, Autoteilen, Agrarprodukten, Ersatzteilen etc.[105] Die Short-Term Policy bietet dem amerikanischen Exporteur eine Versicherungsmöglichkeit auf der Basis des Gesamtauslandsumsatzes (whole turnover basis), stellt also eine Pauschalversicherung dar. Der Exporteur ist folglich verpflichtet, der FCIA die Deckung der Kreditrisiken sämtlicher Lieferungen an ausländische Abnehmer anzudienen. Auf Antrag des Exporteurs kann jedoch ein Teil seiner Auslandstransaktionen von der „zwangsweisen" Exportkreditversicherung ausgeschlossen werden, wenn dann noch eine „angemessene" Risikostreuung (reasonable spread of risk) gewährleistet ist.[106] Als Ausnahme dieser generellen Regelung können vor allem Exporte nach Kanada und durch „letters of credit"[107] gesicherte Lieferungen geltend gemacht werden.[108]

Die FCIA bietet die Short-Term Policy entsprechend dem Umfang der versicherten Risiken in zwei Formen an:[109]
- als umfassende Versicherung (Short-Term Comprehensive Policy): kommerzielle und politische Risiken werden gleichzeitig gedeckt,

102 The Chase Manhattan Bank, a.a.O., S. 142.

103 Z.B. Bundesrepublik Deutschland vier bzw. sechs Monate.

104 Vgl. Hachmeier, a.a.O., S. 62.

105 Bundesstelle für Außenhandelsinformation, a.a.O., S. 14.

106 Rendell, Export Financing and the Role of the Export-Import Bank of the United States, S. 141.

107 Zur Bedeutung des Letter of Credit (Akkreditiv) im internationalen Zahlungsverkehr siehe Rowe, Letters of Credit, S. 3 ff.

108 Rendell, a.a.O., S. 142.

109 Bundesstelle für Außenhandelsinformation, a.a.O., S. 14f.

- als Versicherung nur der politischen Risiken (Short-Term Political Risk Only Policy).

a. Die Short-Term Comprehensive Policy

Diese Versicherungspolice der FCIA wird im allgemeinen mit einer Haftungsbeschränkung für den einzelnen ausländischen Importeur ausgestattet.[110] Innerhalb des festgesetzten Betrages (discretionary credit limit) kann der Exporteur eine Versicherung auf revolvierender Basis abschließen. Auf diese Weise können wiederholte Lieferungen an einen ausländischen Abnehmer abgewickelt werden, ohne daß ein neuer Versicherungsvertrag abgeschlossen werden müßte, vorausgesetzt, die jeweils ausstehende Kreditsumme übersteigt nicht den festgesetzten Betrag. Falls die kreditierten Exporte das Limit überschreiten, hat der Exporteur zuvor die Deckungszusage der FCIA einzuholen. Der Exporteur hat dann ein zusätzliches Versicherungsentgelt zu zahlen, ohne daß sich jedoch die Haftungssumme erhöht.[111]

Die Short-Term Comprehensive Policy ist eine Einjahrespolice und kann für kurzfristige Geschäfte mit Laufzeiten bis zu 180 Tagen beantragt werden. Sie kann durch einen Zusatz auch auf die Fabrikationsperiode (preshipment period) ausgedehnt werden, die mit dem Zeitpunkt des Vertragsabschlusses beginnt.[112]

Die maximalen Deckungssätze dieser Police betragen 90% der kommerziellen und 100% der politischen Risiken. Die Selbstbeteiligung des amerikanischen Exporteurs beläuft sich also bei den kommerziellen Risiken auf 10%, bei politischen Risiken entfällt eine Selbstbeteiligung.[113] Für Märkte oder einzelne Transaktionen, die als besonders risikoreich gelten, kann die Selbstbeteiligung des Exporteurs auf 20% oder 30%, in Ausnahmefällen sogar noch höher, festgelegt werden; in diesen Fällen ermäßigt sich die Versicherungsprämie entsprechend.[114]

Im Gegensatz zur Ausfuhr-Pauschal-Gewährleistung im deutschen Exportkreditversicherungssystem, die ein Eigenvorrisiko nicht mehr kennt, muß der amerikanische Exporteur bei der Short-Term Comprehensive Policy ein jährliches Eigenvorrisiko (first loss deductible) tragen,[115] d.h., die

---

110 Bundesstelle für Außenhandelsinformation, a.a.O., S. 14.

111 Hachmeier, a.a.O., S. 64.

112 OECD, Export Credit Financing Systems, S. 237.

113 The Chase Manhattan Bank, a.a.O., S. 141.

114 Hachmeier, a.a.O., S. 64.

115 Rendell, a.a.O., S. 141.

FCIA deckt den Schaden des Exporteurs erst ab einem gewissen Betrag. Das Eigenvorrisiko bezieht sich allerdings nicht auf politische Schadensfälle. Wenn z.B. ein Exporteur mit einem Eigenvorrisiko von $ 20.000 aufgrund eines wirtschaftlichen Schadensfalles einen Verlust von $ 30.000 erleidet, so ist zunächst der Selbstbehalt von normalerweise 10% in Abzug zu bringen. Von den verbleibenden $ 27.000 trägt das FCIA dann einen Betrag von $ 7000. Treten im gleichen Versicherungsjahr weitere wirtschaftliche Schadensfälle ein, übernimmt das FCIA jeweils 90% des Verlustes. Mit der Einführung des Eigenvorrisikos anfang der 70er Jahre sollte vor allem erreicht werden, daß sich die Prämiensätze für die Short-Term Policy in einem annehmbaren Rahmen bewegten.[116]

Die Prämien der Short-Term Comprehensive Policy sind monatlich zu zahlen, nachdem ein Entgeltdepot gebildet worden ist, und variieren mit den Zahlungsbedingungen, dem Bestimmungsland, den Erfahrungen des Exporteurs mit dem ausländischen Abnehmer und den Exportgütern.[117] Sie werden auf der Basis des Rechnungsbetrages (cif-Preis) berechnet und betragen normalerweise zwischen 0,5% und 1,5%.[118] Für die Deckung des Fabrikationsrisikos wird ein Zusatzentgelt erhoben.

Die Importländer sind für die Berechnung der Prämien in vier Risikogruppen (A, B, C, D) eingeteilt, wobei sich die Einordnung einzelner Länder in die Gruppen ständig ändert. In etwa sind die Länder folgendermaßen eingeteilt: A (fast alle westeuropäischen Länder), B (die meisten Zentralamerikanischen Staaten, wie ehemalige französische und britische Besitzungen), C (die meisten südamerikanischen, asiatischen und afrikanischen Länder), D (am wenigsten entwickelte Länder).[119]

b. Die Short-Term Political Risk Only Policy

Nach Wahl des Exporteurs gewährt die FCIA im Rahmen der kurzfristigen Pauschalversicherung Deckungsschutz ausschließlich für politische Risiken.[120] Die Short-Term Political Risk Only Policy kann durch einen Zusatz ebenfalls auf die Fabrikationsperiode ausgedehnt werden. Das Entgelt für diese Police beträgt etwa 25% weniger als bei der umfassenden Versiche-

---

116 Keenan, a.a.O., S. 418.

117 Ball/Knight, a.a.O., S. 290.

118 The Chase Manhattan Bank, a.a.O., S. 143.

119 Abel, Exportförderungsmaßnahmen konkurrierender Industrieländer, S. 61.

120 Bundesstelle für Außenhandelsinformation, a.a.O., S. 15.

rung, der Short-Term Comprehensive Policy.[121] Die Bedingungen und Dekkungsvoraussetzungen sind im übrigen die gleichen.

Anzahlungen auf das Exportgeschäft seitens des Importeurs werden von der FCIA bei den kurzfristigen Exportversicherungen nicht verlangt.[122]

2. Die Master Policy

Mit der „Master Policy" bietet die FCIA dem amerikanischen Exporteur die Möglichkeit, seinen gesamten Auslandsabsatz mit kurz- und mittelfristigen Zahlungszielen unter einer Police versichern zu lassen. Die Master Policy ist also eine Pauschalpolice mit einjähriger Gültigkeitsdauer, die Exporte mit Kreditfristen bis zu fünf Jahren erfaßt.[123]

Die Master Policy deckt Verkäufe an Endverbraucher, Händler oder auch Vertriebsunternehmen.[124] Wie bei der Short-Term Policy wird dem Exporteur eine Ermessensgrenze (discretionary credit limit) eingeräumt, innerhalb derer er einem einzelnen Käufer bis zu einem gewissen Dollar-Limit einen staatlich versicherten Kredit gewähren kann. Falls das Kreditlimit einmal nicht ausreichen sollte, kann der Exporteur für Lieferungen an einen bestimmten Käufer eine revolvierende Deckung beantragen, von der dann bis zu der neu festgesetzten Höchstgrenze sämtliche Geschäfte mit dem einzelnen Käufer erfaßt werden.[125] Die Master Policy sieht ebenfalls ein jährliches Eigenvorrisiko (first loss deductible) vor, das sich auch hier nur auf wirtschaftliche Schadensfälle bezieht.[126]

Die Deckungs- bzw. Selbstbeteiligungssätze der Master Policy entsprechen denen der Short-Term Policy, d.h. nur bei wirtschaftlichen Schadensfällen ist der Exporteur mit 10% am Ausfall beteiligt.[127] Im Einzelfall ist das FCIA bereit, die Selbstbeteiligungsquote zu senken, wenn das Importland und der ausländische Käufer eine günstige Schadensprognose erlauben. Die

121 International Export Credit Institute, a.a.O., S. 254.

122 Rendell, a.a.O., S. 141.

123 Bundesstelle für Außenhandelsinformation, a.a.O., S. 15.

124 Bundesstelle für Außenhandelsinformation, a.a.O., S. 15.

125 Rendell, a.a.O., S. 142.

126 Bundesstelle für Außenhandelsinformation, a.a.O., S. 15.

127 Für 1976 teilt Rendell, a.a.O., S. 143, noch mit, daß auch bei politischen Schadensfällen der Exporteur einen Selbstbehalt von 10% zu tragen hat.

vom Exporteur zu zahlende Prämie für die Master Policy richtet sich nach den Ausfuhrländern und nach der Höhe des Eigenvorrisikos.[128]

Die Master Policy bietet dem amerikanischen Exporteur eine prämiengünstige Versicherungsmöglichkeit, die darüber hinaus den Vorteil besitzt, daß der Exporteur seine Kreditentscheidung selbständig treffen kann und nicht vor jedem Exportgeschäft eine verwaltungsaufwendige Deckungszusage der FCIA abwarten muß. So überrascht es nicht, daß die Master Policy in fast allen Bereichen der amerikanischen Exportindustrie Anwendung findet. Vor allem Exporte von Baumaschinen, Transportgeräten, Papier- und Holzprodukten, Klimaanlagen und chemischen Produkten werden mit der Master Policy abgesichert.[129]

Die Master Policy ist auf Wunsch des Exporteurs auch als prämienreduzierte Political Risk Only Policy erhältlich.

3. Die Services Policy

Mit der Services Policy können kurzfristige Forderungen amerikanischer Exporteure aus Dienstleistungsgeschäften versichert werden. Industriezweige, die von dieser Police profitieren, sind vor allem Geschäftsberatungsunternehmen, Konstruktionsbüros und Ölförderunternehmen. In den letzten Jahren greifen auch immer mehr Unternehmen aus dem Telekommunikationswesen und dem Bereich der Informations- und Datenverarbeitung auf die Services Policy zurück.[130]

Die Police versichert die Dienstleistungsunternehmen gegen den Verlust der kreditierten Forderung gegen den ausländischen Klienten aus den schon genannten politischen und wirtschaftlichen Schadensfällen.[131] Die Dienstleistung muß von Angestellten US-amerikanischer Unternehmen oder mit Ausrüstungsgegenständen US-amerikanischen Ursprungs erbracht werden, gleichgültig, ob im In- oder Ausland geleistet wird.[132] Die Services Policy kann auf die individuellen Wünsche eines jeden Unternehmens abgestimmt werden, das Dienstleistungen exportiert und Ratenzahlungen mit einer Laufzeit bis zu 180 Tagen vereinbart. Im allgemeinen verlangt das FCIA, daß ein

---

128 Ball/Knight, a.a.O., S. 290.

129 Bundesstelle für Außenhandelsinformation, a.a.O., S. 16.

130 Vgl. Keenan, a.a.O., S. 421 und Bundesstelle für Außenhandelsinformation, a.a.O., S. 16.

131 Siehe oben § 41 II.3.

132 Keenan, a.a.O., S. 421.

Unternehmen seine gesamten ausländischen Projekte zur Deckung andient. Der Exporteur kann jedoch auch hier einige Projekte von der Deckung ausnehmen, sofern noch eine vernünftige Risikomischung (reasonable spread of risk) erhalten bleibt.[133] Die Prämienhöhe und die Selbstbeteiligungsquoten der Services Policy entsprechen denen der normalen Short-Term Policy.

4. Single Buyer Policy

Erst seit 1986 hat der amerikanische Exporteur die Möglichkeit, seine Auslandsgeschäfte mit kurzfristigen Zahlungszielen auch durch Einzelpolicen absichern zu lassen.[134] Zuvor wurde die kurzfristige Versicherungsmöglichkeit der FCIA generell auf der Basis des Gesamtauslandsumsatzes eines Exporteurs (whole turnover basis) als Pauschalversicherung gewährt. Die Verpflichtung zur Versicherung des gesamten Auslandsumsatzes mit kurzfristigen Zahlungszielen wurde von vielen Exporteuren als Nachteil empfunden, da dadurch Verkäufe in sichere Märkte mit zusätzlichen Kosten belastet wurden.[135] Andererseits wurde durchaus zutreffend darauf hingewiesen, daß durch den Zwang zur Versicherung sämtlicher Auslandsgeschäfte eine sehr breite Risikoverteilung erreicht und damit erst eine Versicherung von Exporten in weniger sichere Märkte zu vergleichsweise günstigen Prämien möglich wird.[136]

Die Single Buyer Policy kann zur Absicherung eines einzelnen Auslandsgeschäftes oder auch als revolvierende Deckung für sämtliche Geschäfte mit einem bestimmten Importeur beantragt werden.[137] Auf Wunsch des Exporteurs bezieht das FCIA auch die Fabrikationsperiode in den Deckungsschutz mit ein. Der Selbstbehalt beträgt wie bei der Comprehensive Policy 10% bei wirtschaftlichen Schadensfällen und entfällt bei der Verwirklichung politischer Risiken. Die Höhe der vom Exporteur zu entrichtenden Prämie richtet sich nach dem Importland, den Erfahrungen des Exporteurs mit dem ausländischen Käufer und den vereinbarten Zahlungsbedingungen.[138] So bewegen sich die Prämien zwischen 0,55% und 1,5% des Vertragswertes.[139]

---

133 Rendell, a.a.O., S. 143.

134 Vgl. Ball/Knight, a.a.O., S. 289 f.

135 Vgl. Vielmetter, a.a.O., S. 114.

136 Vgl. Rendell, a.a.O., S. 141.

137 OECD, Export Credit Financing Systems, S. 238.

138 Ball/Knight, a.a.O., S. 290.

139 OECD, Export Credit Financing Systems, 3rd ed., S. 221.

5. Small Business Policy

Die „Small Business Policy"[140] wurde 1978 eingeführt, um amerikanische Unternehmen, die neu im Exportgeschäft sind oder in der Vergangenheit nur gelegentlich nach Übersee exportiert haben, die Möglichkeit zu eröffnen, ihre Verkäufe US-amerikanischer Produkte zu günstigen Konditionen versichern zu lassen und damit gleichzeitig bei der Erschließung neuer Märkte behilflich zu sein.[141] Die FCIA verlangt von dem Unternehmen, daß es sämtliche Verkäufe, zumindest eine vernünftige Auswahl, zur Versicherung unter die Small Business Policy anträgt. Die FCIA entschädigt dem Exporteur 95% seiner versicherten Forderung bei einem wirtschaftlichen Schadensfall (98% bei Agrarprodukten) und 100% bei einem politischen Schadensereignis. Im Unterschied zu den anderen Policen der FCIA trägt der Exporteur somit nicht mehr 10%, sondern nur noch 5% des wirtschaftlichen Risikos.[142] Eine weitere Verbesserung bei der Deckung der wirtschaftlichen Risiken stellt der Wegfall eines Eigenvorrisikos dar.

Da die Small Business Policy als eine Spezialpolice für kleine oder neue Unternehmen entwickelt wurde, müssen die eine solche Spezialpolice beantragenden Unternehmen folgende Voraussetzungen erfüllen:[143]

1. Der Nettowert des Unternehmens darf $ 2 Mio. nicht übersteigen.
2. Das Unternehmen darf in den vergangenen zwei Jahren für nicht mehr als $ 750.000 im Jahresdurchschnitt exportiert haben.
3. Das Versicherungsprogramm der FCIA darf von dem Unternehmen zuvor noch nicht in Anspruch genommen worden sein, weder durch das Unternehmen selbst noch durch eine kreditgewährende Hausbank.

Die Small Business Policy, die für die Absicherung kurzfristiger Geschäfte konzipiert, aber auch bei Agrarexporten mit Zahlungszielen bis zu 180 Tagen erhältlich ist,[144] kann nach einer jährlichen Verlängerung maximal für einen Zeitraum von fünf Jahren gewährt werden. Anschließend muß die Police in eine Standardpolice der FCIA mit der normalen 10%-igen Selbstbeteiligung bei wirtschaftlichen Risiken und dem vom Exporteur zu tragenden Eigenvorrisiko umgewandelt werden.[145]

---

140 Teilweise findet sich auch die Bezeichnung „New-to-Export-Policy".

141 Vgl. Bundesstelle für Außenhandelsinformation, a.a.O., S. 38, Keenan, a.a.O., S. 420; The Chase Manhattan Bank, a.a.O., S. 140.

142 The Chase Manhattan Bank, a.a.O., S. 140.

143 Keenan, a.a.O., S. 421.

144 Ball/Knight, a.a.O., S. 295.

145 Keenan, a.a.O., S. 421.

Die Entgeltsätze für die Small Business Policy liegen zwischen 0,25% und 1% des Auftragswertes; das Mindestentgelt beträgt jedoch $ 500. Auf Antrag des Exporteurs kann die Police auch als Political Risk Only Policy gewährt werden.[146]

6. *Umbrella Policy*

Für kleine und neue Unternehmen mit einem Jahresumsatz von nicht mehr als $ 2 Mio. bietet die FCIA neben der Small Business Policy die „Umbrella Policy" an, die mit der deutschen Ausfuhr-Pauschal-Gewährleistung verglichen werden kann.[147] Dem Exporteur wird es dadurch ermöglicht, die Geschäfte mit einer Vielzahl von ausländischen Abnehmern unter einer Police versichern zu lassen. Grundgedanke der Einführung dieser Police war es ebenfalls, den Verwaltungsaufwand für den im Exportgeschäft unerfahrenen Exporteur zu verringern und ihm eine günstige Finanzierung zu ermöglichen.[148] Die übrigen Voraussetzungen der Umbrella Policy entsprechen denen der Small Business Policy.

IV. Die mittelfristige Exportkreditversicherung

Die mittelfristige Versicherungsdeckung der FCIA erfolgt auf der Basis der Einzeldeckung einer Exporttransaktion bzw. auf der Basis einer revolvierenden Deckung bei wiederholten Verkäufen an einen ausländischen Importeur.

Diese Auswahlmöglichkeiten kommen der Unterschiedlichkeit der mittelfristigen Exportgeschäfte entgegen; denn mit Kreditfristen von 181 Tagen bis fünf Jahren können dauerhafte Konsumgüter, Investitionsgüter, aber auch gesamte Anlagen exportiert werden, und mit den verschiedenen Exportgütern kann die Auftragshöhe zwischen einigen hundert oder tausend Dollar und Millionen Dollar variieren.[149] Durch das vom amerikanischen Exporteur angebotene Produkt, durch die Auftragshöhe, aber auch durch den belieferten Auslandsmarkt kann sich die Notwendigkeit ergeben, dem Importeur einen mittelfristigen Kredit zu gewähren oder das Geschäft bei ei-

146 Ball/Knight, a.a.O., S. 295.

147 Vgl. oben § 9 III.

148 Ball/Knight, a.a.O., S. 295.

149 Vgl. Hachmeier, a.a.O., S. 66, vgl. auch Bundesstelle für Außenhandelsinformation, a.a.O., S. 18.

nem Kreditinstitut zu refinanzieren. Bei dem hohen Anteil dauerhafter Konsumgüter und vor allem Investitionsgüter am Gesamtexport der USA und der Bedeutung dieser Güter im internationalen Handel spielt gerade die mittelfristige Exportkreditversicherung eine besondere Rolle für die Wettbewerbsfähigkeit der USA.[150] Vor allem die Fähigkeit, die Konditionen an veränderte Erfordernisse anzupassen und die Dauer der Versicherungszusage im Falle von Einzeltransaktionen flexibel zu gestalten, entscheidet über den Erfolg der mittelfristigen Versicherung.[151]

1. Medium-Term Single Sales (MTS)

Die „MTS-Policy" bietet dem amerikanischen Exporteur Versicherungsschutz im Rahmen von Einzeltransaktionen vor allem schwerer Investitionsgüter an einen bestimmten Käufer oder Endverbraucher.[152] Bedingung für die Ausstellung einer MTS-Policy ist im allgemeinen eine Abschlagszahlung des Käufers in Höhe von mindestens 15% des Rechnungswertes (cif-Preises) bei Versendung der Ware.[153] Ausnahmsweise kann bei guten Käufern in guten Märkten die Anzahlung auf 10% des Rechnungswertes reduziert werden. Der „finanzierte Teil" (financed portion) des Auftrages, der sich aus der Differenz von Auftragswert und Anzahlung des Käufers ergibt, beträgt somit normalerweise 85% des Rechnungswertes.[154]

Der Abschluß einer MTS-Policy wird weiterhin von der Vereinbarung warenüblicher Kreditbedingungen abhängig gemacht, wobei insbesondere die Kreditfristigkeit beim Verkauf bestimmter Waren und Warengruppen gemeint ist.[155] Im Falle des Nachweises, daß ein Exportauftrag durch günstigere Kredit- oder Versicherungskonditionen an einen ausländischen Konkurrenten zu fallen droht, kann der amerikanische Exporteur gleichgünstige Bedingungen von der FCIA erhalten. Wenn auch weitgehend Übereinstimmung darüber besteht, daß bestimmte Kreditlaufzeiten für einzelne Produkte (Rohstoffe, Konsumgüter, Investitionsgüter) im internationalen Wettbewerb unter dem Aspekt der Sicherheit des Rückflusses eines Kredites nicht über-

---

150 Vgl. Hachmeier, a.a.O., S. 66. 1989 entfielen 95% der FCIA-Deckungen auf den mittelfristigen Bereich.

151 Vgl. Scafuro, Francis, New Credit and Financing Methods Needed for Growth of International Trade, S. 359.

152 Keenan, a.a.O., S. 422; Rendell, a.a.O., S. 141 f.

153 Bundesstelle für Außenhandelsinformation, a.a.O., S. 18.

154 Vgl. Hachmeier, a.a.O., S. 67.

155 Zu den zulässigen Kreditlaufzeiten siehe oben § 41 II.2.

schritten werden sollten,[156] muß unter dem Wettbewerbsaspekt die Klausel über „außergewöhnliche" Fälle für den amerikanischen Exporteur als vorteilhaft bewertet werden.[157] Über die Auslegung und Anwendung dieser Bestimmung können allerdings keine näheren Angaben gemacht werden.

Der finanzierte Teil des Exportgeschäfts muß durch einen Solawechsel des ausländischen Käufers besichert werden. Der Solawechsel muß innerhalb von dreißig Tagen nach Versendung der Ware ausgestellt werden; er soll den Betrag der Hauptschuld und der Zinsen einzeln benennen. Der Solawechsel soll in englischer Sprache abgefaßt und in US Dollar zahlbar bei einer bestimmten Bank in den Vereinigten Staaten gestellt werden und monatlich, vierteljährlich oder halbjährliche Ratenzahlungen vorsehen.[158] Fremdwährungsgeschäfte bedürfen der besonderen Zustimmung der FCIA. Auf Antrag des Exporteurs kann der FCIA auch verschiedene Lieferungen, die durch einen einzigen Solawechsel besichert werden, in Deckung nehmen.[159]

Die MTS-Policy, die normalerweise mit der Versendung der Ware beginnt, kann durch einen Vertragszusatz auf die Fabrikationsperiode ausgedehnt werden. Auf Wunsch des Exporteurs ist die MTS-Policy auch als Political Risk Only Policy erhältlich.[160] Zinsforderungen aus dem Ausfuhrgeschäft werden von der Deckung erfaßt, soweit der vereinbarte Zinssatz nicht mehr als 1% über den vom US-Schatzamt für vergleichbare Kredite festgesetzten Zinssätzen liegt.[161]

Der Umfang der gedeckten Risiken beläuft sich gegenwärtig auf 90% des „finanzierten Teils" bei wirtschaftlichen Risiken und auf 100% bei politischen Risiken sowohl für die umfassende als auch für die Versicherung nur der politischen Risiken; bei Märkten, die als besonders risikoreich gelten, kann die Deckungsquote für die wirtschaftlichen Schadenstatbestände auf 80% oder 70% oder sogar noch niedriger fixiert werden. Der Selbstbehalt des Exporteurs beträgt also normalerweise 10% des finanzierten Teils, entsprechend 8,5% des Rechnungswertes. Bei mittelfristigen Transaktionen mit einer Kreditlaufzeit von mehr als drei Jahren kann die FCIA, falls die erste Hälfte der Ratenzahlungen vertragsgemäß geleistet wurde, die Deckungsquote auf 100% erhöhen, vorausgesetzt, daß der ausländische Käufer nicht

156 Segré, a.a.O, S. 29 ff.

157 Hachmeier, a.a.O., S. 66.

158 Keenan, a.a.O., S. 421 f.

159 Keenan, a.a.O., S. 422.

160 Bundesstelle für Außenhandelsinformation, a.a.O., S. 19.

161 Keenan, a.a.O., S. 417.

in einem Markt tätig ist, bei dem der Exporteur einen Selbstbehalt von mehr als 10% zu übernehmen hat.[162] Ein Eigenvorrisiko (first loss deductible) kennt die MTS-Policy nicht.

Die Höhe des Selbstbehalts, durch den der Exporteur an der Auswahl der Käufer, aber auch an der Erfüllung des Geschäfts seitens des ausländischen Importeurs interessiert werden und der zugleich eine Risikoübernahme des Exporteurs etwa in Höhe des Gewinns erreichen soll, ist nicht nur bei der MTS-Policy, sondern bei der gesamten mittelfristigen Versicherung der USA unter dem Aspekt der internationalen Wettbewerbsbedingungen als günstig zu beurteilen, wenn z.B. die Konditionen der Bundesrepublik betrachtet werden.[163]

Auf der Basis des „finanzierten Teiles" des Rechnungsbetrages berechnet die FCIA die Prämiensätze der MTS-Policy. Die Prämien bemessen sich auch hier nach den Kreditlaufzeiten und dem Bestimmungsland und belaufen sich auf 1% (Kreditdauer ein Jahr) bis 6,5% (Fünf-Jahres-Kredit).[164] Die Prämie für die Versicherung nur der politischen Risiken beträgt etwa drei Viertel der Prämie für die umfassende Versicherung. Für die zusätzliche Deckung der Fabrikationsrisiken wird ein geringfügiges Zusatzentgelt erhoben.[165]

2. Medium-Term Repetitive (MTR)

Mit der „MTR-Policy" bietet die FCIA eine mittelfristige Versicherungsmöglichkeit vor allem für schwere Investitionsgüter auf der Basis einer revolvierenden Deckung bei wiederholten Verkäufen an einen ausländischen Importeur. Der Importeur ist häufig ein Händler oder eine Vertriebsstelle, der bzw. die die Ware vor Ort weiterverkauft.[166] Die Police enthält einen letzten Versendungstermin, andernfalls erlischt ihre Gültigkeit für neue Lieferungen nach einem Jahr ihrer Ausstellung durch die FCIA; sie kann jeweils um ein Jahr verlängert werden. Da die MTR-Policy Deckungsschutz für revolvierende Lieferungen gewährt, erhält der Exporteur sofort nachdem

---

162 OECD, Export Credit Financing Systems, S. 238; International Export Credits Institute, a.a.O., S. 253.

163 Zur Höhe der Selbstbeteiligungssätze im deutschen System siehe Tabelle § 16 I.

164 Vgl. Ball/Knight, a.a.O., S. 290; siehe auch OECD, Export Credit Financing Systems, S. 239.

165 The Chase Manhattan Bank, a.a.O., S. 143.

166 Keenan, a.a.O., S. 422 f.

die FCIA über den Versicherungsantrag entschieden hat, eine Bestätigung, die die maximale Kreditlinie, die versicherten Produkte, die Kreditlaufzeiten, den letzten Versendungstermin und eventuell spezielle Deckungsbedingungen aufführt.[167] Der Exporteur kann seinen ausländischen Abnehmer dann bis zum Erreichen der maximalen Kreditlinie beliefern; sobald der ausländische Abnehmer Tilgungsleistungen erbringt, kann er im Rahmen der freigewordenen Kreditsumme erneut Waren erhalten. Die übrigen Versicherungsbedingungen, Prämien und Selbstbehalte etc. der MTR-Policy entsprechen denen der MTS-Policy.

3. Short-Term-Medium-Term Combination Policy (MSC)

Bei der „MSC-Policy" handelt es sich um eine Spezialpolice, die auf der Basis einer revolvierenden Deckung ausschließlich Verkäufe an unabhängige Händler oder Vertriebsstellen in Übersee versichert.[168] Die Police erhält vorwiegend Bedeutung für die Deckung von Ersatzteilen und Zubehör, die normalerweise der kurzfristigen Finanzierung unterfallen, und von schweren Ausrüstungen und Gerätschaften, die entweder zu kurzfristigen oder zu mittelfristigen Zahlungszielen verkauft werden. Die MSC-Policy stellt eine Kombination der kurz- und mittelfristigen Exportkreditversicherung dar, die es den amerikanischen Warenherstellern erlaubt, ihren ausländischen Händlern freizügige Finanzierungen zu gewähren. Amerikanische Hersteller, die früher zu äußerst sicheren Konditionen verkaufen mußten, konnten die Verkäufertätigkeit ihrer ausländischen Händlernetze merklich steigern.[169]

Die Combination Policy bietet Deckungsschutz für folgende Finanzierungen:[170]

1. Die normale kurzfristige Finanzierung von Ersatzteilen und schweren Ausrüstungen und Gerätschaften etc;
2. die Inventarfinanzierung (inventory financing), unter die Exporte fallen, bei denen die dem Händler eingeräumten Zahlungsziele nicht länger als 270 Tage betragen und für die eine Anzahlung nicht verlangt wird;[171]

---

167 Keenan, a.a.O., S. 423.

168 Rendell, a.a.O., S. 142.

169 Keenan, a.a.O., S. 423.

170 Keenan, a.a.O., S. 423; vgl. auch Bundesstelle für Außenhandelsinformation, a.a.O., S. 19.

171 Diese Form der Händlerfinanzierung wird auch als „floor-planning" bezeichnet, siehe hierzu The Chase Manhattan Bank, a.a.O., S. 140.

3. die mittelfristige Forderungsfinanzierung (receivables financing), bei der Zahlungsziele bis zu fünf Jahren möglich sind. Hierbei hat der ausländische Händler eine 15%-ige Anzahlung zu leisten, die am Ende der Inventarfinanzierungsperiode oder, falls der Weiterverkauf früher erfolgt, bei Weiterverkauf an den Endverbraucher fällig wird.

An einem Beispiel soll die Funktionsweise der Combination Policy verdeutlicht werden: Ein amerikanischer Exporteur liefert einen Traktor an einen Händler in Übersee. Es wird vereinbart, daß der Traktor bis zu einem Zeitraum von 180 Tagen in einem Ausstellungsraum stehen kann; binnen zehn Tagen nach Ablauf der kurzfristigen Verpflichtung muß sich der Händler für eine der folgenden Wahlmöglichkeiten entscheiden:

1. Der Händler zahlt den Kaufpreis (nachdem er den Traktor weiterveräußert hat), oder
2. er wandelt die kurzfristige Verpflichtung in eine mittelfristige Verpflichtung um – nun wird eine 15%-ige Anzahlung fällig. Trassierte Wechsel müssen durch Solawechsel ersetzt werden.
3. Der Händler prolongiert die Wechsel um neunzig Tage und entscheidet sich nach Ablauf von insgesamt 270 Tagen, ob er
   a) den Traktor bezahlt, oder
   b) seine Verpflichtung in eine mittelfristige Verpflichtung umwandelt.

Die MSC-Policy kann auf Antrag des Exporteurs auf die Fabrikationsperiode ausgedehnt werden; auf Wunsch ist sie auch als Political Risk Only Policy erhältlich. Eine Selbstbeteiligung wird in Höhe von 10% bei wirtschaftlichen Schadensfällen erhoben. Die Höhe des Entgelts richtet sich nach den dem ausländischen Händler eingeräumten Zahlungszielen und variiert zwischen 1,25% und 6,5% des Rechnungswertes.[172] Das Entgelt ist zahlbar bei Versendung der Ware bzw. bei der Umwandlung in die mittelfristige Versicherung.[173]

Sobald das FCIA über den Antrag des Exporteurs auf Indeckungnahme seiner Exportgeschäfte mit einem bestimmten Händler entschieden hat, erhält der Exporteur eine Deckungsbestätigung, die auch die maximale Kreditlinie enthält, bis zu der eine Belieferung des ausländischen Händlers möglich ist.[174]

---

172 Ball/Knight, a.a.O., S. 290.

173 The Chase Manhattan Bank, a.a.O., S. 143.

174 Keenan, a.a.O., S. 423.

4. Die Deckung von Konsignationslägern (Consignment Coverage)

Die FCIA gewährt dem amerikanischen Exporteur auf seinen Antrag hin auch Deckungsschutz für Kommissionsgeschäfte und für Verkäufe aus Konsignationslägern. Der Exporteur erhält eine 100%-ige Entschädigung bei der Verwirklichung von bestimmten politischen Schadenstatbeständen.[175] Die Versicherungsperiode beginnt mit der Verschiffung der Ware in das Land, in dem sich das Konsignationslager befindet, und endet mit Ablauf von 180 Tagen. Falls sich die Ware dann noch in dem Konsignationslager befindet, ist eine Verlängerung der Versicherungsperiode um weitere 180 Tage möglich.[176]

V. FCIA-Deckungen für Banken

Während sämtliche bisher dargestellten Versicherungspolicen des FCIA vom Exporteur auf kommerzielle Banken übertragen werden können,[177] bietet die FCIA den amerikanischen Banken eigens für Banken und Kreditinstitute konzipierte Versicherungspolicen an.

1. Die Bank Letter of Credit Policy

Die „Bank Letter of Credit Policy" ist Mitte der 80er Jahre eingeführt worden, um auch kleineren Banken den Zugang zur internationalen Handelsfinanzierung zu ermöglichen bzw. zu erleichtern.[178] Die Police versucht der Tatsache gerecht zu werden, daß Akkreditive als Instrumente des internationalen Zahlungsverkehrs eine immer größer werdende Bedeutung erlangen. Das Akkreditiv ist ein abstraktes Zahlungsversprechen einer Bank, in dem diese sich verpflichtet, im Auftrag ihres Kunden einem Dritten (Akkreditierter) innerhalb einer bestimmten Frist einen Geldbetrag zur Verfügung zu stellen.[179] Sofern nun eine US-amerikanische Bank ein unwiderrufliches Akkreditiv, das von einer ausländischen Bank zugunsten eines amerikanischen

---

175 Keenan, a.a.O., S. 425.

176 Keenan, a.a.O., S. 425 f.

177 Hombach, a.a.O., S. 41.

178 Bowen/Mills/Knight, a.a.O., S. 104.

179 Vgl. Heymann-Horn, a.a.O., Anhang § 372, Bankgeschäfte IV, Rdnr. 20 ff.; Nielsen, Grundlagen des Akkreditivgeschäfts, S. 15 ff.

Lieferanten ausgestellt wird, bestätigt und damit selbst für die Verpflichtung der ausländischen Bank einsteht, können ihr im Falle der Nichtzahlung der ausländischen Bank erhebliche Verluste entstehen. Die „Bank Letter of Credit Policy" deckt dann das Risiko der Nichtzahlung der ausländischen Bank.[180]

Die Selbstbeteiligung der Bank im Schadensfall beträgt sowohl für wirtschaftliche als auch für politische Risiken 5% und 2% bei Exporten von Agrarprodukten. Bei Geschäften mit staatlichen Stellen entfällt die Selbstbeteiligung. Die von der Bank an die FCIA zu entrichtende Versicherungsprämie liegt zwischen 0,1% und 0,15% bei Sicht-Akkreditiven und beträgt bis zu 1,5% bei Akkreditiven mit Laufzeiten von bis zu 360 Tagen.[181]

2. *Die Short Term Bank Deductible Policy*

Unter der „Short Term Bank Deductible Policy" bietet die FCIA amerikanischen Banken Deckungsschutz bei der Finanzierung von Exportgeschäften mit Zahlungsbedingungen, die sich vom Sichtwechsel bis zum Kontokorrent erstrecken.[182] Für wirtschaftliche Schadensfälle wird den Banken ein Eigenvorrisiko auferlegt, dessen Umfang sich nach den Erfahrungen des FCIA mit der jeweiligen Bank richtet. Die FCIA verlangt von der Bank einen Nachweis darüber, daß der Exporteur eine vernünftige Auswahl von Exportgeschäften in die Bankfinanzierung einbezieht und nicht nur eine risikoträchtige Auswahl trifft. Darüber hinaus nimmt die FCIA eine eigene Überprüfung des Exporteurs vor.[183]

Eine Selbstbeteiligung in Höhe von 10% wird lediglich bei wirtschaftlichen Schadensfällen erhoben. Die Höhe des Entgelts richtet sich nach dem Umfang des Eigenvorrisikos, der getroffenen Risikoauswahl und den Erfahrungen der FCIA mit der Bank und dem Exporteur. Normalerweise bewegen sich die Entgelte zwischen 0,5% und 1,5%.[184]

---

180 Export-Import Bank of the United States, Program Selection Guide, S. 7.

181 Export-Import Bank of the United States, Program Selection Guide, S. 7.

182 The Chase Manhattan Bank, a.a.O., S. 140.

183 Keenan, a.a.O., S. 419.

184 The Chase Manhattan Bank, a.a.O., S. 141 f.

VI. Verfügungsmöglichkeit über die versicherten Kredittitel

Mit Genehmigung der FCIA sind die versicherten Kreditforderungen amerikanischer Exporteure voll übertragbar.[185] Bei mittelfristigen umfassenden Versicherungen gewährt die FCIA eine bedingungslose Garantie, falls eine Bank die Forderungen ohne Rückgriffsrecht auf den Exporteur übernimmt. Die FCIA zahlt in diesem Fall der Bank bei Zahlungsverzug des Käufers sogar einen gewissen Zinssatz bis zu sechs Monaten (Karenzzeit bei Zahlungsverzug), abgesehen von der normalen Deckungsquote und einem Zinssatz der versicherten Forderungen bis maximal 6%. Die FCIA behält jedoch das Recht, falls sie bei einem Schadenseintritt aufgrund von Risiken zahlen muß, gegen die der Exporteur nicht gesichert ist, auf diesen zurückzugreifen.[186].

Die Übertragbarkeit von versicherten Exportforderungen auf Banken und andere Finanzierungsinstitutionen ermöglicht dem Exporteur eine Refinanzierung von Exportkrediten zu normalerweise günstigeren Bedingungen, als er sie ohne Versicherungsdeckung hätte; hierauf wird im Zusammenhang mit den Garantien der Export-Import Bank für Geschäftsbanken zurückgekommen.[187] Die Verfügungsmöglichkeit ist also ein wichtiges Finanzierungsinstrument und kann sich auf die Wirksamkeit dieses Instrumentariums auswirken.

VII. Verfahren der Indeckungnahme

Der Deckungsantrag kann bei dem örtlichen Versicherungsagenten des Exporteurs, einem Makler, einem FCIA-Mitglied oder der FCIA-Zentrale in New York gestellt werden. Der Antrag für eine kurz-/mittelfristige Versicherung muß folgende Einzelheiten enthalten:[188]

1. Kurze Angaben über die antragstellende Exportgesellschaft;
2. Aufführung der Waren, die exportiert werden sollen;
3. voraussichtlicher Auftrag;
4. Beschreibung der Käufer;

---

185 International Export Credits Institute, a.a.O., S. 255.

186 International Export Credits Institute, a.a.O., S. 255.

187 Siehe unten §§ 42 a. Anf. u. 42 II.

188 Vgl. Vielmetter, a.a.O., S. 110; The Chase Manhattan Bank, a.a.O., S. 143; Rendell, a.a.O., S. 139.

5. erwartete Zahlungsbedingungen;
6. in der Vergangenheit aufgetretene Kreditprobleme;
7. dem Ermessen überlassenes Kreditlimit, das für jeden Käufer gewünscht wird.

Bei Kreditlimiten, die dem Ermessen überlassen sind, ist der Exporteur für die richtige Beurteilung der Kreditwürdigkeit verantwortlich und braucht die FCIA nicht über die Namen seiner ausländischen Käufer zu informieren. Falls höhere Kreditlimite gewünscht werden, beantragt der Exporteur bei der FCIA ein besonderes Kreditlimit für den Käufer, das von der FCIA vor Gewährung der höheren Versicherung eingerichtet wird.

Der Antrag auf Indeckungnahme eines Exportgeschäftes muß dem FCIA vor Versendung der Ware bzw. vor Fabrikationsbeginn zugehen. Die sofort nach Eingang einsetzende Überprüfung des Antrages erfolgt durch das „FCIA-Underwriting Department".[189]

Die FCIA fordert für Versicherungsanträge, bei denen die Kreditlimite nicht dem Ermessen des Exporteurs überlassen sind, in der Regel zwei unabhängige schriftliche Kreditauskünfte über jeden ausländischen Partner eines amerikanischen Exporteurs, davon eine von der Bank des Importeurs. Bei Kreditbeträgen, die das „discretionary limit" übersteigen, müssen zwei zusätzliche Kreditberichte eingerichtet werden. Falls diese nicht verfügbar sind, übernimmt die FCIA gegen eine Gebühr eine entsprechende Kreditprüfung. Sobald eine Kreditprüfung einmal erfolgt und bei der FCIA registriert worden ist, werden Prüfungen der Kreditwürdigkeit ausländischer Käufer laufend von der FCIA selbst vorgenommen. Bei Aufträgen ab einer gewissen Größenordnung muß der Exporteur zusätzlich eine Gewinn- und Verlustrechnung des Käufers für das vergangene Jahr einreichen. Zum Teil verlangt die FCIA darüber hinaus einen Geschäftsbericht des ausländischen Käufers für die vergangenen drei Jahre.[190]

Im allgemeinen wird der Exporteur innerhalb von zwei bis vier Wochen nach Eingang der kompletten Antragsunterlagen von der FCIA beschieden. Im Falle einer positiven Entscheidung erhält der Exporteur eine Versicherungspolice mit in der Regel einjähriger Gültigkeitsdauer. Nach Ablauf kann die Police auf Antrag des Exporteurs verlängert werden.[191]

189 Rendell, a.a.O., S. 139.

190 Hachmeier, a.a.O., S. 69; vgl. auch Rendell, a.a.O., S. 140 f.

191 Rendell, a.a.O., S. 139.

VIII. Schadensregulierung

Eine überfällige Forderung wird der FCIA zur Schadensregulierung in der Weise angetragen, daß der Exporteur ein Schadensformular (Proof of Loss Form) ausfüllt und bei der Schadensstelle der FCIA einreicht. Auf dem Formular sind detaillierte Angaben zum Exportgeschäft und zu den Gründen der Nichtzahlung durch den ausländischen Käufer zu machen. Daneben verlangt die FCIA Kopien aller Dokumente, die einen Nachweis für das Exportgeschäft darstellen. Bei den geforderten Dokumenten handelt es sich u.a. um den Frachtbrief, die Rechnung, die Kauforder, den Kaufvertrag und den gültigen Schuldensaldo. Darüber hinaus muß der Exporteur einen Nachweis über bereits durchgeführte Beitreibungsmaßnahmen erbringen.[192]

Anträge auf Schadensregulierung können nach Ablauf der jeweiligen Karenzzeit der Forderung, in der Regel also sechs Monate nach Fälligkeit der Forderung, gestellt werden. Spätestens acht Monate nach Fälligkeit der Forderung muß der Entschädigungsantrag jedoch bei der FCIA eingegangen sein, es sei denn, die FCIA hat eine Wartezeit zur Einreichung eines Antrages bestimmt.[193]

§ 42 Das Versicherungsprogramm der Export-Import Bank

Die Export-Import Bank bietet, neben der Beteiligung am Programm der FCIA, verschiedene Versicherungsmöglichkeiten für Exportgeschäfte an, von denen die Garantien für Geschäftsbanken, die mittelfristige Forderungen von Exporteuren aufgekauft haben, und die Garantien an private Banken für langfristige Exportkredite im Vordergrund stehen. Ein kurzfristiges Garantieprogramm besteht indessen nicht, da man der Meinung ist, daß das kurzfristige Versicherungsprogramm allen Wünschen genügend entgegenkommt.[194]

Die Zusammenarbeit der Export-Import Bank mit den amerikanischen Geschäftsbanken wurde Anfang der sechziger Jahre durch die Bereitstellung von Garantien für Exportkredite wesentlich vertieft. Die Banken sollten er-

---

192 Keenan, a.a.O., S. 427.

193 Keenan, a.a.O., S. 427.

194 Vgl. Vielmetter, a.a.O., S. 143.

mutigt werden, ihre eigene Finanzierung von Exporten zu erweitern. Zugleich wurde auf diese Weise der umständlichere Weg einer Antragstellung bei der Export-Import Bank durch Direktverhandlungen zwischen Geschäftsbanken und Industriekundschaft ersetzt, womit eine Erleichterung der Refinanzierung der Exporteure erreicht wurde.[195] Das Garantieprogramm der Export-Import Bank hat 1987 einige Veränderungen erfahren.[196] Im folgenden werden ausschließlich die nunmehr gültigen Garantiebedingungen dargestellt.

I. Finanzgarantien (Financial Guarantees)

1. Begriffsbestimmung

Für den Fall der Übernahme der Finanzierung langfristiger Exporttransaktionen mit einem Vertragswert von mindestens $ 10 Mio. durch eine Geschäftsbank – durch Ankauf der Exportdokumente vom Exporteur, durch Kauf von Anleihedokumenten der Export-Import Bank oder durch direkte Gewährung von Krediten an ausländische Importeure – kann die Export-Import Bank eine Garantie für kommerzielle und politische Risiken übernehmen. Die Garantien werden grundsätzlich immer gewährt, wenn die „Private Export Funding Corporation" (PEFCO), ein Zusammenschluß von Handelsbanken, einen Kredit an ausländische Kunden (Importeure) vergibt.[197]

Finanzgarantien der Export-Import Bank bieten jedoch nicht nur Banken und Finanzierungsinstituten Deckungsschutz, sondern sind auch für private amerikanische Verleiher erhältlich, die den Export schwerer Investitionsgüter und damit im Zusammenhang stehende Dienstleistungen finanzieren.[198] Neben den „normalen" Exporttransaktionen können auch Leasinggeschäfte und ausnahmsweise die Finanzierung lokaler Kosten von den Finanzgarantien gedeckt werden.

---

195 Vgl. Vielmetter, a.a.O., S. 111; siehe auch Hachmeier, a.a.O., S. 69.

196 Eine Gegenüberstellung der vor dem 1. Mai 1987 und der nunmehr bestehenden Garantieprogramme findet sich in der Informationsbroschüre der Export-Import Bank of the United States, Medium- and Long-Term Export Loans and Guarantees, S. 6 ff., Ausgabe 1988.

197 Erbe, a.a.O., S. 178. Zum Aufgabenbereich der PEFCO siehe Sargent, a.a.O., S. 130 und Bundesstelle für Außenhandelsinformation, a.a.O., S. 34 ff.

198 The Chase Manhattan Bank, a.a.O., S. 144.

2. *Deckungsvoraussetzungen*

Die Export-Import Bank unterstützt mit ihrem Garantieprogramm Exporte in derzeit über 150 Länder,[199] wobei bestimmte – vorwiegend marxistisch-leninistisch orientierte – Länder von dem Garantieprogramm ausgeschlossen sind.[200] Exporte, die militärischen Zwecken im Ausland dienen und Waren, bei denen es sich nicht um schwere Investitionsgüter handelt, sind einer Finanzgarantie ebenfalls nicht zugänglich.[201] Die Export-Import Bank entscheidet von Fall zu Fall, ob der Verkauf gebrauchter Ausrüstungsgegenstände und Verkäufe, die zu einem gewissen Teil ausländischen Ursprungs sind, von einer Finanzgarantie erfaßt werden können. Nicht deckungsfähig sind auf jeden Fall Exporte, bei denen der Auslandsanteil 50% übersteigt.[202]

Da Finanzgarantien in der Regel für größere Transaktionen gewährt werden, sind Zahlungsziele von über fünf Jahren ab Erbringung der Leistung durch den Exporteur erlaubt. Einschließlich der üblichen ein- bis vierjährigen Liefer- und Konstruktionsperiode ergeben sich somit häufig Kreditlaufzeiten von zwölf bis vierzehn Jahren und länger.[203] Die Export-Import Bank macht die Gewährung einer Garantie davon abhängig, daß der ausländische Käufer eine Abschlagszahlung in Höhe von mindestens 15% des Rechnungswertes leistet und regelmäßige (halbjährliche) Zins- und Tilgungsleistungen erbringt.[204]

3. *Gedeckte Risiken*

Zu den von der Garantie gedeckten Risiken gehören:[205]

a. politische Risiken:

– Krieg, Bürgerkrieg, Revolution etc.;

199 Siehe hierzu Bundesstelle für Außenhandelsinformation, a.a.O., S. 26.

200 Hierzu siehe oben § 39.

201 Export-Import Bank of the United States, Medium- and Long-Term Export Loans and Guarantees, S. 5.

202 Export-Import Bank of the United States, Medium- and Long-Term Export Loans and Guarantees, S. 5.

203 The Chase Manhattan Bank, a.a.O., S. 145; OECD, Export Credit Financing Systems, S. 240.

204 OECD, Export Credit Financing Systems, S. 239; Bundesstelle für Außenhandelsinformation, a.a.O., S. 26.

205 Export-Import Bank of the United States, Medium- and Long-Term Export Loans and Guarantees, S. 3.

- Nichterneuerung oder Stornierung einer gültigen Export- oder Importlizenz;
- Enteignung, Verstaatlichung, staatlicher Eingriff in die Firma des Käufers;
- Transferstörungen.

b. wirtschaftliche Risiken:
- Insolvenz des ausländischen Käufers;
- Nichtzahlung aufgrund: einer Verschlechterung auf dem Markt des Käufers, von Nachfrageschwankungen, zunehmenden Wettbewerbs;
- Naturkatastrophen.

4. *Deckungsumfang*

Die Finanzgarantien der Export-Import Bank decken 100% der wirtschaftlichen und politischen Risiken jeder fällig werdenden Ratenzahlung, so daß eine Selbstbeteiligung der Bank entfällt. Der Deckungsschutz erstreckt sich auch auf die Zinsen, soweit bei einem floatenden Zins der Zinssatz nicht mehr als 1% über den vom US-Schatzamt für vergleichbare Kredite festgesetzten Zinssätzen liegt. Bei den garantierten Zinsen handelt es sich um die bis zur jeweils fälligen Ratenzahlung auf den gesamten Schuldensaldo zu zahlenden Zinsen und um die auf den Betrag der zu entschädigenden Ratenzahlung für den Zeitraum ab Fälligkeit bis zur Entschädigung durch die Export-Import Bank anfallenden Zinsen.[206] Fixe Zinssätze sind ebenfalls garantiefähig.[207]

5. *Kreditauskünfte*

Bevor die Export-Import Bank eine Garantiezusage gibt, verlangt sie detaillierte Kreditauskünfte über den ausländischen Käufer und Informationen über die Finanzierung des Projektes insgesamt. Einzureichen sind Bilanzen, Angaben über die Bruttoerträge etc. und bei einer Projektfinanzierung umfassende Informationen über die wirtschaftliche Durchführbarkeit, Marketingstudien und ausreichende technische Daten, die die technische und wirtschaftliche Bonität des Projektes demonstrieren.[208]

---

206 The Chase Manhattan Bank, a.a.O., S. 145.

207 Vgl. Export-Import Bank of the United States, Medium- and Long-Term Export Loans and Guarantees, S. 3.

208 The Chase Manhattan Bank, a.a.O., S. 146.

6. Schadensregulierung

Die Finanzgarantien der Export-Import Bank sehen relativ kurze Karenzfristen vor. Frühestens 30 Tage und spätestens 150 Tage nach Nichterhalt einer fälligen Ratenzahlung kann die Bank bei der Export-Import Bank die Entschädigung beantragen. Die Export-Import Bank hat dann ein Wahlrecht, ob sie die garantierte Ratenzahlung oder den gesamten garantierten Kreditbetrag zur Auszahlung bringen will.[209] Bereits innerhalb der nächsten fünf Geschäftstage nach Eingang des Entschädigungsantrages soll nach eigenen Angaben der Export-Import Bank die Entschädigungszahlung erfolgen.[210]

7. Entgelt

Die Export-Import Bank berechnet dem Kreditnehmer für die Bereitstellung einer Finanzgarantie ein Entgelt in Höhe von 0,5% p.a. der noch ausstehenden garantierten Kreditforderung. Ein zusätzliches Entgelt in Höhe von 0,125% p.a. ist von der kreditgewährenden Bank auf den gesamten ursprünglichen Kreditbetrag zu leisten. Seit 1987 erhebt die Export-Import Bank bei Antragstellung eine einmalige Gebühr von $ 100, die nicht erstattungsfähig ist und eingeführt wurde, um nicht ernst gemeinte Antragstellungen zu verhindern.[211]

Eine Finanzgarantie der Export-Import Bank ist auch als Political Risk Only Coverage erhältlich.

II. Bankgarantien (Bank Guarantees)

1. Begriffsbestimmung

Neben der mittelfristigen Versicherungsmöglichkeit der FCIA bietet das Exportkreditversicherungsprogramm der USA mittelfristige Garantien für Geschäftsbanken an, die die Finanzierung von Exportkrediten, die Exporteure

209 The Chase Manhattan Bank, a.a.O., S. 147.

210 Export-Import Bank of the United States, Medium- and Long-Term Export Loans and Guarantees, S. 3.

211 Export-Import Bank of the United States, Medium- and Long-Term Export Loans and Guarantees, S. 4.

ausländischen Importeuren gegenüber gewähren, übernehmen. Die Refinanzierung durch die Banken muß dabei ohne Rückgriffsmöglichkeit auf den Exporteur (on a non recourse basis) erfolgen.[212]

Mit dieser Versicherungsmöglichkeit wurde das Ziel verfolgt, die Geschäftsbanken stärker zur Exportfinanzierung heranzuziehen.[213] Zugleich kann eine Vereinfachung der mittelfristigen Exportfinanzierung dadurch erreicht werden, daß im Gegensatz zu den FCIA-Fazilitäten nicht der Exporteur sich um eine Risikodeckung bemühen muß, sondern die Bank die Versicherung beantragt und der Exporteur sich lediglich bei seiner Bank um die Finanzierung bemühen muß.[214] Ein weiterer Unterschied zum mittelfristigen Versicherungsprogramm der FCIA besteht darin, daß bei den Bankgarantien der Export-Import Bank Eigenvorrisiken (first loss deductibles) und das Erfordernis einer vernünftigen Risikomischung (spread of risk requirement) etc. entfallen.[215]

2. *Antragsberechtigte*

Für die Garantien der Export-Import Bank sind alle Geschäftsbanken und andere Finanzierungsinstitutionen antragsberechtigt, die der regelmäßigen Überprüfung durch einzel- oder bundesstaatliche Bankbehörden der USA unterworfen sind.[216]

3. *Deckungshöhe*

Die Bankgarantien der Export-Import Bank an eine Geschäftsbank, die die Refinanzierung des Exporteurs ohne Regreß auf diesen übernimmt, gewähren bei einer Abschlagszahlung des Käufers von normalerweise 15% des Rechnungswertes (finanzierter Teil also 85%) Deckungsschutz für das gesamte politische Risiko für die gesamte Kreditperiode.[217] Bei kommerziellen Risiken trägt die finanzierende Bank 5% bis 15% Risikoanteile, nachdem

212 OECD, Export Credit Financing Systems, S. 241; siehe auch Erbe, a.a.O., S. 178.

213 Hachmeier, a.a.O., S. 71; Rendell, a.a.O., S. 111.

214 Hachmeier, a.a.O., S. 71.

215 The Chase Manhattan Bank, a.a.O., S. 144.

216 Rendell, a.a.O., S. 133.

217 OECD, Export Credit Financing Systems, 3rd ed., S. 221 f.

ein Selbstbehalt von 10% beim Exporteur verblieben ist. Die Export-Import Bank deckt den verbleibenden Betrag. Bei Krediten mit Laufzeiten von drei Jahren und mehr dehnt die Export-Import Bank die Versicherungsdeckung auf 100% für die späteren Fälligkeiten aus, sofern bis dahin die Vertragsvereinbarungen ordnungsgemäß erfüllt wurden (100 percent Mid-point Coverage).[218]

Eine Export-Import Bank Bankgarantie, die für Kredite sowohl an öffentliche als auch an private Käufer erhältlich ist, gewährt Deckungsschutz für den finanzierten Teil des Exportgeschäfts (Vertragswert minus 15% Abschlagszahlung[219]), wobei die Kosten für Fracht und Transportversicherung bei der Berechnung des Vertragswertes berücksichtigt werden können.[220] Außerdem bezieht die Export-Import Bank die Zinsen für den ausstehenden Schuldensaldo in die Deckung mit ein. Bei der Höhe des gedeckten Zinssatzes ergeben sich keine Unterschiede zur Finanzgarantie der Export-Import Bank.

4. Deckungsvoraussetzungen

Bankgarantien sind für Geschäfte mit einem Vertragswert von nicht mehr als $ 10 Mio. und einer Laufzeit von 181 Tagen bis fünf, maximal sieben Jahren vorgesehen.[221] Die Tilgung des Kredites muß in viertel- oder halbjährlichen Ratenzahlungen erfolgen und soll nicht später als drei bzw. sechs Monate nach Erfüllung des Exportkontraktes durch den amerikanischen Exporteur einsetzen.[222]

Bei guten mehrjährigen Geschäftsbeziehungen mit einem Käufer und guter Kreditabwicklung ist eine Garantie für revolvierende mittelfristige Bankkredite verfügbar. Ohne neue Genehmigung der Export-Import Bank kann eine Geschäftsbank Kredite in Höhe von $ 500.000 pro Transaktion für einen ausländischen Käufer gewähren. Für Verkäufe mit einer ausländischen

---

218 OECD, Export Credit Financing Systems, 3rd ed., S. 222.

219 Nur bei erstklassigen Käufern in guten Märkten oder bei sehr ungewöhnlichen Wettbewerbsverhältnissen wird vom Erfordernis einer Abschlagszahlung abgesehen; vgl. Vielmetter, a.a.O., S. 111.

220 The Chase Manhattan Bank, a.a.O., S. 145.

221 Export-Import Bank of the United States, Medium- and Long-Term Export Loans and Guarantees, S. 8.

222 The Chase Manhattan Bank, a.a.O., S. 146.

Bank als Forderungsberechtigte oder als Bürgin oder bei Geschäften mit einem öffentlichen Käufer beträgt die delegierte Verpflichtungsermächtigung $ 750.000 pro Transaktion.[223]

Obwohl die Export-Import Bank als Vertragswährung herkömmlicherweise nur den US Dollar akzeptiert hat, ist sie inzwischen bereit, ihre Garantien auch für in frei konvertierbaren Währungen nominierten Krediten zu gewähren. Die Export-Import Bank übernimmt jedoch weder für die Angebotsphase noch für die Liefer- und Rückzahlungsperiode irgendeine Deckung der Wechselkursrisiken. Im Fall der Nichtzahlung des Kreditnehmers erfolgt die Entschädigungszahlung an die Geschäftsbank in der vereinbarten ausländischen Währung.[224]

5. *Schadensregulierung und Karenzzeit*

Im Schadensfall hat die Export-Import Bank die Wahlmöglichkeit, ob sie den garantierten Betrag der ausstehenden Ratenzahlung oder den garantierten Betrag des gesamten noch offenen Schuldensaldos zur Auszahlung bringen will. In beiden Fällen werden die Zinsen seit Fälligkeit von der Export-Import Bank übernommen. Die Karenzzeit beträgt hierbei für Transferrisiken drei Monate, wobei die Frist erst zu laufen beginnt, wenn der Käufer/Kreditnehmer die fällige Rate in gesetzlicher Weise hinterlegt hat. Bei einigen Ländern dehnt die Export-Import Bank die Karenzzeit für Transferrisiken auf bis zu einem Jahr aus. Die Schadenszahlung bei der Verwirklichung eines Transferrisikos basiert auf dem gültigen Wechselkurs zur Zeit der Fälligkeit oder der Hinterlegung der Kreditrate, je nachdem, welches den späteren Zeitpunkt darstellt.[225]

Für alle anderen politischen Risiken besteht ebenfalls eine dreimonatige Karenzzeit. Ein wirtschaftlicher Schadensfall wird hingegen sofort entschädigt, nachdem der Garantienehmer alle erforderlichen Unterlagen zur Begründung seines Anspruches bei der Export-Import Bank eingereicht hat.

---

223 OECD, Export Credit Financing Systems, 3rd ed., S. 222.

224 The Chase Manhattan Bank, a.a.O., S. 146.

225 The Chase Manhattan Bank, a.a.O., S. 147.

6. Entgelt

Die Kosten für die Export-Import Bank Garantien differieren je nach Bestimmungsland, nach Art des Käufers und den Zahlungsbedingungen. Sie sind an den Versicherungsprämien der FCIA orientiert und werden nach verschiedenen Kategorien berechnet, wobei die einzelnen Importländer in vier und die jeweiligen Käufer in drei Kategorien eingeteilt sind.[226] Die niedrigsten Prämien werden in der Kategorie der öffentlichen Käufer erhoben; halbstaatliche Käufer und private Käufer, deren Verpflichtungen durch ein Finanzierungsinstitut garantiert sind, bilden eine mittlere Gruppe. Die höchsten Prämien sind für Bankgarantien zu zahlen, die für ungesicherte Kredite an private Käufer gestellt werden.[227] In jeder Kategorie steigen die Prämien mit zunehmender Dauer der Zahlungsziele. So beträgt die günstigste Prämie in der Kategorie der öffentlichen Käufer 0,5% und die höchste Prämie in der Gruppe der privaten Käufer 8% des finanzierten Teils des Exportgeschäftes.[228]

Auf Wunsch des Garantienehmers kann die Versicherungsperiode auf den Fabrikationszeitraum ausgedehnt werden. Die Prämien hierfür differieren zwischen 0,4% und 1,2% und hängen von der beantragten Laufzeit ab. Eine Differenzierung nach Art des Käufers wird nicht vorgenommen.[229] Auch bei ihrer Bankgarantie erhebt die Export-Import Bank eine einmalige, nichterstattungsfähige Antragsgebühr in Höhe von $ 100.[230]

7. Kreditauskünfte und Garantiezusage

Um sich das mittelfristige Garantieprogramm der Export-Import Bank nutzbar machen zu können, muß eine Geschäftsbank zuvor ein „Master Guarantee Agreement" mit der Export-Import Bank treffen. Diese umfassende Vereinbarung beinhaltet die allgemeinen und besonderen Bedingungen einer Bankgarantie und dient als Basis für die Durchführung des Garantieprogramms. Nach Abschluß der Vereinbarung kann die Geschäftsbank entwe-

---

226 Zu den Ländereinteilungen siehe oben § 41 III.1.a.

227 Vgl. Export-Import Bank of the United States, Medium- and Long-Term Export Loans and Guarantees, S. 11.

228 Stand 30. Juni 1990; vgl. Export-Import Bank of the United States, Medium- and Long-Term Export Loans and Guarantees, S. 11.

229 The Chase Manhattan Bank, a.a.O., S. 147.

230 Export-Import Bank of the United States, Medium- and Long-Term Export Loans and Guarantees, S. 10.

der für jede einzelne Transaktion Deckungsschutz beantragen oder die Export-Import Bank innerhalb des bestehenden, zuvor eingeräumten Ermessens zur Deckung verpflichten.[231]

Die Export-Import Bank verlangt im allgemeinen, daß allen Anträgen auf Gewährung einer mittelfristigen Bankgarantie umfassende Informationen über das Exportgeschäft und Angaben über die Kreditwürdigkeit des Käufers sowie Einzelheiten über Laufzeit, Kredithöhe etc. beigefügt werden. Sofern eine Geschäftsbank im Rahmen des ihr durch das „Master Guarantee Agreement" eingeräumte Ermessen die Export-Import Bank zur Deckung verpflichtet hat, muß sie die Export-Import Bank hiervon innerhalb eines Tages in Kenntnis setzen und ihr die Unterlagen, nach denen die Kreditbeurteilung des Käufers erfolgt ist, zur Verfügung stellen.

Eine endgültige Garantiezusage durch die Export-Import Bank erfolgt, nachdem der Exporteur die zuvor festgelegte Anzahlung (in der Regel 15% des Rechnungswertes) erhalten, die Geschäftsbank die Forderung gegen den ausländischen Käufer wirksam erlangt und die festgesetzte Prämie an die Export-Import Bank gezahlt hat.[232]

Für die Dauer der Garantiezusage ist bedeutend, daß kleine Änderungen der Vertragsbedingungen von den Banken ohne vorherige Konsultation der Export-Import Bank vorgenommen werden können.[233]

8. Haftung des Exporteurs

Im Rahmen einer mittelfristigen Bankgarantie verlangt die Export-Import Bank vom Exporteur die Eingehung eines Haftungsübernahmevertrages zugunsten der Export-Import Bank und der Geschäftsbank. Inhalt dieses Vertrages (hold-harmless agreement) ist die Verpflichtung des Exporteurs, sowohl die Export-Import Bank als auch die Geschäftsbank von jeglichen Verlusten freizustellen, die aufgrund von Ansprüchen des ausländischen Importeurs aus Schlechterfüllung, Gewährleistung für zugesicherte Eigenschaften etc. entstehen können.[234]

231 The Chase Manhattan Bank, a.a.O., S. 148.

232 The Chase Manhattan Bank, a.a.O., S. 148.

233 Vgl. Hachmeier, a.a.O., S. 72 f.

234 Vgl. The Chase Manhattan Bank, a.a.O., S. 149.

9. *Die mittelfristigen Finanzierungs- und Versicherungsmöglichkeiten der FCIA und der Export-Import Bank im Vergleich*

In dem für den US-Export besonders wichtigen mittelfristigen Kreditbereich bestehen für den amerikanischen Exporteur grundsätzlich zwei Möglichkeiten der Risikodeckung für Exportkredite mit Laufzeiten von 181 Tagen bis fünf Jahre.

- Er kann eine mittelfristige Versicherungspolice bei der FCIA beantragen und das Exportgeschäft entweder selbst finanzieren oder die Police als Erleichterung der Refinanzierung bei einer Bank oder einem anderen Finanzierungsinstitut verwenden.
- Er kann sich zuerst bei einer Bank um die Finanzierung des Exportgeschäftes bemühen, und die Bank, die auf ein Rückgriffsrecht auf den Exporteur verzichten muß, beantragt anschließend eine Garantie bei der Export-Import Bank.

Der Vorteil einer Bankgarantie gegenüber einer Versicherungspolice der FCIA ist für den Exporteur vor allem darin zu sehen, daß zuerst die Finanzierung für den Exporteur gesichert ist, während er bei der mittelfristigen Versicherung der FCIA zunächst nur über die Versicherungspolice, nicht jedoch über die Finanzierung verfügt.[235] Da zudem die Bankgarantie der Export-Import Bank den Verzicht der Geschäftsbank auf einen Rückgriff auf den Exporteur im Schadensfall voraussetzt, wirkt sich die Garantiemöglichkeit besonders für Exporteure aus, die auf die Exportfinanzierung angewiesen sind. Die Kreditlinien des Exporteurs, die für das Inlandsgeschäft zur Verfügung stehen, werden durch den Regreßverzicht nicht beansprucht, so daß von einem erhöhten Auslandsgeschäft einschränkende Wirkungen auf andere Geschäftsbereiche nicht ausgehen müssen.[236]

Im Vergleich dazu können die Versicherungspolicen der FCIA zwar auch zur Refinanzierung der Exporteure bei einer Bank verwendet werden, sie sind aber besonders nützlich für Exporteure, die über genügend Finanzierungsmittel verfügen und lediglich eine Versicherung ihrer Kreditrisiken wünschen.[237]

---

235 Hachmeier, a.a.O., S. 74.

236 Vielmetter, a.a.O., S. 114; siehe auch Hachmeier, a.a.O., S. 74.

237 Vgl. Rowntree, Eximbank has key role as credit supplier, International Commerce, Vol. 72 (1966), No. 48, S. 9.

III. Working Capital Guarantee

Die „Working Capital Guarantee" wurde 1982 in das Versicherungsprogramm der Export-Import Bank aufgenommen, um kleinere und mittlere Unternehmen in ihren Exportbemühungen zu unterstützen.[238] Die Export-Import Bank gibt diese Garantie an amerikanische Banken und Finanzierungsinstitute zur Deckung kurzfristiger Kredite, die an amerikanische Unternehmen ausgezahlt werden.[239] Der Kredit muß auf exportorientierte Aktivitäten, wie den Kauf von Waren- und Inventarbeständen, die für ein Exportgeschäft benötigt werden, oder der Geschäftsentwicklung im Ausland verwandt werden. Bereits bestehende Verpflichtungen des Exporteurs dürfen durch den Kredit nicht abgelöst werden.[240]

Die Working Capital Guarantee auferlegt der garantienehmenden Bank eine Riskoselbstbeteiligung in Höhe von 10%. Von der Deckung werden die Zinsen in gleicher Weise erfaßt wie bei der Bankgarantie der Export-Import Bank. Der gedeckte Kredit hat in der Regel eine Laufzeit von einem Monat bis zu einem Jahr, wobei die Export-Import Bank verlangt, daß der Kreditsaldo nicht 90% des Lombardierungswertes übersteigt.[241]

Das im voraus zu zahlende Entgelt hängt von der Höhe und der Laufzeit des Kredites ab. Bei einer Garantieperiode von weniger als sechs Monaten beträgt das Entgelt 1% des Kreditbetrages. Bei Zeiträumen von sechs Monaten bis zu einem Jahr berechnet die Export-Import Bank ein Entgelt in Höhe von 1,5% und für jeweils weitere sechs Monate zusätzlich 0,5%.[242] Im Geschäftsjahr 1989 hat die Export-Import Bank Kredite von insgesamt $ 54,8 Mio. mit der Working Capital Guarantee abgesichert.[243]

IV. Swap Guarantee

Die „Swap-Guarantee" wurde von der Export-Import Bank 1985 eingeführt, um Banken die Möglichkeit zu eröffnen, Devisen-Swaps anbieten zu kön-

---

238 OECD, Export Credit Financing Systems, S. 244.

239 Ball/Knight, a.a.O., S. 295; OECD, Export Credit Financing Systems, S. 244.

240 OECD, Export Credit Financing Systems, S. 244.

241 Ball/Knight, a.a.O., S. 295.

242 The Chase Manhattan Bank, a.a.O., S. 147.

243 Export-Import Bank of the United States, 1989 Annual Report, S. 1.

nen, die mit dem ursprünglichen Exportkredit verbunden und von daher geeignet sind, die Kosten für den Kredit insgesamt zu senken.[244] Ein Swapgeschäft bedeutet, ganz allgemein ausgedrückt, ein Tauschgeschäft. Im Devisenhandel stellt ein Swapgeschäft eine Kombination zwischen einem Kauf- und Verkaufsgeschäft in der gleichen Währung mit verschiedenen Fälligkeiten dar. In der Regel handelt es sich hierbei um eine Kombination eines Kassageschäftes mit einem Termingeschäft.[245] Swapgeschäfte führen die Banken vor allem zur Ausreichung von Währungsbarkrediten (Devisenleihgeschäften) und zur Kurssicherung bestehender Terminpositionen durch.[246]

Angenommen, eine deutsche Bank benötigt für ein auf zwei Jahre befristetes Engagement einen Betrag in Höhe von US-$ 300 Mio. und eine US-amerikanische Bank benötigt für den gleichen Zeitraum einen entsprechenden Betrag in DM. In diesem Fall können beide Swap-Partner ihr Wechselkursrisiko dann ausschließen, wenn sie ihre Kapitalbeträge austauschen, d.h., wenn die deutsche Bank der US-amerikanischen Bank den von dieser benötigten DM-Betrag und im Gegenzug die US-amerikanische Bank der deutschen Bank den auf der Basis eines vereinbarten Devisenkurses entsprechenden US-$-Betrag zur Verfügung stellt. Sofern am Ende der Swap-Betrag wiederum auf der Basis des ursprünglichen Umrechnungskurses zurückgetauscht wird, gehen beide Partner während der Laufzeit der swap-Transaktion kein Wechselkursrisiko in ihren Fremdwährungsengagements ein. In einem solchen Fall können die Partner ihr Wechselkursrisiko vermeiden.

Kommt eine der Vertragsparteien eines Swapgeschäftes ihren Verbindlichkeiten nicht nach, so trägt der Vermittler des Swaps, also die Bank, die durch die Ersetzung der säumigen Partei entstehenden Kosten. Die Swap Guarantee deckt maximal den Gegenwartswert der Kosten, die auf den Vermittler durch die Ersetzung des ausländischen Käufers zukommen, falls dieser unter dem Swapgeschäft säumig wird. Die Export-Import Bank erwartet von dem Garantienehmer die Übernahme einer gewissen Risikobeteiligung am Swapgeschäft.[247] Da der maximale Ausfall im Rahmen einer Swap Guarantee wahrscheinlich nur einen kleinen Teil des Kreditwertes ausmachen

---

244 Ball/Knight, a.a.O., S. 295.

245 Büschgen, Bankbetriebslehre, S. 219.

246 Hagenmüller, Der Bankbetrieb, Bd. II, S. 360; siehe auch Price/Henderson, Currency and Interest Rate Swaps, S. 6 f.

247 OECD, Export Credit Financing Systems, S. 245.

wird, berechnet die Export-Import Bank als Entgelt durchschnittlich ca. 40% des Entgeltes der vergleichbaren Garantie für Exportkredite.[248]

V. Spezialgarantien

Im Rahmen ihres Versicherungsprogramms bietet die Export-Import Bank verschiedene Spezialgarantien an, die kurz erwähnt werden sollen:

1. Bank to Bank Guarantee

Bei der „Bank to Bank Guarantee" handelt es sich um eine besondere Form der Bankgarantie, die revolvierenden Deckungsschutz für amerikanische Banken bietet, die ihrerseits ausländischen Banken mittelfristige Kredite zur Finanzierung US-amerikanischer Exporte, vorwiegend von Kapitalgütern und diesbezüglichen Dienstleistungen, gewähren. Die Bank to Bank Guarantee ist ausschließlich zur Sicherung von Bankkrediten an Entwicklungsländer erhältlich.[249]

Die US-amerikanische Bank wird bei der Finanzierung von Bank zu Bank von der Exim-Bank als inoffizieller Exporteur (exporteur of record) behandelt, der sämtliche für die Indeckungnahme erforderlichen Dokumente, die normalerweise vom Exporteur verlangt werden, beizubringen hat. Die ausländische Bank handelt dementsprechend als inoffizieller Importeur (importeur of record) und gilt als Schuldner der mittelfristigen Verpflichtung.[250] Die Bank to Bank Guarantee sichert die US-amerikanische Bank, falls die ausländische Bank ihren Rückzahlungsverpflichtungen nicht nachkommt. Die übrigen Deckungsvoraussetzungen, Prämien etc. entsprechen denen der mittelfristigen Bankgarantie.

2. Floor Plan Guarantee

Die „Floor Plan Guarantee" deckt Verkäufe an Händler und Vertriebsunternehmen im Rahmen revolvierender mittelfristiger Kreditlinien, wobei die

---

248 OECD, Export Credit Financing Systems, S. 245.

249 The Chase Manhattan Bank, a.a.O., S. 144; Ball/Knight, a.a.O., S. 292.

250 Rendell, a.a.O., S. 135 f.

anfängliche Finanzierungsperiode auf 270 Tage festgesetzt ist. Soweit nach Ablauf von 270 Tagen die Waren unverkauft geblieben sind und der Händler sich entschließt, die Waren zu behalten oder er die Waren innerhalb der 270 Tages-Periode unter Gewährung eines Kredites verkauft hat, kann die Dekkung auf die entsprechende mittelfristige Finanzierung ausgedehnt werden.[251]

3. Switch Cover Guarantee

Die Einführung der „Switch Cover Guarantee" stellt eine besondere Maßnahme der Export-Import Bank im Rahmen ihrer mittelfristigen Exportunterstützung dar. Die Garantie wurde entwickelt, um den Verkauf von Kapitalgütern und schweren Ausrüstungsgegenständen durch ausländische Händler und Vertriebsunternehmen zu erleichtern.[252]

Die Switch Cover Guarantee schützt die amerikanische Bank, wenn der Händler, der Waren an einen Endverbraucher verkauft hat, die eigene Zahlungsverpflichtung innerhalb von 270 Tagen seit Versand der Ware aus den Vereinigten Staaten in eine Zahlungsverpflichtung des Endverbrauchers umwandelt. Die Switch Cover Guarantee ermöglicht es, den bisher gewährten Deckungsschutz auf die neu entstandene Verpflichtung des Endverbrauchers auszudehnen. Voraussetzung hierfür ist allerdings, daß die dem Endverbraucher gewährten Zahlungskonditionen den Erfordernissen der Export-Import Bank genügen und der Vertragswert mindestens $ 25.000 beträgt.[253]

VI. Das Verfahren der Indeckungnahme

Die Beantragung einer Garantie der Export-Import Bank geschieht formlos, da die Export-Import Bank besondere Antragsformulare nicht bereithält. Sämtliche Anträge müssen jedoch ausreichende Informationen beinhalten, die es der Export-Import Bank erlauben, die finanziellen, wirtschaftlichen und technischen Aspekte einer Transaktion beurteilen zu können.

---

251 The Chase Manhattan Bank, a.a.O., S. 144.

252 Bundesstelle für Außenhandelsinformation, a.a.O., S. 24.

253 Bundesstelle für Außenhandelsinformation, a.a.O., S. 24; vgl. auch The Chase Manhattan Bank, a.a.O., S. 144.

Je nach dem Entwicklungsstand eines Exportgeschäftes kann die Unterstützung durch die Export-Import Bank auf verschiedene Weise beantragt werden:[254]

Während eines frühen Stadiums eines Exportgeschäftes ist oftmals der „Letter of Interest" für die Absatzbemühungen von Bedeutung. Mit dem Letter of Interest gibt die Export-Import Bank zu verstehen, daß sie ernsthaft erwägt, ein bestimmtes Projekt von einer gewissen Größe in einem bestimmten Land zu unterstützen. Außerdem gewährt die Export-Import Bank eine vorläufige Deckungszusage (Preliminary Commitment), die der amerikanische Exporteur häufig als Teil seines Finanzierungskonzeptes benötigt und mit deren Hilfe seine Absatzchancen oftmals gesteigert werden können. Ein endgültiger Antrag (Final Application) muß spätestens immer dann gestellt werden, wenn auch eine endgültige Zusage über einen ebenfalls von der Export-Import Bank zu gewährenden Kredit begehrt wird.

Mit dem Letter of Interest übernimmt die Export-Import Bank noch keinerlei Verpflichtung gegenüber dem Antragsteller. Auch macht die Export-Import Bank keine Angaben zu den von ihr bei einer eventuellen Unterstützung des Exportgeschäftes geforderten Konditionen. Sie zeigt dem Antragsteller jedoch an, daß sie bereit ist, eine Garantie für das vom Antragsteller bezeichnete Exportgeschäft zu übernehmen, sofern die Transaktion wirtschaftlich vertretbar ist und Bedenken hinsichtlich der Kreditdurchführung nicht bestehen. Insbesondere in der Angebotsphase haben sich Letters of Interest als sehr nützlich erwiesen.[255]

Die vorläufige Deckungszusage (Preliminary Commitment) hat eine Gültigkeit von 180 Tagen und enthält Angaben über den gedeckten Betrag, die Laufzeit und die einzelnen Bedingungen einer Garantie, die die Export-Import Bank nach Ablauf von 180 Tagen bereit ist zu gewähren. Die vorläufige Deckungszusage geht nicht automatisch in eine endgültige Garantie der Export-Import Bank über. Sofern sich der ausländische Kaufinteressent zum Kauf US-amerikanischer Waren entschlossen hat, muß die US-Bank innerhalb von 180 Tagen einen endgültigen Antrag (Final Application) stellen. Andernfalls verliert die Zusage der Export-Import Bank ihre Gültigkeit.[256]

Sowohl bei der Beantragung einer vorläufigen als auch einer endgültigen Deckungszusage muß der Antragsteller eine Reihe von Angaben über den Käufer, das Exportgeschäft und über frühere Erfahrungen mit einem be-

254 Bundesstelle für Außenhandelsinformation, a.a.O., S. 28 ff.

255 Bundesstelle für Außenhandelsinformation, a.a.O., S. 29.

256 Bundesstelle für Außenhandelsinformation, a.a.O., S. 148.

stimmten Käufer etc. einreichen. Hierauf wurde bereits bei den einzelnen Garantien der Export-Import Bank eingegangen.

§ 43 Das Versicherungsprogramm der OPIC

Die Overseas Private Investment Corporation (OPIC) gewährt als staatliche Gesellschaft Versicherungen und Kreditgarantien und finanziert selbst amerikanische Investitionen in Entwicklungsländern. 1978 wurde die Förderung der OPIC auf Anlagen beschränkt, die in Ländern mit einem Pro-Kopf-Einkommen unter $ 520 getätigt wurden. In Ausnahmefällen waren auch Anlagen in Ländern mit einem Pro-Kopf-Einkommen bis zu $ 1.000 förderungswürdig. 1981 wurde diese Beschränkung aufgehoben. Von nun an durften auch Investitionen in Ländern mit einem Pro-Kopf-Einkommen bis zu $ 2.950 gefördert werden.[257] Nur wenige der Schwellenländer und der erdölexportierenden Staaten waren durch diese Regelung ausgenommen. Damit ist das ursprüngliche Ziel dieser Institution aufgegeben worden, ausschließlich den ärmeren Ländern Unterstützung zu gewähren.[258]

I. Die Versicherung amerikanischer Investitionen im Ausland

Die „Investment Insurance Policy" der OPIC ist ausschließlich für neue Investitionen im Ausland erhältlich.[259] Versicherungsfähig sind Investitionen in Form von beteiligungsähnlichen Krediten, Beteiligungen, Royalties und die Lieferung von Gütern und Dienstleistungen unter einem Leasing- oder anderem Vertrag.[260] Das Projekt, dem die Investition dienen soll, muß dem

257 Simpliner, a.a.O., S. 187 ff.

258 Vgl. Erbe, a.a.O., S. 174; OPIC gewährt auch Versicherungschutz für Investitionen in der Volksrepublik China, obwohl kommunistische Regime in der Regel von den Unterstützunggsprogrammen der OPIC ausgeschlossen sind. Siehe hierzu Linn Williams, OPIC Establishes Principles to Open PRC for Political Risk Insurance and Guarantees, East Asian Execurive Reports, July 1990, S. 7 ff. OPIC unterstützte 1990 Projekte in insgesamt 41 Ländern; vgl. OPIC, Annual Report 1990, S. 6.

259 OPIC, Investment Insurance Handbook, S. 3 ff; vgl. auch Nevitt, Project Financing, S. 198; Gilbert/Marra, Overseas Private Investment Corporation, S. 217.

260 OPIC, Investment Insurance Handbook, S. 13 f; Erbe, a.a.O., S. 172.

Gastland unter entwicklungspolitischen Gesichtspunkten nützlich sein und darf sich nicht nachteilig auf die Zahlungsbilanz und die Beschäftigungssituation in den Vereinigten Staaten auswirken. Das Projekt soll privat geleitet und kontrolliert werden; eine Beteiligung des ausländischen Staates steht einer Investitionsversicherung der OPIC jedoch nicht entgegen. Als weitere Vorausssetzung tritt hinzu, daß versicherte Kredite oder Verträge eine Laufzeit von mindestens drei Jahren aufweisen müssen. Die Investitionsversicherung erfaßt annähernd sämtliche Investitionsprojekte, wobei als wichtigste Ausnahme der militärische Sektor zu nennen ist.[261] Investor muß in allen Fällen ein amerikanisches Unternehmen oder eine amerikanische Gesellschaft sein.[262]

Bevor die OPIC ein Projekt versichert oder finanziert, muß das Gastland seine ausdrückliche Zustimmung hierzu erteilen.[263] Hierbei handelt es sich um eine Maßnahme, die in den zwischenstaatlichen Verträgen, unter denen das Programm der OPIC läuft, vorgesehen ist. Die Vereinigten Staaten haben mit mehr als neunzig Staaten bilaterale Abkommen getroffen, die die Beziehungen der OPIC zu dem Gastland regeln und u.a. Schiedsgerichtsklauseln enthalten, die Streitigkeiten zwischen der OPIC als Rechtsnachfolger des von ihr entschädigten amerikanischen Versicherungsnehmers und dem Gastland entscheiden helfen.[264] Außerdem enthalten die Verträge Bestimmungen über die Gleichbehandlung ausländischer und inländischer Investitionen, über die Anerkennung des internationalen Rechts über Enteignung und Kompensation und über den freien Transfer des Kapitals, der Gewinne und anderer Rückflüsse.[265] Die OPIC gewährt Investitionsversicherungen nur für die Länder, die ein entsprechendes Abkommen mit den Vereinigten Staaten getroffen haben. Außerdem setzt die Tätigkeit der OPIC voraus, daß das Entwicklungsland, in dem eine von der OPIC zu versichernde amerikanische Investition getätigt werden soll, einem individuellen Investitionsschutzabkommen zustimmt.[266]

---

261 Gilbert/Marra, a.a.O., S. 218; vgl. auch OECD, Export Credit Financing Systems, S. 244.

262 Erbe, a.a.O., S. 172; vgl. auch Hunt, Political Risk Insurance, S. 226.

263 Vgl. OPIC, Investment Insurance Handbook, S. 8f.

264 Vgl. Nevitt, a.a.O., S. 198; International Export Credits Institute, a.a.O., S. 260 ff; OECD, Export Credit Financing Systems, S. 244.

265 Erbe, a.a.O., S. 171.

266 OPIC, Investment Insurance Handbook, S. 8 f.; Erbe, a.a.O., S. 171.

Die Laufzeit der Versicherung kann bei Investitionen bis zu zwanzig Jahre dauern, bei Krediten entspricht sie der jeweiligen Fristigkeit. Zusätzlich zum eingesetzten Kapital können thesaurierte Gewinne und Zinsen bis zur Höhe von 180% des Anfangskapitals versichert werden.[267]

Die Investitionsversicherung der OPIC wird bis zu einer Deckung von 100% für institutionelle und bis zu 90% für andere Anleger angeboten. Sie gewährt Deckungsschutz allerdings nur gegen politische Risiken wie Enteignung, Inkonvertibilität der Währung, Krieg, Revolution und Aufstände. 1981 wurde in diese Liste auch die Versicherung gegen andere – nicht organisierte – Unruhen aufgenommen. Kommerzielle Risiken deckt dieses Instrument der OPIC nicht.[268] Die Selbstbeteiligung des Investors beträgt im Schadensfall 10%.[269]

Die Karenzzeiten bei den einzelnen politischen Risiken variieren und werden von Fall zu Fall festgelegt.[270] Bei dem Risiko der Enteignung besteht in der Regel eine Karenzzeit von einem Jahr, die im Einzelfall aber auf drei Monate oder weniger verkürzt werden kann.[271]

Das Entgelt für die Investitionsversicherung ist jährlich im voraus zu zahlen. Die Prämien werden für jedes einzelne Risiko getrennt berechnet, wobei zwischen der vertraglich festgelegten Maximaldeckung und den laufenden, jährlich vom Versicherungsnehmer anzugebenden Deckungsbetrag zu unterscheiden ist. Der laufende Deckungsbetrag repräsentiert die aktuelle, jeweils gültige Versicherung für ein Versicherungsjahr.[272] Die Differenz zwischen dem laufenden Deckungsbetrag und dem Maximalbetrag wird als Standby-Betrag bezeichnet. Die vom Versicherungsnehmer zu zahlende Prämie berechnet sich zum überwiegenden Teil nach dem laufenden Deckungsbetrag und zu einem geringeren Teil nach dem Standby-Betrag. Darüber hinaus wird noch eine Unterscheidung nach den einzelnen Investitionsobjekten vorgenommen, so daß eine äußerst differenzierte Prämienberechnung besteht. Im allgemeinen variiert der Prämienanteil für den laufenden Deckungsbetrag zwischen 0,1% und 0,6% und der Anteil für den Standby-Betrag liegt bei 0,25%.[273]

---

267 OPIC, Investment Insurance Handbook, S. 11.

268 Erbe, a.a.O., S. 172; vgl. auch International Export Credits Institute, a.a.O., S. 258 und Hunt, Political Risk Insurance, S. 228 f.

269 OPIC, Investment Insurance Handbook, S. 11.

270 International Export Credit Institute, a.a.O., S. 259.

271 Nevitt, a.a.O., S. 198.

272 Nevitt, a.a.O., S. 199; siehe auch Gilbert/Marra, a.a.O., S. 222.

273 Eine detaillierte Wiedergabe der Prämiensätze findet sich bei Nevitt, Project Financing, S. 199; siehe auch OPIC, Investment Insurance Handbook, S. 6 f.

II. Garantien für beteiligungsähnliche Kredite

Die OPIC übernimmt über die Investitionsversicherung hinaus Garantien für langfristige beteiligungsähnliche Kredite (Investment Loan Guarantee) bestimmter instituitioneller Anleger (Pensionskassen, Versicherungsunternehmen) bis zur Höhe von 100% der Zins- und Tilgungszahlungen.[274] Diese Garantie sichert sowohl gegen das politische als auch gegen das kommerzielle Risiko.[275] Ausländische Anleger können die Garantie beantragen, wenn eine mindestens 95%-ige US-amerikanische Beteiligung an der Institution des Anlegers gegeben ist.[276]

Von der OPIC unterstützte Projekte müssen eine vernünftige Finanzierung aufweisen. Ein Eigenkapitalanteil von 40% wird bei der Finanzierung des Projektes von der OPIC als ausreichend angesehen. Der Finanzierungsplan muß alle notwendigen Kosten und Ausgaben vorsehen, um das Projekt in einen betriebsfähigen Zustand zu versetzen, wobei ausreichendes Betriebskapital ebenfalls zu berücksichtigen ist.[277] Im übrigen entsprechen die Voraussetzungen der Investment Loan Guarantee denen der Investment Insurance Policy.

Die vom Garantienehmer zu zahlende Prämie hängt von der Risikoträchtigkeit des Projektes ab und bewegt sich zwischen 1,75% und 2,5% p.a. des ausstehenden Kreditbetrages.[278] Im Schadensfall wird die Entschädigungsleistung der OPIC nicht davon abhängig gemacht, daß der Garantienehmer unter Ausschöpfung aller Rechtsmittel versucht, seine Forderungen durchzusetzen.[279]

III. Contractors' Guarantee

Die „Contractors' Guarantee" wird Unternehmen angeboten, die an der Errichtung größerer Projekte im Ausland beteiligt sind und für die Erbringung von Konstruktions- und sonstigen Dienstleistungen Gerätschaften und technische Hilfsmittel in das jeweilige Land verbringen und eventuell ausländi-

---

274 Gilbert/Marra, a.a.O., S. 223; Erbe, a.a.O., S. 172.

275 Vgl. OECD, Investing in Developing Countries, S. 108.

276 Nevitt, a.a.O., S. 178 f.

277 Gilbert/Marra, a.a.O., S. 223.

278 Gilbert/Marra, a.a.O., S. 223.

279 Nevitt, a.a.O., S. 179.

sche Bankkonten eröffnen.[280] Die Contractors' Guarantee ist für Projekte in allen von der OPIC akzeptierten Entwicklungsländern und für einzelne Länder mit höherem Pro-Kopf-Einkommen erhältlich, wenn das Direktorium der Export-Import Bank sein Einverständnis erteilt. Von dem Wert des Konstruktions- bzw. Dienstleistungsvertrages müssen mindestens 50% auf US-amerikanische Waren, Dienstleistungen, Fertigungskosten und Profite etc. entfallen. Der Vertragspartner im Ausland kann nur ein öffentlicher Käufer/Besteller sein.[281]

Der Deckungsschutz der Contractors' Guarantee, von dem nur die ins Ausland verbrachten Gerätschaften etc. und nicht die eigentliche Vertragsforderung erfaßt wird – hierfür muß der Unternehmer eine gesonderte Versicherung beantragen, bezieht sich ausschließlich auf folgende politische Risiken:[282]

- Inkonvertibilität der ausländischen Währung;
- Enteignung von Gerätschaften und Bankkonten;
- Zerstörung des Eigentums durch Krieg, Revolution oder Aufruhr;
- Nichtbeachtung eines Schiedsspruchs, der aufgrund einer vertraglichen Schiedsgerichtsklausel zustande gekommen ist und die Vertragsverletzung nicht auf den US-amerikanischen Unternehmer zurückzuführen ist.

Der Unternehmer kann die verschiedenen Risiken einzeln oder zusammen versichern lassen. Zu Beginn der Versicherung wird von der OPIC ein maximaler Garantiebetrag festgesetzt, der normalerweise 90% des gesamten im Risiko befindlichen Betrages ausmacht.[283]

Im Schadensfall hat der Unternehmer bei der Verwirklichung des Inkonvertibilitäts-, Enteignungs- oder Kriegsrisikos einen Selbstbehalt von 10% des versicherten Betrages zu tragen. Verhindert der öffentliche ausländische Vertragspartner bei einer Streitigkeit zwischen den Parteien die Durchführung des vertraglich vereinbarten Schiedsgerichtsverfahrens, so beträgt die Selbstbeteiligung des amerikanischen Unternehmens 50%, wenn der Schaden nicht auf eine Vertragsverletzung des Unternehmers zurückzuführen ist. Weigert sich der ausländische Vertragspartner zu zahlen, obwohl ein für ihn negativer Schiedsspruch gefällt wurde, verringert sich die Selbstbeteiligung auf 10%.[284]

---

280 Hunt, a.a.O., S. 230; vgl. auch Nevitt, a.a.O., S. 199.

281 Hunt, a.a.O., S. 230.

282 Bundesstelle für Außenhandelsinformation, a.a.O., S. 40 f.

283 Bundesstelle für Außenhandelsinformation, a.a.O., S. 41.

284 Hunt, a.a.O., S. 230.

IV. Die Deckung von Garantien (Bond Insurance)

Die Export-Import Bank bietet keinerlei Versicherungsschutz für Garantien (bonds) an, wie z.B. Bietungs-, Anzahlungs- und Erfüllungsgarantien. Der Exporteur wird entweder auf den privaten Versicherungsmarkt[285] oder an die OPIC verwiesen, die im Rahmen ihrer Entwicklungshilfeprogramme auch Deckungsschutz für die Stellung von Garantien gewährt.

Die Stellung von Bietungs-, Anzahlungs- und Erfüllungsgarantien wird von ausländischen Käufern häufig zur Bedingung eines Exportgeschäftes gemacht. Die OPIC ist daher bereit, einem amerikanischen Exporteur bei der Transaktion in eines der von der OPIC geförderten Entwicklungsländer entsprechenden Deckungsschutz zur Verfügung zu stellen.[286]

Die Einstandspflicht der OPIC ist bei einer Inanspruchnahme der Garantie durch den ausländischen Käufer im Gegensatz zu den entsprechenden Versicherungsmöglichkeiten in anderen Ländern beschränkt.[287] Nur in den folgenden drei Fällen wird der Exporteur entschädigt:[288]

1. Der Versicherte kann in dem im Exportvertrag vorgesehenen Schiedsverfahren keinen Schiedsspruch zu seinen Gunsten erlangen.
2. Das Schiedsverfahren wird vom Versicherungsnehmer bereits seit einem Jahr betrieben, ohne daß eine Entscheidung getroffen worden wäre.
3. Der Versicherungsnehmer kann nachweisen, daß die für ihn nachteilige Entscheidung unter Verstoß gegen die Regeln des Schiedsgerichtsverfahrens zustande gekommen ist oder vom Gerichtsprotokoll nicht gedeckt wird.

Der Exporteur hat im Schadensfall einen Selbstbehalt von 10% zu tragen.[289] Das Entgelt für eine Versicherung von Bietungs-, Anzahlungs- und Erfüllungsgarantien beträgt für den laufenden Deckungsbetrag 0,6% und für den Standby-Betrag 0,25%.[290]

---

285 Eine ausführliche Darstellung der privaten Versicherungsmöglichkeiten findet sich bei Sargent, a.a.O., S. 139 ff.

286 Vgl. Nevitt, a.a.O., S. 199.

287 Vgl. z.B. die Deckung von Garantien im britischen System, § 34 I.

288 OPIC, OPIC Programs for Contractors and Exporters, S. 3; Gilbert/Marra, a.a.O., S. 230.

289 OPIC, OPIC Programs for Contractors and Exporters, S. 3.

290 Nevitt, a.a.O., S. 199.

§ 44 Das Versicherungsprogramm der CCC

Die Commodity Credit Corporation (CCC) gewährt Garantien zur Unterstützung der mittelfristigen Finanzierung von US-amerikanischen Agrarexporten. Unter dem „GSM-102 Export Credit Guarantee Program", das 1981 das sogenannte „Noncommercial Risk Assurance Program" ablöste, werden sowohl politische als auch kommerzielle Risiken abgesichert.[291] Die spezielle Garantie für Agrarprodukte versichert den Exporteur oder eine kreditgebende Bank in den USA, sofern der Kreditnehmer (Käufer) bei einer in seinem Land ansässigen Bank ein unwiderrufliches Akkreditiv eröffnet hat.[292] Die Kredite müssen vom Kunden zu marktmäßigen Bedingungen bei amerikanischen Geschäftsbanken genommen werden.[293]

Die CCC verlangt, daß es sich bei dem Exporteur um eine zuverlässige Person bzw. um ein entsprechendes Unternehmen handelt, der bzw. das in den USA tätig ist und sich mit dem Kauf bzw. Verkauf von Agrarprodukten befaßt. Agrarprodukte sind solche, die von dem US-amerikanischen Landwirtschaftsministerium als Agrarprodukte definiert werden, z.B. Getreide, Baumwolle, Rohzucker, Reis, Blattabak, Sojaöl und Erdnüsse.[294] Sämtliche Produkte müssen US-amerikanischen Ursprungs sein. Die akkreditiveröffnende ausländische Bank muß die besondere Billigung der CCC erfahren haben und darüber hinaus in einem Land ansässig sein, das in einer Länderliste, der „Country Limitation Schedule", die Auskunft über die von der CCC akzeptierten Länder gibt, aufgeführt ist.[295]

Die Garantie der CCC deckt derzeit 98% der Tilgungs- und 8% der jährlichen Zinszahlungen, so daß bei dem Garantienehmer lediglich ein Selbstbehalt von 2% verbleibt. Der Selbstbehalt verbleibt bei der kreditgewährenden Bank und kann nicht auf den Verkäufer abgewälzt werden.[296] Der Dekkungsschutz der CCC-Garantie umfaßt ferner den Zinsverlust des Garantienehmers für den Zeitraum ab Beantragung der Entschädigung bei der CCC

291 United States Department of Agriculture, Foreign Agricultural Service, Commodity Credit Corporation Regulations, S. 1 ; vgl. auch Bundesstelle für Außenhandelsinformation, a.a.O., S. 39 f.

292 Keenan, a.a.O., S. 419.

293 Erbe, a.a.O., S. 182; The Chase Manhattan Bank, a.a.O., S. 146.

294 Keenan, a.a.O., S. 419; Fry, a.a.O., S. 11.

295 The Chase Manhattan Bank, a.a.O., S. 146; Keenan, a.a.O., S. 419.

296 United States Department of Agriculture, Commodity Credit Corporation Regulations, S. 3; vgl. auch Keenan, a.a.O., S. 419.

bis zur Entschädigungszahlung durch die CCC. Von der Garantie werden ausschließlich Transaktionen erfaßt, die über US Dollar lauten.[297]

Der Deckungsschutz unter der CCC-Garantie setzt mit der Versendung der Ware oder mit der Verpflichtungserklärung der Geschäftsbank ein, je nachdem, was zuerst erfolgt. Die maximale Laufzeit des versicherten Kredits darf drei Jahre ab dem Tag der Versendung der Ware nicht überschreiten. Als Nachweis für den Versendungstermin werden die Verladedokumente herangezogen.[298]

Die Entschädigungszahlung durch die CCC bei Verwirklichung eines politischen Risikos erfolgt unmittelbar, nachdem der Garantienehmer seinen Schaden geltend gemacht und durch Vorlage entsprechender Dokumente, u.a. des Kaufvertrages und der Verpflichtungserklärung der ausländischen Bank, nachgewiesen hat. Eine Karenzzeit besteht also nicht. Der Entschädigungsantrag und die entsprechenden Nachweise müssen spätestens sechs Monate nach dem Schadenseintritt bei der CCC eingegangen sein.[299]

Das für eine CCC-Garantie vom Garantienehmer zu entrichtende Entgelt richtet sich in erster Linie nach dem im Exportvertrag vorgesehenen Zahlungsziel und nach der Risikobeurteilung der CCC. Das durchschnittliche Entgelt beträgt derzeit 0,333% p.a. des ausstehenden Schuldensaldos der garantierten Verpflichtung.[300]

Unter dem 1986 eingeführten GSM-103 Program werden Exporte mit einer Laufzeit von drei bis maximal zehn Jahren versichert. Abgesehen von der Laufzeit ist es weitgehend identisch mit dem GSM-102 Program.[301]

Zur Beantragung einer CCC-Garantie reicht es aus, daß die Bank ein Telex an die entsprechende Abteilung der CCC absendet und Angaben über das Agrarprodukt, die akkreditiveröffnende Bank, das Importland, den Vertragswert, die Zahlungsziele und -bedingungen, den Exporteur und den ungefähren Versendungstermin übermittelt. Sofern für die Bank vollständige Angaben nicht sofort verfügbar sind, können diese zu einem späteren Zeitpunkt nachgereicht werden, ohne daß dies die Garantieübernahme durch die CCC beeinträchtigen würde.

---

297 The Chase Manhattan Bank, a.a.O., S. 145.

298 United States Department of Agriculture, Commodity Credit Corporation Regulations, S. 8 ff.

299 United States Department of Agriculture, Commodity Credit Corporation Regulations, S. 8 ff.

300 The Chase Manhattan Bank, a.a.O., S. 147.

301 Vgl. United States Department of Agriculture, Commodity Credit Corporation Regulations, S. 4.

Sofern die ausländische Bank zu den über einhundert Banken gehört, die ohne erneute Überprüfung von der CCC akzeptiert werden, und auch die übrigen Angaben für die CCC annehmbar sind, erhält der Antragsteller umgehend per Telex eine vorläufige Verpflichtungserklärung, die für einen Zeitraum von 30 Tagen Gültigkeit behält. Gleichzeitig wird dem Antragsteller die Höhe des sofort zu bezahlenden Entgeltes mitgeteilt.[302]

302 United States Department of Agriculture, Commodity Credit Corporation Regulations, S. 8 ff.

5. Kapitel
Die staatliche Exportkreditversicherung in Japan

§ 45 Geschichtliche Entwicklung

Von allen bisher behandelten Ländern, einschließlich der Bundesrepublik, dürfte Japan schon Anfang des 20. Jahrhunderts dasjenige Land gewesen sein, das am dringendsten auf einen umfassenden Außenhandel angewiesen war. Seine Bevölkerung, die im Jahre 1870 noch etwa 32 Mio. betrug, war 1930 bereits auf 60 Mio. und 1955 auf 90 Mio. angewachsen.[1]

Trotz intensiver Bodenausnutzung und einer äußersten Genügsamkeit der Bevölkerung war Japan noch Anfang der fünfziger Jahre darauf angewiesen, mehr als 25% seiner Nahrungsmittel einzuführen.[2]

Um eine Exportsteigerung zu erreichen, entschloß sich die japanische Regierung bereits vor dem Zweiten Weltkrieg zur Einführung einer staatlichen Exportkreditversicherung. So reichen die ersten Aktivitäten des japanischen Handels- und Industrie-Ministeriums auf dem Gebiet der Exportkreditversicherung bis in das Jahr 1930 zurück.[3] Das Gesetz über die Entschädigung von Export-Wechsel-Forderungen von 1930 (Export Bill Indemnity Law of 1930) stellte die erste gesetzliche Grundlage dar und ließ das ursprüngliche japanische Exportkreditversicherungssystem als „Exportentschädigungssystem" bekannt werden.[4]

Während der dreißiger Jahre übten Unternehmen zur Verbesserung der Versicherungsmöglichkeiten verstärkt Druck auf ihre Regierung aus, vor allem auch, um Deckungsschutz für Risiken während der Fabrikationsperiode zu erhalten. Dieser wurde wegen der relativ geringen Exportleistung Japans und wegen der begrenzten Kreditfähigkeit japanischer Exporteure benötigt. Der Druck der japanischen Exportwirtschaft auf die Regierung führte 1940

---

1 Reuter, a.a.O., S. 487.

2 Kahmann/Köllner, Die Stellung Japans in der Weltwirtschaft, Europa-Archiv 1955, S. 8306.

3 OECD, Export Credit Financing Systems, S. 211.

4 Ball/Knight, a.a.O., S. 219; International Export Credits Institute, a.a.O., S. 143.

unter dem „Export Fund and Export Goods Manufacturing Fund Financing Loss Compensation Law" zur Einführung einer neuen Versicherungsfazilität. Diese neue Fazilität, die bereits 1943 wieder abgeschafft wurde, entschädigte Banken zu 80% des Wertes eines Exportwechsels, der, aus welchen Gründen auch immer, nicht eingelöst wurde.[5]

In der Zeit unmittelbar nach dem Zweiten Weltkrieg waren die japanischen Exporteure gegen sämtliche Exportrisiken geschützt, da alle Ausfuhrkontrakte durch und im Namen der japanischen Regierung abgeschlossen wurden. Der japanische Lieferant hatte keinerlei Kontakt mit dem ausländischen Käufer. Der Handel normalisierte sich erst wieder 1947, doch das Fehlen eines geeigneten Exportfinanzierungssystems und eine unzureichende Risikoabsicherung führten zu immer größeren Problemen.[6]

Eine erhebliche Ausweitung der Versicherungsmöglichkeiten erfolgte mit dem „Export Credit Insurance Law" von 1950,[7] das für die Tätigkeit der „Export Insurance Division" (EID), einer Abteilung des „Ministry of International Trade and Industry" (MITI), zugleich eine neue gesetzliche Grundlage darstellte. Das Gesetz erfuhr 1953 einige Änderungen und wurde umbenannt in das „Export Insurance Law".[8] Im Laufe der Jahre hat sich das japanische Exportkreditversicherungssystem zunehmend weiterentwickelt und stellt nun ein wirkungsvolles Exportförderungsinstrument dar, das als größtes System seiner Art in der Welt zu bezeichnen ist.[9] So hat die Export Insurance Division (EID) seit 1950 Transaktionen über Yen 160 Bio. versichert.[10]

Am 1. Oktober 1987 trat in Japan das Außenhandelsversicherungsgesetz in Kraft, das nach zehn Jahren die erste größere Revision des „Export Insurance Law" von 1977 brachte und das Gesetz in „International Trade Insurance Law" umbenannte. Wichtigste Änderungen des Gesetzes sind die zusätzliche Versicherung im voraus bezahlter Importe sowie von Offshore-Handelsgeschäften und eine Abdeckung privater Delkredere-Risiken bei Direktinvestitionen. In Tokio wird die Gesetzesnovelle als ein weiterer Beitrag Japans zur Bereinigung der Handelsungleichgewichte und zur Unterstützung der hochverschuldeten Länder der dritten Welt dargestellt. Das neue

---

5 Ball/Knight, a.a.O., S. 219.

6 Ball/Knight, a.a.O., S. 219.

7 Abgedruckt bei Bank for International Settlements, (Monetary and Economic Department), Export Credit Insurance and Export Credit, S. 188 ff.

8 Bank for International Settlements, a.a.O., S. 179.

9 Neue Züricher Zeitung vom 2. Oktober 1987, S. 17.

10 Neue Züricher Zeitung vom 2. Oktober 1987, S. 17.

System ist allerdings nicht völlig ohne Eigennutz. Vielmehr stärkt es auch die Position der japanischen Handelshäuser im Handel zwischen Drittländern und erleichtert der Exportindustrie den Ausbau ihrer Stützpunkte in den Billiglohnländern.[11]

§ 46 Rechtliche Grundlagen

Grundlage für die heutige Tätigkeit der japanischen Exportkreditversicherung ist nach wie vor das Export-Versicherungs-Gesetz aus dem Jahre 1950,[12] das in den folgenden Jahren vielfach ergänzt und geändert wurde. Die letzte Neufassung und bereits erwähnte Umbenennung des Gesetzes in das „International Trade Insurance Law" erfolgte 1987.[13]

Das Gesetz unterscheidet nach

a. der „Allgemeinen Export-Versicherung" (Art. 2 bis 5),
b. der „Versicherung von Exporterlösen" (Art. 5.2 bis 5.6),
c. der „Wechselkursversicherung" (Art. 5.6.2 bis 5.6.4),
d. der „Versicherung von abgetretenen Wechselforderungen" (Art. 5.7 bis 5.11),
e. der „Export-Finanzierungs-Versicherung" (Art. 6 bis 10),
f. der „Versicherung von Exportgarantien" (Art. 10.2 bis 14),
g. der „Versicherung von Kapitalanlagen im Ausland" (Art. 14.2 bis 14.5).

Die ehemals im Gesetz aufgeführte „Versicherung von Verkäufen aus Konsignationslägern" und „Versicherung von Markterschließungsvorhaben" sind ersatzlos aus dem Programm der japanischen Exportkreditversicherung gestrichen worden.

Nach Art. 1 des Gesetzes soll die japanische Exportkreditversicherung der Entwicklung und Unterstützung des japanischen Exports dienen, indem Deckungsschutz für diejenigen Risiken geboten wird, die auf dem kommerziellen Markt nicht versicherbar sind. Art 1 (c) statuiert den Grundsatz der Selbstfinanzierung, wonach die der Exportwirtschaft in Rechnung gestellten Prämien die von der staatlichen Exportkreditversicherung zu zahlenden Entschädigungen ausgleichen sollen.[14] Das japanische Kabinett wird zu diesem

11 Vgl. BfAI/NfA vom 23.2.1987.

12 Export-Insurance Law, Law No. 67 of 31st March 1950.

13 EID/MITI, International Trade Insurance in Japan, S. 2.

14 Bis Ende des Fiskaljahres 1989 hatte sich die dem Selbsttragungsprinzip unterworfene japanische Exportkreditversicherung nach Angaben des MITI bereits im Umfang von Yen 161,1 Mrd. im Rahmen des staatlichen Fiscal

Zweck ermächtigt, die Höhe der Prämien festzusetzen. Ausfuhrgeschäfte, die besonders risikobehaftet sind, können von der Deckung ausgeschlossen werden, Art. 1 (e).

Annähernd 45% des gesamten japanischen Exports werden derzeit durch die staatliche Exportkreditversicherung in Deckungsschutz genommen. Im fiskalischen Jahr 1989 vergab die Export Insurance Division (EID) ca. 571.000 Versicherungspolicen bei einem Versicherungsbetrag von insgesamt Yen 7,313 Mrd.; Ende März 1989 beliefen sich die ausstehenden Versicherungsverpflichtungen auf Yen 11,694 Mrd.[15] Die japanische Exportkreditversicherung ist mit einem Grundkapital in Höhe von Yen 97 Mrd. ausgestattet. Art 1 (f) des Export-Versicherungs-Gesetzes bestimmt, daß für jeden Versicherungstyp jährlich vom Parlament Verpflichtungshöchstgrenzen aufzustellen sind. Für 1989 bestanden folgende Limite:[16]

	Yen Mio.
– Allgemeine Export-Versicherung	14.700
– Versicherung von Exporterlösen	15.500
– Wechselkursversicherung	1.500
– Andere	1.440
	– –
Gesamt	33.140

Eine weitere wichtige gesetzliche Grundlage für die japanische Exportkreditversicherung stellt das „International Trade Insurance Special Financing Law" dar, das am 31.3.1950 als „Export Insurance Special Account Law" in Kraft trat.[17] Dieses Gesetz bestimmt, daß sämtliche Versicherungsprämien dem „Export Insurance Special Account" geschuldet werden und alle Schäden von dieser Institution, die dem japanischen Schatzamt untersteht, reguliert werden. Der Export Insurance Special Account wird zugleich ermächtigt, im Fall von Kapitalknappheit Zwischenfinanzierungen zu gewähren, die allerdings eine jährlich vom Parlament festgesetzte Höchstgrenze nicht übersteigen dürfen.[18]

Neben dem International Trade Insurance Law und dem International Trade Insurance Special Financing Law bestehen Richtlinien, die für die Verga-

Investment and Loan Program verschulden müssen, nachdem die Reserven in den Fiskaljahren 1981 bis 1984 aufgezehrt worden waren.

15 EID/MITI, Auskunft vom Mai 1990.

16 OECD, Export Credit Financing Systems, S. 213.

17 Vgl. United Nations, Department of Economic and Social Affairs, Export Credits and Development Financing: National Export Credit Systems, 1969, S. 56.

18 Bank for International Settlements, a.a.O., S. 180.

bepraxis von Versicherungspolicen im einzelnen von Bedeutung sind. Von besonderer Bedeutung sind die im Jahre 1984 vom Ministry of International Trade and Industry (MITI) neu erlassenen Richtlinien für die Anwendung der staatlichen Exportkreditversicherung.[19] Danach wird die Versicherung für 25 Länder suspendiert und für weitere 27 Staaten eingeschränkt. Diese Maßnahme des Wirtschaftsministeriums war notwendig geworden, nachdem das japanische Exportkreditversicherungssystem erhebliche Verluste – insbesondere in Lateinamerika – einstecken mußte. Kernstück der Richtlinien ist eine Einstufung der verschiedenen Länder in drei Risikokategorien mit verschiedenen Untergruppen:

Für die 25 Länder der Kategorie 1 ist die Anwendung der Exportkreditversicherung bis auf weiteres suspendiert, weil das MITI das Risiko als zu hoch einstuft, um von einer staatlichen Institution abgesichert zu werden. Dies betrifft vor allem Staaten, die eine Umschuldung vornehmen mußten oder eine Umschuldung beantragt haben. Hierzu gehören z.B. Mexiko, Brasilien, Peru.

Die zweite Kategorie umfaßt in drei Gruppen 27 Staaten, in denen die Exportverträge bis zu einem gewissen Grad gefährdet sind und die Versicherung nur mit Einschränkungen zur Anwendung kommt. Für die Länder der Gruppe A kann die Versicherung nur für kurzfristige Kontrakte und nicht für die volle Deckung eingesetzt werden. Dies betrifft z.B. Iran, Irak, Pakistan.

Für die Gruppe B sind bei kurz- und langfristigen Kontrakten höhere Prämien zu entrichten. Zudem ist für jedes Land eine individuelle Obergrenze für langfristige Verpflichtungen festgesetzt. Dies gilt z.B. für Indien, Sri Lanka, Ungarn.

Für die Gruppe C der zweiten Kategorie setzt das MITI auf den langfristigen Kontrakten eine Obergrenze für die Anwendung der Versicherung fest. Zu dieser Gruppe gehören Schwellenländer wie Hongkong, Taiwan, Thailand.

Zur dritten Kategorie der Staaten ohne besondere Risiken schließlich gehören insbesondere die USA, Kanada, Australien sowie die westeuropäischen Industrienationen.

---

19 Handelsblatt vom 9./10.3. 1984, Nr. 50.

§ 47 Organisation der japanischen Exportkreditversicherung

Die japanische Exportkreditversicherungsinstitution, die Export Insurance Division (EID), ist eine Abteilung des Ministry of International Trade and Industry (MITI), des japanischen Handelsministeriums. Im Gegensatz zu anderen staatlichen Institutionen der japanischen Exportförderung, wie z.B. der „Export-Import Bank of Japan"[20] oder des „Overseas Economic Cooperation Fund" (OECF)[21], untersteht die Exportkreditversicherung direkt der Regierung, ohne daß eine unabhängige staatliche Stelle mit der Durchführung der Versicherungstätigkeit betraut wäre.[22]

Dem japanischen Handelsminister, der für die Administration des Exportkreditversicherungssystems verantwortlich ist, steht zur Beratung in wichtigen Versicherungsangelegenheiten ein zwölfköpfiger Ausschuß, der „Export Insurance Council", der in etwa mit dem deutschen Interministeriellen Ausschuß verglichen werden kann, zur Verfügung. Dem Ausschuß gehören der Handelsminister selbst sowie Vertreter anderer Ministerien, die sich mit Fragen des Außenhandels, der Finanzierung und der Versicherung befassen, an. Hinzu kommen verschiedene Experten dieser Gebiete.[23] Der Export Insurance Council, dessen Mitglieder allesamt vom Handelsminister berufen werden, überwacht als öffentliches Kontrollgremium die Arbeit der Exportkreditversicherung und versucht, den staatlichen Unternehmen häufig anhaftenden Mängeln entgegenzuwirken.[24]

---

20 Die Export-Import Bank of Japan diente ursprünglich ausschließlich der Exportfinanzierung. Später wurde neben der Importfinanzierung auch die Finanzierung von Auslandsinvestitionen und die Vergabe von Direktkrediten an ausländische Regierungen in den Geschäftsbereich einbezogen; vgl. Holthus, Länderbeitrag Japan, in: Holthus/ Kebschull (Hrsg.), Die Entwicklungspolitik wichtiger OECD-Länder, Bd. 1, S. 446.

21 Ziel des OECF ist es, zur wirtschaftlichen Entwicklung und Stabilität in Entwicklungsländern beizutragen, indem er Geschäfte durchführt, die dazu erforderlich sind, das Angebot an Finanzmitteln für deren Entwicklung und Stabilität zu erhöhen und die schwer von der Export-Import Bank of Japan und anderen Finanzinstitutionen zu erhalten sind; vgl. Hasegawa, Japanese Foreign Aid – Policy and Practice, S. 140 und Rix, Japan's Economic Aid, S. 258.

22 Asanuma, Japanese Government Agencies, S. 315.

23 United Nations, a.a.O., S. 56.

24 Bank for International Settlements, a.a.O., S. 179.

Die Export Insurance Division untergliedert sich in fünf Abteilungen.[25] Die „Policy Planning Division" ist zuständig für die Planung, die Koordination der verschiedenen Abteilungen, für internationale Angelegenheiten und für die Verwaltung der Finanzen. Mit der Verfolgung und Durchsetzung von Forderungen gegen ausländische Importeure befaßt sich die „Recovery Division". Die „Short-Term Insurance Division", die „Long-Term Insurance Division" und die „Overseas Investment Insurance Division" betreuen die verschiedenen Versicherungsverträge von der Unterschriftsleistung bis zu einer eventuellen Schadensregulierung.

Regionale Büros der Export Insurance Division finden sich in dreizehn Städten Japans.

§ 48 Die Allgemeine Export-Versicherung

Die Allgemeine Export-Versicherung stellt die ursprüngliche Form der japanischen Exportkreditversicherung dar, aus der heraus sich später das ganze System entwickelte.[26] Mit der Allgemeinen Export-Versicherung werden nun die Fabrikationsrisiken von japanischen Exporteuren abgesichert.

Anders als nach dem deutschen System werden nicht die Selbstkosten (bei der Fabrikationsrisikodekkung) und nicht die Exportforderung (bei der Ausfuhrrisikodeckung) als „Gegenstand der Deckung" definiert. Vielmehr wird festgelegt, welche Verluste von EID/MITI entschädigt werden, wenn der japanische Exporteur aufgrund bestimmter Tatbestände

- nicht in der Lage ist, die Waren zu exportieren (Fabrikationsrisikodekkung),
- die Exportforderung ganz oder teilweise nicht bezahlt wird (Ausfuhrrisikodeckung).

Die Tatbestände, die die Entschädigung begründen, werden in Art. 3 des International Trade Insurance Law im einzelnen aufgezählt;[27] es handelt sich um:

- (1) Einführung neuer Handelsbeschränkungen oder -verbote im Ausland;
- (2) Einführung neuer Importbeschränkungen oder -verbote im Bestimmungsland;

25 Vgl. EID/MITI, International Trade Insurance in Japan, S. 3.

26 EID/MITI, Introduction to Export Insurance, S. 7.

27 EID/MITI, Export Insurance Law, S. 17 f.

- (3) Unterbrechung des Handels infolge Krieg, Revolution oder Bürgerkrieg im Ausland;
- (4) Unmöglichkeit der Einfuhr in das Bestimmungsland infolge Krieg, Revolution oder Bürgerkrieg in diesem Land;
- (5) Unterbrechung des Transports in das Bestimmungsland infolge von Umständen, die sich außerhalb Japans ereignen;
- (6) alle anderen Umstände, die sich außerhalb Japans ereignen und auf die weder der japanische Exporteur noch sein Vertragspartner Einfluß haben;
- (8) bei Regierungsgeschäften einseitige Vertragsauflösung durch den anderen Teil oder Vertragsauflösung seitens des japanischen Exporteurs infolge eines Umstandes, für den der andere Teil als verantwortlich angesehen werden muß;
- (9) Konkurs oder ähnlicher Anlaß bezüglich des Exportvertrages.

Die Entschädigung erfolgt nach folgenden Grundsätzen:[28]
Sofern die Ausfuhr der Ware aufgrund eines der genannten Ereignisse unmöglich wird, ist Ausgangspunkt für die Entschädigung die Ausfuhrforderung (der Erlös aus dem Exportvertrag) einschließlich zusätzlicher Aufwendungen für Fracht oder Prämien (bis zu 90%), die der japanische Exporteur wegen der Unmöglichkeit der Vertragserfüllung aufwenden mußte (z.B. Transportänderungen). Sofern infolge eines der genannten Ereignisse die Forderung des japanischen Exporteurs nicht erfüllt wird, ist Ausgangspunkt für die Entschädigung die Summe aller Forderungen bzw. Forderungsteile, die der japanische Exporteur nicht erhalten hat. Etwaige Erlöse aus anderweitiger Verwertung werden von der Entschädigung abgezogen.

Die Selbstbeteiligungsquote beträgt 5% bei den oben unter (1) bis (7) aufgezählten (politischen) Risiken und 40% bei den oben unter (8) genannten (quasi-wirtschaftlichen) und dem oben unter (9) genannten (wirtschaftlichen) Risiko; eine Verringerung der Selbstbeteiligung von 40% auf 20% ist in den besonderen Fällen möglich, in denen für einen bestimmten Zeitraum der gesamte Export bestimmter Waren (pauschal) abgesichert wird.[29]

Eine isolierte Deckung der jeweiligen politischen und wirtschaftlichen Risiken ist möglich, wenngleich EID/MITI normalerweise beide Risiken nur gemeinsam absichert.[30]

Bei der Festsetzung des vom Versicherungsnehmer zu entrichtenden Entgeltes differenziert EID/MITI nach fünf Länderkategorien. Folgende Ba-

---

28 Vgl. Ball/Knight, a.a.O., S. 219 f.

29 EID/MITI, International Trade Insurance in Japan, S. 6 f.

30 EID/MITI, International Trade Insurance in Japan, S. 6.

sisprämien, die bis zu 40% niedriger und bis zu 200% höher sein können, bestehen:[31]

Sofern nur die politischen Risiken in Deckung genommen werden, beträgt die Basisprämie 0,225% (für zwei Monate).

Für die Absicherung des wirtschaftlichen Risikos (einschließlich des quasi-wirtschaftlichen Risikos bei Regierungsgeschäften) berechnet EID/MITI eine Basisprämie von 0,059% (für zwei Monate).

Bei der Absicherung der politischen und wirtschaftlichen Risiken addiert sich das Entgelt; es beträgt also 0,284%.

Im übrigen ist das Entgelt abhängig von dem Versicherungswert, der von dem Versicherten mit der Regierung frei vereinbart werden kann; außerdem steigt der Entgeltsatz mit der Länge der Kreditfristen. Detaillierte Entgelttabellen werden allerdings nicht veröffentlicht, da die japanische Exportkreditversicherung der Ansicht ist, daß eine Veröffentlichung die internationale Wettbewerbsfähigkeit Japans negativ beeinflussen könnte.[32]

Als Deckungsnehmer kommen nur japanische Firmen und japanische Banken, die Exportgeschäfte finanzieren, in Frage.[33] Produzenten, die vertraglich zur Lieferung von Gütern an einen Exporteur verpflichtet sind, können die gleiche Deckung erhalten wie ein Exporteur.[34]

Nahezu alle Arten von Exportgeschäften sind absicherbar, jedoch sind Factoringforderungen und Forderungen von Confirming-Häusern von der Deckung ausgenommen.

Die Allgemeine Export-Versicherung kann erweitert werden, indem die Deckung von höheren Frachtkosten oder Versicherungsprämien, die dadurch entstehen, daß wegen Krieg oder anderer Ereignisse die Frachtschiffe umgeleitet werden müssen, einbezogen wird.[35]

Im Schadensfall entschädigt EID/MITI den versicherten japanischen Exporteur innerhalb nur eines Monats. Die einmonatige Karenzfrist, die für alle Policen der japanischen Exportkreditversicherung gilt,[36] stellt unter den hier behandelten Systemen die kürzeste Frist bis zur Schadensregulierung dar.

---

31 EID/MITI, Export Insurance Law, S. 89 f.

32 Asanuma, a.a.O., S. 315.

33 Japanese Export Insurance System II, Tradescope 1983, S. 11.

34 Ball/Knight, a.a.O., S. 220.

35 Ball/Knight, a.a.O., S. 220.

36 The Chase Manhattan Bank, a.a.O., S. 70.

§ 49 Die Versicherung von Exporterlösen

I. Gegenstand und Voraussetzungen der Police

Die japanische Exportkreditversicherung unterscheidet wie das deutsche System nach den beiden Zeitabschnitten „Fabrikationsperiode" und „Ausfuhrperiode". Während von der Allgemeinen Export-Versicherung die Fabrikationsperiode umfaßt wird, deckt die „Versicherung von Exporterlösen" die Risiken nach Versand der Waren ab. Diese Deckungsform bietet dem japanischen Exporteur Deckungsschutz für Liefergeschäfte und Leistungsgeschäfte, die bereits ausgeführt sind.[37]

Außer dem Gegenwert für technische Hilfe oder andere Arbeitsleistungen deckt die Versicherung von Exporterlösen alle Investitionsgüterexporte wie industrielle Produktionsmittel, Fahrzeuge und rollendes Material.[38] Neben dem Kaufpreis bzw. dem Gegenwert für erbrachte Leistungen sind in die Deckung auch Zinszahlungen einbezogen.[39]

EID/MITI steht wiederum für Verluste ein, die der Exporteur dadurch erleidet, daß die Forderung aus dem Exportvertrag aufgrund bestimmter, besonders aufgezählter Ereignisse nicht erfüllt wird. Die gedeckten Risiken stimmen weitgehend mit den von der Allgemeinen Export-Versicherung erfaßten Risiken überein. Hervorzuheben ist jedoch, daß der reine Zahlungsverzug (protracted default) zu den gedeckten Risiken gehört. Die Allgemeine Export-Versicherung weist insofern keine Parallele auf (z.B. Zahlungsverzug hinsichtlich einer Anzahlung).

Folgende Risiken sind gedeckt:[40]

- (1) Einführung neuer Handelsbeschränkungen oder -verbote im Ausland;
- (2) Krieg, Revolution oder Bürgerkrieg im Ausland;
- (3) alle anderen Umstände, die sich außerhalb Japans ereignen und auf die weder der japanische Exporteur noch sein Vertragspartner Einfluß haben;
- (4) Konkurs des anderen Teils mit Bezug auf den Exportvertrag;
- (5) Nichterfüllung der Vertragspflichten seitens des ausländischen Vertragspartners über sechs Monate.

---

37 EID/MITI, International Trade Insurance in Japan, S. 8 f.

38 OECD, Export Credit Financing Systems, S. 216; vgl. auch Hintz, a.a.O., S. 149 f.

39 Asanuma, a.a.O., S. 315.

40 Art. 5.2. International Trade Insurance Law.

Auf die Entschädigung muß sich der Versicherungsnehmer erhaltene Zahlungen, Erlöse aus anderweitiger Verwertung etc. anrechnen lassen.

Eine isolierte Deckung der politischen und wirtschaftlichen Risiken ist möglich. Die Selbstbeteiligungsquote bei politischen Risiken ist 1984 von 5% auf 2,5% gesenkt worden; bei wirtschaftlichen Risiken beträgt sie nach wie vor 10%.[41]

Die Basisprämie für die Versicherung von Exporterlösen beträgt für einen Zeitraum von drei Monaten 0,265%.[42] Die Basisprämie kann sich um bis zu 500% erhöhen, wenn es die Kreditwürdigkeit des ausländischen Kunden oder die Devisensituation des Importlandes erfordert. Auch eine Reduzierung der Prämie um bis zu 50% ist möglich, wenn

a. der Eingang der Forderung dadurch gewährleistet ist, daß ein unwiderruflicher Letter of Credit durch eine erste Bank ausgestellt ist,
b. der Vertragspartner eine ausländische Regierung ist oder eine Regierungstätigkeit ausübt,
c. der Eingang der Forderung durch eine erste Bank garantiert ist.[43]

Das Entgelt ist vom Zeitpunkt der Vertragsunterzeichnung bis zur vollständigen Zahlung der Forderung durch den ausländischen Abnehmer zu entrichten und bemißt sich während der gesamten Zeit nach der vollen Versicherungssumme.[44]

Die Exporterlös-Versicherung deckt mittel- und langfristige Exportgeschäfte. Der Anteil ausländischer Zulieferungen darf bei schweren Ausrüstungsgütern maximal 50% betragen; andere Waren müssen zu 100% japanischen Ursprungs sein. Lokale Kosten können in die Deckung mit einbezogen werden. Hinsichtlich der Vertragswährung auferlegt EID/MITI dem Exporteur keinerlei Beschränkungen; die Entschädigung wird jedoch in Yen gewährt, und zwar zu dem Kurs, der zum Zeitpunkt des Versicherungsabschlusses maßgebend war.[45]

---

41 EID/MITI, International Trade Insurance in Japan, S. 34.

42 EID/MITI, Export Insurance Law, S. 91.

43 EID/MITI, Export Insurance Law, S. 91 ff.

44 Ball/Knight, a.a.O., S. 220.

45 The Chase Manhattan Bank, a.a.O., S. 70; vgl. auch OECD, Export Credit Financing Systems, S. 216 f.

II. Verknüpfung von Finanzierung und Versicherung

Die Exporterlös-Versicherung schützt den japanischen Exporteur nicht nur vor größeren Verlusten, sondern ist ihm im allgemeinen auch bei der Finanzierung seines Exportgeschäfts behilflich. Die Export-Import Bank of Japan und andere, kommerzielle Banken stellen Kredite zur Finanzierung eines Exportgeschäfts nur zur Verfügung, wenn der Exporteur zuvor den Erhalt einer Exporterlös-Versicherung nachweisen kann.[46]

Die Exporterlös-Versicherung ist für die verschiedenen Formen der Kreditgewährung erhältlich:[47]

1. Der Exportlieferantenkredit wird Exporteuren oder Herstellern gewährt, damit diese die Lieferantenkredite, die sie ihrerseits ihren ausländischen Abnehmern in Form von Teilzahlungsgeschäften gewährt haben, finanzieren können. Der Kredit wird in Yen ausgezahlt. Seine Laufzeit entspricht der zwischen dem inländischen Exporteur und ausländischen Abnehmer vereinbarten Teilzahlungsfrist. Der Exportlieferantenkredit ist das traditionelle Instrument der japanischen Exportfinanzierung und hat sich zu einem Hauptgeschäftsbereich entwickelt. Finanziert werden Industrie- und Chemieanlagen, Schiffe, Flugzeuge und andere Schwermaschinen. Dabei deckt die Export-Import Bank nicht den gesamten Kreditbedarf, sondern nur einen Teil, während der andere Teil von den Geschäftsbanken aufgebracht werden muß.

2. Käuferkredite oder Bank zu Bank Darlehen werden an ausländische Personen, Behörden oder Unternehmen zur Finanzierung von Projekten vergeben, über die sich Kreditnehmer und Bank geeinigt haben.

Kreditnehmer kann dabei entweder die das Projekt durchführende Organisation sein, wie z.B. die Regierung, deren Institutionen, eine ausländische örtliche Behörde oder ein ausländisches Unternehmen (Käuferkredit), aber auch eine ausländische Finanzierungsinstitution, die die Mittel an das durchführende Organ weiterleitet (Bank zu Bank Darlehen).

---

46 Kawashima, An Outline of Japan's Export Insurance Systems Related to Plant Exportation, Digest of Japanese Industry and Technology 1983, No. 183; S. 9 f.

47 Vgl. Holthus, a.a.O., S. 447 f.; EID/MITI, International Trade Insurance in Japan, S. 8 ff.

§ 50 Wechselkursversicherung

I. Gegenstand und Voraussetzungen der Police

EID/MITI bietet dem japanischen Exporteur seit 1974 eine „Wechselkursversicherung" an, die Forderungen deckt, die auf US Dollar, Pfund Sterling, Deutsche Mark, Französische Franc und Schweizer Franken lauten. Die tatsächliche Zahlung braucht nicht in einer dieser Währungen zu erfolgen.[48] Von den behandelten Wechselkursversicherungen der anderen Exportkreditversicherungsinstitutionen unterscheidet sich die japanische nicht sehr, wenn die Besonderheiten der Ausgestaltung der Vorlaufzeit im deutschen System außer Betracht bleiben.

Die japanische Wechselkursversicherung setzt voraus, daß der abzusichernde Exportvertrag eine Vertragslaufzeit von mindestens zwei Jahren und maximal fünfzehn Jahren hat. Gedeckt ist der Kurs, der am Tage des Versicherungsabschlusses oder am Tage der Antragstellung auf Indeckungnahme – je nachdem welcher höher ist – von der Bank von Tokio (einer privaten Bank) notiert ist.[49] Grundsätzlich nimmt EID/MITI nur Exportverträge, die Anlagen, Schiffe, Flugzeuge etc. betreffen, in Deckung. Die Wechselkursversicherung wird normalerweise auch nur in Verbindung mit einer Lieferantenkreditdeckung (Exporterlös-Versicherung) gewährt.[50]

Das Kursrisiko wird für denjenigen Zeitraum übernommen, der nach Ablauf einer Vorlaufzeit von zwei Jahren nach Vertragsabschluß beginnt. Innerhalb dieser zwei Jahre trägt der japanische Exporteur das Kursrisiko selbst. Es bleibt ihm überlassen, es auf dem Devisenterminmarkt abzusichern.[51]

EID/MITI entschädigt Kursverluste, die eine Marge von 3% übersteigen. Die ersten 3% trägt der Exporteur also in jedem Fall selbst. Der Kursverlust wird durch Vergleich des gedeckten Kurses mit dem Kurs am Tage des Erhalts einer Zahlung oder am Tage der Fälligkeit der betreffenden Rate – je nachdem welcher Kurs niedriger ist – ermittelt. Der Höchstbetrag der Entschädigung beträgt 20% der Forderung. Jede Rate wird separat und endgültig entschädigt.[52]

---

48 EID/MITI, International Trade Insurance in Japan, S. 26.

49 Vgl. Art. 5.6.2 International Trade Insurance Law.

50 OECD, Export Credit Financing Systems, S. 219.

51 EID/MITI, International Trade Insurance in Japan, S. 26.

52 EID/MITI, International Trade Insurance in Japan, S. 26; vgl. auch Art. 5.6.3 und Art. 5.6.4 International Trade Insurance Law.

Der Deckungsnehmer hat Kursgewinne, die 3% des gedeckten Kurses übersteigen, an EID/MITI abzuführen. Die Berechnung von Kursgewinnen erfolgt in entsprechender Weise wie die Berechnung von Kursverlusten.[53]

Die Prämie für die Wechselkursversicherung beträgt 1,5% p.a. Berechnungsgrundlage ist der jeweils ausstehende Betrag. Sofern die Wechselkursversicherung als Pauschaldeckung gewährt wird, ermäßigt sich die Prämie auf fast die Hälfte, nämlich 0,8% p.a.[54]

II. Bedeutung für die Exportwirtschaft

Die Wechselkursversicherung hat für japanische Exporteure besondere Bedeutung: Da der Yen als langfristig aufwertungsverdächtige Währung gilt, können Preisvorteile im Zeitpunkt des Vertragsabschlusses durch spätere Aufwertung vermindert oder ganz aufgehoben werden. Wird der Exportvertrag in Yen abgeschlossen, liegt dieses Risiko beim Importeur, wird in Fremdwährung abgeschlossen, riskiert der japanische Exporteur einen Mindererlös.[55]

Wie schon erwähnt, steht dieses Programm nur für bestimmte Produktgruppen wie komplette Fabriken, Flugzeuge oder Schiffe zur Verfügung. Eine Liberalisierung wird von der japanischen Regierung wegen der damit verbundenen Kosten abgelehnt. Allerdings sind die großen japanischen Handelshäuser oft bereit, das Wechselkursrisiko zu übernehmen oder Kredite in Fremdwährung zu gewähren.[56]

53 EID/MITI, International Trade Insurance in Japan, S. 26.

54 OECD, Export Credit Financing Systems, S. 219.

55 Vgl. Hombach, a.a.O., S. 39.

56 Vgl. Hombach, a.a.O., S. 39 f.

§ 51 Versicherung zur Finanzierung von Exportforderungen/Exportgeschäften

I. Die Versicherung von abgetretenen Wechselforderungen

EID/MITI bietet japanischen Außenhandelsbanken eine Versicherung für Forderungen, die japanische Exporteure an diese Banken verkauft haben. Dabei muß es sich um Wechselforderungen handeln, die auch allein Gegenstand der Versicherungspolice sind. Deckungsnehmer können nur besonders nach dem Außenhandelsgesetz für den Devisenverkehr zugelassene Außenhandelsbanken sein.[57]

Von der Deckung wird das Risiko erfaßt, daß die Wechselforderung bei Fälligkeit nicht bezahlt wird. Die Selbstbeteiligungsquote beträgt 20% bei wirtschaftlichen Risiken und 17,5% bei politischen Risiken. Die von EID/MITI an die Bank ausgezahlte Entschädigungssumme wird berechnet, indem von dem Wert, der nicht am Verfallstag einging oder den die Bank durch Wechselrediskontierung erhielt, alle nach Fälligkeit eingegangenen Forderungen, Erlöse aus anderweitigem Verkauf der Waren und Kreditrückzahlungen durch den Aussteller des Wechsels abgezogen werden. Die Außenhandelsbank ist verpflichtet, alle Rechte aus den ihr übertragenen Wechseln wahrzunehmen.[58]

Öffentliche Körperschaften einiger Provinz- und Stadtverwaltungen bieten einen zusätzlichen bis zu 15% betragenden Deckungsschutz für den von EID/MITI nicht versicherten Anteil an, so daß für die Bank eine Selbstbeteiligung von maximal 5% verbleibt.[59]

EID/MITI schließt zu Beginn eines jeden Jahres bzw. Halbjahres mit der Außenhandelsbank einen Globalvertrag und gewährt bereits im voraus Deckungsschutz für von der Bank angekaufte Wechselforderungen. Die Bank ist lediglich verpflichtet, EID/MITI innerhalb von fünf Tagen nach Ankauf der Wechselforderung von der Transaktion in Kenntnis zu setzen. Die vorherige Zustimmung von EID/MITI ist allerdings dann erforderlich, wenn der ausländische Käufer unter die Kategorie „F" oder „M" der „Käuferliste"[60] fällt.

---

57 EID/MITI, Introduction to Export Insurance, S. 13.

58 United Nations, a.a.O., S. 57.

59 EID/MITI, International Trade Insurance in Japan, S. 14.

60 Zur Käuferliste siehe unten § 55.

Aufgrund des dann als größer einzuschätzenden Schadensrisikos behält sich EID/MITI eine besondere Prüfung des ausländischen Käufers vor.[61]

Die Basisprämie für die Versicherung abgetretener Wechselforderungen beträgt:[62]

- 0,234% bei Sichtwechseln
- 0,234% bis 0,257% für D/P-Geschäfte[63]
- 0,432% bis 0,477% für D/A-Geschäfte[64].

II. Die Export-Finanzierungs-Versicherung

Neben der Deckung von abgetretenen Wechselforderungen kennt das japanische System noch eine besondere Form der Versicherung von Exportforderungen, bei der eine japanische Bank Deckungsschutz für ein Darlehen erhält, das sie auf Wechselbasis zur Finanzierung eines Exportgeschäftes gegeben hat. Darlehensnehmer kann hierbei sowohl der Exporteur selbst als auch der Fabrikant sein.[65]

EID/MITI deckt das Risiko, daß die Ausfuhr der Güter des durch das Darlehen finanzierten Exportgeschäftes, die Lieferung der Exportgüter von dem Hersteller an den Exporteur oder das Inkasso teilweise oder völlig unmöglich werden und dieses zu einem teilweise oder völligen Ausfall der Kreditzahlung an die Bank führt. Die maximale Deckungsquote beträgt 80%, so daß bei der Bank ein Selbstbehalt von wenigstens 20% verbleibt, den sie aber wie bei der Versicherung von abgetretenen Wechselforderungen bei lokalen Behörden zusätzlich in Deckung geben kann.[66]

Die Eigenart der Export-Finanzierungs-Versicherung besteht darin, daß sie für Darlehen gedacht ist, die Teil eines Finanzierungsfonds sind, den die Bank dem Exporteur oder Fabrikanten zur Verfügung stellt. Normalerweise besteht EID/MITI darauf, daß der Exportvertrag abgeschlossen ist, bevor das Darlehen an den Exporteur ausbezahlt wird. Handelt es sich bei den herzustellenden Waren um agrarische, forstwirtschaftliche, Wasser- oder Tier-

61 EID/MITI, International Trade Insurance in Japan, S. 14.

62 EID/MITI, Export Insurance Law, S. 91 f.

63 D/P = Document against Payment.

64 D/A = Document against Acceptance.

65 EID/MITI, Introduction to Export Insurance, S. 15.

66 EID/MITI, Introduction to Export Insurance, S. 15.

Produkte, so begnügt sich EID/MITI mit der Zusage, daß die Waren für den Export bestimmt sind.[67]

Die Export-Finanzierungs-Versicherung wird ebenfalls als Globalversicherung mit einer einjährigen oder halbjährigen Laufzeit gewährt. Die Bank muß innerhalb von fünf Tagen nach der Finanzierungszusage EID/MITI anzeigen, daß ein bestimmtes Geschäft in den Versicherungsschutz einbezogen werden soll.[68]

Die Basisprämie für die Export-Finanzierungs-Versicherung beträgt 0,216% für zwei Monate. Zwei Drittel der von der Bank zu zahlenden Prämie können auf den ausländischen Käufer oder den Darlehensnehmer abgewälzt werden.[69]

§ 52 Die Versicherung von Investitionen im Ausland

Die „Versicherung von Auslandsinvestitionen" gehört bereits seit 1956 zum Programm der staatlichen japanischen Exportkreditversicherung.[70] Die Versicherung wurde eingeführt, um der japanischen Wirtschaft Schutz vor den nicht vermeidbaren Risiken wie Beschlagnahme und staatlicher Enteignung gewähren zu können, aber auch, um gleichzeitig Anreize für eine vermehrte Investitionstätigkeit im Ausland zu bieten.[71]

Die japanische Auslandsinvestitions-Versicherung wird in folgende vier Gruppen eingeteilt:[72]

I. Die Versicherung von Investitionen

Von dieser Versicherung werden alle Fälle erfaßt, in denen ein japanisches Unternehmen eine Tochtergesellschaft im Ausland gründet, gemeinsam mit einem ausländischen Partner ein lokales Unternehmen gründet oder eine Investition in ein bereits bestehendes Unternehmen tätigt.

---

67 Bowen/Mills/Knight, a.a.O., S. 60.

68 United Nations, a.a.O., S. 57.

69 Bowen/Mills/Knight, a.a.O., S. 60.

70 Vgl. Hintz, a.a.O., S. 154 ff.

71 Vgl. EID/MITI, Introduction to Export Insurance, S. 17.

72 EID/MITI, International Trade Insurance in Japan, S. 21; EID/MITI, Introduction to Export Insurance, S. 17 ff.

II. Die Versicherung von Darlehen

Diese Versicherung deckt die Risiken, die einem japanischen Unternehmen erwachsen, das zusammen mit einem ausländischen Partner ein lokales Joint-Venture gründet und dem ausländischen Partner zur Investition in das Joint-Venture ein langfristiges Darlehen gewährt.

Gedeckt werden auch langfristige Darlehen, die ein japanisches Unternehmen an ausländische juristische Personen vergibt, die die geliehenen Mittel zur Erkundung und Förderung von Bodenschätzen verwenden. Voraussetzung der Versicherung ist jedoch, daß der Versicherte mit dem Darlehensnehmer einen langfristigen Vertrag über den Import der Bodenschätze abgeschlossen hat. Desweiteren verlangt EID/MITI, daß die zur Produktion der Resourcen erforderlichen Gelder den zur Veränderung oder Herstellung der Infrastruktur (Häfen, Eisenbahnlinien etc.) benötigten Betrag enthalten.

III. Die Versicherung von dinglichen Rechten

Japanische Unternehmen, die in direkten geschäftlichen Beziehungen zu einem ausländischen Land stehen und zur Durchführung ihrer Geschäfte Rechte an Immobilien, Schürfrechte etc. erworben haben, können zur Absicherung ihrer (dinglichen) Rechte von EID/MITI Deckungsschutz erhalten.

Ebenfalls von dieser Versicherung werden die Risiken erfaßt, die im Zusammenhang mit der Verbringung von Betriebsmaterial und Einrichtungsgegenständen ins Ausland entstehen. Voraussetzung ist lediglich, daß die Gegenstände zur Durchführung eines Geschäfts benötigt werden. Nicht erforderlich ist, daß das Geschäft einhergeht mit der Gründung einer Tochtergesellschaft oder eines Joint-Venture. Die von EID/MITI vorgenommene Einordnung dieser Versicherung, die in anderen Systemen einen eigenen Platz erhält[73] und auch noch einmal bei der Versicherung von Dienstleistungen[74] eingeordnet wird, als Investitionsversicherung leuchtet daher nicht ein.

---

73 Siehe z.B. die Beschlagnahmedeckung für Ausrüstungsgegenstände in Deutschland, oben § 9 IV.1.

74 Siehe unten § 53 II.

IV. Die Versicherung von Bürgschafts-/Garantieverpflichtungen

Diese Versicherung deckt die Risiken, die dem japanischen Investor aus der Übernahme einer Bürgschaft/Garantie für ein an seine Tochtergesellschaft oder an den ausländischen Partner eines Joint-Venture gewährtes langfristiges Darlehen erwachsen können, d.h. EID/MITI deckt das Risiko der Inanspruchnahme des Investors aus der Bürgschaft/Garantie, wenn der Dekkungsnehmer seinen Zahlungsverpflichtungen nicht nachkommt.

V. Gemeinsamer Inhalt der Policen

Die Auslandsinvestitions-Versicherung deckt sowohl die politischen Risiken (Beschlagnahme der Investition durch die Regierung des ausländischen Staates, in dem die Investition getätigt wurde; Unmöglichkeit der Weiterführung des Geschäfts wegen Krieg oder Streik im Gastland; Unmöglichkeit des Transfers von Dividenden, von Ratenzahlungen etc. aufgrund von Beschränkungen oder Verboten des Gastlandes) als auch die wirtschaftlichen Risiken (z.B. Konkurs des ausländischen Investitionspartners). Die isolierte Deckung der politischen und wirtschaftlichen Risiken ist möglich.[75]

Der versicherte Betrag einer Investition kann vom Versicherten selbst bestimmt werden. Im Schadensfall hat der Investor Selbstbehalte von 10% bis 60% zu tragen, je nachdem, um welche Investitionsversicherung und um welches Risiko es sich handelt. EID/MITI deckt allerdings nur Schäden, die zwei Jahre nach Beendigung der Investitionstätigkeit auftreten.[76]

Die Laufzeiten der verschiedenen Policen betragen fünf bis fünfzehn Jahre, wobei die Laufzeit einer Police, die nur die wirtschaftlichen Risiken deckt, auf zehn Jahre begrenzt ist. Die Prämie für die kombinierte Deckung der politischen und wirtschaftlichen Risiken beträgt 0,7% bis 1% p.a. des versicherten Betrages.[77]

Wegen der Vielfalt der verschiedenen Investitionsversicherungspolicen verlangt EID/MITI die Einreichung eines vorläufigen Antrages, um so dem Investor bei der Auswahl der für ihn geeigneten Police behilflich sein zu können. Die vorläufige Antragstellung soll noch vor der endgültigen Ent-

---

75 EID/MITI, International Trade Insurance in Japan, S. 20 ff.

76 EID/MITI, International Trade Insurance in Japan, S. 23 f.

77 Asanuma, a.a.O., S. 316.

scheidung über die Auslandsinvestition erfolgen. Die offizielle Beantragung einer Police wird von EID/MITI nach Abschluß der Investition erwartet.[78]

§ 53 Besondere Deckungen

I. Die Versicherung von Exportgarantien

Banken und Versicherungsgesellschaften sind normalerweise nicht bereit, die im Zusammenhang mit einem Exportgeschäft gestellten Erfüllungs- oder Bietungsgarantien gegen die ungerechtfertigte Inanspruchnahme durch den Garantienehmer zu versichern. Da die Ausmaße der durch japanische Exporteure im Ausland erstellten Projekte stetig zunahmen und hierdurch bedingt auch die Kosten für Exportgarantien und nicht zuletzt auch die Risiken wuchsen, entschloß sich EID/MITI 1977 zur Einführung einer „Versicherung von Exportgarantien."[79]

Versicherbar sind Exportgarantien, die von einer zugelassenen Außenhandelsbank oder einer entsprechenden Versicherungsgesellschaft gestellt werden. Außerdem verlangt EID/MITI, daß die Kreditwürdigkeit des Käuferlandes zufriedenstellend ist. EID/MITI deckt das Risiko der ungerechtfertigten Inanspruchnahme von Exportgarantien, die für den Export von Industrieanlagen, für technische Dienstleistungen (z.B. Consulting-Geschäfte) oder der Erstellung von Projekten im Ausland gestellt werden.[80] Exportgarantien sind von EID/MITI bisher hauptsächlich im Zusammenhang mit Exporten nach Südost-Asien und in den mittleren Osten versichert worden.[81]

Drei Arten von Exportgarantien sind im japanischen Exportkreditversicherungssystem deckungsfähig:[82]

1. Bietungsgarantien,
2. Vertragserfüllungsgarantien,
3. Anzahlungsgarantien.

Der Selbstbehalt bei einer Einzelpolice beträgt 30%. Entschließt sich der Exporteur jedoch, EID/MITI sämtliche Exportgarantien, die einen gewissen

---

78 EID/MITI, Introduction to Export Insurance, S. 19.

79 OECD, Export Credit Financing Systems, S. 219.

80 EID/MITI, International Trade Insurance in Japan, S. 24.

81 OECD, Export Credit Financing Systems, S. 219.

82 EID/MITI, International Trade Insurance in Japan, S. 25.

Wert übersteigen, anzutragen, so verringert sich die Selbstbeteiligung auf 10% des Wertes der Exportgarantie.

Die jährliche Prämie für eine Einzelpolice beläuft sich auf 0,3% des versicherten Wertes. Lediglich 0,1% werden bei der Versicherung der gesamten Exportgarantien eines Exporteurs erhoben.[83]

II. Die Versicherung von Dienstleistungen

Mit der Versicherung von Dienstleistungen kann sich der japanische Exporteur von dem Verlust des Gegenwertes für die Lieferung sogenannter „Software" schützen. Japanische Unternehmen liefern nicht nur komplette Industrieanlagen ins Ausland, sondern stellen die Anlagen vor Ort auf, bringen ihr technisches Know-how ein und stellen Patente zur Verfügung. Diese technischen Dienstleistungen machen oftmals einen beträchtlichen Teil des gesamten Exportgeschäftes aus. EID/MITI ist sogar bereit, bei der Lieferung großer Anlagen die technischen Dienstleistungen (z.B. Errichtung und technische Überwachung) mitzuversichern, auch wenn ihr Gegenwert höher ist als der Vertragswert der für die Erstellung des Projekts benötigten „Hardware".[84]

Mit der Versicherung von Dienstleistungen können gleichzeitig die ins Ausland verbrachten und zur Errichtung einer Anlage benötigten Maschinen, Ausrüstungsgegenstände etc. versichert werden, wobei typische Risiken wie Beschlagnahme, Enteignung, Beschädigung oder Verlust aufgrund Krieg, Revolution etc. gedeckt sind.

In Dienstleistungsveträgen wird oftmals eine proratarische Bezahlung durch den ausländischen Käufer vereinbart. Hieraus ergeben sich Konsequenzen für den jeweils von EID/MITI versicherten Gegenwert der Dienstleistung:[85]

a. Der „bestätigte Gegenwert" stellt den Wert der Dienstleistung dar, die vom japanischen Unternehmer erbracht und vom ausländischen Käufer bestätigt und abgenommen worden ist.

b. Die „verauslagten Aufwendungen" bilden die Summe der Ausgaben, die der japanische Unternehmer für die Erbringung seiner Leistung getätigt hat, die Dienstleistung aber noch nicht vollständig beendet bzw. die Dienst-

---

83 OECD, Export Credit Financing Systems, S. 219.

84 EID/MITI, Introduction to Export Insurance, S. 20.

85 EID/MITI, International Trade Insurance in Japan, S. 28 f.

leistung zwar beendet, aber noch nicht bestätigt oder abgenommen worden ist.

Im Schadensfall hat der Exporteur bei der Verwirklichung eines politischen Risikos eine Selbstbeteiligung von lediglich 2,5% des versicherten Wertes und bei Eintritt eines wirtschaftlichen Risikos eine Selbstbeteiligung von 10% zu tragen. Bei der Versicherung von Maschinen und Ausrüstungsgegenständen beträgt der vom Exporteur vom Verlust zu tragende Anteil bei allen Risken 10%.[86]

III. Die Importvorauszahlungs-Versicherung

EID/MITI hat 1987 eine neue Versicherung eingeführt, die finanzielle Verluste japanischer Importeure abdeckt, die Vorauszahlungen für nicht gelieferte Waren geleistet haben und ihr Geld durch unvorhergesehene politische oder ökonomische Entwicklungen nicht zurückerhalten können.[87]

Wenn ein Importeur ausländischer Waren einen Importvertrag schließt, unter dem er noch vor Verschiffung der Ware aus dem Ausland den gesamten oder einen Teilbetrag des Kaufpreises zu zahlen hat, so geschieht es nicht selten, daß der ausländische Exporteur sich, aus welchen Gründen auch immer (Konkurs, mangelndes Kapital etc.), als nicht in der Lage erweist, die bestellten Waren zu produzieren und zu exportieren. Trotz der dann bestehenden Verpflichtung des Exporteurs, die Vorauszahlung zurückzuzahlen, bestehen für den Importeur nicht unerhebliche Risiken, die Vorauszahlung nicht zurückzubekommen. Sowohl die Zahlungsunfähigkeit des ausländischen Produzenten als auch Transferbeschränkungen sind als mögliche Risiken zu nennen.[88]

Die im Vergleich zu den anderen behandelten Exportkreditversicherungssystemen einzigartige Versicherungsmöglichkeit des japanischen Handelsministeriums deckt politische und wirtschaftliche Risiken bis zu 97,5% der geleisteten Vorauszahlung. Der japanische Importeur hat also im günstigsten Fall lediglich eine Selbstbeteiligung von 2,5% vom Ausfall zu tragen, wobei die Höhe der Selbstbeteiligung vom Exportland abhängig ist. Außerdem sollen die ausländischen Exporteure den Kategorien „A", „F" oder „M" der

---

86 EID/MITI, International Trade Insurance in Japan, S. 29.

87 BfAI/NfA vom 23.2.1987.

88 EID/MITI, International Trade Insurance in Japan, S. 16.

von EID/MITI für ausländische Käufer/Verkäufer aufgestellten Liste angehören.[89]

Die Prämie für die Importvorauszahlungs-Versicherung beträgt 0,506% für sechs Monate.[90] Für die insgesamt von EID/MITI versicherten Einfuhrgeschäfte hat die japanische Regierung eine jährliche Obergrenze von Yen 450 Mrd. (DM 5,4 Mrd.) festgelegt.[91]

IV. Die Zwischenhandels-Versicherung

Die „Zwischenhandels-Versicherung" ist ebenfalls von EID/MITI 1987 neu eingeführt worden. Die Versicherung gewährt japanischen Händlern Dekkungsschutz, die im Ausland Waren ankaufen und sie anschließend an Abnehmer in anderen ausländischen Staaten weiterveräußern, ohne daß die Waren japanischen Boden berühren. Gedeckt werden sowohl die politischen als auch die wirtschaftlichen Risiken, wobei der japanische Händler im Schadensfall eine Selbstbeteiligung von 10% bei der Verwirklichung eines politischen und 20% bei der Verwirklichung eines wirtschaftlichen Tatbestandes zu tragen hat.[92] Bei Geschäften mit Abnehmern in bestimmten Ländern kann sich die Selbstbeteiligungsquote jedoch noch verringern.[93]

Als Versicherungsnehmer kommen nicht nur japanische Händler in Betracht. EID/MITI bietet die Zwischenhandels-Versicherung auch japanischen Banken und Finanzierungsinstituten an, die ausländischen Abnehmern die Finanzierung des mit dem japanischen Händler abgeschlossenen Geschäfts ermöglichen.

EID/MITI akzeptiert grundsätzlich nur ausländische Käufer, die in der bereits genanten Liste den Kategorien „A", „M" oder „F" zuzuordnen sind, wobei Käufer der Gruppen „M" und „F" zusätzliche Sicherheiten in Form von Bürgschaften oder Garantien nachweisen müssen.

Die Klassifizierung der einzelnen ausländischen Abnehmer spielt keine Rolle, wenn der japanische Händler und der ausländische Abnehmer vereinbaren, daß die Forderung aus einem Akkreditiv zu zahlen ist.[94]

---

89 EID/MITI, International Trade Insurance in Japan, S. 16.

90 Neue Züricher Zeitung vom 2.10.1987, S. 17.

91 BfAI/NfA vom 23.2.1987.

92 Neue Züricher Zeitung vom 2.10.1987, S. 17.

93 EID/MITI, International Trade Insurance in Japan, S. 18.

94 EID/MITI, International Trade Insurance in Japan, S. 18.

Die vom japanischen Händler zu entrichtende Prämie beläuft sich auf 0,536% für drei Monate. Die von der Zwischenhandels-Versicherung für 1989 insgesamt abdeckbare Summe wurde von der japanischen Regierung auf Yen 250 Mrd. festgelegt.[95]

§ 54 Deckungsformen

EID/MITI stellt für alle Exportgeschäfte die Einzelversicherung zur Verfügung. Auch die revolvierende Deckung, d.h. die Versicherung sämtlicher Außenhandelsgeschäfte eines japanischen Exporteurs mit einem bestimmten ausländischen Abnehmer ist dem japanischen System bekannt. Daneben kommt der Pauschaldeckung besondere Bedeutung zu. Sie ermöglicht die Indeckungnahme des gesamten Exportumsatzes, und zwar für Konsumgüter mit Kreditlaufzeiten bis zu zwölf Monaten, für Kapitalgüter mit Kreditlaufzeiten bis zu sechzig Monaten. Generell ist der japanische Exporteur unter der Pauschaldeckung verpflichtet, seinen gesamten Export zur Deckung anzudienen, jedoch ist die Beschränkung auf eine bestimmte Warenart möglich. Die Entgelte für die Pauschaldeckung sind wegen der einfacheren Handhabung niedriger als für eine Einzelpolice.[96]

Eine Besonderheit des japanischen Systems stellt die auf die Bedürfnisse einer bestimmten Branche zugeschnittene sogenannte, „Gruppengarantie" dar. Hierbei handelt es sich um eine besondere Form der Pauschaldeckungen, die mit Wirtschaftsverbänden abgeschlossen werden und bei denen alle Mitglieder eines derartigen Wirtschaftsverbandes mit ihrem Exportumsatz gedeckt sind. Für die einzelnen Mitglieder besteht entsprechend dem Gruppenvertrag gegenüber EID/MITI eine Andienungspflicht. Sowohl das Fabrikations- wie das Ausfuhrrisiko sind versicherbar. Eine Indeckungnahme nur der politischen Risiken ist nicht möglich.[97]

Der Vorteil einer Gruppengarantie gegenüber der Einzeldeckung liegt für den japanischen Exporteur vor allem in dem niedrigeren Entgelt, das zum Teil nur ein Zehntel des für eine Einzeldeckung zu zahlenden Entgeltes beträgt. Die Selbstbeteiligungsquote ist häufig geringer und dem Exporteur

---

95 Vgl. Züricher Zeitung vom 2.10.1987, S. 17.

96 EID/MITI, Introduction to Export Insurance, S. 9; vgl. auch Dormanns, Exportfinanzierung und -kreditversicherung in der Bundesrepublik und anderen Industrieländern, Bank-Betrieb 1973, S. 481.

97 Dormanns, a.a.O., S. 481.

sind keine wertmäßigen Grenzen hinsichtlich einzelner Ausfuhrgeschäfte auferlegt.[98]

§ 55 Das Verfahren der Indeckungnahme und Pflichten des Deckungsnehmers

Der Antrag eines japanischen Exporteurs oder einer japanischen Bank auf Abschluß einer Exportversicherung ist auf besonderen Formularen direkt an die Export Insurance Division des Ministry of International Trade and Industry zu richten. Dem Antrag sind die üblichen Informationen über das Ausfuhrgeschäft und den ausländischen Abnehmer beizufügen.[99]

Zur Beurteilung der Kreditwürdigkeit eines ausländischen Abnehmers hat EID/MITI im Laufe der Jahre eine „Käuferliste" erstellt, in der sämtliche Erfahrungen mit ausländischen Abnehmern im Zusammenhang mit japanischen Ausfuhrgeschäften festgehalten sind. Die Liste teilt die einzelnen Käufer entsprechend ihrem Kreditstatus in fünf Kategorien ein, wobei verschiedene Symbole den Rang eines Käufers im Hinblick auf seine Kreditwürdigkeit kennzeichnen. Ein „A" zeigt einen zufriedenstellenden Kreditstatus an. Ein „M" besagt, daß, obwohl der Kreditstatus zufriedenstellend ist, der versicherte Betrag das Vermögen des Käufers übersteigt. Der „F"-Rang bedeutet, daß ein gewisses Problem besteht, den Käufer dem „A"-Rang zuzuordnen, obwohl sein Kreditstatus besser als der „C"-Rang ist. Ein „C" weist auf Zahlungsverzögerungen eines ausländischen Käufers hin. Die Zahlungsunfähigkeit oder ein dem nahekommender Zustand wird mit einem „B" gekennzeichnet.[100]

Die einzelnen Konditionen des Deckungsvertrages macht EID/MITI u.a. von dem jeweiligen Kreditstatus des ausländischen Käufers abhängig. Für Ausfuhrgeschäfte mit Käufern der Kategorie „B" oder für Exporte in Länder, die als besonders risikoreich bekannt sind, wird grundsätzlich kein Dekkungsschutz gewährt. Auch Geschäfte mit Käufern, die schon einmal ihren Verpflichtungen nicht nachgekommen sind, werden in der Regel von EID/MITI nicht in Deckung genommen.[101]

---

98 Japanese Export Insurance System II, S. 12.

99 The Chase Manhattan Bank, a.a.O., S. 70.

100 EID/MITI, Introduction to Export Insurance, S. 14.

101 EID/MITI, Introduction to Export Insurance, S. 14; vgl. auch OECD, Export Credit Financing Systems, S. 217.

Sofern dem Antrag des Exporteurs oder einer Bank auf Indeckungnahme eines Exportgeschäfts entsprochen wird, bekommt der Deckungsnehmer von EID/MITI die Versicherungspolice ausgehändigt.[102] Handelt es sich bei dem Deckungsnehmer um einen Exporteur, so kann dieser die Police nach Erhalt an eine Bank oder ein Finanzierungsinstitut abtreten.[103]

Der Deckungsnehmer, der nach einem Schadensfall von EID/MITI Entschädigung erlangt hat, ist verpflichtet, sein Möglichstes zur Eintreibung der noch offenstehenden Exportforderung zu unternehmen. Sofern seine Anstrengungen erfolgreich sind, muß er die Entschädigung abzüglich der Zinsen für die Zeit ab Fälligkeit der Forderung bis zur Entschädigungszahlung zurückzahlen.[104]

Der Deckungsnehmer kann sich im Schadensfall an den Minister für Handel und Industrie wenden, wenn er mit der Schadensregulierung nicht einverstanden ist. Der Minister soll dann eine öffentliche Anhörung durchführen und innerhalb von 50 Tagen nach Eingang des Beschwerdeantrages eine Entscheidung über die endgültige Entschädigung treffen.[105]

---

102 Vgl. Art. 5.2 International Trade Insurance Law.

103 The Chase Manhattan Bank, a.a.O., S. 70.

104 Vgl. Art. 5.5 International Trade Insurance Law.

105 Vgl. Art. 15 International Trade Insurance Law.

6. Kapitel
Gegenüberstellung des deutschen, französischen, britischen, amerikanischen und japanischen Systems

§ 56 Vergleichskriterien staatlicher Sicherungssysteme

Sämtliche Industrieländer und eine Reihe von Schwellenländern und Entwicklungsländern verfügen über staatliche Einrichtungen zur Unterstützung ihres Exports. Bei einem unter Wettbewerbsgesichtspunkten angestellten Vergleich der Leistungsfähigkeit staatlicher Exportkreditversicherungssysteme ist zu berücksichtigen, daß die einzelnen ausländischen Exportförderungsprogramme nicht nur die Versicherung von Exportrisiken, sondern zum Teil auch die Exportfinanzierung umfassen,[1] und eine Differenzierung zwischen Versicherung und Finanzierung in vielen Ländern nicht vorgenommen wird.

Zu berücksichtigen ist auch, daß die nationalen staatlichen Exportförderungen die Bedürfnisse und Leistungsfähigkeit der jeweiligen Volkswirtschaft betreffen und nicht zuletzt auch von daher verstanden werden müssen. Es ist verständlich, daß Volkswirtschaften mit hoher Inflation, einer schwachen Währung etc. andere Bedürfnisse ihrer Exportwirtschaften zu befriedigen haben als Volkswirtschaften mit starker Währung und einem leistungsfähigen Export. Beim Wettbewerb um ein einzelnes konkretes Geschäft können so Angebote mit völlig verschiedenem Hintergrund aufeinandertreffen.[2] Von Bedeutung für einen nicht ausschließlich rechtlich, sondern

---

1 Die Forderung, die kredit- und möglichst auch versicherungspolitischen Ausfuhrförderungsmaßnahmen in der Bundesrepublik Deutschland institutionell zusammenzulegen, um eine „Förderung aus einer Hand" zu erreichen, wie sie beispielsweise in Japan und den USA möglich ist, wird von offizieller Seite abgelehnt. Diese Haltung dürfte vor allem daraus resultieren, daß die Bundesregierung insbesondere die Ausfuhrfinanzierung als eine auf dem Markt zu lösende privatwirtschaftliche Aufgabe ansieht (vgl. Juhl, Struktur und Umfang der deutschen Exportförderungspolitik, Kieler Arbeitspapiere Nr. 77, 1978, S. 25).

2 Vgl. hierzu Schallehn/Stolzenburg, Abschnitt XII, Tz. 2.

auch wirtschaftspolitisch orientierten internationalen Vergleich wäre folglich nicht nur die hinreichende Information über die jeweiligen nationalen Förderungsbedingungen, sondern darüber hinaus auch – vor dem Hintergrund der unterschiedlichen wirtschaftlichen Situation in den verschiedenen Ländern – eine Analyse sowohl unter branchenspezifischen als auch unter gesamtwirtschaftlichen Aspekten.[3] Eine derart tiefgreifende Analyse der einzelnen Exportwirtschaften würde jedoch den Rahmen dieser Arbeit sprengen.

Ein internationaler Vergleich der Gewährleistungssysteme wird auch dadurch erschwert, daß die Exportkreditversicherung ein besonders facettenreiches Exportförderungsinstrument ist. Eine systematische Gegenüberstellung selbst nur der wichtigsten Deckungsangebote wird durch eine unüberschaubare Vielfalt von Konditionen, Kriterien, Sonderbestimmungen, Leistungen etc. erschwert.[4] Die Konditionen können innerhalb vorgegebener Ober- und Untergrenzen nach bestimmten, zumeist der Öffentlichkeit nicht zugänglichen Richtlinien gestaffelt sein. Das gilt für die Selbstbehaltsätze und Deckungsquoten ebenso wie für die Versicherungsprämien. Außerdem besteht in den meisten Ländern die Möglichkeit, die vorgegebenen Grenzwerte zu überschreiten. Vielfach genügt für die Anwendung diesbezüglicher Ausnahmeregelungen die sehr allgemein gehaltene Feststellung, daß die Durchführung eines bestimmten Ausfuhrgeschäftes „im nationalen Interesse" liegt.[5] Standardisierte Vergleiche, beispielsweise in der Form: Zu welchen Konditionen kann ein Investitionsgüterexport im Wert von 5 Mio. Dollar mit einem Zahlungsziel von fünf Jahren abgesichert werden, sind nicht möglich. Die Konditionen- und Leistungsvielfalt gibt Anlaß zu der Vermutung, daß zumindest teilweise Verwirrung betrieben wird.[6]

Die Gegenüberstellung der fünf Systeme muß sich aus den genannten Gründen auf die wesentlichen Daten beschränken, um ein übersichtliches Bild gewinnen zu können. Es ist auch einsichtig, daß sich der Vergleich hauptsächlich auf das kodifizierte Angebot beziehen muß, da Unterschiede in der effektiven Handhabung der Sicherungssysteme nur in spektakulären Einzelfällen öffentlich bekannt werden. Darüber hinaus erfordert die unterschiedliche Gestaltung der einzelnen nationalen Sicherungssysteme eine – in Einzelfällen vereinfachende – Zusammenfassung der Konditionen, zu denen die Gewährleistungen übernommen werden.

---

3 Hasenpflug, Niederlande, in: W. Michalsky (Hrsg.) HWWA-Studien zur Exportförderung, S. 23.

4 Vgl. Beyfuß, Exportversicherung und Exportfinanzierung, S. 26.

5 Vgl. Hasenpflug, a.a.O., S. 22 f.

6 Vgl. Beyfuß, a.a.O., S. 26.

§ 57 Die Versicherer

Die Versicherer staatlich geförderter Exportversicherungssysteme sind häufig unmittelbar Regierungsbehörden oder andere öffentlich-rechtliche Körperschaften. Von den hier behandelten Ländern gilt dies für Großbritannien und Japan. Das ECGD und EID/MITI übernehmen als staatliche Behörden die Deckungen stets für den Staat. In Frankreich ist ähnlich wie beim deutschen System das Versicherungsgeschäft einem privatrechtlichen Unternehmen übertragen, wobei die Hermes Versicherungs-AG und die Treuarbeit-AG im Namen und für Rechnung der Bundesrepublik tätig werden, die COFACE hingegen im eigenen Namen entweder auf eigene Rechnung oder auf Rechnung des Staates die Deckungen übernimmt. Aufgrund eines Rückversicherungsvertrages kommt der französische Staat für Verluste auf, die eine bestimmte Größenordnung überschreiten und die aus Gewährleistungen resultieren, die die COFACE auf eigene Rechnung übernommen hat.

Eine Mischform findet sich in den Vereinigten Staaten. Das direkte Exportversicherungsgeschäft läuft über ein privatrechtliches Institut, die Foreign Credit Insurance Association, das die politischen Risiken als Mandatarium der staatlichen Eximbank versichert und die wirtschaftlichen Risiken auf eigene Rechnung abdeckt. Die der FCIA angehörenden Versicherungsgesellschaften sind jedoch für alle Verluste, die in einem Kalenderjahr 1 Mio. $ übersteigen, bei der Eximbank rückversichert. Ihr Risiko ist daher relativ geringfügig. Die amerikanische und französische Versicherungsform unterscheiden sich von der deutschen somit vor allem dadurch, daß in Deutschland sowohl das politische als auch das wirtschaftliche Risiko zwar durch private Gesellschaften – die Hermes Kreditversicherungs-AG und die Treuarbeit-AG – abgesichert werden, dies jedoch in der Form eines Mandatar-Geschäftes des Bundes und somit ohne jedes eigene Risiko für die Mandatare geschieht.

In Großbritannien hat man dagegen überhaupt davon abgesehen, ein differenziertes Versicherungssystem zu wählen und hat die Abdeckung sowohl des politischen als auch des wirtschaftlichen Risikos dem ECGD übertragen. Dies hat zur Folge, daß das ECGD in Großbritannien etwa 2000 Mitarbeiter hat,[7] während man bei der FCIA in den USA mit einer relativ kleinen Zahl von Sachbearbeitern auskommt, da die Exporteure ihre Deckungsanträge auch bei einem Makler, einem FCIA-Mitglied und nicht nur bei der FCIA-Zentrale in New York einreichen können. Somit ist es in den USA

---

7 Vgl. ECGD, A History of ECGD, S. 46.

leicht möglich, den Exporteur im ganzen Lande anzusprechen, ohne deswegen eine besondere Apparatur aufzuziehen.

Die Führung des Exportversicherungsgeschäftes unterliegt generell staatlicher Kontrolle; häufig geschieht dies über Interministerielle Ausschüsse. In der Regel – Frankreich bildet hier eine Ausnahme – legt ein parlamentarisch zu bewilligender Finanzrahmen Deckungsmaxima der Versicherungssysteme fest.

§ 58 Die gedeckten Risiken

1. Fabrikationsrisiken

	Deutschland	Frankreich	Großbritannien	USA	Japan
Zahlungsunfähigkeit (Insolvenz) des privaten Käufers	ja	ja	ja	ja	ja
Zahlungsunwilligkeit des öffentlichen Käufers	ja	ja	ja	ja	ja
Politische Ereignisse (Krieg, Bürgerkrieg, Revolution)	ja	ja	ja	ja	ja
Neue Einfuhrverbote, Rücknahme oder Beschränkung gewährter Ausfuhrlizenzen etc.	ja	ja	ja	ja	ja
Neue Ausfuhrverbote, Rücknahme oder Beschränkung gewährter Ausfuhrlizenzen etc.	ja	ja	ja	ja	ja
Katastrophenrisiken	nein	ja	ja	ja[1]	ja

[1] Deckungsschutz für Katastrophenrisiken bieten nur die Policen der Export-Import-Bank.

2. *Ausfuhrrisiken*

	Deutschland	Frankreich	Großbritannien	USA	Japan
Zahlungsunfähigkeit (Insolvenz) des privaten Käufers	ja	ja	ja	ja	ja
Zahlungsunwilligkeit oder Nichtzahlung des privaten Käufers	ja	ja	ja	ja	ja
Zahlungsunwilligkeit des öffentlichen Käufers	ja	ja	ja	ja	ja
Zahlungsregelungen (KT-, ZM-Risiken)	ja	ja	ja	ja	ja
Politische Ereignisse (Krieg, Revolution, Enteignungen, Beschlagnahmen)	ja	ja	ja	ja	ja
Neue Importverbote, Rücknahme oder Beschränkung gewährter Importlizenzen	ja	ja	ja	ja	ja
Katastrophenrisiken	nein	ja	ja[2]	ja	ja
Zusätzliche Transportkosten	nein	nein	ja	ja	ja

[2] Siehe Fußnote 1 Tabelle S. 366

Die Gegenüberstellung der gedeckten Risiken läßt keine gravierenden Unterschiede bei den einzelnen Exportkreditversicherungssystemen erkennen. Mit der Aufnahme des protracted default (Zahlungsunwilligkeit bzw. Nichtzahlung) als Gewährleistungsfall hat das deutsche System die von vielen Exporteuren bemängelte Lücke im Sicherungssystem geschlossen und damit eine Benachteiligung deutscher Exporteure im internationalen Vergleich der Wettbewerbsbedingungen beseitigt. Das deutsche System deckt im Gegensatz zu allen anderen weder in der Fabrikationsperiode noch in der Ausfuhrperiode die Risiken aus Naturkatastrophen. Bei den Ausfuhrrisiken gewähren COFACE und Hermes keinen Deckungsschutz für das Risiko zusätzlicher Transportkosten.

Den im deutschen System wichtigen Grundsatz, die einheitliche Deckung aller Risiken, kennt nur noch das britische System. In Frankreich, den USA und Japan ist auch die getrennte Deckung der politischen und wirtschaftlichen Risiken prinzipiell möglich.

In den beiden Tabellen sind nicht die Risiken von Kostensteigerungen während der Produktionsphase und von Wechselkursverschlechterungen aufgeführt. Hierbei handelt es sich um Risiken, deren Verwirklichung eine partielle Schlechterstellung des Exporteurs bedeuten und nicht einen gesamten Forderungsausfall nach sich ziehen. Eine Kostensteigerungsgarantie wird unter den bedeutenden Industrienationen lediglich von Frankreich angeboten.[8] Die 1975 in Großbritannien eingeführte „cost escalation cover" ist 1985 aufgrund mangelnder Nachfrage wieder abgeschafft worden.[9] Wegen ordnungs- und stabilitätspolitischer Bedenken wird die Einführung einer Kostensteigerungsdeckung von der Bundesregierung kategorisch abgelehnt.[10]

Die Wechselkursversicherung wird in der Bundesrepublik Deutschland[11], Frankreich und Japan angeboten. Alle drei Systeme zeigen große Übereinstimmung in Aufbau und Konzeption. Allerdings stellt der französische Versicherer den Exporteur in verschiedener Hinsicht ein ganzes Stück besser als die deutsche und japanische Regelung. So beträgt in Frankreich die Vorlaufzeit lediglich zwölf Monate. Hinzu kommt, daß das deutsche und japanische System bei Fremdwährungskontrakten äußerst zurückhaltend sind[12] und sich die Wechselkursdeckungen nur auf ganz wenige Währungen beschränken. Beide angelsächsischen Länder bieten in ihrem Deckungskatalog keine Wechselkursversicherung an. Die Amerikaner verweisen in diesem Zusammenhang auf die bedeutende Rolle des US-Dollar als Welthandelswährung und auf die Deckungsmöglichkeiten der Wechselkursterminmärkte. Obwohl

---

8 Auch Finnland und Portugal kennen Kostensteigerungsgarantien; vgl. Wilhelms, a.a.O., S. 403.

9 Bis 1981 hatte das ECGD lediglich 23 Verträge versichert; vgl. Dunn/Knight, a.a.O., S. 133; Kuhlmann, a.a.O., S. 327.

10 Vgl. Hombach, a.a.O., S. 44; Juhl, a.a.O., S. 24.

11 Die Deckung des Wechselkursrisikos in der Bundesrepublik wird zuweilen als „illustratives Beispiel für die Gratwanderung des deutschen Deckungssystems zwischen fiskalisch notwendiger Risikominimierung und einer Exportförderung, die den effektiven Bedürfnissen der Exportwirtschaft angemessen ist", angesehen. Die Grundsätze des deutschen Gewährleistungssystems – keine Deckung von typischen Unternehmerrisiken, keine Deckung von Risiken, die anderweitig (Devisentermingeschäfte) abgesichert werden können – verböten prinzipiell eine Absicherung des Wechselkursrisikos. Vgl. Beyfuß, a.a.O., S. 12.

12 König, Ausgeprägte Multinationalität im Anlagenbau, Die Bank 1982, S. 168.

auch das britische System keine vergleichbare Wechselkursversicherung anbietet, bleibt das Währungsrisiko britischer Exporteure nicht ungesichert. Die Briten bieten großzügige Deckungsmöglichkeiten für Fremdwährungskredite, und zwar für Lieferantenkredite ebenso wie für Käuferkredite.[13] Darüber hinaus deckt das britische ECGD bereits den Zeitraum zwischen Angebot und Kontrakt (Tender to Contract Cover).

§ 59 Die Selbstbehalte

Die Bedeutung der Selbstbehalte darf nicht unterschätzt werden. In ihrer Höhe muß der Exporteur Eigenmittel zur Verfügung stellen, wodurch seine finanzielle Beweglichkeit erheblich eingeschränkt wird.[14] Ein Vergleich der Selbstbehalte kann wie alle anderen Vergleiche auch nur unter vereinfachenden Gesichtspunkten durchgeführt werden. Dabei ergibt sich folgendes Bild:

---

13 Vgl. Beyfuß, a.a.O., S. 29.

14 Vgl. Schulz, Exportfinanzierung und Exportkreditversicherung als dominierende Wettbewerbsfaktoren beim Investitionsgüterexport, S. 151.

Selbstbeteiligungssätze

	Deutschland	Frankreich	Großbritannien	USA	Japan
Zahlungsunfähigkeit des privaten Käufers	10-15%	10-15%	5-10%	10%	10 -40%
Vorbehaltlose Nichtzahlung des privaten Käufers	25%	10-15%	5-10%	10%	10 -40%
Zahlungsunwilligkeit bzw. Vertragsbruch und vorbehaltlose Nichtzahlung des öffentlichen Käufers	15%	10%	5-10%	0%	10 -40%
Neue Einfuhrverbote, Aufhebung gewährter Einfuhrlizenzen etc.	10%	10%	5-10%	0%	2,5 -17,5%
Politische Ereignisse (Krieg, Revolution, Aufruhr etc.)	10%	10%	5-10%	0%	2,5 -17,5%
Beschlagnahmen, Enteignungen	10%	10%	5-10%	0%	2,5 -17,5%
Neue Ausfuhrverbote, Aufhebung gewährter Ausfuhrlizenzen etc.	10%	10%	5-10%	0%	2,5 -17,5%
Zahlungsregelungen (KT-, ZM-Risiken)	10%	10%	5-10%	0%	2,5 -17,5%
Katastrophenrisiken	--	10%	5-10%	0%	2,5 -17,5%
Selbstbeteiligung bei zweijährigem schadensfreien Verlauf	--	--	0%	0%	--

Der Vergleich zeigt, daß der amerikanische Exporteur die niedrigsten Selbstbehalte zu tragen hat. Bei politischen Risiken gewähren FCIA/Eximbank sogar durchweg 100%-igen Deckungsschutz und weichen damit von dem in allen anderen Systemen geltenden Grundsatz ab, daß der Gewährleistungsnehmer bei Eintritt eines Schadensfalles zumindest zu einem geringen Teil am Ausfall beteiligt sein soll. Die höchsten Selbstbehalte werden in der Bundesrepublik Deutschland erhoben. Frankreichs Sätze liegen etwa in der Mitte zwischen den deutschen und britischen Sätzen. Die Einordnung der japanischen Selbstbehaltquoten fällt schwer, da zum Teil relativ niedrige und zum Teil mit 40% relativ hohe Selbstbehalte verlangt werden. Betrachtet man jedoch die Selbstbeteiligungssätze für die wohl wichtigste Gewährleistung, die Versicherung von Exporterlösen, so kann festgestellt werden, daß der japanische Exporteur mit 2,5% bei politischen und 10% bei wirtschaftlichen Risiken eine vergleichsweise geringe Selbstbeteiligung zu tragen hat. Lediglich Großbritannien und die USA bieten eine Deckung zu 100% bei zwei- oder mehrjährigem schadensfreien Verlauf.

Eine 100%-ige Absicherung der Risiken von Finanzkrediten ist ebenfalls lediglich in Großbritannien und den USA bekannt.[15] Eine derartige, von vielen deutschen Exporteuren gewünschte Regelung auch in der Bundesrepublik einzuführen, lehnt der Bund ab. Voraussetzung hierfür sei, daß der Bund bei der Aushandlung jedes Kredites beteiligt wäre und jede einzelne Vertragsklausel billigen müßte. Dieses könne schwerlich im Interesse der Exporteure und der Banken liegen.[16]

---

15 Nicht zuletzt aus diesem Grunde spielen die gebundenen Finanzkredite in Großbritannien eine weit größere Rolle als in der Bundesrepublik; vgl. hierzu Dormanns, Exportfinanzierung und -kreditversicherung in der Bundesrepublik und anderen Industrieländern, Bank-Betrieb 1973, S. 428.

16 Bergsträsser/Klaus, Neuere Entwicklungen der öffentlichen Exportförderung in der Bundesrepublik Deutschland, S. 6.

§ 60 Die Karenzzeiten

Karenzzeiten

	Deutschland	Frankreich	Großbritannien	USA	Japan
Zahlungsunfähigkeit des privaten Käufers	keine Karenzzeit	keine Karenzzeit	keine Karenzzeit	keine Karenzzeit	1 Monat
Vorbehaltlose Nichtzahlung des privaten Käufers	6 Monate	6-8 Monate	6 Monate	6 Monate	1 Monat
Zahlungsunwilligkeit bzw. vorbehaltlose Nichtzahlung des öffentlichen Käufers	6 Monate	6 Monate	4 Monate	3 Monate	1 Monat
Neue Einfuhrverbote, Aufhebung gewährter Ausfuhrlizenzen etc.	6 Monate	6 Monate	4 Monate	3 Monate	1 Monat
Politische Ereignisse (Krieg, Revolution, Aufruhr etc.)	6 Monate	6 Monate	4 Monate	3 Monate	1 Monat
Beschlagnahmen, Enteignungen	6 Monate	6 Monate	4-12 Monate	3 Monate	1 Monat
Neue Ausfuhrverbote, Aufhebung gewährter Ausfuhrlizenzen etc.	keine Karenzzeit	6 Monate	4 Monate	3 Monate	1 Monat
KT-Risiken	4 Monate	6 Monate	4-6 Monate	3 Monate	1 Monat
ZM-Risiken	6 Monate	6 Monate	4-6 Monate	3 Monate	1 Monat
Katastrophenrisiken	--	6 Monate	4 Monate	3 Monate	1 Monat

Auch bei dem Vergleich der Karenzzeiten fällt auf, daß das deutsche System mit am schlechtesten abschneidet. Durchschnittlich sechs Monate muß der deutsche Exporteur nach Eintritt eines Schadensfalles warten, bis er eine Entschädigung vom Bund erhalten kann. Die kürzesten Wartefristen bestehen in Japan. Schon einen Monat nach Schadenseintritt ist EID/MITI bereit, den Exporteur zu entschädigen.

§ 61 Die Entgelte

Die Entgeltsätze sind für den Exporteur von erheblicher Bedeutung, da diese letztlich die Kreditkosten hochtreiben.[17] Doch läßt ihre Vergleichbarkeit sehr zu wünschen übrig, da sich das Ausmaß der Andienungspflicht, die Höhe des Selbstbehalts und der Umfang der deckungsfähigen Risiken entscheidend auf die Höhe der Entgeltsätze und die Gesamtentgeltbelastung auswirken, so daß ein Vergleich ohne Berücksichtigung dieser Faktoren nicht ganz unproblematisch ist.

Hinzuweisen ist auch darauf, daß für die Pauschalgewährleistung als der in allen Ländern häufigsten Deckungsform die Entgelte von Fall zu Fall, unter Berücksichtigung der jeweiligen Risikomischung festgelegt werden und sich ein Vergleich der Entgelte folglich auf die Mindest- und Höchstsätze beschränken muß. Weiter ist zu beachten, daß in der Bundesrepublik das Entgelt auf den gedeckten Betrag (ohne Abzug der Selbstbeteiligung) bezahlt wird, während sich z.B. in Frankreich die Entgeltsätze auf die gedeckte Summe, d.h. den gedeckten Betrag abzüglich der Selbstbeteiligung beziehen.

---

17 Vgl. Schulz, a.a.O., S. 109.

Entgelte

	Deutschland	Frankreich[1]	Großbritannien	USA	Japan
1. Fabrikationsrisikodeckungen	1,0 - 1,25%	Ø 1,0	In 2. enthalten oder wird zusätzlich erhoben	Zusatzentgelt zu 2.	1,704%
2. Ausfuhrrisikodeckungen	1,0–1,5% zzgl. Zeitentgelt	Ø 1,2%	0,35–1,31%	0,25–6,5%	1,06%
3. Finanzkreditdeckungen	1,0–1,5% zzgl Zeitentgelt	Ø 1,2%	2,5–5%	0,5–8%	0,234 - 1,296%
4. Deckungen von Garantien	0,4%	In 2. enthalten	0,5–1,25%	– –[2]	0,3%
5. Wechselkursdeckungen	0,7%	0,36–0,648%	– —[3]	– —	1,5%
6. Deckungen von Kapitalanlagen im Ausland	0,5%	0,4–0,6%	0,7–1,0%	0,1–0,6%	0,7–1,0%

1 Für das französische System mußte wegen der verwirrenden Entgeltberechnung zum Teil auf Durchschnittswerte zurückgegriffen werden; zu den Durchschnittswerten vgl. Hombach, a.a.O., S. 65.

2 Garantien werden in den USA nur von der OPIC unter ganz bestimmten Voraussetzungen angeboten, siehe hierzu oben 43 I.

3 Für die Angebotsphase ist in Großbritannien eine Wechselkursdeckung allerdings erhältlich.

Der Zahlenvergleich läßt den Schluß zu, daß die Entgeltgestaltung im deutschen System durchaus konkurrenzfähig ist. Die Mindestentgelte, die z.B. in Großbritannien und den USA verlangt werden, sind zwar zum Teil niedriger als die deutschen, andererseits liegen aber die Höchstsätze vor allem in den USA weit über denen in allen anderen Systemen. Insgesamt kann jedoch festgestellt werden, daß die französischen Exporteure die niedrigsten Entgelte zu zahlen haben, auch wenn der hierdurch bedingte Wettbewerbsvorteil nicht derart gravierend sein dürfte, wie er zuweilen dargestellt wird.[18] Bei den japanischen Entgelten fällt auf, daß sie durchaus im Rahmen des Durchschnitts liegen und entgegen einiger Darstellungen keineswegs nur etwa 50% der europäischen Sätze betragen.[19]

Bei einem Vergleich der Entgelte muß auch auf den häufig gerügten Nachteil des deutschen Systems, der in der versicherungstechnischen Behandlung unterschiedlicher Länderrisiken liegt, hingewiesen werden. Im Rahmen des deutschen Exportversicherungsinstrumentariums gilt das Prinzip des Einheitsentgelts. Eine Prämienklassifizierung nach Ländern oder der Bonität der Schuldner existiert folglich nicht. Eine Unterscheidung wird lediglich in Bezug auf den Status des Bestellers (privater oder öffentlicher Besteller) vorgenommen. Der Bund reagiert bekanntlich auf die Bonitätsverschlechterung eines Abnehmerlandes mit Kontingentierungen des Verpflichtungsspielraumes oder mit Deckungsausschlüssen. Im Extremfall kann der Bund somit für sämtliche Geschäfte mit einem Land staatliche Exportversicherungen ablehnen, was normalerweise Exportgeschäfte mit diesem Land unmöglich macht.[20] Die deutsche Regelung verhindert sowohl eine prohibitive Entgeltbelastung für förderungswürdige, häufig aber auch besonders risikoreiche Geschäfte mit Entwicklungsländern als auch für solche Geschäfte, deren Risiken vom Exporteur selbst getragen oder anderweitig abgesichert werden können.[21]

Ein dem deutschen vergleichbares Verfahren kennen die hier betrachteten Deckungssysteme nicht. Lediglich Japan hat in den letzten Jahren die Exportversicherung für einige besonders risikoreiche Länder suspendiert.[22] Im

---

18 In diesem Zusammenhang siehe Stahr, Exporthilfe à la française, Absatzwirtschaft 1983, S. 68 ff., der die Fragen aufwirft: „Lohnt sich eine Tochter in Frankreich? Kann man als Unterlieferant für internationale Großprojekte an der französischen Exportförderung partizipieren?"

19 Vgl. z.B. Lüttenberg, Die Exportfinanzierung der wichtigsten Konkurrenzländer der Bundesrepublik, S. 807.

20 Vgl. Beyfuß, a.a.O., S. 29 f.

21 Vgl. Dieckmann, a.a.O., S. 91.

22 Vgl. Handelsblatt vom 9./10.3.1984.

Ausland werden unterschiedliche Länderrisiken in der Regel durch Staffelung der Entgeltsätze berücksichtigt. Bonitätsprüfungen sind zwar auch bei den ausländischen Systemen üblich, Deckungsausschlüsse sind jedoch nur in seltenen Ausnahmen denkbar. Die Einteilung der Käuferländer in mehrere „Güteklassen" hat zur Folge, daß Geschäfte mit risikoarmen, devisenstarken Ländern billiger sind als solche mit risikoreicheren Ländern, vor allem Entwicklungsländern.[23]

§ 62 Die Deckungsformen

Die einzelnen Exportversicherungssysteme weisen derart verschiedene Dekkungsformen auf, daß eine tabellarische Gegenüberstellung nicht möglich ist. Folgende Gemeinsamkeiten und Unterschiede verdienen besonders hervorgehoben zu werden:

1. Der Katalog der versicherungsfähigen Geschäfte zeigt keine gravierenden Unterschiede. Versicherungsfähig sind in allen Ländern in der Regel sämtliche Auslandsgeschäfte einschließlich der Deckung von Finanzkrediten, Bau- und Montageleistungen sowie Kapitalanlagen im Ausland.

In Frankreich werden außerdem Maßnahmen zur Markterschließung versichert. Diese früher auch in Japan bekannte Gewährleistungsform steht den japanischen Exporteuren nun nicht mehr zur Verfügung. Mit der 1987 in Japan eingeführten Importvorauszahlungs-Versicherung bietet EID/MITI allerdings eine Deckungsform, die allen anderen hier dargestellten Gewährleistungssystemen unbekannt ist.

2. In der Bundesrepublik Deutschland und in Japan werden eine isolierte Deckung der Risiken vor Versand und der Risiken nach Versand sowie eine gemeinschaftliche Deckung der Risiken vor und nach Versand angeboten. In gleicher Weise ermöglicht das französische System im Falle mittelfristiger Ausfuhrkredite eine isolierte Deckung der Fabrikationsrisiken und der Kreditrisiken sowie eine gemeinschaftliche Deckung der Fabrikations- und Kreditrisiken. Bei kurzfristigen Ausfuhrkrediten kann der französische Exporteur die Kreditrisiken isoliert, die Fabrikationsrisiken jedoch nur in Verbindung mit den Kreditrisiken decken lassen. Dagegen sehen das britische und

23 Das Bundesfinanzministerium hat der Konzeption der unterschiedlichen Prämienbelastung der Exporteure stets entgegengehalten, die Exporteure seien in gewissem Umfang als eine Risikogemeinschaft anzusehen, die den Prämienausgleich in sich vollziehe; vgl. Bergsträsser/Klaus, Neuere Entwicklungen der öffentlichen Exportförderung in der Bundesrepublik Deutschland, S. 7.

das amerikanische System nur die Versicherung ab Vertragsschluß oder ab Verschiffung vor, kennen also nicht die isolierte Versicherung für den Zeitraum vom Vertragsschluß bis zur Versendung.

3. Das deutsche System kennt für alle Exportgeschäfte die Möglichkeit einer Einzeldeckung und bietet daneben auch revolvierende Deckungen für den Jahresumsatz des deutschen Exporteurs mit einem ausländischen Kunden und Pauschaldeckungen für den Jahresumsatz des deutschen Exporteurs mit einer Vielzahl ausländischer Abnehmer. Auch Japan und die USA stellen für alle Exportgeschäfte die Einzeldeckung zur Verfügung, wobei in den USA erst seit 1986 Einzelpolicen für Auslandsgeschäfte mit kurzfristigen Zahlungszielen erhältlich sind. Daneben ist die Pauschaldeckung in beiden Ländern von großer Bedeutung.[24] Das französische System verlangt bei kurzfristigen Exportkrediten die Deckung des Gesamtumsatzes und sieht nur für mittelfristige Exportkredite Einzeldeckungen vor. Das britische System deckt in der Regel – gleichgültig, ob kurz- oder mittelfristig – nur den Gesamtumsatz eines Exporteurs, bietet aber mit seinen Spezialgarantien für besondere Exportgeschäfte – hauptsächlich im Kapitalgüterexport – die Möglichkeit einer Einzelversicherung und kennt ferner die Deckung eines Gesamtumsatzes mit „ausgewählten Märkten".

Eine nur in Japan bekannte Deckungsform stellt die sogenannte „Gruppengarantie" dar. Hierbei schließt ein Berufsverband mit EID/MITI einen Rahmenvertrag für seine Mitglieder ab.

24 Zur zunehmenden Bedeutung der Pauschaldeckung siehe Brau/Puckahtikom, Export Credit Cover Policies and Payment Difficulties, Occasional Paper No. 37, International Monetary Fund, 1985, S. 12 f.

§ 63 Die Bilanzen

Die für die jüngste Zeit erhältlichen Zahlen zeigen folgendes Bild:[25]

Deutschland

US $ Mio	1982	1983	1984	1985	1986	1987	1988	1989	1990
Prämien-einnahmen	299,2	222,8	172,6	248,9	261,4	310,9	282,9	266,9	306,6
Rückflüsse	106,9	40,8	20,0	145,8	241,0	243,4	138,7	140,1	154,2
Schadens-zahlungen	332,1	611,0	605,0	704,9	968,8	1.379,1	1.177,9	1.324,5	1.999,5
Gewinn/ Verlust	+74	–347,4	–412,4	–280,5	–477,6	–935,1	–899,9	–958,0	–1588,0
Versicherter Export	16.152	13.043	10.200	12.346	12.983	15.428	14.664	14.362	16.481,5
Anteil am Gesamt-export in %	9,2	7,7	6,6	5,8	4,8	4,6	4,6	4,3	3,9

Frankreich

US $ Mio	1982	1983	1984	1985	1986	1987	1988	1989	1990
Prämien-einnahmen	336,2	360,5	376,2	448,1	569,5	530,7	381,7	328,9	326,4
Rückflüsse	259,5	347,3	610,1	950,1	762,3	1871,7	772,0	1.356,1	1.218,1
Schadens-zahlungen	964,9	1.139,8	994,3	1.148,3	2.011,5	3.524,5	3.012,9	3264,0	3.599,0
Gewinn/ Verlust	–369,2	–432,0	+42,0	+249,9	–679,7	–1.064,0	–1.859,2	–1.608,2	–2.094,3
Versicherter Export	35.122	35.310	22.377	28.364	25.838	31.273	33.818	19.290	24.983
Anteil am Gesamt-export in %	33	34	24	25	23	22	23	26	24

25 Zahlen entnommen bei Bowen/Mills/Knight, a.a.O., S. 33, 44, 57, 93, 101, Ball/Knight, a.a.O., S. 180, 191, 218, 279, 287 und den jeweiligen Jahresbe-

Großbritannien

US $ Mio	1982	1983	1984	1985	1986	1987	1988	1989	1990
Prämien-einnahmen	608,7	259,6	240,1	252,0	283,0	248,9	191,1	313,0	333,7
Rückflüsse	181,1	201,1	485,5	292,3	612,9	570,5	325,7	533,5	674,0
Schadens-zahlungen	1.021,2	1.011,1	1.193,9	1.003,7	1.446,1	1.747,5	810,4	1.327,4	1.623,1
Gewinn/ Verlust	–231,4	–550,4	–509,7	–459,4	–550,2	–928,1	–440,9	–785,1	–5.564,4
Versicherter Export	33.374	26.930	24.484	22.564	24.984	26.505	14.575	23.874	27.966
Anteil am Gesamt-export in %	33,9	29,6	25,3	23,0	19,6	20,4	21,3	14,8	15,3

USA – FCIA/ Eximbank

US $ Mio	1981	1982	1983	1984	1985	1986	1987	1988
Prämien-einnahmen	25,0	26,3	20,3	21,6	22,4	22,2	20,3	28,5
Rückflüsse	4,7	7,0	69,9	18,7	22,3	56,4	102,0	42,3
Schadens-zahlungen	19,6	34,3	193,0	306,9	112,1	52,7	168,4	40,4
Gewinn/ Verlust	+10,1	+1,0	–102,8	–266,6	–67,4	+25,9	–20,7	–
Versicherter Export	8.221	6.841	7.523	6.825	9.298	4.430	6.400	5.165
Anteil am Gesamt-export in %	3,5	3,0	3,8	2,5	4,4	2,0	2,5	–

richten; siehe auch Mills, Trade Finance, in: Simon Perry (ed.), Euromoney Yearbook '86, S. 210. Sowohl Eximbank (USA) als auch EID/MITI (Japan) sahen sich nicht in der Lage, verwertbares Zahlenmaterial für 1989 und 1990 zur Verfügung zu stellen.

Japan

US $ Mio	1981	1982	1983	1984	1985	1986	1987	1988
Prämien-einnahmen	148,9	150,0	143,4	165,5	230,7	171,7	209,3	134,3
Rückflüsse	24,7	49,5	63,9	102,6	192,2	317,3	337,9	262,2
Schadens-zahlungen	170,7	251,9	338,8	567,2	809,9	1.124,2	959,4	1.206,7
Gewinn/ Verlust	+2,9	–52,4	–131,5	–299,1	–387,0	–646,5	–427,2	–825,1
Versicherter Export	61.155	53.601	46.740	41.507	51.526	48.994	55.393	55.558,5
Anteil am Gesamt-export in %	38,5	38,4	30,3	26,5	24,3	22,9	21,3	21,1

Die Bilanzen aller hier betrachteten Länder lassen erkennen, daß in den letzten Jahren die Belastungen der Gewährleistungssysteme durch Schadenszahlungen deutlich zugenommen haben. Dies gilt für die Bundesrepublik ebenso wie für die ausländischen Konkurrenten, die in den letzten Jahren ebenfalls nicht unerhebliche Defizite zu verkraften hatten. Ein weiterer Anstieg der Entschädigungen und Umschuldungen in den nächsten Jahren ist bereits jetzt vorherzusehen. In der Bundesrepublik stehen Zahlungen aus Gewährleistungen in Höhe von über 10 Mrd. DM an. Ein großer Teil entfällt auf problematische Länder wie Polen, Nigeria, Brasilien, Argentinien, Ägypten und Irak.[26]

Die veränderten weltwirtschaftlichen Rahmenbedingungen, die auf Ereignisse wie Erdölkrise, Weltrezession, Zahlungsbilanzkrise etc. zurückzuführen sind, stellen den die Gewährleistungssysteme tragenden Gedanken eines weltweiten Risikoausgleichs in Frage, da Zahlungsbilanz- und Schuldendienstprobleme derzeit gleichzeitig in mehreren wichtigen Käuferländern auftreten. In den meisten Ländern wird das Gewährleistungsinstrument dadurch finanziell überstrapaziert. Andererseits müssen die ökonomische Lage der Entwicklungsländer und die jeweilige innerstaatliche beschäftigungspolitische Situation im Auge behalten werden. In dieser Konfliktsituation dürften derzeit alle größeren staatlichen Exportkreditversicherer stehen. Grundsatz aller hier betrachteten Deckungssysteme ist aber nicht, daß sich das Ge-

26 Bundeswirtschaftsministerium, Ausfuhrgarantien und Ausfuhrbürgschaften der Bundesrepublik Deutschland, Bericht über das Jahr 1990, S. 16.

währleistungssystem jederzeit finanziell selbst trägt. Die Selbstfinanzierung ist vielmehr ein mittel- und langfristiges Ziel.[27] Insofern sollte berücksichtigt werden, daß die meisten Systeme in vergangenen Jahren beträchtliche Überschüsse erwirtschaften konnten.

Betrachtet man den versicherten Anteil am Gesamtexport, so fällt auf, daß die Bundesrepublik Deutschland nur noch von den USA unterboten wird. Auch wenn in allen anderen Ländern (Frankreich, Großbritannien, Japan) die versicherten Exporte in den letzten Jahren zurückgegangen sind, so beträgt der versicherte Export in diesen Ländern immer noch ca. 20% des Gesamtexports. In der Bundesrepublik Deutschland hingegen betrug der versicherte Anteil 1990 nur noch 3,9%. Es ist also unübersehbar, daß die Exportkreditversicherung in der Bundesrepublik Deutschland und in den USA deutlich geringere Bedeutung hat als im übrigen Ausland.

27 Vgl. Beyfuß, a.a.O., S. 25.

§ 64 Resümee

Dramatische Ergebnisse lieferte der Vergleich der Exportkreditversicherungssysteme der fünf bedeutendsten Exportnationen nicht. Ein gewisses Konditionengefälle zuungunsten der Bundesrepublik besteht bei der Behandlung unterschiedlicher Länderrisiken, bei der Kostensteigerungsdekkung, bei der Wechselkursrisikodeckung und bei der Höhe von Entgelten und Selbstebehalten. Diese Nachteile, die sich aus dem Vergleich des kodifizierten Angebots ergeben, sind allerdings nicht so gravierend, daß man von einer fundamentalen Wettbewerbsverzerrung sprechen könnte. Dieses Ergebnis überrascht nicht, da internationale Überwachungs- und Koordinationsinstanzen wie die EG, die OECD und die Berner Union allzu große Unterschiede zwischen den Deckungssystemen zu verhindern suchen.[28]

Die tendenzielle Annäherung des kodifizierten Deckungsangebots trifft allerdings nur für die Industrieländer zu. Andere Exportnationen, die auf einzelnen Märkten eine bedeutende Rolle spielen können, wie vor allem die südostasiatischen Schwellenländer, betreiben über ihre Exportversicherungen eine derart starke Exportsubventionierung, daß gegenüber den Industriestaaten in der Tat ein erhebliches Wettbewerbsgefälle entsteht.[29]

Hervorzuheben ist nochmals, daß sich die annähernde Gleichstellung des Deckungsangebots der hier betrachteten Industrieländer nur auf das kodifizierte Angebot bezieht. Anders sieht es bei der effektiven Deckungspolitik aus. Hier lassen sich wesentlich größere wettbewerbsverzerrende Unterschiede feststellen als im kodifizierten Angebot. Die in allen Deckungssystemen enthaltenen Ermessensvorschriften eröffnen Spielräume, in denen sich unterschiedliche, historisch gewachsene Einstellungen zu Subvention und Lenkung des Außenhandels ausbreiten können.[30] In der Bundesrepublik basiert die staatliche Exportkreditversicherung auf dem Subsidiaritätsprinzip, das heißt, erst wenn Eigeninitiative und Eigenvorsorge (z.B. die Inanspruchnahme des privaten Versicherungsmarktes) der Exporteure ausgeschöpft sind, gewährt die staatliche Versicherung Deckungsschutz.[31] Eine Subvention des Exports findet grundsätzlich nicht statt.[32] Im hier betrachteten Ausland gelten solche strengen Maßstäbe nicht unbedingt. Exportförde-

---

28 Hierzu siehe unten Kapitel 7.

29 Beyfuß, a.a.O., S. 31.

30 Vgl. Dieckmann, a.a.O., S. 43 ff.

31 Schallehn/Stolzenburg, Abschnitt I, Tz. 25.

32 Vgl. Dormanns, a.a.O., S. 428.

rungspolitik wird dort häufig als legitimer Bestandteil der Außen- und Wirtschaftspolitik angesehen.[33] So haben die Franzosen die staatliche Exportkreditversicherung schon immer auch als Mittel der direkten Exportförderung verstanden.[34] Einige Deckungsformen des französischen Systems (z.B. Kostensteigerungsgarantie) haben eindeutig Subventionscharakter[35]. Die Subvention des Exports über die Exportdeckungen muß allerdings wegen der Wachsamkeit der Konkurrenz mit entsprechender Vorsicht eingesetzt werden. Dies schafft eine Grauzone, in der empirisch belegbare Nachweise für eine tatsächliche Besserstellung der Exporteure bestimmter Länder schwierig sind.

---

33 Beyfuß, a.a.O., S. 31 f.

34 Vgl. Duff, The Outlook for Official Export Credits, Law & Pol'y Int'l Bus., Vol. 13, 1981, S. 931.

35 Vondenhof/Falkenstein/Schlebusch, a.a.O., S. 35 f

7. Kapitel
Die internationale Zusammenarbeit auf dem Gebiet der Exportkreditversicherung

§ 65 Die Berner Union

I. Entstehungsgeschichte

Schon immer seit Bestehen von Exportkreditversicherungen bestanden Bestrebungen, auf diesem Gebiet eine internationale Zusammenarbeit zu schaffen. Die in den zwanziger Jahren bedeutende britische „Trade Indemnity Company Ltd." regte 1926 die erste „International Conference on Credit Insurance" an, was 1928 zur Gründung der „International Credit Insurance Association" (ICIA) führte. Die Mitglieder der ICIA sind generell kommerzielle Versicherungsgesellschaften ohne staatliche Angliederung, die daher nur das kommerzielle Risiko auf eigene Rechnung versichern. Die ICIA dient insbesondere dem Informations- und Erfahrungsaustausch und versucht, eine sinnvolle Weiterentwicklung von Kreditversicherungen zu ermöglichen.[1]

Als sich 1930 der britische Exportversicherer, das „Export Credits Guarantee Department" (ECGD) der ICIA anschließen wollte, verweigerte das ICIA die Aufnahme, da es den Status einer Vereinigung privater Kreditversicherer beibehalten wollte. Auf Initiative des ECGD und anderer europäischer Kreditversicherer wurde daher 1934 in der Schweizer Hauptstadt die Berner Union (Union d'Assureurs des Crédits Internationaux) gegründet.[2]

---

1 Vgl. Scafuro, The World's Principal Export Credit Insurance Systems, Introductory, S. VII.

2 Vgl. Berne Union, The Berne Union, S. 1 f.; Pearce, Subsidized Export Credit, S. 42; Ray, The OECD „Consensus" on Export Credits, The World Economy and Quarterly Journal on International Economic Affairs, Vol. 9, 1986, S. 296 f.

II. Mitglieder, Ziel und Organisation

Nach den Statuten der Berner Union können nur Organisationen oder Gesellschaften, die Exportkredite versichern, Vollmitglieder werden. Gegenwärtig sind Exportkreditversicherer aus 32 Ländern Vollmitglieder der Union. Die für die Bundesrepublik Deutschland handelnde Hermes AG gehört ihr seit 1953 an. Da die Berner Union seit 1974 auch die Investitionsversicherer umfaßt, ist als federführender Mandatar auf dem Gebiet der Kapitalanlagendeckungen auch die Treuarbeit Mitglied.[3]

Die Berner Union stellt eine Übereinkunft der verschiedenen Exportkreditversicherer dar, sich gegenseitig durch Erfahrungsaustausch und Beobachtung der Exportmärkte zu unterstützen. Darüber hinaus dient sie der Prüfung und Überwachung der ausländischen Schuldner und trägt dazu bei, Forderungen aus Exportgeschäften, die illiquide geworden sind, einzuziehen.[4] Die Mitglieder der Union versichern auf Ehrenwort, daß die im Rahmen des Erfahrungsaustausches erteilten Informationen der Wahrheit entsprechen und wichtige Tatsachen nicht verheimlicht werden.

Die Führungsspitze der Union, bestehend aus einem Präsidenten, einem Vizepräsidenten und einem Vorstand, wird von den Mitgliedern anläßlich der Jahreshauptversammlung gewählt. Ein technischer Ausschuß, dem Experten der einzelnen Mitgliedsorganisationen angehören, untersucht die versicherungstechnischen Fragen der Exportkreditversicherung, veröffentlicht entsprechende Arbeitsberichte und berät die Mitglieder.[5]

III. Tätigkeit

Innerhalb der Berner Union werden technische Einzelfragen der Exportkreditversicherung besprochen und vertrauliche Mitteilungen über die wirtschaftliche Lage in den verschiedenen Importländern ausgetauscht. Ferner ist man bestrebt, eine Übereinstimmung und Harmonisierung in der Deckungspolitik – z.B. in der Annahmepolitik – zu erreichen. Dieses ist angesichts der scharfen Weltmarktkonkurrenz deshalb von großer Bedeutung, um einen Wettlauf mit Exportkrediten in Grenzen zu halten. Vor allem soll

---

3 Stolzenburg/Moltrecht, Sicherungsmöglichkeit durch staatliche Exportkreditversicherung, Export (Heft 2), Juni 1987, S. 26 f.

4 Von Halem, a.a.O., S. 28.

5 Berne Union, a.a.O., S. 2; vgl. auch Glotzbach, a.a.O., S. 128.

verhindert werden, daß Exporteure welchen Landes auch immer „trotz anerkannter Vorteile bei Qualität, Service und Lieferzeiten im Wettbewerb immer mehr das Nachsehen haben, weil sie mit subventionierten Konkurrenten nicht mithalten können."[6]

Die Berner Union erläßt keine Entscheidungen oder verbindlichen Regeln, sondern handelt auf der Grundlage von Absprachen (understandings), die zum Teil Gegenstand von Empfehlungen an die Mitglieder werden. Die einzelnen Empfehlungen müssen indessen nicht unbedingt von den Regierungen befolgt werden, da selbst die öffentlich-rechtlichen Exportkreditversicherungen lediglich in ihrer Eigenschaft als Versicherer Mitglieder der Union sind, nicht jedoch als Vertreter der Regierungen.[7]

Ein Mitglied kann zwar nicht gezwungen werden, sich nach den getroffenen Absprachen der Berner Union zu richten; es muß jedoch jede Abweichung von den Empfehlungen nach Ausstellung der Versicherungspolice der Union mitteilen.[8] Für die Mitteilung dieser Abweichungen wurde 1961 ein formelles Verfahren eingeführt. Darüber hinaus können die Mitglieder Auskünfte erhalten aufgrund eines Frage- und Antwort-Verfahrens, dem sogenannten Matching, nach dem die Anpassung eines staatlichen Kreditversicherers an die von einem anderen staatlichen Kreditversicherer akzeptierten Bedingungen für ein konkretes Geschäft ermöglicht wird. Dieses Verfahren bietet einerseits dem anfragenden Mitglied den Vorteil, die gleichen Versicherungsbedingungen gewähren zu können und vereitelt andererseits jeden Versuch eines Lieferanten oder Käufers, fälschlicherweise zu behaupten, daß ausländische Konkurrenten günstigere Versicherungsbedingungen zugesagt haben.

Desweiteren hat die Berner Union Vereinbarungen über Zahlungsbedingungen für den Export bestimmter Warenarten (z.B. Stahl, Chassis, Busse, Container, Papier, Zuchtvieh, Düngemittel, Insektizide etc.) getroffen und die Mitglieder verpflichtet, sich gegenseitig über Geschäfte zu informieren, bei denen Kreditlaufzeiten von mehr als fünf Jahren akzeptiert werden.[9]

Zu den aktuellen Problemen, mit denen sich die Berner Union aufgrund der weltwirtschaftlichen Entwicklungen beschäftigt, gehören Fragen der Länderrisikobewertung und Länderdeckungspolitik. Ziel dieser Länderdiskussion ist es, Erfahrungen und Sachverstand der Exportkreditversicherer zu

---

6 Ehrhardt, „Wettlauf der Partner mit Exportkrediten", Handelsblatt vom 14.10.1975

7 Glotzbach, a.a.O., S. 129; vgl. auch Ray, a.a.O., S. 297.

8 Organisation des Nations Unies, Crédit à l'exportation et financement du développement, Première partie: Pratiques et problèmes actuels, S. 27.

9 Stolzenburg/Moltrecht, a.a.O., S. 27.

nutzen, um zu einem frühen Zeitpunkt Beurteilungen und Veränderungen der wirtschaftlichen Situation betroffener Länder zusammenzutragen und so Anpassungen der Deckungspolitik an gewonnene Erkenntnisse zu ermöglichen.[10]

IV. Erschwernisse einer Harmonisierung

Einige Industrieländer, die einen sehr großen Teil des Angebots von Ausrüstungsgütern auf dem Weltmarkt kontrollieren, entschlossen sich nur zögernd, der Berner Union beizutreten. Hierzu gehörte auch Japan, das erst 1970 die Mitgliedschaft erlangte und bis dahin keinerlei Veranlassung sah, die Absprachen der Berner Union zu beachten.[11]

Die Tätigkeit der Berner Union wird auch durch die Tatsache gestört, daß sie ein Zusammenschluß eigenverantwortlicher privatrechtlicher oder öffentlich-rechtlicher Organisationen ist, in dem die Regierungen offiziell nicht vertreten sind. Die Mitglieder der Union sind häufig nicht in der Lage, ihren jeweiligen Regierungen Widerstand entgegenzusetzen, wenn diese z.B. von ihnen verlangen, Exportgeschäfte mit längeren als von der Union empfohlenen Kreditlaufzeiten zu versichern. Vor allem der Umstand, daß die Regierungen weder als Mitglieder der Union angehören noch durch ihre Absprachen gebunden sind, stellt den Sinn des sogenannten Matching in Frage: „Eine Mitgliederorganisation kann antworten, daß sie ein bestimmtes Geschäft unter diesen und jenen Bedingungen nicht decken will, und es später auf Weisung ihrer Regierung doch tun".[12] Dieses hat dann zur Folge, daß ein bestimmtes Geschäft bereits abgeschlossen ist, bevor ein Mitglied der Berner Union von der neuen Entscheidung Kenntnis erlangen und Exporteuren des eigenen Landes entsprechende Versicherungsbedingungen anbieten konnte.

Eine Behinderung der Berner Union ist auch im Fehlen einer klaren Definition des Unterschieds, der zwischen den Entwicklungshilfe-Anleihen und den eigentlichen Exportkrediten besteht, zu sehen.[13] Die Exporteure der Länder, die Entwicklungshilfe-Anleihen gewähren, ziehen indirekt Nutzen

---

10 Stolzenburg/Moltrecht, a.a.O., S. 27.

11 Vgl. Pearce, a.a.O., S. 42.

12 Ehrhardt, a.a.O.

13 Vgl. Glotzbach, a.a.O., S. 130.

aus den Entwicklungshilfe-Programmen ihrer Regierungen, ohne sich an die Absprachen der Berner Union halten zu müssen.

Die Berner Union war seit jeher bemüht, die versteckte Konkurrenz auf dem Gebiet der Exportkreditversicherung einzudämmen und die Regierungen zu verstärkter Zusammenarbeit auf diesem Gebiet anzuhalten. Im Rahmen der beiden internationalen Organisationen, der Europäischen Gemeinschaft (EG) und der Organisation für wirtschaftliche Zusammenarbeit und Entwicklung (OECD), entschlossen sich die Regierungen der jeweiligen Mitgliedstaaten zu einer solchen Zusammenarbeit.

§ 66 Die Europäische Gemeinschaft

I. Harmonisierungsbestrebungen

Im Rahmen der Europäischen Gemeinschaft wurde gemäß Art. 112 EWG-Vertrag, welcher eine Vereinheitlichung der „Systeme der von den Mitgliedstaaten für die Ausfuhr nach dritten Ländern gewährten Beihilfen" vorsieht, am 27. September 1960 die Bildung eines „Arbeitskreises zur Koordinierung der Politik auf dem Gebiet der Kreditversicherung, der Bürgschaften und Finanzkredite" beschlossen. Der Arbeitskreis sollte sich u.a. mit der Harmonisierung der Exportkreditversicherungsbedingungen befassen, wobei die Absprachen der Berner Union und die in den Mitgliedstaaten bereits bestehenden Versicherungssysteme zu berücksichtigen waren. Ferner wurde der Arbeitskreis beauftragt, ein Verfahren gegenseitiger Konsultation und Information vorzubereiten.[14]

Der Arbeitskreis setzt sich aus Experten der Regierungen der EG-Mitgliedstaaten und der Kommission der Europäischen Gemeinschaften zusammen. Mit der Harmonisierung der Exportkreditversicherungsbedingungen wurde eine Untergruppe, ein sogenannter „Technischer Ausschuß" beauftragt, der seinerseits Sachverständige der Exportkreditversicherungen der Mitgliedsländer berief. Der Ausschuß erhielt u.a. die Aufgabe, einen Entwurf für gemeinsame Versicherungsbedingungen sowie ein einheitliches Entgeltsystem auszuarbeiten.[15]

14 Vgl. Amtsblatt der Europäischen Gemeinschaften, 27. Oktober 1960, S. 1339 bis 1340.

15 Esser, Die Harmonisierung der Exportkredit-Versicherung in der EWG, S. 10.

Der Ministerrat der EG verabschiedete am 27. Oktober 1970 Richtlinien hinsichtlich gemeinsamer Kreditversicherungspolicen für mittel- und langfristige Exportgeschäfte.[16] Dem folgte am 1. Februar 1971 eine Richtlinie für die Deckung von kurzfristigen Exportgeschäften.[17] Wegen mangelnder Übereinstimmung in der EG konnten diese vom Ministerrat verabschiedeten Richtlinien bisher nicht in Kraft treten. Zudem stellen sie kein unmittelbar in den Mitgliedstaaten geltendes Recht dar, sondern sind an deren Regierungen gerichtet, die ihrerseits alle erforderlichen Rechts- und Verwaltungsvorschriften zu erlassen haben.[18] Somit war bisher trotz zahlreicher Ansätze, einheitliche Versicherungspolicen zu entwickeln, die Gemeinschaft nicht in der Lage, auf diesem Gebiet einheitliche Grundsätze aufzustellen.

Der nahende EG-Binnenmarkt nach 1992 hat jedoch in letzter Zeit die Diskussionen darüber, ob nationale Selbständigkeiten weitgehend erhalten oder ob soweit als möglich einzelstaatliche Souveränitätselemente an Gemeinschaftsinstitutionen übertragen werden sollen, erneut entfacht. Derzeit wird im Europäischen Parlament ein Vorschlag der EG-Kommission behandelt, der die Errichtung einer sogenannten Europäischen Exportkreditversicherungsfazilität (EECIF = European Export Credit Insurance Facility) vorsieht.[19] Die EECIF soll eine Gemeinschaftseinrichtung sein, die allen europäischen Exporteuren und Banken zur Verfügung steht und in Form einer Clearing-Stelle die Deckungen je nach nationaler Herkunft der exportierten Waren und Leistungen verteilt. Wichtige Details, wie z.B. ob einheitliche oder nationale Bedingungen, Haftung direkt oder im Rückversicherungswege, Entschädigungsfragen und Umschulungsprobleme, sind bisher jedoch noch ungeklärt.

II. Das Konsultationsverfahren

Von bindender Wirkung für die Mitgliedsländer der EG ist das Konsultationsverfahren. Hierfür hat der Rat der Europäischen Gemeinschaften Richtlinien erlassen, deren Bestimmungen ab 1. Januar 1974 gelten.[20]

---

16 Amtsblatt der Europäischen Gemeinschaften, 23. November 1970, S. 1-51.

17 Amtsblatt der Europäischen Gemeinschaften, 13. Februar 1971, S. 14-16.

18 Dormanns, a.a.O., S. 482.

19 Bundesratsdrucksache 312/87 (7.8.1987)

20 Amtsblatt der Europäischen Gemeinschaften, 17. Dezember 1973, S. 1-6; abgedruckt im Anhang unter V.3.

Gegenstand der EG-Konsultationen sind Lieferantenkredite, gebundene Finanzkredite und Rahmenkredite an das Ausland. Neben der Ausfuhr von Waren fällt auch die „Ausfuhr" von Dienst- und/oder Werkleistungen, d.h. die Erbringung dieser Leistungen im Ausland, unter das EG-Konsultationsverfahren. Die Form der Finanzierung ist für die Frage, ob ein „Auslandskredit" vorliegt oder nicht, unerheblich.[21]

Das Verfahren verpflichtet[22]

- die Kreditversicherer der EG-Mitgliedstaaten zur gegenseitigen Konsultation, bevor ein Mitglied einem Exporteur seines Landes eine Ausfuhrdekkung für ein Exportgeschäft mit einer Kreditlaufzeit von mehr als fünf Jahren (nach Lieferung) einräumt;
- jeden EG-Mitgliedstaat, die anderen Mitgliedstaaten (nachträglich) von dem Abschluß eines Rahmenabkommens über die Festsetzung von Dekkungshöchstbeträgen für Warenkredite und private Finanzkredite zu unterrichten;
- jeden EG-Mitgliedstaat, die anderen Mitgliedstaaten (nachträglich) von der Gewährung eines staatlichen gebundenen Finanzkredites zu unterrichten, falls dem Kreditnehmer oder dem Käufer Krediterleichterungen eingeräumt wurden, die im Widerspruch zu den Absprachen der Berner Union oder zu einer von den EG-Mitgliedstaaten einstimmig angenommenen Vorschrift stehen;
- zur Konsultation, wenn der Anteil der lokalen Kosten die gesamten Anzahlungen, einschließlich Zwischenzahlungen und Lieferraten, übersteigt.

Wünscht ein Exporteur die Deckung eines Ausfuhrgeschäftes mit einem die Konsultationspflicht auslösenden Merkmal, so muß der Kreditversicherer den Antragsteller fragen, ob er mit einer Konsultation der anderen EG-Partner einverstanden ist. Ist der Antragsteller nicht mit einer Konsultation einverstanden, so wird sie auch nicht durchgeführt. Der Kreditversicherer wird in einem solchen Fall jedoch – abgesehen vom Ergebnis der Prüfung der sonstigen Einzelheiten des Geschäftes – eine Deckung nur auf der Grundlage gewähren, daß – je nach Anlaß für die Konsultation – die Kreditlaufzeit fünf Jahre ab Lieferung bzw. Betriebsbereitschaft oder der kreditierte Teil der örtlichen Kosten die Anzahlungen nicht übersteigt.

Ist der Antragsteller mit der Konsultation einverstanden, so wird das Ausfuhrgeschäft wie üblich auf seine Vertretbarkeit geprüft. Billigt der Kreditversicherer die Konditionen des Ausfuhrgeschäftes, so hat er unverzüglich das Konsultationsverfahren einzuleiten, indem er den anderen EG-Kredit-

---

21 Schallehn/Stolzenburg, Abschnitt XII, Tz. 32 ff.

22 Vgl. Art. 1 f. und Art. 17 f. der Richtlinien.

versicherern telegraphisch folgende Einzelheiten des zu deckenden Geschäfts mitteilt:[23]
- Empfängerland,
- Bestimmungsort/Standort,
- Darstellung des Liefer-/Leistungsgegenstandes nach Anzahl, Art und Umfang,
- öffentlicher/privater Käufer und/oder Bürge,
- vorgesehene Kreditbedingungen.

Die anderen EG-Kreditversicherer können innerhalb von sieben Tagen nach Erhalt dieser Auskünfte zusätzliche Informationen anfordern, Bemerkungen vorbringen, Vorbehalte einlegen und eine mündliche Beratung verlangen.[24] Falls innerhalb dieses Zeitraums keine Einwendungen vorgebracht werden, kann der Kreditversicherer das Ausfuhrgeschäft zu den vom Exporteur angegebenen Bedingungen decken. Andererseits ist die Entscheidung der Indeckungnahme bis zum Ende der mündlichen Beratung, die immer dann erforderlich wird, wenn alle konsultierten Partner außer einem die Deckung des Geschäftes ablehnen, aufzuschieben. Die Ergebnisse der Beratung sind für den Kreditversicherer jedoch nicht bindend.[25]

International ist dafür Vorsorge getroffen, daß die Konsultationen streng vertraulich behandelt werden. Etwaige Konkurrenz des Exporteurs, dessen wegen das Verfahren betrieben wird, erhält also keine Kenntnis von dem Geschäft.[26]

III. Zulieferungsvereinbarung und Mitversicherung

Die im Rahmen der EG getroffene Zulieferungsvereinbarung, die auf die Entscheidung des Rates der EG vom 10. Dezember 1982 zurückgeht,[27] ermöglicht es, Waren aus anderen EG-Ländern in die nationale Exportkreditversicherung einzubeziehen. Eine Zulieferung im Sinne der EG-Entscheidung liegt dann vor, wenn der Zulieferant den Vertrag zwischen Käufer und

---

23 Vgl. Art. 4 ff. der Richtlinien.

24 Vgl. Art. 10 ff. der Richtlinien.

25 Vgl. Art. 15 der Richtlinien.

26 Schallehn/Stolzenburg, Abschnitt XI, Tz. 41.

27 Amtsblatt der EG Nr. L 357 vom 18.12.1982; abgedruckt im Anhang unter V.1. Siehe auch eine in diesem Zusammenhang bestehende Richtlinie des Rates vom 27.11.1984, abgedruckt im Amtsblatt der EG Nr. L 314 vom 4.12.1984.

Exporteur nicht mitunterzeichnet hat und der Exporteur dem ausländischen Käufer gegenüber alleinverantwortlich bleibt.[28] Ferner darf es sich bei der Zulieferung um keine Ware handeln, die getrennt von der Hauptlieferung verwertet werden kann. Rohstoffe und Halbwaren fallen nicht unter den Begriff der Zulieferung.[29]

Die EG-Entscheidung sieht vor, daß Zulieferungen, die ausschließlich aus einem oder mehreren EG-Ländern stammen, automatisch in die Deckung einbezogen werden, sofern die Zulieferungen folgende Voraussetzungen erfüllen:[30]

- bei Verträgen über weniger als ECU 7,5 Mill. darf der Zulieferanteil maximal 40% betragen;
- bei Verträgen zwischen ECU 7,5 Mill. und 10 Mill. darf der Fakturenwert maximal ECU 3 Mill. betragen;
- bei Verträgen über mehr als ECU 10 Mill. darf der Zulieferanteil maximal 30% betragen.

Bei Ausfuhrgeschäften, die neben Zulieferungen aus Mitgliedstaaten auch Zulieferungen aus Nichtmitgliedstaaten umfassen, sollen die Zulieferungen aus Mitgliedstaaten automatisch einbezogen werden, sofern der Gesamtbetrag der Zulieferungen aus allen Ländern die oben genannten Hundertsätze bzw. Höchstbeträge nicht überschreitet. Werden zwischen einem Mitgliedstaat und einem Nichtmitgliedstaat Vereinbarungen über die Einbeziehung von Zulieferungen in die Deckung getroffen, so darf nach der EG-Entscheidung der Zulieferanteil 30% nicht überschreiten.[31]

Für den Fall, daß einmal ein Zulieferanteil aus EG-Mitgliedsländern über den in den EG-Richtlinien festgesetzten Höchstbeträgen liegen sollte oder der Hauptlieferant das Risiko hinsichtlich der Zulieferungen auf den Zulieferanten abwälzt, besteht für den Zulieferanten die Möglichkeit der Mitversicherung.[32] Die nationale Exportkreditversicherung des Zulieferanten deckt dann den Zulieferanteil, sofern der Hauptlieferant die Deckungszusage seines nationalen Exportkreditversicherers erhält. Dieser ist dem Mitversicherer gegenüber verpflichtet, dessen Interessen und damit auch die des Zulieferanten gegenüber dem Endabnehmer wahrzunehmen.[33]Diese Art des

28 Vgl. Stentzel, a.a.O., S. 55.

29 Vgl. MOCI, Nr. 410 vom 9.1.1965; Wilhelms, a.a.O., S. 396.

30 Siehe Anhang Abschnitt II der Entscheidung des Rates der EG vom 10.12.1982.

31 Siehe Anhang Abschnitt IV der Entscheidung des Rates der EG vom 10.12.1982.

32 Vondenhof/Falkenstein/Schlebusch, a.a.O., S. 22. Siehe auch Mitversicherungsabkommen, abgedruckt im Anhang unter V.2.

33 Vondenhof/Falkenstein/Schlebusch, a.a.O., S. 22.

Zusammenwirkens zwischen den staatlichen Kreditversicherern betrifft nicht nur die Versicherer innerhalb der EG, sondern auch auf der Basis bilateraler Abkommen die anderer Staaten, für die Bundesrepublik Deutschland etwa die der Schweiz, Schwedens und Österreichs.[34]

§ 67 Die OECD

I. Allgemeines

Die „Organisation für wirtschaftliche Zusammenarbeit und Entwicklung" (OECD) hat als Nachfolgeorganisation der „Organisation für Europäische wirtschaftliche Zusammenarbeit" (OEEC) deren Arbeit auf dem Gebiet der Exportkreditversicherung fortgesetzt.[35] 1963 wurde im Rahmen der OECD ein ständiger Arbeitskreis zur Koordinierung der Politik auf dem Gebiet der Exportkredite und Exportkreditversicherung gebildet. Der Arbeitskreis setzt sich aus Vertretern der Regierungen der OECD-Mitgliedsländer zusammen, die von Sachverständigen der verschiedenen Exportkreditversicherungen beratend unterstützt werden. Er wurde u.a. damit beauftragt, die von den Regierungen der Mitgliedsländer verfolgte Deckungspolitik auszuwerten und neue Möglichkeiten einer verbesserten Zusammenarbeit auf dem Gebiet der Exportkreditversicherung aufzuzeigen.[36]

II. Der Konsensus

Im Februar 1978 wurden erstmals im Rahmen der OECD Leitlinien für Exportkredite, der sogenannte „OECD-Konsensus", beschlossen.[37] Der Konsensus trat am 1. August 1978 in Kraft und wurde mehrfach geändert und ergänzt. Im Jahre 1989 haben die 22 am Konsensus teilnehmenden OECD-

34 Stolzenburg/Moltrecht, a.a.O., S. 26.

35 Vgl. Frenkel/Fontheim, Export Credits: An International and Domestic Legal Analysis, Law & Pol'y Int'l Bus., Vol. 13, 1981, S. 1072 ff.

36 Vgl. Organisation des Nations Unies, Crédit à l'exportation et financement du développement, Première partie: Pratiques et problèmes actuels, S. 31.

37 Bergsten, The International Arrangement on Export Credits, in: The World Economy in the 1980s, Papers of C. Fred Bergsten, S. 73 ff.

Mitgliedstaaten[38] eine neue Fassung des Konsensustextes verabschiedet, der die im Jahr zuvor im Interesse einer größeren Disziplin und Transparenz vorgenommenen Änderungen und Weiterentwicklungen berücksichtigt.[39] Der Konsensus hat zum Ziel, durch strikte Regeln – insbesondere über Mindest-Zinssätze und Höchst-Kreditlaufzeiten – einem Konditionenwettlauf mit staatlich unterstützten Exportkrediten entgegenzuwirken.[40]

Der Konsensus findet Anwendung auf öffentlich unterstützte Exportkredite mit einer Laufzeit von mindestens zwei Jahren. Dies gilt unabhängig davon, ob die Kredite für Kaufverträge oder Leasinggeschäfte gewährt werden.[41]

Nach dem Konsensus beträgt die Höchstkreditlaufzeit für Kredite an wohlhabende Länder fünf Jahre, für mittlere Länder achteinhalb Jahre und für ärmere zehn Jahre. Es besteht eine Länderliste, in der die Abnehmerländer entsprechend in drei Kategorien eingeteilt sind.[42] Beabsichtigt ein Exportkreditversicherer, eine Kreditlaufzeit von mehr als fünf bis achteinhalb Jahre für ein wohlhabendes Land zu unterstützen, so hat er nach dem Abkommen die anderen Konsensusteilnehmer hierüber rechtzeitig zu informieren. Die Exportkreditverträge dürfen im übrigen nicht eine Verlängerung der Höchstkreditlaufzeit vorsehen.[43]

Im Rahmen der so definierten Höchstkreditlaufzeiten sollen für Kapitalverträge eines Exportkredits normalerweise Tilgungen in gleichen regelmäßigen Raten erfolgen, wobei die erste Rate nicht später als sechs Monate nach Beginn der Kreditlaufzeit fällig ist.

Nach dem Konsensus sind bei öffentlich unterstützten Krediten bestimmte Mindestzinssätze einzuhalten. Für die „Niedrigzinswährungen" ist der sogenannte kommerzielle Referenzzinssatz (CIRR = Commercial Interest Reference Rate) anwendbar.[44] Grundsätzlich setzt sich der CIRR zusammen aus

---

38 Island und die Türkei sind dem Ministerratsbeschluß vom 4. April 1978 nicht beigetreten.

39 Vgl. Bundeswirtschaftsministerium, Ausfuhrgarantien und Ausfuhrbürgschaften der Bundesrepublik Deutschland, Bericht über das Jahr 1989, S. 18. Der Text ist im Anhang unter V.4. abgedruckt.

40 Vgl. Ernaelsteen, Neuordnung der „Konsensus-Regelung" für Exportkredite, Sparkasse 1982, S. 61.

41 Schallehn/Stolzenburg, Abschnitt VI, Tz. 159.

42 Im einzelnen siehe Häusermann, Capital Goods Financing, S. 97.

43 Vgl. Nr. 4 a des Konsensus.

44 Vgl. Paul, Internationale Abkommen über Mindestzinsen und Höchstlaufzeiten in der staatlich unterstützten Exportfinanzierung, S. 169 ff; Ray, The OECD „Consensus" on Export Credits, The World Economy and Quarterly Journal

den Umlaufrenditen öffentlicher Anleihen mit fünfjähriger Restlaufzeit und einem Aufschlag von 1%. Der CIRR-Satz für DM-Kredite betrug im August 1991 9,52%.[45]

Die Zinsen für einen Exportkredit, der durch einen direkten Kredit, eine Refinanzierung, eine Garantie oder Bürgschaft öffentlich unterstützt wird, dürfen während der Laufzeit nicht kapitalisiert werden, sondern müssen mindestens alle sechs Monate zahlbar sein, wobei die erste Zahlung nicht später als sechs Monate nach Beginn der Kreditlaufzeit erfolgen muß.[46]

Bei dem Export von Waren oder Dienstleistungen sind bei oder vor Beginn der Kreditlaufzeit vom Käufer An- und Zwischenzahlungen von mindestens 15% des Auftragswertes zu leisten. Für die An- und Zwischenzahlungen dürfen keine anderen öffentlichen Unterstützungen gewährt werden als Bürgschaften und Garantien zur Deckung der üblichen Risiken vor Beginn der Kreditlaufzeit.[47]

Eine weitere wichtige Regelung betrifft die Zahlungsbedingungen für örtliche Kosten. Bei Krediten, die an mittlere oder ärmere Länder gewährt werden, darf die Finanzierung oder Versicherung eines Kredits nicht mehr als 100% des Wertes der exportierten Waren und Dienstleistungen betragen. Somit darf der Betrag der zu Kreditbedingungen unterstützten örtlichen Kosten nicht höher sein als es die An- und Zwischenzahlungen sind. Für Kredite an wohlhabende Länder gilt diese Regelung mit der Einschränkung, daß die staatliche Unterstützung auf die Gewährung von Bürgschaften und Garantien beschränkt bleibt.[48]

Zu den örtlichen Kosten werden Aufwendungen für die Lieferung von Waren und die Erbringung von Dienstleistungen aus dem Land des Käufers gezählt, die entweder für die Durchführung des Auftrages des Exporteurs oder die Durchführung des Projekts, dessen Bestandteil der Auftrag des Exporteurs ist, notwendig sind. Der Begriff „exportierte Waren und Dienstleistungen" schließt von dritten Ländern gelieferte Waren und Dienstleistungen ein.

---

on International Economic Affairs, Vol. 9, 1986, S. 308 f.

45 Da in der Bundesrepublik nur leicht staatlich beeinflußte Zinsverbesserung beim Plafond A der AKA (Rediskont der Bundesbank) und der Einsatz von Mitteln des ERP-Sondervermögens der KfW stattfinden, hat die Mindestzinsregelung des Konsensus nur beschränkte Auswirkungen. Die üblichen reinen Marktfinanzierungen unterliegen nicht den Konsensusregeln (vgl. Stolzenburg/Moltrecht, a.a.O., S. 25 f.; Ernaelsteen, a.a.O., S. 61).

46 Vgl. Nr. 4 b des Konsensus.

47 Vgl. Nr. 3 des Konsensus.

48 Vgl. Nr. 6 des Konsensus.

Ausgenommen vom Konsensus sind Exporte von militärischen Ausrüstungen und landwirtschaftlichen Erzeugnissen. Sonderregelungen für Höchstkreditlaufzeiten, Zinsen und Anzahlungen gelten für Flugzeuge, Kernkraftwerke, Bodenstationen für Fernmeldesatelliten und Schiffe.

Einen besonderen Stellenwert nehmen auch die an nationale Lieferungen und Leistungen gebundenen Hilfskredite ein. Die Konsensusregelung sieht vor, daß derartige Kredite, wenn sie ein Schenkungselement von über 35% enthalten, von den Konsensusregeln ausgenommen sind, aber besondere Meldeverfahren auslösen. Die am Konsensus beteiligten Mitgliedsländer haben sich verpflichtet, keine gebundenen Hilfskredite mit Zuschußelementen unter 35%, bei den ärmsten Ländern sogar nicht unter 50%, zu vergeben, weil in diesem Bereich wegen der Überschneidung mit staatlich unterstützter Exportfinanzierung unerwünschte Verfälschungen des Wettbewerbs auftreten können.[49]

Beabsichtigt ein Mitgliedsland, von sich aus Bedingungen zu unterstützen, die nicht mit den Regeln des Konsensus in Einklang stehen, so ist ein Notifizierungsverfahren durchzuführen, in dem die anderen Mitglieder Informationen einholen können und die Möglichkeit haben, im Wege des Matching sich den mitgeteilten abweichenden Bedingungen anzupassen.

§ 68 MIGA

I. Errichtung

Am 11.10.1985 unterbreitete der Gouverneursrat der Weltbank auf seiner Jahrestagung in Seoul die Gründungskonvention einer neuen internationalen Entwicklungsinstitution: Der Multilateralen Investitionsgarantie-Agentur (MIGA). Die „Seoul-Convention" wurde noch am gleichen Tage von Korea, der Türkei und Ekuador gezeichnet. Bereits bis zum Jahresende 1986 hatten 48 weitere Staaten, darunter die Bundesrepublik, die Vereinigten Staaten, Japan, Frankreich und Großbritannien ihren Beitritt erklärt. Am 12. April 1988 wurde die MIGA dann als jüngstes Mitglied der Weltbank-Gruppe offiziell errichtet.[50]

---

49 Vgl. Bundeswirtschaftsministerium, Ausfuhrgarantien und Ausfuhrbürgschaften der Bundesrepublik Deutschland, Bericht über das Jahr 1989, S. 18; Schallehn/Stolzenburg, Abschnitt VI, Tz. 160.

50 Vgl. Voss, Die Multilaterale Investitionsgarantie-Agentur, RIW 1987, S. 89;

Seit Gründung der MIGA ist der Kreis der Mitgliedsländer ständig gewachsen und wird sich nach Ratifizierung der MIGA-Konvention durch andere Länder weiter ausdehnen. Die Mitgliedschaft in der MIGA steht sämtlichen Mitgliedstaaten der Weltbank und der Schweiz offen, also derzeit über 150 Staaten. Das Grundkapital der MIGA, das durch Ratsbeschluß jederzeit erhöht werden kann, beträgt 1.082 Milliarden US-Dollar und kann von den einzelnen Mitgliedsstaaten gezeichnet werden.[51]

Die Adresse der MIGA lautet:
1818 HSt. NW., Washington DC 20433/USA.

II. Ziel und Zweck

Gemäß Art. 2 der Konvention ist es Ziel der MIGA, die Investitionsströme zwischen den Mitgliedsländern für produktive Zwecke zu fördern, insbesondere diejenigen in die Entwicklungsländer, um auf diese Weise die Tätigkeiten der Weltbank, der International Finance Corporation und anderer Entwicklungsfinanzinstitutionen zu ergänzen.[52] Zu diesem Zweck kann die MIGA

- Versicherungen übernehmen, auch in Form von Mit- und Rückversicherungen;
- geeignete komplementäre Maßnahmen durchführen, um die Investitionsströme nach und zwischen den Entwicklungsländern zu fördern und
- diejenigen komplementären Machtbefugnisse ausüben, die zur Erfüllung ihrer Aufgaben notwendig sind.
- Daneben hat die MIGA die Möglichkeit, von Mitgliedsländern gesponsorte Investitionen zu verwalten (Art. 24).

Ebenroth, Zur Bedeutung der Multilateral Investment Guarantee Agency für den internationalen Ressourcentransfer, JZ 1987, S. 641.

51 Den größten Anteil haben die USA (20.519), gefolgt von Japan (5.096), der Bundesrepublik Deutschland (5.071), Frankreich und Großbritannien (je 4.860). Am Ende der Skala stehen 22 Entwicklungsländer mit einem Anteil von je 50.

52 Im einzelnen siehe Ebenroth/Karl, Die Multilaterale Investitions-Garantie-Agentur, Kommentar zum MIGA-Übereinkommen, S. 89 ff.

III. Geschäftstätigkeit

MIGA ist mehr als ein Versicherungsunternehmen. Neben der Versicherung nicht kommerzieller Risiken (politische Risiken) führt MIGA vielfältige Aktivitäten aus mit dem Ziel, potentielle Investoren über Anlagemöglichkeiten in Entwicklungsländern zu informieren, das Verständnis der Gastregierungen um die Sachzwänge und Entscheidungsprozesse ausländischer Kapitalanleger zu entwickeln sowie die Rahmenbedingungen für Auslandsinvestitionen in Entwicklungsländern zu verbessern und zu stabilisieren.[53]

1. Gedeckte Risiken

Nach Art. 11 übernimmt die MIGA für berücksichtigungsfähige Investitionen Garantien gegen Verluste aus

a) Transfer von Währungsbeträgen,
b) Enteignung und ähnlichen Maßnahmen,
c) Vertragsverletzung und
d) Krieg und zivile Unruhen.

a) Die Transferversicherung schützt einen Investor gegen Verluste, die durch eine Verschlechterung der Devisenkontrollgesetze, Verordnungen und Verfahren betreffend die Konvertierung lokaler Währung in eine frei konvertierbare Währung sowie durch den Nichttransfer dieser Währung aus dem Gastland innerhalb bestimmter Karenzfristen verursacht werden.
b) Die Versicherung gegen Enteignung schützt gegen Verluste durch Maßnahmen, die der Regierung des Gastlandes zuzurechnen sind und dem Investor die Inhaberstellung oder Kontrolle über sein Investment entziehen. Sowohl die direkte als auch die schleichende Enteignung (enteignungsgleicher Eingriff) werden versichert.
c) Die Versicherung gegen Vertragsbruch schützt gegen Verluste, die dem Investor aus einer Verweigerung oder dem Vertragsbruch der Regierung des Gastlandes entstehen, wenn dem Investor die gerichtliche Wahrnehmung seiner Rechte verweigert wird.
d) Die Versicherung gegen Krieg und zivile Unruhen schützt gegen Verluste aus der Beschädigung körperlicher Anlagegüter und aus Geschäfts-

53 Voss, a.a.O., S. 91; Ebenroth, a.a.O., S. 645 f.

unterbrechungen durch Militäraktionen oder zivile Aufstände in dem Gastland.

Die einzelnen Risiken können sowohl einzeln als auch kombiniert gedeckt werden. Der Versicherungsnehmer muß sich jedoch vor Ausstellung der Police entscheiden, welche Risiken insgesamt in die Deckung miteinbezogen werden sollen.[54]

2. *Berücksichtigungsfähige Investitionen*

Zu den von der MIGA versicherten Kapitalanlagen gehören zunächst Kapitalbeteiligungen, Anlageunternehmen in Entwicklungsländern sowie beteiligungsähnliche Darlehen (Art. 12). Abweichend vom deutschen Garantieinstrumentarium ist es der MIGA auch möglich, für Portfolioinvestitionen in Beteiligungsform Deckungsschutz zu gewähren.[55] Zudem ist die MIGA beauftragt, vertragliche Formen von Direktinvestitionen in den Kreis versicherbarer Kapitalanlagen einzubeziehen. Schließlich ist es ihr gestattet, ihr Angebot auf jedwede lang- und mittelfristige Kapitalanlage mit Ausnahme öffentlich geförderter Exportkredite zu erstrecken. Versicherbar sind auch bestimmte Investitionen, die nicht Beteiligungscharakter haben. So gewährt MIGA Versicherungsschutz etwa für lang- und mittelfristige Management-, Service-, Lizenz-, Leasing- und Franchiseverträge. Auch Turnkey Contracts, bei denen der Unternehmer erheblichen Anteil am wirtschaftlichen Risiko und am Management des Projekts nimmt, werden versichert.[56]

Die MIGA gewährt Versicherungsschutz nur für Kapitalanleger, die entweder in einem Mitgliedsstaat der Agentur inkorporiert sind und dort ihren Hauptgeschäftssitz haben oder deren Aktienkapital mehrheitlich von Staatsangehörigen von Mitgliedsstaaten oder von Mitgliedsstaaten selbst gehalten wird (Art. 13). Bei dem Gastland muß es sich stets um einen Mitgliedsstaat der Agentur und grundsätzlich um ein Entwicklungsland handeln.

Die Ausgabe jeder Garantie ist an eine Reihe von Bedingungen geknüpft (Art. 12d). Verlangt wird die Förderungswürdigkeit der Kapitalanlage und ein wirtschaftlich lebensfähiges Projekt, das sämtliche gesetzlichen Anfor-

---

54 Schallehn/ Stolzenburg, Abschnitt XII, Tz. 30; siehe auch Ebenroth/ Karl, MIGA-Kommentar, S. 103 ff.

55 Voss, a.a.O., S. 90.

56 Ebenroth, a.a.O., S. 646; Voss, a.a.O. S. 90. Zur Übersicht und Diskussion der genannten Investitionsformen siehe Oman, New Forms of International Investment in Developing Countries und Pollak, Neue Formen internationaler Unternehmenszusammenarbeit ohne Kapitalbeteiligung.

derungen des Gastlandes erfüllt und zur Entwicklung des Gastlandes in Übereinstimmung mit dessen erklärten Entwicklungszielen und -prioritäten beiträgt. Die MIGA gewährt Deckungsschutz nur unter der weiteren Voraussetzung, daß das Gastland eine angemessene Behandlung („fair and equitable treatment") und adäquaten Rechtsschutz gewährleistet.[57]

3. *Prämien, Laufzeiten und Deckungsquoten*

Die an die MIGA zu zahlenden Versicherungsprämien werden für jedes Projekt gesondert bestimmt und hängen von der Bewertung verschiedener Faktoren ab. Das Ausmaß, in welchem es dem Investor gelingt, seine investitionsvertragliche Rechtsposition zu stärken, beeinflußt direkt den Umfang der von der MIGA abzudeckenden Risiken und damit zugleich die Höhe der von dem Investor an die MIGA zu zahlenden Versicherungsprämie. Je größer der Umfang der investitionsvertraglich abgedeckten Risiken ist, um so geringer ist die Gefahr der Inanspruchnahme des MIGA-Versicherungsschutzes. Die Anstrengungen der Partner eines Investitionsvertrages im Hinblick auf eine übereinstimmende Festlegung der gegenseitigen Rechte und Pflichten werden somit von der MIGA honoriert. Die MIGA ermöglicht insgesamt eine risikoorientierte Staffelung der Versicherungsprämien auf marktwirtschaftlicher Grundlage.[58]

Der Ermessensspielraum der MIGA bei der Bemessung der Versicherungsprämien ist weit gefaßt. Gebunden ist sie jedoch insofern, als die Prämienhöhe in Einklang mit gesunden Finanzpraktiken stehen muß (Art. 25,26). Weiterhin hat sich die Versicherungsprämie grundsätzlich innerhalb einer Bandbreite von 0,3% bis 1,5% der Versicherungssumme für jedes individuelle Investitionsrisiko zu bewegen. Der MIGA ist es jedoch möglich, von diesem Rahmen in besonderen Fällen abzuweichen.[59]

Normalerweise wird ein Versicherungsvertrag für maximal 15 Jahre geschlossen. In Sonderfällen, wenn das Projekt dies erfordert, kann die Laufzeit auf bis zu 20 Jahre ausgedehnt werden.

Der Investor kann bis zu 90% seines investierten Betrages bei der MIGA versichern, vorausgesetzt, daß pro Projekt und Deckung ein Limit von gegenwärtig 50 Mio. US-Dollar nicht überschritten wird. Ein Minimalbetrag für deckungsfähige Investitionen besteht nicht.

---

57 Voss, a.a.O., S. 90; siehe auch Ebenroth/ Karl, Multilaterale Investitions-Garantie-Agentur (MIGA), RIW 1989, S. 4.

58 Ebenroth, a.a.O., S. 648 f.

59 Schallehn/ Stolzenburg, Abschnitt XII, Tz. 34; Ebenroth, a.a.O., S. 649.

Der Investor ist berechtigt, den Versicherungsvertrag jederzeit nach einer 3-jährigen Vertragslaufzeit zu kündigen, es sei denn, der Versicherte verletzt seine Verpflichtungen, wie z.B. Nichtbezahlung der Versicherungsprämien.[60]

4. Investitionsförderung

Art. 23 der Konvention eröffnet der MIGA die Möglichkeit, dem Investor über die Gewährung von Versicherungsschutz hinaus Entscheidungshilfe im Hinblick auf die Standortwahl anzubieten. Die MIGA sammelt Informationen über die potentiellen Gastländer, z.B. über deren wirtschaftliche Lage, über deren Rechtsordnung usw. und gibt sie an interessierte Investoren weiter. Weiterhin kann die MIGA auf Ersuchen eines Mitgliedsstaates diesem technische Ratschläge erteilen und Hilfe leisten im Hinblick auf eine Verbesserung der Investitionsbedingungen im Hoheitsgebiet dieses Staates.[61] Daneben fördert die MIGA die gütliche Beilegung von Streitigkeiten zwischen Investoren und Gastländern und bemüht sich um den Abschluß von Vereinbarungen mit den Gaststaaten, welche sicherstellen, daß der MIGA im Hinblick auf das Versicherungsobjekt eine Meistbegünstigungsklausel eingeräumt wird. Nicht zuletzt gehört es zu den Aufgaben der MIGA, auch den Abschluß von Investitionsschutzvereinbarungen zwischen den einzelnen Mitgliedsstaaten zu fördern und zu erleichtern. Bei all den Förderungsbemühungen der MIGA hat die Agentur besonderes Augenmerk auf die Förderung des Investitionsflusses zwischen den Entwicklungsländern, die Mitglieder der MIGA sind, zu legen.[62]

IV. Organisation und Geschäftsführung

Die MIGA ist eine selbständige juristische Person, die das Recht hat, Verträge abzuschließen, bewegliches und unbewegliches Vermögen zu erwerben oder zu veräußern und Rechtsstreitigkeiten zu führen (Art. 1). In technischer Hinsicht wird die MIGA von der Weltbank und ihrem Tochterinstitut, der

---

60 Schallehn/ Stolzenburg; Abschnitt XII, Tz. 35.

61 Ebenroth, a.a.O., S. 647.

62 Ebenroth/ Karl, Multilaterale Investitions-Garantie-Agentur (MIGA), S. 2; Ebenroth, a.a.O., S. 647; Vgl. Voss, a.a.O. S. 91.

International Finance Corporation (IFC) unterstützt. Der Präsident der Weltbank agiert als Vorsitzender des MIGA-Verwaltungsrates.[63]

In organisatorischer Hinsicht verfügt die MIGA über einen Gouverneursrat (Council of Governors), ein Direktorium (Board of Directors) und einen Geschäftsführer (President). Sämtliche Befugnisse liegen beim Rat mit Ausnahme derjenigen, die aufgrund der Konvention ausdrücklich einem anderen Organ zugewiesen sind (Art. 31). Zu den wichtigsten Aufgaben des Rates gehört es, neue Mitglieder aufzunehmen und die Bedingungen für ihre Aufnahme festzulegen, Mitglieder zu suspendieren, die Erhöhung oder Herabsetzung des Kapitals zu beschließen und die Grenze des Gesamtbetrags der Eventualverpflichtungen heraufzusetzen. Der Rat setzt sich aus je einem Gouverneur und je einem Stellvertreter zusammen, die von jedem Mitglied in der von ihm bestimmten Weise bestellt werden.

Das Direktorium ist für die allgemeine Geschäftstätigkeit der MIGA verantwortlich. Es besteht aus mindestens 12 Direktoren, wobei die Anzahl der Direktoren vom Rat unter Berücksichtigung von Veränderungen in der Mitgliedschaft angepaßt werden kann.

Der Geschäftsführer, der aus dem Direktorium gewählt wird, führt die laufenden Geschäfte der MIGA unter der allgemeinen Aufsicht des Direktoriums. Er ist für die Organisation sowie für die Einstellung und Entlassung des Personals verantwortlich.

Die MIGA-Gremien werden von den beiden Ländergruppen Industriestaaten – Entwicklungsländer gewählt, wobei jedem Staat entsprechend seiner wirtschaftlichen Bedeutung ein bestimmter Anteil zugewiesen wird. Die Stimmrechtsregelung beruht auf dem Prinzip, daß die Länder der Gruppe 1 (Industriestaaten) und die Länder der Gruppe 2 (Entwicklungsländer) insgesamt über die jeweils gleiche Stimmenzahl verfügen. Hierauf basierend erhält jeder Staat 177 Stimmrechte zuzüglich je eines Stimmrechts für jeden Kaptialanteil, der ihm in der MIGA-Konvention zugewiesen ist (vgl. Art. 39).

Die MIGA ist grundsätzlich verpflichtet, ihre Aktivitäten in Übereinstimmung mit vernünftigen Geschäfts- und Finanzpraktiken durchzuführen. Sie soll sich selbst finanzieren, und zwar durch Versicherungsprämien und andere Einnahmequellen, z.B. durch Zahlungen aus ihren Investitionen.[64]

---

63 Im einzelnen siehe Ebenroth/ Karl, MIGA-Kommentar, S. 270 ff.

64 Ebenroth, a.a.O., S. 646.

Textanhang

I. § 8 Haushaltsgesetz 1992

§ 8

(1) Der Bundesminister der Finanzen wird ermächtigt, Bürgschaften, Garantien oder sonstige Gewährleistungen zu übernehmen

1. a) im Zusammenhang mit förderungswürdigen Ausfuhren zugunsten von Ausführern und zugunsten von Kreditgebern für Kredite an ausländische Schuldner. Die Gewährleistungen werden nach Richtlinien übernommen, die der Bundesminister für Wirtschaft im Einvernehmen mit dem Bundesminister der Finanzen, dem Bundesminister für wirtschaftliche Zusammenarbeit und dem Bundesminister des Auswärtigen festlegt;

   b) im Zusammenhang mit Ausfuhren, an deren Durchführung ein besonderes staatliches Interesse der Bundesrepublik Deutschland besteht, zugunsten von Ausführern und zugunsten von Kreditgebern für Kredite an ausländische Schuldner;

   c) zum Zwecke der Umschuldung nach Buchstabe a oder b gedeckter Forderungen deutscher Gläubiger. Dabei können die Selbstbeteiligungen nachträglich ermäßigt sowie in Ausnahmefällen Bürgschaften, Garantien oder sonstige Gewährleistungen für bisher ungedeckte Forderungen übernommen werden, wenn andernfalls die Umschuldungsmaßnahmen nicht durchgeführt werden können;

2. a) für Kredite an ausländische Schuldner, wenn dies der Finanzierung förderungswürdiger Vorhaben dient oder im besonderen staatlichen Interesse der Bundesrepublik Deutschland liegt;

   b) zum Zwecke der Umschuldung nach Buchstabe a gedeckter Forderungen deutscher Gläubiger. Dabei können die Selbstbeteiligungen nachträglich ermäßigt sowie in Ausnahmefällen Bürgschaften, Garantien oder sonstige Gewährleistungen für bisher ungedeckte Forderungen übernommen werden, wenn andernfalls die Umschuldungsmaßnahmen nicht durchgeführt werden können;

3. zur Absicherung des politischen Risikos bei förderungswürdigen Kapitalanlagen im Ausland, wenn zwischen der Bundesrepublik Deutschland und dem Land, in dem das Kapital angelegt wird, eine Vereinbarung über die Behandlung von Kapitalanlagen besteht oder, solange dies nicht der Fall ist, durch die Rechtsordnung des betreffenden Landes oder in sonstiger Weise ein ausreichender Schutz der Kapitalanlage gewährleistet erscheint. Die Gewährleistungen werden nach Richtlinien übernommen, die der Bundesminister für Wirtschaft im Einvernehmen mit dem Bundesminister der Finanzen, dem Bundesminister für wirtschaftliche Zusammenarbeit und dem Bundesminister des Auswärtigen festlegt;

4. gegenüber der Europäischen Investitionsbank für Kredite dieser Bank an Schuldner außerhalb der Europäischen Gemeinschaft.

(2) Der Höchstbetrag der Gewährleistungen nach Absatz 1 Nr. 1 wird auf 180 000 000 000 Deutsche Mark, der Höchstbetrag der Gewährleistungen nach Absatz 1 Nr. 2 bis 4 auf insgesamt 35 000 000 000 Deutsche Mark festgesetzt.

(3) Die Ermächtigungen nach Absatz 1 Nr. 1 bis 3 gelten für Ausführer, Kreditgeber und Investoren im Inland.

II. Richtlinien für die Übernahme von Ausfuhrgewährleistungen

Vom 30. Dezember 1983

Der Bundesminister für Wirtschaft erläßt im Einvernehmen mit dem Bundesminister der Finanzen, dem Bundesminister des Auswärtigen und dem Bundesminister für wirtschaftliche Zusammenarbeit aufgrund von § 9 Abs. 1 Nr. 1 des Gesetzes über die Feststellung des Bundeshaushaltsplanes für das Haushaltsjahr 1984 (Haushaltsgesetz 1984) vom 22. 12. 1983, BGBl. 1983 I S 1516, die folgenden Richtlinien:

I. Übernahmeentscheidung

1. Allgemeines

1.1 Nach diesen Richtlinien wird über die Übernahme von Ausfuhrgewährleistungen der Bundesrepublik Deutschland (Bund) zugunsten deutscher Exporteure und Kreditinstitute zur Deckung von auslandsbezogenen Risiken des Ausfuhrgeschäftes entschieden. Ausfuhrgewährleistungen werden übernommen als

1.1.1 Ausfuhrbürgschaften,

wenn der ausländische Vertragspartner des deutschen Deckungsnehmers oder ein für das Forderungsrisiko voll haftender Garant ein Staat, eine Gebietskörperschaft oder eine vergleichbare Institution ist;

1.1.2 Ausfuhrgarantien

in allen Fällen anderer ausländischer Vertragspartner.

1.2 Ausfuhrdeckungen, die auf dem privaten Versicherungsmarkt allgemein in derselben Art und in demselben Umfange angeboten werden, sollen nicht als Ausfuhrgewährleistungen übernommen werden.

1.3 Ein Anspruch auf Übernahme von Ausfuhrgewährleistungen besteht nicht.

1.4 Ausfuhrgewährleistungen dürfen nur gegenüber deutschen Exporteuren und deutschen Kreditinstituten (Deckungsnehmer) übernommen werden.

1.41 Als deutsche Exporteure gelten

1.4.1.1 Einzelkaufleute und Handelsgesellschaften mit Wohnsitz bzw. Gesellschaftssitz im Geltungsbereich des Außenwirtschaftsgesetzes (AWG);

1.4.1.2 ausländische Handelsgesellschaften, die im Geltungsbereich des AWG eine in das Handelsregister eingetragene Niederlassung unterhalten in bezug auf das Ausfuhrgeschäft dieser Niederlassung.

1.4.2 Als deutsche Kreditinstitute gelten alle Unternehmen, die Bankgeschäfte betreiben und hierzu nach dem Gesetz über das Kreditwesen eine Erlaubnis zum Betrieb von Bankgeschäften besitzen oder nach diesem Gesetz einer solchen Erlaubnis nicht bedürfen.

1.5 Durch Ausfuhrgewährleistungen können insbesondere Liefer-, Leistungs- und Finanzierungsverträge unterstützt werden.

1.6 Ausfuhrgewährleistungen dienen der Förderung der deutschen Ausfuhr. Sie sollen nur übernommen werden, wenn die nach dem Ausfuhrvertrag zu liefernden Waren oder die zu erbringenden Leistungen ihren Ursprung im wesentlichen im Geltungsbereich des AWG haben.

1.6.1 Ausländische Zulieferungen können bis zu einem Anteil von in der Regel 10 vom Hundert an dem gesamten Liefer- und Leistungsumfang des Exportgeschäftes in den Deckungsschutz einbezogen werden.

1.6.2 Ausländische Zulieferungen in einem diesen Anteil überschreitenden Umfange werden nach Maßgabe internationaler Vereinbarungen und Regelungen auf der Basis der Gegenseitigkeit in den Deckungsschutz einbezogen.

1.6.3 Im Bereich der Ausfuhrgewährleistungen für Exportverträge mit Kreditlaufzeiten von nicht mehr als 24 Monaten können im Rahmen der dafür im internationalen Handelsverkehr üblichen Konditionen Güter, die typischerweise im Transit gehandelt werden (Transitware), in den Deckungsschutz einbezogen werden.

Bei Ausfuhrgeschäften, die mit besonders hohen Risiken verbunden sind, kann die Ausfuhrgewährleistung auf den Liefer- bzw. Leistungsanteil mit Ursprung im Geltungsbereich des AWG beschränkt werden.

1.7 Anträge auf Übernahme einer Ausfuhrgewährleistung sind grundsätzlich auf eine Deckung sämtlicher mit dem Exportgeschäft verbundenen abdeckbaren Risiken zu richten.

Bei der Entscheidung über die Übernahme von Ausfuhrgewährleistungen können von seiten des Bundes Risiken von der Deckung ausgeschlossen oder der Umfang der Deckung beschränkt werden.

2. Kriterien für die Übernahme

2.1 Förderungswürdigkeit
Die Übernahme einer Ausfuhrgewährleistung setzt die Förderungswürdigkeit des Ausfuhrgeschäftes oder ein besonderes staatliches Interesse der Bundesrepublik Deutschland an der Durchführung des Ausfuhrgeschäftes voraus.

Ein Ausfuhrgeschäft gilt insbesondere nicht als förderungswürdig, wenn seiner Durchführung wichtige Interessen der Bundesrepublik Deutschland entgegenstehen.

2.2 Risikomäßige Vertretbarkeit
Die positive Entscheidung über die Übernahme einer Ausfuhrgewährleistung setzt voraus, daß unter Berücksichtigung bereits gedeckter Risiken die Deckung in bezug auf die Kreditwürdigkeit des ausländischen Bestellers oder Kreditnehmers sowie im Hinblick auf die mit der Durchführung des Ausfuhrgeschäftes verbundenen politischen Risiken vertretbar ist. Die Übernahme ist vertretbar, wenn eine vernünftige Aussicht auf einen schadensfreien Verlauf des Exportgeschäftes besteht.

Bei der Prüfung der zu deckenden Risiken ist der Grad der Förderungswürdigkeit des Ausfuhrgeschäftes zu berücksichtigen. Dabei kann die Grenze der Vertretbarkeit im Einzelfall weiter als im Regelfall gezogen werden, wenn an der Durchführung des Ausfuhrgeschäftes ein besonderes gesamtwirtschaftliches Interesse – insbesondere zur Sicherung von Arbeitsplätzen – besteht.

2.3 Vertragsbedingungen
Ausfuhrgeschäfte sollen nur unterstützt werden, wenn die vereinbarten Konditionen mit den nach Art und Umfang der Warenlieferung oder der zu erbringenden Leistung im Außenhandel üblichen Vertragsbedingungen übereinstimmen. Insbesondere sollen unterstützte Ausfuhrgeschäfte in bezug auf die Zahlungsbedingungen bzw. Rückzahlungsbedingungen zwischenstaatlichen Vereinbarungen und den international abgestimmten Grundsätzen für Exportgeschäfte entsprechen.

2.4 Haushaltsrechtliche Einschränkungen
Sämtliche Entscheidungen ergehen im Rahmen der Vorschriften des Bundeshaushaltsrechts. Insbesondere dürfen Ausfuhrgewährleistungen nicht übernommen werden, wenn

2.4.1 der im Haushalt festgesetzte Höchstbetrag der Gewährleistungen nicht ausreicht oder

2.4.2 wenn mit hoher Wahrscheinlichkeit mit der Inanspruchnahme des Bundes gerechnet werden muß.

Einem Antrag auf Übernahme einer Ausfuhrgewährleistung darf nur stattgegeben werden, wenn ihm der Bundesminister der Finanzen zugestimmt hat.

3. Beteiligte an der Übernahmeentscheidung

3.1 Der Bundesminister für Wirtschaft trifft die Entscheidungen über eine Übernahme von Ausfuhrgewährleistungen mit Zustimmung des Bundesministers der Finanzen gemäß § 39 der Bundeshaushaltsordnung vom 19.8.1969, BGBl. I S. 1284, sowie im Einvernehmen mit dem Bundesminister des Auswärtigen und dem Bundesminister für wirtschaftliche Zusammenarbeit in dem Interministeriellen Ausschuß für Ausfuhrgarantien und Ausfuhrbürgschaften.

3.2 An den Sitzungen des Interministeriellen Ausschusses nehmen teil:

3.2.1 Vertreter des Bundesministers für Wirtschaft, des Bundesministers der Finanzen, des Auswärtigen Amtes und des Bundesministers für wirtschaftliche Zusammenarbeit;

3.2.2 Vertreter der mit der Geschäftsführung betrauten Mandatare.

Zur Teilnahme an den Sitzungen des Interministeriellen Ausschusses kann der Bundesminister für Wirtschaft als beratende Sachverständige laden:

3.2.3 vom Bundesrechnungshof, der Deutschen Bundesbank, der Kreditanstalt für Wiederaufbau sowie der AKA Ausfuhrkredit-Gesellschaft mbH benannte Vertreter;

3.2.4 vom Bundesminister für Wirtschaft auf Zeit berufene Vertreter der Ausfuhrwirtschaft und des Bankgewerbes.

3.3 Den Vorsitz im Interministeriellen Ausschuß führt ein Vertreter des federführenden Bundesministers für Wirtschaft.

3.4 Über die Verhandlungen im Interministeriellen Ausschuß ist von allen Teilnehmern Stillschweigen zu wahren. Alle den Teilnehmern gegebenen Unterlagen und Auskünfte sind nur für diese bestimmt und dürfen Dritten gegenüber nicht unbefugt offenbart werden.

3.5 Der Bund überträgt die Geschäftsführung einem Konsortium (Mandatare). Dieses Konsortium besteht aus der HERMES Kreditversicherungs-AG, Hamburg/Berlin, als Federführer und der TREUARBEIT Aktiengesellschaft Wirtschaftprüfungsgesellschaft Steuerberatungsgesellschaft. Berlin/Frankfurt a. M.

3.5.1 Die Geschäftsführung wird in einem Mandatarvertrag zwischen dem Bund und den Mandataren näher geregelt. Sie erstreckt sich auf die Entgegennahme der Anträge und sonstigen Erklärungen der Deckungsnehmer in bezug auf die Übernahme von Ausfuhrgewährleistungen sowie auf deren Bearbeitung und Abwicklung. Die Mandatare bereiten die Anträge zur Entscheidung vor und übermitteln die getroffenen Entscheidungen ebenso wie eventuelle Weisungen an die Deckungsnehmer.

3.5.2 Die Tätigkeit der Mandatare unterliegt der Prüfung durch den Bundesminister für Wirtschaft, den Bundesminister der Finanzen sowie den Bundesrechnungshof.

4. Verfahren

4.1 Ausfuhrgewährleistungen werden nur auf Antrag übernommen. Ein Antrag soll möglichst vor Abschluß des Ausfuhrvertrages und ggf. des Kreditvertrages, jedenfalls vor Beginn des zu deckenden Risikos gestellt werden.

4.2 Grundsätzliche Stellungsnahme
Vor dem Abschluß eines Ausfuhrvertrages und ggf. eines Kreditvertrages kann gegenüber dem Antragsteller eine grundsätzliche Stellungnahme über die Aussichten einer Indeckungnahme abgegeben werden.

4.2.1 Die grundsätzliche Stellungnahme umfaßt die Zusicherung des Bundes, über die beantragte Ausfuhrgewährleistung bei unveränderter Sach- und Rechtslage positiv zu entscheiden, sofern der Ausfuhrvertrag bzw. der Kreditvertrag innerhalb einer gesetzten Frist abgeschlossen wird und der im Haushaltsgesetzt festgesetzte Höchstbetrag der Gewährleistungen ausreicht.

4.2.2 Ändert sich nach Abgabe der grundsätzlichen Stellungnahme die Sach- oder Rechtslage derart, daß der Bundesminister für Wirtschaft bei Kenntnis der nachträglich eingetretenen Änderung die Stellungnahme nicht abgegeben hätte oder aus rechtlichen Gründen nicht hätte abgeben dürfen, ist der Bund an die Zusicherung nicht gebunden.

4.2.2.1 Der Bundesminister für Wirtschaft teilt dem Antragsteller den Wegfall der Bindungswirkung der Zusicherung nach Erlangung der Kenntnis von der Änderung der Sach- oder Rechtslage mit.

4.2.2.2 Hat der Antragsteller vor Ablauf der gesetzten Frist den Ausfuhrvertrag abgeschlossen und diese Tatsache unverzüglich mitgeteilt und konnte er bei dem Abschluß des Vertrages in gutem Glauben von einer unveränderten Sach- und Rechtslage ausgehen, soll sich der Bundesminister für Wirtschaft auf den Wegfall der Bindungswirkung nur berufen, wenn und soweit er im Rahmen einer bestehenden Ausfuhrgewährleistung zu Eingriffen in die Deckung berechtigt wäre.

4.3 Endgültige Entscheidung

4.3.1 Über den Antrag auf Übernahme einer Ausfuhrgewährleistung wird endgültig entschieden, wenn sämtliche entscheidungerheblichen Tatsachen vorliegen.

4.3.2 Eine abschließende positive Entscheidung (endgültige Deckungszusage) wird regelmäßig erst getroffen, wenn der Ausfuhrvertrag sowie ggf. auch der Kreditvertrag abgeschlossen sind und sämtliche für die Beurkundung durch die Bundesschuldenverwaltung notwendigen Daten vorliegen.

4.3.3 Die endgültige Deckungszusage begründet einen Anspruch des Antragstellers auf Abschluß eines Gewährleistungsvertrages mit dem Bund, soweit der im Haushaltsgesetz festgesetzte Höchstbetrag der Gewährleistungen ausreicht. Der Bund ist jedoch an die Deckungszusage nicht gebunden, wenn und soweit er im Rahmen einer bestehenden Ausfuhrgewährleistung zu Eingriffen in die Deckung berechtigt wäre.

II. Vertragliche Abwicklung

5. Gewährleistungsvertrag

5.1 Aufgrund der endgültigen Deckungszusage schließt der Bund mit dem Deckungsnehmer einen Gewährleistungsvertrag. Der Bund als Vertragspartner des Deckungsnehmers wird durch den Bundesminister für Wirtschaft vertreten. Der Bundesminister für Wirtschaft läßt sich seinerseits beim Vertragsabschluß durch die Mandatare vertreten.

5.2 Der Bund wird aus dem Gewährleistungsvertrag erst verpflichtet, wenn gemäß der Verordnung über die Bundesschuldenverwaltung vom 13.12.1949, BGBl. 1959 S. 1, § 3 des Gesetzes über die Errichtung einer Schuldenverwaltung des Vereinigten Wirtschaftsgebietes vom 13.7.1948, WiGBl. S. 73, sowie § 5 der Reichsschuldenordnung vom 13.2.1924. RGB.l S. 95, über die Gewährleistung des Bundes eine Urkunde erstellt und mit zwei Unterschriften der Bundesschuldenverwaltung versehen ist.

5.3 Im Gewährleistungsvertrag werden die Einzelheiten der Deckung geregelt, insbesondere

5.3.1 die vertraglichen Leistungen und Rechte des Gewährleistungsnehmers, die von der Ausfuhrgewährleistung umschlossen sind (Deckungsgegenstände),

5.3.2 die Umstände, bei deren Eintritt eine Entschädigung des Bundes erfolgt (Risikotatbestände).

5.3.3 der vom Gewährleistungsnehmer selbst zu tragende Anteil am Ausfall (Selbstbehalt).

5.3.4 der Betrag, bis zu dem eine Entschädigung des Bundes höchstens gewährt werden darf (Höchsthaftungssumme) sowie

5.3.5 die Voraussetzungen unter denen der Bund die Deckung beschränken darf (Deckungseingriffe).

5.4 Wiederkehrende Vertragsbestimmungen kann der Bundesminister für Wirtschaft im Einvernehmen mit dem Bundesminister der Finanzen durch die Aufstellung Allgemeiner Bedingungen generell regeln.

6. Deckungsentgelte

6.1 Der Exporteur bzw. das Kreditinstitut ist bei der Antragstellung vertraglich zu verpflichten, als Gegenleistung

6.1.1 für die Prüfung der mit der beantragten Ausfuhrgewährleistung verbundenen Risiken sowie

6.1.2 für die Übernahme der Risiken durch den Bund
Entgelte zu entrichten. Die Entgeltsätze sollen so bemessen sein, daß sich das Deckungsinstrument auf lange Sicht selbst trägt.

6.2. Der Bundesminister für Wirtschaft setzt die Entgelsätze im Einvernehmen mit dem Bundesminister der Finanzen fest.

III. Schlußbestimmungen

7. Inkrafttreten

Diese Richtlinien treten mit Wirkung vom 1. Januar 1984 in Kraft. Mit dem Inkrafttreten dieser Richtlinien werden die Richtlinien für die Übernahme von Gewährleistungen im Ausfuhrgeschäft vom 7. September 1961 aufgehoben.

III. Allgemeine Bedingungen für Bundesdeckungen

1. Allgemeine Bedingungen für Fabrikationsrisikogarantien

Begriffsbestimmung	Die Bundesrepublik Deutschland (Bund) übernimmt Ausfuhrgewährleistungen unter der Bezeichnung **„Fabrikationsrisikogarantien"** zur Absicherung von Fabrikationsrisiken deutscher Exporteure aus Ausfuhrverträgen über Lieferungen und Leistungen an private ausländische Schuldner.
Gewährleistungsvertrag	Die Allgemeinen Bedingungen für Fabrikationsrisikogarantien sind Bestandteil des Gewährleistungsvertrages, den der Bund nach Maßgabe der Richtlinien für die Übernahme von Ausfuhrgewährleistungen schließt, und gelten, soweit sie nicht im Gewährleistungsvertrag ausdrücklich abbedungen, ergänzt oder ersetzt sind.
HERMES TREUARBEIT	Der Bund als Vertragspartner des Garantienehmers wird durch den Bundesminister für Wirtschaft (BMWi) vertreten. Der BMWi wird durch die HERMES Kreditversicherungs-AG (HERMES), Hamburg, und die TREUARBEIT Aktiengesellschaft Wirtschaftsprüfungsgesellschaft Steuerberatungsgesellschaft (TREUARBEIT), Hamburg, als Mandatare des Bundes vertreten. HERMES und TREUARBEIT sind vom Bund beauftragt und ermächtigt, alle den Abschluß und die Abwicklung des Gewährleistungsvertrages betreffenden Erklärungen, soweit sie nicht gemäß § 1 der Bundesschuldenverwaltung vorbehalten sind, namens und im Auftrag des Bundes abzugeben und entgegenzunehmen. Federführend ist HERMES.

§ 1
Formerfordernisse

Schriftform Urkunde der Bundesschuldenverwaltung	Der Gewährleistungsvertrag kommt dadurch zustande, daß der Bund den Antrag des Garantienehmers auf Übernahme einer Fabrikationsrisikogarantie schriftlich und unter Bezugnahme auf diese Allgemeinen Bedingungen annimmt. Der Bund kann jedoch auf Zahlung erst in Anspruch genommen werden, wenn über die Fabrikationsrisikogarantie eine Urkunde (Fabrikationsrisikogarantie-Erklärung) erstellt, mit zwei Unterschriften der Bundesschuldenverwaltung versehen und dem Garantienehmer zugegangen ist. Entsprechendes gilt für Änderungen der Fabrikationsrisikogarantie, die Inhalt oder Umfang der Haftung des Bundes erweitern. Mündliche Nebenabreden haben keine Gültigkeit.

§ 2
Gegenstand der Fabrikationsrisikogarantie

Selbstkosten	(1) Gegenstand der Fabrikationsrisikogarantie sind unbeschadet § 7 Absatz 1 die **Selbstkosten** für die im Ausfuhrvertrag mit dem ausländischen Schuldner vereinbarten Lieferungen und Leistungen bis zur Höhe des Auftragswertes.

Definition der Selbstkosten

(2) Selbstkosten im Sinne dieser Garantie sind die Einzel- und Gemeinkosten im Sinne der Leitsätze für die Preisermittlung aufgrund von Selbstkosten (LSP), die bei wirtschaftlicher Betriebsführung zur Durchführung des Ausfuhrvertrages erforderlich sind. Abweichend von den LSP werden für Fremdkapital und Ausfuhrfinanzierung entstandene Aufwendungen als Selbstkosten berücksichtigt, wenn und soweit sie dem Ausfuhrvertrag unmittelbar zugeordnet werden können. Bei kalkulatorischen Abschreibungen ist von den Anschaffungswerten auszugehen.

nicht deckungsfähige Kostenarten

(3) Nicht unter die Garantie fallen:

1. der kalkulatorische Gewinn des Garantienehmers,
2. das vom Garantienehmer entrichtete Entgelt für die Garantie des Bundes,
3. Aufwendungen, die nach dem anwendbaren Recht verboten sind.

Teildeckung

(4) Auf Antrag des Garantienehmers kann der Bund die Garantie auf die Selbstkosten für abgrenzbare, in sich geschlossene und selbständig anderweitig verwertbare Teile der im Ausfuhrvertrag vereinbarten Lieferungen und Leistungen beschränken.

§ 3
Haftungszeitraum

Haftungsbeginn

(1) Die Haftung aus der Fabrikationsrisikogarantie beginnt mit Inkrafttreten des Ausfuhrvertrages.

Haftungsende

(2) Die Haftung aus der Fabrikationsrisikogarantie endet mit Abnahme der Ware, spätestens mit Versand. Bei Teilabnahmen oder Teillieferungen endet sie für die diesen Teilabnahmen bzw. Teillieferungen zuzuordnenden Selbstkosten.

späteres Haftungsende bei Embargo

(3) Abweichend von Absatz 2 endet die Haftung des Bundes für die Garantiefälle gemäß § 4 Nr. 3 e mit der Erfüllung aller vertraglichen Liefer- und Leistungsverpflichtungen des Garantienehmers.

§ 4
Garantiefälle

Schadenstatbestände

Der Garantiefall tritt ein, wenn

– Weisung zum Abbruch

1. der Bund im Hinblick auf gefahrerhöhende Umstände eine Weisung erteilt, in deren Ausführung der Garantienehmer Fertigstellung oder Versand der Ware endgültig abbricht bzw. endgültig unterläßt oder länger als 6 Monate unterbricht bzw. zurückstellt;

– Ausbleiben einer Weisung zur Wiederaufnahme

2. der Garantienehmer ohne Weisung gemäß Nr. 1 im Hinblick auf gefahrerhöhende Umstände Fertigstellung oder Versand der Ware unterbricht bzw. zurückstellt und der Bund eine Fortsetzung der Fertigung bzw. den Versand der Ware nicht innerhalb von 6 Monaten seit dem Zeitpunkt anordnet, in dem der Garantienehmer den Bund von der Unterbrechung der Fertigung bzw. dem Zurückstellen der Versendung unterrichtet hat;

– politische Umstände im Ausland

3. a) die Versendung der fertiggestellten Ware in der vertraglich vorgesehenen oder einer anderen dem Garantienehmer zumutbaren Weise endgültig oder länger als 6 Monate durch

   gesetzgeberische oder behördliche Maßnahmen im Ausland

   oder

kriegerische Ereignisse, Aufruhr oder Revolution im Ausland gehindert ist;

- Insolvenz des Schuldners	b) die Durchführung des Vertrages unmöglich oder unzumutbar ist, weil mit Bezug auf das Vermögen des ausländischen Schuldners oder dessen Nachlaß aa) ein Konkursverfahren eröffnet oder mangels Masse abgelehnt worden ist; bb) ein amtliches Vergleichsverfahren oder ein anderes amtliches Verfahren, das zum Ausschluß der Einzelzwangsvollstreckung führt, eröffnet worden ist; cc) ein außeramtlicher Vergleich (Stundungs-, Quoten- oder Liquidationsvergleich) abgeschlossen worden ist, dem alle oder eine Gruppe untereinander vergleichbarer Gläubiger einschließlich des Garantienehmers zugestimmt haben; dd) die wirtschaftlichen Verhältnisse nachweislich so ungünstig sind, daß der ausländische Schuldner seine Zahlungen ganz oder in wesentlichem Umfang eingestellt hat;
- Lossagung vom Vertrag	c) dem Garantienehmer die Fortsetzung der Fertigung bzw. der Versand der Ware deshalb nicht zuzumuten ist, weil der ausländische Schuldner sich endgültig vom Vertrag losgesagt oder sonst in schwerwiegender Weise gegen seine Vertragspflichten verstoßen hat und deshalb mit einer Durchführung des Vertrages nicht mehr gerechnet werden kann;
- Nichtzahlung von Stornierungskosten	d) der ausländische Schuldner den Vertrag kündigt und aus der Kündigung entstandene gesetzliche oder vertragliche Ansprüche des Garantienehmers innerhalb von 6 Monaten nach ihrer Fälligkeit nicht erfüllt werden;
- Embargo nach dem AWG	e) die Durchführung des Vertrages dadurch unmöglich wird, daß aufgrund einer gemäß § 27 in Verbindung mit §§ 2 und 7 des Außenwirtschaftsgesetzes (AWG) vom 28.04.1961 nach Beginn der Haftung erlassenen Rechtsverordnung aa) eine ohne Widerrufsvorbehalt erteilte Ausfuhrgenehmigung ohne Verschulden des Garantienehmers widerrufen oder zurückgenommen wird oder bb) eine befristete ohne Widerrufsvorbehalt erteilte Ausfuhrgenehmigung ohne Verschulden des Garantienehmers nicht verlängert wird oder cc) ein Verbot oder eine Beschränkung der Ausfuhr der Ware bzw. der Erbringung der Leistung eingeführt und aus diesem Grund eine Ausfuhrgenehmigung ohne Verschulden des Garantienehmers versagt wird;
- Embargomaßnahmen eines Zuliefer- oder Transitlandes	f) die Durchführung des Ausfuhrvertrages dadurch unmöglich oder unzumutbar wird, daß nach Beginn der Haftung mit Bezug auf die Ausfuhr von Lieferungen und Leistungen aus Drittländern, die nach der Fabrikationsrisikogarantie-Erklärung vorgesehen und anderweitig nicht ersetzbar sind, gesetzgeberische oder behördliche Beschränkungen im Ausland ergehen, die den in Buchstabe e genannten Maßnahmen entsprechen.

§ 5
Voraussetzung der Entschädigung

(1) **Voraussetzung für die Entschädigung garantierter Selbstkosten ist die Wirksamkeit des Ausfuhrvertrages.**

Beweislast

(2) **Der Garantienehmer hat die Wirksamkeit des Ausfuhrvertrages und den Bestand der in der Fabrikationsrisikogarantie-Erklärung aufgeführten Sicherheiten sowie Grund und Höhe des Schadens auf seine Kosten nachzuweisen. Dabei hat er auf Verlangen des Bundes zur Feststellung der Höhe des Schadens einen von diesem bestimmten Wirtschaftsprüfer oder Sachverständigen zu beauftragen.**

Einreden oder Einwendungen gegen Ausfuhrvertrag oder Sicherheiten

Risiken des anwendbaren Rechts

Wird die Wirksamkeit des Ausfuhrvertrages oder der Bestand der in der Fabrikationsrisikogarantie-Erklärung aufgeführten Sicherheiten bestritten oder werden dagegen Einreden oder Einwendungen erhoben, kann der Bund den Entschädigungsantrag zurückweisen, bis der Garantienehmer – erforderlichenfalls durch Entscheidung des im Verhältnis zwischen ihm und seinem ausländischen Schuldner oder Sicherheitengeber zuständigen Gerichts oder Schiedsgerichts – die Wirksamkeit des Ausfuhrvertrages und der in der Fabrikationsrisikogarantie-Erklärung aufgeführten Sicherheiten nachgewiesen hat; **die Risiken des anwendbaren Rechts und des Gerichtsstands trägt dabei der Garantienehmer.**

Verantwortung für Rechtsmängel

keine Prüfung von Unterlagen außerhalb der Schadensprüfung

(3) **Die Verantwortung für die Wirksamkeit des Ausfuhrvertrages und dafür bestellter Sicherheiten trägt im Verhältnis zum Bund ausschließlich der Garantienehmer.** Der Bund wird Verträge und sonstige Unterlagen erst im Entschädigungsverfahren prüfen. Der Garantienehmer kann sich nicht darauf berufen, daß der Bund den Inhalt solcher Verträge oder Unterlagen oder Teile derselben vorher, insbesondere bei Übernahme der Fabrikationsrisikogarantie, gekannt habe oder hätte kennen müssen.

§ 6
Selbstbeteiligung

Regelsatz

(1) Der Garantienehmer ist an jedem Schaden selbst beteiligt. Sofern in der Fabrikationsrisikogarantie-Erklärung nichts anderes festgelegt ist, beträgt die Selbstbeteiligung 10 %.

Verbot der anderweitigen Absicherung

(2) **Der Garantienehmer darf das Risiko aus der Selbstbeteiligung nicht anderweitig absichern;** dies gilt nicht für die Weitergabe des Risikos aus der Selbstbeteiligung an Unterlieferanten des Garantienehmers.

§ 7
Berechnung und Auszahlung der Entschädigung

Ausgangswert

(1) **Grundlage für die Berechnung der Entschädigung sind die garantierten und bis zum Eintritt des Garantiefalles entstandenen Selbstkosten.**

Abzug von

(2) Von den nach Absatz 1 entschädigungsfähigen Selbstkosten sind vorbehaltlich Absatz 3 folgende dem Garantienehmer entstandene Vermögensvorteile abzuziehen:

– Zahlungen	1. alle Zahlungen und sonstigen Leistungen des ausländischen Schuldners sowie von Garanten, Bürgen und Dritten, soweit diese Zahlungen und sonstigen Leistungen im Zusammenhang mit dem Ausfuhrvertrag, auf den sich die Garantie bezieht, geleistet wurden und nicht als Bezahlung bereits erbrachter Lieferungen und Leistungen oder als Bezahlung von Aufwendungen im Bestellerland anzusehen sind;
– sonstigen Vermögensvorteilen	2. sonstige Vermögensvorteile, die der Garantienehmer im Zusammenhang mit dem Ausfuhrvertrag, auf den sich die Garantie bezieht, erlangt hat, soweit diese Vermögensvorteile nicht durch die Verwertung solcher Waren und Leistungen entstanden sind, deren Selbstkosten nicht in die Garantie einbezogen sind;
– Verwertungserlösen	3. Erlöse aus der anderweitigen Verwertung von Waren und Leistungen, deren Selbstkosten in die Garantie einbezogen sind.
sachgemäße Aufwendungen	(3) Die nach Absatz 2 von den entschädigungsfähigen Selbstkosten abzuziehenden Vermögensvorteile werden um die sachgemäßen Aufwendungen gekürzt, die der Garantienehmer zur Erlangung dieser Vermögensvorteile gemacht hat. Dabei bleiben die für Verwertungsmaßnahmen und zur Einziehung einer Forderung üblichen Kosten einschließlich Protestkosten sowie die im gewöhnlichen Geschäftsbetrieb des Garantienehmers entstandenen Kosten außer Betracht.
Abzug der Selbstbeteiligung	(4) Der sich nach Absatz 1 – 3 ergebende Betrag (entschädigte Selbstkosten) ist um die Selbstbeteiligung des Garantienehmers zu kürzen.
Fristen für Schadensbearbeitung	(5) Nach Einreichung aller für die Feststellung des Entschädigungsanspruches erforderlichen Unterlagen stellt der Bund die Schadensberechnung innerhalb von 2 Monaten auf. Der sich aus der Schadensberechnung ergebende Betrag wird innerhalb eines Monats nach Bekanntgabe der Schadensberechnung an den Garantienehmer insoweit ausgezahlt, als der Garantienehmer die Schadensberechnung anerkannt hat.
Abschlagszahlung	(6) Ist die Schadensberechnung infolge eines Umstandes, den der Garantienehmer nicht zu vertreten hat, nicht innerhalb von 2 Monaten möglich, kann dem Garantienehmer auf Antrag insoweit eine Abschlagszahlung auf die zu erwartende Entschädigung gewährt werden, als diese in ihrem Mindestumfang bereits vor Abschluß der Schadensberechnung feststeht.

§ 8
Rückflüsse

Reihenfolge der Zuordnung	(1) Vermögensvorteile im Sinne von § 7 Absatz 2, die der Garantienehmer erst nach Leistung der Entschädigung erlangt und die deshalb bei der Schadensberechnung nicht berücksichtigt wurden (Rückflüsse), sind in der folgenden Reihenfolge zu verwenden:
– Aufwendungen	1. zum Ausgleich sachgemäßer Aufwendungen im Sinne von § 7 Absatz 3 im Verhältnis der vom Bund erstatteten zu den nicht erstatteten Aufwendungen;
– Selbstkosten	2. zum Ausgleich der **entschädigten** Selbstkosten im Verhältnis der Entschädigungsleistung zur Selbstbeteiligung;
– Refinanzierungskosten des Bundes	3. zum Ausgleich der vom Eintritt des Garantiefalles bis zum Eingang des Rückflusses in Höhe der jeweiligen Refinanzierungskosten des Bundes auf die entschädigten Selbstkosten zu berechnenden Zinsbelastung im Verhältnis der auf den Bund und den Garantienehmer entfallenden Anteile.

Mitteilungs- und Abführungspflicht

(2) **Der Garantienehmer hat dem Bund jeden Eingang von Rückflüssen unverzüglich anzuzeigen. Die dem Bund zustehenden Beträge hat der Garantienehmer unverzüglich an den Bund abzuführen.**

§ 9

Rückzahlung der Entschädigung

Mitteilungspflicht über Einreden oder Einwendungen gegen den Ausfuhrvertrag oder Sicherheiten

(1) **Wird die Wirksamkeit des Ausfuhrvertrages oder der Bestand der in der Fabrikationsrisikogarantie-Erklärung aufgeführten Sicherheiten bestritten oder werden dagegen Einreden oder Einwendungen erhoben, hat der Garantienehmer dies im Entschädigungsverfahren unverzüglich mitzuteilen.** Verletzt der Garantienehmer diese Pflicht, kann der Bund die geleistete Entschädigung insoweit zurückfordern, als er bei Kenntnis der Sachlage den Entschädigungsantrag zurückgewiesen hätte.

Rückforderung bei Wegfall der Entschädigungsvoraussetzungen

(2) Stellt sich nach Leistung der Entschädigung heraus, daß der Ausfuhrvertrag nicht wirksam ist oder der entschädigte Ausfall des Garantienehmers nicht oder nicht in voller Höhe besteht, oder ergibt sich nach Leistung der Entschädigung, daß der Bund aus sonstigen Gründen nicht zur Entschädigung verpflichtet war, kann der Bund die geleistete Entschädigung einschließlich erstatteter Kosten insoweit zurückfordern.

Rückforderung bei nachträglicher Leistungsfreiheit

(3) Wird der Bund infolge eines Umstandes, der erst nach Leistung der Entschädigung eingetreten ist, von der Verpflichtung zur Entschädigung frei oder verletzt der Garantienehmer die ihn nach § 12 Absatz 1 treffenden Pflichten, so ist der Bund berechtigt, die geleistete Entschädigung einschließlich erstatteter Kosten insoweit zurückzufordern.

Verzinsungspflicht bei Rückforderung

(4) **Soweit dem Bund ein Rückzahlungsanspruch zusteht, hat der Garantienehmer** in den Fällen der Absätze 1 und 2 **den zurückzuzahlenden Betrag** vom Zeitpunkt der Leistung der Entschädigung, im Falle des Absatzes 3 vom Zeitpunkt des Wegfalls der Entschädigungsverpflichtung an mit dem Zinssatz **zu verzinsen,** der den Kosten der Kreditaufnahme des Bundes ab diesem Zeitpunkt entspricht. Mit Erfüllung des Rückzahlungsanspruchs fallen gemäß § 11 Absatz 1 auf den Bund übergegangene Ansprüche und sonstige Rechte insoweit an den Garantienehmer zurück.

weitergehende Ansprüche

(5) Weitergehende, nach gesetzlichen Regelungen oder allgemeinen Rechtsgrundsätzen bestehende Ansprüche des Bundes werden hierdurch nicht berührt.

§ 10

Anderweitige Verwertung nach Eintritt des Garantiefalles

Weisungsrecht des Bundes

(1) Der Bund kann eine anderweitige Verwertung von Waren und Leistungen, deren Selbstkosten in die Garantie einbezogen sind, verlangen. **Der Garantienehmer darf eine anderweitige Verwertung nur im Einvernehmen mit dem Bund vornehmen. Er hat dabei Weisungen des Bundes zu beachten.**

Verwertung gedeckter und ungedeckter Teile

(2) Die gemeinsame anderweitige Verwertung von Waren und Leistungen, deren Selbstkosten in die Garantie einbezogen sind, zusammen mit Waren und Leistungen, deren Selbstkosten nicht garantiert sind, bedarf der vorherigen Vereinbarung zwischen Bund und Garantienehmer über die Verteilung des Verwertungserlöses.

sachgemäße Aufwendungen

(3) **Maßnahmen zur Erhaltung oder Verbesserung der Verwertungsmöglichkeit** in bezug auf die Waren und Leistungen, deren Selbstkosten in die Garantie einbezogen sind, insbesondere die Fertigstellung der in Fertigung befindlichen Waren oder die Einlagerung bereits gefertigter Waren, **bedür-**

fen der vorherigen Vereinbarung zwischen Bund und Garantienehmer über die Höhe und Verteilung der dadurch entstehenden Kosten. Für die Anwendung des § 8 Absatz 1 Nr. 1 werden diese Kosten den sachgemäßen Aufwendungen gleichgestellt.

§ 11
Übergang von Rechten und Ansprüchen

Forderungsübergang

(1) Mit Leistung der Entschädigung gehen Ansprüche des Garantienehmers auf Vermögensvorteile im Sinne des § 7 Absatz 2 einschließlich der hierfür bestehenden Sicherheiten insoweit auf den Bund über, als ihm diese Vermögensvorteile im Falle eines Rückflusses gemäß § 8 zustehen. Der Garantienehmer hat auf Verlangen des Bundes die zum Übergang der Ansprüche und sonstigen Rechte etwa erforderlichen Rechtshandlungen vorzunehmen.

treuhänderische Verwaltung

(2) Ist die Übertragung nicht möglich oder verzichtet der Bund auf sie, so hat der Garantienehmer diese Rechte und Ansprüche als Treuhänder des Bundes zu halten.

§ 12
Rechtsverfolgung nach Leistung der Entschädigung

Verpflichtung zur Rechtsverfolgung

Beurteilungsspielraum des Bundes

(1) **Unbeschadet des Überganges der Rechte und Ansprüche gemäß § 11 hat der Garantienehmer alle zur Einziehung der Forderungen und zur Verwertung von Sicherheiten geeigneten Maßnahmen durchzuführen und hierbei etwaige Weisungen des Bundes zu befolgen;** als geeignete Maßnahme gilt auch die Führung eines Rechtsstreites. Von einer Weisung zur Führung eines Rechtsstreites kann abgesehen werden, wenn Gerichtsstand bzw. anwendbare Rechtsordnung keine hinreichende Beurteilung der Erfolgsaussichten des Rechtsstreites zulassen und der Garantienehmer einen solchen Gerichtsstand bzw. die Anwendung einer solchen Rechtsordnung nicht abbedingen konnte oder wenn die voraussichtlichen Kosten des Rechtsstreites außer Verhältnis zu der Höhe der Forderung bzw. den Erfolgsaussichten von Vollstreckungsmaßnahmen stehen.

Kostenbeteiligung

(2) Erfolgen Rechtsverfolgungsmaßnahmen mit Zustimmung des Bundes, werden dadurch entstehende sachgemäße Aufwendungen zwischen dem Bund und dem Garantienehmer im Verhältnis ihrer Beteiligung an den geltend gemachten Forderungen aufgeteilt. **Die zur Einziehung einer Forderung üblichen Kosten einschließlich Protestkosten sowie die im gewöhnlichen Geschäftsbetrieb des Garantienehmers entstandenen Kosten trägt der Garantienehmer.**

Verzicht auf Rückflußbeteiligung

(3) Entläßt der Bund den Garantienehmer auf dessen Antrag aus der Verpflichtung gemäß Absatz 1, so verliert der Garantienehmer das Recht, an Rückflüssen nach Maßgabe seiner Selbstbeteiligung beteiligt zu werden.

§ 13
Pflichten des Garantienehmers

Neben den sonstigen nach diesen Allgemeinen Bedingungen und den Bestimmungen der Fabrikationsrisikogarantie-Erklärung bestehenden Pflichten hat der Garantienehmer die folgenden Pflichten zu beachten:

Wahrheitspflicht im Antragsverfahren

1. **Der Garantienehmer hat im Zusammenhang mit der Beantragung einer Fabrikationsrisikogarantie alle für die Übernahme der Fabrikationsrisikogarantie erheblichen Umstände vollständig und richtig**

schriftlich anzuzeigen und unverzüglich zu berichtigen, wenn sich bis zum Zugang der Fabrikationsrisikogarantie-Erklärung gegenüber den bei Antragstellung erfolgten Angaben Änderungen oder Ergänzungen ergeben. Durch Antragsformular oder in sonstiger Weise erfragte Angaben gelten im Zweifel als erheblich.

Verbot des Abweichens vom dokumentierten Sachverhalt

2. **Nach Übernahme der Fabrikationsrisikogarantie darf der Garantienehmer Änderungen oder Ergänzungen, die sich auf den in der Fabrikationsrisikogarantie-Erklärung dargestellten Sachverhalt oder auf die mit dem Schuldner oder sonstigen Verpflichteten getroffenen Vereinbarungen beziehen, nicht ohne schriftliche Zustimmung des Bundes vornehmen,** es sei denn, die Änderungen oder Ergänzungen sind unerheblich; Nr. 1 Satz 2 gilt entsprechend.

Beachtung staatlicher Vorschriften

3. **Der Garantienehmer darf die Fertigung nur durchführen, wenn die hierfür erforderlichen Genehmigungen vorliegen sowie die Ausfuhrvorschriften der Bundesrepublik Deutschland und die Einfuhrvorschriften des Bestimmungslandes die Versendung bzw. die Einfuhr der Ware zulassen.**

Meldepflicht bei Gefahrerhöhung

4. **Der Garantienehmer hat ihm bekanntwerdende gefahrerhöhende Umstände unverzüglich schriftlich anzuzeigen und mitzuteilen, welche Maßnahmen er zur Sicherung seiner Ansprüche oder zur Schadensminderung beabsichtigt oder getroffen hat.** Als gefahrerhöhender Umstand gilt insbesondere, daß

   a) der Schuldner in Verzug gerät oder um Prolongation nachsucht;

   b) die Vermögenslage, Zahlweise oder allgemeine Beurteilung des Schuldners oder Sicherheitengebers sich verschlechtert oder vom Schuldner die Rückgabe gelieferter Waren oder eine andere als die geschuldete Leistung angeboten wird;

   c) gesetzgeberische oder behördliche Maßnahmen im Ausland oder sonstige politische Ereignisse Abnahme oder Versendung der Ware gefährdet erscheinen lassen.

Schadensverhütungs- und Schadensminderungspflichten

5. **Der Garantienehmer hat alle zur Vermeidung eines Garantiefalles oder Minderung des Ausfalls nach den Regeln der kaufmännischen Sorgfalt erforderlichen und geeigneten Maßnahmen zu ergreifen und hierbei etwaige Weisungen des Bundes zu befolgen. Hierbei entstehende Kosten trägt – soweit im Einzelfall nach diesen Allgemeinen Bedingungen nichts anderes bestimmt ist – der Garantienehmer.**

Auskunftspflicht

6. Der Garantienehmer hat dem Bund oder dessen Beauftragten über die Einzelheiten und den jeweiligen Abwicklungsstand der Fertigung sowie über sonstige Umstände, die für die Fabrikationsrisikogarantie von Bedeutung sein können, jederzeit Auskunft zu erteilen.

Prüfungsrechte des Bundes

7. Der Bund und seine Beauftragten sind berechtigt, jederzeit die Bücher und Unterlagen des Garantienehmers, die für die Fabrikationsrisikogarantie von Bedeutung sein können, einzusehen und Abschriften von ihnen zu nehmen oder zu verlangen. Auf Verlangen des Bundes hat der Garantienehmer Unterlagen in fremder Sprache auf seine Kosten übersetzen zu lassen.

8. Der Garantienehmer hat eine Prüfung seiner Bücher und seines Betriebes, soweit dies für die Fabrikationsrisikogarantie von Bedeutung sein kann, durch den Bund, den Bundesrechnungshof oder einen von diesen bestimmten Beauftragten zuzulassen, damit festgestellt werden kann, ob eine Inanspruchnahme des Bundes in Frage kommt oder die Voraussetzungen für eine solche vorliegen oder vorgelegen haben.

§ 14
Rechtsfolgen von Pflichtverletzungen

Haftungsbefreiung bei

- unwahren Angaben

(1) **Hat der Garantienehmer die ihm nach § 13 Nr. 1 obliegende Pflicht verletzt, so ist der Bund von seiner Verpflichtung zur Entschädigung frei,** es sei denn, der Bund stellt fest, daß die die Pflichtverletzung begründende Unvollständigkeit oder Unrichtigkeit auf seine Entscheidung über die Übernahme der Fabrikationsrisikogarantie keinen Einfluß gehabt hat. Eine Befreiung des Bundes von seiner Verpflichtung zur Entschädigung tritt nicht ein, soweit der Garantienehmer die Unrichtigkeit oder Unvollständigkeit seiner Angaben weder kannte noch kennen mußte.

- fehlerhaften Sicherheiten

(2) **Sind in der Fabrikationsrisikogarantie-Erklärung aufgeführte Sicherheiten nicht oder nicht rechtswirksam bestellt worden, so ist der Bund von seiner Verpflichtung zur Entschädigung frei,** es sei denn, der Bund stellt fest, daß die fehlende oder mangelhafte Sicherheit auf seine Entscheidung über die Übernahme der Fabrikationsrisikogarantie keinen Einfluß gehabt hat.

- sonstigen Obliegenheitsverletzungen unter dem Gesichtspunkt der
  - – Schadensursächlichkeit

(3) **Hat der Garantienehmer unter Verstoß gegen die kaufmännische Sorgfalt eine ihm nach § 13 Nr. 2 – 8 obliegende Pflicht verletzt, ist der Bund von der Verpflichtung zur Entschädigung frei,** es sei denn, durch die Pflichtverletzung ist ein Schaden weder entstanden noch zu besorgen.

– – Wesentlichkeit

Unabhängig davon, ob ein Schaden entstanden oder zu besorgen ist, ist der Bund bei einer Pflichtverletzung nach § 13 Nr. 2 von der Verpflichtung zur Entschädigung auch dann frei, wenn er feststellt, daß er den Änderungen oder Ergänzungen nach den Grundsätzen, denen er in seiner Entscheidungspraxis folgt, nicht zugestimmt hätte.

– – Risikoerhöhung

Bei einer Pflichtverletzung nach § 13 Nr. 4 ist der Bund von der Verpflichtung zur Entschädigung auch dann frei, wenn die Unkenntnis meldepflichtiger Umstände für den Bund im Zusammenhang mit anderen Ausfuhrgewährleistungen eine Risikoerhöhung bewirkt oder ihn daran gehindert hat, Maßnahmen zur Risikominderung zu ergreifen.

(4) Der Bund kann die Befreiung von seiner Verpflichtung zur Entschädigung nach den Umständen des Einzelfalles, insbesondere unter Berücksichtigung des eingetretenen Risikos und der Schwere des Verstoßes, einschränken.

(5) Soweit für die Verletzung sonstiger dem Garantienehmer nach diesen Allgemeinen Bedingungen und den Bestimmungen der Fabrikationsrisikogarantie-Erklärung obliegenden Pflichten keine gesonderten Rechtsfolgen gelten, finden die Absätze 1 – 4 entsprechende Anwendung.

(6) Aus dem Gesetz oder der Anwendung allgemeiner Rechtsgrundsätze sich ergebende Ansprüche und sonstige Rechte des Bundes werden durch die in diesen Allgemeinen Bedingungen und der Fabrikationsrisikogarantie-Erklärung enthaltenen Bestimmungen nicht berührt.

§ 15
Mitwirkendes Verschulden

Der Bund haftet nicht für Umstände und Gefahren, die der Garantienehmer nach den Regeln einer gewissenhaften Geschäftsführung und kaufmännischen Sorgfalt zu vertreten hat.

§ 16
Entgelt

Entgeltpflicht

(1) Für die Übernahme der Fabrikationsrisikogarantie wird ein von Art und Umfang des gedeckten Risikos abhängiges Entgelt erhoben. Sofern nichts anderes bestimmt ist, wird das Entgelt mit der Aushändigung der Fabrikationsrisikogarantie-Erklärung fällig.

Verzugsfolgen

(2) **Wird das fällige Entgelt nicht innerhalb von 14 Tagen nach einer Mahnung entrichtet,** die den Hinweis auf diese Frist und auf die nachstehend genannten Rechtsfolgen enthält, so **ist der Bund**, wenn seit der Fälligkeit des Entgelts insgesamt mindestens 6 Wochen verstrichen sind,

- Haftungsbefreiung

a) **von der Haftung** für Garantiefälle **befreit,** die nach Fälligkeit, aber vor Zahlung des Entgelts eingetreten sind,

- Kündigungsrecht

b) außerdem **berechtigt**, die Fabrikationsrisikogarantie ohne Einhaltung einer weiteren Frist **zu kündigen**, solange das Entgelt nicht bezahlt ist.

Neuberechnung

Einbehalt einer Verwaltungskostenpauschale

(3) Ändert sich Inhalt oder Umfang des Ausfuhrvertrages, auf den sich die Fabrikationsrisikogarantie bezieht, und stimmt der Bund deshalb einer Änderung der Fabrikationsrisikogarantie zu, so erfolgt eine Neuberechnung des Entgelts, wenn sich diese Änderungen auf den Betrag der garantierten Selbstkosten oder die Dauer des Risikos auswirken. Sofern kein Garantiefall eingetreten ist, werden sich aus der Neuberechnung ergebende Überzahlungen erstattet **abzüglich einer Verwaltungskostenpauschale in Höhe von 5 % der Überzahlung, höchstens jedoch von DM 5.000,–.**

Verfall des Entgelts bei Haftungsbefreiung

(4) **Ist der Bund** nach diesen Allgemeinen Bedingungen oder den Bestimmungen der Fabrikationsrisikogarantie-Erklärung **von der Verpflichtung zur Entschädigung frei, gebührt ihm gleichwohl das Entgelt,** soweit es fällig geworden ist, bevor der Bund von seiner Leistungsfreiheit Kenntnis erlangt hat.

§ 17
Abtretung der Ansprüche aus der Fabrikationsrisikogarantie

Die Abtretung der Ansprüche aus der Fabrikationsrisikogarantie bedarf der schriftlichen Zustimmung des Bundes. Stimmt der Bund der Abtretung zu, bleiben sämtliche Verpflichtungen des Garantienehmers aus der Fabrikationsrisikogarantie dem Bund gegenüber unverändert bestehen.

§ 18
Ausschlußfrist

Ansprüche gegen den Bund aus der Fabrikationsrisikogarantie sind innerhalb einer Ausschlußfrist von 6 Monaten gerichtlich geltend zu machen, nachdem der Bund dem Garantienehmer gegenüber die Ansprüche unter Hinweis auf diese Rechtsfolge schriftlich abgelehnt hat.

§ 19
Gerichtsstand

Für Streitigkeiten zwischen dem Bund und dem Garantienehmer aus der Fabrikationsrisikogarantie sind die ordentlichen Gerichte in Hamburg zuständig.

2. Allgemeine Bedingungen für Fabrikationsrisikobürgschaften

Begriffsbestimmung

Die Bundesrepublik Deutschland (Bund) übernimmt Ausfuhrgewährleistungen unter der Bezeichnung **„Fabrikationsrisikobürgschaften"** zur Absicherung von Fabrikationsrisiken deutscher Exporteure aus Ausfuhrverträgen über Lieferungen und Leistungen, wenn der ausländische Vertragspartner des deutschen Exporteurs oder ein für das Forderungsrisiko voll haftender Garant ein Staat, eine Gebietskörperschaft oder eine vergleichbare Institution ist.

Gewährleistungsvertrag

Die Allgemeinen Bedingungen für Fabrikationsrisikobürgschaften sind Bestandteil des Gewährleistungsvertrages, den der Bund nach Maßgabe der Richtlinien für die Übernahme von Ausfuhrgewährleistungen schließt, und gelten, soweit sie nicht im Gewährleistungsvertrag ausdrücklich abbedungen, ergänzt oder ersetzt sind.

HERMES
TREUARBEIT

Der Bund als Vertragspartner des Bürgschaftsnehmers wird durch den Bundesminister für Wirtschaft (BMWi) vertreten. Der BMWi wird durch die HERMES Kreditversicherungs-AG (HERMES), Hamburg, und die TREUARBEIT Aktiengesellschaft Wirtschaftsprüfungsgesellschaft Steuerberatungsgesellschaft (TREUARBEIT), Hamburg, als Mandatare des Bundes vertreten. HERMES und TREUARBEIT sind vom Bund beauftragt und ermächtigt, alle den Abschluß und die Abwicklung des Gewährleistungsvertrages betreffenden Erklärungen, soweit sie nicht gemäß § 1 der Bundesschuldenverwaltung vorbehalten sind, namens und im Auftrag des Bundes abzugeben und entgegenzunehmen. Federführend ist HERMES.

§ 1
Formerfordernisse

Schriftform

Der Gewährleistungsvertrag kommt dadurch zustande, daß der Bund den Antrag des Bürgschaftsnehmers auf Übernahme einer Fabrikationsrisikobürgschaft schriftlich und unter Bezugnahme auf diese Allgemeinen Bedingungen annimmt. Der Bund kann jedoch auf Zahlung erst in Anspruch genommen werden, wenn über die Fabrikationsrisikobürgschaft eine Urkunde (Fabrikationsrisikobürgschafts-Erklärung) erstellt, mit zwei Unterschriften der Bundesschuldenverwaltung versehen und dem Bürgschaftsnehmer zugegangen ist. Entsprechendes gilt für Änderungen der Fabrikationsrisikobürgschaft, die Inhalt oder Umfang der Haftung des Bundes erweitern. Mündliche Nebenabreden haben keine Gültigkeit.

Urkunde der Bundesschuldenverwaltung

§ 2
Gegenstand der Fabrikationsrisikobürgschaft

Selbstkosten

(1) Gegenstand der Fabrikationsrisikobürgschaft sind unbeschadet § 7 Absatz 1 die **Selbstkosten** für die im Ausfuhrvertrag mit dem ausländischen Schuldner vereinbarten Lieferungen und Leistungen bis zur Höhe des Auftragswertes.

Definition der Selbstkosten

(2) Selbstkosten im Sinne dieser Bürgschaft sind die Einzel- und Gemeinkosten im Sinne der Leitsätze für die Preisermittlung aufgrund von Selbstkosten (LSP), die bei wirtschaftlicher Betriebsführung zur Durchführung des Ausfuhrvertrages erforderlich sind. Abweichend von den LSP werden für Fremdkapital und Ausfuhrfinanzierung entstandene Aufwendungen als Selbstkosten berücksichtigt, wenn und soweit sie dem Ausfuhrvertrag unmittelbar zugeordnet werden können. Bei kalkulatorischen Abschreibungen ist von den Anschaffungswerten auszugehen.

nicht deckungsfähige Kostenarten

(3) Nicht unter die Bürgschaft fallen:

1. der kalkulatorische Gewinn des Bürgschaftsnehmers,
2. das vom Bürgschaftsnehmer entrichtete Entgelt für die Bürgschaft des Bundes,
3. Aufwendungen, die nach dem anwendbaren Recht verboten sind.

Teildeckung

(4) Auf Antrag des Bürgschaftsnehmers kann der Bund die Bürgschaft auf die Selbstkosten für abgrenzbare, in sich geschlossene und selbständig anderweitig verwertbare Teile der im Ausfuhrvertrag vereinbarten Lieferungen und Leistungen beschränken.

§ 3
Haftungszeitraum

Haftungsbeginn

(1) Die Haftung aus der Fabrikationsrisikobürgschaft beginnt mit Inkrafttreten des Ausfuhrvertrages.

Haftungsende

(2) Die Haftung aus der Fabrikationsrisikobürgschaft endet mit Abnahme der Ware, spätestens mit Versand. Bei Teilabnahmen oder Teillieferungen endet sie für die diesen Teilabnahmen bzw. Teillieferungen zuzuordnenden Selbstkosten.

späteres Haftungsende bei Embargo

(3) Abweichend von Absatz 2 endet die Haftung des Bundes für die Bürgschaftsfälle gemäß § 4 Nr. 3 e mit der Erfüllung aller vertraglichen Liefer- und Leistungsverpflichtungen des Bürgschaftsnehmers.

§ 4
Bürgschaftsfälle

Schadenstatbestände

Der Bürgschaftsfall tritt ein, wenn

– Weisung zum Abbruch

1. der Bund im Hinblick auf gefahrerhöhende Umstände eine Weisung erteilt, in deren Ausführung der Bürgschaftsnehmer Fertigstellung oder Versand der Ware endgültig abbricht bzw. endgültig unterläßt oder länger als 6 Monate unterbricht bzw. zurückstellt;

– Ausbleiben einer Weisung zur Wiederaufnahme

2. der Bürgschaftsnehmer ohne Weisung gemäß Nr. 1 im Hinblick auf gefahrerhöhende Umstände Fertigstellung oder Versand der Ware unterbricht bzw. zurückstellt und der Bund eine Fortsetzung der Fertigung bzw. den Versand der Ware nicht innerhalb von 6 Monaten seit dem Zeitpunkt anordnet, in dem der Bürgschaftsnehmer den Bund von der Unterbrechung der Fertigung bzw. dem Zurückstellen der Versendung unterrichtet hat;

– politische Umstände im Ausland

3. a) die Versendung der fertiggestellten Ware in der vertraglich vorgesehenen oder einer anderen dem Bürgschaftsnehmer zumutbaren Weise endgültig oder länger als 6 Monate durch

gesetzgeberische oder behördliche Maßnahmen im Ausland

oder

kriegerische Ereignisse, Aufruhr oder Revolution im Ausland

gehindert ist;

- wirtschaftliche Verhältnisse des Schuldners

b) die Durchführung des Vertrages unmöglich oder unzumutbar ist, weil die wirtschaftlichen Verhältnisse des ausländischen Schuldners nachweislich so ungünstig sind, daß er seine Zahlungen ganz oder in wesentlichem Umfang eingestellt hat und deshalb mit einer Durchführung des Vertrages nicht mehr gerechnet werden kann;

- Lossagung vom Vertrag

c) dem Bürgschaftsnehmer die Fortsetzung der Fertigung bzw. der Versand der Ware deshalb nicht zuzumuten ist, weil der ausländische Schuldner sich endgültig vom Vertrag losgesagt oder sonst in schwerwiegender Weise gegen seine Vertragspflichten verstoßen hat und deshalb mit einer Durchführung des Vertrages nicht mehr gerechnet werden kann;

- Nichtzahlung von Stornierungskosten

d) der ausländische Schuldner den Vertrag kündigt und aus der Kündigung entstandene gesetzliche oder vertragliche Ansprüche des Bürgschaftsnehmers innerhalb von 6 Monaten nach ihrer Fälligkeit nicht erfüllt werden;

- Embargo nach dem AWG

e) die Durchführung des Vertrages dadurch unmöglich wird, daß aufgrund einer gemäß § 27 in Verbindung mit §§ 2 und 7 des Außenwirtschaftsgesetzes (AWG) vom 28. 04. 1961 nach Beginn der Haftung erlassenen Rechtsverordnung

aa) eine ohne Widerrufsvorbehalt erteilte Ausfuhrgenehmigung ohne Verschulden des Bürgschaftsnehmers widerrufen oder zurückgenommen wird oder

bb) eine befristete ohne Widerrufsvorbehalt erteilte Ausfuhrgenehmigung ohne Verschulden des Bürgschaftsnehmers nicht verlängert wird oder

cc) ein Verbot oder eine Beschränkung der Ausfuhr der Ware bzw. der Erbringung der Leistung eingeführt und aus diesem Grund eine Ausfuhrgenehmigung ohne Verschulden des Bürgschaftsnehmers versagt wird;

- Embargomaßnahmen eines Zuliefer- oder Transitlandes

f) die Durchführung des Ausfuhrvertrages dadurch unmöglich oder unzumutbar wird, daß nach Beginn der Haftung mit Bezug auf die Ausfuhr von Lieferungen und Leistungen aus Drittländern, die nach der Fabrikationsrisikobürgschafts-Erklärung vorgesehen und anderweitig nicht ersetzbar sind, gesetzgeberische oder behördliche Beschränkungen im Ausland ergehen, die den in Buchstabe e genannten Maßnahmen entsprechen.

§ 5
Voraussetzung der Entschädigung

(1) **Voraussetzung für die Entschädigung verbürgter Selbstkosten ist die Wirksamkeit des Ausfuhrvertrages.**

Beweislast

(2) **Der Bürgschaftsnehmer hat die Wirksamkeit des Ausfuhrvertrages und den Bestand der in der Fabrikationsrisikobürgschafts-Erklärung aufgeführten Sicherheiten sowie Grund und Höhe des Schadens auf seine Kosten nachzuweisen. Dabei hat er auf Verlangen des Bundes zur Feststellung der Höhe des Schadens einen von diesem bestimmten Wirtschaftsprüfer oder Sachverständigen zu beauftragen.**

Einreden oder Einwendungen gegen Ausfuhrvertrag oder Sicherheiten

Risiken des anwendbaren Rechts

Wird die Wirksamkeit des Ausfuhrvertrages oder der Bestand der in der Fabrikationsrisikobürgschafts-Erklärung aufgeführten Sicherheiten bestritten oder werden dagegen Einreden oder Einwendungen erhoben, kann der Bund den Entschädigungsantrag zurückweisen, bis der Bürgschaftsnehmer – erforderlichenfalls durch Entscheidung des im Verhältnis zwischen ihm und seinem ausländischen Schuldner oder Sicherheitengeber zuständigen Gerichts oder Schiedsgerichts – die Wirksamkeit des Ausfuhrvertrages und der in der Fabrikationsrisikobürgschafts-Erklärung aufgeführten Sicherheiten nachgewiesen hat; **die Risiken des anwendbaren Rechts und des Gerichtsstands trägt dabei der Bürgschaftsnehmer.**

Verantwortung für Rechtsmängel

keine Prüfung von Unterlagen außerhalb der Schadensprüfung

(3) **Die Verantwortung für die Wirksamkeit des Ausfuhrvertrages und dafür bestellter Sicherheiten trägt im Verhältnis zum Bund ausschließlich der Bürgschaftsnehmer.** Der Bund wird Verträge und sonstige Unterlagen erst im Entschädigungsverfahren prüfen. Der Bürgschaftsnehmer kann sich nicht darauf berufen, daß der Bund den Inhalt solcher Verträge oder Unterlagen oder Teile derselben vorher, insbesondere bei Übernahme der Fabrikationsrisikobürgschaft, gekannt habe oder hätte kennen müssen.

§ 6
Selbstbeteiligung

Regelsatz

(1) Der Bürgschaftsnehmer ist an jedem Schaden selbst beteiligt. Sofern in der Fabrikationsrisikobürgschafts-Erklärung nichts anderes festgelegt ist, beträgt die Selbstbeteiligung 10 %.

Verbot der anderweitigen Absicherung

(2) **Der Bürgschaftsnehmer darf das Risiko aus der Selbstbeteiligung nicht anderweitig absichern;** dies gilt nicht für die Weitergabe des Risikos aus der Selbstbeteiligung an Unterlieferanten des Bürgschaftsnehmers.

§ 7
Berechnung und Auszahlung der Entschädigung

Ausgangswert

(1) **Grundlage für die Berechnung der Entschädigung sind die verbürgten und bis zum Eintritt des Bürgschaftsfalles entstandenen Selbstkosten.**

Abzug von

(2) Von den nach Absatz 1 entschädigungsfähigen Selbstkosten sind vorbehaltlich Absatz 3 folgende dem Bürgschaftsnehmer entstandene Vermögensvorteile abzuziehen:

– Zahlungen

1. alle Zahlungen und sonstigen Leistungen des ausländischen Schuldners sowie von Garanten, Bürgen und Dritten, soweit diese Zahlungen und sonstigen Leistungen im Zusammenhang mit dem Ausfuhrvertrag, auf den sich die Bürgschaft bezieht, geleistet wurden und nicht als Bezahlung bereits erbrachter Lieferungen und Leistungen oder als Bezahlung von Aufwendungen im Bestellerland anzusehen sind;

– sonstigen Vermögensvorteilen

2. sonstige Vermögensvorteile, die der Bürgschaftsnehmer im Zusammenhang mit dem Ausfuhrvertrag, auf den sich die Bürgschaft bezieht, erlangt hat, soweit diese Vermögensvorteile nicht durch die Verwertung solcher Waren und Leistungen entstanden sind, deren Selbstkosten nicht in die Bürgschaft einbezogen sind;

– Verwertungserlösen

3. Erlöse aus der anderweitigen Verwertung von Waren und Leistungen, deren Selbstkosten in die Bürgschaft einbezogen sind.

sachgemäße Aufwendungen

(3) Die nach Absatz 2 von den entschädigungsfähigen Selbstkosten abzuziehenden Vermögensvorteile werden um die sachgemäßen Aufwendungen gekürzt, die der Bürgschaftsnehmer zur Erlangung dieser Vermögensvorteile gemacht hat. Dabei bleiben die für Verwertungsmaßnahmen und zur Einziehung einer Forderung üblichen Kosten einschließlich Protestkosten sowie die im gewöhnlichen Geschäftsbetrieb des Bürgschaftsnehmers entstandenen Kosten außer Betracht.

Abzug der Selbstbeteiligung

(4) Der sich nach Absatz 1 – 3 ergebende Betrag (entschädigte Selbstkosten) ist um die Selbstbeteiligung des Bürgschaftsnehmers zu kürzen.

Fristen für Schadensbearbeitung

(5) Nach Einreichung aller für die Feststellung des Entschädigungsanspruches erforderlichen Unterlagen stellt der Bund die Schadensberechnung innerhalb von 2 Monaten auf. Der sich aus der Schadensberechnung ergebende Betrag wird innerhalb eines Monats nach Bekanntgabe der Schadensberechnung an den Bürgschaftsnehmer insoweit ausgezahlt, als der Bürgschaftsnehmer die Schadensberechnung anerkannt hat.

Abschlagszahlung

(6) Ist die Schadensberechnung infolge eines Umstandes, den der Bürgschaftsnehmer nicht zu vertreten hat, nicht innerhalb von 2 Monaten möglich, kann dem Bürgschaftsnehmer auf Antrag insoweit eine Abschlagszahlung auf die zu erwartende Entschädigung gewährt werden, als diese in ihrem Mindestumfang bereits vor Abschluß der Schadensberechnung feststeht.

§ 8
Rückflüsse

Reihenfolge der Zuordnung

(1) Vermögensvorteile im Sinne von § 7 Absatz 2, die der Bürgschaftsnehmer erst nach Leistung der Entschädigung erlangt und die deshalb bei der Schadensberechnung nicht berücksichtigt wurden (Rückflüsse), sind in der folgenden Reihenfolge zu verwenden:

– Aufwendungen

1. zum Ausgleich sachgemäßer Aufwendungen im Sinne von § 7 Absatz 3 im Verhältnis der vom Bund erstatteten zu den nicht erstatteten Aufwendungen;

– Selbstkosten

2. zum Ausgleich der **entschädigten** Selbstkosten im Verhältnis der Entschädigungsleistung zur Selbstbeteiligung;

– Refinanzierungskosten des Bundes

3. zum Ausgleich der vom Eintritt des Bürgschaftsfalles bis zum Eingang des Rückflusses in Höhe der jeweiligen Refinanzierungskosten des Bundes auf die entschädigten Selbstkosten zu berechnenden Zinsbelastung im Verhältnis der auf den Bund und den Bürgschaftsnehmer entfallenden Anteile.

Mitteilungs- und Abführungspflicht

(2) **Der Bürgschaftsnehmer hat dem Bund jeden Eingang von Rückflüssen unverzüglich anzuzeigen. Die dem Bund zustehenden Beträge hat der Bürgschaftsnehmer unverzüglich an den Bund abzuführen.**

§ 9
Rückzahlung der Entschädigung

Mitteilungspflicht über Einreden oder Einwendungen gegen den Ausfuhrvertrag oder Sicherheiten

(1) **Wird die Wirksamkeit des Ausfuhrvertrages oder der Bestand der in der Fabrikationsrisikobürgschafts-Erklärung aufgeführten Sicherheiten bestritten oder werden dagegen Einreden oder Einwendungen erhoben, hat der Bürgschaftsnehmer dies im Entschädigungsverfahren unverzüglich mitzuteilen.** Verletzt der Bürgschaftsnehmer diese Pflicht, kann der Bund die geleistete Entschädigung insoweit zurückfordern, als er bei Kenntnis der Sachlage den Entschädigungsantrag zurückgewiesen hätte.

Rückforderung bei Wegfall der Entschädigungsvoraussetzungen

(2) Stellt sich nach Leistung der Entschädigung heraus, daß der Ausfuhrvertrag nicht wirksam ist oder der entschädigte Ausfall des Bürgschaftsnehmers nicht oder nicht in voller Höhe besteht, oder ergibt sich nach Leistung der Entschädigung, daß der Bund aus sonstigen Gründen nicht zur Entschädigung verpflichtet war, kann der Bund die geleistete Entschädigung einschließlich erstatteter Kosten insoweit zurückfordern.

Rückforderung bei nachträglicher Leistungsfreiheit

(3) Wird der Bund infolge eines Umstandes, der erst nach Leistung der Entschädigung eingetreten ist, von der Verpflichtung zur Entschädigung frei oder verletzt der Bürgschaftsnehmer die ihn nach § 12 Absatz 1 treffenden Pflichten, so ist der Bund berechtigt, die geleistete Entschädigung einschließlich erstatteter Kosten insoweit zurückzufordern.

Verzinsungspflicht bei Rückforderung

(4) **Soweit dem Bund ein Rückzahlungsanspruch zusteht, hat der Bürgschaftsnehmer** in den Fällen der Absätze 1 und 2 **den zurückzuzahlenden Betrag** vom Zeitpunkt der Leistung der Entschädigung, im Falle des Absatzes 3 vom Zeitpunkt des Wegfalls der Entschädigungsverpflichtung an mit dem Zinssatz **zu verzinsen,** der den Kosten der Kreditaufnahme des Bundes ab diesem Zeitpunkt entspricht. Mit Erfüllung des Rückzahlungsanspruchs fallen gemäß § 11 Absatz 1 auf den Bund übergegangene Ansprüche und sonstige Rechte insoweit an den Bürgschaftsnehmer zurück.

weitergehende Ansprüche

(5) Weitergehende, nach gesetzlichen Regelungen oder allgemeinen Rechtsgrundsätzen bestehende Ansprüche des Bundes werden hierdurch nicht berührt.

§ 10
Anderweitige Verwertung nach Eintritt des Bürgschaftsfalles

Weisungsrecht des Bundes

(1) Der Bund kann eine anderweitige Verwertung von Waren und Leistungen, deren Selbstkosten in die Bürgschaft einbezogen sind, verlangen. **Der Bürgschaftsnehmer darf eine anderweitige Verwertung nur im Einvernehmen mit dem Bund vornehmen. Er hat dabei Weisungen des Bundes zu beachten.**

Verwertung gedeckter und ungedeckter Teile

(2) Die gemeinsame anderweitige Verwertung von Waren und Leistungen, deren Selbstkosten in die Bürgschaft einbezogen sind, zusammen mit Waren und Leistungen, deren Selbstkosten nicht verbürgt sind, bedarf der vorherigen Vereinbarung zwischen Bund und Bürgschaftsnehmer über die Verteilung des Verwertungserlöses.

sachgemäße Aufwendungen

(3) **Maßnahmen zur Erhaltung oder Verbesserung der Verwertungsmöglichkeit** in bezug auf die Waren und Leistungen, deren Selbstkosten in die Bürgschaft einbezogen sind, insbesondere die Fertigstellung der in Fertigung befindlichen Waren oder die Einlagerung bereits gefertigter Waren, **bedürfen der vorherigen Vereinbarung zwischen Bund und Bürgschaftsnehmer** über die Höhe und Verteilung der dadurch entstehenden Kosten. Für die Anwendung des § 8 Absatz 1 Nr. 1 werden diese Kosten den sachgemäßen Aufwendungen gleichgestellt.

§ 11
Übergang von Rechten und Ansprüchen

Forderungsübergang

(1) Mit Leistung der Entschädigung gehen Ansprüche des Bürgschaftsnehmers auf Vermögensvorteile im Sinne des § 7 Absatz 2 einschließlich der hierfür bestehenden Sicherheiten insoweit auf den Bund über, als ihm diese Vermögensvorteile im Falle eines Rückflusses gemäß § 8 zustehen. Der Bürgschaftsnehmer hat auf Verlangen des Bundes die zum Übergang

der Ansprüche und sonstigen Rechte etwa erforderlichen Rechtshandlungen vorzunehmen.

treuhänderische Verwaltung

(2) Ist die Übertragung nicht möglich oder verzichtet der Bund auf sie, so hat der Bürgschaftsnehmer diese Rechte und Ansprüche als Treuhänder des Bundes zu halten.

§ 12
Rechtsverfolgung nach Leistung der Entschädigung

Verpflichtung zur Rechtsverfolgung

Beurteilungsspielraum des Bundes

(1) **Unbeschadet des Überganges der Rechte und Ansprüche gemäß § 11 hat der Bürgschaftsnehmer alle zur Einziehung der Forderungen und zur Verwertung von Sicherheiten geeigneten Maßnahmen durchzuführen und hierbei etwaige Weisungen des Bundes zu befolgen;** als geeignete Maßnahme gilt auch die Führung eines Rechtsstreites. Von einer Weisung zur Führung eines Rechtsstreites kann abgesehen werden, wenn Gerichtsstand bzw. anwendbare Rechtsordnung keine hinreichende Beurteilung der Erfolgsaussichten des Rechtsstreites zulassen und der Bürgschaftsnehmer einen solchen Gerichtsstand bzw. die Anwendung einer solchen Rechtsordnung nicht abbedingen konnte oder wenn die voraussichtlichen Kosten des Rechtsstreites außer Verhältnis zu der Höhe der Forderung bzw. den Erfolgsaussichten von Vollstreckungsmaßnahmen stehen.

Kostenbeteiligung

(2) Erfolgen Rechtsverfolgungsmaßnahmen mit Zustimmung des Bundes, werden dadurch entstehende sachgemäße Aufwendungen zwischen dem Bund und dem Bürgschaftsnehmer im Verhältnis ihrer Beteiligung an den geltend gemachten Forderungen aufgeteilt. **Die zur Einziehung einer Forderung üblichen Kosten einschließlich Protestkosten sowie die im gewöhnlichen Geschäftsbetrieb des Bürgschaftsnehmers entstandenen Kosten trägt der Bürgschaftsnehmer.**

Verzicht auf Rückflußbeteiligung

(3) Entläßt der Bund den Bürgschaftsnehmer auf dessen Antrag aus der Verpflichtung gemäß Absatz 1, so verliert der Bürgschaftsnehmer das Recht, an Rückflüssen nach Maßgabe seiner Selbstbeteiligung beteiligt zu werden.

§ 13
Pflichten des Bürgschaftsnehmers

Neben den sonstigen nach diesen Allgemeinen Bedingungen und den Bestimmungen der Fabrikationsrisikobürgschafts-Erklärung bestehenden Pflichten hat der Bürgschaftsnehmer die folgenden Pflichten zu beachten:

Wahrheitspflicht im Antragsverfahren

1. **Der Bürgschaftsnehmer hat im Zusammenhang mit der Beantragung einer Fabrikationsrisikobürgschaft alle für die Übernahme der Fabrikationsrisikobürgschaft erheblichen Umstände vollständig und richtig schriftlich anzuzeigen und unverzüglich zu berichtigen, wenn sich bis zum Zugang der Fabrikationsrisikobürgschafts-Erklärung gegenüber den bei Antragstellung erfolgten Angaben Änderungen oder Ergänzungen ergeben.** Durch Antragsformular oder in sonstiger Weise erfragte Angaben gelten im Zweifel als erheblich.

Verbot des Abweichens vom dokumentierten Sachverhalt

2. **Nach Übernahme der Fabrikationsrisikobürgschaft darf der Bürgschaftsnehmer Änderungen oder Ergänzungen, die sich auf den in der Fabrikationsrisikobürgschafts-Erklärung dargestellten Sachverhalt oder auf die mit dem Schuldner oder sonstigen Verpflichteten getroffenen Vereinbarungen beziehen, nicht ohne schriftliche Zustimmung des Bundes vornehmen,** es sei denn, die Änderungen oder Ergänzungen sind unerheblich; Nr. 1 Satz 2 gilt entsprechend.

Beachtung staatlicher Vorschriften

3. **Der Bürgschaftsnehmer darf die Fertigung nur durchführen, wenn die hierfür erforderlichen Genehmigungen vorliegen sowie die Ausfuhrvorschriften der Bundesrepublik Deutschland und die Einfuhrvorschriften des Bestimmungslandes die Versendung bzw. die Einfuhr der Ware zulassen.**

Meldepflicht bei Gefahrerhöhung

4. **Der Bürgschaftsnehmer hat ihm bekanntwerdende gefahrerhöhende Umstände unverzüglich schriftlich anzuzeigen und mitzuteilen, welche Maßnahmen er zur Sicherung seiner Ansprüche oder zur Schadensminderung beabsichtigt oder getroffen hat.** Als gefahrerhöhender Umstand gilt insbesondere, daß

   a) der Schuldner in Verzug gerät oder um Prolongation nachsucht;

   b) die Vermögenslage, Zahlweise oder allgemeine Beurteilung des Schuldners oder Sicherheitengebers sich verschlechtert oder vom Schuldner die Rückgabe gelieferter Waren oder eine andere als die geschuldete Leistung angeboten wird;

   c) gesetzgeberische oder behördliche Maßnahmen im Ausland oder sonstige politische Ereignisse Abnahme oder Versendung der Ware gefährdet erscheinen lassen.

Schadensverhütungs- und Schadensminderungspflichten

5. **Der Bürgschaftsnehmer hat alle zur Vermeidung eines Bürgschaftsfalles oder Minderung des Ausfalls nach den Regeln der kaufmännischen Sorgfalt erforderlichen und geeigneten Maßnahmen zu ergreifen und hierbei etwaige Weisungen des Bundes zu befolgen. Hierbei entstehende Kosten trägt – soweit im Einzelfall nach diesen Allgemeinen Bedingungen nichts anderes bestimmt ist – der Bürgschaftsnehmer.**

Auskunftspflicht

6. Der Bürgschaftsnehmer hat dem Bund oder dessen Beauftragten über die Einzelheiten und den jeweiligen Abwicklungsstand der Fertigung sowie über sonstige Umstände, die für die Fabrikationsrisikobürgschaft von Bedeutung sein können, jederzeit Auskunft zu erteilen.

Prüfungsrechte des Bundes

7. Der Bund und seine Beauftragten sind berechtigt, jederzeit die Bücher und Unterlagen des Bürgschaftsnehmers, die für die Fabrikationsrisikobürgschaft von Bedeutung sein können, einzusehen und Abschriften von ihnen zu nehmen oder zu verlangen. Auf Verlangen des Bundes hat der Bürgschaftsnehmer Unterlagen in fremder Sprache auf seine Kosten übersetzen zu lassen.

8. Der Bürgschaftsnehmer hat eine Prüfung seiner Bücher und seines Betriebes, soweit dies für die Fabrikationsrisikobürgschaft von Bedeutung sein kann, durch den Bund, den Bundesrechnungshof oder einen von diesen bestimmten Beauftragten zuzulassen, damit festgestellt werden kann, ob eine Inanspruchnahme des Bundes in Frage kommt oder die Voraussetzungen für eine solche vorliegen oder vorgelegen haben.

§ 14
Rechtsfolgen von Pflichtverletzungen

Haftungsbefreiung bei

– unwahren Angaben

(1) **Hat der Bürgschaftsnehmer die ihm nach § 13 Nr. 1 obliegende Pflicht verletzt, so ist der Bund von seiner Verpflichtung zur Entschädigung frei,** es sei denn, der Bund stellt fest, daß die die Pflichtverletzung begründende Unvollständigkeit oder Unrichtigkeit auf seine Entscheidung über die Übernahme der Fabrikationsrisikobürgschaft keinen Einfluß gehabt hat.

Eine Befreiung des Bundes von seiner Verpflichtung zur Entschädigung tritt nicht ein, soweit der Bürgschaftsnehmer die Unrichtigkeit oder Unvollständigkeit seiner Angaben weder kannte noch kennen mußte.

- fehlerhaften Sicherheiten

(2) **Sind in der Fabrikationsrisikobürgschafts-Erklärung aufgeführte Sicherheiten nicht oder nicht rechtswirksam bestellt worden, so ist der Bund von seiner Verpflichtung zur Entschädigung frei,** es sei denn, der Bund stellt fest, daß die fehlende oder mangelhafte Sicherheit auf seine Entscheidung über die Übernahme der Fabrikationsrisikobürgschaft keinen Einfluß gehabt hat.

- sonstigen Obliegenheitsverletzungen unter dem Gesichtspunkt der
  - - Schadensursächlichkeit

(3) **Hat der Bürgschaftsnehmer unter Verstoß gegen die kaufmännische Sorgfalt eine ihm nach § 13 Nr. 2 – 8 obliegende Pflicht verletzt, ist der Bund von der Verpflichtung zur Entschädigung frei,** es sei denn, durch die Pflichtverletzung ist ein Schaden weder entstanden noch zu besorgen.

- - Wesentlichkeit

Unabhängig davon, ob ein Schaden entstanden oder zu besorgen ist, ist der Bund bei einer Pflichtverletzung nach § 13 Nr. 2 von der Verpflichtung zur Entschädigung auch dann frei, wenn er feststellt, daß er den Änderungen oder Ergänzungen nach den Grundsätzen, denen er in seiner Entscheidungspraxis folgt, nicht zugestimmt hätte.

- - Risikoerhöhung

Bei einer Pflichtverletzung nach § 13 Nr. 4 ist der Bund von der Verpflichtung zur Entschädigung auch dann frei, wenn die Unkenntnis meldepflichtiger Umstände für den Bund im Zusammenhang mit anderen Ausfuhrgewährleistungen eine Risikoerhöhung bewirkt oder ihn daran gehindert hat, Maßnahmen zur Risikominderung zu ergreifen.

(4) Der Bund kann die Befreiung von seiner Verpflichtung zur Entschädigung nach den Umständen des Einzelfalles, insbesondere unter Berücksichtigung des eingetretenen Risikos und der Schwere des Verstoßes, einschränken.

(5) Soweit für die Verletzung sonstiger dem Bürgschaftsnehmer nach diesen Allgemeinen Bedingungen und den Bestimmungen der Fabrikationsrisikobürgschafts-Erklärung obliegenden Pflichten keine gesonderten Rechtsfolgen gelten, finden die Absätze 1 – 4 entsprechende Anwendung.

(6) Aus dem Gesetz oder der Anwendung allgemeiner Rechtsgrundsätze sich ergebende Ansprüche und sonstige Rechte des Bundes werden durch die in diesen Allgemeinen Bedingungen und der Fabrikationsrisikobürgschafts-Erklärung enthaltenen Bestimmungen nicht berührt.

§ 15
Mitwirkendes Verschulden

Der Bund haftet nicht für Umstände und Gefahren, die der Bürgschaftsnehmer nach den Regeln einer gewissenhaften Geschäftsführung und kaufmännischen Sorgfalt zu vertreten hat.

§ 16
Entgelt

Entgeltpflicht

(1) Für die Übernahme der Fabrikationsrisikobürgschaft wird ein von Art und Umfang des gedeckten Risikos abhängiges Entgelt erhoben. Sofern nichts anderes bestimmt ist, wird das Entgelt mit der Aushändigung der Fabrikationsrisikobürgschafts-Erklärung fällig.

Verzugsfolgen

(2) **Wird das fällige Entgelt nicht innerhalb von 14 Tagen nach einer Mahnung entrichtet,** die den Hinweis auf diese Frist und auf die nachstehend genannten Rechtsfolgen enthält, so **ist der Bund**, wenn seit der Fälligkeit des Entgelts insgesamt mindestens 6 Wochen verstrichen sind,

– Haftungsbefreiung

a) **von der Haftung** für Bürgschaftsfälle **befreit,** die nach Fälligkeit, aber vor Zahlung des Entgelts eingetreten sind,

– Kündigungsrecht

b) außerdem **berechtigt**, die Fabrikationsrisikobürgschaft ohne Einhaltung einer weiteren Frist **zu kündigen**, solange das Entgelt nicht bezahlt ist.

Neuberechnung

Einbehalt einer Verwaltungskostenpauschale

(3) Ändert sich Inhalt oder Umfang des Ausfuhrvertrages, auf den sich die Fabrikationsrisikobürgschaft bezieht, und stimmt der Bund deshalb einer Änderung der Fabrikationsrisikobürgschaft zu, so erfolgt eine Neuberechnung des Entgelts, wenn sich diese Änderungen auf den Betrag der verbürgten Selbstkosten oder die Dauer des Risikos auswirken. Sofern kein Bürgschaftsfall eingetreten ist, werden sich aus der Neuberechnung ergebende Überzahlungen erstattet **abzüglich einer Verwaltungskostenpauschale in Höhe von 5 % der Überzahlung, höchstens jedoch von DM 5.000,–.**

Verfall des Entgelts bei Haftungsbefreiung

(4) **Ist der Bund** nach diesen Allgemeinen Bedingungen oder den Bestimmungen der Fabrikationsrisikobürgschafts-Erklärung **von der Verpflichtung zur Entschädigung frei, gebührt ihm gleichwohl das Entgelt,** soweit es fällig geworden ist, bevor der Bund von seiner Leistungsfreiheit Kenntnis erlangt hat.

§ 17
Abtretung der Ansprüche aus der Fabrikationsrisikobürgschaft

Die Abtretung der Ansprüche aus der Fabrikationsrisikobürgschaft bedarf der schriftlichen Zustimmung des Bundes. Stimmt der Bund der Abtretung zu, bleiben sämtliche Verpflichtungen des Bürgschaftsnehmers aus der Fabrikationsrisikobürgschaft dem Bund gegenüber unverändert bestehen.

§ 18
Ausschlußfrist

Ansprüche gegen den Bund aus der Fabrikationsrisikobürgschaft sind innerhalb einer Ausschlußfrist von 6 Monaten gerichtlich geltend zu machen, nachdem der Bund dem Bürgschaftsnehmer gegenüber die Ansprüche unter Hinweis auf diese Rechtsfolge schriftlich abgelehnt hat.

§ 19
Gerichtsstand

Für Streitigkeiten zwischen dem Bund und dem Bürgschaftsnehmer aus der Fabrikationsrisikobürgschaft sind die ordentlichen Gerichte in Hamburg zuständig.

3. Allgemeine Bedingungen für Ausfuhrgarantien

Begriffsbestimmung

Die Bundesrepublik Deutschland (Bund) übernimmt Ausfuhrgewährleistungen unter der Bezeichnung **„Ausfuhrgarantien"** für Geldforderungen deutscher Exporteure aus Ausfuhrverträgen über Lieferungen und Leistungen an private ausländische Schuldner.

Gewährleistungsvertrag

Die Allgemeinen Bedingungen für Ausfuhrgarantien sind Bestandteil des Gewährleistungsvertrages, den der Bund nach Maßgabe der Richtlinien für die Übernahme von Ausfuhrgewährleistungen schließt, und gelten, soweit sie nicht im Gewährleistungsvertrag ausdrücklich abbedungen, ergänzt oder ersetzt sind.

HERMES
TREUARBEIT

Der Bund als Vertragspartner des Garantienehmers wird durch den Bundesminister für Wirtschaft (BMWi) vertreten. Der BMWi wird durch die HERMES Kreditversicherungs-AG (HERMES), Hamburg, und die TREUARBEIT Aktiengesellschaft Wirtschaftsprüfungsgesellschaft Steuerberatungsgesellschaft (TREUARBEIT), Hamburg, als Mandatare des Bundes vertreten. HERMES und TREUARBEIT sind vom Bund beauftragt und ermächtigt, alle den Abschluß und die Abwicklung des Gewährleistungsvertrages betreffenden Erklärungen, soweit sie nicht gemäß § 1 der Bundesschuldenverwaltung vorbehalten sind, namens und im Auftrag des Bundes abzugeben und entgegenzunehmen. Federführend ist HERMES.

§ 1
Formerfordernisse

Schriftform

Urkunde der Bundesschuldenverwaltung

Der Gewährleistungsvertrag kommt dadurch zustande, daß der Bund den Antrag des Garantienehmers auf Übernahme einer Ausfuhrgarantie schriftlich und unter Bezugnahme auf diese Allgemeinen Bedingungen annimmt. Der Bund kann jedoch auf Zahlung erst in Anspruch genommen werden, wenn über die Ausfuhrgarantie eine Urkunde (Ausfuhrgarantie-Erklärung) erstellt, mit zwei Unterschriften der Bundesschuldenverwaltung versehen und dem Garantienehmer zugegangen ist. Entsprechendes gilt für Änderungen der Ausfuhrgarantie, die Inhalt oder Umfang der Haftung des Bundes erweitern. Mündliche Nebenabreden haben keine Gültigkeit.

§ 2
Gegenstand der Ausfuhrgarantie

Kaufpreisforderung

(1) Gegenstand der Ausfuhrgarantie sind die im Ausfuhrvertrag zwischen Garantienehmer und ausländischem Schuldner für Lieferungen und Leistungen des Garantienehmers als Gegenleistung vereinbarten und in der Ausfuhrgarantie-Erklärung bezeichneten Geldforderungen (garantierte Forderung).

Surrogatforderung

(2) Die garantierte Forderung umfaßt unter der Voraussetzung, daß der Ausfuhrvertrag wirksam zustande gekommen ist, auch solche Geldforderungen, die auf den Ausgleich erbrachter Lieferungen und Leistungen gerichtet sind und aufgrund des Ausfuhrvertrages oder aus anderen Rechtsgründen an die Stelle der als Gegenleistung vereinbarten Geldforderung treten.

Zinsen und Nebenforderungen

(3) Die garantierte Forderung umfaßt ferner die im Ausfuhrvertrag vereinbarten und in der Ausfuhrgarantie-Erklärung bezeichneten Kreditzinsen und Finanzierungsnebenkosten bis zur Fälligkeit der Hauptforderung. **Schadensersatzforderungen**, soweit sie nicht gemäß Absatz 2 von der Garantie umfaßt sind, **und sonstige Nebenforderungen**, z. B. auf Verzugszinsen, Vertragsstrafen oder Reugeld, **sind auch dann nicht garantiert, wenn sie in dem Vertrag zwischen Garantienehmer und ausländischem Schuldner ausdrücklich vorgesehen sind.**

§ 3
Haftungszeitraum

Haftungsbeginn

(1) Die Haftung aus der Ausfuhrgarantie beginnt bei Lieferungen mit der Versendung der Ware, bei Leistungen mit deren Beginn; bei Teillieferungen oder Teilleistungen beginnt die Haftung nur für diejenigen Zahlungsansprüche, die der Garantienehmer aufgrund des Ausfuhrvertrages oder aus sonstigen Rechtsgründen für die jeweilige Teillieferung oder Teilleistung erwirbt. Soweit für die der Ausfuhrgarantie zugrundeliegenden Lieferungen und Leistungen eine Fabrikationsrisikodeckung besteht, beginnt die Haftung aus dieser Ausfuhrgarantie mit dem Ende der Haftung aus der Fabrikationsrisikodeckung, wenn dieser Zeitpunkt vor Versand liegt. Die Haftung aus der Ausfuhrgarantie endet, sobald und soweit die garantierte Forderung erfüllt ist.

Haftungsende

Verlust der Ansprüche bei Fristversäumnis

(2) **Hat der Garantienehmer innerhalb von 2 Jahren nach jeweiliger dem Bund mitgeteilter Fälligkeit der garantierten Forderung keinen Entschädigungsantrag gestellt, gilt die garantierte Forderung insoweit als erfüllt.** Auf Antrag des Garantienehmers kann der Bund jedoch das Ruhen des Entschädigungsverfahrens anordnen mit der Folge, daß sich die vorgenannte Frist von 2 Jahren entsprechend verlängert; der Antrag auf Ruhen des Entschädigungsverfahrens kann zugleich mit dem Entschädigungsantrag gestellt werden. Sobald und soweit die garantierte Forderung erfüllt ist oder nach Satz 1 als erfüllt gilt, verliert die Ausfuhrgarantie-Erklärung ihre Gültigkeit.

§ 4
Garantiefälle

Uneinbringlichkeit

(1) Der Garantiefall tritt ein, wenn und soweit die garantierte Forderung aufgrund eines der in den Absätzen 2 – 4 genannten Umstände uneinbringlich ist.

Mitverpflichtung Dritter

Besteht für die garantierte Forderung eine in der Ausfuhrgarantie-Erklärung aufgeführte Mithaftung Dritter, so tritt der Garantiefall jedoch erst ein, wenn und soweit auch die gegen mithaftende Dritte begründeten Forderungen uneinbringlich sind. Für die Feststellung der Uneinbringlichkeit gelten die Absätze 2 – 4 entsprechend.

politische Schadenstatbestände

(2) Uneinbringlichkeit infolge politischer Umstände liegt vor,

– allgemeiner politischer Garantiefall

1. wenn nicht später als 12 Monate nach Fälligkeit

   gesetzgeberische oder behördliche Maßnahmen im Ausland, die nach Abschluß des Ausfuhrvertrages mit Bezug auf die garantierte Forderung ergangen sind,

   oder

   kriegerische Ereignisse oder Aufruhr oder Revolution im Ausland

   die Erfüllung oder Beitreibung der garantierten Forderung

   in jeder Form verhindern

oder

in der vereinbarten Währung verhindern und keine Möglichkeit zur Einzahlung des Gegenwertes zum Zwecke des Transfers gemäß Nr. 2 besteht und der Bund der Zahlung in einer anderen als der vereinbarten Währung mit schuldbefreiender Wirkung nicht zustimmt

und 6 Monate ohne Zahlung nach der mit dem ausländischen Schuldner vereinbarten Fälligkeit verstrichen sind;

– Konvertierungs- und Transferfall („KT-Fall")

2. wenn infolge von Beeinträchtigungen des zwischenstaatlichen Zahlungsverkehrs Beträge, die der ausländische Schuldner als Gegenwert für die garantierte Forderung bei einer zahlungsfähigen Bank oder einer anderen vom Bund anerkannten Stelle zum Zwecke der Überweisung an den Garantienehmer eingezahlt hat, nicht in die vereinbarte Währung konvertiert oder nicht transferiert werden, alle bestehenden Vorschriften für die Konvertierung und den Transfer dieser Beträge erfüllt waren und 4 Monate nach Fälligkeit der Forderung, Einzahlung und Erfüllung dieser Vorschriften verstrichen sind;

– Kursverluste an eingezahlten Beträgen

3. wenn nach Erfüllung aller bestehenden Vorschriften für die Konvertierung und den Transfer ausschließlich infolge einer Abwertung der vom ausländischen Schuldner auf die garantierte Forderung eingezahlten Beträge Kursverluste entstehen, sofern nach Abschluß des Ausfuhrvertrages erlassene Vorschriften des Schuldnerlandes eine schuldbefreiende Wirkung dieser Zahlungen vorsehen. Kursverluste an der mit dem ausländischen Schuldner vereinbarten oder einer anderen ohne Zustimmung des Bundes angenommenen Währung sind nicht gedeckt;

– Verlust von Ansprüchen infolge Unmöglichkeit der Vertragserfüllung

4. wenn gesetzgeberische oder behördliche Maßnahmen im Ausland, die nach Abschluß des Ausfuhrvertrages ergangen sind, oder kriegerische Ereignisse oder Aufruhr oder Revolution im Ausland die Erfüllung der vertraglich vom Garantienehmer geschuldeten Lieferungen und Leistungen ganz oder teilweise verhindern und dem Garantienehmer deshalb durchsetzbare Forderungen für die schon erbrachten Lieferungen und Leistungen nicht zustehen;

– Verlust der Ware vor Gefahrübergang

5. wenn infolge politischer Umstände die Ware während des Zeitraums von der Versendung bis zum Übergang der Gefahr auf den ausländischen Schuldner durch ausländische staatliche Stellen beschlagnahmt oder auf andere Weise der Verfügungsgewalt des Garantienehmers entzogen oder vernichtet oder beschädigt wird oder verlorengeht und der Ausfall 6 Monate nach der im Ausfuhrvertrag vereinbarten Fälligkeit der Forderung nicht ersetzt worden ist, soweit keine Möglichkeit bestanden hat, die Gefahren bei Versicherungsgesellschaften abzudecken, und der Ersatz des Schadens nicht durch gesetzliche Bestimmungen gewährleistet ist;

– Mindererlös bei anderweitiger Verwertung

6. wenn nach Versendung der Ware die Uneinbringlichkeit der garantierten Forderung gemäß Nr. 1, 4 oder 5 zu besorgen ist und der Garantienehmer noch in seiner Verfügungsgewalt befindliche Ware anderweitig im Einvernehmen mit dem Bund verwertet und dabei einen Mindererlös erleidet.

wirtschaftliche Schadenstatbestände

(3) Uneinbringlichkeit infolge wirtschaftlicher Umstände liegt vor, wenn mit Bezug auf das Vermögen des ausländischen Schuldners oder dessen Nachlaß

– Konkurs

1. ein Konkursverfahren eröffnet oder mangels Masse abgelehnt worden ist;

– amtlicher Vergleich

2. ein amtliches Vergleichsverfahren oder ein anderes amtliches Verfahren, das zum Ausschluß der Einzelzwangsvollstreckung führt, eröffnet worden ist;

– außeramtlicher Vergleich

3. ein außeramtlicher Vergleich (Stundungs-, Quoten- oder Liquidationsvergleich), dem alle oder eine Gruppe untereinander vergleichbarer Gläubiger einschließlich des Garantienehmers zugestimmt haben, abgeschlossen worden ist;

– fruchtlose Zwangsvollstreckung

4. eine Zwangsvollstreckung wegen der garantierten Forderung nicht zur vollen Befriedigung geführt hat;

– Zahlungseinstellung

5. die wirtschaftlichen Verhältnisse nachweislich so ungünstig sind, daß der ausländische Schuldner seine Zahlungen ganz oder in wesentlichem Umfang eingestellt hat;

– Mindererlös bei anderweitiger Verwertung

6. nach Versendung der Ware die Uneinbringlichkeit der garantierten Forderung gemäß Nr. 1 – 5 zu besorgen ist und der Garantienehmer noch in seiner Verfügungsgewalt befindliche Ware anderweitig im Einvernehmen mit dem Bund verwertet und dabei einen Mindererlös erleidet.

Nichtzahlungsfall („protracted default")

(4) Uneinbringlichkeit infolge wirtschaftlicher Umstände ist auch dann anzunehmen, wenn die garantierte Forderung 6 Monate nach ihrer Fälligkeit nicht erfüllt worden ist und **der Garantienehmer die nach den Regeln der kaufmännischen Sorgfalt erforderlichen Maßnahmen zur Einziehung der garantierten Forderung ergriffen sowie dem Bund unbeschadet seiner sonstigen Pflichten nach diesen Allgemeinen Bedingungen den Nichteingang der Forderung spätestens 2 Monate nach Fälligkeit mitgeteilt hat.** Die Nichtaufnahme der Dokumente steht bei Geschäften mit den Zahlungsbedingungen D/P oder D/A dem Eintritt der Fälligkeit nicht entgegen, sofern sich aus dem Vertrag mit dem ausländischen Schuldner nichts anderes ergibt. Der Garantienehmer hat in diesen Fällen dem Bund entsprechend Satz 1 die Nichtaufnahme der Dokumente spätestens 2 Monate nach deren Vorlage mitzuteilen.

verzögerte Meldung (s. a. §§ 15 (4), 16 (3))

Soweit die genannten Meldefristen von 2 Monaten überschritten werden, tritt der Garantiefall entsprechend später ein.

Konkurrenzen

– Grundregel

(5) Entschädigt wird aufgrund des Garantiefalles, der zuerst eingetreten ist. Sind ein wirtschaftlicher und ein politischer Garantiefall gleichzeitig eingetreten, wird nach dem politischen Garantiefall entschädigt.

– Ausnahme für den allgemeinen politischen Garantiefall

Tritt der Garantiefall gemäß Absatz 2 Nr. 1 ein, so bleibt der Eintritt des Garantiefalles gemäß Absatz 4 außer Betracht, wenn der Garantienehmer innerhalb von 12 Monaten seit Fälligkeit der Forderung keinen Antrag auf Entschädigung nach diesem Garantiefall gestellt hat.

– Ausnahme für den „KT-Fall"

Sind bei Eintritt eines Garantiefalles gemäß Absatz 4 bis auf den Ablauf der Karenzfrist alle Voraussetzungen des Garantiefalles gemäß Absatz 2 Nr. 2 erfüllt, so wird eine Entschädigung nur aufgrund des Garantiefalles gemäß Absatz 2 Nr. 2 geleistet. Des Ablaufs der dort bestimmten Frist bedarf es in diesem Fall jedoch nicht, sofern nach Fälligkeit der garantierten Forderung mindestens 10 Monate verstrichen sind.

– Nachentschädigung

Treten nach einer Entschädigung gemäß Absatz 4 die Voraussetzungen des Garantiefalles gemäß Absatz 2 Nr. 2 oder Absatz 3 ein, wird eine

Nachentschädigung geleistet, soweit die Anwendung dieser Vorschriften zu einer höheren Entschädigung führt.

§ 5
Fälligkeit und Rechtsbeständigkeit der garantierten Forderung

Rechtsbeständigkeit als Entschädigungsvoraussetzung

(1) **Voraussetzung für die Entschädigung der garantierten Forderung ist deren Fälligkeit und Rechtsbeständigkeit.** Wird aufgrund gesetzlicher oder vertraglicher Bestimmungen der gesamte Restbetrag der garantierten Forderung fällig, so erfolgt die Entschädigung gleichwohl nach Maßgabe der im Ausfuhrvertrag festgelegten Fälligkeiten; der Bund ist jedoch berechtigt, vor diesen Fälligkeiten Entschädigungen zu leisten.

Beweislast

(2) **Der Garantienehmer hat den Bestand der garantierten Forderung und der in der Ausfuhrgarantie-Erklärung aufgeführten Sicherheiten, das Vorliegen der Voraussetzungen für den Eintritt des Garantiefalles sowie Grund und Höhe des Schadens auf seine Kosten nachzuweisen.** Wird der Bestand der Forderung oder der in der Ausfuhrgarantie-Erklärung aufgeführten Sicherheiten bestritten oder werden dagegen Einreden oder Einwendungen erhoben, kann der Bund den Entschädigungsantrag zurückweisen, bis der Garantienehmer – erforderlichenfalls durch Entscheidung des im Verhältnis zwischen ihm und seinem ausländischen Schuldner oder Sicherheitengeber zuständigen Gerichts oder Schiedsgerichts – die Rechtsbeständigkeit der Forderung und der in der Ausfuhrgarantie-Erklärung aufgeführten Sicherheiten nachgewiesen hat; **die Risiken des anwendbaren Rechts und des Gerichtsstands trägt dabei der Garantienehmer.**

Risiken des anwendbaren Rechts

Verantwortung für Rechtsmängel

keine Prüfung von Unterlagen außerhalb der Schadensprüfung

(3) **Die Verantwortung für die Rechtsbeständigkeit der garantierten Forderung und dafür bestellter Sicherheiten trägt im Verhältnis zum Bund ausschließlich der Garantienehmer.** Der Bund wird Verträge und sonstige Unterlagen, aus denen sich die garantierten Forderungen und Sicherungsrechte ergeben sollen, erst im Entschädigungsverfahren prüfen. Der Garantienehmer kann sich nicht darauf berufen, daß der Bund den Inhalt solcher Verträge oder Unterlagen oder Teile derselben vorher, insbesondere bei Übernahme der Ausfuhrgarantie, gekannt habe oder hätte kennen müssen.

§ 6
Selbstbeteiligung

Regelsätze

(1) Der Garantienehmer ist an jedem Ausfall an der garantierten Forderung selbst beteiligt. Sofern in der Ausfuhrgarantie-Erklärung nichts anderes festgelegt ist, beträgt die Selbstbeteiligung

1. 10 % im Garantiefall gemäß § 4 Absatz 2,
2. 15 % im Garantiefall gemäß § 4 Absatz 3,
3. 25 % im Garantiefall gemäß § 4 Absatz 4.

Verbot der anderweitigen Absicherung

(2) **Der Garantienehmer darf das Risiko aus der Selbstbeteiligung nicht anderweitig absichern.** Dies gilt nicht für die Weitergabe des Risikos aus der Selbstbeteiligung an Unterlieferanten des Garantienehmers.

§ 7
Berechnung und Auszahlung der Entschädigung

Anrechnung von Zahlungen

(1) Stehen dem Garantienehmer aus seiner Geschäftstätigkeit mehrere Forderungen gegen den ausländischen Schuldner zu, so werden für die

Feststellung der Entschädigung hierauf geleistete Zahlungen des ausländischen Schuldners auch dann, wenn zwischen Garantienehmer und Schuldner eine andere Anrechnungsregelung vereinbart ist, wie folgt berücksichtigt:

– Regel bei gezielten Zahlungen

1. Bei Zahlungen auf gedeckte Forderungen sowie bei Zahlungen auf ungedeckte Forderungen, die früher fällig sind als die garantierte Forderung, gilt die Tilgungsbestimmung des ausländischen Schuldners.

– Ausnahme bei gezielten Zahlungen auf ungedeckte Forderungen

2. Zahlungen auf ungedeckte Forderungen, die zur selben Zeit wie die garantierte Forderung oder später als diese fällig sind, werden in den Garantiefällen gemäß § 4 Absätze 3 und 4 auf gedeckte und ungedeckte Forderungen und vertraglich vereinbarte Zinsforderungen (ausgenommen Verzugszuschläge) nach der Reihenfolge ihrer Fälligkeit angerechnet, es sei denn, nach den Umständen des Einzelfalles ist auszuschließen, daß der Garantienehmer auf die Tilgungsbestimmung der Zahlung Einfluß genommen hat. In den Garantiefällen gemäß § 4 Absatz 2 bleibt bei derartigen Zahlungen die Tilgungsbestimmung des ausländischen Schuldners maßgeblich.

– ungezielte Zahlungen

3. Ohne Tilgungsbestimmung des ausländischen Schuldners geleistete Zahlungen werden in den Garantiefällen gemäß § 4 Absatz 2 Nr. 1, Absätze 3 und 4 auf gedeckte und ungedeckte Forderungen und vertraglich vereinbarte Zinsforderungen (ausgenommen Verzugszuschläge) nach der Reihenfolge ihrer Fälligkeit angerechnet.

– entsprechende Anwendung

4. Die Nr. 1 – 3 gelten entsprechend für

a) Zahlungen des Garanten, Bürgen und Dritter; sonstige Leistungen des Schuldners, Garanten, Bürgen und Dritter;

b) Ausschüttungen und Erlöse aus der schuldnerischen Masse;

c) Erlöse aus Rücklieferungen oder anderweitiger Verwertung von Waren, Pfändungen, Versicherungen und sonstigen Sicherheiten;

d) aufrechenbare Forderungen, Forderungsnachlässe, Gutschriften und Leistungen an Zahlungs Statt;

e) sonstige dem Garantienehmer im Zusammenhang mit dem Eintritt des Garantiefalles entstandene Vermögensvorteile.

– Quotelung bei gleicher Fälligkeit

5. Anrechnungen gemäß Nr. 2 – 4 auf Forderungen mit gleicher Fälligkeit erfolgen nach dem Verhältnis dieser Forderungsbeträge (ohne Verzugszuschläge).

– Vorwegabzug sachgemäßer Aufwendungen

6. Werden Zahlungen gemäß Nr. 2 oder die in Nr. 4 genannten Vermögensvorteile gemäß Nr. 2 oder 3 angerechnet, so werden von diesen Zahlungen oder Vermögensvorteilen die vom Garantienehmer sachgemäß aufgewendeten Rechtsverfolgungs- oder Beitreibungskosten abgezogen. **Die zur Einziehung einer Forderung üblichen Kosten einschließlich Protestkosten sowie die im gewöhnlichen Geschäftsbetrieb des Garantienehmers entstandenen Kosten bleiben außer Betracht.**

Abzug der Selbstbeteiligung

(2) Der nach Anwendung von Absatz 1 verbleibende Betrag ist um die Selbstbeteiligung des Garantienehmers zu kürzen.

Fristen für Schadensbearbeitung

(3) Nach Einreichung aller für die Feststellung des Entschädigungsanspruches erforderlichen Unterlagen stellt der Bund die Schadensberechnung innerhalb von 2 Monaten auf. Der sich aus der Schadensberechnung ergebende Betrag wird innerhalb eines Monats nach Bekanntgabe der Schadensberechnung an den Garantienehmer insoweit ausgezahlt, als der Garantienehmer die Schadensberechnung anerkannt hat.

Abschlagszahlung

(4) Ist die Schadensberechnung infolge eines Umstandes, den der Garantienehmer nicht zu vertreten hat, nicht innerhalb von 2 Monaten möglich, kann dem Garantienehmer auf Antrag insoweit eine Abschlagszahlung auf die zu erwartende Entschädigung gewährt werden, als diese in ihrem Mindestumfang bereits vor Abschluß der Schadensberechnung feststeht.

§ 8
Rückflüsse

Zuordnung und Verteilung von Rückflüssen

(1) Alle nach Leistung einer Entschädigung eingehenden Zahlungen und sonstigen Vermögensvorteile (Rückflüsse) werden unter Einbeziehung der entschädigten Forderung entsprechend § 7 Absatz 1 zugeordnet. Unberücksichtigt bleiben jedoch diejenigen Rückflüsse, die auf einem Vertrag beruhen, der erst später als 3 Jahre nach Erfüllung oder Entschädigung der zuletzt fälligen Forderung aus dem garantierten Geschäft geschlossen worden ist.

Mitteilungs- und Abführungspflicht

(2) **Der Garantienehmer hat dem Bund jeden Eingang von Rückflüssen unverzüglich anzuzeigen. Die dem Bund zustehenden Beträge hat der Garantienehmer unverzüglich an den Bund abzuführen.**

§ 9
Rückzahlung der Entschädigung

Mitteilungspflicht über Einreden oder Einwendungen gegen Forderung oder Sicherheiten

(1) **Wird der Bestand der garantierten Forderung oder der in der Ausfuhrgarantie-Erklärung aufgeführten Sicherheiten bestritten oder werden dagegen Einreden oder Einwendungen erhoben, hat der Garantienehmer dies im Entschädigungsverfahren unverzüglich mitzuteilen.** Verletzt der Garantienehmer diese Pflicht, kann der Bund die geleistete Entschädigung insoweit zurückfordern, als er bei Kenntnis der Sachlage den Entschädigungsantrag zurückgewiesen hätte.

Rückforderung bei Wegfall der Entschädigungsvoraussetzungen

(2) Stellt sich nach Leistung der Entschädigung heraus, daß die entschädigte Forderung des Garantienehmers nicht oder nicht in voller Höhe besteht, wird insbesondere in einem Rechtsstreit zur Beitreibung der entschädigten Forderung vom zuständigen Gericht die Klage ganz oder teilweise rechtskräftig abgewiesen, oder ergibt sich nach Leistung der Entschädigung, daß der Bund aus sonstigen Gründen nicht zur Entschädigung verpflichtet war, kann der Bund die geleistete Entschädigung einschließlich erstatteter Kosten insoweit zurückfordern.

Rückforderung bei nachträglicher Leistungsfreiheit

(3) Wird der Bund infolge eines Umstandes, der erst nach Leistung der Entschädigung eingetreten ist, von der Verpflichtung zur Entschädigung frei oder verletzt der Garantienehmer die ihn nach § 11 Absatz 1 treffenden Pflichten, so ist der Bund berechtigt, die geleistete Entschädigung einschließlich erstatteter Kosten insoweit zurückzufordern.

Verzinsungspflicht bei Rückforderung

(4) **Soweit dem Bund ein Rückzahlungsanspruch zusteht, hat der Garantienehmer** in den Fällen der Absätze 1 und 2 **den zurückzuzahlenden Betrag** vom Zeitpunkt der Leistung der Entschädigung, im Falle des

Absatzes 3 vom Zeitpunkt des Wegfalls der Entschädigungsverpflichtung an mit dem Zinssatz **zu verzinsen**, der den Kosten der Kreditaufnahme des Bundes ab diesem Zeitpunkt entspricht. Mit Erfüllung des Rückzahlungsanspruchs des Bundes fallen gemäß § 10 Absatz 1 auf den Bund übergegangene Forderungen, Ansprüche und sonstige Rechte insoweit an den Garantienehmer zurück.

weitergehende Ansprüche

(5) Weitergehende, nach gesetzlichen Regelungen oder allgemeinen Rechtsgrundsätzen bestehende Ansprüche des Bundes werden hierdurch nicht berührt.

§ 10
Übergang der Rechte und Ansprüche

Forderungsübergang

(1) Mit Leistung der Entschädigung gehen die entschädigte Forderung, die Ansprüche auf Zinsen und Verzugszinsen für die Zeit nach Zahlung der Entschädigung sowie die Ansprüche aus etwaigen Versicherungen und der Anspruch auf die im Ausland eingezahlten oder hinterlegten Beträge einschließlich der für diese Forderungen und Ansprüche bestehenden Sicherheiten insoweit auf den Bund über, als dies dem Anteil des Bundes am Ausfall an der entschädigten Forderung entspricht. Der Garantienehmer hat auf Verlangen des Bundes die zum Übergang der Forderung, Ansprüche und sonstigen Rechte etwa erforderlichen Rechtshandlungen vorzunehmen.

treuhänderische Verwaltung

(2) Ist die Übertragung nicht möglich oder verzichtet der Bund auf sie, so hat der Garantienehmer die in Absatz 1 genannten Forderungen, Ansprüche und sonstigen Rechte als Treuhänder des Bundes zu halten.

§ 11
Rechtsverfolgung nach Leistung der Entschädigung

Verpflichtung zur Rechtsverfolgung

Beurteilungsspielraum des Bundes

(1) **Unbeschadet des Übergangs der Forderungen, Ansprüche und sonstigen Rechte gemäß § 10 hat der Garantienehmer alle zur Einziehung der entschädigten Forderung und zur Verwertung von Sicherheiten geeigneten Maßnahmen durchzuführen und hierbei etwaige Weisungen des Bundes zu befolgen;** als geeignete Maßnahme gilt auch die Führung eines Rechtsstreites. Von einer Weisung zur Führung eines Rechtsstreites kann abgesehen werden, wenn Gerichtsstand bzw. anwendbare Rechtsordnung keine hinreichende Beurteilung der Erfolgsaussichten des Rechtsstreites zulassen und der Garantienehmer einen solchen Gerichtsstand bzw. die Anwendung einer solchen Rechtsordnung nicht abbedingen konnte oder wenn die voraussichtlichen Kosten des Rechtsstreites außer Verhältnis zu der Höhe der Forderung bzw. den Erfolgsaussichten von Vollstreckungsmaßnahmen stehen.

Kostenbeteiligung

(2) Erfolgen Rechtsverfolgungsmaßnahmen mit Zustimmung oder auf Weisung des Bundes, werden dadurch entstehende sachgemäße Aufwendungen zwischen dem Bund und dem Garantienehmer im Verhältnis ihrer Beteiligung an der geltend gemachten Forderung aufgeteilt. **Die zur Einziehung einer Forderung üblichen Kosten einschließlich Protestkosten sowie die im gewöhnlichen Geschäftsbetrieb des Garantienehmers entstandenen Kosten trägt der Garantienehmer.** § 9 Absatz 2 findet entsprechende Anwendung.

Verzicht auf Rückflußbeteiligung

(3) Entläßt der Bund den Garantienehmer auf dessen Antrag aus der Verpflichtung gemäß Absatz 1, so verliert der Garantienehmer das Recht, an Rückflüssen nach Maßgabe seiner Selbstbeteiligung beteiligt zu werden.

§ 12
Umrechnung von Fremdwährungsbeträgen

(1) Vertragswährung für die Ausfuhrgarantie ist die Deutsche Mark. Für die Umrechnung von Beträgen, die auf andere Währungen lauten, in Deutsche Mark gilt folgendes:

Umrechnungskurs für Entgelt

1. Das gemäß § 18 zu entrichtende Entgelt wird zu dem letzten vor der Entgeltfestsetzung im Bundesanzeiger veröffentlichten Umsatzsteuer-Umrechnungssatz (Entgeltkurs) umgerechnet.

Umrechnungskurs für Entschädigung

2. Die Entschädigung wird zum amtlichen Geldkurs der Frankfurter Börse
   - am Tage der Einzahlung in dem Garantiefall gemäß § 4 Absatz 2 Nr. 2
   - am Tage der Fälligkeit in den anderen Garantiefällen

   umgerechnet. Hat am maßgeblichen Tage keine amtliche Kursnotierung stattgefunden, so tritt die nachfolgende Notierung an ihre Stelle.

   Ist aufgrund des eingetretenen Garantiefalles eine Fälligkeit der garantierten Forderung nicht gegeben oder erfolgt die Entschädigung vor den im Ausfuhrvertrag festgelegten Fälligkeiten, wird die Entschädigung zum letzten amtlichen Geldkurs der Frankfurter Börse vor Absendung der Mitteilung über die Entschädigung umgerechnet.

Kursbegrenzung bei Entschädigung

   In allen Fällen erfolgt die Umrechnung der Entschädigung höchstens zum Entgeltkurs.

Umrechnungskurs für Rückflüsse

3. Rückflüsse auf die entschädigte Forderung werden zum amtlichen Geldkurs der Frankfurter Börse am Tage ihres Eingangs beim Garantienehmer umgerechnet.

Beteiligung an Kursgewinnen bei durch Kursbegrenzung reduzierten Entschädigungen

4. Hat der Bund die Entschädigung gemäß Nr. 2 zum Entgeltkurs in Deutsche Mark umgerechnet und erbringt ein Rückfluß für den Bund über den Betrag hinaus, der insgesamt zur Entschädigung der Forderungen aus diesem Ausfuhrvertrag geleistet worden ist, einen Kursgewinn, so steht der Kursgewinn dem Garantienehmer bis zur Höhe des Betrages zu, der dem Unterschied zwischen dem amtlichen Geldkurs der Frankfurter Börse am Tage der Einzahlung in dem Garantiefall gemäß § 4 Absatz 2 Nr. 2 oder am Tage der Fälligkeit in den anderen Garantiefällen und dem Entgeltkurs entspricht. Dies gilt nicht, soweit der Bund für die entschädigte Forderung auch eine Wechselkursgarantie übernommen hat.

nicht amtlich notierte Währungen

(2) Für Währungen, für die keine Umsatzsteuer-Umrechnungssätze bzw. keine amtlichen Notierungen der Frankfurter Börse festgestellt werden, tritt an deren Stelle der von der Deutschen Bundesbank zuletzt als Geldkurs bekanntgegebene Umrechnungssatz. Ist ein solcher Umrechnungssatz nicht bekanntgegeben, so setzt der Bund die gemäß Absatz 1 anzuwendenden Umrechnungskurse unter Berücksichtigung der den amtlichen Notierungen der Frankfurter Börse entsprechenden Notierungen an den maßgebenden Börsen des Auslandes fest.

§ 13
Deckungseingriffe

Ausschlußrecht bei Gefahrerhöhung

Bei Eintritt gefahrerhöhender Umstände kann der Bund dem Garantienehmer gegenüber jederzeit erklären, daß Forderungen oder Teilforderungen, für die der Bund bei Zugang dieser Erklärung gemäß § 3 noch nicht haftet, **von der Ausfuhrgarantie ausgeschlossen sind.**

§ 14
Umschuldungsvereinbarungen

Recht des Bundes zur Umschuldung

(1) **Der Bund ist berechtigt, über die garantierte Forderung (einschließlich Selbstbeteiligung) Umschuldungsvereinbarungen mit dem Schuldnerland abzuschließen; nicht garantierte Nebenforderungen und nicht garantierte Teile nur teilweise garantierter Forderungen darf er dabei einbeziehen.**

Voraussetzung der Rechtsausübung

(2) Der Bund darf das Recht nach Absatz 1 nur ausüben, wenn er vor Abschluß der Umschuldungsvereinbarung anerkennt, nach welchem der in § 4 geregelten Garantiefälle Uneinbringlichkeit der garantierten Forderung vorliegt, sobald die in der Umschuldungsvereinbarung festgelegten Voraussetzungen für die Anwendung dieser Vereinbarung auf die garantierte Forderung vorliegen. Die Geltung von § 4 Absatz 5 bleibt davon unberührt.

Für einbezogene Forderungen, für die das Risiko der Uneinbringlichkeit infolge wirtschaftlicher Umstände fortbesteht, kann der Bund die Entschädigungsleistung höchstens nach Maßgabe des Selbstbehalts für den Garantiefall gemäß § 4 Absatz 3 begrenzen.

Die sonstigen Entschädigungsvoraussetzungen bleiben unberührt.

Wahrung des Entschädigungsanspruchs

Der Garantienehmer kann unbeschadet vorstehender Regelung Entschädigung nach den allgemeinen Regeln (§§ 4 ff) verlangen.

Vorrang der Zinsregelung des Umschuldungsabkommens

(3) **Der Garantienehmer und seine Rechtsnachfolger müssen ferner Regelungen der Umschuldungsvereinbarung gegen sich gelten lassen, durch die die Verzinsung der Forderung für den Zeitraum ab ihrer Fälligkeit oder für einen später beginnenden Zeitraum abweichend von den gesetzlichen oder vertraglichen Zinsregelungen bestimmt wird** und aufgrund derer weitergehende Ansprüche aus dem Gesichtspunkt des Verzugs nicht geltend gemacht werden können.

Umrechnung von Fremdwährungsbeträgen im Umschuldungsabkommen

(4) Für die Umrechnung der Entschädigung bleibt § 12 Absatz 1 Nr. 2 auch dann maßgeblich, wenn der in der Umschuldungsvereinbarung bestimmte Umrechnungskurs für nicht auf Deutsche Mark lautende Beträge in Deutsche Mark von dem in dieser Vorschrift geregelten Umrechnungskurs abweicht. **In bezug auf Selbstbeteiligung, nicht garantierte Nebenforderungen und nicht garantierte Teile nur teilweise garantierter Forderungen müssen der Garantienehmer und seine Rechtsnachfolger den in der Umschuldungsvereinbarung bestimmten Umrechnungskurs gegen sich gelten lassen.**

§ 15
Pflichten des Garantienehmers

Neben den sonstigen nach diesen Allgemeinen Bedingungen und den Bestimmungen der Ausfuhrgarantie-Erklärung bestehenden Pflichten hat der Garantienehmer die folgenden Pflichten zu beachten:

Wahrheitspflicht im Antragsverfahren

1. **Der Garantienehmer hat im Zusammenhang mit der Beantragung einer Ausfuhrgarantie alle für die Übernahme der Ausfuhrgarantie erheblichen Umstände vollständig und richtig schriftlich anzuzeigen und unverzüglich zu berichtigen, wenn sich bis zum Zugang der Ausfuhrgarantie-Erklärung gegenüber den bei Antragstellung erfolgten Angaben Änderungen oder Ergänzungen ergeben.** Durch Antragsformular oder in sonstiger Weise erfragte Angaben gelten im Zweifel als erheblich.

Verbot des Abweichens vom dokumentierten Sachverhalt, insbesondere hinsichtlich der Zahlungsbedingungen

2. **Nach Übernahme der Ausfuhrgarantie darf der Garantienehmer Änderungen oder Ergänzungen, die sich auf den in der Ausfuhrgarantie-Erklärung dargestellten Sachverhalt oder auf die mit dem Schuldner oder sonstigen Verpflichteten getroffenen Vereinbarungen beziehen, nicht ohne schriftliche Zustimmung des Bundes vornehmen,** es sei denn, die Änderungen oder Ergänzungen sind unerheblich; Nr. 1 Satz 2 gilt entsprechend. **Der Garantienehmer darf insbesondere keine Zahlung in einer anderen als der vertraglich vereinbarten Währung an Erfüllungs Statt annehmen.**

Beachtung staatlicher Vorschriften

3. **Der Garantienehmer darf den Ausfuhrvertrag nur durchführen, wenn dabei die Ausfuhrvorschriften der Bundesrepublik Deutschland und die Einfuhrvorschriften des Bestimmungslandes eingehalten werden.**

Meldepflicht bei Gefahrerhöhung

4. **Der Garantienehmer hat ihm bekanntwerdende gefahrerhöhende Umstände unverzüglich schriftlich anzuzeigen und mitzuteilen, welche Maßnahmen er zur Sicherung seiner Ansprüche beabsichtigt oder getroffen hat.** Als gefahrerhöhender Umstand gilt insbesondere, daß

   a) der Schuldner in Verzug gerät oder um Prolongation nachsucht;

   b) die Vermögenslage, Zahlweise oder allgemeine Beurteilung des Schuldners oder Sicherheitengebers sich verschlechtert oder vom Schuldner die Rückgabe gelieferter Waren oder eine andere als die geschuldete Leistung angeboten wird;

   c) gesetzgeberische oder behördliche Maßnahmen im Ausland oder sonstige politische Ereignisse die Erfüllung oder Beitreibung der garantierten Forderung gefährdet erscheinen lassen.

Zustimmungserfordernis bei Gefahrerhöhung

5. **In den Fällen der Nr. 4 darf der Garantienehmer Lieferungen und Leistungen nicht ohne vorherige schriftliche Zustimmung des Bundes ausführen.**

Schadensverhütungs- und Schadensminderungspflichten

6. **Der Garantienehmer hat auf seine Kosten alle zur Vermeidung eines Garantiefalles oder Minderung des Ausfalles nach den Regeln der kaufmännischen Sorgfalt erforderlichen und geeigneten Maßnahmen zu ergreifen und hierbei etwaige Weisungen des Bundes zu befolgen. Droht ein Garantiefall oder ist ein solcher eingetreten, hat er auf Verlangen des Bundes diesen oder einen vom Bund zu bestimmenden Dritten mit der Wahrnehmung der beiderseitigen Interessen zu beauftragen,** wenn die voraussichtlichen Kosten für die Beauftragung des Bundes oder des Dritten in einem angemessenen Verhältnis zu der Höhe der Forderung und den Erfolgsaussichten der Interessenwahrnehmung stehen.

Auskunftspflicht

7. Der Garantienehmer hat dem Bund oder dessen Beauftragten über die Einzelheiten und den jeweiligen Abwicklungsstand des Ausfuhrgeschäftes sowie über sonstige Umstände, die für die Ausfuhrgarantie von Bedeutung sein können, jederzeit Auskunft zu erteilen. Hierzu gehört die fristgerechte, richtige und vollständige Beantwortung der zur Vorbereitung einer Umschuldungsvereinbarung gestellten Fragen und die Bereitstellung der zum Nachweis der Forderungen benötigten Unterlagen.

Prüfungsrechte des Bundes

8. Der Bund und seine Beauftragten sind berechtigt, jederzeit die Bücher und Unterlagen des Garantienehmers, die für die Ausfuhrgarantie von Bedeutung sein können, einzusehen und Abschriften von ihnen zu nehmen oder zu verlangen. Auf Verlangen des Bundes hat der Garantienehmer Unterlagen in fremder Sprache auf seine Kosten übersetzen zu lassen.

9. Der Garantienehmer hat eine Prüfung seiner Bücher und seines Betriebes, soweit dies für die Ausfuhrgarantie von Bedeutung sein kann, durch den Bund, den Bundesrechnungshof oder einen von diesen bestimmten Beauftragten zuzulassen, damit festgestellt werden kann, ob eine Inanspruchnahme des Bundes in Frage kommt oder die Voraussetzungen für eine solche vorliegen oder vorgelegen haben.

§ 16
Rechtsfolgen von Pflichtverletzungen

Haftungsbefreiung bei

- unwahren Angaben

(1) **Hat der Garantienehmer die ihm nach § 15 Nr. 1 obliegende Pflicht verletzt, so ist der Bund von seiner Verpflichtung zur Entschädigung frei,** es sei denn, der Bund stellt fest, daß die die Pflichtverletzung begründende Unvollständigkeit oder Unrichtigkeit auf seine Entscheidung über die Übernahme der Ausfuhrgarantie keinen Einfluß gehabt hat. Eine Befreiung des Bundes von seiner Verpflichtung zur Entschädigung tritt nicht ein, soweit der Garantienehmer die Unrichtigkeit oder Unvollständigkeit seiner Angaben weder kannte noch kennen mußte.

- fehlerhaften Sicherheiten

(2) **Sind in der Ausfuhrgarantie-Erklärung aufgeführte Sicherheiten nicht oder nicht rechtswirksam bestellt worden, so ist der Bund von seiner Verpflichtung zur Entschädigung frei,** es sei denn, der Bund stellt fest, daß die fehlende oder mangelhafte Sicherheit auf seine Entscheidung über die Übernahme der Ausfuhrgarantie keinen Einfluß gehabt hat.

- sonstigen Obliegenheitsverletzungen unter dem Gesichtspunkt der
- - Schadensursächlichkeit

(3) **Hat der Garantienehmer unter Verstoß gegen die kaufmännische Sorgfalt eine ihm nach § 15 Nr. 2 – 9 obliegende Pflicht verletzt, ist der Bund von der Verpflichtung zur Entschädigung frei,** es sei denn, durch die Pflichtverletzung ist ein Schaden weder entstanden noch zu besorgen.

- - Wesentlichkeit

Unabhängig davon, ob ein Schaden entstanden oder zu besorgen ist, ist der Bund bei einer Pflichtverletzung nach § 15 Nr. 2 von der Verpflichtung zur Entschädigung auch dann frei, wenn er feststellt, daß er den Änderungen oder Ergänzungen nach den Grundsätzen, denen er in seiner Entscheidungspraxis folgt, nicht zugestimmt hätte.

- - Risikoerhöhung

Bei einer Pflichtverletzung nach § 15 Nr. 4 ist der Bund von der Verpflichtung zur Entschädigung auch dann frei, wenn die Unkenntnis meldepflichtiger Umstände für den Bund im Zusammenhang mit anderen Ausfuhrgewährleistungen eine Risikoerhöhung bewirkt oder ihn daran gehindert hat, Maßnahmen zur Risikominderung zu ergreifen.

(4) Der Bund kann die Befreiung von seiner Verpflichtung zur Entschädigung nach den Umständen des Einzelfalles, insbesondere unter Berücksichtigung des eingetretenen Risikos und der Schwere des Verstoßes, einschränken.

(5) Soweit für die Verletzung sonstiger dem Garantienehmer nach diesen Allgemeinen Bedingungen und den Bestimmungen der Ausfuhrgarantie-Erklärung obliegenden Pflichten keine gesonderten Rechtsfolgen gelten, finden die Absätze 1 – 4 entsprechende Anwendung.

(6) Aus dem Gesetz oder der Anwendung allgemeiner Rechtsgrundsätze sich ergebende Ansprüche und sonstige Rechte des Bundes werden durch die in diesen Allgemeinen Bedingungen und der Ausfuhrgarantie-Erklärung enthaltenen Bestimmungen nicht berührt.

§ 17
Mitwirkendes Verschulden

Der Bund haftet nicht für Umstände und Gefahren, die der Garantienehmer nach den Regeln einer gewissenhaften Geschäftsführung und kaufmännischen Sorgfalt zu vertreten hat.

§ 18
Entgelt

Entgeltpflicht

(1) Für die Übernahme der Ausfuhrgarantie wird ein von Art und Umfang des gedeckten Risikos abhängiges Entgelt erhoben. Sofern nichts anderes bestimmt ist, wird das Entgelt mit der Aushändigung der Ausfuhrgarantie-Erklärung fällig.

Verzugsfolgen

(2) **Wird das fällige Entgelt nicht innerhalb von 14 Tagen nach einer Mahnung entrichtet,** die den Hinweis auf diese Frist und auf die nachstehend genannten Rechtsfolgen enthält, so **ist der Bund,** wenn seit der Fälligkeit des Entgelts insgesamt mindestens 6 Wochen verstrichen sind,

- Haftungsbefreiung

a) **von der Haftung** für Garantiefälle **befreit,** die nach Fälligkeit, aber vor Zahlung des Entgelts eingetreten sind,

- Kündigungsrecht

b) außerdem **berechtigt,** die Ausfuhrgarantie ohne Einhaltung einer weiteren Frist **zu kündigen,** solange das Entgelt nicht bezahlt ist.

Neuberechnung

Einbehalt einer Verwaltungskosten-pauschale

(3) Stimmt der Bund einer Änderung des Inhalts oder des Umfanges der Ausfuhrgarantie zu und ändert sich hierdurch der Betrag der garantierten Forderung oder die Dauer des Risikos, erfolgt eine Neuberechnung des Entgelts. Sofern kein Garantiefall eingetreten ist, werden sich aus der Neuberechnung ergebende Überzahlungen erstattet **abzüglich einer Verwaltungskostenpauschale in Höhe von 5 % der Überzahlung, höchstens jedoch von DM 5.000,–.**

Verfall des Entgelts bei Haftungsbefreiung

(4) **Ist der Bund** nach diesen Allgemeinen Bedingungen oder den Bestimmungen der Ausfuhrgarantie-Erklärung **von der Verpflichtung zur Entschädigung frei, gebührt ihm gleichwohl das Entgelt,** soweit es fällig geworden ist, bevor der Bund von seiner Leistungsfreiheit Kenntnis erlangt hat.

§ 19
Abtretung der garantierten Forderung

Verfügt der Garantienehmer zu anderen als Sicherungszwecken **ganz oder teilweise über die garantierte Forderung, erlischt die Ausfuhrgarantie,** es sei denn, der Bund hat der Verfügung schriftlich zugestimmt.

§ 20
Abtretung der Ansprüche aus der Ausfuhrgarantie

Die Abtretung der Ansprüche aus der Ausfuhrgarantie bedarf der schriftlichen Zustimmung des Bundes. Stimmt der Bund der Abtretung zu, bleiben sämtliche Verpflichtungen des Garantienehmers aus der Ausfuhrgarantie dem Bund gegenüber unverändert bestehen.

§ 21
Ausschlußfrist

Ansprüche gegen den Bund aus der Ausfuhrgarantie sind innerhalb einer Ausschlußfrist von 6 Monaten gerichtlich geltend zu machen, nachdem der Bund dem Garantienehmer gegenüber die Ansprüche unter Hinweis auf diese Rechtsfolge schriftlich abgelehnt hat.

§ 22
Gerichtsstand

Für Streitigkeiten zwischen dem Bund und dem Garantienehmer aus der Ausfuhrgarantie sind die ordentlichen Gerichte in Hamburg zuständig.

4. Allgemeine Bedingungen für Ausfuhrbürgschaften

Begriffsbestimmung

Die Bundesrepublik Deutschland (Bund) übernimmt Ausfuhrgewährleistungen unter der Bezeichnung **„Ausfuhrbürgschaften"** für Geldforderungen deutscher Exporteure aus Ausfuhrverträgen über Lieferungen und Leistungen, wenn der ausländische Vertragspartner des deutschen Exporteurs oder ein für das Forderungsrisiko voll haftender Garant ein Staat, eine Gebietskörperschaft oder eine vergleichbare Institution ist.

Gewährleistungsvertrag

Die Allgemeinen Bedingungen für Ausfuhrbürgschaften sind Bestandteil des Gewährleistungsvertrages, den der Bund nach Maßgabe der Richtlinien für die Übernahme von Ausfuhrgewährleistungen schließt, und gelten, soweit sie nicht im Gewährleistungsvertrag ausdrücklich abbedungen, ergänzt oder ersetzt sind.

HERMES
TREUARBEIT

Der Bund als Vertragspartner des Bürgschaftsnehmers wird durch den Bundesminister für Wirtschaft (BMWi) vertreten. Der BMWi wird durch die HERMES Kreditversicherungs-AG (HERMES), Hamburg, und die TREUARBEIT Aktiengesellschaft Wirtschaftsprüfungsgesellschaft Steuerberatungsgesellschaft (TREUARBEIT), Hamburg, als Mandatare des Bundes vertreten. HERMES und TREUARBEIT sind vom Bund beauftragt und ermächtigt, alle den Abschluß und die Abwicklung des Gewährleistungsvertrages betreffenden Erklärungen, soweit sie nicht gemäß § 1 der Bundesschuldenverwaltung vorbehalten sind, namens und im Auftrag des Bundes abzugeben und entgegenzunehmen. Federführend ist HERMES.

§ 1
Formerfordernisse

Schriftform

Der Gewährleistungsvertrag kommt dadurch zustande, daß der Bund den Antrag des Bürgschaftsnehmers auf Übernahme einer Ausfuhrbürgschaft schriftlich und unter Bezugnahme auf diese Allgemeinen Bedingungen annimmt. Der Bund kann jedoch auf Zahlung erst in Anspruch genommen werden, wenn über die Ausfuhrbürgschaft eine Urkunde (Ausfuhrbürgschafts-Erklärung) erstellt, mit zwei Unterschriften der Bundesschuldenverwaltung versehen und dem Bürgschaftsnehmer zugegangen ist. Entsprechendes gilt für Änderungen der Ausfuhrbürgschaft, die Inhalt oder Umfang der Haftung des Bundes erweitern. Mündliche Nebenabreden haben keine Gültigkeit.

Urkunde der Bundesschuldenverwaltung

§ 2
Gegenstand der Ausfuhrbürgschaft

Kaufpreisforderung

(1) Gegenstand der Ausfuhrbürgschaft sind die im Ausfuhrvertrag zwischen Bürgschaftsnehmer und ausländischem Schuldner für Lieferungen und Leistungen des Bürgschaftsnehmers als Gegenleistung vereinbarten und in der Ausfuhrbürgschafts-Erklärung bezeichneten Geldforderungen (verbürgte Forderung).

Surrogatforderung

(2) Die verbürgte Forderung umfaßt unter der Voraussetzung, daß der Ausfuhrvertrag wirksam zustande gekommen ist, auch solche Geldforderungen, die auf den Ausgleich erbrachter Lieferungen und Leistungen gerichtet sind und aufgrund des Ausfuhrvertrages oder aus anderen Rechtsgründen an die Stelle der als Gegenleistung vereinbarten Geldforderung treten.

Zinsen und Nebenforderungen

(3) Die verbürgte Forderung umfaßt ferner die im Ausfuhrvertrag vereinbarten und in der Ausfuhrbürgschafts-Erklärung bezeichneten Kreditzinsen und Finanzierungsnebenkosten bis zur Fälligkeit der Hauptforderung. **Schadensersatzforderungen**, soweit sie nicht gemäß Absatz 2 von der Bürgschaft umfaßt sind, **und sonstige Nebenforderungen**, z. B. auf Verzugszinsen, Vertragsstrafen oder Reugeld, **sind auch dann nicht verbürgt, wenn sie in dem Vertrag zwischen Bürgschaftsnehmer und ausländischem Schuldner ausdrücklich vorgesehen sind.**

§ 3
Haftungszeitraum

Haftungsbeginn

(1) Die Haftung aus der Ausfuhrbürgschaft beginnt bei Lieferungen mit der Versendung der Ware, bei Leistungen mit deren Beginn; bei Teillieferungen oder Teilleistungen beginnt die Haftung nur für diejenigen Zahlungsansprüche, die der Bürgschaftsnehmer aufgrund des Ausfuhrvertrages oder aus sonstigen Rechtsgründen für die jeweilige Teillieferung oder Teilleistung erwirbt. Soweit für die der Ausfuhrbürgschaft zugrundeliegenden Lieferungen und Leistungen eine Fabrikationsrisikodeckung besteht, beginnt die Haftung aus dieser Ausfuhrbürgschaft mit dem Ende der Haftung aus der Fabrikationsrisikodeckung, wenn dieser Zeitpunkt vor Versand liegt.

Haftungsende

Die Haftung aus der Ausfuhrbürgschaft endet, sobald und soweit die verbürgte Forderung erfüllt ist.

Verlust der Ansprüche bei Fristversäumnis

(2) **Hat der Bürgschaftsnehmer innerhalb von 2 Jahren nach jeweiliger dem Bund mitgeteilter Fälligkeit der verbürgten Forderung keinen Entschädigungsantrag gestellt, gilt die verbürgte Forderung insoweit als erfüllt.** Auf Antrag des Bürgschaftsnehmers kann der Bund jedoch das Ruhen des Entschädigungsverfahrens anordnen mit der Folge, daß sich die vorgenannte Frist von 2 Jahren entsprechend verlängert; der Antrag auf Ruhen des Entschädigungsverfahrens kann zugleich mit dem Entschädigungsantrag gestellt werden. Sobald und soweit die verbürgte Forderung erfüllt ist oder nach Satz 1 als erfüllt gilt, verliert die Ausfuhrbürgschafts-Erklärung ihre Gültigkeit.

§ 4
Bürgschaftsfälle

Uneinbringlichkeit

(1) Der Bürgschaftsfall tritt ein, wenn und soweit die verbürgte Forderung aufgrund eines der in den Absätzen 2 und 3 genannten Umstände uneinbringlich ist.

Mitverpflichtung Dritter

Besteht für die verbürgte Forderung eine in der Ausfuhrbürgschafts-Erklärung aufgeführte Mithaftung Dritter, so tritt der Bürgschaftsfall jedoch erst ein, wenn und soweit auch die gegen mithaftende Dritte begründeten Forderungen uneinbringlich sind. Für die Feststellung der Uneinbringlichkeit gelten die Absätze 2 und 3 entsprechend.

politische Schadenstatbestände

(2) Uneinbringlichkeit infolge politischer Umstände liegt vor,

- allgemeiner politischer Bürgschaftsfall

1. wenn nicht später als 12 Monate nach Fälligkeit

   gesetzgeberische oder behördliche Maßnahmen im Ausland, die nach Abschluß des Ausfuhrvertrages mit Bezug auf die verbürgte Forderung ergangen sind,

   oder

   kriegerische Ereignisse oder Aufruhr oder Revolution im Ausland

   die Erfüllung oder Beitreibung der verbürgten Forderung

   in jeder Form verhindern

oder

in der vereinbarten Währung verhindern und keine Möglichkeit zur Einzahlung des Gegenwertes zum Zwecke des Transfers gemäß Nr. 2 besteht und der Bund der Zahlung in einer anderen als der vereinbarten Währung mit schuldbefreiender Wirkung nicht zustimmt

und 6 Monate ohne Zahlung nach der mit dem ausländischen Schuldner vereinbarten Fälligkeit verstrichen sind;

– Konvertierungs- und Transferfall („KT-Fall")

2. wenn infolge von Beeinträchtigungen des zwischenstaatlichen Zahlungsverkehrs Beträge, die der ausländische Schuldner als Gegenwert für die verbürgte Forderung bei einer zahlungsfähigen Bank oder einer anderen vom Bund anerkannten Stelle zum Zwecke der Überweisung an den Bürgschaftsnehmer eingezahlt hat, nicht in die vereinbarte Währung konvertiert oder nicht transferiert werden, alle bestehenden Vorschriften für die Konvertierung und den Transfer dieser Beträge erfüllt waren und 4 Monate nach Fälligkeit der Forderung, Einzahlung und Erfüllung dieser Vorschriften verstrichen sind;

– Kursverluste an eingezahlten Beträgen

3. wenn nach Erfüllung aller bestehenden Vorschriften für die Konvertierung und den Transfer ausschließlich infolge einer Abwertung der vom ausländischen Schuldner auf die verbürgte Forderung eingezahlten Beträge Kursverluste entstehen, sofern nach Abschluß des Ausfuhrvertrages erlassene Vorschriften des Schuldnerlandes eine schuldbefreiende Wirkung dieser Zahlungen vorsehen. Kursverluste an der mit dem ausländischen Schuldner vereinbarten oder einer anderen ohne Zustimmung des Bundes angenommenen Währung sind nicht gedeckt;

– Verlust von Ansprüchen infolge Unmöglichkeit der Vertragserfüllung

4. wenn gesetzgeberische oder behördliche Maßnahmen im Ausland, die nach Abschluß des Ausfuhrvertrages ergangen sind, oder kriegerische Ereignisse oder Aufruhr oder Revolution im Ausland die Erfüllung der vertraglich vom Bürgschaftsnehmer geschuldeten Lieferungen und Leistungen ganz oder teilweise verhindern und dem Bürgschaftsnehmer deshalb durchsetzbare Forderungen für die schon erbrachten Lieferungen und Leistungen nicht zustehen;

– Verlust der Ware vor Gefahrübergang

5. wenn infolge politischer Umstände die Ware während des Zeitraums von der Versendung bis zum Übergang der Gefahr auf den ausländischen Schuldner durch ausländische staatliche Stellen beschlagnahmt oder auf andere Weise der Verfügungsgewalt des Bürgschaftsnehmers entzogen oder vernichtet oder beschädigt wird oder verlorengeht und der Ausfall 6 Monate nach der im Ausfuhrvertrag vereinbarten Fälligkeit der Forderung nicht ersetzt worden ist, soweit keine Möglichkeit bestanden hat, die Gefahren bei Versicherungsgesellschaften abzudecken, und der Ersatz des Schadens nicht durch gesetzliche Bestimmungen gewährleistet ist;

– Mindererlös bei anderweitiger Verwertung

6. wenn nach Versendung der Ware die Uneinbringlichkeit der verbürgten Forderung gemäß Nr. 1, 4 oder 5 zu besorgen ist und der Bürgschaftsnehmer noch in seiner Verfügungsgewalt befindliche Ware anderweitig im Einvernehmen mit dem Bund verwertet und dabei einen Mindererlös erleidet.

Nichtzahlungsfall („protracted default")

(3) Uneinbringlichkeit liegt auch vor,

1. wenn die verbürgte Forderung 6 Monate nach ihrer Fälligkeit nicht erfüllt worden ist und **der Bürgschaftsnehmer die nach den Regeln**

der kaufmännischen Sorgfalt erforderlichen Maßnahmen zur Einziehung der verbürgten Forderung ergriffen hat. Die Nichtaufnahme der Dokumente steht bei Geschäften mit den Zahlungsbedingungen D/P oder D/A dem Eintritt der Fälligkeit nicht entgegen, sofern sich aus dem Vertrag mit dem ausländischen Schuldner nichts anderes ergibt;

2. wenn nach Versendung der Ware die Uneinbringlichkeit der verbürgten Forderung gemäß Absatz 3 Nr. 1 zu besorgen ist und der Bürgschaftsnehmer noch in seiner Verfügungsgewalt befindliche Ware anderweitig im Einvernehmen mit dem Bund verwertet und dabei einen Mindererlös erleidet.

Konkurrenzen
– Grundregel

(4) Entschädigt wird aufgrund des Bürgschaftsfalles, der zuerst eingetreten ist. Sind ein Bürgschaftsfall gemäß Absatz 3 und ein politischer Bürgschaftsfall gleichzeitig eingetreten, wird nach dem politischen Bürgschaftsfall entschädigt.

– Ausnahme für den allgemeinen politischen Bürgschaftsfall

Tritt der Bürgschaftsfall gemäß Absatz 2 Nr. 1 ein, so bleibt der Eintritt des Bürgschaftsfalles gemäß Absatz 3 außer Betracht, wenn der Bürgschaftsnehmer innerhalb von 12 Monaten seit Fälligkeit der Forderung keinen Antrag auf Entschädigung nach diesem Bürgschaftsfall gestellt hat.

– Ausnahme für den „KT-Fall"

Sind bei Eintritt eines Bürgschaftsfalles gemäß Absatz 3 bis auf den Ablauf der Karenzfrist alle Voraussetzungen des Bürgschaftsfalles gemäß Absatz 2 Nr. 2 erfüllt, so wird eine Entschädigung nur aufgrund des Bürgschaftsfalles gemäß Absatz 2 Nr. 2 geleistet. Des Ablaufs der dort bestimmten Frist bedarf es in diesem Fall jedoch nicht, sofern nach Fälligkeit der verbürgten Forderung mindestens 10 Monate verstrichen sind.

– Nachentschädigung

Treten nach einer Entschädigung gemäß Absatz 3 die Voraussetzungen des Bürgschaftsfalles gemäß Absatz 2 Nr. 2 ein, wird eine Nachentschädigung geleistet, soweit die Anwendung dieser Vorschrift zu einer höheren Entschädigung führt.

§ 5
Fälligkeit und Rechtsbeständigkeit der verbürgten Forderung

Rechtsbeständigkeit als Entschädigungsvoraussetzung

(1) **Voraussetzung für die Entschädigung der verbürgten Forderung ist deren Fälligkeit und Rechtsbeständigkeit.** Wird aufgrund gesetzlicher oder vertraglicher Bestimmungen der gesamte Restbetrag der verbürgten Forderung fällig, so erfolgt die Entschädigung gleichwohl nach Maßgabe der im Ausfuhrvertrag festgelegten Fälligkeiten; der Bund ist jedoch berechtigt, vor diesen Fälligkeiten Entschädigungen zu leisten.

Beweislast

(2) **Der Bürgschaftsnehmer hat den Bestand der verbürgten Forderung und der in der Ausfuhrbürgschafts-Erklärung aufgeführten Sicherheiten, das Vorliegen der Voraussetzungen für den Eintritt des Bürgschaftsfalles sowie Grund und Höhe des Schadens auf seine Kosten nachzuweisen.** Wird der Bestand der Forderung oder der in der Ausfuhrbürgschafts-Erklärung aufgeführten Sicherheiten bestritten oder werden dagegen Einreden oder Einwendungen erhoben, kann der Bund den Entschädigungsantrag zurückweisen, bis der Bürgschaftsnehmer – erforderlichenfalls durch Entscheidung des im Verhältnis zwischen ihm und seinem ausländischen Schuldner oder Sicherheitengeber zustän-

Risiken des anwendbaren Rechts

digen Gerichts oder Schiedsgerichts – die Rechtsbeständigkeit der Forderung und der in der Ausfuhrbürgschafts-Erklärung aufgeführten Sicherheiten nachgewiesen hat; **die Risiken des anwendbaren Rechts und des Gerichtsstands trägt dabei der Bürgschaftsnehmer.**

Verantwortung für Rechtsmängel

keine Prüfung von Unterlagen außerhalb der Schadensprüfung

(3) **Die Verantwortung für die Rechtsbeständigkeit der verbürgten Forderung und dafür bestellter Sicherheiten trägt im Verhältnis zum Bund ausschließlich der Bürgschaftsnehmer.** Der Bund wird Verträge und sonstige Unterlagen, aus denen sich die verbürgten Forderungen und Sicherungsrechte ergeben sollen, erst im Entschädigungsverfahren prüfen. Der Bürgschaftsnehmer kann sich nicht darauf berufen, daß der Bund den Inhalt solcher Verträge oder Unterlagen oder Teile derselben vorher, insbesondere bei Übernahme der Ausfuhrbürgschaft, gekannt habe oder hätte kennen müssen.

§ 6
Selbstbeteiligung

Regelsätze

(1) Der Bürgschaftsnehmer ist an jedem Ausfall an der verbürgten Forderung selbst beteiligt. Sofern in der Ausfuhrbürgschafts-Erklärung nichts anderes festgelegt ist, beträgt die Selbstbeteiligung

1. 10 % im Bürgschaftsfall gemäß § 4 Absatz 2,
2. 15 % im Bürgschaftsfall gemäß § 4 Absatz 3.

Verbot der anderweitigen Absicherung

(2) **Der Bürgschaftsnehmer darf das Risiko aus der Selbstbeteiligung nicht anderweitig absichern.** Dies gilt nicht für die Weitergabe des Risikos aus der Selbstbeteiligung an Unterlieferanten des Bürgschaftsnehmers.

§ 7
Berechnung und Auszahlung der Entschädigung

Anrechnung von Zahlungen

(1) Stehen dem Bürgschaftsnehmer aus seiner Geschäftstätigkeit mehrere Forderungen gegen den ausländischen Schuldner zu, so werden für die Feststellung der Entschädigung hierauf geleistete Zahlungen des ausländischen Schuldners auch dann, wenn zwischen Bürgschaftsnehmer und Schuldner eine andere Anrechnungsregelung vereinbart ist, wie folgt berücksichtigt:

– Regel bei gezielten Zahlungen

1. Bei Zahlungen auf gedeckte Forderungen sowie bei Zahlungen auf ungedeckte Forderungen, die früher fällig sind als die verbürgte Forderung, gilt die Tilgungsbestimmung des ausländischen Schuldners.

– Ausnahme bei gezielten Zahlungen auf ungedeckte Forderungen

2. Zahlungen auf ungedeckte Forderungen, die zur selben Zeit wie die verbürgte Forderung oder später als diese fällig sind, werden in den Bürgschaftsfällen gemäß § 4 Absatz 3 auf gedeckte und ungedeckte Forderungen und vertraglich vereinbarte Zinsforderungen (ausgenommen Verzugszuschläge) nach der Reihenfolge ihrer Fälligkeit angerechnet, es sei denn, nach den Umständen des Einzelfalles ist auszuschließen, daß der Bürgschaftsnehmer auf die Tilgungsbestimmung der Zahlung Einfluß genommen hat. In den Bürgschaftsfällen gemäß § 4 Absatz 2 bleibt bei derartigen Zahlungen die Tilgungsbestimmung des ausländischen Schuldners maßgeblich.

– ungezielte Zahlungen

3. Ohne Tilgungsbestimmung des ausländischen Schuldners geleistete Zahlungen werden in den Bürgschaftsfällen gemäß § 4 Absatz 2 Nr. 1 und Absatz 3 auf gedeckte und ungedeckte Forderungen und vertrag-

lich vereinbarte Zinsforderungen (ausgenommen Verzugszuschläge) nach der Reihenfolge ihrer Fälligkeit angerechnet.

- entsprechende Anwendung

4. Die Nr. 1 – 3 gelten entsprechend für

a) Zahlungen des Garanten, Bürgen und Dritter; sonstige Leistungen des Schuldners, Garanten, Bürgen und Dritter;

b) Ausschüttungen und Erlöse aus der schuldnerischen Masse;

c) Erlöse aus Rücklieferungen oder anderweitiger Verwertung von Waren, Pfändungen, Versicherungen und sonstigen Sicherheiten;

d) aufrechenbare Forderungen, Forderungsnachlässe, Gutschriften und Leistungen an Zahlungs Statt;

e) sonstige dem Bürgschaftsnehmer im Zusammenhang mit dem Eintritt des Bürgschaftsfalles entstandene Vermögensvorteile.

- Quotelung bei gleicher Fälligkeit

5. Anrechnungen gemäß Nr. 2 – 4 auf Forderungen mit gleicher Fälligkeit erfolgen nach dem Verhältnis dieser Forderungsbeträge (ohne Verzugszuschläge).

- Vorwegabzug sachgemäßer Aufwendungen

6. Werden Zahlungen gemäß Nr. 2 oder die in Nr. 4 genannten Vermögensvorteile gemäß Nr. 2 oder 3 angerechnet, so werden von diesen Zahlungen oder Vermögensvorteilen die vom Bürgschaftsnehmer sachgemäß aufgewendeten Rechtsverfolgungs- oder Beitreibungskosten abgezogen. **Die zur Einziehung einer Forderung üblichen Kosten einschließlich Protestkosten sowie die im gewöhnlichen Geschäftsbetrieb des Bürgschaftsnehmers entstandenen Kosten bleiben außer Betracht.**

Abzug der Selbstbeteiligung

(2) Der nach Anwendung von Absatz 1 verbleibende Betrag ist um die Selbstbeteiligung des Bürgschaftsnehmers zu kürzen.

Fristen für Schadensbearbeitung

(3) Nach Einreichung aller für die Feststellung des Entschädigungsanspruches erforderlichen Unterlagen stellt der Bund die Schadensberechnung innerhalb von 2 Monaten auf. Der sich aus der Schadensberechnung ergebende Betrag wird innerhalb eines Monats nach Bekanntgabe der Schadensberechnung an den Bürgschaftsnehmer insoweit ausgezahlt, als der Bürgschaftsnehmer die Schadensberechnung anerkannt hat.

Abschlagszahlung

(4) Ist die Schadensberechnung infolge eines Umstandes, den der Bürgschaftsnehmer nicht zu vertreten hat, nicht innerhalb von 2 Monaten möglich, kann dem Bürgschaftsnehmer auf Antrag insoweit eine Abschlagszahlung auf die zu erwartende Entschädigung gewährt werden, als diese in ihrem Mindestumfang bereits vor Abschluß der Schadensberechnung feststeht.

§ 8
Rückflüsse

Zuordnung und Verteilung von Rückflüssen

(1) Alle nach Leistung einer Entschädigung eingehenden Zahlungen und sonstigen Vermögensvorteile (Rückflüsse) werden unter Einbeziehung der entschädigten Forderung entsprechend § 7 Absatz 1 zugeordnet. Unberücksichtigt bleiben jedoch diejenigen Rückflüsse, die auf einem

Vertrag beruhen, der erst später als 3 Jahre nach Erfüllung oder Entschädigung der zuletzt fälligen Forderung aus dem verbürgten Geschäft geschlossen worden ist.

Mitteilungs- und Abführungspflicht

(2) **Der Bürgschaftsnehmer hat dem Bund jeden Eingang von Rückflüssen unverzüglich anzuzeigen. Die dem Bund zustehenden Beträge hat der Bürgschaftsnehmer unverzüglich an den Bund abzuführen.**

§ 9
Rückzahlung der Entschädigung

Mitteilungspflicht über Einreden oder Einwendungen gegen Forderung oder Sicherheiten

(1) **Wird der Bestand der verbürgten Forderung oder der in der Ausfuhrbürgschafts-Erklärung aufgeführten Sicherheiten bestritten oder werden dagegen Einreden oder Einwendungen erhoben, hat der Bürgschaftsnehmer dies im Entschädigungsverfahren unverzüglich mitzuteilen.** Verletzt der Bürgschaftsnehmer diese Pflicht, kann der Bund die geleistete Entschädigung insoweit zurückfordern, als er bei Kenntnis der Sachlage den Entschädigungsantrag zurückgewiesen hätte.

Rückforderung bei Wegfall der Entschädigungsvoraussetzungen

(2) Stellt sich nach Leistung der Entschädigung heraus, daß die entschädigte Forderung des Bürgschaftsnehmers nicht oder nicht in voller Höhe besteht, wird insbesondere in einem Rechtsstreit zur Beitreibung der entschädigten Forderung vom zuständigen Gericht die Klage ganz oder teilweise rechtskräftig abgewiesen, oder ergibt sich nach Leistung der Entschädigung, daß der Bund aus sonstigen Gründen nicht zur Entschädigung verpflichtet war, kann der Bund die geleistete Entschädigung einschließlich erstatteter Kosten insoweit zurückfordern.

Rückforderung bei nachträglicher Leistungsfreiheit

(3) Wird der Bund infolge eines Umstandes, der erst nach Leistung der Entschädigung eingetreten ist, von der Verpflichtung zur Entschädigung frei oder verletzt der Bürgschaftsnehmer die ihn nach § 11 Absatz 1 treffenden Pflichten, so ist der Bund berechtigt, die geleistete Entschädigung einschließlich erstatteter Kosten insoweit zurückzufordern.

Verzinsungspflicht bei Rückforderung

(4) **Soweit dem Bund ein Rückzahlungsanspruch zusteht, hat der Bürgschaftsnehmer** in den Fällen der Absätze 1 und 2 **den zurückzuzahlenden Betrag** vom Zeitpunkt der Leistung der Entschädigung, im Falle des Absatzes 3 vom Zeitpunkt des Wegfalls der Entschädigungsverpflichtung an mit dem Zinssatz **zu verzinsen**, der den Kosten der Kreditaufnahme des Bundes ab diesem Zeitpunkt entspricht. Mit Erfüllung des Rückzahlungsanspruchs des Bundes fallen gemäß § 10 Absatz 1 auf den Bund übergegangene Forderungen, Ansprüche und sonstige Rechte insoweit an den Bürgschaftsnehmer zurück.

weitergehende Ansprüche

(5) Weitergehende, nach gesetzlichen Regelungen oder allgemeinen Rechtsgrundsätzen bestehende Ansprüche des Bundes werden hierdurch nicht berührt.

§ 10
Übergang der Rechte und Ansprüche

Forderungsübergang

(1) Mit Leistung der Entschädigung gehen die entschädigte Forderung, die Ansprüche auf Zinsen und Verzugszinen für die Zeit nach Zahlung der Entschädigung sowie die Ansprüche aus etwaigen Versicherungen und der Anspruch auf die im Ausland eingezahlten oder hinterlegten Beträge einschließlich der für diese Forderungen und Ansprüche bestehenden Sicherheiten insoweit auf den Bund über, als dies dem Anteil des Bundes am Ausfall an der entschädigten Forderung entspricht. Der Bürgschaftsnehmer hat auf Verlangen des Bundes die zum Übergang der Forderung, Ansprüche und sonstigen Rechte etwa erforderlichen Rechtshandlungen vorzunehmen.

treuhänderische Verwaltung

(2) Ist die Übertragung nicht möglich oder verzichtet der Bund auf sie, so hat der Bürgschaftsnehmer die in Absatz 1 genannten Forderungen, Ansprüche und sonstigen Rechte als Treuhänder des Bundes zu halten.

§ 11
Rechtsverfolgung nach Leistung der Entschädigung

Verpflichtung zur Rechtsverfolgung

Beurteilungsspielraum des Bundes

(1) **Unbeschadet des Übergangs der Forderungen, Ansprüche und sonstigen Rechte gemäß § 10 hat der Bürgschaftsnehmer alle zur Einziehung der entschädigten Forderung und zur Verwertung von Sicherheiten geeigneten Maßnahmen durchzuführen und hierbei etwaige Weisungen des Bundes zu befolgen;** als geeignete Maßnahme gilt auch die Führung eines Rechtsstreites. Von einer Weisung zur Führung eines Rechtsstreites kann abgesehen werden, wenn Gerichtsstand bzw. anwendbare Rechtsordnung keine hinreichende Beurteilung der Erfolgsaussichten des Rechtsstreites zulassen und der Bürgschaftsnehmer einen solchen Gerichtsstand bzw. die Anwendung einer solchen Rechtsordnung nicht abbedingen konnte oder wenn die voraussichtlichen Kosten des Rechtsstreites außer Verhältnis zu der Höhe der Forderung bzw. den Erfolgsaussichten von Vollstreckungsmaßnahmen stehen.

Kostenbeteiligung

(2) Erfolgen Rechtsverfolgungsmaßnahmen mit Zustimmung oder auf Weisung des Bundes, werden dadurch entstehende sachgemäße Aufwendungen zwischen dem Bund und dem Bürgschaftsnehmer im Verhältnis ihrer Beteiligung an der geltend gemachten Forderung aufgeteilt. **Die zur Einziehung einer Forderung üblichen Kosten einschließlich Protestkosten sowie die im gewöhnlichen Geschäftsbetrieb des Bürgschaftsnehmers entstandenen Kosten trägt der Bürgschaftsnehmer.** § 9 Absatz 2 findet entsprechende Anwendung.

Verzicht auf Rückflußbeteiligung

(3) Entläßt der Bund den Bürgschaftsnehmer auf dessen Antrag aus der Verpflichtung gemäß Absatz 1, so verliert der Bürgschaftsnehmer das Recht, an Rückflüssen nach Maßgabe seiner Selbstbeteiligung beteiligt zu werden.

§ 12
Umrechnung von Fremdwährungsbeträgen

(1) Vertragswährung für die Ausfuhrbürgschaft ist die Deutsche Mark. Für die Umrechnung von Beträgen, die auf andere Währungen lauten, in Deutsche Mark gilt folgendes:

Umrechnungskurs für Entgelt

1. Das gemäß § 18 zu entrichtende Entgelt wird zu dem letzten vor der Entgeltfestsetzung im Bundesanzeiger veröffentlichten Umsatzsteuer-Umrechnungssatz (Entgeltkurs) umgerechnet.

Umrechnungskurs für Entschädigung

2. Die Entschädigung wird zum amtlichen Geldkurs der Frankfurter Börse

   - am Tage der Einzahlung in dem Bürgschaftsfall gemäß § 4 Absatz 2 Nr. 2
   - am Tage der Fälligkeit in den anderen Bürgschaftsfällen

   umgerechnet. Hat am maßgeblichen Tage keine amtliche Kursnotierung stattgefunden, so tritt die nachfolgende Notierung an ihre Stelle.

   Ist aufgrund des eingetretenen Bürgschaftsfalles eine Fälligkeit der verbürgten Forderung nicht gegeben oder erfolgt die Entschädigung vor den im Ausfuhrvertrag festgelegten Fälligkeiten, wird die Entschädigung zum letzten amtlichen Geldkurs der Frankfurter Börse vor Absendung der Mitteilung über die Entschädigung umgerechnet.

Kursbegrenzung bei Entschädigung

In allen Fällen erfolgt die Umrechnung der Entschädigung höchstens zum Entgeltkurs.

Umrechnungskurs für Rückflüsse

3. Rückflüsse auf die entschädigte Forderung werden zum amtlichen Geldkurs der Frankfurter Börse am Tage ihres Eingangs beim Bürgschaftsnehmer umgerechnet.

Beteiligung an Kursgewinnen bei durch Kursbegrenzung reduzierten Entschädigungen

4. Hat der Bund die Entschädigung gemäß Nr. 2 zum Entgeltkurs in Deutsche Mark umgerechnet und erbringt ein Rückfluß für den Bund über den Betrag hinaus, der insgesamt zur Entschädigung der Forderungen aus diesem Ausfuhrvertrag geleistet worden ist, einen Kursgewinn, so steht der Kursgewinn dem Bürgschaftsnehmer bis zur Höhe des Betrages zu, der dem Unterschied zwischen dem amtlichen Geldkurs der Frankfurter Börse am Tage der Einzahlung in dem Bürgschaftsfall gemäß § 4 Absatz 2 Nr. 2 oder am Tage der Fälligkeit in den anderen Bürgschaftsfällen und dem Entgeltkurs entspricht. Dies gilt nicht, soweit der Bund für die entschädigte Forderung auch eine Wechselkursbürgschaft übernommen hat.

nicht amtlich notierte Währungen

(2) Für Währungen, für die keine Umsatzsteuer-Umrechnungssätze bzw. keine amtlichen Notierungen der Frankfurter Börse festgestellt werden, tritt an deren Stelle der von der Deutschen Bundesbank zuletzt als Geldkurs bekanntgegebene Umrechnungssatz. Ist ein solcher Umrechnungssatz nicht bekanntgegeben, so setzt der Bund die gemäß Absatz 1 anzuwendenden Umrechnungskurse unter Berücksichtigung der den amtlichen Notierungen der Frankfurter Börse entsprechenden Notierungen an den maßgebenden Börsen des Auslandes fest.

§ 13
Deckungseingriffe

Ausschlußrecht bei Gefahrerhöhung

Bei Eintritt gefahrerhöhender Umstände kann der Bund dem Bürgschaftsnehmer gegenüber jederzeit erklären, daß Forderungen oder Teilforderungen, für die der Bund bei Zugang dieser Erklärung gemäß § 3 noch nicht haftet, **von der Ausfuhrbürgschaft ausgeschlossen sind.**

§ 14
Umschuldungsvereinbarungen

Recht des Bundes zur Umschuldung

(1) **Der Bund ist berechtigt, über die verbürgte Forderung (einschließlich Selbstbeteiligung) Umschuldungsvereinbarungen mit dem Schuldnerland abzuschließen; nicht verbürgte Nebenforderungen und nicht verbürgte Teile nur teilweise verbürgter Forderungen darf er dabei einbeziehen.**

Voraussetzung der Rechtsausübung

(2) Der Bund darf das Recht nach Absatz 1 nur ausüben, wenn er vor Abschluß der Umschuldungsvereinbarung anerkennt, nach welchem der in § 4 geregelten Bürgschaftsfälle Uneinbringlichkeit der verbürgten Forderung vorliegt, sobald die in der Umschuldungsvereinbarung festgelegten Voraussetzungen für die Anwendung dieser Vereinbarung auf die verbürgte Forderung vorliegen. Die Geltung von § 4 Absatz 4 bleibt davon unberührt.

Für einbezogene Forderungen, für die das Risiko der Uneinbringlichkeit gemäß § 4 Absatz 3 fortbesteht, kann der Bund die Entschädigungsleistung nach Maßgabe des Selbstbehalts für diesen Bürgschaftsfall begrenzen.

Die sonstigen Entschädigungsvoraussetzungen bleiben unberührt.

Wahrung des Entschädigungsanspruchs

Der Bürgschaftsnehmer kann unbeschadet vorstehender Regelung Entschädigung nach den allgemeinen Regeln (§§ 4 ff) verlangen.

Vorrang der Zinsregelung des Umschuldungsabkommens

(3) **Der Bürgschaftsnehmer und seine Rechtsnachfolger müssen ferner Regelungen der Umschuldungsvereinbarung gegen sich gelten lassen, durch die die Verzinsung der Forderung für den Zeitraum ab ihrer Fälligkeit oder für einen später beginnenden Zeitraum abweichend von den gesetzlichen oder vertraglichen Zinsregelungen bestimmt wird** und aufgrund derer weitergehende Ansprüche aus dem Gesichtspunkt des Verzugs nicht geltend gemacht werden können.

Umrechnung von Fremdwährungsbeträgen im Umschuldungsabkommen

(4) Für die Umrechnung der Entschädigung bleibt § 12 Absatz 1 Nr. 2 auch dann maßgeblich, wenn der in der Umschuldungsvereinbarung bestimmte Umrechnungskurs für nicht auf Deutsche Mark lautende Beträge in Deutsche Mark von dem in dieser Vorschrift geregelten Umrechnungskurs abweicht. **In bezug auf Selbstbeteiligung, nicht verbürgte Nebenforderungen und nicht verbürgte Teile nur teilweise verbürgter Forderungen müssen der Bürgschaftsnehmer und seine Rechtsnachfolger den in der Umschuldungsvereinbarung bestimmten Umrechnungskurs gegen sich gelten lassen.**

§ 15
Pflichten des Bürgschaftsnehmers

Neben den sonstigen nach diesen Allgemeinen Bedingungen und den Bestimmungen der Ausfuhrbürgschafts-Erklärung bestehenden Pflichten hat der Bürgschaftsnehmer die folgenden Pflichten zu beachten:

Wahrheitspflicht im Antragsverfahren

1. **Der Bürgschaftsnehmer hat im Zusammenhang mit der Beantragung einer Ausfuhrbürgschaft alle für die Übernahme der Ausfuhrbürgschaft erheblichen Umstände vollständig und richtig schriftlich anzuzeigen und unverzüglich zu berichtigen, wenn sich bis zum Zugang der Ausfuhrbürgschafts-Erklärung gegenüber den bei Antragstellung erfolgten Angaben Änderungen oder Ergänzungen ergeben.** Durch Antragsformular oder in sonstiger Weise erfragte Angaben gelten im Zweifel als erheblich.

Verbot des Abweichens vom dokumentierten Sachverhalt, insbesondere hinsichtlich der Zahlungsbedingungen

2. **Nach Übernahme der Ausfuhrbürgschaft darf der Bürgschaftsnehmer Änderungen oder Ergänzungen, die sich auf den in der Ausfuhrbürgschafts-Erklärung dargestellten Sachverhalt oder auf die mit dem Schuldner oder sonstigen Verpflichteten getroffenen Vereinbarungen beziehen, nicht ohne schriftliche Zustimmung des Bundes vornehmen,** es sei denn, die Änderungen oder Ergänzungen sind unerheblich; Nr. 1 Satz 2 gilt entsprechend. **Der Bürgschaftsnehmer darf insbesondere keine Zahlung in einer anderen als der vertraglich vereinbarten Währung an Erfüllungs Statt annehmen.**

Beachtung staatlicher Vorschriften

3. **Der Bürgschaftsnehmer darf den Ausfuhrvertrag nur durchführen, wenn dabei die Ausfuhrvorschriften der Bundesrepublik Deutschland und die Einfuhrvorschriften des Bestimmungslandes eingehalten werden.**

Meldepflicht bei Gefahrerhöhung

4. **Der Bürgschaftsnehmer hat ihm bekanntwerdende gefahrerhöhende Umstände unverzüglich schriftlich anzuzeigen und mitzuteilen, welche Maßnahmen er zur Sicherung seiner Ansprüche beabsichtigt oder getroffen hat.** Als gefahrerhöhender Umstand gilt insbesondere, daß

   a) der Schuldner in Verzug gerät oder um Prolongation nachsucht;

b) die Vermögenslage, Zahlweise oder allgemeine Beurteilung des Schuldners oder Sicherheitengebers sich verschlechtert oder vom Schuldner die Rückgabe gelieferter Waren oder eine andere als die geschuldete Leistung angeboten wird;

c) gesetzgeberische oder behördliche Maßnahmen im Ausland oder sonstige politische Ereignisse die Erfüllung oder Beitreibung der verbürgten Forderung gefährdet erscheinen lassen.

Zustimmungserfordernis bei Gefahrerhöhung

5. **In den Fällen der Nr. 4 darf der Bürgschaftsnehmer Lieferungen und Leistungen nicht ohne vorherige schriftliche Zustimmung des Bundes ausführen.**

Schadensverhütungs- und Schadensminderungspflichten

6. **Der Bürgschaftsnehmer hat auf seine Kosten alle zur Vermeidung eines Bürgschaftsfalles oder Minderung des Ausfalles nach den Regeln der kaufmännischen Sorgfalt erforderlichen und geeigneten Maßnahmen zu ergreifen und hierbei etwaige Weisungen des Bundes zu befolgen. Droht ein Bürgschaftsfall oder ist ein solcher eingetreten, hat er auf Verlangen des Bundes diesen oder einen vom Bund zu bestimmenden Dritten mit der Wahrnehmung der beiderseitigen Interessen zu beauftragen,** wenn die voraussichtlichen Kosten für die Beauftragung des Bundes oder des Dritten in einem angemessenen Verhältnis zu der Höhe der Forderung und den Erfolgsaussichten der Interessenwahrnehmung stehen.

Auskunftspflicht

7. Der Bürgschaftsnehmer hat dem Bund oder dessen Beauftragten über die Einzelheiten und den jeweiligen Abwicklungsstand des Ausfuhrgeschäftes sowie über sonstige Umstände, die für die Ausfuhrbürgschaft von Bedeutung sein können, jederzeit Auskunft zu erteilen. Hierzu gehört die fristgerechte, richtige und vollständige Beantwortung der zur Vorbereitung einer Umschuldungsvereinbarung gestellten Fragen und die Bereitstellung der zum Nachweis der Forderungen benötigten Unterlagen.

Prüfungsrechte des Bundes

8. Der Bund und seine Beauftragten sind berechtigt, jederzeit die Bücher und Unterlagen des Bürgschaftsnehmers, die für die Ausfuhrbürgschaft von Bedeutung sein können, einzusehen und Abschrifte von ihnen zu nehmen oder zu verlangen. Auf Verlangen des Bundes hat der Bürgschaftsnehmer Unterlagen in fremder Sprache auf seine Kosten übersetzen zu lassen.

9. Der Bürgschaftsnehmer hat eine Prüfung seiner Bücher und seines Betriebes, soweit dies für die Ausfuhrbürgschaft von Bedeutung sein kann, durch den Bund, den Bundesrechnungshof oder einen von diesen bestimmten Beauftragten zuzulassen, damit festgestellt werden kann, ob eine Inanspruchnahme des Bundes in Frage kommt oder die Voraussetzungen für eine solche vorliegen oder vorgelegen haben.

§ 16
Rechtsfolgen von Pflichtverletzungen

Haftungsbefreiung bei

– unwahren Angaben

(1) **Hat der Bürgschaftsnehmer die ihm nach § 15 Nr. 1 obliegende Pflicht verletzt, so ist der Bund von seiner Verpflichtung zur Entschädigung frei,** es sei denn, der Bund stellt fest, daß die die Pflichtverletzung begründende Unvollständigkeit oder Unrichtigkeit auf seine Entscheidung über die Übernahme der Ausfuhrbürgschaft keinen Einfluß gehabt hat. Eine Befreiung des Bundes von seiner Verpflichtung zur Entschädigung tritt nicht ein, soweit der Bürgschaftsnehmer die Unrichtigkeit oder Unvollständigkeit seiner Angaben weder kannte noch kennen mußte.

- fehlerhaften Sicherheiten

(2) **Sind in der Ausfuhrbürgschafts-Erklärung aufgeführte Sicherheiten nicht oder nicht rechtswirksam bestellt worden, so ist der Bund von seiner Verpflichtung zur Entschädigung frei,** es sei denn, der Bund stellt fest, daß die fehlende oder mangelhafte Sicherheit auf seine Entscheidung über die Übernahme der Ausfuhrbürgschaft keinen Einfluß gehabt hat.

- sonstigen Obliegenheitsverletzungen unter dem Gesichtspunkt der
- – Schadensursächlichkeit

(3) **Hat der Bürgschaftsnehmer unter Verstoß gegen die kaufmännische Sorgfalt eine ihm nach § 15 Nr. 2 – 9 obliegende Pflicht verletzt, ist der Bund von der Verpflichtung zur Entschädigung frei,** es sei denn, durch die Pflichtverletzung ist ein Schaden weder entstanden noch zu besorgen.

– – Wesentlichkeit

Unabhängig davon, ob ein Schaden entstanden oder zu besorgen ist, ist der Bund bei einer Pflichtverletzung nach § 15 Nr. 2 von der Verpflichtung zur Entschädigung auch dann frei, wenn er feststellt, daß er den Änderungen oder Ergänzungen nach den Grundsätzen, denen er in seiner Entscheidungspraxis folgt, nicht zugestimmt hätte.

– – Risikoerhöhung

Bei einer Pflichtverletzung nach § 15 Nr. 4 ist der Bund von der Verpflichtung zur Entschädigung auch dann frei, wenn die Unkenntnis meldepflichtiger Umstände für den Bund im Zusammenhang mit anderen Ausfuhrgewährleistungen eine Risikoerhöhung bewirkt oder ihn daran gehindert hat, Maßnahmen zur Risikominderung zu ergreifen.

(4) Der Bund kann die Befreiung von seiner Verpflichtung zur Entschädigung nach den Umständen des Einzelfalles, insbesondere unter Berücksichtigung des eingetretenen Risikos und der Schwere des Verstoßes, einschränken.

(5) Soweit für die Verletzung sonstiger dem Bürgschaftsnehmer nach diesen Allgemeinen Bedingungen und den Bestimmungen der Ausfuhrbürgschafts-Erklärung obliegenden Pflichten keine gesonderten Rechtsfolgen gelten, finden die Absätze 1 – 4 entsprechende Anwendung.

(6) Aus dem Gesetz oder der Anwendung allgemeiner Rechtsgrundsätze sich ergebende Ansprüche und sonstige Rechte des Bundes werden durch die in diesen Allgemeinen Bedingungen und der Ausfuhrbürgschafts-Erklärung enthaltenen Bestimmungen nicht berührt.

§ 17
Mitwirkendes Verschulden

Der Bund haftet nicht für Umstände und Gefahren, die der Bürgschaftsnehmer nach den Regeln einer gewissenhaften Geschäftsführung und kaufmännischen Sorgfalt zu vertreten hat.

§ 18
Entgelt

Entgeltpflicht

(1) Für die Übernahme der Ausfuhrbürgschaft wird ein von Art und Umfang des gedeckten Risikos abhängiges Entgelt erhoben. Sofern nichts anderes bestimmt ist, wird das Entgelt mit der Aushändigung der Ausfuhrbürgschafts-Erklärung fällig.

Verzugsfolgen

(2) **Wird das fällige Entgelt nicht innerhalb von 14 Tagen nach einer Mahnung entrichtet,** die den Hinweis auf diese Frist und auf die nachstehend genannten Rechtsfolgen enthält, so **ist der Bund,** wenn seit der Fälligkeit des Entgelts insgesamt mindestens 6 Wochen verstrichen sind,

- Haftungsbefreiung

a) **von der Haftung** für Bürgschaftsfälle **befreit,** die nach Fälligkeit, aber vor Zahlung des Entgelts eingetreten sind,

- Kündigungsrecht

b) außerdem **berechtigt,** die Ausfuhrbürgschaft ohne Einhaltung einer weiteren Frist **zu kündigen,** solange das Entgelt nicht bezahlt ist.

Neuberechnung

Einbehalt einer Verwaltungskostenpauschale

(3) Stimmt der Bund einer Änderung des Inhalts oder des Umfanges der Ausfuhrbürgschaft zu und ändert sich hierdurch der Betrag der verbürgten Forderung oder die Dauer des Risikos, erfolgt eine Neuberechnung des Entgelts. Sofern kein Bürgschaftsfall eingetreten ist, werden sich aus der Neuberechnung ergebende Überzahlungen erstattet **abzüglich einer Verwaltungskostenpauschale in Höhe von 5 % der Überzahlung, höchstens jedoch von DM 5.000,–.**

Verfall des Entgelts bei Haftungsbefreiung

(4) **Ist der Bund** nach diesen Allgemeinen Bedingungen oder den Bestimmungen der Ausfuhrbürgschafts-Erklärung **von der Verpflichtung zur Entschädigung frei, gebührt ihm gleichwohl das Entgelt,** soweit es fällig geworden ist, bevor der Bund von seiner Leistungsfreiheit Kenntnis erlangt hat.

§ 19
Abtretung der verbürgten Forderung

Verfügt der Bürgschaftsnehmer zu anderen als Sicherungszwecken **ganz oder teilweise über die verbürgte Forderung, erlischt die Ausfuhrbürgschaft,** es sei denn, der Bund hat der Verfügung schriftlich zugestimmt.

§ 20
Abtretung der Ansprüche aus der Ausfuhrbürgschaft

Die Abtretung der Ansprüche aus der Ausfuhrbürgschaft bedarf der schriftlichen Zustimmung des Bundes. Stimmt der Bund der Abtretung zu, bleiben sämtliche Verpflichtungen des Bürgschaftsnehmers aus der Ausfuhrbürgschaft dem Bund gegenüber unverändert bestehen.

§ 21
Ausschlußfrist

Ansprüche gegen den Bund aus der Ausfuhrbürgschaft sind innerhalb einer Ausschlußfrist von 6 Monaten gerichtlich geltend zu machen, nachdem der Bund dem Bürgschaftsnehmer gegenüber die Ansprüche unter Hinweis auf diese Rechtsfolge schriftlich abgelehnt hat.

§ 22
Gerichtsstand

Für Streitigkeiten zwischen dem Bund und dem Bürgschaftsnehmer aus der Ausfuhrbürgschaft sind die ordentlichen Gerichte in Hamburg zuständig.

5. Allgemeine Bedingungen für Ausfuhrgarantien/kurzfristige Einzeldeckungen

Begriffsbestimmung

Die Bundesrepublik Deutschland (Bund) übernimmt Ausfuhrgewährleistungen unter der Bezeichnung **„Ausfuhrgarantien / kurzfristige Einzeldeckungen"** – im folgenden „Ausfuhrgarantien" – für Geldforderungen deutscher Exporteure aus Ausfuhrverträgen über Lieferungen und Leistungen an private ausländische Schuldner, sofern die vereinbarte Kreditlaufzeit 2 Jahre nicht übersteigt und eine Kreditlaufzeit von mehr als 2 Jahren im Hinblick auf Warenart und Auftragswert nicht zulässig wäre.

Gewährleistungsvertrag

Die Allgemeinen Bedingungen für Ausfuhrgarantien / kurzfristige Einzeldekkungen sind Bestandteil des Gewährleistungsvertrages, den der Bund nach Maßgabe der Richtlinien für die Übernahme von Ausfuhrgewährleistungen schließt, und gelten, soweit sie nicht im Gewährleistungsvertrag ausdrücklich abbedungen, ergänzt oder ersetzt sind.

HERMES
TREUARBEIT

Der Bund als Vertragspartner des Garantienehmers wird durch den Bundesminister für Wirtschaft (BMWi) vertreten. Der BMWi wird durch die HERMES Kreditversicherungs-AG (HERMES), Hamburg, und die TREUARBEIT Aktiengesellschaft Wirtschaftsprüfungsgesellschaft Steuerberatungsgesellschaft (TREUARBEIT), Hamburg, als Mandatare des Bundes vertreten. HERMES und TREUARBEIT sind vom Bund beauftragt und ermächtigt, alle den Abschluß und die Abwicklung des Gewährleistungsvertrages betreffenden Erklärungen, soweit sie nicht gemäß § 1 der Bundesschuldenverwaltung vorbehalten sind, namens und im Auftrag des Bundes abzugeben und entgegenzunehmen. Federführend ist HERMES.

§ 1
Formerfordernisse

Schriftform

Urkunde der Bundesschuldenverwaltung

Der Gewährleistungsvertrag kommt dadurch zustande, daß der Bund den Antrag des Garantienehmers auf Übernahme einer Ausfuhrgarantie schriftlich und unter Bezugnahme auf diese Allgemeinen Bedingungen annimmt. Der Bund kann jedoch auf Zahlung erst in Anspruch genommen werden, wenn über die Ausfuhrgarantie eine Urkunde (Ausfuhrgarantie-Erklärung) erstellt, mit zwei Unterschriften der Bundesschuldenverwaltung versehen und dem Garantienehmer zugegangen ist. Entsprechendes gilt für Änderungen der Ausfuhrgarantie, die Inhalt oder Umfang der Haftung des Bundes erweitern. Mündliche Nebenabreden haben keine Gültigkeit.

§ 2
Gegenstand der Ausfuhrgarantie

Kaufpreisforderung

(1) Gegenstand der Ausfuhrgarantie sind die im Ausfuhrvertrag zwischen Garantienehmer und ausländischem Schuldner für Lieferungen und Leistungen des Garantienehmers als Gegenleistung vereinbarten und in der Ausfuhrgarantie-Erklärung bezeichneten Geldforderungen (garantierte Forderung).

Surrogatforderung

(2) Die garantierte Forderung umfaßt unter der Voraussetzung, daß der Ausfuhrvertrag wirksam zustande gekommen ist, auch solche Geldforderungen, die auf den Ausgleich erbrachter Lieferungen und Leistungen gerichtet sind und aufgrund des Ausfuhrvertrages oder aus anderen Rechtsgründen an die Stelle der als Gegenleistung vereinbarten Geldforderung treten.

Zinsen und Nebenforderungen

(3) Die garantierte Forderung umfaßt ferner die im Ausfuhrvertrag vereinbarten und in der Ausfuhrgarantie-Erklärung bezeichneten Kreditzinsen und Finanzierungsnebenkosten bis zur Fälligkeit der Hauptforderung. **Schadensersatzforderungen**, soweit sie nicht gemäß Absatz 2 von der Garantie umfaßt sind, **und sonstige Nebenforderungen**, z. B. auf Verzugszinsen, Vertragsstrafen oder Reugeld, **sind auch dann nicht garantiert, wenn sie in dem Vertrag zwischen Garantienehmer und ausländischem Schuldner ausdrücklich vorgesehen sind.**

§ 3
Haftungszeitraum

Haftungsbeginn

(1) Die Haftung aus der Ausfuhrgarantie beginnt bei Lieferungen mit der Versendung der Ware, bei Leistungen mit deren Beginn; bei Teillieferungen oder Teilleistungen beginnt die Haftung nur für diejenigen Zahlungsansprüche, die der Garantienehmer aufgrund des Ausfuhrvertrages oder aus sonstigen Rechtsgründen für die jeweilige Teillieferung oder Teilleistung erwirbt. Soweit für die der Ausfuhrgarantie zugrundeliegenden Lieferungen und Leistungen eine Fabrikationsrisikodeckung besteht, beginnt die Haftung aus dieser Ausfuhrgarantie mit dem Ende der Haftung aus der Fabrikationsrisikodeckung, wenn dieser Zeitpunkt vor Versand liegt. Die Haftung aus der Ausfuhrgarantie endet, sobald und soweit die garantierte Forderung erfüllt ist.

Haftungsende

Verlust der Ansprüche bei Fristversäumnis

(2) **Hat der Garantienehmer innerhalb von 2 Jahren nach jeweiliger dem Bund mitgeteilter Fälligkeit der garantierten Forderung keinen Entschädigungsantrag gestellt, gilt die garantierte Forderung insoweit als erfüllt.** Auf Antrag des Garantienehmers kann der Bund jedoch das Ruhen des Entschädigungsverfahrens anordnen mit der Folge, daß sich die vorgenannte Frist von 2 Jahren entsprechend verlängert; der Antrag auf Ruhen des Entschädigungsverfahrens kann zugleich mit dem Entschädigungsantrag gestellt werden. Sobald und soweit die garantierte Forderung erfüllt ist oder nach Satz 1 als erfüllt gilt, verliert die Ausfuhrgarantie-Erklärung ihre Gültigkeit.

§ 4
Garantiefälle

Uneinbringlichkeit

(1) Der Garantiefall tritt ein, wenn und soweit die garantierte Forderung aufgrund eines der in den Absätzen 2 und 3 genannten Umstände uneinbringlich ist.

Mitverpflichtung Dritter

Besteht für die garantierte Forderung eine in der Ausfuhrgarantie-Erklärung aufgeführte Mithaftung Dritter, so tritt der Garantiefall jedoch erst ein, wenn und soweit auch die gegen mithaftende Dritte begründeten Forderungen uneinbringlich sind. Für die Feststellung der Uneinbringlichkeit gelten die Absätze 2 und 3 entsprechend.

politische Schadenstatbestände

– allgemeiner politischer Garantiefall

(2) Uneinbringlichkeit infolge politischer Umstände liegt vor,

1. wenn nicht später als 12 Monate nach Fälligkeit

   gesetzgeberische oder behördliche Maßnahmen im Ausland, die nach Abschluß des Ausfuhrvertrages mit Bezug auf die garantierte Forderung ergangen sind,

   oder

   kriegerische Ereignisse oder Aufruhr oder Revolution im Ausland

   die Erfüllung oder Beitreibung der garantierten Forderung

   in jeder Form verhindern

oder

in der vereinbarten Währung verhindern und keine Möglichkeit zur Einzahlung des Gegenwertes zum Zwecke des Transfers gemäß Nr. 2 besteht und der Bund der Zahlung in einer anderen als der vereinbarten Währung mit schuldbefreiender Wirkung nicht zustimmt

und 6 Monate ohne Zahlung nach der mit dem ausländischen Schuldner vereinbarten Fälligkeit verstrichen sind; die Frist von 12 Monaten bleibt außer Betracht, wenn die Nichterfüllung der Forderung nachweislich nicht auf wirtschaftlichem Unvermögen des ausländischen Schuldners beruht;

– Konvertierungs- und Transferfall („KT-Fall")

2. wenn infolge von Beeinträchtigungen des zwischenstaatlichen Zahlungsverkehrs Beträge, die der ausländische Schuldner als Gegenwert für die garantierte Forderung bei einer zahlungsfähigen Bank oder einer anderen vom Bund anerkannten Stelle zum Zwecke der Überweisung an den Garantienehmer eingezahlt hat, nicht in die vereinbarte Währung konvertiert oder nicht transferiert werden, alle bestehenden Vorschriften für die Konvertierung und den Transfer dieser Beträge erfüllt waren und 4 Monate nach Fälligkeit der Forderung, Einzahlung und Erfüllung dieser Vorschriften verstrichen sind;

– Kursverluste an eingezahlten Beträgen

3. wenn nach Erfüllung aller bestehenden Vorschriften für die Konvertierung und den Transfer ausschließlich infolge einer Abwertung der vom ausländischen Schuldner auf die garantierte Forderung eingezahlten Beträge Kursverluste entstehen, sofern nach Abschluß des Ausfuhrvertrages erlassene Vorschriften des Schuldnerlandes eine schuldbefreiende Wirkung dieser Zahlungen vorsehen. Kursverluste an der mit dem ausländischen Schuldner vereinbarten oder einer anderen ohne Zustimmung des Bundes angenommenen Währung sind nicht gedeckt;

– Verlust von Ansprüchen infolge Unmöglichkeit der Vertragserfüllung

4. wenn gesetzgeberische oder behördliche Maßnahmen im Ausland, die nach Abschluß des Ausfuhrvertrages ergangen sind, oder kriegerische Ereignisse oder Aufruhr oder Revolution im Ausland die Erfüllung der vertraglich vom Garantienehmer geschuldeten Lieferungen und Leistungen ganz oder teilweise verhindern und dem Garantienehmer deshalb durchsetzbare Forderungen für die schon erbrachten Lieferungen und Leistungen nicht zustehen;

– Verlust der Ware vor Gefahrübergang

5. wenn infolge politischer Umstände die Ware während des Zeitraums von der Versendung bis zum Übergang der Gefahr auf den ausländischen Schuldner durch ausländische staatliche Stellen beschlagnahmt oder auf andere Weise der Verfügungsgewalt des Garantienehmers entzogen oder vernichtet oder beschädigt wird oder verlorengeht und der Ausfall 6 Monate nach der im Ausfuhrvertrag vereinbarten Fälligkeit der Forderung nicht ersetzt worden ist, soweit keine Möglichkeit bestanden hat, die Gefahren bei Versicherungsgesellschaften abzudecken, und der Ersatz des Schadens nicht durch gesetzliche Bestimmungen gewährleistet ist;

– Mindererlös bei anderweitiger Verwertung

6. wenn nach Versendung der Ware die Uneinbringlichkeit der garantierten Forderung gemäß Nr. 1, 4 oder 5 zu besorgen ist und der Garantienehmer noch in seiner Verfügungsgewalt befindliche Ware anderweitig im Einvernehmen mit dem Bund verwertet und dabei einen Mindererlös erleidet.

wirtschaftliche Schadenstatbestände

(3) Uneinbringlichkeit infolge wirtschaftlicher Umstände liegt vor, wenn mit Bezug auf das Vermögen des ausländischen Schuldners oder dessen Nachlaß

- Konkurs

1. ein Konkursverfahren eröffnet oder mangels Masse abgelehnt worden ist;

- amtlicher Vergleich

2. ein amtliches Vergleichsverfahren oder ein anderes amtliches Verfahren, das zum Ausschluß der Einzelzwangsvollstreckung führt, eröffnet worden ist;

- außeramtlicher Vergleich

3. ein außeramtlicher Vergleich (Stundungs-, Quoten- oder Liquidationsvergleich), dem alle oder eine Gruppe untereinander vergleichbarer Gläubiger einschließlich des Garantienehmers zugestimmt haben, abgeschlossen worden ist;

- fruchtlose Zwangsvollstreckung

4. eine Zwangsvollstreckung wegen der garantierten Forderung nicht zur vollen Befriedigung geführt hat;

- Zahlungseinstellung

5. die wirtschaftlichen Verhältnisse nachweislich so ungünstig sind, daß der ausländische Schuldner seine Zahlungen ganz oder in wesentlichem Umfang eingestellt hat;

- Mindererlös bei anderweitiger Verwertung

6. nach Versendung der Ware die Uneinbringlichkeit der garantierten Forderung gemäß Nr. 1 – 5 zu besorgen ist und der Garantienehmer noch in seiner Verfügungsgewalt befindliche Ware anderweitig im Einvernehmen mit dem Bund verwertet und dabei einen Mindererlös erleidet.

Konkurrenzen

(4) Entschädigt wird aufgrund des Garantiefalles, der zuerst eingetreten ist. Sind ein wirtschaftlicher und ein politischer Garantiefall gleichzeitig eingetreten, wird nach dem politischen Garantiefall entschädigt.

§ 5
Fälligkeit und Rechtsbeständigkeit der garantierten Forderung

Rechtsbeständigkeit als Entschädigungsvoraussetzung

(1) **Voraussetzung für die Entschädigung der garantierten Forderung ist deren Fälligkeit und Rechtsbeständigkeit.** Wird aufgrund gesetzlicher oder vertraglicher Bestimmungen der gesamte Restbetrag der garantierten Forderung fällig, so erfolgt die Entschädigung gleichwohl nach Maßgabe der im Ausfuhrvertrag festgelegten Fälligkeiten; der Bund ist jedoch berechtigt, vor diesen Fälligkeiten Entschädigungen zu leisten.

Beweislast

(2) **Der Garantienehmer hat den Bestand der garantierten Forderung und der in der Ausfuhrgarantie-Erklärung aufgeführten Sicherheiten, das Vorliegen der Voraussetzungen für den Eintritt des Garantiefalles sowie Grund und Höhe des Schadens auf seine Kosten nachzuweisen.** Wird der Bestand der Forderung oder der in der Ausfuhrgarantie-Erklärung aufgeführten Sicherheiten bestritten oder werden dagegen Einreden oder Einwendungen erhoben, kann der Bund den Entschädigungsantrag zurückweisen, bis der Garantienehmer – erforderlichenfalls durch Entscheidung des im Verhältnis zwischen ihm und seinem ausländischen Schuldner oder Sicherheitengeber zuständigen Gerichts oder Schiedsgerichts – die Rechtsbeständigkeit der Forderung und der in der Ausfuhrgarantie-Erklärung aufgeführten Sicherheiten nachgewiesen hat; **die Risiken des anwendbaren Rechts und des Gerichtsstands trägt dabei der Garantienehmer.**

Risiken des anwendbaren Rechts

Verantwortung für Rechtsmängel

keine Prüfung von Unterlagen außerhalb der Schadensprüfung

(3) **Die Verantwortung für die Rechtsbeständigkeit der garantierten Forderung und dafür bestellter Sicherheiten trägt im Verhältnis zum Bund ausschließlich der Garantienehmer.** Der Bund wird Verträge und sonstige Unterlagen, aus denen sich die garantierten Forderungen und Sicherungsrechte ergeben sollen, erst im Entschädigungsverfahren prüfen. Der Garantienehmer kann sich nicht darauf berufen, daß der Bund

den Inhalt solcher Verträge oder Unterlagen oder Teile derselben vorher, insbesondere bei Übernahme der Ausfuhrgarantie, gekannt habe oder hätte kennen müssen.

§ 6
Selbstbeteiligung

Regelsätze

(1) Der Garantienehmer ist an jedem Ausfall an der garantierten Forderung selbst beteiligt. Sofern in der Ausfuhrgarantie-Erklärung nichts anderes festgelegt ist, beträgt die Selbstbeteiligung

1. 10 % im Garantiefall gemäß § 4 Absatz 2,
2. 15 % im Garantiefall gemäß § 4 Absatz 3.

Verbot der anderweitigen Absicherung

(2) **Der Garantienehmer darf das Risiko aus der Selbstbeteiligung nicht anderweitig absichern.** Dies gilt nicht für die Weitergabe des Risikos aus der Selbstbeteiligung an Unterlieferanten des Garantienehmers.

§ 7
Berechnung und Auszahlung der Entschädigung

Anrechnung von Zahlungen

(1) Stehen dem Garantienehmer aus seiner Geschäftstätigkeit mehrere Forderungen gegen den ausländischen Schuldner zu, so werden für die Feststellung der Entschädigung hierauf geleistete Zahlungen des ausländischen Schuldners auch dann, wenn zwischen Garantienehmer und Schuldner eine andere Anrechnungsregelung vereinbart ist, wie folgt berücksichtigt:

– Regel bei gezielten Zahlungen

1. Bei Zahlungen auf gedeckte Forderungen sowie bei Zahlungen auf ungedeckte Forderungen, die früher fällig sind als die garantierte Forderung, gilt die Tilgungsbestimmung des ausländischen Schuldners.

– Ausnahme bei gezielten Zahlungen auf ungedeckte Forderungen

2. Zahlungen auf ungedeckte Forderungen, die zur selben Zeit wie die garantierte Forderung oder später als diese fällig sind, werden im Garantiefall gemäß § 4 Absatz 3 auf gedeckte und ungedeckte Forderungen und vertraglich vereinbarte Zinsforderungen (ausgenommen Verzugszuschläge) nach der Reihenfolge ihrer Fälligkeit angerechnet, es sei denn, nach den Umständen des Einzelfalles ist auszuschließen, daß der Garantienehmer auf die Tilgungsbestimmung der Zahlung Einfluß genommen hat. In den Garantiefällen gemäß § 4 Absatz 2 bleibt bei derartigen Zahlungen die Tilgungsbestimmung des ausländischen Schuldners maßgeblich.

– ungezielte Zahlungen

3. Ohne Tilgungsbestimmung des ausländischen Schuldners geleistete Zahlungen werden in den Garantiefällen gemäß § 4 Absatz 2 Nr. 1 und Absatz 3 auf gedeckte und ungedeckte Forderungen und vertraglich vereinbarte Zinsforderungen (ausgenommen Verzugszuschläge) nach der Reihenfolge ihrer Fälligkeit angerechnet.

– entsprechende Anwendung

4. Die Nr. 1 – 3 gelten entsprechend für

   a) Zahlungen des Garanten, Bürgen und Dritter; sonstige Leistungen des Schuldners, Garanten, Bürgen und Dritter;

   b) Ausschüttungen und Erlöse aus der schuldnerischen Masse;

   c) Erlöse aus Rücklieferungen oder anderweitiger Verwertung von Waren, Pfändungen, Versicherungen und sonstigen Sicherheiten;

   d) aufrechenbare Forderungen, Forderungsnachlässe, Gutschriften und Leistungen an Zahlungs Statt;

e) sonstige dem Garantienehmer im Zusammenhang mit dem Eintritt des Garantiefalles entstandene Vermögensvorteile.

– Quotelung bei gleicher Fälligkeit

5. Anrechnungen gemäß Nr. 2 – 4 auf Forderungen mit gleicher Fälligkeit erfolgen nach dem Verhältnis dieser Forderungsbeträge (ohne Verzugszuschläge).

– Vorwegabzug sachgemäßer Aufwendungen

6. Werden Zahlungen gemäß Nr. 2 oder die in Nr. 4 genannten Vermögensvorteile gemäß Nr. 2 oder 3 angerechnet, so werden von diesen Zahlungen oder Vermögensvorteilen die vom Garantienehmer sachgemäß aufgewendeten Rechtsverfolgungs- oder Beitreibungskosten abgezogen. **Die zur Einziehung einer Forderung üblichen Kosten einschließlich Protestkosten sowie die im gewöhnlichen Geschäftsbetrieb des Garantienehmers entstandenen Kosten bleiben außer Betracht.**

Abzug der Selbstbeteiligung

(2) Der nach Anwendung von Absatz 1 verbleibende Betrag ist um die Selbstbeteiligung des Garantienehmers zu kürzen.

Fristen für Schadensbearbeitung

(3) Nach Einreichung aller für die Feststellung des Entschädigungsanspruches erforderlichen Unterlagen stellt der Bund die Schadensberechnung innerhalb von 2 Monaten auf. Der sich aus der Schadensberechnung ergebende Betrag wird innerhalb eines Monats nach Bekanntgabe der Schadensberechnung an den Garantienehmer insoweit ausgezahlt, als der Garantienehmer die Schadensberechnung anerkannt hat.

Abschlagszahlung

(4) Ist die Schadensberechnung infolge eines Umstandes, den der Garantienehmer nicht zu vertreten hat, nicht innerhalb von 2 Monaten möglich, kann dem Garantienehmer auf Antrag insoweit eine Abschlagszahlung auf die zu erwartende Entschädigung gewährt werden, als diese in ihrem Mindestumfang bereits vor Abschluß der Schadensberechnung feststeht.

§ 8
Rückflüsse

Zuordnung und Verteilung von Rückflüssen

(1) Alle nach Leistung einer Entschädigung eingehenden Zahlungen und sonstigen Vermögensvorteile (Rückflüsse) werden unter Einbeziehung der entschädigten Forderung entsprechend § 7 Absatz 1 zugeordnet. Unberücksichtigt bleiben jedoch diejenigen Rückflüsse, die auf einem Vertrag beruhen, der erst später als 3 Jahre nach Erfüllung oder Entschädigung der zuletzt fälligen Forderung aus dem garantierten Geschäft geschlossen worden ist.

Mitteilungs- und Abführungspflicht

(2) **Der Garantienehmer hat dem Bund jeden Eingang von Rückflüssen unverzüglich anzuzeigen. Die dem Bund zustehenden Beträge hat der Garantienehmer unverzüglich an den Bund abzuführen.**

§ 9
Rückzahlung der Entschädigung

Mitteilungspflicht über Einreden oder Einwendungen gegen Forderung oder Sicherheiten

(1) **Wird der Bestand der garantierten Forderung oder der in der Ausfuhrgarantie-Erklärung aufgeführten Sicherheiten bestritten oder werden dagegen Einreden oder Einwendungen erhoben, hat der Garantienehmer dies im Entschädigungsverfahren unverzüglich mitzuteilen.** Verletzt der Garantienehmer diese Pflicht, kann der Bund die

geleistete Entschädigung insoweit zurückfordern, als er bei Kenntnis der Sachlage den Entschädigungsantrag zurückgewiesen hätte.

Rückforderung bei Wegfall der Entschädigungsvoraussetzungen

(2) Stellt sich nach Leistung der Entschädigung heraus, daß die entschädigte Forderung des Garantienehmers nicht oder nicht in voller Höhe besteht, wird insbesondere in einem Rechtsstreit zur Beitreibung der entschädigten Forderung vom zuständigen Gericht die Klage ganz oder teilweise rechtskräftig abgewiesen, oder ergibt sich nach Leistung der Entschädigung, daß der Bund aus sonstigen Gründen nicht zur Entschädigung verpflichtet war, kann der Bund die geleistete Entschädigung einschließlich erstatteter Kosten insoweit zurückfordern.

Rückforderung bei nachträglicher Leistungsfreiheit

(3) Wird der Bund infolge eines Umstandes, der erst nach Leistung der Entschädigung eingetreten ist, von der Verpflichtung zur Entschädigung frei oder verletzt der Garantienehmer die ihn nach § 11 Absatz 1 treffenden Pflichten, so ist der Bund berechtigt, die geleistete Entschädigung einschließlich erstatteter Kosten insoweit zurückzufordern.

Verzinsungspflicht bei Rückforderung

(4) **Soweit dem Bund ein Rückzahlungsanspruch zusteht, hat der Garantienehmer** in den Fällen der Absätze 1 und 2 **den zurückzuzahlenden Betrag** vom Zeitpunkt der Leistung der Entschädigung, im Falle des Absatzes 3 vom Zeitpunkt des Wegfalls der Entschädigungsverpflichtung an mit dem Zinssatz **zu verzinsen**, der den Kosten der Kreditaufnahme des Bundes ab diesem Zeitpunkt entspricht. Mit Erfüllung des Rückzahlungsanspruchs des Bundes fallen gemäß § 10 Absatz 1 auf den Bund übergegangene Forderungen, Ansprüche und sonstige Rechte insoweit an den Garantienehmer zurück.

weitergehende Ansprüche

(5) Weitergehende, nach gesetzlichen Regelungen oder allgemeinen Rechtsgrundsätzen bestehende Ansprüche des Bundes werden hierdurch nicht berührt.

§ 10
Übergang der Rechte und Ansprüche

Forderungsübergang

(1) Mit Leistung der Entschädigung gehen die entschädigte Forderung, die Ansprüche auf Zinsen und Verzugszinsen für die Zeit nach Zahlung der Entschädigung sowie die Ansprüche aus etwaigen Versicherungen und der Anspruch auf die im Ausland eingezahlten oder hinterlegten Beträge einschließlich der für diese Forderungen und Ansprüche bestehenden Sicherheiten insoweit auf den Bund über, als dies dem Anteil des Bundes am Ausfall an der entschädigten Forderung entspricht. Der Garantienehmer hat auf Verlangen des Bundes die zum Übergang der Forderung, Ansprüche und sonstigen Rechte etwa erforderlichen Rechtshandlungen vorzunehmen.

treuhänderische Verwaltung

(2) Ist die Übertragung nicht möglich oder verzichtet der Bund auf sie, so hat der Garantienehmer die in Absatz 1 genannten Forderungen, Ansprüche und sonstigen Rechte als Treuhänder des Bundes zu halten.

§ 11
Rechtsverfolgung nach Leistung der Entschädigung

Verpflichtung zur Rechtsverfolgung

Beurteilungsspielraum des Bundes

(1) **Unbeschadet des Übergangs der Forderungen, Ansprüche und sonstigen Rechte gemäß § 10 hat der Garantienehmer alle zur Einziehung der entschädigten Forderung und zur Verwertung von Sicherheiten geeigneten Maßnahmen durchzuführen und hierbei etwaige Weisungen des Bundes zu befolgen;** als geeignete Maßnahme gilt auch die Führung eines Rechtsstreites. Von einer Weisung zur Führung eines Rechtsstreites kann abgesehen werden, wenn Gerichtsstand bzw.

anwendbare Rechtsordnung keine hinreichende Beurteilung der Erfolgsaussichten des Rechtsstreites zulassen und der Garantienehmer einen solchen Gerichtsstand bzw. die Anwendung einer solchen Rechtsordnung nicht abbedingen konnte oder wenn die voraussichtlichen Kosten des Rechtsstreites außer Verhältnis zu der Höhe der Forderung bzw. den Erfolgsaussichten von Vollstreckungsmaßnahmen stehen.

Kostenbeteiligung

(2) Erfolgen Rechtsverfolgungsmaßnahmen mit Zustimmung oder auf Weisung des Bundes, werden dadurch entstehende sachgemäße Aufwendungen zwischen dem Bund und dem Garantienehmer im Verhältnis ihrer Beteiligung an der geltend gemachten Forderung aufgeteilt. **Die zur Einziehung einer Forderung üblichen Kosten einschließlich Protestkosten sowie die im gewöhnlichen Geschäftsbetrieb des Garantienehmers entstandenen Kosten trägt der Garantienehmer.** § 9 Absatz 2 findet entsprechende Anwendung.

Verzicht auf Rückflußbeteiligung

(3) Entläßt der Bund den Garantienehmer auf dessen Antrag aus der Verpflichtung gemäß Absatz 1, so verliert der Garantienehmer das Recht, an Rückflüssen nach Maßgabe seiner Selbstbeteiligung beteiligt zu werden.

§ 12
Umrechnung von Fremdwährungsbeträgen

(1) Vertragswährung für die Ausfuhrgarantie ist die Deutsche Mark. Für die Umrechnung von Beträgen, die auf andere Währungen lauten, in Deutsche Mark gilt folgendes:

Umrechnungskurs für Entgelt

1. Das gemäß § 18 zu entrichtende Entgelt wird zu dem letzten vor der Entgeltfestsetzung im Bundesanzeiger veröffentlichten Umsatzsteuer-Umrechnungssatz (Entgeltkurs) umgerechnet.

Umrechnungskurs für Entschädigung

2. Die Entschädigung wird zum amtlichen Geldkurs der Frankfurter Börse
   - am Tage der Einzahlung in dem Garantiefall gemäß § 4 Absatz 2 Nr. 2
   - am Tage der Fälligkeit in den anderen Garantiefällen

   umgerechnet. Hat am maßgeblichen Tage keine amtliche Kursnotierung stattgefunden, so tritt die nachfolgende Notierung an ihre Stelle.

   Ist aufgrund des eingetretenen Garantiefalles eine Fälligkeit der garantierten Forderung nicht gegeben oder erfolgt die Entschädigung vor den im Ausfuhrvertrag festgelegten Fälligkeiten, wird die Entschädigung zum letzten amtlichen Geldkurs der Frankfurter Börse vor Absendung der Mitteilung über die Entschädigung umgerechnet.

Kursbegrenzung bei Entschädigung

   In allen Fällen erfolgt die Umrechnung der Entschädigung höchstens zum Entgeltkurs.

Umrechnungskurs für Rückflüsse

3. Rückflüsse auf die entschädigte Forderung werden zum amtlichen Geldkurs der Frankfurter Börse am Tage ihres Eingangs beim Garantienehmer umgerechnet.

Beteiligung an Kursgewinnen bei durch Kursbegrenzung reduzierten Entschädigungen

4. Hat der Bund die Entschädigung gemäß Nr. 2 zum Entgeltkurs in Deutsche Mark umgerechnet und erbringt ein Rückfluß für den Bund über den Betrag hinaus, der insgesamt zur Entschädigung der Forderungen aus diesem Ausfuhrvertrag geleistet worden ist, einen Kursgewinn, so steht der Kursgewinn dem Garantienehmer bis zur Höhe des Betrages zu, der dem Unterschied zwischen dem amtlichen

Geldkurs der Frankfurter Börse am Tage der Einzahlung in dem Garantiefall gemäß § 4 Absatz 2 Nr. 2 oder am Tage der Fälligkeit in den anderen Garantiefällen und dem Entgeltkurs entspricht. Dies gilt nicht, soweit der Bund für die entschädigte Forderung auch eine Wechselkursgarantie übernommen hat.

nicht amtlich notierte Währungen

(2) Für Währungen, für die keine Umsatzsteuer-Umrechnungssätze bzw. keine amtlichen Notierungen der Frankfurter Börse festgestellt werden, tritt an deren Stelle der von der Deutschen Bundesbank zuletzt als Geldkurs bekanntgegebene Umrechnungssatz. Ist ein solcher Umrechnungssatz nicht bekanntgegeben, so setzt der Bund die gemäß Absatz 1 anzuwendenden Umrechnungskurse unter Berücksichtigung der den amtlichen Notierungen der Frankfurter Börse entsprechenden Notierungen an den maßgebenden Börsen des Auslandes fest.

§ 13
Deckungseingriffe

Ausschlußrecht bei Gefahrerhöhung

Bei Eintritt gefahrerhöhender Umstände kann der Bund dem Garantienehmer gegenüber jederzeit erklären, daß Forderungen oder Teilforderungen, für die der Bund bei Zugang dieser Erklärung gemäß § 3 noch nicht haftet, **von der Ausfuhrgarantie ausgeschlossen sind.**

§ 14
Umschuldungsvereinbarungen

Recht des Bundes zur Umschuldung

(1) **Der Bund ist berechtigt, über die garantierte Forderung (einschließlich Selbstbeteiligung) Umschuldungsvereinbarungen mit dem Schuldnerland abzuschließen; nicht garantierte Nebenforderungen und nicht garantierte Teile nur teilweise garantierter Forderungen darf er dabei einbeziehen.**

Voraussetzung der Rechtsausübung

(2) Der Bund darf das Recht nach Absatz 1 nur ausüben, wenn er vor Abschluß der Umschuldungsvereinbarung anerkennt, nach welchem der in § 4 geregelten Garantiefälle Uneinbringlichkeit der garantierten Forderung vorliegt, sobald die in der Umschuldungsvereinbarung festgelegten Voraussetzungen für die Anwendung dieser Vereinbarung auf die garantierte Forderung vorliegen. Die Geltung von § 4 Absatz 4 bleibt davon unberührt.

Für einbezogene Forderungen, für die das Risiko der Uneinbringlichkeit infolge wirtschaftlicher Umstände fortbesteht, kann der Bund die Entschädigungsleistung nach Maßgabe des Selbstbehalts für den Garantiefall gemäß § 4 Absatz 3 begrenzen.

Die sonstigen Entschädigungsvoraussetzungen bleiben unberührt.

Wahrung des Entschädigungsanspruchs

Der Garantienehmer kann unbeschadet vorstehender Regelung Entschädigung nach den allgemeinen Regeln (§§ 4 ff) verlangen.

Vorrang der Zinsregelung des Umschuldungsabkommens

(3) **Der Garantienehmer und seine Rechtsnachfolger müssen ferner Regelungen der Umschuldungsvereinbarung gegen sich gelten lassen, durch die die Verzinsung der Forderung für den Zeitraum ab ihrer Fälligkeit oder für einen später beginnenden Zeitraum abweichend von den gesetzlichen oder vertraglichen Zinsregelungen bestimmt wird** und aufgrund derer weitergehende Ansprüche aus dem Gesichtspunkt des Verzugs nicht geltend gemacht werden können.

Umrechnung von Fremdwährungsbeträgen im Umschuldungsabkommen

(4) Für die Umrechnung der Entschädigung bleibt § 12 Absatz 1 Nr. 2 auch dann maßgeblich, wenn der in der Umschuldungsvereinbarung bestimmte Umrechnungskurs für nicht auf Deutsche Mark lautende Beträge in Deutsche Mark von dem in dieser Vorschrift geregelten Umrechnungskurs abweicht. **In bezug auf Selbstbeteiligung, nicht garantierte Nebenforderungen und nicht garantierte Teile nur teilweise garantierter Forderungen müssen der Garantienehmer und seine Rechtsnachfolger den in der Umschuldungsvereinbarung bestimmten Umrechnungskurs gegen sich gelten lassen.**

§ 15
Pflichten des Garantienehmers

Neben den sonstigen nach diesen Allgemeinen Bedingungen und den Bestimmungen der Ausfuhrgarantie-Erklärung bestehenden Pflichten hat der Garantienehmer die folgenden Pflichten zu beachten:

Wahrheitspflicht im Antragsverfahren

1. **Der Garantienehmer hat im Zusammenhang mit der Beantragung einer Ausfuhrgarantie alle für die Übernahme der Ausfuhrgarantie erheblichen Umstände vollständig und richtig schriftlich anzuzeigen und unverzüglich zu berichtigen, wenn sich bis zum Zugang der Ausfuhrgarantie-Erklärung gegenüber den bei Antragstellung erfolgten Angaben Änderungen oder Ergänzungen ergeben.** Durch Antragsformular oder in sonstiger Weise erfragte Angaben gelten im Zweifel als erheblich.

Verbot des Abweichens vom dokumentierten Sachverhalt, insbesondere hinsichtlich der Zahlungsbedingungen

2. **Nach Übernahme der Ausfuhrgarantie darf der Garantienehmer Änderungen oder Ergänzungen, die sich auf den in der Ausfuhrgarantie-Erklärung dargestellten Sachverhalt oder auf die mit dem Schuldner oder sonstigen Verpflichteten getroffenen Vereinbarungen beziehen, nicht ohne schriftliche Zustimmung des Bundes vornehmen,** es sei denn, die Änderungen oder Ergänzungen sind unerheblich; Nr. 1 Satz 2 gilt entsprechend. **Der Garantienehmer darf insbesondere keine Zahlung in einer anderen als der vertraglich vereinbarten Währung an Erfüllungs Statt annehmen.**

Beachtung staatlicher Vorschriften

3. **Der Garantienehmer darf den Ausfuhrvertrag nur durchführen, wenn dabei die Ausfuhrvorschriften der Bundesrepublik Deutschland und die Einfuhrvorschriften des Bestimmungslandes eingehalten werden.**

Meldepflicht bei Gefahrerhöhung

4. **Der Garantienehmer hat ihm bekanntwerdende gefahrerhöhende Umstände unverzüglich schriftlich anzuzeigen und mitzuteilen, welche Maßnahmen er zur Sicherung seiner Ansprüche beabsichtigt oder getroffen hat.** Als gefahrerhöhender Umstand gilt insbesondere, daß

   a) der Schuldner in Verzug gerät oder um Prolongation nachsucht;

   b) die Vermögenslage, Zahlweise oder allgemeine Beurteilung des Schuldners oder Sicherheitengebers sich verschlechtert oder vom Schuldner die Rückgabe gelieferter Waren oder eine andere als die geschuldete Leistung angeboten wird;

   c) gesetzgeberische oder behördliche Maßnahmen im Ausland oder sonstige politische Ereignisse die Erfüllung oder Beitreibung der garantierten Forderung gefährdet erscheinen lassen.

Zustimmungserfordernis bei Gefahrerhöhung

5. **In den Fällen der Nr. 4 darf der Garantienehmer Lieferungen und Leistungen nicht ohne vorherige schriftliche Zustimmung des Bundes ausführen.**

Schadensverhütungs- und Schadensminderungspflichten

6. **Der Garantienehmer hat auf seine Kosten alle zur Vermeidung eines Garantiefalles oder Minderung des Ausfalles nach den Regeln der kaufmännischen Sorgfalt erforderlichen und geeigneten Maßnahmen zu ergreifen und hierbei etwaige Weisungen des Bundes zu befolgen. Droht ein Garantiefall oder ist ein solcher eingetreten, hat er auf Verlangen des Bundes diesen oder einen vom Bund zu bestimmenden Dritten mit der Wahrnehmung der beiderseitigen Interessen zu beauftragen,** wenn die voraussichtlichen Kosten für die Beauftragung des Bundes oder des Dritten in einem angemessenen Verhältnis zu der Höhe der Forderung und den Erfolgsaussichten der Interessenwahrnehmung stehen.

Auskunftspflicht

7. Der Garantienehmer hat dem Bund oder dessen Beauftragten über die Einzelheiten und den jeweiligen Abwicklungsstand des Ausfuhrgeschäftes sowie über sonstige Umstände, die für die Ausfuhrgarantie von Bedeutung sein können, jederzeit Auskunft zu erteilen. Hierzu gehört die fristgerechte, richtige und vollständige Beantwortung der zur Vorbereitung einer Umschuldungsvereinbarung gestellten Fragen und die Bereitstellung der zum Nachweis der Forderungen benötigten Unterlagen.

Prüfungsrechte des Bundes

8. Der Bund und seine Beauftragten sind berechtigt, jederzeit die Bücher und Unterlagen des Garantienehmers, die für die Ausfuhrgarantie von Bedeutung sein können, einzusehen und Abschriften von ihnen zu nehmen oder zu verlangen. Auf Verlangen des Bundes hat der Garantienehmer Unterlagen in fremder Sprache auf seine Kosten übersetzen zu lassen.

9. Der Garantienehmer hat eine Prüfung seiner Bücher und seines Betriebes, soweit dies für die Ausfuhrgarantie von Bedeutung sein kann, durch den Bund, den Bundesrechnungshof oder einen von diesen bestimmten Beauftragten zuzulassen, damit festgestellt werden kann, ob eine Inanspruchnahme des Bundes in Frage kommt oder die Voraussetzungen für eine solche vorliegen oder vorgelegen haben.

§ 16
Rechtsfolgen von Pflichtverletzungen

Haftungsbefreiung bei

- unwahren Angaben

(1) **Hat der Garantienehmer die ihm nach § 15 Nr. 1 obliegende Pflicht verletzt, so ist der Bund von seiner Verpflichtung zur Entschädigung frei,** es sei denn, der Bund stellt fest, daß die die Pflichtverletzung begründende Unvollständigkeit oder Unrichtigkeit auf seine Entscheidung über die Übernahme der Ausfuhrgarantie keinen Einfluß gehabt hat. Eine Befreiung des Bundes von seiner Verpflichtung zur Entschädigung tritt nicht ein, soweit der Garantienehmer die Unrichtigkeit oder Unvollständigkeit seiner Angaben weder kannte noch kennen mußte.

- fehlerhaften Sicherheiten

(2) **Sind in der Ausfuhrgarantie-Erklärung aufgeführte Sicherheiten nicht oder nicht rechtswirksam bestellt worden, so ist der Bund von seiner Verpflichtung zur Entschädigung frei,** es sei denn, der Bund stellt fest, daß die fehlende oder mangelhafte Sicherheit auf seine Entscheidung über die Übernahme der Ausfuhrgarantie keinen Einfluß gehabt hat.

- sonstigen Obliegenheitsverletzungen unter dem Gesichtspunkt der
- - Schadensursächlichkeit

(3) **Hat der Garantienehmer unter Verstoß gegen die kaufmännische Sorgfalt eine ihm nach § 15 Nr. 2 – 9 obliegende Pflicht verletzt, ist der Bund von der Verpflichtung zur Entschädigung frei,** es sei denn, durch die Pflichtverletzung ist ein Schaden weder entstanden noch zu besorgen.

- - Wesentlichkeit

Unabhängig davon, ob ein Schaden entstanden oder zu besorgen ist, ist der Bund bei einer Pflichtverletzung nach § 15 Nr. 2 von der Verpflichtung zur Entschädigung auch dann frei, wenn er feststellt, daß er den

Änderungen oder Ergänzungen nach den Grundsätzen, denen er in seiner Entscheidungspraxis folgt, nicht zugestimmt hätte.

– – Risikoerhöhung

Bei einer Pflichtverletzung nach § 15 Nr. 4 ist der Bund von der Verpflichtung zur Entschädigung auch dann frei, wenn die Unkenntnis meldepflichtiger Umstände für den Bund im Zusammenhang mit anderen Ausfuhrgewährleistungen eine Risikoerhöhung bewirkt oder ihn daran gehindert hat, Maßnahmen zur Risikominderung zu ergreifen.

(4) Der Bund kann die Befreiung von seiner Verpflichtung zur Entschädigung nach den Umständen des Einzelfalles, insbesondere unter Berücksichtigung des eingetretenen Risikos und der Schwere des Verstoßes, einschränken.

(5) Soweit für die Verletzung sonstiger dem Garantienehmer nach diesen Allgemeinen Bedingungen und den Bestimmungen der Ausfuhrgarantie-Erklärung obliegenden Pflichten keine gesonderten Rechtsfolgen gelten, finden die Absätze 1 – 4 entsprechende Anwendung.

(6) Aus dem Gesetz oder der Anwendung allgemeiner Rechtsgrundsätze sich ergebende Ansprüche und sonstige Rechte des Bundes werden durch die in diesen Allgemeinen Bedingungen und der Ausfuhrgarantie-Erklärung enthaltenen Bestimmungen nicht berührt.

§ 17
Mitwirkendes Verschulden

Der Bund haftet nicht für Umstände und Gefahren, die der Garantienehmer nach den Regeln einer gewissenhaften Geschäftsführung und kaufmännischen Sorgfalt zu vertreten hat.

§ 18
Entgelt

Entgeltpflicht

(1) Für die Übernahme der Ausfuhrgarantie wird ein von Art und Umfang des gedeckten Risikos abhängiges Entgelt erhoben. Sofern nichts anderes bestimmt ist, wird das Entgelt mit der Aushändigung der Ausfuhrgarantie-Erklärung fällig.

Verzugsfolgen

(2) **Wird das fällige Entgelt nicht innerhalb von 14 Tagen nach einer Mahnung entrichtet,** die den Hinweis auf diese Frist und auf die nachstehend genannten Rechtsfolgen enthält, so **ist der Bund,** wenn seit der Fälligkeit des Entgelts insgesamt mindestens 6 Wochen verstrichen sind,

– Haftungsbefreiung

a) **von der Haftung** für Garantiefälle **befreit,** die nach Fälligkeit, aber vor Zahlung des Entgelts eingetreten sind,

– Kündigungsrecht

b) außerdem **berechtigt,** die Ausfuhrgarantie ohne Einhaltung einer weiteren Frist **zu kündigen,** solange das Entgelt nicht bezahlt ist.

Neuberechnung

Einbehalt einer Verwaltungskostenpauschale

(3) Stimmt der Bund einer Änderung des Inhalts oder des Umfanges der Ausfuhrgarantie zu und ändert sich hierdurch der Betrag der garantierten Forderung oder die Dauer des Risikos, erfolgt eine Neuberechnung des Entgelts. Sofern kein Garantiefall eingetreten ist, werden sich aus der Neuberechnung ergebende Überzahlungen erstattet· **abzüglich einer Verwaltungskostenpauschale in Höhe von 5 % der Überzahlung, höchstens jedoch von DM 5.000,–.**

Verfall des Entgelts bei Haftungsbefreiung

(4) **Ist der Bund** nach diesen Allgemeinen Bedingungen oder den Bestimmungen der Ausfuhrgarantie-Erklärung **von der Verpflichtung zur Entschädigung frei, gebührt ihm gleichwohl das Entgelt,** soweit es fällig geworden ist, bevor der Bund von seiner Leistungsfreiheit Kenntnis erlangt hat.

§ 19
Abtretung der garantierten Forderung

Verfügt der Garantienehmer zu anderen als Sicherungszwecken **ganz oder teilweise über die garantierte Forderung, erlischt die Ausfuhrgarantie,** es sei denn, der Bund hat der Verfügung schriftlich zugestimmt.

§ 20
Abtretung der Ansprüche aus der Ausfuhrgarantie

Die Abtretung der Ansprüche aus der Ausfuhrgarantie bedarf der schriftlichen Zustimmung des Bundes. Stimmt der Bund der Abtretung zu, bleiben sämtliche Verpflichtungen des Garantienehmers aus der Ausfuhrgarantie dem Bund gegenüber unverändert bestehen.

§ 21
Ausschlußfrist

Ansprüche gegen den Bund aus der Ausfuhrgarantie sind innerhalb einer Ausschlußfrist von 6 Monaten gerichtlich geltend zu machen, nachdem der Bund dem Garantienehmer gegenüber die Ansprüche unter Hinweis auf diese Rechtsfolge schriftlich abgelehnt hat.

§ 22
Gerichtsstand

Für Streitigkeiten zwischen dem Bund und dem Garantienehmer aus der Ausfuhrgarantie sind die ordentlichen Gerichte in Hamburg zuständig.

6. Allgemeine Bedingungen für Ausfuhr-Pauschal-Gewährleistungen

Begriffsbestimmung

Die Bundesrepublik Deutschland (Bund) übernimmt in einem Rahmenvertrag (Pauschalvertrag) unter der Bezeichnung **„Ausfuhr-Pauschal-Gewährleistung"** (APG) Ausfuhrgewährleistungen für eine Mehrzahl von Geldforderungen deutscher Exporteure aus Ausfuhrverträgen über Lieferungen und Leistungen an eine Mehrzahl ausländischer Schuldner. Eine APG wird nur für Ausfuhrgeschäfte mit Kreditlaufzeiten von nicht mehr als 24 Monaten gewährt.

Pauschalvertrag

Die Allgemeinen Bedingungen für Ausfuhr-Pauschal-Gewährleistungen ergänzen die Regelungen des Pauschalvertrages einschließlich der für einzelne Abnehmer erteilten Deckungsbestätigungen sowie der Länderliste nebst Länderbestimmungen.

HERMES
TREUARBEIT

Der Bund als Vertragspartner des Gewährleistungsnehmers wird durch den Bundesminister für Wirtschaft (BMWi) vertreten. Der BMWi wird durch die HERMES Kreditversicherungs-AG (HERMES), Hamburg, und die TREUARBEIT Aktiengesellschaft Wirtschaftsprüfungsgesellschaft Steuerberatungsgesellschaft (TREUARBEIT), Hamburg, als Mandatare des Bundes vertreten. HERMES und TREUARBEIT sind vom Bund beauftragt und ermächtigt, alle den Abschluß und die Abwicklung des Gewährleistungsvertrages betreffenden Erklärungen, soweit sie nicht gemäß § 1 der Bundesschuldenverwaltung vorbehalten sind, namens und im Auftrage des Bundes abzugeben und entgegenzunehmen. Federführend ist HERMES.

§ 1
Formerfordernisse

Schriftform

Urkunde der Bundesschuldenverwaltung

Der Pauschalvertrag kommt dadurch zustande, daß der Bund den Antrag des Gewährleistungsnehmers auf Übernahme einer APG schriftlich annimmt und daß dem Gewährleistungsnehmer hierüber eine mit zwei Unterschriften der Bundesschuldenverwaltung versehene Urkunde zugegangen ist. Entsprechendes gilt für Änderungen des Pauschalvertrages, die den Umfang der im Pauschalvertrag festgelegten Gesamthaftung des Bundes erweitern. Sonstige Änderungen bedürfen der Schriftform, nicht jedoch der Beurkundung durch die Bundesschuldenverwaltung. Mündliche Nebenabreden haben keine Gültigkeit.

§ 2
Gedeckte Forderungen

Kaufpreisforderung

(1) Durch die Ausfuhr-Pauschal-Gewährleistung sind nach näherer Bestimmung durch den Pauschalvertrag die in den jeweiligen Ausfuhrverträgen zwischen Gewährleistungsnehmer und ausländischem Schuldner für Lieferungen und Leistungen des Gewährleistungsnehmers als Gegenleistung vereinbarten Geldforderungen gedeckt (gedeckte Forderungen).

Surrogatforderung

(2) Eine gedeckte Forderung umfaßt unter der Voraussetzung, daß der Ausfuhrvertrag wirksam zustande gekommen ist, auch solche Geldforderungen, die auf den Ausgleich erbrachter Lieferungen und Leistungen gerichtet sind und aufgrund des Ausfuhrvertrages oder aus anderen Rechtsgründen an die Stelle der als Gegenleistung vereinbarten Geldforderungen treten.

Zinsen und Nebenforderungen

(3) Eine gedeckte Forderung umfaßt ferner die im Ausfuhrvertrag vereinbarten Kreditzinsen und Finanzierungsnebenkosten bis zur Fälligkeit der Hauptforderung. **Schadensersatzforderungen**, soweit sie nicht gemäß Absatz 2 von der gedeckten Forderung umfaßt sind, **und sonstige Nebenforderungen**, z. B. auf Verzugszinsen, Vertragsstrafen oder Reugeld, **sind auch dann nicht gedeckt, wenn sie in dem Vertrag zwischen Gewährleistungsnehmer und ausländischem Schuldner ausdrücklich vorgesehen sind.**

§ 3
Haftungszeitraum

Haftungsbeginn

(1) Die Haftung aus der APG für eine gedeckte Forderung beginnt bei Lieferungen mit Versendung der Ware, bei Verkäufen aus Lägern im Ausland mit Auslieferung der Ware, bei Leistungen mit deren Beginn; bei Teillieferungen und Teilleistungen beginnt die Haftung nur für diejenigen Zahlungsansprüche, die der Gewährleistungsnehmer aufgrund des Ausfuhrvertrages oder aus sonstigen Rechtsgründen für die jeweilige Teillieferung oder Teilleistung erwirbt. Soweit für unter der APG anzudienende Lieferungen und Leistungen eine Fabrikationsrisikodeckung besteht, beginnt die Haftung für diese Lieferungen und Leistungen mit dem Ende der Haftung aus der Fabrikationsrisikodeckung, wenn dieser Zeitpunkt vor Versand liegt. Die Haftung endet, sobald und soweit die gedeckte Forderung erfüllt ist.

Haftungsende

Verlust der Ansprüche bei Fristversäumnis

(2) **Hat der Gewährleistungsnehmer innerhalb von 2 Jahren nach jeweiliger Fälligkeit der gedeckten Forderung keinen Entschädigungsantrag gestellt, gilt die gedeckte Forderung insoweit als erfüllt.** Auf Antrag des Gewährleistungsnehmers kann der Bund jedoch das Ruhen des Entschädigungsverfahrens anordnen mit der Folge, daß sich die vorgenannte Frist von 2 Jahren entsprechend verlängert; der Antrag auf Ruhen des Entschädigungsverfahrens kann zugleich mit dem Entschädigungsantrag gestellt werden.

§ 4
Gewährleistungsfälle

Uneinbringlichkeit

(1) Der Gewährleistungsfall tritt ein, wenn und soweit die gedeckte Forderung aufgrund eines der in den Absätzen 2 – 4 genannten Umstände uneinbringlich ist.

Mitverpflichtung Dritter

Besteht für die gedeckte Forderung eine in der Deckungsbestätigung oder den Länderbestimmungen aufgeführte Mithaftung Dritter, so tritt der Gewährleistungsfall jedoch erst ein, wenn und soweit auch die gegen mithaftende Dritte begründeten Forderungen uneinbringlich sind. Für die Feststellung der Uneinbringlichkeit gelten die Absätze 2 – 4 entsprechend.

politische Schadenstatbestände

(2) Uneinbringlichkeit infolge politischer Umstände liegt vor,

– allgemeiner politischer Gewährleistungsfall

1. wenn nicht später als 12 Monate nach Fälligkeit

gesetzgeberische oder behördliche Maßnahmen im Ausland, die nach Abschluß des Ausfuhrvertrages mit Bezug auf die gedeckte Forderung ergangen sind,

oder

kriegerische Ereignisse oder Aufruhr oder Revolution im Ausland

die Erfüllung oder Beitreibung der gedeckten Forderung

in jeder Form verhindern

oder

in der vereinbarten Währung verhindern und keine Möglichkeit zur Einzahlung des Gegenwertes zum Zwecke des Transfers gemäß Nr. 2 besteht und der Bund der Zahlung in einer anderen als der vereinbarten Währung mit schuldbefreiender Wirkung nicht zustimmt

und 6 Monate ohne Zahlung nach der mit dem ausländischen Schuldner vereinbarten Fälligkeit verstrichen sind;

für Forderungen, die aufgrund des Pauschalvertrages nicht gegen die Uneinbringlichkeit gemäß Absatz 4 gedeckt sind, bleibt die Frist von 12 Monaten außer Betracht, wenn die Nichterfüllung der Forderung nachweislich nicht auf wirtschaftlichem Unvermögen des ausländischen Schuldners beruht;

– Konvertierungs- und Transferfall („KT-FALL")

2. wenn infolge von Beeinträchtigungen des zwischenstaatlichen Zahlungsverkehrs Beträge, die der ausländische Schuldner als Gegenwert für die gedeckte Forderung bei einer zahlungsfähigen Bank oder einer anderen vom Bund anerkannten Stelle zum Zwecke der Überweisung an den Gewährleistungsnehmer eingezahlt hat, nicht in die vereinbarte Währung konvertiert oder nicht transferiert werden, alle bestehenden Vorschriften für die Konvertierung und den Transfer dieser Beträge erfüllt waren und 4 Monate nach Fälligkeit der Forderung, Einzahlung und Erfüllung dieser Vorschriften verstrichen sind;

– Kursverluste an eingezahlten Beträgen

3. wenn nach Erfüllung aller bestehenden Vorschriften für die Konvertierung und den Transfer ausschließlich infolge einer Abwertung der vom ausländischen Schuldner auf die gedeckte Forderung eingezahlten Beträge Kursverluste entstehen, sofern nach Abschluß des Ausfuhrvertrages erlassene Vorschriften des Schuldnerlandes eine schuldbefreiende Wirkung dieser Zahlungen vorsehen. Kursverluste an der mit dem ausländischen Schuldner vereinbarten oder einer anderen ohne Zustimmung des Bundes angenommenen Währung sind nicht gedeckt;

– Verlust von Ansprüchen infolge Unmöglichkeit der Vertragserfüllung

4. wenn gesetzgeberische oder behördliche Maßnahmen im Ausland, die nach Abschluß des Ausfuhrvertrages ergangen sind, oder kriegerische Ereignisse oder Aufruhr oder Revolution im Ausland die Erfüllung der vertraglich vom Gewährleistungsnehmer geschuldeten Lieferungen und Leistungen ganz oder teilweise verhindern und dem Gewährleistungsnehmer deshalb durchsetzbare Forderungen für die schon erbrachten Lieferungen und Leistungen nicht zustehen;

– Verlust der Ware vor Gefahrübergang

5. wenn infolge politischer Umstände die Ware während des Zeitraums von der Versendung bis zum Übergang der Gefahr auf den ausländischen Schuldner durch ausländische staatliche Stellen beschlagnahmt oder auf andere Weise der Verfügungsgewalt des Gewährleistungsnehmers entzogen oder vernichtet oder beschädigt wird oder verlorengeht und der Ausfall 6 Monate nach der im Ausfuhrvertrag vereinbarten Fälligkeit der Forderung nicht ersetzt worden ist, soweit keine Möglichkeit bestanden hat, die Gefahren bei Versicherungsgesellschaften abzudecken, und der Ersatz des Schadens nicht durch gesetzliche Bestimmungen gewährleistet ist;

– Mindererlös bei anderweitiger Verwertung

6. wenn nach Versendung der Ware die Uneinbringlichkeit der gedeckten Forderung gemäß Nr. 1, 4 oder 5 zu besorgen ist und der Gewährleistungsnehmer noch in seiner Verfügungsgewalt befindliche Ware anderweitig im Einvernehmen mit dem Bund verwertet und dabei einen Mindererlös erleidet.

wirtschaftliche Schadenstatbestände

(3) Uneinbringlichkeit infolge wirtschaftlicher Umstände liegt vor, wenn mit Bezug auf das Vermögen des ausländischen Schuldners oder dessen Nachlaß

- Konkurs

1. ein Konkursverfahren eröffnet oder mangels Masse abgelehnt worden ist;

- amtlicher Vergleich

2. ein amtliches Vergleichsverfahren oder ein anderes amtliches Verfahren, das zum Ausschluß der Einzelzwangsvollstreckung führt, eröffnet worden ist;

- außeramtlicher Vergleich

3. ein außeramtlicher Vergleich (Stundungs-, Quoten- oder Liquidationsvergleich), dem alle oder eine Gruppe untereinander vergleichbarer Gläubiger einschließlich des Gewährleistungsnehmers zugestimmt haben, abgeschlossen worden ist;

- fruchtlose Zwangsvollstreckung

4. eine Zwangsvollstreckung wegen der gedeckten Forderung nicht zur vollen Befriedigung geführt hat;

- Zahlungseinstellung

5. die wirtschaftlichen Verhältnisse nachweislich so ungünstig sind, daß der ausländische Schuldner seine Zahlungen ganz oder in wesentlichem Umfang eingestellt hat;

- Mindererlös bei anderweitiger Verwertung

6. nach Versendung der Ware die Uneinbringlichkeit der gedeckten Forderung gemäß Nr. 1 – 5 zu besorgen ist und der Gewährleistungsnehmer noch in seiner Verfügungsgewalt befindliche Ware anderweitig im Einvernehmen mit dem Bund verwertet und dabei einen Mindererlös erleidet.

Nichtzahlungsfall („protracted default")

(4) Uneinbringlichkeit infolge wirtschaftlicher Umstände ist auch dann anzunehmen, wenn die gedeckte Forderung 6 Monate nach ihrer Fälligkeit nicht erfüllt worden ist und **der Gewährleistungsnehmer die nach den Regeln der kaufmännischen Sorgfalt erforderlichen Maßnahmen zur Einziehung der gedeckten Forderung ergriffen hat.** Die Nichtaufnahme der Dokumente steht bei Geschäften mit den Zahlungsbedingungen D/P oder D/A dem Eintritt der Fälligkeit nicht entgegen, sofern sich aus dem Vertrag mit dem ausländischen Schuldner nichts anderes ergibt.

Konkurrenzen
- Grundregel

(5) Entschädigt wird aufgrund des Gewährleistungsfalles, der zuerst eingetreten ist. Sind ein wirtschaftlicher und ein politischer Gewährleistungsfall gleichzeitig eingetreten, wird nach dem politischen Gewährleistungsfall entschädigt.

- Ausnahme für den allgemeinen politischen Gewährleistungsfall

Tritt der Gewährleistungsfall gemäß Absatz 2 Nr. 1 ein, so bleibt der Eintritt des Gewährleistungsfalles gemäß Absatz 4 außer Betracht, wenn der Gewährleistungsnehmer innerhalb von 12 Monaten seit Fälligkeit der Forderung keinen Antrag auf Entschädigung nach diesem Gewährleistungsfall gestellt hat.

- Ausnahme für den „KT-Fall"

Sind bei Eintritt eines Gewährleistungsfalles gemäß Absatz 4 bis auf den Ablauf der Karenzfrist alle Voraussetzungen des Gewährleistungsfalles gemäß Absatz 2 Nr. 2 erfüllt, so wird eine Entschädigung nur aufgrund des Gewährleistungsfalles gemäß Absatz 2 Nr. 2 geleistet. Des Ablaufs der dort bestimmten Frist bedarf es in diesem Fall jedoch nicht, sofern nach Fälligkeit der gedeckten Forderung mindestens 10 Monate verstrichen sind.

- Nachentschädigung

Treten nach einer Entschädigung gemäß Absatz 4 die Voraussetzungen des Gewährleistungsfalles gemäß Absatz 2 Nr. 2 ein, wird eine Nachentschädigung geleistet, soweit die Anwendung dieser Vorschriften zu einer höheren Entschädigung führt.

§ 5
Fälligkeit und Rechtsbeständigkeit der gedeckten Forderung

Rechtsbeständigkeit als Entschädigungsvoraussetzung

(1) **Voraussetzung für die Entschädigung der gedeckten Forderung ist deren Fälligkeit und Rechtsbeständigkeit.** Wird aufgrund gesetzlicher oder vertraglicher Bestimmungen der gesamte Restbetrag der gedeckten

Forderung fällig, so erfolgt die Entschädigung gleichwohl nach Maßgabe der im Ausfuhrvertrag festgelegten Fälligkeiten; der Bund ist jedoch berechtigt, vor diesen Fälligkeiten Entschädigungen zu leisten.

Beweislast

(2) **Der Gewährleistungsnehmer hat den Bestand der gedeckten Forderung und der in der Deckungsbestätigung oder den Länderbestimmungen aufgeführten Sicherheiten, das Vorliegen der Voraussetzungen für den Eintritt des Gewährleistungsfalles sowie Grund und Höhe des Schadens auf seine Kosten nachzuweisen.** Wird der Bestand der Forderung oder der in der Deckungsbestätigung oder den Länderbestimmungen aufgeführten Sicherheiten bestritten oder werden dagegen Einreden oder Einwendungen erhoben, kann der Bund den Entschädigungsantrag zurückweisen, bis der Gewährleistungsnehmer – erforderlichenfalls durch Entscheidung des im Verhältnis zwischen ihm und seinem ausländischen Schuldner oder Sicherheitengeber zuständigen Gerichts oder Schiedsgerichts – die Rechtsbeständigkeit der Forderung und der Sicherheiten nachgewiesen hat; **die Risiken des anwendbaren Rechts und des Gerichtsstands trägt dabei der Gewährleistungsnehmer.**

Risiken des anwendbaren Rechts

Verantwortung für Rechtsmängel

(3) **Die Verantwortung für die Rechtsbeständigkeit der gedeckten Forderung und dafür bestellter Sicherheiten trägt im Verhältnis zum Bund ausschließlich der Gewährleistungsnehmer.** Der Bund wird Verträge und sonstige Unterlagen, aus denen sich die gedeckten Forderungen und Sicherungsrechte ergeben sollen, erst im Entschädigungsverfahren prüfen. Der Gewährleistungsnehmer kann sich nicht darauf berufen, daß der Bund den Inhalt solcher Verträge oder Unterlagen oder Teile derselben vorher gekannt habe oder hätte kennen müssen.

keine Prüfung von Unterlagen außerhalb der Schadensprüfung

§ 6
Selbstbeteiligung

Regelsätze

(1) Der Gewährleistungsnehmer ist an jedem Ausfall an der gedeckten Forderung selbst beteiligt. Sofern in der Deckungsbestätigung oder den Länderbestimmungen nichts anderes festgelegt ist, beträgt die Selbstbeteiligung

1. 10% im Gewährleistungsfall gemäß § 4 Absatz 2,
2. 15% im Gewährleistungsfall gemäß § 4 Absätze 3 und 4.

Verbot der anderweitigen Absicherung

(2) **Der Gewährleistungsnehmer darf das Risiko aus der Selbstbeteiligung nicht anderweitig absichern.** Dies gilt nicht für die Weitergabe des Risikos aus der Selbstbeteiligung an Unterlieferanten des Gewährleistungsnehmers.

§ 7
Berechnung und Auszahlung der Entschädigung

Anrechnung von Zahlungen

(1) Stehen dem Gewährleistungsnehmer aus seiner Geschäftstätigkeit mehrere Forderungen gegen den ausländischen Schuldner zu, so werden für die Feststellung der Entschädigung hierauf geleistete Zahlungen des ausländischen Schuldners auch dann, wenn zwischen Gewährleistungsnehmer und Schuldner eine andere Anrechnungsregelung vereinbart ist, wie folgt berücksichtigt:

– Regel bei gezielten Zahlungen

1. Bei Zahlungen auf gedeckte Forderungen sowie bei Zahlungen auf ungedeckte Forderungen, die früher fällig sind als die gedeckte Forderung, gilt die Tilgungsbestimmung des ausländischen Schuldners.

– Ausnahme bei gezielten Zahlungen auf ungedeckte Forderungen

2. Zahlungen auf ungedeckte Forderungen, die zur selben Zeit wie die gedeckte Forderung oder später als diese fällig sind, werden in den Gewährleistungsfällen gemäß § 4 Absätze 3 und 4 auf gedeckte und ungedeckte Forderungen und vertraglich vereinbarte Zinsforderungen (ausgenommen Verzugszuschläge) nach der Reihenfolge ihrer Fälligkeit angerechnet, es sei denn, nach den Umständen des Einzelfalles ist auszuschließen, daß der Gewährleistungsnehmer auf die Tilgungsbestimmung der Zahlung Einfluß genommen hat. In den Gewährleistungsfällen gemäß § 4 Absatz 2 bleibt bei derartigen Zahlungen die Tilgungsbestimmung des ausländischen Schuldners maßgeblich.

– ungezielte Zahlungen

3. Ohne Tilgungsbestimmung des ausländischen Schuldners geleistete Zahlungen werden in den Gewährleistungsfällen gemäß § 4 Absatz 2 Nr. 1, Absätze 3 und 4 auf gedeckte und ungedeckte Forderungen und vertraglich vereinbarte Zinsforderungen (ausgenommen Verzugszuschläge) nach der Reihenfolge ihrer Fälligkeit angerechnet.

– entsprechende Anwendung

4. Die Nr. 1 – 3 gelten entsprechend für

   a) Zahlungen des Garanten, Bürgen und Dritter; sonstige Leistungen des Schuldners, Garanten, Bürgen und Dritter;

   b) Ausschüttungen und Erlöse aus der schuldnerischen Masse;

   c) Erlöse aus Rücklieferungen oder anderweitiger Verwertung von Waren, Pfändungen, Versicherungen und sonstigen Sicherheiten;

   d) aufrechenbare Forderungen, Forderungsnachlässe, Gutschriften und Leistungen an Zahlungs Statt;

   e) sonstige dem Gewährleistungsnehmer im Zusammenhang mit dem Eintritt des Gewährleistungsfalles entstandene Vermögensvorteile.

– Quotelung bei gleicher Fälligkeit

5. Anrechnungen gemäß Nr. 2 – 4 auf Forderungen mit gleicher Fälligkeit erfolgen nach dem Verhältnis dieser Forderungsbeträge (ohne Verzugszuschläge).

– Vorwegabzug sachgemäßer Aufwendungen

6. Werden Zahlungen gemäß Nr. 2 oder die in Nr. 4 genannten Vermögensvorteile gemäß Nr. 2 oder 3 angerechnet, so werden von diesen Zahlungen oder Vermögensvorteilen die vom Gewährleistungsnehmer sachgemäß aufgewendeten Rechtsverfolgungs- oder Beitreibungskosten abgezogen. **Die zur Einziehung einer Forderung üblichen Kosten einschließlich Protestkosten sowie die im gewöhnlichen Geschäftsbetrieb des Gewährleistungsnehmers entstandenen Kosten bleiben außer Betracht.**

Abzug der Selbstbeteiligung

(2) Der nach Anwendung von Absatz 1 verbleibende Betrag ist um die Selbstbeteiligung des Gewährleistungsnehmers zu kürzen.

Fristen für Schadensbearbeitung

(3) Nach Einreichung aller für die Feststellung des Entschädigungsanspruches erforderlichen Unterlagen stellt der Bund die Schadensberechnung innerhalb von 2 Monaten auf. Der sich aus der Schadensberechnung ergebende Betrag wird innerhalb eines Monats nach Bekanntgabe der Schadensberechnung an den Gewährleistungsnehmer insoweit ausgezahlt, als der Gewährleistungsnehmer die Schadensberechnung anerkannt hat.

Abschlagszahlung

(4) Ist die Schadensberechnung infolge eines Umstandes, den der Gewährleistungsnehmer nicht zu vertreten hat, nicht innerhalb von 2 Monaten möglich, kann dem Gewährleistungsnehmer auf Antrag insoweit eine Abschlagszahlung auf die zu erwartende Entschädigung gewährt werden, als diese in ihrem Mindestumfang bereits vor Abschluß der Schadensberechnung feststeht.

§ 8
Rückflüsse

Zuordnung und Verteilung von Rückflüssen

(1) Alle nach Leistung einer Entschädigung eingehenden Zahlungen und sonstigen Vermögensvorteile (Rückflüsse) werden unter Einbeziehung der entschädigten Forderung entsprechend § 7 Absatz 1 zugeordnet. Unberücksichtigt bleiben jedoch diejenigen Rückflüsse, die auf einem Vertrag beruhen, der erst später als 3 Jahre nach Erfüllung oder Entschädigung der zuletzt fälligen Forderung aus dem gedeckten Geschäft geschlossen worden ist.

Mitteilungs- und Abführungspflicht

(2) **Der Gewährleistungsnehmer hat dem Bund jeden Eingang von Rückflüssen unverzüglich anzuzeigen. Die dem Bund zustehenden Beträge hat der Gewährleistungsnehmer unverzüglich an den Bund abzuführen.**

§ 9
Rückzahlung der Entschädigung

Mitteilungspflicht über Einreden oder Einwendungen gegen Forderung oder Sicherheiten

(1) **Wird der Bestand der gedeckten Forderung oder der hierfür vom Bund geforderten Sicherheiten bestritten oder werden dagegen Einreden oder Einwendungen erhoben, hat der Gewährleistungsnehmer dies im Entschädigungsverfahren unverzüglich mitzuteilen.** Verletzt der Gewährleistungsnehmer diese Pflicht, kann der Bund die geleistete Entschädigung insoweit zurückfordern, als er bei Kenntnis der Sachlage den Entschädigungsantrag zurückgewiesen hätte.

Rückforderung bei Wegfall der Entschädigungsvoraussetzungen

(2) Stellt sich nach Leistung der Entschädigung heraus, daß die entschädigte Forderung des Gewährleistungsnehmers nicht oder nicht in voller Höhe besteht, wird insbesondere in einem Rechtsstreit zur Beitreibung der entschädigten Forderung vom zuständigen Gericht die Klage ganz oder teilweise rechtskräftig abgewiesen, oder ergibt sich nach Leistung der Entschädigung, daß der Bund aus sonstigen Gründen nicht zur Entschädigung verpflichtet war, kann der Bund die geleistete Entschädigung einschließlich erstatteter Kosten insoweit zurückfordern.

Rückforderung bei nachträglicher Leistungsfreiheit

(3) Wird der Bund infolge eines Umstandes, der erst nach Leistung der Entschädigung eingetreten ist, von der Verpflichtung zur Entschädigung frei oder verletzt der Gewährleistungsnehmer die ihn nach § 11 Absatz 1 treffenden Pflichten, so ist der Bund berechtigt, die geleistete Entschädigung einschließlich erstatteter Kosten insoweit zurückzufordern.

Verzinsungspflicht bei Rückforderung

(4) **Soweit dem Bund ein Rückzahlungsanspruch zusteht, hat der Gewährleistungsnehmer** in den Fällen der Absätze 1 und 2 **den zurückzuzahlenden Betrag** vom Zeitpunkt der Leistung der Entschädigung, im Falle des Absatzes 3 vom Zeitpunkt des Wegfalls der Entschädigungsverpflichtung an mit dem Zinssatz **zu verzinsen**, der den Kosten der Kreditaufnahme des Bundes ab diesem Zeitpunkt entspricht. Mit Erfüllung des Rückzahlungsanspruchs des Bundes fallen gemäß § 10 Absatz 1 auf den Bund übergegangene Forderungen, Ansprüche und sonstige Rechte insoweit an den Gewährleistungsnehmer zurück.

weitergehende Ansprüche

(5) Weitergehende, nach gesetzlichen Regelungen oder allgemeinen Rechtsgrundsätzen bestehende Ansprüche des Bundes werden hierdurch nicht berührt.

§ 10
Übergang der Rechte und Ansprüche

Forderungsübergang

(1) Mit Leistung der Entschädigung gehen die entschädigte Forderung, die Ansprüche auf Zinsen und Verzugszinsen für die Zeit nach Zahlung der Entschädigung sowie die Ansprüche aus etwaigen Versicherungen und der Anspruch auf die im Ausland eingezahlten oder hinterlegten Beträge einschließlich der für diese Forderungen und Ansprüche bestehenden Sicherheiten insoweit auf den Bund über, als dies dem Anteil des Bundes am Ausfall an der entschädigten Forderung entspricht. Der Gewährleistungsnehmer hat auf Verlangen des Bundes die zum Übergang der Forderung, Ansprüche und sonstigen Rechte etwa erforderlichen Rechtshandlungen vorzunehmen.

treuhänderische Verwaltung

(2) Ist die Übertragung nicht möglich oder verzichtet der Bund auf sie, so hat der Gewährleistungsnehmer die in Absatz 1 genannten Forderungen, Ansprüche und sonstigen Rechte als Treuhänder des Bundes zu halten.

§ 11
Rechtsverfolgung nach Leistung der Entschädigung

Verpflichtung zur Rechtsverfolgung

(1) **Unbeschadet des Übergangs der Forderungen, Ansprüche und sonstigen Rechte gemäß § 10 hat der Gewährleistungsnehmer alle zur Einziehung der entschädigten Forderung und zur Verwertung von Sicherheiten geeigneten Maßnahmen durchzuführen und hierbei etwaige Weisungen des Bundes zu befolgen;** als geeignete Maßnahme gilt auch die Führung eines Rechtsstreites. Von einer Weisung zur Führung eines Rechtsstreites kann abgesehen werden, wenn Gerichtsstand bzw. anwendbare Rechtsordnung keine hinreichende Beurteilung der Erfolgsaussichten des Rechtsstreites zulassen und der Gewährleistungsnehmer einen solchen Gerichtsstand bzw. die Anwendung einer solchen Rechtsordnung nicht abbedingen konnte oder wenn die voraussichtlichen Kosten des Rechtsstreites außer Verhältnis zu der Höhe der Forderung bzw. den Erfolgsaussichten von Vollstreckungsmaßnahmen stehen.

Beurteilungsspielraum des Bundes

Kostenbeteiligung

(2) Erfolgen Rechtsverfolgungsmaßnahmen mit Zustimmung oder auf Weisung des Bundes, werden dadurch entstehende sachgemäße Aufwendungen zwischen dem Bund und dem Gewährleistungsnehmer im Verhältnis ihrer Beteiligung an der geltend gemachten Forderung aufgeteilt. **Die zur Einziehung einer Forderung üblichen Kosten einschließlich Protestkosten sowie die im gewöhnlichen Geschäftsbetrieb des Gewährleistungsnehmers entstandenen Kosten trägt der Gewährleistungsnehmer.** § 9 Absatz 2 findet entsprechende Anwendung.

Verzicht auf Rückflußbeteiligung

(3) Entläßt der Bund den Gewährleistungsnehmer auf dessen Antrag aus der Verpflichtung gemäß Absatz 1, so verliert der Gewährleistungsnehmer das Recht, an Rückflüssen nach Maßgabe seiner Selbstbeteiligung beteiligt zu werden.

§ 12
Umrechnung von Fremdwährungsbeträgen

(1) Vertragswährung für die APG ist die Deutsche Mark. Für die Umrechnung von Beträgen, die auf andere Währungen lauten, in Deutsche Mark gilt folgendes:

Umrechnungskurs für Entgelt

1. Das gemäß § 18 zu entrichtende Entgelt wird zu dem im Versandmonat gültigen, im Bundesanzeiger veröffentlichten Umsatzsteuer-Umrechnungssatz (Entgeltkurs) umgerechnet.

Umrechnungskurs für Entschädigung

2. Die Entschädigung wird zum amtlichen Geldkurs der Frankfurter Börse
   - am Tage der Einzahlung in dem Gewährleistungsfall gemäß § 4 Absatz 2 Nr. 2
   - am Tage der Fälligkeit in den anderen Gewährleistungsfällen

   umgerechnet. Hat am maßgeblichen Tage keine amtliche Kursnotierung stattgefunden, so tritt die nachfolgende Notierung an ihre Stelle.

   Ist aufgrund des eingetretenen Gewährleistungsfalles eine Fälligkeit der gedeckten Forderung nicht gegeben oder erfolgt die Entschädigung vor den im Ausfuhrvertrag festgelegten Fälligkeiten, wird die Entschädigung zum letzten amtlichen Geldkurs der Frankfurter Börse vor Absendung der Mitteilung über die Entschädigung umgerechnet.

Kursbegrenzung bei Entschädigung

In allen Fällen erfolgt die Umrechnung der Entschädigung höchstens zum Entgeltkurs.

Umrechnungskurs für Rückflüsse

3. Rückflüsse auf die entschädigte Forderung werden zum amtlichen Geldkurs der Frankfurter Börse am Tage ihres Eingangs beim Gewährleistungsnehmer umgerechnet.

Beteiligung an Kursgewinnen bei durch Kursbegrenzung reduzierten Entschädigungen

4. Hat der Bund die Entschädigung gemäß Nr. 2 zum Entgeltkurs in Deutsche Mark umgerechnet und erbringt ein Rückfluß für den Bund über den Betrag hinaus, der insgesamt zur Entschädigung der Forderungen aus diesem Ausfuhrvertrag geleistet worden ist, einen Kursgewinn, so steht der Kursgewinn dem Gewährleistungsnehmer bis zur Höhe des Betrages zu, der dem Unterschied zwischen dem amtlichen Geldkurs der Frankfurter Börse am Tage der Einzahlung in dem Gewährleistungsfall gemäß § 4 Absatz 2 Nr. 2 oder am Tage der Fälligkeit in den anderen Gewährleistungsfällen und dem Entgeltkurs entspricht. Dies gilt nicht, soweit der Bund für die entschädigte Forderung auch eine Wechselkursdeckung übernommen hat.

nicht amtlich notierte Währungen

(2) Für Währungen, für die keine Umsatzsteuer-Umrechnungssätze bzw. keine amtlichen Notierungen der Frankfurter Börse festgestellt werden, tritt an deren Stelle der von der Deutschen Bundesbank zuletzt als Geldkurs bekanntgegebene Umrechnungssatz. Ist ein solcher Umrechnungssatz nicht bekanntgegeben, so setzt der Bund die gemäß Absatz 1 anzuwendenden Umrechnungskurse unter Berücksichtigung der den amtlichen Notierungen der Frankfurter Börse entsprechenden Notierungen an den maßgebenden Börsen des Auslandes fest.

§ 13
Deckungseingriffe

Ausschlußrecht bei Gefahrerhöhung

Bei Eintritt gefahrerhöhender Umstände kann der Bund dem Gewährleistungsnehmer gegenüber jederzeit erklären, daß Forderungen oder Teilforderungen, für die der Bund bei Zugang dieser Erklärung gemäß § 3 noch nicht haftet, **von der APG ausgeschlossen sind.**

§ 14
Umschuldungsvereinbarungen

Recht des Bundes zur Umschuldung

(1) **Der Bund ist berechtigt, über die gedeckte Forderung (einschließlich Selbstbeteiligung) Umschuldungsvereinbarungen mit dem Schuldnerland abzuschließen; nicht gedeckte Nebenforderungen und nicht gedeckte Teile nur teilweise gedeckter Forderungen darf er dabei einbeziehen.**

Voraussetzung der Rechtsausübung

(2) Der Bund darf das Recht nach Absatz 1 nur ausüben, wenn er vor Abschluß der Umschuldungsvereinbarung anerkennt, nach welchem der in § 4 geregelten Gewährleistungsfälle Uneinbringlichkeit der gedeckten Forderung vorliegt, sobald die in der Umschuldungsvereinbarung festgelegten Voraussetzungen für die Anwendung dieser Vereinbarung auf die gedeckte Forderung vorliegen. Die Geltung von § 4 Absatz 5 bleibt davon unberührt.

Für einbezogene Forderungen, für die das Risiko der Uneinbringlichkeit infolge wirtschaftlicher Umstände fortbesteht, kann der Bund die Entschädigungsleistung höchstens nach Maßgabe des Selbstbehalts für den Gewährleistungsfall gemäß § 4 Absatz 3 begrenzen.

Die sonstigen Entschädigungsvoraussetzungen bleiben unberührt.

Wahrung des Entschädigungsanspruchs

Der Gewährleistungsnehmer kann unbeschadet vorstehender Regelung Entschädigung nach den allgemeinen Regeln (§§ 4 ff) verlangen.

Vorrang der Zinsregelung des Umschuldungsabkommens

(3) **Der Gewährleistungsnehmer und seine Rechtsnachfolger müssen ferner Regelungen der Umschuldungsvereinbarung gegen sich gelten lassen, durch die die Verzinsung der Forderung für den Zeitraum ab ihrer Fälligkeit oder für einen später beginnenden Zeitraum abweichend von den gesetzlichen oder vertraglichen Zinsregelungen bestimmt wird** und aufgrund derer weitergehende Ansprüche aus dem Gesichtspunkt des Verzugs nicht geltend gemacht werden können.

Umrechnung von Fremdwährungsbeträgen im Umschuldungsabkommen

(4) Für die Umrechnung der Entschädigung bleibt § 12 Absatz 1 Nr. 2 auch dann maßgeblich, wenn der in der Umschuldungsvereinbarung bestimmte Umrechnungskurs für nicht auf Deutsche Mark lautende Beträge in Deutsche Mark von dem in dieser Vorschrift geregelten Umrechnungskurs abweicht. **In bezug auf Selbstbeteiligung, nicht gedeckte Nebenforderungen und nicht gedeckte Teile nur teilweise gedeckter Forderungen müssen der Gewährleistungsnehmer und seine Rechtsnachfolger den in der Umschuldungsvereinbarung bestimmten Umrechnungskurs gegen sich gelten lassen.**

§ 15
Pflichten des Gewährleistungsnehmers

Neben den nach diesen Allgemeinen Bedingungen und den sonstigen Bestimmungen des Pauschalvertrages bestehenden Pflichten hat der Gewährleistungsnehmer die folgenden Pflichten zu beachten:

Wahrheitspflicht im Antragsverfahren

1. **Der Gewährleistungsnehmer hat im Zusammenhang mit der Beantragung einer APG alle für die Übernahme der Ausfuhrgewährleistung erheblichen Umstände vollständig und richtig schriftlich anzuzeigen und unverzüglich zu berichtigen, wenn sich bis zum Zugang der Urkunde über den Pauschalvertrag gegenüber den bei Antragstellung erfolgten Angaben Änderungen oder Ergänzungen ergeben.** Durch Antragsformular oder in sonstiger Weise erfragte Angaben gelten im Zweifel als erheblich.

Satz 1 und 2 gelten entsprechend für alle im Rahmen des Pauschalvertrages zu stellenden Anträge, insbesondere für Anträge auf Festsetzung von Höchstbeträgen gemäß II. des Pauschalvertrages.

Verbot der Änderung von Zahlungsbedingungen oder Sicherheiten

Prolongation

2. **Der Gewährleistungsnehmer darf nach Beginn der Haftung des Bundes die mit dem ausländischen Schuldner in bezug auf die jeweilige gedeckte Forderung vereinbarten Zahlungsbedingungen einschließlich in der Deckungsbestätigung oder den Länderbestimmungen aufgeführter Sicherheiten nicht ohne schriftliche Zustimmung des Bundes ändern oder ergänzen;** dies gilt nicht für Prolongationen, sofern die vom Bund für den ausländischen Schuldner festgelegte zulässige Kreditlaufzeit hierdurch nicht überschritten wird. **Der Gewährleistungsnehmer darf ferner keine Zahlung in einer anderen als der vertraglich vereinbarten Währung an Erfüllungs Statt annehmen.**

Beachtung staatlicher Vorschriften

3. **Der Gewährleistungsnehmer darf einen Ausfuhrvertrag nur durchführen, wenn dabei die Ausfuhrvorschriften der Bundesrepublik Deutschland und die Einfuhrvorschriften des Bestimmungslandes eingehalten werden.**

Meldepflicht bei Gefahrerhöhung

4. **Der Gewährleistungsnehmer hat ihm bekanntwerdende gefahrerhöhende Umstände unverzüglich schriftlich anzuzeigen und mitzuteilen, welche Maßnahmen er zur Sicherung seiner Ansprüche beabsichtigt oder getroffen hat.** Als gefahrerhöhender Umstand gilt insbesondere, daß

   a) der Schuldner um eine Prolongation nachsucht, die zu einer Überschreitung der vom Bund für den ausländischen Schuldner festgelegten zulässigen Kreditlaufzeit führen würde;

   b) die Vermögenslage, Zahlweise oder allgemeine Beurteilung des ausländischen Schuldners oder Sicherheitengebers sich verschlechtert oder vom Schuldner die Rückgabe gelieferter Waren oder eine andere als die geschuldete Leistung angeboten wird; eine Zahlungsverzögerung von mehr als 4 Monaten ab Fälligkeit gilt stets als Verschlechterung der Zahlweise des Schuldners;

   c) gesetzgeberische oder behördliche Maßnahmen im Ausland oder sonstige politische Ereignisse die Erfüllung oder Beitreibung der gedeckten Forderung gefährdet erscheinen lassen.

Zustimmungserfordernis bei Gefahrerhöhung

5. **In den Fällen der Nr. 4 darf der Gewährleistungsnehmer Lieferungen und Leistungen nicht ohne vorherige schriftliche Zustimmung des Bundes ausführen.**

Schadensverhütungs- und Schadensminderungspflichten

6. **Der Gewährleistungsnehmer hat auf seine Kosten alle zur Vermeidung eines Gewährleistungsfalles oder Minderung des Ausfalls nach den Regeln der kaufmännischen Sorgfalt erforderlichen und geeigneten Maßnahmen zu ergreifen und hierbei etwaige Weisungen des Bundes zu befolgen. Droht ein Gewährleistungsfall oder ist ein solcher eingetreten, hat er auf Verlangen des Bundes diesen oder einen vom Bund zu bestimmenden Dritten mit der Wahrnehmung der beiderseitigen Interessen zu beauftragen,** wenn die voraussichtlichen Kosten für die Beauftragung des Bundes oder des Dritten in einem angemessenen Verhältnis zu der Höhe der Forderung und den Erfolgsaussichten der Interessenwahrnehmung stehen.

Auskunftspflicht

7. Der Gewährleistungsnehmer hat dem Bund oder dessen Beauftragten über die Einzelheiten und den jeweiligen Abwicklungsstand des Ausfuhrgeschäftes sowie über sonstige Umstände, die für die APG von Bedeutung sein können, jederzeit Auskunft zu erteilen. Hierzu gehört die fristgerechte, richtige und vollständige Beantwortung der zur Vorbereitung einer Umschuldungsvereinbarung gestellten Fragen und die Bereitstellung der zum Nachweis der Forderungen benötigten Unterlagen.

Prüfungsrechte des Bundes

8. Der Bund und seine Beauftragten sind berechtigt, jederzeit die Bücher und Unterlagen des Gewährleistungsnehmers, die für die APG von Bedeutung sein können, einzusehen und Abschriften von ihnen zu nehmen oder zu verlangen. Auf Verlangen des Bundes hat der Gewährleistungsnehmer Unterlagen in fremder Sprache auf seine Kosten übersetzen zu lassen.

9. Der Gewährleistungsnehmer hat eine Prüfung seiner Bücher und seines Betriebes, soweit dies für die APG von Bedeutung sein kann, durch den Bund, den Bundesrechnungshof oder einen von diesen bestimmten Beauftragten zuzulassen, damit festgestellt werden kann, ob eine Inanspruchnahme des Bundes in Frage kommt oder die Voraussetzungen für eine solche vorliegen oder vorgelegen haben oder ob der Gewährleistungsnehmer wesentliche Verpflichtungen aus dem Pauschalvertrag verletzt hat.

§ 16
Rechtsfolgen von Pflichtverletzungen

Haftungsbefreiung bei

– unwahren Angaben

(1) **Hat der Gewährleistungsnehmer die ihm nach § 15 Nr. 1 obliegende Pflicht verletzt, so ist der Bund von seiner Verpflichtung zur Entschädigung frei,** es sei denn, der Bund stellt fest, daß die die Pflichtverletzung begründende Unvollständigkeit oder Unrichtigkeit auf seine Entscheidung über den Abschluß des Pauschalvertrages oder über im Rahmen des Pauschalvertrages gestellte Anträge keinen Einfluß gehabt hat. Eine Befreiung des Bundes von seiner Verpflichtung zur Entschädigung tritt nicht ein, soweit der Gewährleistungsnehmer die Unrichtigkeit oder Unvollständigkeit seiner Angaben weder kannte noch kennen mußte.

– fehlerhaften Sicherheiten

(2) **Sind in der Deckungsbestätigung oder den Länderbestimmungen aufgeführte Sicherheiten nicht oder nicht rechtswirksam bestellt worden, so ist der Bund von seiner Verpflichtung zur Entschädigung frei,** es sei denn, der Bund stellt fest, daß die fehlende oder mangelhafte Sicherheit auf seine Entscheidung über die Gewährung von Deckungsschutz keinen Einfluß gehabt hat.

– sonstigen Obliegenheitsverletzungen unter dem Gesichtspunkt der
– – Schadensursächlichkeit

(3) **Hat der Gewährleistungsnehmer unter Verstoß gegen die kaufmännische Sorgfalt eine ihm nach § 15 Nr. 2 – 9 obliegende Pflicht verletzt, ist der Bund von der Verpflichtung zur Entschädigung frei,** es sei denn, durch die Pflichtverletzung ist ein Schaden weder entstanden noch zu besorgen.

– – Wesentlichkeit

Unabhängig davon, ob ein Schaden entstanden oder zu besorgen ist, ist der Bund bei einer Pflichtverletzung nach § 15 Nr. 2 von der Verpflichtung zur Entschädigung auch dann frei, wenn er feststellt, daß er den Änderungen oder Ergänzungen nach den Grundsätzen, denen er in seiner Entscheidungspraxis folgt, nicht zugestimmt hätte.

– – Risikoerhöhung

Bei einer Pflichtverletzung nach § 15 Nr. 4 ist der Bund von der Verpflichtung zur Entschädigung auch dann frei, wenn die Unkenntnis meldepflichtiger Umstände für den Bund im Zusammenhang mit anderen Ausfuhrgewährleistungen eine Risikoerhöhung bewirkt oder ihn daran gehindert hat, Maßnahmen zur Risikominderung zu ergreifen.

(4) Der Bund kann die Befreiung von seiner Verpflichtung zur Entschädigung nach den Umständen des Einzelfalles, insbesondere unter Berücksichtigung des eingetretenen Risikos und der Schwere des Verstoßes, einschränken.

(5) Soweit für die Verletzung sonstiger dem Gewährleistungsnehmer nach diesen Allgemeinen Bedingungen und den Bestimmungen des Pauschalver-

trages obliegenden Pflichten keine gesonderten Rechtsfolgen gelten, finden die Absätze 1 – 4 entsprechende Anwendung.

(6) Aus dem Gesetz oder der Anwendung allgemeiner Rechtsgrundsätze sich ergebende Ansprüche und sonstige Rechte des Bundes werden durch die in diesen Allgemeinen Bedingungen und im Pauschalvertrag enthaltenen Bestimmungen nicht berührt.

§ 17
Mitwirkendes Verschulden

Der Bund haftet nicht für Umstände und Gefahren, die der Gewährleistungsnehmer nach den Regeln einer gewissenhaften Geschäftsführung und kaufmännischen Sorgfalt zu vertreten hat.

§ 18
Entgelt

Entgeltpflicht

(1) Für im Rahmen der APG gemeldete Forderungen wird ein von Art und Umfang der gedeckten Risiken abhängiges Entgelt erhoben. Die Entgeltsätze werden im Pauschalvertrag festgesetzt. Das zu entrichtende Entgelt ist vom Gewährleistungsnehmer in Anwendung dieser Entgeltsätze mit der Umsatzmeldung gemäß III. des Pauschalvertrages – auch unter Berücksichtigung etwaiger Prolongationen – selbst zu berechnen und wird innerhalb von 14 Tagen nach der Meldung fällig.

Verzugsfolgen

(2) **Wird fälliges Entgelt nicht innerhalb von 14 Tagen nach einer Mahnung entrichtet,** die den Hinweis auf diese Frist und auf die nachstehend genannten Rechtsfolgen enthält, so **ist der Bund,** wenn seit der Fälligkeit des Entgelts insgesamt mindestens 6 Wochen verstrichen sind,

– Haftungsbefreiung

a) für die der Entgeltberechnung zugrunde liegenden Forderungen **von der Haftung** für Gewährleistungsfälle **befreit,** die nach Fälligkeit, aber vor Zahlung des Entgelts eingetreten sind,

– Aufhebung des Deckungsschutzes

b) außerdem **berechtigt, den Deckungsschutz** für die der Entgeltberechnung zugrunde liegenden Forderungen ohne Einhaltung einer weiteren Frist **aufzuheben,** solange das Entgelt nicht bezahlt ist,

– Kündigung des Pauschalvertrages

c) **im Wiederholungsfalle** ferner **berechtigt, den Pauschalvertrag** ohne Einhaltung einer weiteren Frist **zu kündigen.**

Verfall des Entgelts bei Haftungsbefreiung

(3) **Ist der Bund** nach diesen Allgemeinen Bedingungen oder den Bestimmungen des Pauschalvertrages **von der Verpflichtung zur Entschädigung frei, gebührt ihm gleichwohl das Entgelt,** soweit es fällig geworden ist, bevor der Bund von seiner Leistungsfreiheit Kenntnis erlangt hat.

§ 19
Abtretung der gedeckten Forderung

Verfügt der Gewährleistungsnehmer zu anderen als Sicherungszwecken **ganz oder teilweise über eine gedeckte Forderung, erlischt insoweit die Deckung,** es sei denn, der Bund hat der Verfügung schriftlich zugestimmt.

§ 20
Abtretung der Ansprüche aus der APG

Die Abtretung der Ansprüche aus der APG bedarf der schriftlichen Zustimmung des Bundes. Stimmt der Bund der Abtretung zu, bleiben sämtliche Verpflichtungen des Gewährleistungsnehmers aus der APG dem Bund gegenüber unverändert bestehen.

§ 21
Ausschlußfrist

Ansprüche gegen den Bund aus der APG sind innerhalb einer Ausschlußfrist von 6 Monaten gerichtlich geltend zu machen, nachdem der Bund dem Gewährleistungsnehmer gegenüber die Ansprüche unter Hinweis auf diese Rechtsfolge schriftlich abgelehnt hat.

§ 22
Gerichtsstand

Für Streitigkeiten zwischen dem Bund und dem Gewährleistungsnehmer aus der APG sind die ordentlichen Gerichte in Hamburg zuständig.

7. Allgemeine Bedingungen für Garantien für gebundene Finanzkredite

Begriffsbestimmung

Die Bundesrepublik Deutschland (Bund) übernimmt Ausfuhrgewährleistungen unter der Bezeichnung **„Finanzkreditgarantien"** für Geldforderungen deutscher Kreditinstitute aus mit privaten ausländischen Schuldnern geschlossenen Kreditverträgen, die an Ausfuhrgeschäfte deutscher Exporteure gebunden sind (gebundene Finanzkredite).

Gewährleistungsvertrag

Die Allgemeinen Bedingungen für Finanzkreditgarantien sind Bestandteil des Gewährleistungsvertrages, den der Bund nach Maßgabe der Richtlinien für die Übernahme von Ausfuhrgewährleistungen schließt, und gelten, soweit sie nicht im Gewährleistungsvertrag ausdrücklich abbedungen, ergänzt oder ersetzt sind.

HERMES TREUARBEIT

Der Bund als Vertragspartner des Garantienehmers wird durch den Bundesminister für Wirtschaft (BMWi) vertreten. Der BMWi wird durch die HERMES Kreditversicherungs-AG (HERMES), Hamburg, und die TREUARBEIT Aktiengesellschaft Wirtschaftsprüfungsgesellschaft Steuerberatungsgesellschaft (TREUARBEIT), Hamburg, als Mandatare des Bundes vertreten. HERMES und TREUARBEIT sind vom Bund beauftragt und ermächtigt, alle den Abschluß und die Abwicklung des Gewährleistungsvertrages betreffenden Erklärungen, soweit sie nicht gemäß § 1 der Bundesschuldenverwaltung vorbehalten sind, namens und im Auftrag des Bundes abzugeben und entgegenzunehmen. Federführend ist HERMES.

§ 1
Formerfordernisse

Schriftform

Urkunde der Bundesschuldenverwaltung

Der Gewährleistungsvertrag kommt dadurch zustande, daß der Bund den Antrag des Garantienehmers auf Übernahme einer Finanzkreditgarantie schriftlich und unter Bezugnahme auf diese Allgemeinen Bedingungen annimmt. Der Bund kann jedoch auf Zahlung erst in Anspruch genommen werden, wenn über die Finanzkreditgarantie eine Urkunde (Finanzkreditgarantie-Erklärung) erstellt, mit zwei Unterschriften der Bundesschuldenverwaltung versehen und dem Garantienehmer zugegangen ist. Entsprechendes gilt für Änderungen der Finanzkreditgarantie, die Inhalt oder Umfang der Haftung des Bundes erweitern. Mündliche Nebenabreden haben keine Gültigkeit.

§ 2
Gegenstand der Finanzkreditgarantie

Darlehensforderung

(1) Gegenstand der Finanzkreditgarantie ist die im Kreditvertrag zwischen Garantienehmer und ausländischem Schuldner vereinbarte und in der Finanzkreditgarantie-Erklärung bezeichnete Geldforderung auf Rückzahlung des an den deutschen Exporteur ausgezahlten Kreditbetrages (garantierte Forderung).

Zinsen und Nebenforderungen

(2) Die garantierte Forderung umfaßt ferner die im Kreditvertrag vereinbarten und in der Finanzkreditgarantie-Erklärung bezeichneten Kreditzinsen und Finanzierungsnebenkosten bis zur Fälligkeit der Hauptforderung. **Schadensersatzforderungen und sonstige Nebenforderungen,** z. B. auf Ver-

zugszinsen, Vertragsstrafen oder Reugeld, **sind auch dann nicht garantiert, wenn sie in dem Vertrag zwischen Garantienehmer und ausländischem Schuldner ausdrücklich vorgesehen sind.**

§ 3
Haftungszeitraum

(1) Die Haftung aus der Finanzkreditgarantie beginnt, sobald und soweit der Kreditbetrag ausgezahlt ist. Sie endet, sobald und soweit die garantierte Forderung erfüllt ist.

Verlust der Ansprüche bei Fristversäumnis

(2) **Hat der Garantienehmer innerhalb von 2 Jahren nach jeweiliger dem Bund mitgeteilter Fälligkeit der garantierten Forderung keinen Entschädigungsantrag gestellt, gilt die garantierte Forderung insoweit als erfüllt.** Auf Antrag des Garantienehmers kann der Bund jedoch das Ruhen des Entschädigungsverfahrens anordnen mit der Folge, daß sich die vorgenannte Frist von 2 Jahren entsprechend verlängert; der Antrag auf Ruhen des Entschädigungsverfahrens kann zugleich mit dem Entschädigungsantrag gestellt werden. Sobald und soweit die garantierte Forderung erfüllt ist oder nach Satz 1 als erfüllt gilt, verliert die Finanzkreditgarantie-Erklärung ihre Gültigkeit.

§ 4
Garantiefälle

Uneinbringlichkeit

(1) Der Garantiefall tritt ein, wenn und soweit die garantierte Forderung aufgrund eines der in den Absätzen 2 – 4 genannten Umstände uneinbringlich ist.

Mitverpflichtung Dritter

Besteht für die garantierte Forderung eine in der Finanzkreditgarantie-Erklärung aufgeführte Mithaftung Dritter, so tritt der Garantiefall jedoch erst ein, wenn und soweit auch die gegen mithaftende Dritte begründeten Forderungen uneinbringlich sind. Für die Feststellung der Uneinbringlichkeit gelten die Absätze 2 – 4 entsprechend.

politische Schadenstatbestände

(2) Uneinbringlichkeit infolge politischer Umstände liegt vor,

– allgemeiner politischer Garantiefall

1. wenn nicht später als 12 Monate nach Fälligkeit

   gesetzgeberische oder behördliche Maßnahmen im Ausland, die nach Abschluß des Kreditvertrages mit Bezug auf die garantierte Forderung ergangen sind,

   oder

   kriegerische Ereignisse oder Aufruhr oder Revolution im Ausland

   die Erfüllung oder Beitreibung der garantierten Forderung

   in jeder Form verhindern

   oder

   in der vereinbarten Währung verhindern und keine Möglichkeit zur Einzahlung des Gegenwertes zum Zwecke des Transfers gemäß Nr. 2 besteht und der Bund der Zahlung in einer anderen als der vereinbarten Währung mit schuldbefreiender Wirkung nicht zustimmt und 6 Monate ohne Zahlung nach der mit dem ausländischen Schuldner vereinbarten Fälligkeit verstrichen sind;

– Konvertierungs- und Transferfall („KT-Fall")

2. wenn infolge von Beeinträchtigungen des zwischenstaatlichen Zahlungsverkehrs Beträge, die der ausländische Schuldner als Gegenwert für die garantierte Forderung bei einer zahlungsfähigen Bank oder einer anderen vom Bund anerkannten Stelle zum Zwecke der Überweisung an den Garantienehmer eingezahlt hat, nicht in die vereinbarte Währung konvertiert oder nicht transferiert werden, alle bestehenden Vorschriften für die Konvertierung und den Transfer dieser Beträge erfüllt waren und 4 Monate nach Fälligkeit der Forderung, Einzahlung und Erfüllung dieser Vorschriften verstrichen sind;

– Kursverluste an eingezahlten Beträgen

3. wenn nach Erfüllung aller bestehenden Vorschriften für die Konvertierung und den Transfer ausschließlich infolge einer Abwertung der vom ausländischen Schuldner auf die garantierte Forderung eingezahlten Beträge Kursverluste entstehen, sofern nach Abschluß des Kreditvertrages erlassene Vorschriften des Schuldnerlandes eine schuldbefreiende Wirkung dieser Zahlungen vorsehen. Kursverluste an der mit dem ausländischen Schuldner vereinbarten oder einer anderen ohne Zustimmung des Bundes angenommenen Währung sind nicht gedeckt.

wirtschaftliche Schadenstatbestände

(3) Uneinbringlichkeit infolge wirtschaftlicher Umstände liegt vor, wenn mit Bezug auf das Vermögen des ausländischen Schuldners oder dessen Nachlaß

– Konkurs

1. ein Konkursverfahren eröffnet oder mangels Masse abgelehnt worden ist;

– amtlicher Vergleich

2. ein amtliches Vergleichsverfahren oder ein anderes amtliches Verfahren, das zum Ausschluß der Einzelzwangsvollstreckung führt, eröffnet worden ist;

– außeramtlicher Vergleich

3. ein außeramtlicher Vergleich (Stundungs-, Quoten- oder Liquidationsvergleich), dem alle oder eine Gruppe untereinander vergleichbarer Gläubiger einschließlich des Garantienehmers zugestimmt haben, abgeschlossen worden ist;

– fruchtlose Zwangsvollstreckung

4. eine Zwangsvollstreckung wegen der garantierten Forderung nicht zur vollen Befriedigung geführt hat;

– Zahlungseinstellung

5. die wirtschaftlichen Verhältnisse nachweislich so ungünstig sind, daß der ausländische Schuldner seine Zahlungen ganz oder in wesentlichem Umfang eingestellt hat.

Nichtzahlungsfall („protracted default")

(4) Uneinbringlichkeit infolge wirtschaftlicher Umstände ist auch dann anzunehmen, wenn die garantierte Forderung 6 Monate nach ihrer Fälligkeit nicht erfüllt worden ist und **der Garantienehmer die nach den Regeln der banküblichen Sorgfalt erforderlichen Maßnahmen zur Einziehung der garantierten Forderung ergriffen sowie dem Bund unbeschadet seiner sonstigen Pflichten nach diesen Allgemeinen Bedingungen den Nichteingang der Forderung spätestens 2 Monate nach Fälligkeit mitgeteilt hat.**

verzögerte Meldung (s. a. §§ 15 (4), 16 (3))

Soweit die Meldefrist von 2 Monaten überschritten wird, tritt der Garantiefall entsprechend später ein.

Konkurrenzen – Grundregel

(5) Entschädigt wird aufgrund des Garantiefalles, der zuerst eingetreten ist. Sind ein wirtschaftlicher und ein politischer Garantiefall gleichzeitig eingetreten, wird nach dem politischen Garantiefall entschädigt.

- Ausnahme für den allgemeinen politischen Garantiefall

Tritt der Garantiefall gemäß Absatz 2 Nr. 1 ein, so bleibt der Eintritt des Garantiefalles gemäß Absatz 4 außer Betracht, wenn der Garantienehmer innerhalb von 12 Monaten seit Fälligkeit der Forderung keinen Antrag auf Entschädigung nach diesem Garantiefall gestellt hat.

- Ausnahme für den „KT-Fall"

Sind bei Eintritt eines Garantiefalles gemäß Absatz 4 bis auf den Ablauf der Karenzfrist alle Voraussetzungen des Garantiefalles gemäß Absatz 2 Nr. 2 erfüllt, so wird eine Entschädigung nur aufgrund des Garantiefalles gemäß Absatz 2 Nr. 2 geleistet. Des Ablaufs der dort bestimmten Frist bedarf es in diesem Fall jedoch nicht, sofern nach Fälligkeit der garantierten Forderung mindestens 10 Monate verstrichen sind.

- Nachentschädigung

Treten nach einer Entschädigung gemäß Absatz 4 die Voraussetzungen des Garantiefalles gemäß Absatz 2 Nr. 2 oder Absatz 3 ein, wird eine Nachentschädigung geleistet, soweit die Anwendung dieser Vorschriften zu einer höheren Entschädigung führt.

§ 5
Fälligkeit und Rechtsbeständigkeit der garantierten Forderung

Rechtsbeständigkeit als Entschädigungsvoraussetzung

(1) **Voraussetzung für die Entschädigung der garantierten Forderung ist deren Fälligkeit und Rechtsbeständigkeit.** Wird aufgrund gesetzlicher oder vertraglicher Bestimmungen der gesamte Restbetrag des Kredites fällig, so erfolgt die Entschädigung gleichwohl nach Maßgabe der im Kreditvertrag festgelegten Fälligkeiten; der Bund ist jedoch berechtigt, vor diesen Fälligkeiten Entschädigungen zu leisten.

Beweislast

Risiken des anwendbaren Rechts

(2) **Der Garantienehmer hat den Bestand der garantierten Forderung und der in der Finanzkreditgarantie-Erklärung aufgeführten Sicherheiten, das Vorliegen der Voraussetzungen für den Eintritt des Garantiefalles sowie Grund und Höhe des Schadens auf seine Kosten nachzuweisen.** Wird der Bestand der Forderung oder der in der Finanzkreditgarantie-Erklärung aufgeführten Sicherheiten bestritten oder werden dagegen Einreden oder Einwendungen erhoben, kann der Bund den Entschädigungsantrag zurückweisen, bis der Garantienehmer – erforderlichenfalls durch Entscheidung des im Verhältnis zwischen ihm und seinem ausländischen Schuldner oder Sicherheitengeber zuständigen Gerichts oder Schiedsgerichts – die Rechtsbeständigkeit der Forderung und der in der Finanzkreditgarantie-Erklärung aufgeführten Sicherheiten nachgewiesen hat; **die Risiken des anwendbaren Rechts und des Gerichtsstands trägt dabei der Garantienehmer.**

Verantwortung für Rechtsmängel

keine Prüfung von Unterlagen außerhalb der Schadensprüfung

(3) **Die Verantwortung für die Rechtsbeständigkeit der garantierten Forderung und dafür bestellter Sicherheiten trägt im Verhältnis zum Bund ausschließlich der Garantienehmer.** Der Bund wird Verträge und sonstige Unterlagen, aus denen sich die garantierten Forderungen und Sicherungsrechte ergeben sollen, erst im Entschädigungsverfahren prüfen. Der Garantienehmer kann sich nicht darauf berufen, daß der Bund den Inhalt solcher Verträge oder Unterlagen oder Teile derselben vorher, insbesondere bei Übernahme der Finanzkreditgarantie, gekannt habe oder hätte kennen müssen.

§ 6
Selbstbeteiligung

Regelsätze

(1) Der Garantienehmer ist an jedem Ausfall an der garantierten Forderung selbst beteiligt. Sofern in der Finanzkreditgarantie-Erklärung nichts anderes festgelegt ist, beträgt die Selbstbeteiligung

1. 10 % im Garantiefall gemäß § 4 Absatz 2,
2. 15 % in den Garantiefällen gemäß § 4 Absätze 3 und 4.

5 %-Alternative

(2) Auf Antrag des Garantienehmers kann die Selbstbeteiligung für alle Garantiefälle auf 5 % des Ausfalls ermäßigt werden.

Wird die Selbstbeteiligung auf 5 % ermäßigt, verkürzen sich die in § 4 Absatz 2 und Absatz 4 für den Eintritt des Garantiefalles bestimmten Fristen auf 3 Monate. Die in § 4 Absatz 5 genannte Mindestfrist von 10 Monaten verkürzt sich auf 6 Monate.

Verbot der anderweitigen Absicherung sowie bei 5 %-Alternative auch der Abwälzung

(3) **Der Garantienehmer darf das Risiko aus der Selbstbeteiligung nicht anderweitig absichern.** Dies gilt bei einer Selbstbeteiligung gemäß Absatz 1 nicht für die Weitergabe des Risikos aus der Selbstbeteiligung an den Exporteur.

§ 7
Berechnung und Auszahlung der Entschädigung

Anrechnung von Zahlungen

(1) Stehen dem Garantienehmer aus seiner Geschäftstätigkeit mehrere Forderungen gegen den ausländischen Schuldner zu, so werden für die Feststellung der Entschädigung hierauf geleistete Zahlungen des ausländischen Schuldners auch dann, wenn zwischen Garantienehmer und Schuldner eine andere Anrechnungsregelung vereinbart ist, wie folgt berücksichtigt:

– Regel bei gezielten Zahlungen

1. Bei Zahlungen auf gedeckte Forderungen sowie bei Zahlungen auf ungedeckte Forderungen, die früher fällig sind als die garantierte Forderung, gilt die Tilgungsbestimmung des ausländischen Schuldners.

– Ausnahme bei gezielten Zahlungen auf ungedeckte Forderungen

2. Zahlungen auf ungedeckte Forderungen, die zur selben Zeit wie die garantierte Forderung oder später als diese fällig sind, werden in den Garantiefällen gemäß § 4 Absätze 3 und 4 auf gedeckte und ungedeckte Forderungen und vertraglich vereinbarte Zinsforderungen (ausgenommen Verzugszuschläge) nach der Reihenfolge ihrer Fälligkeit angerechnet, es sei denn, nach den Umständen des Einzelfalles ist auszuschließen, daß der Garantienehmer auf die Tilgungsbestimmung der Zahlung Einfluß genommen hat. In den Garantiefällen gemäß § 4 Absatz 2 bleibt bei derartigen Zahlungen die Tilgungsbestimmung des ausländischen Schuldners maßgeblich.

   Satz 1 gilt ferner nicht für Zahlungen auf ungedeckte Forderungen, die vom Garantienehmer für Rechnung Dritter gehalten werden oder aus laufendem Bankgeschäft mit einer Endfälligkeit von nicht mehr als einem Jahr entstanden sind.

– ungezielte Zahlungen

3. Ohne Tilgungsbestimmung des ausländischen Schuldners geleistete Zahlungen werden in den Garantiefällen gemäß § 4 Absatz 2 Nr. 1, Absätze 3 und 4 auf gedeckte und ungedeckte Forderungen und vertraglich vereinbarte Zinsforderungen (ausgenommen Verzugszuschläge) nach der Reihenfolge ihrer Fälligkeit angerechnet.

– entsprechende Anwendung

4. Die Nr. 1 – 3 gelten entsprechend für

   a) Zahlungen des Garanten, Bürgen und Dritter; sonstige Leistungen des Schuldners, Garanten, Bürgen und Dritter;

   b) Ausschüttungen und Erlöse aus der schuldnerischen Masse;

c) Erlöse aus Pfändungen und sonstigen Sicherheiten;

d) aufrechenbare Forderungen, Forderungsnachlässe, Gutschriften und Leistungen an Zahlungs Statt;

e) sonstige dem Garantienehmer im Zusammenhang mit dem Eintritt des Garantiefalles entstandene Vermögensvorteile.

– Quotelung bei gleicher Fälligkeit

5. Anrechnungen gemäß Nr. 2 – 4 auf Forderungen mit gleicher Fälligkeit erfolgen nach dem Verhältnis dieser Forderungsbeträge (ohne Verzugszuschläge).

– Vorwegabzug sachgemäßer Aufwendungen

6. Werden Zahlungen gemäß Nr. 2 oder die in Nr. 4 genannten Vermögensvorteile gemäß Nr. 2 oder 3 angerechnet, so werden von diesen Zahlungen oder Vermögensvorteilen die vom Garantienehmer sachgemäß aufgewendeten Rechtsverfolgungs- oder Beitreibungskosten abgezogen. **Die zur Einziehung einer Forderung üblichen Kosten einschließlich Protestkosten sowie die im gewöhnlichen Geschäftsbetrieb des Garantienehmers entstandenen Kosten bleiben außer Betracht.**

Abzug der Selbstbeteiligung

(2) Der nach Anwendung von Absatz 1 verbleibende Betrag ist um die Selbstbeteiligung des Garantienehmers zu kürzen.

Fristen für Schadensbearbeitung

(3) Nach Einreichung aller für die Feststellung des Entschädigungsanspruches erforderlichen Unterlagen stellt der Bund die Schadensberechnung innerhalb von 2 Monaten auf. Der sich aus der Schadensberechnung ergebende Betrag wird innerhalb eines Monats nach Bekanntgabe der Schadensberechnung an den Garantienehmer insoweit ausgezahlt, als der Garantienehmer die Schadensberechnung anerkannt hat.

Abschlagszahlung

(4) Ist die Schadensberechnung infolge eines Umstandes, den der Garantienehmer nicht zu vertreten hat, nicht innerhalb von 2 Monaten möglich, kann dem Garantienehmer auf Antrag insoweit eine Abschlagszahlung auf die zu erwartende Entschädigung gewährt werden, als diese in ihrem Mindestumfang bereits vor Abschluß der Schadensberechnung feststeht.

§ 8
Rückflüsse

Zuordnung und Verteilung von Rückflüssen

(1) Alle nach Leistung einer Entschädigung eingehenden Zahlungen und sonstigen Vermögensvorteile (Rückflüsse) werden unter Einbeziehung der entschädigten Forderung entsprechend § 7 Absatz 1 zugeordnet. Unberücksichtigt bleiben jedoch diejenigen Rückflüsse, die auf einem Kreditvertrag beruhen, der erst später als 3 Jahre nach Erfüllung oder Entschädigung der zuletzt fälligen Forderung aus dem garantierten Finanzkredit geschlossen worden ist.

Mitteilungs- und Abführungspflicht

(2) **Der Garantienehmer hat dem Bund jeden Eingang von Rückflüssen unverzüglich anzuzeigen. Die dem Bund zustehenden Beträge hat der Garantienehmer unverzüglich an den Bund abzuführen.**

§ 9
Rückzahlung der Entschädigung

Mitteilungspflicht über Einreden oder Einwendungen

(1) **Wird der Bestand der garantierten Forderung oder der in der Finanzkreditgarantie-Erklärung aufgeführten Sicherheiten bestritten oder**

gegen Forderung oder Sicherheiten

werden dagegen Einreden oder Einwendungen erhoben, hat der Garantienehmer dies im Entschädigungsverfahren unverzüglich mitzuteilen. Verletzt der Garantienehmer diese Pflicht, kann der Bund die geleistete Entschädigung insoweit zurückfordern, als er bei Kenntnis der Sachlage den Entschädigungsantrag zurückgewiesen hätte.

Rückforderung bei Wegfall der Entschädigungsvoraussetzungen

(2) Stellt sich nach Leistung der Entschädigung heraus, daß die entschädigte Forderung des Garantienehmers nicht oder nicht in voller Höhe besteht, wird insbesondere in einem Rechtsstreit zur Beitreibung der entschädigten Forderung vom zuständigen Gericht die Klage ganz oder teilweise rechtskräftig abgewiesen, oder ergibt sich nach Leistung der Entschädigung, daß der Bund aus sonstigen Gründen nicht zur Entschädigung verpflichtet war, kann der Bund die geleistete Entschädigung einschließlich erstatteter Kosten insoweit zurückfordern.

Rückforderung bei nachträglicher Leistungsfreiheit

(3) Wird der Bund infolge eines Umstandes, der erst nach Leistung der Entschädigung eingetreten ist, von der Verpflichtung zur Entschädigung frei oder verletzt der Garantienehmer die ihn nach § 11 Absatz 1 treffenden Pflichten, so ist der Bund berechtigt, die geleistete Entschädigung einschließlich erstatteter Kosten insoweit zurückzufordern.

Verzinsungspflicht bei Rückforderung

(4) **Soweit dem Bund ein Rückzahlungsanspruch zusteht, hat der Garantienehmer** in den Fällen der Absätze 1 und 2 **den zurückzuzahlenden Betrag** vom Zeitpunkt der Leistung der Entschädigung, im Falle des Absatzes 3 vom Zeitpunkt des Wegfalls der Entschädigungsverpflichtung an mit dem Zinssatz **zu verzinsen**, der den Kosten der Kreditaufnahme des Bundes ab diesem Zeitpunkt entspricht. Mit Erfüllung des Rückzahlungsanspruchs des Bundes fallen gemäß § 10 Absatz 1 auf den Bund übergegangene Forderungen, Ansprüche und sonstige Rechte insoweit an den Garantienehmer zurück.

weitergehende Ansprüche

(5) Weitergehende, nach gesetzlichen Regelungen oder allgemeinen Rechtsgrundsätzen bestehende Ansprüche des Bundes werden hierdurch nicht berührt.

§ 10
Übergang der Rechte und Ansprüche

Forderungsübergang

(1) Mit Leistung der Entschädigung gehen die entschädigte Forderung, die Ansprüche auf Zinsen und Verzugszinsen für die Zeit nach Zahlung der Entschädigung sowie der Anspruch auf die im Ausland eingezahlten oder hinterlegten Beträge einschließlich der für diese Forderungen und Ansprüche bestehenden Sicherheiten insoweit auf den Bund über, als dies dem Anteil des Bundes am Ausfall an der entschädigten Forderung entspricht. Der Garantienehmer hat auf Verlangen des Bundes die zum Übergang der Forderung, Ansprüche und sonstigen Rechte etwa erforderlichen Rechtshandlungen vorzunehmen.

treuhänderische Verwaltung

(2) Ist die Übertragung nicht möglich oder verzichtet der Bund auf sie, so hat der Garantienehmer die in Absatz 1 genannten Forderungen, Ansprüche und sonstigen Rechte als Treuhänder des Bundes zu halten.

§ 11
Rechtsverfolgung nach Leistung der Entschädigung

Verpflichtung zur Rechtsverfolgung

(1) **Unbeschadet des Übergangs der Forderungen, Ansprüche und sonstigen Rechte gemäß § 10 hat der Garantienehmer alle zur Einziehung der entschädigten Forderung und zur Verwertung von Sicherheiten geeigneten Maßnahmen durchzuführen und hierbei etwaige Weisungen des Bundes zu befolgen;** als geeignete Maßnahme gilt auch die Füh-

Beurteilungsspielraum des Bundes

rung eines Rechtsstreites. Von einer Weisung zur Führung eines Rechtsstreites kann abgesehen werden, wenn Gerichtsstand bzw. anwendbare Rechtsordnung keine hinreichende Beurteilung der Erfolgsaussichten des Rechtsstreites zulassen und der Garantienehmer einen solchen Gerichtsstand bzw. die Anwendung einer solchen Rechtsordnung nicht abbedingen konnte oder wenn die voraussichtlichen Kosten des Rechtsstreites außer Verhältnis zu der Höhe der Forderung bzw. den Erfolgsaussichten von Vollstreckungsmaßnahmen stehen.

Kostenbeteiligung

(2) Erfolgen Rechtsverfolgungsmaßnahmen mit Zustimmung oder auf Weisung des Bundes, werden dadurch entstehende sachgemäße Aufwendungen zwischen dem Bund und dem Garantienehmer im Verhältnis ihrer Beteiligung an der geltend gemachten Forderung aufgeteilt. **Die zur Einziehung einer Forderung üblichen Kosten einschließlich Protestkosten sowie die im gewöhnlichen Geschäftsbetrieb des Garantienehmers entstandenen Kosten trägt der Garantienehmer.** § 9 Absatz 2 findet entsprechende Anwendung.

Verzicht auf Rückflußbeteiligung

(3) Entläßt der Bund den Garantienehmer auf dessen Antrag aus der Verpflichtung gemäß Absatz 1, so verliert der Garantienehmer das Recht, an Rückflüssen nach Maßgabe seiner Selbstbeteiligung beteiligt zu werden.

§ 12
Umrechnung von Fremdwährungsbeträgen

(1) Vertragswährung für die Finanzkreditgarantie ist die Deutsche Mark. Für die Umrechnung von Beträgen, die auf andere Währungen lauten, in Deutsche Mark gilt folgendes:

Umrechnungskurs für Entgelt

1. Das gemäß § 18 zu entrichtende Entgelt wird zu dem letzten vor der Entgeltfestsetzung im Bundesanzeiger veröffentlichten Umsatzsteuer-Umrechnungssatz (Entgeltkurs) umgerechnet.

Umrechnungskurs für Entschädigung

2. Die Entschädigung wird zum amtlichen Geldkurs der Frankfurter Börse

   - am Tage der Einzahlung in dem Garantiefall gemäß § 4 Absatz 2 Nr. 2
   - am Tage der Fälligkeit in den anderen Garantiefällen

   umgerechnet. Hat am maßgeblichen Tage keine amtliche Kursnotierung stattgefunden, so tritt die nachfolgende Notierung an ihre Stelle.

   Ist aufgrund des eingetretenen Garantiefalles eine Fälligkeit der garantierten Forderung nicht gegeben oder erfolgt die Entschädigung vor den im Kreditvertrag festgelegten Fälligkeiten, wird die Entschädigung zum letzten amtlichen Geldkurs der Frankfurter Börse vor Absendung der Mitteilung über die Entschädigung umgerechnet.

Kursbegrenzung bei Entschädigung

   In allen Fällen erfolgt die Umrechnung der Entschädigung höchstens zum Entgeltkurs.

Umrechnungskurs für Rückflüsse

3. Rückflüsse auf die entschädigte Forderung werden zum amtlichen Geldkurs der Frankfurter Börse am Tage ihres Eingangs beim Garantienehmer umgerechnet.

Beteiligung an Kursgewinnen bei durch Kursbegrenzung reduzierten Entschädigungen

4. Hat der Bund die Entschädigung gemäß Nr. 2 zum Entgeltkurs in Deutsche Mark umgerechnet und erbringt ein Rückfluß für den Bund über den Betrag hinaus, der insgesamt zur Entschädigung der Forderungen aus diesem Kreditvertrag geleistet worden ist, einen Kursgewinn, so steht der Kursgewinn dem Garantienehmer bis zur Höhe des Betrages zu, der dem Unterschied zwischen dem amtlichen Geldkurs der Frankfurter Börse am Tage der Einzahlung in dem Garantiefall gemäß § 4 Absatz 2 Nr. 2 oder am Tage der Fälligkeit in den anderen Garantiefällen und dem Entgeltkurs entspricht.

nicht amtlich notierte Währungen

(2) Für Währungen, für die keine Umsatzsteuer-Umrechnungssätze bzw. keine amtlichen Notierungen der Frankfurter Börse festgestellt werden, tritt an deren Stelle der von der Deutschen Bundesbank zuletzt als Geldkurs bekanntgegebene Umrechnungssatz. Ist ein solcher Umrechnungssatz nicht bekanntgegeben, so setzt der Bund die gemäß Absatz 1 anzuwendenden Umrechnungskurse unter Berücksichtigung der den amtlichen Notierungen der Frankfurter Börse entsprechenden Notierungen an den maßgebenden Börsen des Auslandes fest.

§ 13
Deckungseingriffe

Ausschlußrecht bei Gefahrerhöhung

(1) **Bei Eintritt gefahrerhöhender Umstände kann der Bund dem Garantienehmer gegenüber jederzeit erklären, daß** bei Zugang dieser Erklärung **noch nicht ausgezahlte Kreditbeträge von der Finanzkreditgarantie ausgeschlossen sind.**

Einschränkung des Ausschlußrechtes

(2) Besteht im Zusammenhang mit dem Ausfuhrgeschäft, an das der Finanzkredit gebunden ist, eine Ausfuhrgewährleistung, so entfällt das Recht des Bundes gemäß Absatz 1, sofern und soweit die Waren bereits versandt oder die Leistungen bereits erbracht sind. Dies gilt nicht, wenn der Bund feststellt, daß der Exporteur bei der Versendung der Ware oder der Erbringung der Leistung gegen seine Pflichten aus dem Ausfuhrgewährleistungs-Vertrag verstoßen hat.

§ 14
Umschuldungsvereinbarungen

Recht des Bundes zur Umschuldung

(1) **Der Bund ist berechtigt, über die garantierte Forderung (einschließlich Selbstbeteiligung) Umschuldungsvereinbarungen mit dem Schuldnerland abzuschließen; nicht garantierte Nebenforderungen und nicht garantierte Teile nur teilweise garantierter Forderungen darf er dabei einbeziehen.**

Voraussetzung der Rechtsausübung

(2) Der Bund darf das Recht nach Absatz 1 nur ausüben, wenn er vor Abschluß der Umschuldungsvereinbarung anerkennt, nach welchem der in § 4 geregelten Garantiefälle Uneinbringlichkeit der garantierten Forderung vorliegt, sobald die in der Umschuldungsvereinbarung festgelegten Voraussetzungen für die Anwendung dieser Vereinbarung auf die garantierte Forderung vorliegen. Die Geltung von § 4 Absatz 5 bleibt davon unberührt.

Für einbezogene Forderungen, für die das Risiko der Uneinbringlichkeit infolge wirtschaftlicher Umstände fortbesteht, kann der Bund die Entschädigungsleistung höchstens nach Maßgabe des Selbstbehalts für den Garantiefall gemäß § 4 Absatz 3 begrenzen.

Die sonstigen Entschädigungsvoraussetzungen bleiben unberührt.

Wahrung des Entschädigungsanspruchs

Der Garantienehmer kann unbeschadet vorstehender Regelung Entschädigung nach den allgemeinen Regeln (§§ 4 ff) verlangen.

Vorrang der Zinsregelung des Umschuldungsabkommens

(3) **Der Garantienehmer und seine Rechtsnachfolger müssen ferner Regelungen der Umschuldungsvereinbarung gegen sich gelten lassen, durch die die Verzinsung der Forderung für den Zeitraum ab ihrer Fälligkeit oder für einen später beginnenden Zeitraum abweichend von den gesetzlichen oder vertraglichen Zinsregelungen bestimmt wird** und aufgrund derer weitergehende Ansprüche aus dem Gesichtspunkt des Verzugs nicht geltend gemacht werden können.

Umrechnung von Fremdwährungsbeträgen im Umschuldungsabkommen

(4) Für die Umrechnung der Entschädigung bleibt § 12 Absatz 1 Nr. 2 auch dann maßgeblich, wenn der in der Umschuldungsvereinbarung bestimmte Umrechnungskurs für nicht auf Deutsche Mark lautende Beträge in Deutsche Mark von dem in dieser Vorschrift geregelten Umrechnungskurs abweicht. **In bezug auf Selbstbeteiligung, nicht garantierte Nebenforderungen und nicht garantierte Teile nur teilweise garantierter Forderungen müssen der Garantienehmer und seine Rechtsnachfolger den in der Umschuldungsvereinbarung bestimmten Umrechnungskurs gegen sich gelten lassen.**

§ 15
Pflichten des Garantienehmers

Neben den sonstigen nach diesen Allgemeinen Bedingungen und den Bestimmungen der Finanzkreditgarantie-Erklärung bestehenden Pflichten hat der Garantienehmer die folgenden Pflichten zu beachten:

Wahrheitspflicht im Antragsverfahren

1. **Der Garantienehmer hat im Zusammenhang mit der Beantragung einer Finanzkreditgarantie alle für die Übernahme der Finanzkreditgarantie erheblichen Umstände vollständig und richtig schriftlich anzuzeigen und unverzüglich zu berichtigen, wenn sich bis zum Zugang der Finanzkreditgarantie-Erklärung gegenüber den bei Antragstellung erfolgten Angaben Änderungen oder Ergänzungen ergeben.** Durch Antragsformular oder in sonstiger Weise erfragte Angaben gelten im Zweifel als erheblich.

Verbot des Abweichens vom dokumentierten Sachverhalt, insbesondere hinsichtlich der Zahlungsbedingungen

2. **Nach Übernahme der Finanzkreditgarantie darf der Garantienehmer Änderungen oder Ergänzungen, die sich auf den in der Finanzkreditgarantie-Erklärung dargestellten Sachverhalt oder auf die mit dem Schuldner oder sonstigen Verpflichteten getroffenen Vereinbarungen beziehen, nicht ohne schriftliche Zustimmung des Bundes vornehmen,** es sei denn, die Änderungen oder Ergänzungen sind unerheblich; Nr. 1 Satz 2 gilt entsprechend. **Der Garantienehmer darf insbesondere keine Zahlung in einer anderen als der vertraglich vereinbarten Währung an Erfüllungs Statt annehmen.**

Beachtung staatlicher Vorschriften

3. **Der Garantienehmer darf Kreditbeträge nur auszahlen, wenn die schon zu diesem Zeitpunkt für die Aufnahme und Rückzahlung des Kredites erforderlichen Genehmigungen vorliegen und die in den berührten Staaten zu beachtenden Vorschriften eingehalten werden.**

Meldepflicht bei Gefahrerhöhung

4. **Der Garantienehmer hat ihm bekanntwerdende gefahrerhöhende Umstände unverzüglich schriftlich anzuzeigen und mitzuteilen, welche Maßnahmen er zur Sicherung seiner Ansprüche beabsichtigt oder getroffen hat.** Als gefahrerhöhender Umstand gilt insbesondere, daß

   a) der Schuldner in Verzug gerät oder um Prolongation nachsucht;

b) die Vermögenslage, Zahlweise oder allgemeine Beurteilung des Schuldners oder Sicherheitengebers sich verschlechtert oder vom Schuldner eine andere als die geschuldete Leistung angeboten wird;

c) gesetzgeberische oder behördliche Maßnahmen im Ausland oder sonstige politische Ereignisse die Erfüllung oder Beitreibung der garantierten Forderung gefährdet erscheinen lassen.

Zustimmungserfordernis bei Gefahrerhöhung

5. **In den Fällen der Nr. 4 darf der Garantienehmer Auszahlungen der Kreditbeträge nicht ohne vorherige schriftliche Zustimmung des Bundes vornehmen.**

Schadensverhütungs- und Schadensminderungspflichten

6. **Der Garantienehmer hat auf seine Kosten alle zur Vermeidung eines Garantiefalles oder Minderung des Ausfalles nach den Regeln der banküblichen Sorgfalt erforderlichen und geeigneten Maßnahmen zu ergreifen und hierbei etwaige Weisungen des Bundes zu befolgen. Er hat insbesondere vor Auszahlung der Kreditbeträge zu prüfen, ob der ausländische Schuldner seine bisherigen vertraglichen Verpflichtungen zur Zahlung und zur Gestellung von Sicherheiten aus dem finanzierten Liefergeschäft erfüllt hat. Droht ein Garantiefall oder ist ein solcher eingetreten, hat er auf Verlangen des Bundes diesen oder einen vom Bund zu bestimmenden Dritten mit der Wahrnehmung der beiderseitigen Interessen zu beauftragen,** wenn die voraussichtlichen Kosten für die Beauftragung des Bundes oder des Dritten in einem angemessenen Verhältnis zu der Höhe der Forderung und den Erfolgsaussichten der Interessenwahrnehmung stehen.

Auskunftspflicht

7. Der Garantienehmer hat dem Bund oder dessen Beauftragten über die Einzelheiten und den jeweiligen Abwicklungsstand des Kreditvertrages und des Liefergeschäftes sowie über sonstige Umstände, die für die Finanzkreditgarantie von Bedeutung sein können, jederzeit Auskunft zu erteilen. Hierzu gehört die fristgerechte, richtige und vollständige Beantwortung der zur Vorbereitung einer Umschuldungsvereinbarung gestellten Fragen und die Bereitstellung der zum Nachweis der Forderungen benötigten Unterlagen.

Prüfungsrechte des Bundes

8. Der Bund und seine Beauftragten sind berechtigt, jederzeit die Bücher und Unterlagen des Garantienehmers, die für die Finanzkreditgarantie von Bedeutung sein können, einzusehen und Abschriften von ihnen zu nehmen oder zu verlangen. Auf Verlangen des Bundes hat der Garantienehmer Unterlagen in fremder Sprache auf seine Kosten übersetzen zu lassen.

9. Der Garantienehmer hat eine Prüfung seiner Bücher und seines Betriebes, soweit dies für die Finanzkreditgarantie von Bedeutung sein kann, durch den Bund, den Bundesrechnungshof oder einen von diesen bestimmten Beauftragten zuzulassen, damit festgestellt werden kann, ob eine Inanspruchnahme des Bundes in Frage kommt oder die Voraussetzungen für eine solche vorliegen oder vorgelegen haben.

§ 16
Rechtsfolgen von Pflichtverletzungen

Haftungsbefreiung bei

– unwahren Angaben

(1) **Hat der Garantienehmer die ihm nach § 15 Nr. 1 obliegende Pflicht verletzt, so ist der Bund von seiner Verpflichtung zur Entschädigung frei,** es sei denn, der Bund stellt fest, daß die die Pflichtverletzung begründende Unvollständigkeit oder Unrichtigkeit auf seine Entscheidung über die Übernahme der Finanzkreditgarantie keinen Einfluß gehabt hat. Eine Befreiung des Bundes von seiner Verpflichtung zur Entschädigung tritt nicht ein, soweit der Garantienehmer die Unrichtigkeit oder Unvollständigkeit seiner Angaben weder kannte noch kennen mußte.

- fehlerhaften Sicherheiten

(2) **Sind in der Finanzkreditgarantie-Erklärung aufgeführte Sicherheiten nicht oder nicht rechtswirksam bestellt worden, so ist der Bund von seiner Verpflichtung zur Entschädigung frei,** es sei denn, der Bund stellt fest, daß die fehlende oder mangelhafte Sicherheit auf seine Entscheidung über die Übernahme der Finanzkreditgarantie keinen Einfluß gehabt hat.

- sonstigen Obliegenheitsverletzungen unter dem Gesichtspunkt der
  - – Schadensursächlichkeit

(3) **Hat der Garantienehmer unter Verstoß gegen die banküblìche Sorgfalt eine ihm nach § 15 Nr. 2 – 9 obliegende Pflicht verletzt, ist der Bund von der Verpflichtung zur Entschädigung frei,** es sei denn, durch die Pflichtverletzung ist ein Schaden weder entstanden noch zu besorgen.

  - – Wesentlichkeit

Unabhängig davon, ob ein Schaden entstanden oder zu besorgen ist, ist der Bund bei einer Pflichtverletzung nach § 15 Nr. 2 von der Verpflichtung zur Entschädigung auch dann frei, wenn er feststellt, daß er den Änderungen oder Ergänzungen nach den Grundsätzen, denen er in seiner Entscheidungspraxis folgt, nicht zugestimmt hätte.

  - – Risikoerhöhung

Bei einer Pflichtverletzung nach § 15 Nr. 4 ist der Bund von der Verpflichtung zur Entschädigung auch dann frei, wenn die Unkenntnis meldepflichtiger Umstände für den Bund im Zusammenhang mit anderen Ausfuhrgewährleistungen eine Risikoerhöhung bewirkt oder ihn daran gehindert hat, Maßnahmen zur Risikominderung zu ergreifen.

(4) Der Bund kann die Befreiung von seiner Verpflichtung zur Entschädigung nach den Umständen des Einzelfalles, insbesondere unter Berücksichtigung des eingetretenen Risikos und der Schwere des Verstoßes, einschränken.

(5) Soweit für die Verletzung sonstiger dem Garantienehmer nach diesen Allgemeinen Bedingungen und den Bestimmungen der Finanzkreditgarantie-Erklärung obliegenden Pflichten keine gesonderten Rechtsfolgen gelten, finden die Absätze 1 – 4 entsprechende Anwendung.

(6) Aus dem Gesetz oder der Anwendung allgemeiner Rechtsgrundsätze sich ergebende Ansprüche und sonstige Rechte des Bundes werden durch die in diesen Allgemeinen Bedingungen und der Finanzkreditgarantie-Erklärung enthaltenen Bestimmungen nicht berührt.

§ 17
Mitwirkendes Verschulden

Der Bund haftet nicht für Umstände und Gefahren, die der Garantienehmer nach den Regeln einer gewissenhaften Geschäftsführung und banküblichen Sorgfalt zu vertreten hat.

§ 18
Entgelt

Entgeltpflicht

(1) Für die Übernahme der Finanzkreditgarantie wird ein von Art und Umfang des gedeckten Risikos abhängiges Entgelt erhoben. Sofern nichts anderes bestimmt ist, wird das Entgelt mit der Aushändigung der Finanzkreditgarantie-Erklärung fällig.

Verzugsfolgen

(2) **Wird das fällige Entgelt nicht innerhalb von 14 Tagen nach einer Mahnung entrichtet,** die den Hinweis auf diese Frist und auf die nachstehend genannten Rechtsfolgen enthält, so **ist der Bund,** wenn seit der Fälligkeit des Entgelts insgesamt mindestens 6 Wochen verstrichen sind,

– Haftungsbefreiung

a) **von der Haftung** für Garantiefälle **befreit,** die nach Fälligkeit, aber vor Zahlung des Entgelts eingetreten sind,

– Kündigungsrecht

b) außerdem **berechtigt,** die Finanzkreditgarantie ohne Einhaltung einer weiteren Frist **zu kündigen,** solange das Entgelt nicht bezahlt ist.

Neuberechnung

Einbehalt einer Verwaltungskostenpauschale

(3) Stimmt der Bund einer Änderung des Inhalts oder des Umfanges der Finanzkreditgarantie zu und ändert sich hierdurch der Betrag der garantierten Forderung oder die Dauer des Risikos, erfolgt eine Neuberechnung des Entgelts. Sofern kein Garantiefall eingetreten ist, werden sich aus der Neuberechnung ergebende Überzahlungen erstattet **abzüglich einer Verwaltungskostenpauschale in Höhe von 5 % der Überzahlung, höchstens jedoch von DM 5.000,–.**

Verfall des Entgelts bei Haftungsbefreiung

(4) **Ist der Bund** nach diesen Allgemeinen Bedingungen oder den Bestimmungen der Finanzkreditgarantie-Erklärung **von der Verpflichtung zur Entschädigung frei, gebührt ihm gleichwohl das Entgelt,** soweit es fällig geworden ist, bevor der Bund von seiner Leistungsfreiheit Kenntnis erlangt hat.

§ 19
Abtretung der garantierten Forderung

Verfügt der Garantienehmer zu anderen als Sicherungszwecken **ganz oder teilweise über die garantierte Forderung, erlischt die Finanzkreditgarantie,** es sei denn, der Bund hat der Verfügung schriftlich zugestimmt.

§ 20
Abtretung der Ansprüche aus der Finanzkreditgarantie

Die Abtretung der Ansprüche aus der Finanzkreditgarantie bedarf der schriftlichen Zustimmung des Bundes. Stimmt der Bund der Abtretung zu, bleiben sämtliche Verpflichtungen des Garantienehmers aus der Finanzkreditgarantie dem Bund gegenüber unverändert bestehen.

§ 21
Ausschlußfrist

Ansprüche gegen den Bund aus der Finanzkreditgarantie sind innerhalb einer Ausschlußfrist von 6 Monaten gerichtlich geltend zu machen, nachdem der Bund dem Garantienehmer gegenüber die Ansprüche unter Hinweis auf diese Rechtsfolge schriftlich abgelehnt hat.

§ 22
Gerichtsstand

Für Streitigkeiten zwischen dem Bund und dem Garantienehmer aus der Finanzkreditgarantie sind die ordentlichen Gerichte in Hamburg zuständig.

8. Allgemeine Bedingungen für Bürgschaften für gebundene Finanzkredite

Begriffsbestimmung

Die Bundesrepublik Deutschland (Bund) übernimmt Ausfuhrgewährleistungen unter der Bezeichnung **„Finanzkreditbürgschaften"** für Geldforderungen deutscher Kreditinstitute aus Kreditverträgen, die an Ausfuhrgeschäfte deutscher Exporteure gebunden sind (gebundene Finanzkredite), wenn der ausländische Vertragspartner des deutschen Kreditinstituts oder ein für das Forderungsrisiko voll haftender Garant ein Staat, eine Gebietskörperschaft oder eine vergleichbare Institution ist.

Gewährleistungsvertrag

Die Allgemeinen Bedingungen für Finanzkreditbürgschaften sind Bestandteil des Gewährleistungsvertrages, den der Bund nach Maßgabe der Richtlinien für die Übernahme von Ausfuhrgewährleistungen schließt, und gelten, soweit sie nicht im Gewährleistungsvertrag ausdrücklich abbedungen, ergänzt oder ersetzt sind.

HERMES
TREUARBEIT

Der Bund als Vertragspartner des Bürgschaftsnehmers wird durch den Bundesminister für Wirtschaft (BMWi) vertreten. Der BMWi wird durch die HERMES Kreditversicherungs-AG (HERMES), Hamburg, und die TREUARBEIT Aktiengesellschaft Wirtschaftsprüfungsgesellschaft Steuerberatungsgesellschaft (TREUARBEIT), Hamburg, als Mandatare des Bundes vertreten. HERMES und TREUARBEIT sind vom Bund beauftragt und ermächtigt, alle den Abschluß und die Abwicklung des Gewährleistungsvertrages betreffenden Erklärungen, soweit sie nicht gemäß § 1 der Bundesschuldenverwaltung vorbehalten sind, namens und im Auftrag des Bundes abzugeben und entgegenzunehmen. Federführend ist HERMES.

§ 1
Formerfordernisse

Schriftform

Der Gewährleistungsvertrag kommt dadurch zustande, daß der Bund den Antrag des Bürgschaftsnehmers auf Übernahme einer Finanzkreditbürgschaft schriftlich und unter Bezugnahme auf diese Allgemeinen Bedingungen annimmt. Der Bund kann jedoch auf Zahlung erst in Anspruch genommen werden, wenn über die Finanzkreditbürgschaft eine Urkunde (Finanzkreditbürgschafts-Erklärung) erstellt, mit zwei Unterschriften der Bundesschuldenverwaltung versehen und dem Bürgschaftsnehmer zugegangen ist. Entsprechendes gilt für Änderungen der Finanzkreditbürgschaft, die Inhalt oder Umfang der Haftung des Bundes erweitern. Mündliche Nebenabreden haben keine Gültigkeit.

Urkunde der Bundesschuldenverwaltung

§ 2
Gegenstand der Finanzkreditbürgschaft

Darlehensforderung

(1) Gegenstand der Finanzkreditbürgschaft ist die im Kreditvertrag zwischen Bürgschaftsnehmer und ausländischem Schuldner vereinbarte und in der Finanzkreditbürgschafts-Erklärung bezeichnete Geldforderung auf Rückzahlung des an den deutschen Exporteur ausgezahlten Kreditbetrages (verbürgte Forderung).

Zinsen und Nebenforderungen

(2) Die verbürgte Forderung umfaßt ferner die im Kreditvertrag vereinbarten und in der Finanzkreditbürgschafts-Erklärung bezeichneten Kreditzinsen und Finanzierungsnebenkosten bis zur Fälligkeit der Hauptforderung. **Schadensersatzforderungen und sonstige Nebenforderungen,** z. B. auf Verzugszinsen, Vertragsstrafen oder Reugeld, **sind auch dann nicht verbürgt, wenn sie in dem Vertrag zwischen Bürgschaftsnehmer und ausländischem Schuldner ausdrücklich vorgesehen sind.**

§ 3
Haftungszeitraum

(1) Die Haftung aus der Finanzkreditbürgschaft beginnt, sobald und soweit der Kreditbetrag ausgezahlt ist. Sie endet, sobald und soweit die verbürgte Forderung erfüllt ist.

Verlust der Ansprüche bei Fristversäumnis

(2) **Hat der Bürgschaftsnehmer innerhalb von 2 Jahren nach jeweiliger dem Bund mitgeteilter Fälligkeit der verbürgten Forderung keinen Entschädigungsantrag gestellt, gilt die verbürgte Forderung insoweit als erfüllt.** Auf Antrag des Bürgschaftsnehmers kann der Bund jedoch das Ruhen des Entschädigungsverfahrens anordnen mit der Folge, daß sich die vorgenannte Frist von 2 Jahren entsprechend verlängert; der Antrag auf Ruhen des Entschädigungsverfahrens kann zugleich mit dem Entschädigungsantrag gestellt werden. Sobald und soweit die verbürgte Forderung erfüllt ist oder nach Satz 1 als erfüllt gilt, verliert die Finanzkreditbürgschafts-Erklärung ihre Gültigkeit.

§ 4
Bürgschaftsfälle

Uneinbringlichkeit

(1) Der Bürgschaftsfall tritt ein, wenn und soweit die verbürgte Forderung aufgrund eines der in den Absätzen 2 und 3 genannten Umstände uneinbringlich ist.

Mitverpflichtung Dritter

Besteht für die verbürgte Forderung eine in der Finanzkreditbürgschafts-Erklärung aufgeführte Mithaftung Dritter, so tritt der Bürgschaftsfall jedoch erst ein, wenn und soweit auch die gegen mithaftende Dritte begründeten Forderungen uneinbringlich sind. Für die Feststellung der Uneinbringlichkeit gelten die Absätze 2 und 3 entsprechend.

politische Schadenstatbestände

(2) Uneinbringlichkeit infolge politischer Umstände liegt vor,

– allgemeiner politischer Bürgschaftsfall

1. wenn nicht später als 12 Monate nach Fälligkeit

   gesetzgeberische oder behördliche Maßnahmen im Ausland, die nach Abschluß des Kreditvertrages mit Bezug auf die verbürgte Forderung ergangen sind,

   oder

   kriegerische Ereignisse oder Aufruhr oder Revolution im Ausland

   die Erfüllung oder Beitreibung der verbürgten Forderung

   in jeder Form verhindern

   oder

   in der vereinbarten Währung verhindern und keine Möglichkeit zur Einzahlung des Gegenwertes zum Zwecke des Transfers gemäß Nr. 2 besteht und der Bund der Zahlung in einer anderen als der vereinbarten Währung mit schuldbefreiender Wirkung nicht zustimmt

   und 6 Monate ohne Zahlung nach der mit dem ausländischen Schuldner vereinbarten Fälligkeit verstrichen sind;

– Konvertierungs- und Transferfall („KT-Fall")

2. wenn infolge von Beeinträchtigungen des zwischenstaatlichen Zahlungsverkehrs Beträge, die der ausländische Schuldner als Gegenwert für die verbürgte Forderung bei einer zahlungsfähigen Bank oder einer anderen vom Bund anerkannten Stelle zum Zwecke der Überweisung an den Bürgschaftsnehmer eingezahlt hat, nicht in die vereinbarte Währung konvertiert oder nicht transferiert werden, alle bestehenden Vorschriften für die Konvertierung und den Transfer dieser Beträge erfüllt waren und 4 Monate nach Fälligkeit der Forderung, Einzahlung und Erfüllung dieser Vorschriften verstrichen sind;

– Kursverluste an eingezahlten Beträgen

3. wenn nach Erfüllung aller bestehenden Vorschriften für die Konvertierung und den Transfer ausschließlich infolge einer Abwertung der vom ausländischen Schuldner auf die verbürgte Forderung eingezahlten Beträge Kursverluste entstehen, sofern nach Abschluß des Kreditvertrages erlassene Vorschriften des Schuldnerlandes eine schuldbefreiende Wirkung dieser Zahlungen vorsehen. Kursverluste an der mit dem ausländischen Schuldner vereinbarten oder einer anderen ohne Zustimmung des Bundes angenommenen Währung sind nicht gedeckt.

Nichtzahlungsfall („protracted default")

(3) Uneinbringlichkeit liegt auch vor, wenn die verbürgte Forderung 6 Monate nach ihrer Fälligkeit nicht erfüllt worden ist und **der Bürgschaftsnehmer die nach den Regeln der banküblichen Sorgfalt erforderlichen Maßnahmen zur Einziehung der verbürgten Forderung ergriffen hat.**

Konkurrenzen
– Grundregel

(4) Entschädigt wird aufgrund des Bürgschaftsfalles, der zuerst eingetreten ist. Sind ein Bürgschaftsfall gemäß Absatz 3 und ein politischer Bürgschaftsfall gleichzeitig eingetreten, wird nach dem politischen Bürgschaftsfall entschädigt.

– Ausnahme für den allgemeinen politischen Bürgschaftsfall

Tritt der Bürgschaftsfall gemäß Absatz 2 Nr. 1 ein, so bleibt der Eintritt des Bürgschaftsfalles gemäß Absatz 3 außer Betracht, wenn der Bürgschaftsnehmer innerhalb von 12 Monaten seit Fälligkeit der Forderung keinen Antrag auf Entschädigung nach diesem Bürgschaftsfall gestellt hat.

– Ausnahme für den „KT-Fall"

Sind bei Eintritt eines Bürgschaftsfalles gemäß Absatz 3 bis auf den Ablauf der Karenzfrist alle Voraussetzungen des Bürgschaftsfalles gemäß Absatz 2 Nr. 2 erfüllt, so wird eine Entschädigung nur aufgrund des Bürgschaftsfalles gemäß Absatz 2 Nr. 2 geleistet. Des Ablaufs der dort bestimmten Frist bedarf es in diesem Fall jedoch nicht, sofern nach Fälligkeit der verbürgten Forderung mindestens 10 Monate verstrichen sind.

– Nachentschädigung

Treten nach einer Entschädigung gemäß Absatz 3 die Voraussetzungen des Bürgschaftsfalles gemäß Absatz 2 Nr. 2 ein, wird eine Nachentschädigung geleistet, soweit die Anwendung dieser Vorschrift zu einer höheren Entschädigung führt.

§ 5
Fälligkeit und Rechtsbeständigkeit der verbürgten Forderung

Rechtsbeständigkeit als Entschädigungsvoraussetzung

(1) **Voraussetzung für die Entschädigung der verbürgten Forderung ist deren Fälligkeit und Rechtsbeständigkeit.** Wird aufgrund gesetzlicher oder vertraglicher Bestimmungen der gesamte Restbetrag des Kredites fällig, so erfolgt die Entschädigung gleichwohl nach Maßgabe der im Kreditvertrag festgelegten Fälligkeiten; der Bund ist jedoch berechtigt, vcr diesen Fälligkeiten Entschädigungen zu leisten.

Beweislast

(2) **Der Bürgschaftsnehmer hat den Bestand der verbürgten Forderung und der in der Finanzkreditbürgschafts-Erklärung aufgeführten Sicherheiten, das Vorliegen der Voraussetzungen für den Eintritt des**

Bürgschaftsfalles sowie Grund und Höhe des Schadens auf seine Kosten nachzuweisen. Wird der Bestand der Forderung oder der in der Finanzkreditbürgschafts-Erklärung aufgeführten Sicherheiten bestritten oder werden dagegen Einreden oder Einwendungen erhoben, kann der Bund den Entschädigungsantrag zurückweisen, bis der Bürgschaftsnehmer – erforderlichenfalls durch Entscheidung des im Verhältnis zwischen ihm und seinem ausländischen Schuldner oder Sicherheitengeber zuständigen Gerichts oder Schiedsgerichts – die Rechtsbeständigkeit der Forderung und der in der Finanzkreditbürgschafts-Erklärung aufgeführten Sicherheiten nachgewiesen hat; **die Risiken des anwendbaren Rechts und des Gerichtsstands trägt dabei der Bürgschaftsnehmer.**

Risiken des anwendbaren Rechts

Verantwortung für Rechtsmängel

keine Prüfung von Unterlagen außerhalb der Schadensprüfung

(3) **Die Verantwortung für die Rechtsbeständigkeit der verbürgten Forderung und dafür bestellter Sicherheiten trägt im Verhältnis zum Bund ausschließlich der Bürgschaftsnehmer.** Der Bund wird Verträge und sonstige Unterlagen, aus denen sich die verbürgten Forderungen und Sicherungsrechte ergeben sollen, erst im Entschädigungsverfahren prüfen. Der Bürgschaftsnehmer kann sich nicht darauf berufen, daß der Bund den Inhalt solcher Verträge oder Unterlagen oder Teile derselben vorher, insbesondere bei Übernahme der Finanzkreditbürgschaft, gekannt habe oder hätte kennen müssen.

§ 6
Selbstbeteiligung

Regelsätze

(1) Der Bürgschaftsnehmer ist an jedem Ausfall an der verbürgten Forderung selbst beteiligt. Sofern in der Finanzkreditbürgschafts-Erklärung nichts anderes festgelegt ist, beträgt die Selbstbeteiligung

1. 10 % im Bürgschaftsfall gemäß § 4 Absatz 2,
2. 15 % im Bürgschaftsfall gemäß § 4 Absatz 3.

5 %-Alternative

(2) Auf Antrag des Bürgschaftsnehmers kann die Selbstbeteiligung für alle Bürgschaftsfälle auf 5 % des Ausfalls ermäßigt werden.

Wird die Selbstbeteiligung auf 5 % ermäßigt, verkürzen sich die in § 4 Absatz 2 und Absatz 3 für den Eintritt des Bürgschaftsfalles bestimmten Fristen auf 3 Monate. Die in § 4 Absatz 4 genannte Mindestfrist von 10 Monaten verkürzt sich auf 6 Monate.

Verbot der anderweitigen Absicherung sowie bei 5 %-Alternative auch der Abwälzung

(3) **Der Bürgschaftsnehmer darf das Risiko aus der Selbstbeteiligung nicht anderweitig absichern.** Dies gilt bei einer Selbstbeteiligung gemäß Absatz 1 nicht für die Weitergabe des Risikos aus der Selbstbeteiligung an den Exporteur.

§ 7
Berechnung und Auszahlung der Entschädigung

Anrechnung von Zahlungen

(1) Stehen dem Bürgschaftsnehmer aus seiner Geschäftstätigkeit mehrere Forderungen gegen den ausländischen Schuldner zu, so werden für die Feststellung der Entschädigung hierauf geleistete Zahlungen des ausländischen Schuldners auch dann, wenn zwischen Bürgschaftsnehmer und Schuldner eine andere Anrechnungsregelung vereinbart ist, wie folgt berücksichtigt:

– Regel bei gezielten Zahlungen

1. Bei Zahlungen auf gedeckte Forderungen sowie bei Zahlungen auf ungedeckte Forderungen, die früher fällig sind als die verbürgte Forderung, gilt die Tilgungsbestimmung des ausländischen Schuldners.

– Ausnahme bei gezielten Zahlungen auf ungedeckte Forderungen

2. Zahlungen auf ungedeckte Forderungen, die zur selben Zeit wie die verbürgte Forderung oder später als diese fällig sind, werden in den Bürgschaftsfällen gemäß § 4 Absatz 3 auf gedeckte und unge-

deckte Forderungen und vertraglich vereinbarte Zinsforderungen (ausgenommen Verzugszuschläge) nach der Reihenfolge ihrer Fälligkeit angerechnet, es sei denn, nach den Umständen des Einzelfalles ist auszuschließen, daß der Bürgschaftsnehmer auf die Tilgungsbestimmung der Zahlung Einfluß genommen hat. In den Bürgschaftsfällen gemäß § 4 Absatz 2 bleibt bei derartigen Zahlungen die Tilgungsbestimmung des ausländischen Schuldners maßgeblich.

Satz 1 gilt ferner nicht für Zahlungen auf ungedeckte Forderungen, die vom Bürgschaftsnehmer für Rechnung Dritter gehalten werden oder aus laufendem Bankgeschäft mit einer Endfälligkeit von nicht mehr als einem Jahr entstanden sind.

– ungezielte Zahlungen

3. Ohne Tilgungsbestimmung des ausländischen Schuldners geleistete Zahlungen werden in den Bürgschaftsfällen gemäß § 4 Absatz 2 Nr. 1 und Absatz 3 auf gedeckte und ungedeckte Forderungen und vertraglich vereinbarte Zinsforderungen (ausgenommen Verzugszuschläge) nach der Reihenfolge ihrer Fälligkeit angerechnet.

– entsprechende Anwendung

4. Die Nr. 1 – 3 gelten entsprechend für

   a) Zahlungen des Garanten, Bürgen und Dritter; sonstige Leistungen des Schuldners, Garanten, Bürgen und Dritter;

   b) Ausschüttungen und Erlöse aus der schuldnerischen Masse;

   c) Erlöse aus Pfändungen und sonstigen Sicherheiten;

   d) aufrechenbare Forderungen, Forderungsnachlässe, Gutschriften und Leistungen an Zahlungs Statt;

   e) sonstige dem Bürgschaftsnehmer im Zusammenhang mit dem Eintritt des Bürgschaftsfalles entstandene Vermögensvorteile.

– Quotelung bei gleicher Fälligkeit

5. Anrechnungen gemäß Nr. 2 – 4 auf Forderungen mit gleicher Fälligkeit erfolgen nach dem Verhältnis dieser Forderungsbeträge (ohne Verzugszuschläge).

– Vorwegabzug sachgemäßer Aufwendungen

6. Werden Zahlungen gemäß Nr. 2 oder die in Nr. 4 genannten Vermögensvorteile gemäß Nr. 2 oder 3 angerechnet, so werden von diesen Zahlungen oder Vermögensvorteilen die vom Bürgschaftsnehmer sachgemäß aufgewendeten Rechtsverfolgungs- oder Beitreibungskosten abgezogen. **Die zur Einziehung einer Forderung üblichen Kosten einschließlich Protestkosten sowie die im gewöhnlichen Geschäftsbetrieb des Bürgschaftsnehmers entstandenen Kosten bleiben außer Betracht.**

Abzug der Selbstbeteiligung

(2) Der nach Anwendung von Absatz 1 verbleibende Betrag ist um die Selbstbeteiligung des Bürgschaftsnehmers zu kürzen.

Fristen für Schadensbearbeitung

(3) Nach Einreichung aller für die Feststellung des Entschädigungsanspruches erforderlichen Unterlagen stellt der Bund die Schadensberechnung innerhalb von 2 Monaten auf. Der sich aus der Schadensberechnung ergebende Betrag wird innerhalb eines Monats nach Bekanntgabe der Schadensberechnung an den Bürgschaftsnehmer insoweit ausgezahlt, als der Bürgschaftsnehmer die Schadensberechnung anerkannt hat.

Abschlagszahlung

(4) Ist die Schadensberechnung infolge eines Umstandes, den der Bürgschaftsnehmer nicht zu vertreten hat, nicht innerhalb von 2 Monaten möglich, kann dem Bürgschaftsnehmer auf Antrag insoweit eine Abschlagszahlung auf die zu erwartende Entschädigung gewährt werden, als diese in ihrem Mindestumfang bereits vor Abschluß der Schadensberechnung feststeht.

§ 8
Rückflüsse

Zuordnung und Verteilung von Rückflüssen

(1) Alle nach Leistung einer Entschädigung eingehenden Zahlungen und sonstigen Vermögensvorteile (Rückflüsse) werden unter Einbeziehung der entschädigten Forderung entsprechend § 7 Absatz 1 zugeordnet. Unberücksichtigt bleiben jedoch diejenigen Rückflüsse, die auf einem Kreditvertrag beruhen, der erst später als 3 Jahre nach Erfüllung oder Entschädigung der zuletzt fälligen Forderung aus dem verbürgten Finanzkredit geschlossen worden ist.

Mitteilungs- und Abführungspflicht

(2) **Der Bürgschaftsnehmer hat dem Bund jeden Eingang von Rückflüssen unverzüglich anzuzeigen. Die dem Bund zustehenden Beträge hat der Bürgschaftsnehmer unverzüglich an den Bund abzuführen.**

§ 9
Rückzahlung der Entschädigung

Mitteilungspflicht über Einreden oder Einwendungen gegen Forderung oder Sicherheiten

(1) **Wird der Bestand der verbürgten Forderung oder der in der Finanzkreditbürgschafts-Erklärung aufgeführten Sicherheiten bestritten oder werden dagegen Einreden oder Einwendungen erhoben, hat der Bürgschaftsnehmer dies im Entschädigungsverfahren unverzüglich mitzuteilen.** Verletzt der Bürgschaftsnehmer diese Pflicht, kann der Bund die geleistete Entschädigung insoweit zurückfordern, als er bei Kenntnis der Sachlage den Entschädigungsantrag zurückgewiesen hätte.

Rückforderung bei Wegfall der Entschädigungsvoraussetzungen

(2) Stellt sich nach Leistung der Entschädigung heraus, daß die entschädigte Forderung des Bürgschaftsnehmers nicht oder nicht in voller Höhe besteht, wird insbesondere in einem Rechtsstreit zur Beitreibung der entschädigten Forderung vom zuständigen Gericht die Klage ganz oder teilweise rechtskräftig abgewiesen, oder ergibt sich nach Leistung der Entschädigung, daß der Bund aus sonstigen Gründen nicht zur Entschädigung verpflichtet war, kann der Bund die geleistete Entschädigung einschließlich erstatteter Kosten insoweit zurückfordern.

Rückforderung bei nachträglicher Leistungsfreiheit

(3) Wird der Bund infolge eines Umstandes, der erst nach Leistung der Entschädigung eingetreten ist, von der Verpflichtung zur Entschädigung frei oder verletzt der Bürgschaftsnehmer die ihn nach § 11 Absatz 1 treffenden Pflichten, so ist der Bund berechtigt, die geleistete Entschädigung einschließlich erstatteter Kosten insoweit zurückzufordern.

Verzinsungspflicht bei Rückforderung

(4) **Soweit dem Bund ein Rückzahlungsanspruch zusteht, hat der Bürgschaftsnehmer** in den Fällen der Absätze 1 und 2 **den zurückzuzahlenden Betrag** vom Zeitpunkt der Leistung der Entschädigung, im Falle des Absatzes 3 vom Zeitpunkt des Wegfalls der Entschädigungsverpflichtung an mit dem Zinssatz **zu verzinsen**, der den Kosten der Kreditaufnahme des Bundes ab diesem Zeitpunkt entspricht. Mit Erfüllung des Rückzahlungsanspruchs des Bundes fallen gemäß § 10 Absatz 1 auf den Bund übergegangene Forderungen, Ansprüche und sonstige Rechte insoweit an den Bürgschaftsnehmer zurück.

weitergehende Ansprüche

(5) Weitergehende, nach gesetzlichen Regelungen oder allgemeinen Rechtsgrundsätzen bestehende Ansprüche des Bundes werden hierdurch nicht berührt.

§ 10
Übergang der Rechte und Ansprüche

Forderungsübergang

(1) Mit Leistung der Entschädigung gehen die entschädigte Forderung, die Ansprüche auf Zinsen und Verzugszinsen für die Zeit nach Zahlung der Ent-

schädigung sowie der Anspruch auf die im Ausland eingezahlten oder hinterlegten Beträge einschließlich der für diese Forderungen und Ansprüche bestehenden Sicherheiten insoweit auf den Bund über, als dies dem Anteil des Bundes am Ausfall an der entschädigten Forderung entspricht. Der Bürgschaftsnehmer hat auf Verlangen des Bundes die zum Übergang der Forderung, Ansprüche und sonstigen Rechte etwa erforderlichen Rechtshandlungen vorzunehmen.

treuhänderische Verwaltung

(2) Ist die Übertragung nicht möglich oder verzichtet der Bund auf sie, so hat der Bürgschaftsnehmer die in Absatz 1 genannten Forderungen, Ansprüche und sonstigen Rechte als Treuhänder des Bundes zu halten.

§ 11
Rechtsverfolgung nach Leistung der Entschädigung

Verpflichtung zur Rechtsverfolgung

(1) **Unbeschadet des Übergangs der Forderungen, Ansprüche und sonstigen Rechte gemäß § 10 hat der Bürgschaftsnehmer alle zur Einziehung der entschädigten Forderung und zur Verwertung von Sicherheiten geeigneten Maßnahmen durchzuführen und hierbei etwaige Weisungen des Bundes zu befolgen;** als geeignete Maßnahme gilt auch die Führung eines Rechtsstreites. Von einer Weisung zur Führung eines Rechtsstreites kann abgesehen werden, wenn Gerichtsstand bzw. anwendbare Rechtsordnung keine hinreichende Beurteilung der Erfolgsaussichten des Rechtsstreites zulassen und der Bürgschaftsnehmer einen solchen Gerichtsstand bzw. die Anwendung einer solchen Rechtsordnung nicht abbedingen konnte oder wenn die voraussichtlichen Kosten des Rechtsstreites außer Verhältnis zu der Höhe der Forderung bzw. den Erfolgsaussichten von Vollstreckungsmaßnahmen stehen.

Beurteilungsspielraum des Bundes

Kostenbeteiligung

(2) Erfolgen Rechtsverfolgungsmaßnahmen mit Zustimmung oder auf Weisung des Bundes, werden dadurch entstehende sachgemäße Aufwendungen zwischen dem Bund und dem Bürgschaftsnehmer im Verhältnis ihrer Beteiligung an der geltend gemachten Forderung aufgeteilt. **Die zur Einziehung einer Forderung üblichen Kosten einschließlich Protestkosten sowie die im gewöhnlichen Geschäftsbetrieb des Bürgschaftsnehmers entstandenen Kosten trägt der Bürgschaftsnehmer.** § 9 Absatz 2 findet entsprechende Anwendung.

Verzicht auf Rückflußbeteiligung

(3) Entläßt der Bund den Bürgschaftsnehmer auf dessen Antrag aus der Verpflichtung gemäß Absatz 1, so verliert der Bürgschaftsnehmer das Recht, an Rückflüssen nach Maßgabe seiner Selbstbeteiligung beteiligt zu werden.

§ 12
Umrechnung von Fremdwährungsbeträgen

(1) Vertragswährung für die Finanzkreditbürgschaft ist die Deutsche Mark. Für die Umrechnung von Beträgen, die auf andere Währungen lauten, in Deutsche Mark gilt folgendes:

Umrechnungskurs für Entgelt

1. Das gemäß § 18 zu entrichtende Entgelt wird zu dem letzten vor der Entgeltfestsetzung im Bundesanzeiger veröffentlichten Umsatzsteuer-Umrechnungssatz (Entgeltkurs) umgerechnet.

Umrechnungskurs für Entschädigung

2. Die Entschädigung wird zum amtlichen Geldkurs der Frankfurter Börse
   - am Tage der Einzahlung in dem Bürgschaftsfall gemäß § 4 Absatz 2 Nr. 2
   - am Tage der Fälligkeit in den anderen Bürgschaftsfällen

umgerechnet. Hat am maßgeblichen Tage keine amtliche Kursnotierung stattgefunden, so tritt die nachfolgende Notierung an ihre Stelle.

Ist aufgrund des eingetretenen Bürgschaftsfalles eine Fälligkeit der verbürgten Forderung nicht gegeben oder erfolgt die Entschädigung vor den im Kreditvertrag festgelegten Fälligkeiten, wird die Entschädigung zum letzten amtlichen Geldkurs der Frankfurter Börse vor Absendung der Mitteilung über die Entschädigung umgerechnet.

Kursbegrenzung bei Entschädigung

In allen Fällen erfolgt die Umrechnung der Entschädigung höchstens zum Entgeltkurs.

Umrechnungskurs für Rückflüsse

3. Rückflüsse auf die entschädigte Forderung werden zum amtlichen Geldkurs der Frankfurter Börse am Tage ihres Eingangs beim Bürgschaftsnehmer umgerechnet.

Beteiligung an Kursgewinnen bei durch Kursbegrenzung reduzierten Entschädigungen

4. Hat der Bund die Entschädigung gemäß Nr. 2 zum Entgeltkurs in Deutsche Mark umgerechnet und erbringt ein Rückfluß für den Bund über den Betrag hinaus, der insgesamt zur Entschädigung der Forderungen aus diesem Kreditvertrag geleistet worden ist, einen Kursgewinn, so steht der Kursgewinn dem Bürgschaftsnehmer bis zur Höhe des Betrages zu, der dem Unterschied zwischen dem amtlichen Geldkurs der Frankfurter Börse am Tage der Einzahlung in dem Bürgschaftsfall gemäß § 4 Absatz 2 Nr. 2 oder am Tage der Fälligkeit in den anderen Bürgschaftsfällen und dem Entgeltkurs entspricht.

nicht amtlich notierte Währungen

(2) Für Währungen, für die keine Umsatzsteuer-Umrechnungssätze bzw. keine amtlichen Notierungen der Frankfurter Börse festgestellt werden, tritt an deren Stelle der von der Deutschen Bundesbank zuletzt als Geldkurs bekanntgegebene Umrechnungssatz. Ist ein solcher Umrechnungssatz nicht bekanntgegeben, so setzt der Bund die gemäß Absatz 1 anzuwendenden Umrechnungskurse unter Berücksichtigung der den amtlichen Notierungen der Frankfurter Börse entsprechenden Notierungen an den maßgebenden Börsen des Auslandes fest.

§ 13
Deckungseingriffe

Ausschlußrecht bei Gefahrerhöhung

(1) **Bei Eintritt gefahrerhöhender Umstände kann der Bund dem Bürgschaftsnehmer gegenüber jederzeit erklären, daß** bei Zugang dieser Erklärung **noch nicht ausgezahlte Kreditbeträge von der Finanzkreditbürgschaft ausgeschlossen sind.**

Einschränkung des Ausschlußrechtes

(2) Besteht im Zusammenhang mit dem Ausfuhrgeschäft, an das der Finanzkredit gebunden ist, eine Ausfuhrgewährleistung, so entfällt das Recht des Bundes gemäß Absatz 1, sofern und soweit die Waren bereits versandt oder die Leistungen bereits erbracht sind. Dies gilt nicht, wenn der Bund feststellt, daß der Exporteur bei der Versendung der Ware oder der Erbringung der Leistung gegen seine Pflichten aus dem Ausfuhrgewährleistungs-Vertrag verstoßen hat.

§ 14
Umschuldungsvereinbarungen

Recht des Bundes zur Umschuldung

(1) **Der Bund ist berechtigt, über die verbürgte Forderung (einschließlich Selbstbeteiligung) Umschuldungsvereinbarungen mit dem Schuldnerland abzuschließen; nicht verbürgte Nebenforderungen und nicht verbürgte Teile nur teilweise verbürgter Forderungen darf er dabei einbeziehen.**

Voraussetzung der Rechtsausübung

(2) Der Bund darf das Recht nach Absatz 1 nur ausüben, wenn er vor Abschluß der Umschuldungsvereinbarung anerkennt, nach welchem der in § 4 gere-

gelten Bürgschaftsfälle Uneinbringlichkeit der verbürgten Forderung vorliegt, sobald die in der Umschuldungsvereinbarung festgelegten Voraussetzungen für die Anwendung dieser Vereinbarung auf die verbürgte Forderung vorliegen. Die Geltung von § 4 Absatz 4 bleibt davon unberührt.

Für einbezogene Forderungen, für die das Risiko der Uneinbringlichkeit gemäß § 4 Absatz 3 fortbesteht, kann der Bund die Entschädigungsleistung nach Maßgabe des Selbstbehalts für diesen Bürgschaftsfall begrenzen.

Die sonstigen Entschädigungsvoraussetzungen bleiben unberührt.

Wahrung des Entschädigungsanspruchs

Der Bürgschaftsnehmer kann unbeschadet vorstehender Regelung Entschädigung nach den allgemeinen Regeln (§§ 4 ff) verlangen.

Vorrang der Zinsregelung des Umschuldungsabkommens

(3) **Der Bürgschaftsnehmer und seine Rechtsnachfolger müssen ferner Regelungen der Umschuldungsvereinbarung gegen sich gelten lassen, durch die die Verzinsung der Forderung für den Zeitraum ab ihrer Fälligkeit oder für einen später beginnenden Zeitraum abweichend von den gesetzlichen oder vertraglichen Zinsregelungen bestimmt wird** und aufgrund derer weitergehende Ansprüche aus dem Gesichtspunkt des Verzugs nicht geltend gemacht werden können.

Umrechnung von Fremdwährungsbeträgen im Umschuldungsabkommen

(4) Für die Umrechnung der Entschädigung bleibt § 12 Absatz 1 Nr. 2 auch dann maßgeblich, wenn der in der Umschuldungsvereinbarung bestimmte Umrechnungskurs für nicht auf Deutsche Mark lautende Beträge in Deutsche Mark von dem in dieser Vorschrift geregelten Umrechnungskurs abweicht. **In bezug auf Selbstbeteiligung, nicht verbürgte Nebenforderungen und nicht verbürgte Teile nur teilweise verbürgter Forderungen müssen der Bürgschaftsnehmer und seine Rechtsnachfolger den in der Umschuldungsvereinbarung bestimmten Umrechnungskurs gegen sich gelten lassen.**

§ 15
Pflichten des Bürgschaftsnehmers

Neben den sonstigen nach diesen Allgemeinen Bedingungen und den Bestimmungen der Finanzkreditbürgschafts-Erklärung bestehenden Pflichten hat der Bürgschaftsnehmer die folgenden Pflichten zu beachten:

Wahrheitspflicht im Antragsverfahren

1. **Der Bürgschaftsnehmer hat im Zusammenhang mit der Beantragung einer Finanzkreditbürgschaft alle für die Übernahme der Finanzkreditbürgschaft erheblichen Umstände vollständig und richtig schriftlich anzuzeigen und unverzüglich zu berichtigen, wenn sich bis zum Zugang der Finanzkreditbürgschafts-Erklärung gegenüber den bei Antragstellung erfolgten Angaben Änderungen oder Ergänzungen ergeben.** Durch Antragsformular oder in sonstiger Weise erfragte Angaben gelten im Zweifel als erheblich.

Verbot des Abweichens vom dokumentierten Sachverhalt, insbesondere hinsichtlich der Zahlungsbedingungen

2. **Nach Übernahme der Finanzkreditbürgschaft darf der Bürgschaftsnehmer Änderungen oder Ergänzungen, die sich auf den in der Finanzkreditbürgschafts-Erklärung dargestellten Sachverhalt oder auf die mit dem Schuldner oder sonstigen Verpflichteten getroffenen Vereinbarungen beziehen, nicht ohne schriftliche Zustimmung des Bundes vornehmen,** es sei denn, die Änderungen oder Ergänzungen sind unerheblich; Nr. 1 Satz 2 gilt entsprechend. **Der Bürgschaftsnehmer darf insbesondere keine Zahlung in einer anderen als der vertraglich vereinbarten Währung an Erfüllungs Statt annehmen.**

Beachtung staatlicher Vorschriften

3. **Der Bürgschaftsnehmer darf Kreditbeträge nur auszahlen, wenn die schon zu diesem Zeitpunkt für die Aufnahme und Rückzahlung des Kredites erforderlichen Genehmigungen vorliegen und die in den berührten Staaten zu beachtenden Vorschriften eingehalten werden.**

Meldepflicht bei Gefahrerhöhung

4. **Der Bürgschaftsnehmer hat ihm bekanntwerdende gefahrerhöhende Umstände unverzüglich schriftlich anzuzeigen und mitzuteilen, welche Maßnahmen er zur Sicherung seiner Ansprüche beabsichtigt oder getroffen hat.** Als gefahrerhöhender Umstand gilt insbesondere, daß

   a) der Schuldner in Verzug gerät oder um Prolongation nachsucht;

   b) die Vermögenslage, Zahlweise oder allgemeine Beurteilung des Schuldners oder Sicherheitengebers sich verschlechtert oder vom Schuldner eine andere als die geschuldete Leistung angeboten wird;

   c) gesetzgeberische oder behördliche Maßnahmen im Ausland oder sonstige politische Ereignisse die Erfüllung oder Beitreibung der verbürgten Forderung gefährdet erscheinen lassen.

Zustimmungserfordernis bei Gefahrerhöhung

5. **In den Fällen der Nr. 4 darf der Bürgschaftsnehmer Auszahlungen der Kreditbeträge nicht ohne vorherige schriftliche Zustimmung des Bundes vornehmen.**

Schadensverhütungs- und Schadensminderungspflichten

6. **Der Bürgschaftsnehmer hat auf seine Kosten alle zur Vermeidung eines Bürgschaftsfalles oder Minderung des Ausfalles nach den Regeln der banküblichen Sorgfalt erforderlichen und geeigneten Maßnahmen zu ergreifen und hierbei etwaige Weisungen des Bundes zu befolgen. Er hat insbesondere vor Auszahlung der Kreditbeträge zu prüfen, ob der ausländische Schuldner seine bisherigen vertraglichen Verpflichtungen zur Zahlung und zur Gestellung von Sicherheiten aus dem finanzierten Liefergeschäft erfüllt hat. Droht ein Bürgschaftsfall oder ist ein solcher eingetreten, hat er auf Verlangen des Bundes diesen oder einen vom Bund zu bestimmenden Dritten mit der Wahrnehmung der beiderseitigen Interessen zu beauftragen,** wenn die voraussichtlichen Kosten für die Beauftragung des Bundes oder des Dritten in einem angemessenen Verhältnis zu der Höhe der Forderung und den Erfolgsaussichten der Interessenwahrnehmung stehen.

Auskunftspflicht

7. Der Bürgschaftsnehmer hat dem Bund oder dessen Beauftragten über die Einzelheiten und den jeweiligen Abwicklungsstand des Kreditvertrages und des Liefergeschäftes sowie über sonstige Umstände, die für die Finanzkreditbürgschaft von Bedeutung sein können, jederzeit Auskunft zu erteilen. Hierzu gehört die fristgerechte, richtige und vollständige Beantwortung der zur Vorbereitung einer Umschuldungsvereinbarung gestellten Fragen und die Bereitstellung der zum Nachweis der Forderungen benötigten Unterlagen.

Prüfungsrechte des Bundes

8. Der Bund und seine Beauftragten sind berechtigt, jederzeit die Bücher und Unterlagen des Bürgschaftsnehmers, die für die Finanzkreditbürgschaft von Bedeutung sein können, einzusehen und Abschriften von ihnen zu nehmen oder zu verlangen. Auf Verlangen des Bundes hat der Bürgschaftsnehmer Unterlagen in fremder Sprache auf seine Kosten übersetzen zu lassen.

9. Der Bürgschaftsnehmer hat eine Prüfung seiner Bücher und seines Betriebes, soweit dies für die Finanzkreditbürgschaft von Bedeutung sein kann, durch den Bund, den Bundesrechnungshof oder einen von diesen bestimmten Beauftragten zuzulassen, damit festgestellt werden kann, ob eine Inanspruchnahme des Bundes in Frage kommt oder die Voraussetzungen für eine solche vorliegen oder vorgelegen haben.

§ 16
Rechtsfolgen von Pflichtverletzungen

Haftungsbefreiung bei

- unwahren Angaben

(1) **Hat der Bürgschaftsnehmer die ihm nach § 15 Nr. 1 obliegende Pflicht verletzt, so ist der Bund von seiner Verpflichtung zur Entschädigung frei,** es sei denn, der Bund stellt fest, daß die die Pflichtverletzung begründende Unvollständigkeit oder Unrichtigkeit auf seine Entscheidung über die Übernahme der Finanzkreditbürgschaft keinen Einfluß gehabt hat. Eine Befreiung des Bundes von seiner Verpflichtung zur Entschädigung tritt nicht ein, soweit der Bürgschaftsnehmer die Unrichtigkeit oder Unvollständigkeit seiner Angaben weder kannte noch kennen mußte.

- fehlerhaften Sicherheiten

(2) **Sind in der Finanzkreditbürgschafts-Erklärung aufgeführte Sicherheiten nicht oder nicht rechtswirksam bestellt worden, so ist der Bund von seiner Verpflichtung zur Entschädigung frei,** es sei denn, der Bund stellt fest, daß die fehlende oder mangelhafte Sicherheit auf seine Entscheidung über die Übernahme der Finanzkreditbürgschaft keinen Einfluß gehabt hat.

- sonstigen Obliegenheitsverletzungen unter dem Gesichtspunkt der
- - Schadensursächlichkeit

(3) **Hat der Bürgschaftsnehmer unter Verstoß gegen die banknübliche Sorgfalt eine ihm nach § 15 Nr. 2 – 9 obliegende Pflicht verletzt, ist der Bund von der Verpflichtung zur Entschädigung frei,** es sei denn, durch die Pflichtverletzung ist ein Schaden weder entstanden noch zu besorgen.

- - Wesentlichkeit

Unabhängig davon, ob ein Schaden entstanden oder zu besorgen ist, ist der Bund bei einer Pflichtverletzung nach § 15 Nr. 2 von der Verpflichtung zur Entschädigung auch dann frei, wenn er feststellt, daß er den Änderungen oder Ergänzungen nach den Grundsätzen, denen er in seiner Entscheidungspraxis folgt, nicht zugestimmt hätte.

- - Risikoerhöhung

Bei einer Pflichtverletzung nach § 15 Nr. 4 ist der Bund von der Verpflichtung zur Entschädigung auch dann frei, wenn die Unkenntnis meldepflichtiger Umstände für den Bund im Zusammenhang mit anderen Ausfuhrgewährleistungen eine Risikoerhöhung bewirkt oder ihn daran gehindert hat, Maßnahmen zur Risikominderung zu ergreifen.

(4) Der Bund kann die Befreiung von seiner Verpflichtung zur Entschädigung nach den Umständen des Einzelfalles, insbesondere unter Berücksichtigung des eingetretenen Risikos und der Schwere des Verstoßes, einschränken.

(5) Soweit für die Verletzung sonstiger dem Bürgschaftsnehmer nach diesen Allgemeinen Bedingungen und den Bestimmungen der Finanzkreditbürgschafts-Erklärung obliegenden Pflichten keine gesonderten Rechtsfolgen gelten, finden die Absätze 1 – 4 entsprechende Anwendung.

(6) Aus dem Gesetz oder der Anwendung allgemeiner Rechtsgrundsätze sich ergebende Ansprüche und sonstige Rechte des Bundes werden durch die in diesen Allgemeinen Bedingungen und der Finanzkreditbürgschafts-Erklärung enthaltenen Bestimmungen nicht berührt.

§ 17
Mitwirkendes Verschulden

Der Bund haftet nicht für Umstände und Gefahren, die der Bürgschaftsnehmer nach den Regeln einer gewissenhaften Geschäftsführung und bankküblichen Sorgfalt zu vertreten hat.

§ 18
Entgelt

Entgeltpflicht

(1) Für die Übernahme der Finanzkreditbürgschaft wird ein von Art und Umfang des gedeckten Risikos abhängiges Entgelt erhoben. Sofern nichts anderes bestimmt ist, wird das Entgelt mit der Aushändigung der Finanzkreditbürgschafts-Erklärung fällig.

Verzugsfolgen

(2) **Wird das fällige Entgelt nicht innerhalb von 14 Tagen nach einer Mahnung entrichtet,** die den Hinweis auf diese Frist und auf die nachstehend genannten Rechtsfolgen enthält, so **ist der Bund,** wenn seit der Fälligkeit des Entgelts insgesamt mindestens 6 Wochen verstrichen sind,

– Haftungsbefreiung

a) **von der Haftung** für Bürgschaftsfälle **befreit,** die nach Fälligkeit, aber vor Zahlung des Entgelts eingetreten sind,

– Kündigungsrecht

b) außerdem **berechtigt,** die Finanzkreditbürgschaft ohne Einhaltung einer weiteren Frist **zu kündigen,** solange das Entgelt nicht bezahlt ist.

Neuberechnung

Einbehalt einer Verwaltungskostenpauschale

(3) Stimmt der Bund einer Änderung des Inhalts oder des Umfanges der Finanzkreditbürgschaft zu und ändert sich hierdurch der Betrag der verbürgten Forderung oder die Dauer des Risikos, erfolgt eine Neuberechnung des Entgelts. Sofern kein Bürgschaftsfall eingetreten ist, werden sich aus der Neuberechnung ergebende Überzahlungen erstattet **abzüglich einer Verwaltungskostenpauschale in Höhe von 5 % der Überzahlung, höchstens jedoch von DM 5.000,–.**

Verfall des Entgelts bei Haftungsbefreiung

(4) **Ist der Bund** nach diesen Allgemeinen Bedingungen oder den Bestimmungen der Finanzkreditbürgschafts-Erklärung **von der Verpflichtung zur Entschädigung frei, gebührt ihm gleichwohl das Entgelt,** soweit es fällig geworden ist, bevor der Bund von seiner Leistungsfreiheit Kenntnis erlangt hat.

§ 19
Abtretung der verbürgten Forderung

Verfügt der Bürgschaftsnehmer zu anderen als Sicherungszwecken **ganz oder teilweise über die verbürgte Forderung, erlischt die Finanzkreditbürgschaft,** es sei denn, der Bund hat der Verfügung schriftlich zugestimmt.

§ 20
Abtretung der Ansprüche aus der Finanzkreditbürgschaft

Die Abtretung der Ansprüche aus der Finanzkreditbürgschaft bedarf der schriftlichen Zustimmung des Bundes. Stimmt der Bund der Abtretung zu, bleiben sämtliche Verpflichtungen des Bürgschaftsnehmers aus der Finanzkreditbürgschaft dem Bund gegenüber unverändert bestehen.

§ 21
Ausschlußfrist

Ansprüche gegen den Bund aus der Finanzkreditbürgschaft sind innerhalb einer Ausschlußfrist von 6 Monaten gerichtlich geltend zu machen, nachdem der Bund dem Bürgschaftsnehmer gegenüber die Ansprüche unter Hinweis auf diese Rechtsfolge schriftlich abgelehnt hat.

§ 22
Gerichtsstand

Für Streitigkeiten zwischen dem Bund und dem Bürgschaftsnehmer aus der Finanzkreditbürgschaft sind die ordentlichen Gerichte in Hamburg zuständig.

9. Allgemeine Bedingungen für die Übernahme von Garantien für Forderungen aus ungebundenen Finanzkrediten an private ausländische Schuldner

§ 1

Übernahme von Garantien

(1) Die Bundesrepublik Deutschland kann auf Antrag Garantien für Forderungen aus Krediten an das Ausland übernehmen. Für diese Garantien gelten, sofern die Kredite nicht an deutsche Lieferungen und Leistungen gebunden sind und nicht der Ablösung von Verpflichtungen aus in- oder ausländischen Liefer- und Leistungsgeschäften dienen (Ungebundene Finanzkredite), diese Allgemeinen Bedingungen.

(2) Die TREUARBEIT Aktiengesellschaft Wirtschaftsprüfungsgesellschaft Steuerberatungsgesellschaft, Hamburg, und die HERMES Kreditversicherungs-Aktiengesellschaft, Hamburg, sind vom Bund beauftragt und ermächtigt, alle die Garantien betreffenden Erklärungen, soweit sie nicht der Bundesschuldenverwaltung vorbehalten sind, namens und im Auftrage des Bundes abzugeben und entgegenzunehmen. Federführend ist die TREUARBEIT.

(3) Die Garantieerklärung bedarf der Schriftform. Die Garantie wird mit Beginn des Tages wirksam, an dem die von der TREUARBEIT und dem HERMES sowie der Bundesschuldenverwaltung unterschriebene Garantieerklärung dem Garantienehmer zugeht. In der Garantieerklärung kann von diesen Allgemeinen Bedingungen abgewichen werden. Mündliche Nebenabreden haben keine Gültigkeit.

(4) Ein Rechtsanspruch auf Gewährung einer Garantie besteht nicht.

§ 2

Gegenstand der Garantie

(1) Gegenstand der Garantie ist die im Kreditvertrag vereinbarte Forderung gegen den ausländischen Schuldner auf Rückzahlung des empfangenen Kredites (garantierte Forderung). Nicht garantiert sind Ansprüche, die durch Auszahlung vor Stellung des Garantieantrages entstanden sind.

(2) Im Kreditvertrag vereinbarte Zinsen können, soweit sie bis zu den vereinbarten Fälligkeiten anfallen, in die Garantie einbezogen werden. Zinsen nach Fälligkeit der einzelnen Tilgungsraten können nur bis zur Zahlung der Entschädigung, längstens jedoch für die Dauer von 12 Monaten, in die Garantie einbezogen werden. Darüber hinaus sind Zinsen nach Fälligkeit der einzelnen Tilgungsraten und Verzugszinsen sowie Schadensersatz- und sonstige Forderungen auch dann nicht garantiert, wenn sie im Kreditvertrag ausdrücklich vereinbart sind.

(3) Die Haftung des Bundes ist durch die in der Garantieerklärung festgesetzte Höchsthaftungssumme begrenzt.

§ 3

Beginn und Ende der Deckung

(1) Die Deckung aus der Garantie beginnt, sobald und soweit der Kreditbetrag ausgezahlt worden ist, jedoch nicht vor Wirksamwerden der Garantie.

(2) Die Deckung aus der Garantie endet, sobald und soweit der Anspruch auf Rückzahlung des Kredites und Zahlung der Zinsen erfüllt ist.

§ 4

Kündigung und Aussetzung wegen Gefahrerhöhung

Der Bund kann die Garantie für noch nicht ausgezahlte Kreditbeträge mit sofortiger Wirkung kündigen, einschränken oder zunächst bis zu 12 Monaten aussetzen, wenn

1. der ausländische Schuldner oder ein zur Sicherheitsleistung verpflichteter Dritter mit der Erfüllung einer Forderung in Verzug gerät, für die der Bund eine Gewährleistung übernommen hat, oder
2. Umstände eintreten, die es unwahrscheinlich machen, daß der ausländische Schuldner oder ein zur Sicherheitsleistung verpflichteter Dritter seinen Verpflichtungen aus dem Kreditvertrag nachkommen wird.

§ 5

Entgelt

(1) Für die Übernahme der Garantie wird ein Entgelt erhoben. Das Entgelt wird für jedes Laufjahr der Garantie im voraus mit der Erteilung der Entgeltrechnung fällig.

(2) Geht das Entgelt für das erste Laufjahr nicht innerhalb von 3 Wochen nach Fälligkeit ein, so kann der Bund nach schriftlicher Androhung von der Garantie zurücktreten; geht das Entgelt für die folgenden Laufjahre nicht innerhalb von 3 Wochen nach Fälligkeit ein, so kann der Bund die Garantie nach schriftlicher Androhung fristlos kündigen.

(3) Tritt der Bund von der Garantie zurück oder kündigt er die Garantie, so ist das Entgelt für die Zeit bis zum Rücktritt oder zur Kündigung zu zahlen.

§ 6

Garantiefall

(1) Der Garantiefall tritt ein, wenn die Forderung gegen den ausländischen Schuldner in dem in Absatz 3 genannten Zeitpunkt ganz oder teilweise uneinbringlich ist.

(2) Uneinbringlichkeit im Sinne des Absatzes 1 liegt vor:

A. – wirtschaftlicher Garantiefall –

wenn mit Bezug auf das Vermögen des Schuldners oder dessen Nachlaß

1. ein Konkursverfahren eröffnet oder mangels Masse abgelehnt worden ist,
2. ein amtliches Vergleichsverfahren eröffnet worden ist,
3. ein außeramtlicher Vergleich abgeschlossen worden ist,

4. eine Zwangsvollstreckung wegen der garantierten Forderung nicht zur vollen Befriedigung geführt hat,

5. infolge nachgewiesener ungünstiger Umstände selbst eine teilweise Bezahlung aussichtslos erscheint, insbesondere eine Zwangsvollstreckung oder ein Konkursantrag keinen Erfolg verspricht.

oder wenn

6. der Schuldner die Forderung sechs Monate nach ihrer Fälligkeit nicht erfüllt hat.

B. – politischer Garantiefall –

1. wenn und soweit ausschließlich infolge allgemeiner staatlicher Maßnahmen oder kriegerischer Ereignisse oder Aufruhr oder Revolution im Ausland die Forderung in keiner Form erfüllt oder beigetrieben werden kann,

2. wenn und soweit ausschließlich infolge allgemeiner staatlicher Maßnahmen oder kriegerischer Ereignisse oder Aufruhr oder Revolution im Ausland die Forderung in der vereinbarten Währung nicht erfüllt oder beigetrieben werden kann und der Bund der Zahlung in einer anderen Währung nicht zustimmt,

3. wenn und soweit ausschließlich infolge allgemeiner staatlicher Maßnahmen im Ausland oder infolge von Stockungen des zwischenstaatlichen Zahlungsverkehrs Beträge nicht konvertiert oder transferiert werden, die der Schuldner bei einer zahlungsfähigen Bank zum Zwecke der Überweisung an den Garantienehmer auf die garantierte Forderung eingezahlt hat, sofern alle bestehenden Vorschriften und Vereinbarungen für die Konvertierung und den Transfer dieser Beträge erfüllt sind,

4. wenn und soweit bei Eintritt eines Garantiefalles gemäß Nummer 3 ausschließlich infolge einer amtlichen Abwertung der vom Schuldner auf die garantierte Forderung eingezahlten Beträge nach Erfüllung aller bestehenden Vorschriften für die Konvertierung und den Transfer Kursverluste entstehen, sofern ausländische Vorschriften eine schuldbefreiende Wirkung dieser Zahlungen vorsehen. Kursverluste an der mit dem Schuldner vereinbarten oder einer anderen ohne Zustimmung des Bundes angenommenen Währung sind nicht gedeckt.

(3) Maßgeblicher Zeitpunkt für den Eintritt des Garantiefalles ist in den Fällen des Absatzes 2:

A. 1. der Tag des Gerichtsbeschlusses,

2. der Tag des amtlichen Eröffnungsbeschlusses,

3. der Tag, an dem alle Gläubiger ihre Zustimmung zum Vergleich gegeben haben,

4. der Tag der fruchtlosen Zwangsvollstreckung,

5. der Zeitpunkt, ab welchem auf Grund entsprechenden Beweismaterials die Aussichtslosigkeit von Maßnahmen gegen den Schuldner angenommen werden muß,

6. der Tag, an dem 6 Monate nach Fälligkeit der Forderung verstrichen sind.

B. 1.} 2.} der Tag, an dem 4 Monate ohne Zahlung nach der mit dem Schuldner vereinbarten Fälligkeit der Forderung verstrichen sind,

3.} 4.} der Tag, an dem 4 Monate nach Fälligkeit der Forderung, Einzahlung und Erfüllung der für die Konvertierung und den Transfer bestehenden Vorschriften verstrichen sind.

(4) Entschädigt wird auf Grund des Garantiefalles, der gemäß Absatz 3 zuerst eingetreten ist, unbeschadet einer gleichzeitigen Entschädigung gemäß Absatz 2 B. 3. und 4. Waren bei Eintritt eines wirtschaftlichen Garantiefalles die Voraussetzungen des politischen Garantiefalles gemäß Absatz 2 B. 3. erfüllt, so tritt mit Ablauf der in Absatz 3 B. 3. bestimmten Frist dieser politische Garantiefall ein.

§ 7

Selbstbeteiligung

Der Garantienehmer ist an jedem Ausfall selbst beteiligt. Die Einzelheiten werden in der Garantieerklärung festgelegt.

§ 8

Berechnung und Zahlung der Entschädigung

(1) Die Entschädigung wird wie folgt festgestellt:

1. Vor Eintritt des Garantiefalles auf nicht garantierte Forderungen geleistete Zahlungen gelten als zur Erfüllung von garantierten Forderungen geleistet, soweit diese früher fällig geworden sind als die nicht garantierten Forderungen, auf die Zahlungen geleistet wurden.

2. Von den bei Eintritt des Garantiefalles bestehenden garantierten Forderungen kommen unter Anrechnung der dafür vom Garantienehmer nach Eintritt des Garantiefalles aufgewendeten Kosten in Abzug:

   a) die nach Eintritt des Garantiefalles geleisteten Zahlungen oder sonstigen Leistungen des Schuldners oder dritter Personen,

   b) der Erlös aus Verwertung von Sicherheiten,

   c) aufrechenbare Forderungen, Forderungsnachlässe, Gutschriften und Leistungen an Zahlungs Statt,

   d) Kursgewinne aus der Abwicklung des der Garantie zugrunde liegenden Kreditvertrages,

   e) sonstige dem Garantienehmer im Zusammenhang mit dem Eintritt des Garantiefalles erwachsene Vermögensvorteile; Vermögensvorteile aus einer zugelassenen Abwälzung oder Versicherung der Selbstbeteiligung bleiben außer Betracht,

   und zwar in voller Höhe, soweit sie garantierte Forderungen betreffen; soweit sie sich auf nicht garantierte Forderungen beziehen, anteilig im Verhältnis der garantierten zu den nicht garantierten Forderungen.

3. In nicht vereinbarter Währung gezahlte oder hinterlegte Beträge, die noch nicht in die vereinbarte Währung konvertiert oder transferiert sind, sind zum letzten Kurs am Tage vor der Zahlung oder Hinterlegung in die vereinbarte Währung umzurechnen.

4. Der nach Anwendung der Nummern 1. bis 3. verbleibende Betrag ist um die in der Garantieerklärung festgesetzte Selbstbeteiligung des Garantienehmers zu kürzen.

(2) Wird auf Grund gesetzlicher oder vertraglicher Bestimmungen der gesamte Restbetrag des Kredites fällig, so erfolgt die Entschädigung gleichwohl nach Maßgabe der im Kreditvertrag festgelegten Fälligkeiten. Der Bund ist jedoch berechtigt, vor diesen Fälligkeiten Entschädigungen zu leisten.

(3) Der Garantienehmer hat das Vorliegen der Voraussetzungen für den Eintritt eines Garantiefalles sowie Grund und Höhe des Schadens nachzuweisen. Nachdem der Garantienehmer alle zum Nachweis des Schadens erforderlichen Unterlagen beigebracht hat, stellt der Bund die Schadensberechnung innerhalb von 2 Monaten auf. Der sich aus der Schadensberechnung ergebende Betrag wird, gekürzt um fällige, im Zusammenhang mit Gewährleistungen entstandene Forderungen des Bundes, innerhalb eines Monats insoweit ausgezahlt, als der Garantienehmer die Schadensberechnung anerkannt hat.

§ 9

Übertragung der Rechte

(1) Die Auszahlung der Entschädigung ist davon abhängig, daß der Garantienehmer vorher die Forderung, die für sie gestellten Sicherheiten, zu entschädigende Zinsansprüche, etwaige Ansprüche auf

Schadensersatz, Ansprüche aus Versicherungen und aus sonstigen im Zusammenhang mit der Kreditgewährung geschlossenen Verträgen sowie den Anspruch auf die im Ausland eingezahlten oder hinterlegten Beträge in Höhe der Entschädigung auf den Bund überträgt. Für die Zeit nach Zahlung der Entschädigung sind Ansprüche auf Zinsen und Verzugszinsen, soweit sie die entschädigte Forderung betreffen, gleichfalls auf den Bund zu übertragen.

(2) Ist die Übertragung nicht möglich oder verzichtet der Bund auf sie, so hat der Garantienehmer die in Absatz 1 genannten Rechte als Treuhänder des Bundes zu halten.

§ 10

Verpflichtungen des Garantienehmers

(1) Der Garantienehmer hat bei der Gewährung und Verwaltung des Kredites die Regeln einer gewissenhaften Geschäftsführung und die Sorgfalt eines ordentlichen Kaufmanns zu beobachten; insbesondere hat er sicherzustellen, daß der Kreditbetrag bestimmungsgemäß verwendet wird.

(2) Der Garantienehmer hat den Kredit nebst Zinsen in dem Umfange, wie er garantiert ist, einschließlich des auf die Selbstbeteiligung entfallenden Betrages, auf einem besonderen, genau gekennzeichneten Konto zu führen.

(3) Der Garantienehmer darf die mit dem Schuldner und sonstigen Verpflichteten getroffenen Vereinbarungen nicht ohne schriftliche Zustimmung des Bundes ändern, es sei denn, daß die Änderung für die Garantie ohne Bedeutung ist.

(4) Der Garantienehmer ist verpflichtet, den Bund unverzüglich schriftlich zu benachrichtigen, sobald

a) er Kreditbeträge an den Kreditnehmer auszahlt,

b) die garantierte Forderung vom Schuldner bezahlt und eingegangen ist,

c) ihm Ungünstiges über Vermögenslage, Zahlweise oder allgemeine Beurteilung des Schuldners bekannt wird oder der Schuldner mit Zahlungen in Verzug gerät oder um Prolongation nachsucht,

d) er von einem wirtschaftlichen oder politischen Garantiefall Kenntnis erhält.

(5) Der Garantienehmer hat vor Eintritt des Garantiefalles auf seine Kosten alle zur Vermeidung eines Garantiefalles oder Minderung des Ausfalles geeigneten Maßnahmen zu ergreifen und hierbei etwaige Weisungen des Bundes zu befolgen. Droht ein Garantiefall oder ist ein solcher eingetreten, hat er auf Verlangen des Bundes diesen oder einen vom Bund zu bestimmenden Dritten mit der Wahrnehmung der beiderseitigen Interessen zu beauftragen.

(6) Auch nach Eintritt des Garantiefalles hat der Garantienehmer unbeschadet der Übertragung der in § 9 genannten Rechte auf den Bund im eigenen Namen alle zur Einziehung der Forderung oder Verwertung der Rechte geeigneten Maßnahmen durchzuführen und hierbei etwaige Weisungen des Bundes zu befolgen. Erfolgen diese Maßnahmen mit Zustimmung oder auf Weisung des Bundes, so werden dadurch entstehende sachgemäße Aufwendungen zwischen dem Bund und dem Garantienehmer im Verhältnis ihrer Beteiligung an der ausstehenden Forderung aufgeteilt.

(7) Der Garantienehmer ist verpflichtet, dem Bund und dessen Beauftragten über Einzelheiten des Kreditvertrages sowie über sonstige mit der Garantie zusammenhängende Verträge jederzeit Auskunft zu erteilen oder auf seine Kosten zu verschaffen. Der Bund und seine Beauftragten sind berechtigt, jederzeit die Bücher und Unterlagen, die mit dem garantierten Kredit im Zusammenhang stehen können, einzusehen und Abschriften von ihnen zu nehmen oder zu verlangen.

(8) Der Garantienehmer ist verpflichtet, auf seine Kosten eine Prüfung seines Betriebes und seiner Bücher, soweit diese für die Garantieverpflichtung des Bundes von Bedeutung ist, durch den Bund, den Bundesrechnungshof oder einen von diesen bestimmten Beauftragten zuzulassen, damit festgestellt werden kann, ob eine Inanspruchnahme des Bundes in Frage kommt oder die Voraussetzungen für eine solche vorliegen oder vorgelegen haben.

§ 11

Rechtsfolgen von Vertragsverletzungen

Wirkt der Garantienehmer schuldhaft an der Entstehung eines Schadens mit, insbesondere dadurch, daß er schuldhaft eine ihm nach diesen Allgemeinen Bedingungen oder den Bestimmungen der Garantieerklärung obliegende Pflicht verletzt, so bestimmen sich die Verpflichtung des Bundes zur Entschädigung sowie der Umfang der zu leistenden Entschädigung nach den Umständen, insbesondere danach, inwieweit der Schaden durch das pflichtwidrige Verhalten des Garantienehmers herbeigeführt worden ist. Das gilt entsprechend, wenn das pflichtwidrige Verhalten des Garantienehmers zu einer Erhöhung des Schadens beiträgt oder eine Minderung verhindert.

§ 12

Wirksamkeit der Garantie

(1) Der Bund ist von der Verpflichtung zur Entschädigung befreit, wenn der Garantienehmer, der ausländische Schuldner oder dessen Erfüllungsgehilfen die für die Aufnahme und Rückzahlung des Kredites notwendigen Genehmigungen nicht besitzen oder diejenigen Vorschriften nicht erfüllen, die in den berührten Staaten zu beachten sind. Der Bund kann jedoch ganz oder teilweise Entschädigung gewähren, wenn der Garantienehmer nachweist, daß das Fehlen der notwendigen Genehmigungen oder die Nichtbeachtung der Vorschriften ihm, dem ausländischen Schuldner oder dessen Erfüllungsgehilfen nach den Umständen nicht vorgeworfen werden kann.

(2) Der Bund haftet nicht für Auszahlungen, die der Garantienehmer in Kenntnis gefahrerhöhender Umstände ausführt, es sei denn, der Bund hat der Auszahlung vorher schriftlich zugestimmt. Der Bund wird die Zustimmung unverzüglich erteilen, sofern er nicht Rechte aus § 4 geltend macht.

(3) Hat der Garantienehmer im Zusammenhang mit der Stellung des Antrages schuldhaft unvollständige oder unrichtige Angaben gemacht, so kann der Bund innerhalb von zwei Monaten seit Kenntnis hiervon von der Garantie zurücktreten. Tritt der Bund zurück, nachdem der Garantiefall eingetreten ist, so bleibt seine Verpflichtung zur Leistung gleichwohl bestehen, soweit die Unvollständigkeit oder Unrichtigkeit der Angaben keinen Einfluß auf die Übernahme der Garantie, den Eintritt des Garantiefalles oder den Umfang der Entschädigungspflicht des Bundes gehabt hat. Das Recht des Bundes, die Garantie wegen arglistiger Täuschung anzufechten, bleibt unberührt.

§ 13

Rückzahlung zu Unrecht erhaltener Entschädigungen

Ist der Bund nach § 11 oder § 12 ganz oder teilweise von der Entschädigungspflicht oder von der Haftung befreit, so hat der Garantienehmer unberechtigt erhaltene Entschädigungen unverzüglich zurückzuzahlen. In den Fällen des § 11 und § 12 Abs. 3 sind entrichtete Entgelte verfallen.

§ 14

Umrechnung von Fremdwährungsbeträgen

(1) Vertragswährung der Garantie ist die Deutsche Mark. Auf andere Währungen lautende Beträge werden wie folgt in Deutsche Mark umgerechnet:

1. das gemäß § 5 zu erhebende Entgelt zu dem letzten vor der durch die Mandatare vorgenommenen Unterzeichnung der Garantieerklärung im Bundesanzeiger veröffentlichten Umsatzsteuer-Umrechnungssatz,

2. die Entschädigung zum amtlichen Geldkurs der Frankfurter Börse am Tage des Eintritts des Garantiefalles, jedoch höchstens zu dem Kurs, der der Berechnung des Entgelts zugrunde gelegt worden ist. Hat am Tage des Eintritts des Garantiefalles keine amtliche Kursnotierung stattgefunden, so tritt die vorangegangene Notierung an ihre Stelle.

(2) Für Währungen, für die keine Umsatzsteuer-Umrechnungssätze und keine amtlichen Notizen der Frankfurter Börse festgelegt werden, tritt an deren Stelle der von der Deutschen Bundesbank zuletzt als Geldkurs bekanntgegebene Umrechnungssatz. Ist kein solcher Umrechnungssatz bekanntgegeben, so setzt der Bund die gemäß Absatz 1 anzuwendenden Umrechnungskurse unter Berücksichtigung der den amtlichen Notizen der Frankfurter Börse entsprechenden Notizen an den maßgebenden Börsen des Auslands fest.

§ 15

Verfügung über Ansprüche aus der Garantie

Die Verfügung über Ansprüche aus der Garantie bedarf der vorherigen schriftlichen Zustimmung des Bundes. Stimmt der Bund der Verfügung zu, bleiben sämtliche Verpflichtungen des Garantienehmers aus der Garantie gegenüber dem Bund unverändert bestehen.

§ 16

Verfügung über die garantierte Forderung

Soweit der Garantienehmer über die garantierte Forderung verfügt, wird die Garantie unwirksam, es sei denn, der Bund hat der Verfügung schriftlich zugestimmt.

§ 17

Schlußbestimmungen

(1) Ansprüche aus der Garantie gegen den Bund sind innerhalb einer Ausschlußfrist von sechs Monaten gerichtlich geltend zu machen, nachdem der Bund dem Garantienehmer gegenüber den erhobenen Anspruch unter Hinweis auf diese Rechtsfolgen schriftlich abgelehnt hat.

(2) Für Streitigkeiten zwischen dem Bund und dem Garantienehmer ist das Landgericht Hamburg zuständig.

10. Allgemeine Bedingungen für die Übernahme von Bürgschaften für Forderungen aus ungebundenen Finanzkrediten an private ausländische Schuldner

§ 1

Übernahme von Bürgschaften

(1) Die Bundesrepublik Deutschland kann auf Antrag Bürgschaften für Forderungen aus Krediten an das Ausland übernehmen. Für diese Bürgschaften gelten, sofern die Kredite nicht an deutsche Lieferungen und Leistungen gebunden sind und nicht der Ablösung von Verpflichtungen aus in- oder ausländischen Liefer- und Leistungsgeschäften dienen (Ungebundene Finanzkredite), diese Allgemeinen Bedingungen.

(2) Die TREUARBEIT Aktiengesellschaft Wirtschaftsprüfungsgesellschaft Steuerberatungsgesellschaft, Hamburg, und die HERMES Kreditversicherungs-Aktiengesellschaft, Hamburg, sind vom Bund beauftragt und ermächtigt, alle die Bürgschaften betreffenden Erklärungen, soweit sie nicht der Bundesschuldenverwaltung vorbehalten sind, namens und im Auftrage des Bundes abzugeben und entgegenzunehmen. Federführend ist die TREUARBEIT.

(3) Die Bürgschaftserklärung bedarf der Schriftform. Die Bürgschaft wird mit Beginn des Tages wirksam, an dem die von der TREUARBEIT und dem HERMES sowie der Bundesschuldenverwaltung unterschriebene Bürgschaftserklärung dem Bürgschaftsnehmer zugeht. In der Bürgschaftserklärung kann von diesen Allgemeinen Bedingungen abgewichen werden. Mündliche Nebenabreden haben keine Gültigkeit.

(4) Ein Rechtsanspruch auf Gewährung einer Bürgschaft besteht nicht.

§ 2

Gegenstand der Bürgschaft

(1) Gegenstand der Bürgschaft ist die im Kreditvertrag vereinbarte Forderung gegen den ausländischen Schuldner auf Rückzahlung des empfangenen Kredites (verbürgte Forderung). Nicht verbürgt sind Ansprüche, die durch Auszahlung vor Stellung des Bürgschaftsantrages entstanden sind.

(2) Im Kreditvertrag vereinbarte Zinsen können, soweit sie bis zu den vereinbarten Fälligkeiten anfallen, in die Bürgschaft einbezogen werden. Zinsen nach Fälligkeit der einzelnen Tilgungsraten können nur bis zur Zahlung der Entschädigung, längstens jedoch für die Dauer von 12 Monaten, in die Bürgschaft einbezogen werden. Darüber hinaus sind Zinsen nach Fälligkeit der einzelnen Tilgungsraten und Verzugszinsen sowie Schadensersatz- und sonstige Forderungen auch dann nicht verbürgt, wenn sie im Kreditvertrag ausdrücklich vereinbart sind.

(3) Die Haftung des Bundes ist durch die in der Bürgschaftserklärung festgesetzte Höchsthaftungssumme begrenzt.

§ 3

Beginn und Ende der Deckung

(1) Die Deckung aus der Bürgschaft beginnt, sobald und soweit der Kreditbetrag ausgezahlt worden ist, jedoch nicht vor Wirksamwerden der Bürgschaft.

(2) Die Deckung aus der Bürgschaft endet, sobald und soweit der Anspruch auf Rückzahlung des Kredites und Zahlung der Zinsen erfüllt ist.

§ 4

Kündigung und Aussetzung wegen Gefahrerhöhung

Der Bund kann die Bürgschaft für noch nicht ausgezahlte Kreditbeträge mit sofortiger Wirkung kündigen, einschränken oder zunächst bis zu 12 Monaten aussetzen, wenn

1. der ausländische Schuldner oder ein zur Sicherheitsleistung verpflichteter Dritter mit der Erfüllung einer Forderung in Verzug gerät, für die der Bund eine Gewährleistung übernommen hat, oder
2. Umstände eintreten, die es unwahrscheinlich machen, daß der ausländische Schuldner oder ein zur Sicherheitsleistung verpflichteter Dritter seinen Verpflichtungen aus dem Kreditvertrag nachkommen wird.

§ 5

Entgelt

(1) Für die Übernahme der Bürgschaft wird ein Entgelt erhoben. Das Entgelt wird für jedes Laufjahr der Bürgschaft im voraus mit der Erteilung der Entgeltrechnung fällig.

(2) Geht das Entgelt für das erste Laufjahr nicht innerhalb von 3 Wochen nach Fälligkeit ein, so kann der Bund nach schriftlicher Androhung von der Bürgschaft zurücktreten; geht das Entgelt für die folgenden Laufjahre nicht innerhalb von 3 Wochen nach Fälligkeit ein, so kann der Bund die Bürgschaft nach schriftlicher Androhung fristlos kündigen.

(3) Tritt der Bund von der Bürgschaft zurück oder kündigt er die Bürgschaft, so ist das Entgelt für die Zeit bis zum Rücktritt oder zur Kündigung zu zahlen.

§ 6

Bürgschaftsfall

(1) Der Bürgschaftsfall tritt ein, wenn die Forderung gegen den ausländischen Schuldner in dem in Absatz 3 genannten Zeitpunkt ganz oder teilweise uneinbringlich ist.

(2) Uneinbringlichkeit im Sinne des Absatzes 1 liegt vor:

1. wenn der ausländische Schuldner die Forderung sechs Monate nach ihrer Fälligkeit nicht erfüllt hat,
2. wenn und soweit ausschließlich infolge allgemeiner staatlicher Maßnahmen oder kriegerischer Ereignisse oder Aufruhr oder Revolution im Ausland die Forderung in keiner Form erfüllt oder beigetrieben werden kann,
3. wenn und soweit ausschließlich infolge allgemeiner staatlicher Maßnahmen oder kriegerischer Ereignisse oder Aufruhr oder Revolution im Ausland die Forderung in der vereinbarten Währung nicht erfüllt oder beigetrieben werden kann und der Bund der Zahlung in einer anderen Währung nicht zustimmt,
4. wenn und soweit ausschließlich infolge allgemeiner staatlicher Maßnahmen im Ausland oder infolge von Stockungen des zwischenstaatlichen Zahlungsverkehrs Beträge nicht konvertiert oder

transferiert werden, die der Schuldner bei einer zahlungsfähigen Bank zum Zwecke der Überweisung an den Bürgschaftsnehmer auf die verbürgte Forderung eingezahlt hat, sofern alle bestehenden Vorschriften und Vereinbarungen für die Konvertierung und den Transfer dieser Beträge erfüllt sind,

5. wenn und soweit bei Eintritt eines Bürgschaftsfalles gemäß Nummer 4 ausschließlich infolge einer amtlichen Abwertung der vom Schuldner auf die verbürgte Forderung eingezahlten Beträge nach Erfüllung aller bestehenden Vorschriften für die Konvertierung und den Transfer Kursverluste entstehen, sofern ausländische Vorschriften eine schuldbefreiende Wirkung dieser Zahlungen vorsehen. Kursverluste an der mit dem Schuldner vereinbarten oder einer anderen ohne Zustimmung des Bundes angenommenen Währung sind nicht gedeckt.

(3) Maßgeblicher Zeitpunkt für den Eintritt des Bürgschaftsfalles ist in den Fällen des Absatzes 2:

1. der Tag, an dem 6 Monate nach Fälligkeit der Forderung verstrichen sind,

2.
3. } der Tag, an dem 4 Monate ohne Zahlung nach der mit dem Schuldner vereinbarten Fälligkeit der Forderung verstrichen sind,

4.
5. } der Tag, an dem 4 Monate nach Fälligkeit der Forderung, Einzahlung und Erfüllung der für die Konvertierung und den Transfer bestehenden Vorschriften verstrichen sind.

(4) Entschädigt wird auf Grund des Bürgschaftsfalles, der gemäß Absatz 3 zuerst eingetreten ist, unbeschadet einer gleichzeitigen Entschädigung gemäß Absatz 2 Nummern 4 und 5. Waren bei Eintritt eines Bürgschaftsfalles gemäß Absatz 2 Nummer 1 die Voraussetzungen des Bürgschaftsfalles gemäß Absatz 2 Nummer 4 erfüllt, so tritt mit Ablauf der in Absatz 3 Nummer 4 bestimmten Frist dieser Bürgschaftsfall ein.

§ 7

Selbstbeteiligung

Der Bürgschaftsnehmer ist an jedem Ausfall selbst beteiligt. Die Einzelheiten werden in der Bürgschaftserklärung festgelegt.

§ 8

Berechnung und Zahlung der Entschädigung

(1) Die Entschädigung wird wie folgt festgestellt:

1. Vor Eintritt des Bürgschaftsfalles auf nicht verbürgte Forderungen geleistete Zahlungen gelten als zur Erfüllung von verbürgten Forderungen geleistet, soweit diese früher fällig geworden sind als die nicht verbürgten Forderungen, auf die Zahlungen geleistet wurden.

2. Von den bei Eintritt des Bürgschaftsfalles bestehenden verbürgten Forderungen kommen unter Anrechnung der dafür vom Bürgschaftsnehmer nach Eintritt des Bürgschaftsfalles aufgewendeten Kosten in Abzug:

   a) die nach Eintritt des Bürgschaftsfalles geleisteten Zahlungen oder sonstigen Leistungen des Schuldners oder dritter Personen,

   b) der Erlös aus Verwertung von Sicherheiten,

   c) aufrechenbare Forderungen, Forderungsnachlässe, Gutschriften und Leistungen an Zahlungs Statt,

   d) Kursgewinne aus der Abwicklung des der Bürgschaft zugrunde liegenden Kreditvertrages,

e) sonstige dem Bürgschaftsnehmer im Zusammenhang mit dem Eintritt des Bürgschaftsfalles erwachsene Vermögensvorteile; Vermögensvorteile aus einer zugelassenen Abwälzung oder Versicherung der Selbstbeteiligung bleiben außer Betracht,

und zwar in voller Höhe, soweit sie verbürgte Forderungen betreffen; soweit sie sich auf nicht verbürgte Forderungen beziehen, anteilig im Verhältnis der verbürgten zu den nicht verbürgten Forderungen.

3. In nicht vereinbarter Währung gezahlte oder hinterlegte Beträge, die noch nicht in die vereinbarte Währung konvertiert oder transferiert sind, sind zum letzten Kurs am Tage vor der Zahlung oder Hinterlegung in die vereinbarte Währung umzurechnen.

4. Der nach Anwendung der Nummern 1 bis 3 verbleibende Betrag ist um die in der Bürgschaftserklärung festgesetzte Selbstbeteiligung des Bürgschaftsnehmers zu kürzen.

(2) Wird auf Grund gesetzlicher oder vertraglicher Bestimmungen der gesamte Restbetrag des Kredites fällig, so erfolgt die Entschädigung gleichwohl nach Maßgabe der im Kreditvertrag festgelegten Fälligkeiten. Der Bund ist jedoch berechtigt, vor diesen Fälligkeiten Entschädigungen zu leisten.

(3) Der Bürgschaftsnehmer hat das Vorliegen der Voraussetzungen für den Eintritt eines Bürgschaftsfalles sowie Grund und Höhe des Schadens nachzuweisen. Nachdem der Bürgschaftsnehmer alle zum Nachweis des Schadens erforderlichen Unterlagen beigebracht hat, stellt der Bund die Schadensberechnung innerhalb von 2 Monaten auf. Der sich aus der Schadensberechnung ergebende Betrag wird, gekürzt um fällige, im Zusammenhang mit Gewährleistungen entstandene Forderungen des Bundes, innerhalb eines Monats insoweit ausgezahlt, als der Bürgschaftsnehmer die Schadensberechnung anerkannt hat.

§ 9

Übertragung der Rechte

(1) Die Auszahlung der Entschädigung ist davon abhängig, daß der Bürgschaftsnehmer vorher die Forderung, die für sie gestellten Sicherheiten, zu entschädigende Zinsansprüche, etwaige Ansprüche auf Schadensersatz, Ansprüche aus Versicherungen und aus sonstigen im Zusammenhang mit der Kreditgewährung geschlossenen Verträgen sowie den Anspruch auf die im Ausland eingezahlten oder hinterlegten Beträge in Höhe der Entschädigung auf den Bund überträgt. Für die Zeit nach Zahlung der Entschädigung sind Ansprüche auf Zinsen und Verzugszinsen, soweit sie die entschädigte Forderung betreffen, gleichfalls auf den Bund zu übertragen.

(2) Ist die Übertragung nicht möglich oder verzichtet der Bund auf sie, so hat der Bürgschaftsnehmer die in Absatz 1 genannten Rechte als Treuhänder des Bundes zu halten.

§ 10

Verpflichtungen des Bürgschaftsnehmers

(1) Der Bürgschaftsnehmer hat bei der Gewährung und Verwaltung des Kredites die Regeln einer gewissenhaften Geschäftsführung und die Sorgfalt eines ordentlichen Kaufmanns zu beobachten; insbesondere hat er sicherzustellen, daß der Kreditbetrag bestimmungsgemäß verwendet wird.

(2) Der Bürgschaftsnehmer hat den Kredit nebst Zinsen in dem Umfange, wie er verbürgt ist, einschließlich des auf die Selbstbeteiligung entfallenden Betrages, auf einem besonderen, genau gekennzeichneten Konto zu führen.

(3) Der Bürgschaftsnehmer darf die mit dem Schuldner und sonstigen Verpflichteten getroffenen Vereinbarungen nicht ohne schriftliche Zustimmung des Bundes ändern, es sei denn, daß die Änderung für die Bürgschaft ohne Bedeutung ist.

(4) Der Bürgschaftsnehmer ist verpflichtet, den Bund unverzüglich schriftlich zu benachrichtigen, sobald

a) er Kreditbeträge an den Kreditnehmer auszahlt,

b) die verbürgte Forderung vom Schuldner bezahlt und eingegangen ist,

c) ihm Ungünstiges über Vermögenslage, Zahlweise oder allgemeine Beurteilung des Schuldners bekannt wird oder der Schuldner mit Zahlungen in Verzug gerät oder um Prolongation nachsucht,

d) er von einem Bürgschaftsfall Kenntnis erhält.

(5) Der Bürgschaftsnehmer hat vor Eintritt des Bürgschaftsfalles auf seine Kosten alle zur Vermeidung eines Bürgschaftsfalles oder Minderung des Ausfalles geeigneten Maßnahmen zu ergreifen und hierbei etwaige Weisungen des Bundes zu befolgen. Droht ein Bürgschaftsfall oder ist ein solcher eingetreten, hat er auf Verlangen des Bundes diesen oder einen vom Bund zu bestimmenden Dritten mit der Wahrnehmung der beiderseitigen Interessen zu beauftragen.

(6) Auch nach Eintritt des Bürgschaftsfalles hat der Bürgschaftsnehmer unbeschadet der Übertragung der in § 9 genannten Rechte auf den Bund im eigenen Namen alle zur Einziehung der Forderung oder Verwertung der Rechte geeigneten Maßnahmen durchzuführen und hierbei etwaige Weisungen des Bundes zu befolgen. Erfolgen diese Maßnahmen mit Zustimmung oder auf Weisung des Bundes, so werden dadurch entstehende sachgemäße Aufwendungen zwischen dem Bund und dem Bürgschaftsnehmer im Verhältnis ihrer Beteiligung an der ausstehenden Forderung aufgeteilt.

(7) Der Bürgschaftsnehmer ist verpflichtet, dem Bund und dessen Beauftragten über Einzelheiten des Kreditvertrages sowie über sonstige mit der Bürgschaft zusammenhängende Verträge jederzeit Auskunft zu erteilen oder auf seine Kosten zu verschaffen. Der Bund und seine Beauftragten sind berechtigt, jederzeit die Bücher und Unterlagen, die mit dem verbürgten Kredit im Zusammenhang stehen können, einzusehen und Abschriften von ihnen zu nehmen oder zu verlangen.

(8) Der Bürgschaftsnehmer ist verpflichtet, auf seine Kosten eine Prüfung seines Betriebes und seiner Bücher, soweit diese für die Bürgschaftsverpflichtung des Bundes von Bedeutung ist, durch den Bund, den Bundesrechnungshof oder einen von diesen bestimmten Beauftragten zuzulassen, damit festgestellt werden kann, ob eine Inanspruchnahme des Bundes in Frage kommt oder die Voraussetzungen für eine solche vorliegen oder vorgelegen haben.

§ 11

Rechtsfolgen von Vertragsverletzungen

Wirkt der Bürgschaftsnehmer schuldhaft an der Entstehung eines Schadens mit, insbesondere dadurch, daß er schuldhaft eine ihm nach diesen Allgemeinen Bedingungen oder den Bestimmungen der Bürgschaftserklärung obliegende Pflicht verletzt, so bestimmen sich die Verpflichtung des Bundes zur Entschädigung sowie der Umfang der zu leistenden Entschädigung nach den Umständen, insbesondere danach, inwieweit der Schaden durch das pflichtwidrige Verhalten des Bürgschaftsnehmers herbeigeführt worden ist. Das gilt entsprechend, wenn das pflichtwidrige Verhalten des Bürgschaftsnehmers zu einer Erhöhung des Schadens beiträgt oder eine Minderung verhindert.

§ 12

Wirksamkeit der Bürgschaft

(1) Der Bund ist von der Verpflichtung zur Entschädigung befreit, wenn der Bürgschaftsnehmer, der ausländische Schuldner oder dessen Erfüllungsgehilfen die für die Aufnahme und Rückzahlung des Kredites notwendigen Genehmigungen nicht besitzen oder diejenigen Vorschriften nicht erfüllen, die in den berührten Staaten zu beachten sind. Der Bund kann jedoch ganz oder teilweise Entschädigung gewähren, wenn der Bürgschaftsnehmer nachweist, daß das Fehlen der notwendigen Genehmigungen oder die Nichtbeachtung der Vorschriften ihm, dem ausländischen Schuldner oder dessen Erfüllungsgehilfen nach den Umständen nicht vorgeworfen werden kann.

(2) Der Bund haftet nicht für Auszahlungen, die der Bürgschaftsnehmer in Kenntnis gefahrerhöhender Umstände ausführt, es sei denn, der Bund hat der Auszahlung vorher schriftlich zugestimmt. Der Bund wird die Zustimmung unverzüglich erteilen, sofern er nicht Rechte aus § 4 geltend macht.

(3) Hat der Bürgschaftsnehmer im Zusammenhang mit der Stellung des Antrages schuldhaft unvollständige oder unrichtige Angaben gemacht, so kann der Bund innerhalb von zwei Monaten seit Kenntnis hiervon von der Bürgschaft zurücktreten. Tritt der Bund zurück, nachdem der Bürgschaftsfall eingetreten ist, so bleibt seine Verpflichtung zur Leistung gleichwohl bestehen, soweit die Unvollständigkeit oder Unrichtigkeit der Angaben keinen Einfluß auf die Übernahme der Bürgschaft, den Eintritt des Bürgschaftsfalles oder den Umfang der Entschädigungspflicht des Bundes gehabt hat. Das Recht des Bundes, die Bürgschaft wegen arglistiger Täuschung anzufechten, bleibt unberührt.

§ 13

Rückzahlung zu Unrecht erhaltener Entschädigungen

Ist der Bund nach § 11 oder § 12 ganz oder teilweise von der Entschädigungspflicht oder von der Haftung befreit, so hat der Bürgschaftsnehmer unberechtigt erhaltene Entschädigungen unverzüglich zurückzuzahlen. In den Fällen des § 11 und § 12 Abs. 3 sind entrichtete Entgelte verfallen.

§ 14

Umrechnung von Fremdwährungsbeträgen

(1) Vertragswährung der Bürgschaft ist die Deutsche Mark. Auf andere Währungen lautende Beträge werden wie folgt in Deutsche Mark umgerechnet:

1. das gemäß § 5 zu erhebende Entgelt zu dem letzten vor der durch die Mandatare vorgenommenen Unterzeichnung der Bürgschaftserklärung im Bundesanzeiger veröffentlichten Umsatzsteuer-Umrechnungssatz,

2. die Entschädigung zum amtlichen Geldkurs der Frankfurter Börse am Tage des Eintritts des Bürgschaftsfalles, jedoch höchstens zu dem Kurs, der der Berechnung des Entgelts zugrunde gelegt worden ist. Hat am Tage des Eintritts des Bürgschaftsfalles keine amtliche Kursnotierung stattgefunden, so tritt die vorangegangene Notierung an ihre Stelle.

(2) Für Währungen, für die keine Umsatzsteuer-Umrechnungssätze und keine amtlichen Notizen der Frankfurter Börse festgelegt werden, tritt an deren Stelle der von der Deutschen Bundesbank zuletzt als Geldkurs bekanntgegebene Umrechnungssatz. Ist kein solcher Umrechnungssatz bekanntgegeben, so setzt der Bund die gemäß Absatz 1 anzuwendenden Umrechnungskurse unter Berücksichtigung der den amtlichen Notizen der Frankfurter Börse entsprechenden Notizen an den maßgebenden Börsen des Auslands fest.

§ 15

Verfügung über Ansprüche aus der Bürgschaft

Die Verfügung über Ansprüche aus der Bürgschaft bedarf der vorherigen schriftlichen Zustimmung des Bundes. Stimmt der Bund der Verfügung zu, bleiben sämtliche Verpflichtungen des Bürgschaftsnehmers aus der Bürgschaft gegenüber dem Bund unverändert bestehen.

§ 16

Verfügung über die verbürgte Forderung

Soweit der Bürgschaftsnehmer über die verbürgte Forderung verfügt, wird die Bürgschaft unwirksam, es sei denn, der Bund hat der Verfügung schriftlich zugestimmt.

§ 17

Schlußbestimmungen

(1) Ansprüche aus der Bürgschaft gegen den Bund sind innerhalb einer Ausschlußfrist von sechs Monaten gerichtlich geltend zu machen, nachdem der Bund dem Bürgschaftsnehmer gegenüber den erhobenen Anspruch unter Hinweis auf diese Rechtsfolgen schriftlich abgelehnt hat.

(2) Für Streitigkeiten zwischen dem Bund und dem Bürgschaftsnehmer ist das Landgericht Hamburg zuständig.

11. Allgemeine Bedingungen für die Übernahme von Wechselkursgarantien und Wechselkursbürgschaften für Ausfuhrgeschäfte

§ 1
Übernahme von Garantien/Bürgschaften

(1) Die Bundesrepublik Deutschland (Bund), vertreten durch den Bundesminister für Wirtschaft (BMWi) als federführenden Bundesminister und den Bundesminister der Finanzen, kann auf Antrag im Zusammenhang mit förderungswürdigen Ausfuhren Garantien/Bürgschaften zur Absicherung des Wechselkursrisikos übernehmen. Für die Übernahme der Garantien/Bürgschaften gelten diese Allgemeinen Bedingungen.

(2) Garantien werden für Ausfuhrverträge mit privaten ausländischen Schuldnern, Bürgschaften für Ausfuhrverträge mit ausländischen Staaten und sonstigen ausländischen Körperschaften des öffentlichen Rechts übernommen.

(3) Die HERMES Kreditversicherungs-AG (HERMES), Hamburg, und die TREUARBEIT Aktiengesellschaft Wirtschaftsprüfungsgesellschaft Steuerberatungsgesellschaft, Frankfurt a. M., sind vom Bund beauftragt und ermächtigt, alle die Garantien/Bürgschaften betreffenden Erklärungen, soweit sie nicht der Bundesschuldenverwaltung vorbehalten sind, namens und im Auftrage des Bundes abzugeben und entgegenzunehmen. Federführend ist HERMES.

(4) Die Garantie-/Bürgschaftserklärung bedarf der Schriftform. Sie ist nur rechtsverbindlich, wenn sie die Unterschriften von HERMES und TREUARBEIT sowie der Bundesschuldenverwaltung trägt und dem Garantie-/Bürgschaftsnehmer zugegangen ist. In der Garantie-/Bürgschaftserklärung kann von diesen Allgemeinen Bedingungen abgewichen werden. Mündliche Nebenabreden haben keine Gültigkeit.

(5) Ein Rechtsanspruch auf Gewährung einer Garantie/Bürgschaft besteht nicht.

§ 2
Gegenstand der Garantie/Bürgschaft

(1) Gegenstand der Garantie/Bürgschaft sind die Zahlungen, die nach Maßgabe der Garantie-/Bürgschaftserklärung zur Erfüllung der im Vertrag mit dem ausländischen Schuldner in fremder Währung vereinbarten Geldforderungen geleistet werden (garantierte/verbürgte Zahlungen).

(2) Zahlungen, die zur Erfüllung der im Vertrag mit dem ausländischen Schuldner in fremder Währung vereinbarten Forderungen auf Kreditzinsen geleistet werden, können ganz oder teilweise in die Garantie/Bürgschaft einbezogen werden. Dagegen werden Zahlungen auf Verzugszinsen, Vertragsstrafen, Schadensersatz, Reugeld und sonstige Nebenkosten auch dann nicht in die Garantie/Bürgschaft einbezogen, wenn sie im Vertrag ausdrücklich vorgesehen sind.

(3) Zahlungen Dritter, die zu einem Übergang der Forderung führen (Surrogatzahlungen), stehen den in den Absätzen (1) und (2) genannten Zahlungen gleich.

(4) Garantiert/verbürgt ist der Mittelkurs (garantierter/verbürgter Kurs), der am Tage vor Haftungsbeginn des Bundes gemäß § 6 Absatz (1) für die Umrechnung der im Vertrag mit dem ausländischen Schuldner vereinbarten Währung in Deutsche Mark an der Frankfurter Börse amtlich notiert wird.

(5) Die Haftung des Bundes ist durch die in der Garantie-/Bürgschaftserklärung festgesetzte Höchsthaftungssumme begrenzt.

§ 3
Herkunft der Lieferungen und Leistungen

Zahlungen zur Erfüllung von Forderungen sollen nur insoweit garantiert/verbürgt werden, als die den Forderungen zugrunde liegenden Lieferungen und Leistungen ganz oder überwiegend deutscher Herkunft sind. Der Ausführer hat deshalb bei Einreichung des Antrages auf Übernahme einer Garantie/Bürgschaft zu erklären, ob und inwieweit die Lieferungen und Leistungen deutscher Herkunft sind.

§ 4
Ein- und Ausfuhrverbote

Zahlungen zur Erfüllung von Forderungen aus Lieferungen von Waren und aus Leistungen, deren Ausfuhr aus dem Gebiet der Bundesrepublik Deutschland oder deren Einfuhr in das Bestimmungsland gegen ein bestehendes Verbot verstößt, werden nicht garantiert/verbürgt. Eine etwa übernommene Garantie/Bürgschaft ist nichtig.

§ 5
Entgelt

(1) Für die Übernahme der Garantie/Bürgschaft wird ein Entgelt erhoben, das in der Garantie-/Bürgschaftserklärung festgesetzt wird.

(2) Sofern in der Garantie-/Bürgschaftserklärung oder der Entgeltrechnung nichts anderes bestimmt ist, wird das Entgelt mit der Aushändigung der Garantie-/Bürgschaftserklärung fällig.

(3) Geht das bei der Aushändigung der Garantie-/Bürgschaftserklärung fällige Entgelt nicht innerhalb von 14 Tagen nach Fälligkeit ein, so kann der Bund von der Garantie/Bürgschaft zurücktreten.

(4) Sind Teile des Entgelts auf einen späteren Zeitpunkt fällig gestellt und geht eine dieser Raten nicht innerhalb von 14 Tagen nach Fälligkeit ein, so kann der Bund die Garantie/Bürgschaft nach schriftlicher Androhung fristlos kündigen. Nach der Kündigung wird Entgelt weder nachgefordert noch erstattet. Die Haftung des Bundes für einen bis zur Kündigung eingetretenen Garantie-/Bürgschaftsfall bleibt unberührt.

§ 6
Beginn und Ende der Haftung

(1) Die Haftung des Bundes beginnt an dem in der Garantie-/Bürgschaftserklärung festgesetzten Stichtag.

(2) Der in der Garantie-/Bürgschaftserklärung für den Haftungsbeginn festgesetzte Stichtag kann nachträglich nicht geändert werden.

(3) Zahlungen auf Forderungen, die nach den in der Garantie-/Bürgschaftserklärung aufgeführten Zahlungsbedingungen vor Haftungsbeginn fällig werden, sind auch dann nicht Gegenstand der Garantie/Bürgschaft, wenn sie infolge nachträglicher Änderung des Ausfuhrvertrages oder aus anderen Gründen nach Haftungsbeginn fällig werden; dies gilt unabhängig davon, ob der Bund der nachträglichen Änderung der Fälligkeit zugestimmt hat.

(4) Der Bund kann aus dieser Garantie/Bürgschaft nicht mehr in Anspruch genommen werden, wenn und soweit garantierte/verbürgte Zahlungen nicht innerhalb von 6 Monaten nach jeweiliger Fälligkeit eingegangen sind. Der Bund kann in Ausnahmefällen diese Frist bei ihrem Ablauf verlängern (z. B. wenn ein Entschädigungsverfahren bei einer privaten Kreditversicherung noch nicht abgeschlossen ist).

§ 7
Garantie-/Bürgschaftsfall

Der Garantie-/Bürgschaftsfall tritt ein, wenn der Mittelkurs, der am Tage des Eingangs einer garantierten/verbürgten Zahlung amtlich notiert wird, um mehr als 3 v. H. gegenüber dem garantierten/verbürgten Kurs gefallen ist; geht eine garantierte/verbürgte Zahlung nach Fälligkeit ein, so tritt der Garantie-/Bürgschaftsfall nur ein, wenn auch der Mittelkurs, der am Tage der Fälligkeit amtlich notiert worden ist, um mehr als 3 v. H. gegenüber dem garantierten/verbürgten Kurs gefallen ist.

§ 8
Zahlungseingang

Eine garantierte/verbürgte Zahlung ist an dem Tag eingegangen, an dem der eingezahlte Betrag auf dem vom Garantie-/Bürgschaftsnehmer zur Erfüllung angegebenen Konto gutgeschrieben wird. Handelt es sich hierbei um ein Konto im Ausland, so gilt die Zahlung nicht als eingegangen, solange der gutgeschriebene Betrag nicht transferiert werden kann.

§ 9
Berechnung und Zahlung der Entschädigung

(1) Die Entschädigung wird wie folgt festgestellt:
Die eingegangene Zahlung wird zum garantierten/verbürgten Kurs in Deutsche Mark umgerechnet. Von dem sich aus der Umrechnung ergebenden Betrag wird der DM-Betrag abgezogen, der sich bei Umrechnung der eingegangenen Zahlung zu dem am Tage des Zahlungseingangs amtlich notierten Mittelkurs ergibt; ist die Zahlung nach Fälligkeit eingegangen und ist der amtlich notierte Mittelkurs am Tage des Zahlungseingangs niedriger als am Tage der Fälligkeit, so wird der DM-Betrag abgezogen, der sich bei Umrechnung der Zahlung zu dem am Tage der Fälligkeit amtlich notierten Mittelkurs ergibt.

(2) Geht eine Zahlung in Deutscher Mark ein, so wird der eingegangene Betrag vor Anwendung des Absatzes (1) in die vereinbarte Währung zu dem am Tage des Eingangs amtlich notierten Mittelkurs umgerechnet. Ist der Kurs, der der in Deutscher Mark eingegangenen Zahlung zugrunde liegt, höher als der am Tage des Eingangs amtlich notierte Mittelkurs, so erfolgt die Umrechnung in die vereinbarte Währung zu dem höheren Kurs. Der umgerechnete Betrag gilt als eingegange Zahlung im Sinne von Absatz (1).

(3) Die vorstehende Berechnung wird für jede Zahlung gesondert und abschließend durchgeführt.

(4) Die Entschädigungsleistung setzt die Einreichung einer Schadensmeldung durch den Garantie-/Bürgschaftsnehmer in Form eines Entschädigungsantrages unter Beifügung aller Unterlagen und Urkunden, die der Bund zum Nachweis der Rechte des Garantie-/Bürgschaftsnehmers für erforderlich hält, voraus. Nach Einreichung dieser Unterlagen stellt der Bund die Schadensberechnung innerhalb von acht Wochen auf. Der sich aus der Schadensberechnung ergebende Betrag wird, gekürzt um fällige, im Zusammenhang mit Garantien und Bürgschaften entstandene Forderungen des Bundes, innerhalb eines Monats insoweit ausgezahlt, als der Garantie-/Bürgschaftsnehmer die Schadensberechnung anerkannt hat.

(5) Soweit eine Zahlung nur vorläufig erbracht wird, kann der Bund eine vorläufige Entschädigung aus dieser Garantie/Bürgschaft leisten.

§ 10
Kursgewinne

(1) Mit Entgegennahme der Garantie-/Bürgschaftserklärung verpflichtet sich der Garantie-/Bürgschaftsnehmer, Kursgewinne aus garantierten/verbürgten Zahlungen, die nach Beginn der Haftung des Bundes gemäß § 6 Absatz (1) eingehen, an den Bund abzuführen, wenn der Mittelkurs, der am Tage des Eingangs einer garantierten/verbürgten Zahlung amtlich notiert wird, um mehr als 3 v. H. gegenüber dem garantierten/verbürgten Kurs gestiegen ist; geht eine garantierte/verbürgte Zahlung nach Fälligkeit ein, so sind Kursgewinne nur abzuführen, wenn auch der Mittelkurs, der am Tage der Fälligkeit amtlich notiert ist, um mehr als 3 v. H. gegenüber dem garantierten/verbürgten Kurs gestiegen ist.

(2) Kann der Bund bei Eingang einer garantierten/verbürgten Zahlung aus dieser Garantie/Bürgschaft gemäß § 6 Absatz (4) nicht mehr in Anspruch genommen werden, so sind Kursgewinne aus diesen Zahlungen nicht abzuführen, es sei denn, der Garantie-/Bürgschaftsnehmer hat auf den verspäteten Zahlungseingang Einfluß genommen, ohne daß hierfür unter Berücksichtigung kaufmännischer Grundsätze ein rechtfertigender Anlaß bestand.

(3) Der Kursgewinn wird wie folgt festgestellt:
Die eingegangene Zahlung wird zum garantierten/verbürgten Kurs in Deutsche Mark umgerechnet. Der sich aus der Umrechnung ergebende Betrag wird von dem DM-Betrag abgezogen, der sich bei Umrechnung der eingegangenen Zahlung zu dem am Tage des Zahlungseingangs amtlich notierten Mittelkurs ergibt; ist die Zahlung nach Fälligkeit eingegangen und ist der amtlich notierte Mittelkurs am Tage des Zahlungseingangs höher als am Tage der Fälligkeit, so wird von dem DM-Betrag abgezogen, der sich bei Umrechung der Zahlung zu dem am Tage der Fälligkeit amtlich notierten Mittelkurs ergibt.

(4) Geht eine Zahlung in Deutscher Mark ein, so wird der eingegangene Betrag vor Anwendung des Absatzes (3) in die vereinbarte Währung zu dem am Tage des Eingangs amtlich notierten Mittelkurs umgerechnet. Ist der Kurs, der der in Deutscher Mark eingegangenen Zahlung zugrunde liegt, niedriger als der am Tage des Eingangs amtlich notierte Mittelkurs, so erfolgt die Umrechnung in die vereinbarte Währung zu dem niedrigeren Kurs. Der umgerechnete Betrag gilt als eingegangene Zahlung im Sinne von Absatz (3).

(5) Die vorstehende Berechnung wird für jede Zahlung gesondert und abschließend durchgeführt.

(6) Der Garantie-/Bürgschaftsnehmer ist verpflichtet, den Bund unter Beifügung aller Unterlagen und Urkunden unverzüglich zu unterrichten, wenn und soweit eine garantierte/verbürgte Zahlung eingeht und er hierbei einen Kursgewinn erzielt. Dem Bund sind alle Unterlagen und Urkunden vorzulegen, die der Bund zum Nachweis der Verpflichtung des Garantie-/Bürgschaftsnehmers für erforderlich hält.

(7) Der Anspruch des Bundes auf Abführung des Kursgewinnes wird nach Ablauf eines Monats nach Eingang der garantierten/verbürgten Zahlung fällig.

(8) Soweit eine Zahlung nur vorläufig erbracht wird, kann der Bund eine vorläufige Abführung des Kursgewinnes verlangen.

§ 11
Anrechnung von Zahlungen bei mehreren Forderungen

Eingegangene Zahlungen werden auf die Forderungen angerechnet, die bei der Leistung bestimmt worden sind, es sei denn, der Garantie-/Bürgschaftsnehmer hat auf die Bestimmung Einfluß genommen, ohne daß hierfür unter Berücksichtigung kaufmännischer Grundsätze ein rechtfertigender Anlaß bestand. Ist eine Bestimmung nicht getroffen, so werden eingegangene Zahlungen auf die jeweils ältesten Forderungen angerechnet.

§ 12
Erfüllung von Zahlungsverpflichtungen

(1) Zahlungsverpflichtungen aus dieser Garantie/Bürgschaft sind in Deutscher Mark zu erfüllen.

(2) Für die Festsetzung des nach § 5 zu erhebenden Entgelts werden die auf die vereinbarte Währung lautenden Beträge wie folgt in Deutsche Mark umgerechnet:

a) für die vorläufige Entgeltberechnung zum amtlichen Geldkurs der Frankfurter Börse

am ersten Tage des Monats der Entgeltfestsetzung, wenn diese in der Zeit vom ersten bis zum fünfzehnten Tage des Monats stattfindet,

am secnzehnten Tage des Monats der Entgeltfestsetzung, wenn diese in der Zeit vom sechzehnten Tage bis zum Ende des Monats stattfindet;

b) für die endgültige Entgeltberechnung zu dem garantierten/verbürgten Kurs.

§ 13
Kursnotierung

Findet an einem der in diesen Bedingungen festgesetzten Stichtage keine amtliche Notierung an der Frankfurter Börse statt, so tritt die vorangegangene Notierung an ihre Stelle.

§ 14
Besondere Verpflichtungen des Garantie-/Bürgschaftsnehmers

(1) Der Garantie-/Bürgschaftsnehmer hat die Sorgfalt eines ordentlichen Kaufmannes zu beachten. Er hat etwaige Weisungen des BMWi zu befolgen.

(2) Der Garantie-/Bürgschaftsnehmer ist verpflichtet, über Einzelheiten des Ausfuhrvertrages und den jeweiligen Stand seiner Durchführung jederzeit Auskunft zu erteilen.

(3) Der Garantie-/Bürgschaftsnehmer darf Änderungen des Ausfuhrvertrages, insbesondere die mit dem Schuldner vereinbarten und in der Garantie-/Bürgschaftserklärung festgelegten Zahlungsbedingungen, nicht ohne schriftliche Zustimmung des BMWi vereinbaren.

(4) Der Garantie-/Bürgschaftsnehmer ist verpflichtet, den BMWi unverzüglich schriftlich zu benachrichtigen, sobald die garantierte/verbürgte Zahlung eingegangen ist oder feststeht, daß mit dem Eingang der Zahlung nicht mehr zu rechnen ist.

(5) Der BMWi ist berechtigt, jederzeit die Bücher und Schriften, die mit dem Ausfuhrvertrag im Zusammenhang stehen, einzusehen und Abschriften von ihnen zu nehmen oder zu verlangen. Der Garantie-/Bürgschaftsnehmer ist verpflichtet, dem BMWi jederzeit über die mit der Garantie/Bürgschaft zusammenhängenden Geschäfte Auskunft zu erteilen.

(6) Der Garantie-/Bürgschaftsnehmer ist verpflichtet, auf seine Kosten eine Prüfung seiner Bücher und seines Betriebes, soweit diese für die Garantie-/Bürgschaftsverpflichtung des Bundes von Bedeutung sind, durch den BMWi, den Bundesrechnungshof oder einen von diesen bestimmten Beauftragten zuzulassen um festzustellen, ob eine Inanspruchnahme des Bundes in Frage kommen kann oder die Voraussetzungen für eine solche vorliegen oder vorgelegen haben.

(7) Der Garantie-/Bürgschaftsnehmer ist verpflichtet,

a) der Enthaftung aus der Garantie/Bürgschaft durch die Bundesschuldenverwaltung zuzustimmen, wenn und soweit der Bund aus der Garantie/Bürgschaft nicht mehr in Anspruch genommen werden kann,

b) die Garantie-/Bürgschaftserklärung dem Bund zurückzugeben, wenn der Bund aus der Garantie/Bürgschaft nicht mehr in Anspruch genommen werden kann.

Ansprüche des Bundes aus der Garantie/Bürgschaft bleiben hiervon unberührt.

§ 15
Verletzung der Vertragspflichten durch den Garantie-/Bürgschaftsnehmer

Hat der Garantie-/Bürgschaftsnehmer bei der Einreichung des Antrages auf Gewährung einer Garantie/Bürgschaft unwahre Angaben gemacht oder verletzt er vorsätzlich oder grobfahrlässig eine ihm nach diesen Allgemeinen Bedingungen und den Bestimmungen der Garantie-/Bürgschaftserklärung obliegende Pflicht, so ist der Bund von seiner Haftung befreit, es sei denn, daß die Verletzung unwesentlich und ein Schaden daraus weder entstanden noch zu besorgen ist. Der Bund haftet ferner nicht für Umstände und Gefahren, die der Garantie-/Bürgschaftsnehmer nach den Regeln einer gewissenhaften Geschäftsführung und kaufmännischen Sorgfalt zu vertreten hat.

§ 16
Rückzahlung zu Unrecht erhaltener Entschädigungen

Stellt sich nach Leistung einer Entschädigung heraus, daß der Entschädigungsanspruch des Garantie-/Bürgschaftsnehmers nicht oder nicht in voller Höhe bestand, so ist die Entschädigung unverzüglich an den Bund zurückzuzahlen.

§ 17

Abtretung

Die Abtretung der Ansprüche aus der Garantie/Bürgschaft bedarf der schriftlichen Zustimmung des BMWi. Stimmt der BMWi der Abtretung zu, so bleiben sämtliche Verpflichtungen des Garantie-/Bürgschaftsnehmers gegenüber dem Bund aus der Garantie/Bürgschaft unverändert bestehen.

§ 18

Verfügungen über Forderungen

Soweit der Garantie-/Bürgschaftsnehmer über Forderungen verfügt, die den garantierten/verbürgten Zahlungen zugrunde liegen, ist der Bund von seiner Haftung befreit, es sei denn, der Bund stimmt der Verfügung schriftlich zu.

§ 19

Änderung der Allgemeinen Bedingungen für die Übernahme von Ausfuhrgarantien (G) und für die Übernahme von Ausfuhrbürgschaften (B)

Im Rahmen des § 10 der Allgemeinen Bedingungen für die Übernahme von Ausfuhrgarantien (G) und für die Übernahme von Ausfuhrbürgschaften (B) stehen für die Berechnung der Entschädigung

1. die vom Bund aus dieser Wechselkursgarantie/-bürgschaft geleisteten oder zu leistenden Entschädigungen den Zahlungen des Schuldners oder dritter Personen,
2. Eingänge auf Zahlungen, die lediglich gegen das Wechselkursrisiko garantiert/verbürgt sind, Eingängen auf nicht garantierte/verbürgte Forderungen

gleich.

§ 20

Gerichtsstand

Für die Entscheidung von Streitigkeiten zwischen dem Bund und dem Garantie-/Bürgschaftsnehmer sind die ordentlichen Gerichte in Hamburg zuständig.

§ 21

Schlußbestimmungen

Ansprüche gegen den Bund aus der Garantie/Bürgschaft sind innerhalb einer Ausschlußfrist von sechs Monaten gerichtlich geltend zu machen, nachdem der BMWi dem Garantie-/Bürgschaftsnehmer gegenüber den erhobenen Anspruch unter Hinweis auf diese Rechtsfolge schriftlich abgelehnt hat.

12. Allgemeine Bedingungen für die Übernahme von Garantien für Kapitalanlagen im Ausland

§ 1

Übernahme von Garantien

(1) Die Bundesrepublik Deutschland (Bund) kann auf Antrag zugunsten von Unternehmern mit Sitz oder Wohnsitz im Gebiet der Bundesrepublik Deutschland Garantien für Kapitalanlagen im Ausland zur Absicherung politischer Risiken übernehmen. Für die Garantien gelten diese „Allgemeinen Bedingungen", soweit in der Garantieerklärung nichts Abweichendes bestimmt ist.

(2) Die TREUARBEIT Aktiengesellschaft Wirtschaftsprüfungsgesellschaft Steuerberatungsgesellschaft, Hamburg, und die HERMES Kreditversicherungs-Aktiengesellschaft, Hamburg, sind vom Bund beauftragt und ermächtigt, alle die Garantien betreffenden Erklärungen für den Bund abzugeben und entgegenzunehmen und Rechtshandlungen vorzunehmen, soweit sie nicht der Bundesschuldenverwaltung vorbehalten sind. Federführend ist die TREUARBEIT.

(3) Ein Rechtsanspruch auf Gewährung einer Garantie besteht nicht.

§ 2

Voraussetzungen für die Übernahme von Garantien

Garantien werden nur übernommen, wenn

a) zwischen dem Bund und dem Anlageland eine Vereinbarung über die Behandlung derartiger Kapitalanlagen besteht oder, solange dies nicht der Fall ist, durch die Rechtsordnung des Anlagelandes oder in sonstiger Weise ein ausreichender Schutz der Kapitalanlage gewährleistet erscheint und

b) die Kapitalanlage förderungswürdig ist.

§ 3

Gegenstand der Garantien

(1) Gegenstand der Garantien sind folgende Kapitalanlagen:

a) Anteile an einem Unternehmen im Ausland (Anlageunternehmen), die gegen Einbringung von Kapital, Gütern oder sonstigen Leistungen unter Einräumung von Stimm-, Kontroll- oder Mitspracherechten sowie einer Teilnahme am Ertrag und am Liquidationserlös gewährt werden (Beteiligungen); die Garantie erstreckt sich auch auf die Guthaben, in die sich Beteiligungen umgewandelt haben (in Forderungen umgewandelte Beteiligungen);

b) Dotationskapital, das einer ausländischen Niederlassung oder Betriebsstätte eines Unternehmers mit Hauptniederlassung im Gebiet der Bundesrepublik Deutschland in Gestalt von Kapital, Gütern oder sonstigen Leistungen zugeführt wird, wenn für die Niederlassung oder Betriebsstätte ein gesonderter Jahresabschluß aufgestellt wird, in dem das Dotationskapital wie ein Stammkapital behandelt und ausgewiesen ist (Kapitalausstattung von Niederlassungen oder Betriebsstätten); über den aufzustellenden Jahresabschluß und die Berechnung des Dotationskapitals im Garantiefall werden in der Garantieerklärung Sonderbedingungen vereinbart;

c) Darlehen, die im Zusammenhang mit einer Beteiligung stehen und nach Zweck und Umfang den Charakter einer Beteiligung haben (beteiligungsähnliche Darlehen).

(2) Darüber hinaus können Gegenstand der Garantien Beträge sein, die für einen bestimmten Zeitraum auf garantierte Beteiligungen und beteiligungsähnliche Darlehen als Gewinnanteile ausgeschüttet werden oder als Zinsen zu leisten sind (Erträge). Eine Ertragsdeckung besteht nur, wenn in der Garantieerklärung

ein Höchstbetrag der Garantie für die Ertragsdeckung ausdrücklich beziffert ist. Durch die Ertragsdeckung werden die ersten 10 v. H., gerechnet vom Einbringungswert (§ 7), der in einem Garantiejahr fälligen Erträge gedeckt; auf Antrag des Garantienehmers kann in der Garantieerklärung ein geringerer Vomhundertsatz festgesetzt werden.

(3) Alle anderen Rechte oder Forderungen (z. B. Bezugsrechte, Verzugszinsen, Vertragsstrafen, Reugeld, Forderungen auf Schadensersatz sowie Forderungen aus der Veräußerung von Kapitalanlagen an Dritte) sind auch dann nicht Gegenstand der Garantie, wenn sie in dem Vertrag über die Kapitalanlage ausdrücklich vorgesehen sind.

(4) Nicht garantiert sind Kapitalanlagen und deren Erträge, soweit der Unternehmer auf die Kapitalanlage vor Stellung seines Antrages auf Übernahme einer Garantie bereits Leistungen erbracht hat.

§ 4

Gedeckte Risiken

(1) Die Garantie des Bundes umfaßt Verluste an der Kapitalanlage oder an deren Erträgen, soweit die Verluste durch folgende politische Ereignisse oder Maßnahmen in dem Anlageland verursacht worden sind:

a) Verstaatlichung, Enteignung, enteignungsgleiche Eingriffe oder rechtswidrige Unterlassungen von Hoher Hand, die in ihren Auswirkungen einer Enteignung gleichzusetzen sind (Enteignungsfall);

b) Krieg oder sonstige bewaffnete Auseinandersetzungen, Revolution oder Aufruhr (Kriegsfall);

c) Zahlungsverbote oder Moratorien (Moratoriumsfall);

d) Unmöglichkeit der Konvertierung oder des Transfers von Beträgen, die zum Zwecke des Transfers in die Bundesrepublik bei einer zahlungsfähigen Bank eingezahlt worden sind (KT-Fall).

(2) Verluste infolge der in Absatz 1 genannten Ereignisse oder Maßnahmen, die auf einer unmittelbaren oder mittelbaren ausländischen Beteiligung am Garantienehmer oder einem ausländischen Einfluß auf den Garantienehmer beruhen, werden von der Garantie nicht erfaßt, wenn im Zeitpunkt der verlustbegründenden Ereignisse oder Maßnahmen das Kapital des Garantienehmers oder die Stimmrechte sich zu mehr als 50 % in ausländischer Hand befinden oder wenn der Garantienehmer einer ausländischen Kontrolle unterliegt. „Ausländische Kontrolle" bedeutet insbesondere, daß die rechtlich verantwortlichen oder faktisch maßgebenden Leiter des Unternehmens ausländische Staatsangehörige sind, von ausländischen Staatsangehörigen Weisungen empfangen oder unter deren Kontrolle handeln.

§ 5

Garantiefall

Der Garantiefall tritt ein:

1. wenn durch einen Enteignungsfall (§ 4 Abs. 1 Buchstabe a) in dem Anlageland die Beteiligung als solche, die in eine Forderung umgewandelte Beteiligung, die Forderung aus einem beteiligungsähnlichen Darlehen oder die Forderung auf ausgeschüttete Erträge ganz (Totalverlust) oder teilweise (Teilverlust) entzogen wird; dies gilt sinngemäß bei der Liquidation einer Niederlassung oder Betriebsstätte für den Liquidationserlös;

2. wenn durch einen Enteignungs- oder Kriegsfall (§ 4 Abs. 1 Buchstabe a oder b) in dem Anlageland

   a) die gesamten Vermögenswerte des Anlageunternehmens, der Niederlassung oder der Betriebsstätte entzogen oder zerstört werden oder

   b) ein so wesentlicher Teil der Vermögenswerte des Anlageunternehmens, der Niederlassung oder der Betriebsstätte entzogen oder zerstört wird, daß das Anlageunternehmen, die Niederlassung oder die Betriebsstätte auf die Dauer ohne Verluste nicht mehr fortgeführt werden kann

   und infolgedessen

   die Beteiligung oder das Dotationskapital als verloren anzusehen ist (Totalverlust)

oder
die Forderung, in die sich die Beteiligung umgewandelt hat, die Forderung aus dem beteiligungsähnlichen Darlehen oder die Forderung auf die Erträge ganz oder teilweise in keiner Form erfüllt oder beigetrieben werden kann;

3. wenn durch einen Moratoriumsfall (§ 4 Abs. 1 Buchstabe c) in dem Anlageland
eine fällige Forderung, in die sich die Beteiligung umgewandelt hat, eine fällige Forderung aus dem beteiligungsähnlichen Darlehen oder eine fällige Forderung auf die Erträge ganz oder teilweise in keiner Form erfüllt oder beigetrieben werden kann; dies gilt sinngemäß bei der Liquidation einer Niederlassung oder Betriebsstätte für den Liquidationserlös;

4. wenn durch einen KT-Fall (§ 4 Abs. 1 Buchstabe d) in dem Anlageland
Beträge nicht binnen 2 Monaten konvertiert oder transferiert worden sind, nachdem sie bei einer zahlungsfähigen Bank zum Zwecke der Überweisung an den Garantienehmer auf eine fällige Forderung, in die sich die Beteiligung umgewandelt hat, auf eine fällige Forderung aus dem beteiligungsähnlichen Darlehen oder auf die Erträge eingezahlt worden sind, sofern alle bestehenden Vorschriften und Vereinbarungen für die Konvertierung und den Transfer dieser Beträge erfüllt sind; dies gilt sinngemäß bei der Liquidation einer Niederlassung oder Betriebsstätte für den Liquidationserlös.

§ 6

Bruttoverlust

(1) Bruttoverlust an der Kapitalanlage ist

a) bei einer Beteiligung im Falle eines Totalverlustes oder bei einem Dotationskapital im Falle eines Totalverlustes der Zeitwert der Kapitalanlage bei Eintritt des Garantiefalles, höchstens ihr Einbringungswert (§ 7);

b) bei einer Beteiligung im Falle eines Teilverlustes die Wertminderung, die sich errechnet aus dem Vergleich zwischen dem Zeitwert der Beteiligung bei Eintritt des Garantiefalles, höchstens ihrem Einbringungswert, einerseits und dem Restwert der Beteiligung andererseits;

c) bei einer in eine Forderung umgewandelten Beteiligung und bei einem beteiligungsähnlichen Darlehen der Ausfall an der bei Eintritt des Garantiefalles mit dem Zeitwert bewerteten Forderung, höchstens jedoch der Einbringungswert der Kapitalanlage; ist nur ein Teil der Forderung vom Garantiefall betroffen, so ist der Bruttoverlust auf den Teil des Einbringungswertes begrenzt, der auf den betroffenen Teil der Forderung entfällt. Bei einem Liquidationserlös aus der Liquidation einer Niederlassung oder Betriebsstätte gelten Satz 1 und 2 entsprechend.

(2) Bruttoverlust an Erträgen ist der Ausfall an Forderungen auf gedeckte Erträge.

§ 7

Einbringungswert

(1) Einbringungswert ist derjenige Betrag in Deutscher Mark, dessen Höhe sich aus dem nach den deutschen Grundsätzen ordnungsmäßiger Buchführung und Bilanzierung aktivierungsfähigen Wert der dem Garantienehmer obliegenden und von ihm erbrachten Leistungen auf die Kapitalanlage errechnet. Über den in der Garantieerklärung gemäß § 8 Abs. 2 Satz 1 festgesetzten Höchstbetrag der Garantie für die Kapitaldeckung hinaus werden Leistungen für die Ermittlung des Einbringungswertes nicht anerkannt.

(2) Als vom Garantienehmer erbrachte Leistungen können auf besonderen Antrag auch diejenigen in Deutsche Mark umgerechneten Beträge anerkannt werden, die dem Garantienehmer in Form von Anteilen anläßlich einer Umwandlung offener – aus Gewinnen gebildeter – Rücklagen in Gesellschaftskapital zugeteilt werden; das gleiche gilt für die Zuteilung von Anteilen aufgrund von Maßnahmen des Anlageunternehmens, die einer solchen Kapitalerhöhung aus Gesellschaftsmitteln entsprechen. Derartige Beträge können bis zur Höhe von 300 v. H. der auf die garantierte Beteiligung erbrachten Leistungen gemäß Abs. 1 anerkannt werden.

§ 8

Höchstbetrag der Garantie

(1) Die Garantie des Bundes ist für jede Kapitalanlage und deren Erträge durch einen Höchstbetrag in Deutscher Mark begrenzt. Der Höchstbetrag der Garantie setzt sich zusammen aus dem Höchstbetrag der Garantie für die Kapitaldeckung und dem Höchstbetrag der Garantie für die Ertragsdeckung.

(2) Der Höchstbetrag der Garantie für die Kapitaldeckung wird in der Garantieerklärung unter Berücksichtigung des Wertes der von dem Garantienehmer auf die Kapitalanlage zu erbringenden Leistungen festgesetzt. Der Höchstbetrag der Garantie für die Kapitaldeckung verringert sich nach Garantiefällen bezüglich der Kapitalanlage selbst um den Betrag des bei Berechnung der Entschädigung ermittelten gedeckten Verlustes (§ 18 Abs. 3). Der Höchstbetrag der Garantie für die Kapitaldeckung ist auf Antrag des Garantienehmers zum Ende eines Garantiejahres herabzusetzen.

(3) Der Höchstbetrag der Garantie für die Ertragsdeckung wird auf Antrag in der Garantieerklärung bis zu 50 v. H. des Höchstbetrages der Garantie für die Kapitaldeckung festgesetzt. Verringert sich der Höchstbetrag der Garantie für die Kapitaldeckung infolge von Garantiefällen bezüglich der Kapitalanlage selbst oder auf Antrag des Garantienehmers, so ist der Höchstbetrag der Garantie für die Ertragsdeckung im gleichen Verhältnis herabzusetzen. Der Höchstbetrag der Garantie für die Ertragsdeckung verringert sich nach Garantiefällen bezüglich der Erträge um den Betrag des bei Berechnung der Entschädigung ermittelten gedeckten Verlustes (§ 18 Abs. 3); bei Eingängen nach Entschädigung (§ 21) kann der Garantienehmer eine entsprechende Wiedererhöhung der Ertragsdeckung verlangen; ist jedoch inzwischen eine Verringerung des Höchstbetrages der Garantie für die Kapitaldeckung erfolgt, so ist auch der Wiedererhöhungsbetrag entsprechend zu kürzen.

§ 9

Selbstbeteiligung

(1) An jedem gedeckten Verlust (§ 18 Abs. 3) ist der Garantienehmer in Höhe des in der Garantieerklärung festgelegten Satzes selbst beteiligt.

(2) Die Selbstbeteiligung darf nicht anderweitig gedeckt werden.

§ 10

Höchsthaftung

(1) Aus dem Höchstbetrag der Garantie abzüglich der Selbstbeteiligung ergibt sich der Betrag der Höchsthaftung des Bundes; dieser wird in die Garantieerklärung aufgenommen. Über den Betrag der Höchsthaftung des Bundes hinaus können Ansprüche im Zusammenhang mit der Garantie, gleich aus welchem Rechtsgrunde, gegen den Bund nicht geltend gemacht werden.

(2) Die Entschädigungspflicht des Bundes für gedeckte Verluste (§ 18 Abs. 3) unter DM 4000,– (Bagatellschaden) ist ausgeschlossen. Dies gilt nicht, wenn während eines Zeitraumes von einem Jahr mehrere Bagatellschäden auftreten und die Summe der Verluste DM 4000,– oder mehr beträgt.

§ 11

Beginn und Ende der Deckung

(1) Die Deckung für Verluste an Kapitalanlagen und an deren Erträgen beginnt in dem Zeitpunkt, in dem der Garantienehmer die ihm obliegende Leistung auf die Kapitalanlage erbracht hat, jedoch nicht vor Wirksamwerden der Garantie (§ 12 Abs. 1). Voraussetzung für den jeweiligen Deckungsbeginn ist ferner, daß die Leistungen auf die Kapitalanlage innerhalb der in der Garantieerklärung festgesetzten Frist erbracht werden; die Frist kann durch Nachtrag zur Garantieerklärung verlängert werden. Wird an das Anlageunternehmen geleistet, so gilt die Leistung erst dann als erbracht, wenn ihr Gegenstand in die Verfügungsmacht des Anlageunternehmens, der Niederlassung oder der Betriebsstätte übergegangen ist.

(2) Erbringt der Garantienehmer die ihm obliegende Leistung in Teilleistungen, so beginnt die Deckung für jede Teilleistung in dem Zeitpunkt, in dem für sie die in Absatz 1 genannten Voraussetzungen vorliegen.

(3) Sind in dem Zeitpunkt, in dem die Voraussetzungen der Absätze 1 und 2 erfüllt werden, bereits in § 4 Abs. 1 genannte Ereignisse eingetreten oder Maßnahmen getroffen worden, so entfällt eine Deckung für Verluste durch diese Ereignisse oder Maßnahmen. Ist eine solche Maßnahme befristet (z. B. befristetes Moratorium) und wird die Frist später verlängert oder wird im Anschluß an die befristete Maßnahme eine neue Maßnahme gleicher Art getroffen, so entfällt die Deckung auch für Verluste infolge der Fristverlängerung oder der neuen Maßnahme. Soweit in dem Zeitpunkt, in dem die Garantie wirksam wird, Umstände gegeben sind, die die Zahlung oder den Transfer der Erträge bzw. die Zahlung oder den Rücktransfer des Gegenwertes der Kapitalanlage ausschließen oder beschränken, werden Verluste an der Kapitalanlage oder an deren Erträgen, die auf diesen Umständen beruhen, durch die Garantie nicht gedeckt; dies gilt auch, soweit die vorgenannten Umstände nach dem Wirksamwerden der Garantie, jedoch vor Beginn der Deckung eintreten, es sei denn, dem Garantienehmer ist die Verweigerung der ihm auf die Kapitalanlage noch obliegenden Leistungen nicht zumutbar.

(4) Die Deckung endet mit Ablauf der in der Garantieerklärung festgesetzten Laufzeit der Garantie.

(5) Abweichend von Absatz 4 sind gedeckt:

a) Verluste an Kapitalanlagen aus Garantiefällen gemäß § 5 Nr. 1 und 2, die innerhalb von 6 Monaten nach Ablauf der Laufzeit der Garantie eintreten und auf vor Ablauf der Laufzeit eingetretenen Ereignissen oder Maßnahmen gemäß § 4 Abs. 1 Buchstaben a und b beruhen;

b) Verluste an Forderungen aus einem Garantiefall gemäß § 5 Nr. 4, der innerhalb von 2 Monaten nach Ablauf der Laufzeit eintritt.

Das gilt nicht, wenn die Garantie durch Kündigung oder Rücktritt endet.

(6) Für Forderungen (in Forderungen umgewandelte Beteiligungen, beteiligungsähnliche Darlehen, Erträge), deren Einziehung und Transferierung nicht unverzüglich nach Fälligkeit veranlaßt wird oder die gestundet werden, erlischt die Deckung, es sei denn, daß der Bund der Fortdauer der Deckung zugestimmt hat. Dies gilt sinngemäß bei der Liquidation einer Niederlassung oder Betriebsstätte für den Liquidationserlös.

§ 12

Garantieerklärung

(1) Die Garantie wird mit Beginn des Tages wirksam, an dem die Garantieerklärung dem Garantienehmer zugeht; eine Erhöhung der Höchsthaftung des Bundes oder eine Verlängerung der Laufzeit der Garantie werden mit Beginn des Tages wirksam, an dem der darüber ausgefertigte Nachtrag zur Garantieerklärung dem Garantienehmer zugeht (Wirksamwerden der Garantie).

(2) Garantieerklärung und Nachträge sind nur rechtsverbindlich, wenn sie die Unterschrift der Bundesschuldenverwaltung tragen.

§ 13

Allgemeine Pflichten des Garantienehmers

(1) Der Garantienehmer hat die für Kapitalanlagen im Ausland vom Bund und vom Anlageland erlassenen Vorschriften zu beachten, die für Kapitalanlagen notwendigen Genehmigungen einzuholen sowie die in Genehmigungen des Anlagelandes und in Vereinbarungen mit dem Anlageland enthaltenen Bedingungen, Auflagen und Verpflichtungen zu erfüllen.

(2) Über den Stand und die Entwicklung der Kapitalanlage sowie des Anlageunternehmens, der Niederlassung oder Betriebsstätte ist jährlich schriftlich binnen 9 Monaten nach Ablauf des Geschäftsjahres des Unternehmens zu berichten. Dem Bericht sind die Bilanz und die Gewinn- und Verlustrechnung nebst Erläuterungen, der Geschäftsbericht sowie etwaige Berichte von Abschlußprüfern oder von Institutionen mit ähnlichen Aufgaben beizufügen. Auf Verlangen ist der Garantienehmer verpflichtet, jederzeit über Einzelheiten der Kapitalanlage sowie über die mit ihr im Zusammenhang stehenden Geschäfte Auskunft zu erteilen.

(3) Der Garantienehmer hat unverzüglich schriftlich anzuzeigen:

a) wenn die Voraussetzungen für den Beginn der Deckung (§ 11) bei einer Leistung oder Teilleistung auf die Kapitalanlage vorliegen; dabei ist der Betrag der vom Garantienehmer auf die garantierte Kapitalanlage erbrachten Leistungen (§ 7 Abs. 1 Satz 1) anzugeben;

b) wenn sich Beteiligungen in Forderungen umwandeln oder wenn Niederlassungen oder Betriebsstätten liquidiert werden;

c) wenn Kapitalanlagen veräußert werden, in anderer Weise über sie verfügt wird oder Rückzahlungen auf sie erfolgen;
d) wenn wesentliche Veränderungen bezüglich der Kapitalanlage eintreten, insbesondere wenn die Satzung des Anlageunternehmens oder Verträge, die im Zusammenhang mit der Kapitalanlage stehen, ergänzt oder aufgehoben werden; dies gilt sinngemäß für Niederlassungen oder Betriebsstätten;
e) wenn im Zusammenhang mit der Kapitalanlage stehende Genehmigungen mit Bedingungen oder Auflagen versehen werden;
f) wenn von der Regierung oder sonstigen Behörden des Anlagelandes besondere Zusagen bezüglich der Kapitalanlage oder des Anlageunternehmens gegeben oder geändert werden;
g) wenn er neben der durch die Garantie gedeckten Kapitalanlage eine weitere, nicht gedeckte Kapitalanlage bei demselben Unternehmen erwirbt.

(4) Der Garantienehmer hat jederzeit auf Verlangen, spätestens im Schadensfall, den Wert der auf die garantierte Kapitalanlage erbrachten Leistungen nachzuweisen.

(5) Nach Ablauf der Frist für die Stellung eines Entschädigungsantrages (§ 16 Abs. 1) hat der Garantienehmer Garantieerklärung und Nachträge zum Zwecke der Enthaftung zurückzugeben.

(6) Der Bund, der Bundesrechnungshof sowie die von diesen Beauftragten sind vor und nach Inanspruchnahme des Bundes aus der Deckung berechtigt, die Bücher, Schriften und sonstigen Unterlagen des Garantienehmers, soweit sie mit der Garantie im Zusammenhang stehen können, auf Kosten des Garantienehmers einzusehen und zu überprüfen, Abschriften zu fertigen oder zu verlangen. Der Garantienehmer ist auf Verlangen des Bundes verpflichtet, alle ihm zumutbaren Maßnahmen zu ergreifen, um die gleiche Prüfung auch bei dem Anlageunternehmen zu ermöglichen. Alle die garantierte Kapitalanlage betreffenden Unterlagen sind sorgfältig aufzubewahren.

§ 14

Besondere Pflichten des Garantienehmers

(1) Droht ein Garantiefall oder ist er eingetreten, so hat der Garantienehmer mit der Sorgfalt eines ordentlichen Kaufmanns vorzugehen, insbesondere alles zu tun, um den Schaden abzuwenden oder zu mindern; er hat hierbei etwaige Weisungen des Bundes zu befolgen.

(2) Der Garantienehmer hat unverzüglich schriftlich anzuzeigen:

a) wenn ihm risikoerhöhende Umstände bekannt werden, insbesondere wenn die Kapitalanlage betreffende Ereignisse oder Maßnahmen gemäß § 4 Abs. 1 bevorstehen;
b) wenn derartige Ereignisse eingetreten oder Maßnahmen getroffen worden sind.

(3) Kündigt das Anlageland eine mit der Bundesrepublik Deutschland geschlossene Vereinbarung über die Behandlung derartiger Kapitalanlagen und verliert die garantierte Kapitalanlage dadurch den Schutz dieser Vereinbarung vor Ablauf der Garantielaufzeit, so hat der Garantienehmer im Einvernehmen mit dem Bund die Maßnahmen zu treffen, die infolge des fehlenden Schutzes dieser Vereinbarung zur Sicherung der Kapitalanlage erforderlich sind.

§ 15

Folgen von Vertragsverletzungen; Genehmigungen; Rücktritts- und Kündigungsrecht

(1) Wirkt der Garantienehmer schuldhaft an der Entstehung eines Schadens mit, insbesondere dadurch, daß er eine ihm nach diesen „Allgemeinen Bedingungen" oder nach den Bestimmungen der Garantieerklärung obliegende Pflicht verletzt, so bestimmen sich die Verpflichtung des Bundes zur Entschädigung sowie der Umfang der zu leistenden Entschädigung nach den Umständen, insbesondere danach, inwieweit der Schaden durch das pflichtwidrige Verhalten des Garantienehmers herbeigeführt worden ist. Das gilt entsprechend, wenn das pflichtwidrige Verhalten des Garantienehmers zu einer Erhöhung des Schadens beiträgt oder eine Minderung verhindert.

(2) Verletzt der Garantienehmer schuldhaft eine ihm nach diesen „Allgemeinen Bedingungen" oder den Bestimmungen der Garantieerklärung obliegende Pflicht, ohne daß die Pflichtverletzung einen Einfluß auf das Entstehen und den Umfang des Schadens hat, so kann der Bund eine Entschädigungsleistung gleichwohl ablehnen oder mindern, wenn die Pflichtverletzung Einfluß auf die Feststellung oder den Umfang der dem Bund obliegenden Leistung gehabt hat.

(3) Durch die Garantie nicht gedeckt sind Nachteile, soweit sie auf den in Genehmigungen des Anlagelandes und auf den in Vereinbarungen mit dem Anlageland enthaltenen Bedingungen und Auflagen beruhen. Ebenso sind Nachteile nicht gedeckt, die sich daraus ergeben, daß im Einzelfall für die Erlangung genereller oder spezieller Vorteile zur Verfügung stehende Genehmigungen nicht eingeholt werden. Genehmigungen im Sinne dieser Bestimmungen sind auch Zusagen, Registrierungen, Konzessionen u. ä..

(4) Hat der Garantienehmer im Zusammenhang mit der Stellung des Antrages schuldhaft unvollständige oder unrichtige Angaben gemacht, so kann der Bund innerhalb von zwei Monaten seit Kenntnis hiervon von der Garantie zurücktreten. Tritt der Bund zurück, nachdem der Garantiefall eingetreten ist, so bleibt seine Verpflichtung zur Leistung gleichwohl bestehen, soweit der Umstand, in Ansehung dessen die unvollständigen oder unrichtigen Angaben gemacht worden sind, keinen Einfluß auf den Eintritt des Garantiefalles und auf den Umfang der Leistung des Bundes – insbesondere auf die Übernahme der Garantie – gehabt hat. Das Recht des Bundes, die Garantie wegen arglistiger Täuschung anzufechten, bleibt unberührt.

(5) Bei Eintritt gefahrerhöhender Umstände kann der Bund die Garantie mit sofortiger Wirkung kündigen oder beschränken, soweit die Deckung gemäß § 11 noch nicht begonnen hat, es sei denn, dem Garantienehmer ist die Verweigerung der ihm auf die Kapitalanlage noch obliegenden Leistungen nicht möglich.

(6) Werden die Satzung des Anlageunternehmens oder Verträge, die im Zusammenhang mit der Kapitalanlage stehen können, geändert, ergänzt oder aufgehoben und tritt hierdurch eine wesentliche Erhöhung des Risikos ein, so kann der Bund die Garantie mit Wirkung von der Änderung, Ergänzung oder Aufhebung an kündigen; die Entschädigungspflicht des Bundes für vor der Änderung, Ergänzung oder Aufhebung eingetretene Garantiefälle bleibt bestehen. Dies gilt sinngemäß für Niederlassungen oder Betriebsstätten.

(7) Werden Zusagen gemäß § 13 Abs. 3 Buchstabe f gegeben oder erweitert, so kann der Bund die Garantie mit Wirkung von der Abgabe oder Erweiterung der Zusagen an insoweit einschränken, als sich daraus eine Erhöhung des Risikos ergeben könnte.

(8) Der Bund ist berechtigt, die Garantie mit sofortiger Wirkung zu kündigen:

a) bei grober Verletzung der Vertragspflichten durch den Garantienehmer,

b) aus wichtigem Grunde, der in der Person des Garantienehmers liegt.

(9) Der Garantienehmer hat sich das Verhalten des Anlageunternehmens, seiner Treuhänder und anderer Personen, die seinen Weisungen unterliegen, anrechnen zu lassen.

(10) Der Garantienehmer ist berechtigt, die Garantie zum Ende eines Garantiejahres unter Einhaltung einer Frist von einem Monat schriftlich zu kündigen.

§ 16

Antrag auf Entschädigung

(1) Der Antrag auf Entschädigung ist bei der TREUARBEIT unverzüglich nach Eintritt eines Garantiefalles, spätestens jedoch sechs Monate nach Beendigung der Deckung (§ 11 Abs. 5 und 6) einzureichen.

(2) Der Garantienehmer hat das Vorliegen der Voraussetzungen für den Eintritt eines Garantiefalles sowie Grund und Höhe des Schadens nachzuweisen.

§ 17

Feststellung des Schadens und Zahlung der Entschädigung

(1) Die Feststellung des Schadens erfolgt binnen angemessener Frist, nachdem der Garantienehmer alle zum Nachweis des Schadens erforderlichen Unterlagen beigebracht hat. Ist dies zunächst nach Lage der Sache nicht möglich, so kann der Bund auf Antrag des Garantienehmers eine vorläufige Entschädigung zahlen, über deren Höhe der Bund nach Prüfung der verfügbaren Unterlagen entscheidet.

(2) Die Entschädigung wird frühestens drei Monate nach Absendung der Schadensberechnung oder der Berechnung der vorläufigen Entschädigung, jedoch nicht vor Ablauf von sechs Monaten nach Eintritt des Garantiefalles gezahlt; bei beteiligungsähnlichen Darlehen ist der Bund in Moratoriums- und KT-Fällen berechtigt, die Entschädigung für die Darlehensforderung frühestens drei Jahre nach Wirksamwerden der Garantie zu leisten.

(3) Der Bund kann bei beteiligungsähnlichen Darlehen die Entschädigung für die Darlehensforderung in Raten, die den im Darlehensvertrag vereinbarten Tilgungsraten entsprechen, oder in angemessenen, über die Restlaufzeit der Garantie verteilten Raten zahlen, und zwar unter Zahlung der vereinbarten Darlehenszinsen, höchstens jedoch 6 vom Hundert jährlich auf den jeweils ausstehenden Entschädigungsbetrag, gerechnet vom Tage der Auszahlung der ersten Entschädigungsrate an.

(4) Stellt sich nach Zahlung einer Entschädigung heraus, daß die Voraussetzungen für die Zahlung oder für eine Zahlung in dieser Höhe nicht gegeben waren, so ist der Garantienehmer verpflichtet, den Betrag insoweit unverzüglich an den Bund zurückzuzahlen.

§ 18

Berechnung der Entschädigung

(1) Zum Zwecke der Berechnung der Entschädigung wird der Bruttoverlust (§ 6) ermittelt. Hierbei wird

a) als Einbringungswert der Kapitalanlage der sich gemäß § 7 ergebende Betrag zugrunde gelegt. Sind im Falle einer Bareinbringung die dem Anlageunternehmen zugeflossenen Mittel dazu verwandt worden, beim Garantienehmer oder bei ihm nahestehenden oder verbundenen Unternehmen Anlagen oder andere Vermögensgegenstände zu erwerben, so kann der Einbringungswert auf den Betrag ermäßigt werden, der sich bei Anwendung der Grundsätze des § 7 Abs. 1 Satz 1 für die erworbenen Anlagen oder Vermögensgegenstände ergäbe, wenn diese als Sacheinlage eingebracht worden wären. Ist dem Garantiefall eine Tilgung, sonstige Rückführung, Veräußerung oder ein anderer Garantiefall an der Kapitalanlage selbst voraufgegangen, so ist der Einbringungswert für die Berechnung der Entschädigung in dem Verhältnis zu kürzen, in dem der getilgte, rückgeführte, veräußerte oder von dem früheren Garantiefall betroffene Teil der Kapitalanlage zur ganzen garantierten Kapitalanlage steht.

b) – soweit erforderlich – als Zeitwert der Kapitalanlage der Wert in Deutscher Mark festgestellt, der der Kapitalanlage bei Eintritt des Garantiefalles in Anlehnung an betriebswirtschaftliche Grundsätze unter Berücksichtigung der bis zu diesem Zeitpunkt fortgeführten Bilanzen sowie der Erfolgsrechnungen des Unternehmens beizulegen ist;

c) – soweit erforderlich – als Restwert der Beteiligung der Wert in Deutscher Mark festgestellt, der der Beteiligung unmittelbar nach Eintritt des Garantiefalles in Anlehnung an betriebswirtschaftliche Grundsätze unter Berücksichtigung der bis zu diesem Zeitpunkt fortgeführten Bilanzen sowie der Erfolgsrechnungen des Unternehmens beizulegen ist; bei der Wertermittlung werden mit großer Wahrscheinlichkeit zu erwartende nachhaltig wertmindernde Folgen des Garantiefalles angemessen berücksichtigt; folgt dem Garantiefall eine Liquidation des Unternehmens oder wird die Restbeteiligung veräußert, so ist der Liquidations- oder der Veräußerungserlös als Restwert der Kapitalanlage anzusehen, sofern Liquidation oder Veräußerung in ursächlichem Zusammenhang mit dem Garantiefall stehen;

d) als Ausfall an Forderungen festgestellt,

1. wenn sie auf Deutsche Mark lauten: der Ausfall gegenüber dem Betrag in Deutscher Mark, den der Garantienehmer bei einem Transfer im Zeitpunkt des Eintritts des Garantiefalles erhalten hätte; Wertsicherungsklauseln werden nicht berücksichtigt;

2. wenn sie auf ausländische Währung lauten: der Ausfall in ausländischer Währung, in Deutsche Mark zu dem Kurs (einschließlich etwaiger Devisenprämien o. ä.) umgerechnet, der bei Transfer und Konvertierung der Forderung im Zeitpunkt des Eintritts des Garantiefalles maßgebend gewesen wäre, hilfsweise zu dem Geldkurs der Frankfurter Börse am Stichtag oder, falls am Stichtag keine amtliche Kursnotierung stattfand, zu der vorangegangenen Notierung oder, wenn für die in Betracht kommende Währung in der Bundesrepublik eine amtliche Notierung nicht festgestellt wurde, zu dem von der Deutschen Bundesbank zuletzt als Geldkurs bekanntgegebenen Umrechnungssatz.

(2) Von dem nach Absatz 1 ermittelten Betrag (Bruttoverlust) werden zur Ermittlung des Nettoverlustes folgende Beträge (Vorteile), sofern sie im Zusammenhang mit dem Garantiefall stehen, abgesetzt, und zwar gekürzt um die für ihre Erlangung vom Garantienehmer aufgewandten notwendigen Auslagen:

a) alle Zahlungen bzw. der Wert aller sonstigen Leistungen, die der Garantienehmer nach Eintritt des Garantiefalles von dem Anlageunternehmen, dem ausländischen Staat, aus Versicherungen oder von sonstigen Dritten erhalten hat,

b) alle Erlöse, die der Garantienehmer aus der Verwertung von Rechten, Gütern, Pfändern und sonstigen Sicherheiten erhalten hat,

c) der Wert der Verbindlichkeiten des Garantienehmers, von denen er durch den Garantiefall befreit wurde oder von denen er sich durch Aufrechnung oder auf sonstige Weise gegenüber dem Anlageunternehmen oder einem aus dem Garantiefall schadensersatzpflichtigen Dritten befreien kann,

d) der Wert etwaiger sonstiger Vorteile, die der Garantienehmer erhalten hat.

Betreffen Vorteile sowohl garantierte als auch nicht garantierte Kapitalanlagen, so sind sie in derjenigen Höhe abzusetzen, in der sie auf die garantierte Kapitalanlage entfallen.

(3) Der nach den Absätzen 1 und 2 ermittelte Nettoverlust wird durch die Garantie nur insoweit gedeckt, als er im Rahmen des Höchstbetrages der Garantie für die Kapitaldeckung bzw. die Ertragsdeckung liegt (gedeckter Verlust).

(4) Der gedeckte Verlust ergibt nach Abzug der Selbstbeteiligung den vom Bund zu zahlenden Entschädigungsbetrag

§ 19

Übertragung von Rechten

(1) Erhält der Garantienehmer vom Bund eine Entschädigung, so ist er verpflichtet, diejenigen Rechte, die Gegenstand der Entschädigung waren, die Ersatzansprüche und etwaige Ansprüche aus Versicherungen und dergleichen sowie den Anspruch auf die im Ausland eingezahlten und hinterlegten Beträge, jeweils nebst Sicherheiten und Nutzungen, auf den Bund zu übertragen. Ist eine solche Übertragung nicht möglich oder verzichtet der Bund hierauf, so hat der Garantienehmer diese Rechte insoweit treuhänderisch für den Bund zu halten und nach dessen Weisungen zu verwalten.

(2) Der Bund kann die Auszahlung einer Entschädigung von der vorherigen Übertragung der Rechte abhängig machen.

§ 20

Rechtsverfolgung

(1) Unbeschadet des Übergangs der Rechte auf den Bund nach § 19 hat der Garantienehmer, auf Verlangen des Bundes auch im eigenen Namen, alle zur Einziehung oder Verwertung der Rechte, einschließlich der Sicherheiten, geeigneten Maßnahmen durchzuführen und hierbei etwaige Weisungen des Bundes zu befolgen. Das gleiche gilt für Rechte, die der Garantienehmer nach § 19 treuhänderisch für den Bund hält.

(2) Sachgemäße Aufwendungen des Garantienehmers für besondere Maßnahmen, die er zur Rechtsverfolgung auf Verlangen des Bundes durchführt, werden zwischen dem Bund und dem Garantienehmer im Verhältnis ihrer Beteiligung an dem Gegenstand der Rechtsverfolgung aufgeteilt.

§ 21

Eingänge nach Entschädigung

Eingänge nach Entschädigung werden zwischen dem Bund und dem Garantienehmer in dem Verhältnis von Entschädigungsbetrag und Selbstbeteiligung aufgeteilt. Der Anteil des Bundes an Eingängen nach Entschädigung ist jedoch insgesamt begrenzt auf die Summe, bestehend aus vom Bund gemäß § 17 Abs. 3 gezahlten Zinsen, vom Bund gezahlten Entschädigungsbeträgen im Rahmen der Ertragsdeckung, vom Bund gezahlten Entschädigungsbeträgen im Rahmen der Kapitaldeckung zuzüglich einer Verzinsung in Höhe des jeweiligen Bundesbankdiskontsatzes auf die vom Bund im Rahmen der Kapitaldeckung gezahlten Entschädigungsbeträge von ihrer Auszahlung bis zu ihrem Rückfluß. Die Anrechnung der dem Bund zustehenden Eingänge erfolgt gemäß der Reihenfolge der vorstehenden Aufzählung.

§ 22

Verfügung über Ansprüche aus der Garantie

Die Verfügung über Ansprüche aus der Garantie bedarf der vorherigen schriftlichen Zustimmung des Bundes. Stimmt der Bund der Verfügung zu, so bleiben sämtliche Verpflichtungen des Garantienehmers aus der Garantie gegenüber dem Bund unverändert bestehen, sofern nichts anderes vereinbart wird. Der Bund kann gegenüber demjenigen, zu dessen Gunsten verfügt wurde, in gleicher Weise aufrechnen, Einwendungen, Zurückbehaltungs- und sonstige Rechte geltend machen wie gegenüber dem Garantienehmer.

§ 23

Veräußerung der Kapitalanlage

Veräußert der Garantienehmer die garantierte Kapitalanlage oder verfügt er über sie in sonstiger Weise oder geht das Unternehmen, bei dem die Kapitalanlage besteht, durch Verschmelzung oder ähnliche Vorgänge unter, so erlischt die Garantie, es sei denn, der Bund stimmt der Fortdauer der Garantie zu.

§ 24

Entgelt

(1) Für die Garantie wird ein Entgelt erhoben. Das Entgelt wird für jedes Laufjahr im voraus mit der Erteilung der Entgeltrechnung fällig.

(2) Geht das erste Entgelt für die Garantie nicht innerhalb von 3 Wochen nach Fälligkeit ein, kann der Bund nach schriftlicher Androhung von der Garantie zurücktreten; geht das Entgelt für die folgenden Jahre nicht innerhalb von 3 Wochen nach Fälligkeit ein, kann der Bund nach schriftlicher Androhung mit sofortiger Wirkung die Garantie kündigen.

(3) Tritt der Bund von der Garantie zurück, kündigt er die Garantie oder erlischt diese, so ist das Entgelt für die Zeit bis zum Rücktritt, zur Kündigung oder zum Erlöschen zu zahlen.

§ 25

Schriftform

Alle Vereinbarungen und Erklärungen bedürfen zu ihrer Gültigkeit der Schriftform.

§ 26

Gerichtsstand und Ausschlußfrist

(1) Ansprüche aus der Garantie gegen den Bund sind innerhalb einer Ausschlußfrist von sechs Monaten gerichtlich geltend zu machen, nachdem der Bund dem Garantienehmer gegenüber den erhobenen Anspruch unter Hinweis auf diese Rechtsfolgen schriftlich abgelehnt hat.

(2) Für Streitigkeiten zwischen dem Bund und dem Garantienehmer ist das Landgericht Hamburg zuständig.

IV. Antragsformulare

1. Antrag auf Übernahme einer Ausfuhrgewährleistung

Bitte senden Sie diesen Antrag **dreifach** an die für Sie zuständige Außenstelle der Hermes Kreditversicherungs-AG, Hamburg

Sofern Ihnen bereits eine Deckungsnehmer-Nr. zugeteilt ist, bitte hier eintragen:

DN-Nr.

Wichtige Hinweise:

Bitte informieren Sie sich rechtzeitig über die für Ihr Ausfuhrgeschäft in Betracht kommenden Ausfuhrgewährleistungen. Die Direktion und die Außenstellen des Hermes stehen zur Aushändigung der im Antragsformular angesprochenen **Richtlinien, Allgemeinen Bedingungen** und **Entgeltsätze** sowie zur Auskunftserteilung und Beratung zur Verfügung.

Anträge auf Ausfuhrgewährleistungen sind möglichst vor Abschluß des Ausfuhrvertrages, spätestens vor Beginn des zu deckenden Risikos zu stellen. Nach Risikobeginn gestellte Anträge können als verspätet zurückgewiesen werden.

Bitte fügen Sie dem Antrag keine Verträge oder sonstigen Vertragsunterlagen bei; diese werden erst in einem etwaigen Entschädigungsverfahren geprüft.

Wir beantragen für das nachfolgend dargestellte Ausfuhrgeschäft die Übernahme einer Ausfuhrgewährleistung als:

Fabrikationsrisikobürgschaft (FB)
Ausfuhrbürgschaft (B)
revolvierend ja nein

Fabrikationsrisikogarantie (FG)
Ausfuhrgarantie (G) bzw.
Ausfuhrgarantie / kurzfristige Einzeldeckung (G/kE)
revolvierend (G/kE) ja nein

zu den für die beantragte Ausfuhrgewährleistung derzeit gültigen Allgemeinen Bedingungen.

Die Entscheidung über diesen Antrag erfolgt nach Maßgabe der vom Bundesminister für Wirtschaft erlassenen Richtlinien für die Übernahme von Ausfuhrgewährleistungen vom 30.12.1983.

Entgelte

Für die Prüfung und die Übernahme der beantragten Ausfuhrgewährleistung werden wir Entgelte entrichten, deren Berechnung aufgrund der vom Bundesminister für Wirtschaft festgesetzten Entgeltsätze erfolgt. Die Bezahlung der Antragsgebühr erfolgt unabhängig von der Übernahme der beantragten Ausfuhrgewährleistung.

Wird das in Rechnung gestellte Entgelt bei Fälligkeit nicht entrichtet, so wird mit der zweiten Mahnung neben dem angemahnten Entgeltbetrag eine Verzugskostenpauschale (Mahngebühr) von DM 20,– und mit der dritten Mahnung eine Verzugskostenpauschale von DM 30,– erhoben. Die Geltendmachung von Verzugszinsen bleibt vorbehalten.

Verantwortlichkeit für den Antrag

Die beantragte Ausfuhrgewährleistung wird aufgrund der in diesem Antrag oder in sonstiger Weise erfragten Angaben übernommen. Änderungen oder Ergänzungen gegenüber den bei Antragstellung erfolgten Angaben werden wir unverzüglich mitteilen.

Uns ist bekannt, daß eine unrichtige oder unvollständige Beantwortung der Fragen oder eine unterlassene Berichtigung der Angaben den Bund berechtigen kann, die Übernahme der Ausfuhrgewährleistung abzulehnen oder sich bei übernommener Ausfuhrgewährleistung von einer Verpflichtung zur Entschädigung zu befreien.

Ort und Datum

Unterschrift des Antragstellers / Firmenstempel

Bitte beachten Sie bei der Beantwortung der nachstehenden Fragen die Erläuterungshinweise.

DN-Nr. FA-Nr.

(1) Bestellerland Land-AK /

(2) Antragsteller vollständige Firmierung

Postfach und/oder Straße
PLZ und Ort
Telefon und FS-Anschluß (mit Kennung)
für Rückfragen zuständiger Sachbearbeiter

(3) Ausländischer Besteller vollständige Bezeichnung

Postfach und/oder Straße
Ort Bankverbindung

Wir sind an der Bestellerfirma kapitalmäßig beteiligt (nur für private Besteller)
nein ja (Erläuterungen erforderlich)
Auskünfte über den ausländischen Besteller liegen bei werden nachgereicht

(4) Vertrag
Vertrag abgeschlossen am in Kraft getreten am
Vertrag noch nicht abgeschlossen
bei Ausschreibungen: Submissionstermin
Unsere Auftrags- oder Projekt-Nr.
Kennwort des Projektes

(5) Projekt bzw. Warenart*

Bestimmungsort der Ware bzw. Standort der Anlage
Die Ware bzw. Leistung hat ihren Ursprung im Geltungsbereich des Außenwirtschaftsgesetzes der Bundesrepublik Deutschland ja nein (Erläuterungen erforderlich)
Die Ware/Leistung ist ausfuhrgenehmigungspflichtig nein ja (Erläuterungen erforderlich)
Für die ordnungsgemäße Durchführung des Geschäftes sind Lieferungen/Leistungen aus Drittländern erforderlich, die im Falle ihres Ausbleibens nicht anderweitig ersetzt werden können oder dürfen nein ja (Erläuterungen erforderlich)
Flaggenklausel (nicht bei fob-Lieferungen) nein ja (Erläuterungen erforderlich)

(6) Auftragswert*
Warenwert (fob, cif, etc.)
Montagekosten
Finanzierungskosten (Zinssatz % p. a.)
Vertragswährung
Es ist eine Preisgleitklausel vereinbart ja nein
wenn ja: Deckung gewünscht ja nein
Angaben zu örtlichen Kosten und ausländischen Zulieferungen*

Bei Fremdwährungen:
Es wird Aufhebung der Kursbegrenzung bei Entschädigung beantragt ja nein

Es ist eine Kursgleitklausel / ein Festkurs vereinbart ja Kurs nein

* (ggf. Anlage verwenden)

(7) Selbstkosten im Sinne des § 2 der Allgemeinen Bedingungen FB/FG (nur bei Antrag auf FB/FG auszufüllen)
für diesen Auftrag insgesamt DM
Hiervon sollen **nicht** gedeckt werden:
1. gemäß § 2 Absatz 4 die Selbstkosten
für folgende Lieferungen und Leistungen*

DM
2. die Selbstkosten, die nach Versand entstehen DM
somit Deckung beantragt für DM

(8) Gegengarantien*
Von uns herauszulegende Garantien (z. B. Bietungsgarantie, Liefergarantie, Gewährleistungsgarantie)
Deckung gewünscht ja nein
Art der Garantie und Höhe

(9) Zahlungsbedingungen*

Für Kreditgeschäfte:
Die Zinsen werden degressiv berechnet und fälliggestellt ja nein
Wir stimmen einem evtl. notwendig werdenden Konsultationsverfahren zu ja nein
Die Aufbringung der Mittel für alle Zahlungen – auch teilweise – erfolgt
ohne unsere Mithaftung mit unserer Mithaftung (Erläuterungen erforderlich)
Für dieses Geschäft ist eine Unterstützung der öffentlichen Hand in einer anderen Weise als durch eine etwaige Ausfuhrgarantie oder -bürgschaft oder sonstige Förderungsmaßnahmen des Bundes vorgesehen
nein ja (Erläuterungen erforderlich)

(10) Sicherheiten* (vom ausländischen Besteller beizubringen)

(11) Liefer- und Leistungstermine*
Fabrikationsbeginn (nur bei FB/FG) Leistungs-/Montagebeginn
Lieferbeginn Leistungs-/Montageende
Lieferende Betriebsbereitschaft

(12) Sonstige bemerkenswerte Einzelheiten des Geschäftes
Memorandum (nur für Großgeschäfte) liegt bei wird nachgereicht
Wenn das Geschäft durch internationale Quellen (z. B. Weltbank) finanziert wird, nähere Angaben hierzu*

(13) Zahlungserfahrungen mit dem ausländischen Besteller
Wir stehen mit dieser Firma in Geschäftsverbindung seit
Alle bisherigen Verpflichtungen wurden ohne Zielverlängerung oder Verzögerungen erfüllt ja nein
Es bestehen gedeckte und/oder ungedeckte Forderungen gegen den Besteller und/oder Garanten
ja (Erläuterungen erforderlich, bei gedeckten Geschäften FA-Nummer angeben)* nein
Höhe des letzten Jahresumsatzes

(14) Sonstige Deckungen* (z. B. Konsignationslager-, Messelager-, Gerätedeckungen etc.)

(15) Revolvierende Ausfuhrgewährleistungen
Höchstbetrag DM Laufzeitbeginn
Forderungen aus Sichtakkreditiven sollen einbezogen werden ja nein

* (ggf. Anlage verwenden)

Erläuterungshinweise zum Antrag auf Ausfuhrgewährleistungen

(3) Ausländischer Besteller – Falls der Warenempfänger und der Zahlungsverpflichtete nicht identisch sind, erbitten wir – ggf. in besonderer Anlage – eine Schilderung des Vertragsverhältnisses.

Für den Fall einer Beteiligung Ihrerseits am ausländischen Besteller nennen Sie uns bitte die Höhe Ihrer prozentualen Beteiligung und ob diese direkt oder indirekt (auf welche Weise) besteht. Geben Sie bitte gleichfalls an, ob Sie maßgeblichen Einfluß auf die Geschäftsführung ausüben.

(4) Vertrag – Falls Sie nicht alleiniger Vertragspartner des ausländischen Bestellers sind, erbitten wir – ggf. in besonderer Anlage – eine Schilderung des Vertragsverhältnisses (z. B. Konsortialvertrag, Arbeitsgemeinschaft).

(5) Projekt – Schildern Sie bitte die vertraglich vereinbarten Lieferungen und Leistungen, z. B. Warenart und -menge, Art und Umfang der Leistungen (Leistungen in diesem Sinne sind z. B. Bau-, Montage-, Transport- und Engineering-Leistungen), Projektbeschreibung. Sofern Sie nur Teile eines Projektes anbieten, erbitten wir – soweit bekannt – Einzelheiten zum Gesamtprojekt und zu weiteren beteiligten Firmen.

Prüfen Sie bitte, ob die vorgesehene Ware/Leistung ausfuhrgenehmigungspflichtig ist, insbesondere nach Liste A, B oder C des Teils I der Ausfuhrliste (AL). Der Ausschuß kann eine Entscheidung u. a. von der Vorlage der Ausfuhrgenehmigung/Negativbescheinigung abhängig machen.

Ausländische Lieferungen und Leistungen können nur insoweit zur Deckung angetragen werden, als Sie hierfür die Zahlungsrisiken tragen, d. h. Ihrem/Ihren Unterlieferanten zur Zahlung verpflichtet sind, unabhängig davon, ob der ausländische Schuldner seinen Zahlungsverpflichtungen nachkommt. Erläuterungen hierzu geben Sie bitte unter Auftragswert/Selbstkosten oder in besonderer Anlage.

Flaggenklausel bedeutet Verpflichtung zur ausschließlichen Nutzung einer ausländischen Fluglinie/Reederei.

(6) Auftragswert – Geben Sie bitte – ggf. in besonderer Anlage – eine genaue Aufteilung des Auftragswertes, z. B. nach Warenwert, Montagewert etc., jeweils getrennt nach Transfer- und Landeswährungsteil.
Bei Kreditgeschäften geben Sie bitte auch den Wert zu liefernder Ersatz- und Verschleißteile an.

Ist eine Preisgleitklausel vereinbart, die in die Deckung einbezogen werden soll, stehen das Prozent- und das Betragsverfahren zur Verfügung. Näheres entnehmen Sie bitte dem Merkblatt „Preisgleitklausel". Wenn von Ihnen nicht ausdrücklich etwas anderes beantragt wird, unterstellen wir, daß Sie die Deckung nach dem Prozentverfahren wünschen.

Örtliche Kosten sind Lieferungen und Leistungen aus dem Bestellerland.

Auf Antrag kann die in den Allgemeinen Bedingungen geregelte Umrechnung der Entschädigung in der Weise geändert werden, daß ein Höchstkurs für die Umrechnung der Entschädigung entfällt. Hierfür wird ein Entgeltzuschlag in Höhe von 10 % auf das Grund- und Zeitentgelt erhoben. Nähere Einzelheiten erfragen Sie bitte gesondert.

(7) Selbstkosten – Sofern für die Durchführung Ihres Ausfuhrgeschäftes in die Fabrikationsrisikodeckung einzubeziehende Unterlieferungen erforderlich sind, sorgen Sie bitte dafür, daß Weisungen des Bundes zur Einstellung oder Unterbrechung der Fertigung auch von Ihren Unterlieferanten befolgt werden können.

Anzahlungen können grundsätzlich nicht von den zu deckenden Selbstkosten abgesetzt werden.

(8) Gegengarantien – Geben Sie bitte Art, Währung und Höhe der von Ihnen herauszulegenden Garantien an. Beachten Sie, daß Anzahlungsgarantien, die pro rata Lieferung erlöschen, bei Forderungsdeckungen nicht abgesichert werden können, jedoch im Rahmen von Fabrikationsrisikodeckungen berücksichtigt werden.

(9) Zahlungsbedingungen – Bei Kreditgeschäften beachten Sie bitte, daß nur eine degressive Zinsberechnung und -fälligstellung zulässig ist; d. h. daß die Zinsen auf den jeweils ausstehenden Forderungsbetrag berechnet und zusammen mit den jeweiligen Rückzahlungsraten bezahlt werden und sich insoweit während der Kreditlaufzeit von Rate zu Rate betragsmäßig verringern.

Für Kreditlaufzeiten von mehr als 5 Jahren ist eine besondere Begründung erforderlich, z. B. ausländische Konkurrenz. Diese Kreditlaufzeiten unterliegen dem internationalen Konsultationsverfahren. Zur Durchführung des Verfahrens bedarf es Ihrer Zustimmung. Ohne diese Zustimmung ist eine Entscheidung über eine Kreditlaufzeit von mehr als 5 Jahren nicht möglich.

(10) Sicherheiten – Geben Sie bitte an:
a) welche Sicherheiten (Akkreditive, Garantien, Avale)
b) für welche Raten/Beträge
c) zu welchem Zeitpunkt (vor Fabrikationsbeginn, vor Lieferung)
d) von wem (Name und Anschrift)

(11) Liefer- und Leistungstermine – Geben Sie bitte diese Termine durchgehend in festen Daten an (d. h. Monat und Jahr) bzw. wenn noch nicht bekannt, in Monaten, gerechnet ab Vertragsabschluß oder Inkrafttreten des Vertrages

(12) Sonstige bemerkenswerte Einzelheiten des Geschäftes – Ein Memorandum wird erforderlich bei Auftragswerten ab DM 25 Mio. (6-fach einreichen). Es sollte in eingehender Form das Projekt schildern (Finanzierung, Infrastruktur, volkswirtschaftliche Bedeutung etc.).

Bei internationalen Finanzierungen geben Sie bitte die genaue englischsprachige Bezeichnung der/des von Ihnen zu liefernden Waren/Projektes sowie „Loan Number" des finanzierenden Institutes an. Für Großprojekte ggf. auch weitere Spezifizierungen (Lose, Bauabschnitte etc.).

(15) Revolvierende Ausfuhrgewährleistungen – Falls Sie mit dem ausländischen Besteller in einer ständigen Geschäftsbeziehung (zu kurzfristigen Zahlungsbedingungen) stehen, kann der Bund auf Antrag einen Höchstbetrag für laufende Versendungen/Leistungen genehmigen. Das Verfahren wird im einzelnen durch Besondere Bedingungen geregelt, die u. a. eine Andienungs- und Meldepflicht vorsehen. Eine Meldung der Versendungen findet hierbei monatlich nachträglich statt.
Bitte zusätzlich zu (15) nur folgende Positionen ausfüllen: (1) Bestellerland, (2) Antragsteller, (3) Ausländischer Besteller, (5) Warenart, (9) Zahlungsbedingungen, (10) Sicherheiten, (13) Zahlungserfahrungen.

2. Antrag auf Übernahme einer Ausfuhrgewährleistung für einen gebundenen Finanzkredit

Bitte senden Sie diesen Antrag dreifach an die für Sie zuständige
Außenstelle der Hermes Kreditversicherungs-AG, Hamburg

Sofern Ihnen bereits eine Deckungsnehmer-Nr. zugeteilt ist, bitte hier eintragen:

DN-Nr.

Wichtige Hinweise:

Bitte informieren Sie sich rechtzeitig über die für das Ausfuhrgeschäft in Betracht kommenden Ausfuhrgewährleistungen. Die Direktion und die Außenstellen des Hermes stehen zur Aushändigung der im Antragsformular angesprochenen **Richtlinien, Allgemeinen Bedingungen** und **Entgeltsätze** sowie zur Auskunftserteilung und Beratung zur Verfügung.

Anträge auf Ausfuhrgewährleistungen für gebundene Finanzkredite sind möglichst vor Abschluß des Kreditvertrages, spätestens vor Beginn des zu deckenden Risikos zu stellen. Nach Risikobeginn gestellte Anträge können als verspätet zurückgewiesen werden.

Bitte fügen Sie dem Antrag keine Verträge oder sonstigen Vertragsunterlagen bei; diese werden erst in einem etwaigen Entschädigungsverfahren geprüft.

Wir beantragen für den nachfolgend dargestellten Kreditvertrag die Übernahme einer Ausfuhrgewährleistung als:

Finanzkreditbürgschaft (FKB) **Finanzkreditgarantie (FKG)**

zu den für die beantragte Ausfuhrgewährleistung derzeit gültigen Allgemeinen Bedingungen.

Die Entscheidung über diesen Antrag erfolgt nach Maßgabe der vom Bundesminister für Wirtschaft erlassenen Richtlinien für die Übernahme von Ausfuhrgewährleistungen vom 30. 12. 1983.

Entgelte

Für die Prüfung und die Übernahme der beantragten Ausfuhrgewährleistung werden wir Entgelte entrichten, deren Berechnung aufgrund der vom Bundesminister für Wirtschaft festgesetzten Entgeltsätze erfolgt. Die Bezahlung der Antragsgebühr erfolgt unabhängig von der Übernahme der beantragten Ausfuhrgewährleistung.

Sofern für das dem gebundenen Finanzkredit zugrundeliegende Ausfuhrgeschäft ebenfalls eine Ausfuhrgewährleistung beantragt ist, entfallen Bearbeitungsgebühren in der bereits entrichteten Höhe.

Wird das in Rechnung gestellte Entgelt bei Fälligkeit nicht entrichtet, so wird mit der zweiten Mahnung neben dem angemahnten Entgeltbetrag eine Verzugskostenpauschale (Mahngebühr) von DM 20,– und mit der dritten Mahnung eine Verzugskostenpauschale von DM 30,– erhoben. Die Geltendmachung von Verzugszinsen bleibt vorbehalten.

Verantwortlichkeit für den Antrag

Vor Übernahme der beantragten Ausfuhrgewährleistung werden wir eine vom Exporteur unterzeichnete Verpflichtungserklärung gemäß Anlage einreichen.

Die beantragte Ausfuhrgewährleistung wird aufgrund der in diesem Antrag oder in sonstiger Weise erfragten Angaben übernommen. Änderungen oder Ergänzungen gegenüber den bei Antragstellung erfolgten Angaben werden wir unverzüglich mitteilen.

Uns ist bekannt, daß eine unrichtige oder unvollständige Beantwortung der Fragen oder eine unterlassene Berichtigung der Angaben den Bund berechtigen kann, die Übernahme der Ausfuhrgewährleistung abzulehnen oder sich bei übernommener Ausfuhrgewährleistung von einer Verpflichtung zur Entschädigung zu befreien.

Ort und Datum　　　　Unterschrift des Antragstellers / Firmenstempel

DN-Nr. FA-Nr.

Bitte beachten Sie bei der Beantwortung der nachstehenden Fragen die Erläuterungshinweise.

Exporteur

MFA-Nr. des Exporteurs

Die Verpflichtungserklärung des Exporteurs liegt bei wird nachgereicht

Vollständige Schilderung des zugrundeliegenden Liefergeschäftes, falls für dieses keine Ausfuhrgewährleistung durch den Exporteur beantragt wird.*

(1) Schuldnerland Land-AK /

(2) Antragsteller vollständige Firmierung

Postfacn und/oder Straße
PLZ und Ort
Telefon und FS-Anschluß (mit Kennung)
für Rückfragen zuständiger Sachbearbeiter

(3) Ausländischer Darlehensnehmer vollständige Bezeichnung

Postfach und/oder Straße
Ort

Wir sind am Darlehensnehmer kapitalmäßig beteiligt (nur für private Darlehensnehmer)
nein ja (Erläuterungen erforderlich)
Auskünfte über den Darlehensnehmer liegen bei werden nachgereicht

(4) Darlehensvertrag
Vertrag abgeschlossen am in Kraft getreten am
Vertrag noch nicht abgeschlossen

(5) Verwendungszweck des Darlehens*

(6) Darlehensbetrag (Angaben zu Finanzierungskosten unter Zifffer 7)
Darlehensbetrag
Vertragswährung
Bei Fremdwährungen:
Es wird Aufhebung der Kursbegrenzung bei Entschädigung beantragt ja nein

(7) Finanzierungskosten
Zinssatz % p. a.
Betrag

* (ggf. Anlage verwenden).

(8) Selbstbeteiligung
Es wird Ermäßigung der Selbstbeteiligung für alle Risiken auf 5 % beantragt ja nein

(9) Auszahlung des Darlehens*

Wir erklären, daß im Darlehensvertrag die Auszahlung des Darlehensbetrages unmittelbar an den deutschen Exporteur vereinbart ist/wird ja nein (Erläuterungen erforderlich)

(10) Zahlungsbedingungen*
für Darlehensbetrag

für Zinsen

Die Zinsen werden degressiv berechnet und fälliggstellt ja nein
Wir stimmen einem evtl. notwendig werdenden Konsultationsverfahren zu ja nein

(11) Sicherheiten* (vom ausländischen Darlehensnehmer beizubringen)

(12) Zahlungserfahrungen mit dem ausländischen Darlehensnehmer
Wir stehen mit dem Darlehensnehmer in Geschäftsverbindung seit

Alle bisherigen Verpflichtungen wurden ohne Zielverlängerung oder Verzögerungen erfüllt ja nein

Es bestehen gedeckte und/oder ungedeckte Forderungen gegen den Darlehensnehmer und/oder Garanten
ja (Erläuterungen erforderlich, bei gedeckten Geschäften FA-Nummer angeben)* nein

* (ggf. Anlage verwenden).

Erläuterungshinweise zum Antrag

Verpflichtungserklärung
Eine endgültige Entscheidung über Ihren Antrag kann erst nach Vorliegen der vom Exporteur unterzeichneten Verpflichtungserklärung getroffen werden.

(4) Darlehensvertrag – Weitere Angaben erforderlich, wenn Sie nicht alleiniger Darlehensgeber sind (z. B. Finanzierungskonsortium).

Über die Deckungsmöglichkeit im Rahmen des „Treuhandmodells" (bei Finanzierungen durch Auslandsbanken) informieren Sie sich bitte bei Bedarf gesondert.

(6) Darlehensbetrag – Auf Antrag kann die in den Allgemeinen Bedingungen geregelte Umrechnung der Entschädigung in der Weise geändert werden, daß ein Höchstkurs für die Umrechnung der Entschädigung entfällt. Hierfür wird ein Entgeltzuschlag in Höhe von 10 % auf das Grund- und Zeitentgelt erhoben. Nähere Einzelheiten erfragen Sie bitte gesondert.

(7) Finanzierungskosten – Schildern Sie bitte Einzelheiten zur Zinsvereinbarung, z. B. fester/variabler Zinssatz, insbesondere im Falle unterschiedlicher Zinsvereinbarungen für die Zeit bis zur vollständigen Auszahlung des Darlehens und danach.

Grundsätzlich sind Zinsen während der Auszahlungsphase halbjährlich fälligzustellen.

Es werden Erläuterungen erbeten, falls eine Kapitalisierung der Bauzeitzinsen vorgesehen ist (Hinweis auf Erfordernis von An- und Zwischenzahlungen).

(9) Auszahlung des Darlehens – Angaben erforderlich über den Zeitpunkt der Auszahlung, z. B.
- nach Kostenfortschritt (Progress Payment)
- entsprechend dem Liefer- und Leistungsfortschritt (p. r. L.)
- zu anderen Zeitpunkten

(10) Zahlungsbedingungen – Es ist nur eine degressive Zinsberechnung und -fälligstellung zulässig, d. h., daß die Zinsen auf den jeweils ausstehenden Forderungsbetrag berechnet und zusammen mit den jeweiligen Rückzahlungsraten bezahlt werden und sich insoweit während der Kreditlaufzeit von Rate zu Rate betragsmäßig verringern.

Für Kreditlaufzeiten von mehr als 5 Jahren ist eine besondere Begründung erforderlich, z. B. ausländische Konkurrenz. Diese Kreditlaufzeiten unterliegen dem internationalen Konsultationsverfahren. Zur Durchführung des Verfahrens bedarf es Ihrer Zustimmung. Ohne diese Zustimmmung ist eine Entscheidung über eine Kreditlaufzeit von mehr als 5 Jahren nicht möglich.

(11) Sicherheiten – Geben Sie bitte an:
a) welche Sicherheiten (z. B. Garantien, Avale)
b) für welche Raten/Beträge
c) zu welchem Zeitpunkt (z. B. vor Auszahlungsbeginn)
d) von wem (Name und Anschrift)

3. Antrag auf eine Wechselkursgarantie/-bürgschaft für Ausfuhrgeschäfte

Senden Sie diesen Antrag bitte dreifach an:

Zur Weiterleitung an:
Hermes
Kreditversicherungs-AG
Postfach 50 07 40

2000 Hamburg 50

1. Wir beantragen aufgrund der uns bekannten Allgemeinen Bedingungen für die Übernahme von Wechselkursgarantien/-bürgschaften für Ausfuhrgeschäfte eine Wechselkursgarantie/-bürgschaft für das in besonderer Anlage richtig und vollständig dargestellte Ausfuhrgeschäft. Uns ist bekannt, daß unvollständige oder unrichtige Angaben die Unwirksamkeit der Garantie/Bürgschaft zur Folge haben können.
2. Wir erklären,
   a) daß die im Antrag genannten Zahlungsbedingungen der tatsächlich vorgesehenen Abwicklung und einer etwa erforderlichen Importlizenz entsprechen; wir verpflichten uns, spätere Änderungen unverzüglich mitzuteilen;
   b) daß die Aufbringung der Mittel für alle Zahlungen auch nicht teilweise unter unserer Mithaftung erfolgt und uns nicht bekannt ist, daß für dieses Geschäft eine Unterstützung der öffentlichen Hand in anderer Weise als durch eine etwaige Ausfuhrgarantie oder - bürgschaft oder sonstige Förderungsmaßnahme des Bundes vorgesehen ist;
   c) daß der Liefer- bzw. Leistungsvertrag noch nicht abgeschlossen worden ist.
3. Wir verpflichten uns, das Datum des Abschlusses des Liefer- bzw. Leistungsvertrages unverzüglich schriftlich mitzuteilen, sobald der Vertrag abgeschlossen worden ist.
4. Uns ist bekannt,
   a) daß der an der Frankfurter Börse amtlich notierte Kassakurs (Mittelkurs) 2 Jahre nach Abschluß des Liefer- bzw. Leistungsvertrages garantiert/verbürgt wird;
   b) daß wir eine Verlängerung der Vorlaufzeit, für die kein Entgelt erhoben wird, auf 3 oder 4 Jahre beantragen können;
   c) daß wir eine Beschränkung der Garantie/Bürgschaft auf mindestens 60 v. H. (oder 70 v. H. oder 80 v. H. oder 90 v. H.) jeder Rate (nicht jedoch auf einzelne Raten) beantragen können;
   d) daß wir – wenn und soweit der Bund neben dieser Wechselkursgarantie/-bürgschaft zugleich eine Ausfuhrgarantie/-bürgschaft für dasselbe Geschäft übernimmt – die Einbeziehung eines Zeitraumes von 12 Monaten nach jeder vertraglichen Fälligkeit in die Haftung des Bundes für Wechselkursänderungen gegen zusätzliches Entgelt beantragen können;
   e) daß jede Verschiebung der Lieferzeit der Zustimmung des Bundes bedarf und, falls sich hierdurch die Fälligkeiten der einzelnen gedeckten Raten ändern, das Entgelt neu berechnet wird;
   f) daß eine nachträgliche Änderung des gemäß Ziffer 3. dem Bund mitzuteilenden Datums des Vertragsabschlusses nicht zulässig ist.
5. Bitte bei Nennung der Zahlungsbedingungen unter Ziffer 44 der Anlage folgende Hinweise beachten:
   a) Alle Raten sind nach ihrer Fälligkeit, der Höhe ihres Betrages einschließlich der zugehörigen Zinsen einzeln aufzuführen;
   b) – bei Zahlung aus Akkreditiv: Angabe, wann, wo, wie und durch wen das Akkreditiv eröffnet wird und auszahlbar ist;
      – bei Kasse gegen Dokumente-Geschäften mit europäischen Ländern: Angabe, ob ein echtes D/P-Geschäft vorliegt oder gegen Duplikatfrachtbrief ausgeliefert wird;
      – bei Kreditgeschäften: Angabe, welche Kreditlaufzeit vereinbart ist, deren Beginn und ob gegen „Offenes Ziel" oder Wechselakzept geliefert werden soll;
      – sofern keine degressive Zinsberechnung und -zahlung erfolgt (degressive Zinsberechnung bedeutet, daß die in die Garantie/Bürgschaft einzubeziehenden Kreditzinsen auf den jeweils ausstehenden Forderungsbetrag berechnet und spätestens halbjährlich bezahlt werden), sind hierzu besondere Angaben zu machen;
      – bei Zahlung aus abstrakten Schuldverschreibungen (Wechsel etc.): Angabe der Ausstellungs-, Annahme-, Übergabe- und Fälligkeitstermine; D/A-Geschäft?
6. Wir verpflichten uns zur Zahlung von Bearbeitungsgebühren, die in Form der Antragsgebühr und — bei Auftragswerten über DM 5 Mio — zusätzlich in Form der Ausfertigungsgebühr wie folgt erhoben werden:
   Die Antragsgebühr beträgt bei Auftragswerten bis zu DM 3.000,– = DM 30,–; bis zu DM 10.000,– = DM 50,–; bis zu DM 50.000,– = DM 100,–; bis zu DM 250.000,– = DM 200,–; bis zu DM 500.000,– = DM 300,–; bis zu DM 1 Mio = DM 400,–; über DM 1 Mio = DM 500,–. Sie ist unabhängig von der Übernahme der beantragten Wechselkursgarantie/-bürgschaft zu entrichten.
   Die Ausfertigungsgebühr beträgt 1/10 ‰ des Auftragswertes, höchstens DM 10.000,–. Sie ist bei Ausfertigung des Garantie-/Bürgschaftsdokumentes zu entrichten.
   Die Bearbeitungsgebühren werden gesondert in Rechnung gestellt. Sie werden nicht auf das Entgelt angerechnet.
   Die Zahlung der Bearbeitungsgebühr entfällt, wenn für das gleiche Vorhaben ein Antrag auf Übernahme einer Ausfuhrgarantie/-bürgschaft gestellt ist und die Bearbeitungsgebühr in gleicher Höhe entrichtet wird.
7. Mit den Verhandlungen im Ausland beauftragte Vertretung (Name und Anschrift):
8. Wir finanzieren das Geschäft durch unsere Bankverbindung (Name und Sitz der Bank):

   Einen schriftlichen Antrag auf Zustimmung des Bundesministers für Wirtschaft zur Abtretung unserer Ansprüche aus der Garantie/Bürgschaft gemäß den Allgemeinen Bedingungen an diese Bank behalten wir uns vor / stellen wir hiermit.*)

   Wir nehmen zur Kenntnis, daß die Zustimmung erst nach Entrichtung des fälligen Entgelts erteilt werden kann.
9. Auftrags- oder Projekt-Nr. (siehe Ziffer 29 der Anlage):
10. Bemerkungen:

...., den ....
(Ort) (Antragsdatum) (Firma und Unterschrift)

4. Übersicht über die für einen Antrag auf Gewährung einer Bundesgarantie/-bürgschaft für einen ungebundenen Finanzkredit erforderlichen Angaben und Unterlagen

Die folgende Übersicht gibt einen Anhalt für die Angaben und Unterlagen, die im allgemeinen zur Bearbeitung eines Antrages auf Gewährung einer Bundesbürgschaft bzw. Bundesgarantie für einen ungebundenen Finanzkredit benötigt werden. Da eine schematische Übersicht nicht allen Gegebenheiten der unterschiedlichsten Projekte Rechnung tragen kann, werden die Antragsteller gebeten, die einzelnen Punkte jeweils in der Weise zu beantworten, wie sie auf ihren speziellen Fall zutreffen. Unter Umständen werden zusätzliche Hinweise und Auskünfte notwendig sein, um ein klares Bild über das Vorhaben zu gewinnen. In Zweifelsfällen wird empfohlen, sich mit der TREUARBEIT Aktiengesellschaft, Hamburg, in Verbindung zu setzen. Soweit Angaben und Unterlagen nicht in deutscher Sprache abgefaßt sind, wird gebeten, entsprechende Übersetzungen beizufügen.

A. **Angaben über den Kreditgeber**

1. Name / Firma
2. Rechtsform
3. Sitz und Anschrift
   (Telefon, Fernschreiber)
4. Gründungsjahr
5. Geschäftszweig / Gegenstand des Unternehmens
6. Firmeninhaber / Gesellschafter / Großaktionäre:
   Name, Staatsangehörigkeit, Wohnsitz, Rechtsstellung in der Firma, Höhe der Beteiligung – seit wann beteiligt
7. Angaben über Konzernzugehörigkeit
   (Beschreibung des Konzerns, Stellung der Firma im Konzern)

Beizufügende Anlagen: Handelsregisterauszug jüngeren Datums, Gesellschaftsvertrag/Satzung, testierter Jahresabschluß für das letzte Geschäftsjahr nebst Geschäftsbericht, Abschlußprüferbericht und sonstige einschlägige Berichte

B. **Angaben über den zu garantierenden Kredit**

I. 1. Währung und Höhe des Kredites (falls in ausländischer Währung auch Angabe des Gegenwertes in DM)

2. Auszahlungstermin(e)
3. Auszahlungskurs
4. Zinsen und Nebenkosten
5. Laufzeit und Tilgungsverpflichtungen
6. Sicherungen

II. 1. Welches sind die Gründe für die Kreditgewährung? Wird der Kredit im Interesse oder auf Veranlassung eines Dritten – insbesondere eines deutschen Unternehmers – gewährt? (Hierunter ist auf die Beziehungen rechtlicher, geschäftlicher oder personeller Art einzugehen, die zwischen den am Kreditengagement Interessierten und Beteiligten bestanden oder bestehen.)

2. Sind die in der Vergangenheit mit dem Kreditnehmer getätigten Geschäfte ordnungsgemäß reguliert worden und welche Geschäfte sollen jetzt oder in naher Zukunft mit dem Kreditnehmer abgeschlossen werden?
3. Für welche Zwecke soll der Kredit verwendet werden? Dient der Kredit der Umschuldung bestehender Verpflichtungen? Sind Verrechnungen der Kreditvaluta gegen bestehende Forderungen des Kreditgebers vorgesehen?
4. Bedarf die Auszahlung der Kreditvaluta einer besonderen Genehmigung des ausländischen Staates?
5. Angaben über den Transfer und Retransfer von Kapital und Zinsen.

III. Angaben über etwaige Refinanzierungen des Kredites

IV. Sofern die vom Bund geforderte Selbstbeteiligung an einem evtl. Ausfall abgewälzt, anderweitig versichert oder abgesichert wird, sind hierzu Erläuterungen zu geben.

Beizufügende Anlagen: Kreditvertrag / Entwurf des Kreditvertrages
(Sofern der Kredit von einem Konsortium gewährt wird, auch Konsortialvertrag / Entwurf des Konsortialvertrages)

C. **Angaben über den Kreditnehmer**

I. Allgemeine Angaben
wie A. 1. bis 7.

Beizufügende Anlagen: Registerauszug / Registervermerk, Gesellschaftsvertrag / Satzung, zeitnaher Zwischenabschluß sowie die testierten Jahresabschlüsse für die drei vorangehenden Geschäftsjahre nebst Spezifikationen und Erläuterungen (insbesondere hinsichtlich der Bewertungsmethoden, der Fristigkeit und Realisierbarkeit der einzelnen Posten und – soweit nicht vermerkt – über bestehende Haftungsverhältnisse, schwebende Prozesse u. a.) / soweit es sich bei dem Kreditnehmer um ein Konzernunternehmen handelt, sind auch die entsprechenden konsolidierten Abschlüsse für den Konzern vorzulegen; Geschäftsberichte, etwaige besondere Vereinbarungen über die Geschäftsleitung, Angaben über wesentliche finanzielle Ereignisse nach dem Stichtag der letzten Bilanz, Angaben über Privilegien, Konzessionen, gesetzliche und vertragliche Bestimmungen, deren Kenntnis für einen Kreditgeber wichtig ist.

II. Beschreibung der Geschäftstätigkeit

1. Allgemeine Ausführungen
   a) zum Standort und zur Verkehrslage des Kreditnehmers
   b) zu den Marktverhältnissen (Beschaffungs- und Absatzseite; Hauptlieferanten, Hauptabnehmer, Vertriebsorganisation)
   c) zu den Konkurrenzverhältnissen
   d) zu den derzeit bestehenden Produktionsanlagen der Gesellschaft mit Angaben über Standort und Betriebsgröße sowie mit Angaben über technische Beratung und über Vereinbarungen mit technischen Sachverständigen
2. Beschreibung des Produktionsprogramms
   und des Produktionsvolumens (untergliedert nach Produkten) in den letzten drei Jahren
3. Angaben über die Ausnutzung der Kapazität in den letzten drei Jahren (soweit innerhalb der Geschäftsjahre beträchtliche Schwankungen in der Kapazitätsausnutzung vorlagen, Angaben über das Ausmaß und die Gründe hierfür)
4. Angaben über die Entwicklung der Belegschaftszahl jeweils am Ende der letzten drei Jahre (unterteilt nach kaufmännischem und technischem Personal)
5. Auftragsbestand an den letzten drei Bilanzstichtagen und im Zeitpunkt der Antragstellung (unterteilt nach Inland – Ausland)
6. Angaben über Umsätze, Herstellungskosten, Verwaltungs- und Vertriebskosten der letzten drei Jahre (wert- und mengenmäßig sowie untergliedert nach Produkten)

III. Beschreibung der Investitionsvorhaben

1. Allgemeine Ausführungen
   a) über das Vorhaben, für das der zu garantierende Kredit herangezogen werden soll (unter Darstellung der wichtigsten Daten nebst Erläuterungen und unter Angabe der voraussichtlichen Nutzungsdauer)
   b) über sonstige vorgesehene Investitionsvorhaben
   c) über Maßnahmen zur Sicherung der Funktionsfähigkeit der geplanten Produktionsanlagen in personeller Beziehung (hierunter sind Angaben über die Zusammensetzung und Rekrutierung des Personals für die neuen Anlagen zu machen)
   d) über die Sicherung der Rohstoffbasis für die Herstellung der zusätzlichen Produkte und über Absatzmöglichkeiten für die zusätzlichen Produkte
2. Angaben zur Auftragsvergabe, insbesondere über Art und Weise der Ausschreibung (bei bereits erfolgter Auftragsvergabe Benennung der Firmen, an die Aufträge vergeben wurden)
3. Wann werden die einzelnen Investitionen abgeschlossen sein?
4. Welche Produkte sollen durch die neuen Anlagen hergestellt werden (mit Angaben über die voraussichtliche Kapazität der neuen Anlagen)?
5. Voranschläge der mengen- und wertmäßigen Umsätze sowie der Kosten (untergliedert nach Herstellungskosten, Verwaltungs- und Vertriebskosten einschließlich der anteiligen Abschreibungen) für die in den neuen Anlagen produzierten Erzeugnisse, und zwar ausgehend vom Jahr der Inbetriebnahme der neuen Anlagen bis fünf Jahre danach (mit Darlegung der Annahmen, auf die sich diese Voranschläge und Schätzungen stützen)
6. Voranschläge der mengenmäßigen Umsätze für die Gesamtproduktion sowie Voranschläge der Erträge und Aufwendungen für das Gesamtunternehmen entsprechend dem in der Anlage beigefügten Schema einer Ertragsvorschaurechnung für die Zeit vom Stichtag der letzten Bilanz (bei Neugründungen Eröffnungsbilanz) bis fünf Jahre nach Inbetriebnahme der neuen Anlagen (mit Darlegungen der Annahmen, auf die sich diese Voranschläge stützen)

Beizufügende Anlagen: Einschlägige Unterlagen, insbesondere Sachverständigengutachten über die Investitionsvorhaben

IV. Kapitalbedarf für die vorgesehenen Investitionen

1. Höhe, Aufgliederung und zeitliche Verteilung der veranschlagten Kosten
   a) für die Investitionen, für die der zu garantierende Kredit herangezogen werden soll. Wie verteilen sich diese Kosten auf Zulieferungen und Dienstleistungen aus dem Ausland, deren Gegenwert in fremder Währung zu zahlen ist, und auf in Inlandswährung anfallende Kosten (local costs)?
   b) für sonstige Investitionen
2. Angaben über die Höhe der einzusetzenden Eigenmittel und über den Zeitpunkt ihres Einsatzes
3. Angaben über die Höhe der verfügbaren oder zugesicherten und der noch aufzubringenden Fremdfinanzierung, der Finanzierungsquellen, der Finanzierungsart, der Konditionen, des Verwendungszwecks und über den Zeitpunkt ihres Einsatzes
4. Voranschläge für Einnahmen und Ausgaben entsprechend dem in der Anlage beigefügten Schema einer Liquiditätsvorschau unter Einbeziehung der unter 1. bis 3. genannten Einnahmen und Ausgaben für fünf Jahre nach dem Stichtag der letzten Bilanz (bei Neugründungen ab Baubeginn)

Beizufügende Anlagen: Einschlägige Unterlagen nebst vorhandenen sonstigen Kreditverträgen oder sonstigen Abmachungen.

D. **Verschiedenes**

1. Bank und sonstige Referenzen
2. Sonstige Informationen, die im Zusammenhang mit der beantragten Garantie von Wichtigkeit sein könnten

E. **Besondere Erklärungen der Antragsteller** (abzugeben bei Antragstellung)

Wir erklären, die Angaben im Antrag und in den beigefügten Anlagen nach bestem Wissen richtig und vollständig gemacht zu haben.

Uns ist bekannt, daß unvollständige oder unrichtige Angaben nach Maßgabe der „Allgemeinen Bedingungen für die Übernahme von Garantien/Bürgschaften für ungebundene Finanzkredite an das Ausland" die Unwirksamkeit der Garantie/Bürgschaft zur Folge haben können.

Wir verpflichten uns, die Bearbeitungsgebühr unverzüglich nach Anforderung zu bezahlen. Wir haben davon Kenntnis genommen, daß die Bearbeitungsgebühr auf das Garantieentgelt nicht angerechnet wird und auch bei Nichtzustandekommen der Kreditgewährung oder der Garantie/Bürgschaft zu entrichten ist.

Anlage

A. Ertragsvorschau

	19__	19__	19__	19__	19__
1. Umsatzerlöse abzüglich:					
2. Herstellungskosten*)					
3. Verwaltungs- und Vertriebskosten*)	____	____	____	____	____
4. Sonstige Erträge und Aufwendungen (saldiert)*)	____	____	____	____	____
5. Abschreibungen					
6. Zinsen	____	____	____	____	____
7. Bruttogewinn abzüglich:					
8. Gewinnsteuern	____	____	____	____	____
9. Nettogewinn	====	====	====	====	====

Von dem Nettogewinn sind für Dividende bzw. Entnahmen vorgesehen.

*) Ohne Abschreibungen und Zinsen, die gesondert unter Position 5. und 6. erfaßt werden.

B. Liquiditätsvorschau

1. Liquiditätsdeckung am Anfang des Jahres**) zuzüglich:					
2. Im Unternehmen erwirtschaftete Einnahmen (= Gewinn vor Verrechnung von Abschreibungen, Zinsen und Gewinnsteuern)					
3. Kreditzuflüsse					
4. Sonstige Einnahmen (Kapitaleinlagen, Zuschüsse u. a.)	____	____	____	____	____
abzüglich Ausgaben für:					
5. Investitionen					
6. Produktion u. a. (Betriebsmittelbedarf)					
7. Tilgungen					
8. Zinsen					
9. Gewinnsteuern					
10. Sonstiges (Dividende, Entnahmen u. a.)	____	____	____	____	____
11. Liquiditätsdeckung am Ende des Jahres	====	====	====	====	====

**) Die Liquiditätsdeckung am Anfang des Jahres ergibt sich für das erste Jahr aus der Liquiditätsdeckung am letzten Bilanzstichtag und für die folgenden Jahre aus dem Vortrag der unter 11. errechneten Liquiditätsdeckung am Ende des vorangegangenen Jahres.

5. Antrag auf Übernahme einer Garantie für eine Kapitalanlage im Ausland

An die

T R E U A R B E I T
Aktiengesellschaft
Wirtschaftsprüfungsgesellschaft
Steuerberatungsgesellschaft
Zweigniederlassung Hamburg

New-York-Ring 13
Postfach 60 27 20
2000 Hamburg 60

Wir beantragen auf Grund der Allgemeinen Bedingungen für die Übernahme von Garantien für Kapitalanlagen im Ausland eine Garantie für eine Kapitalanlage im Ausland.

A. **Angaben über den Antragsteller**

1. Name/Firma (bei Einzelfirmen auch Name und Staatsangehörigkeit des Inhabers):

2. Sitz/Wohnsitz und Anschrift:
(Telefon, Fernschreiber)

3. Rechtsform:

4. Gründungsjahr und Gegenstand des Unternehmens:

5. Bei Personalgesellschaften
Name, Wohnsitz und Staatsangehörigkeit der Gesellschafter:

6. Bei Kapitalgesellschaften
a) Höhe des Grund- oder Stammkapitals:

b) Hauptaktionäre oder -gesellschafter und Höhe der von ihnen gehaltenen Anteile:

7. Nähere Angaben, falls insgesamt 25 % oder mehr des Unternehmenskapitals mittelbar oder unmittelbar in ausländischer Hand befindlich:

8. Angaben über Konzernzugehörigkeit:

9. Angaben darüber, ob andere Deckungen des Bundes (Ausfuhr-Deckungen u. a.) in Anspruch genommen werden und in welchem Umfang (getrennt nach Art und Höhe der Deckung) sowie darüber, ob ein Zusammenhang mit der vorgesehenen Kapitalanlage besteht:

10. Bisherige Auslandsbetätigung des Antragstellers oder von Konzernunternehmen, insbesondere bereits bestehende Beteiligungen im Ausland und bei dem Unternehmen zu B:

B. **Angaben über das ausländische Unternehmen, bei dem Kapital angelegt wird**

1. Name/Firma:

2. Sitz und Anschrift:

3. Rechtsform:

4. Gründungsjahr und Gegenstand des Unternehmens, Geschäftsjahr: (Gesellschaftsvertrag, Satzung)

5. Name, Anschrift, Sitz/Wohnsitz und Staatsangehörigkeit der Beteiligten:

   a)
   b)
   c)
   d)
   e)

6. Anteile der Beteiligten

	vor Vornahme der Kapitalanlage		nach	
	Nominalbetrag	%	Nominalbetrag	%
a)				
b)				
c)				
d)				
e)				
		100		100

(ggf. Aufteilung nach authorized, issued, paid up capital; capital autorizado, suscripto, realizado).

7. Sonstige, aus Ziff. 6 nicht ersichtliche kapitalmäßige Verflechtungen mit dem ausländischen Unternehmen, z. B. bereits gewährte Darlehen (Darlehensvertrag beifügen) oder sonstige Außenstände mit darlehensähnlichem Charakter:

8. Eine Beteiligung/ein beteiligungsähnliches Darlehen der DEG-Deutsche Finanzierungsgesellschaft für Beteiligungen in Entwicklungsländern GmbH ist nicht vorgesehen/beantragt/bewilligt worden. Gegebenenfalls erklären wir uns schon jetzt damit einverstanden, daß Ihnen die DEG Auskünfte über unseren Antrag erteilt.

(**Anm. zu B 1–8:** Erbeten werden – in besonderen Anlagen – eine Darlegung der rechtlichen und wirtschaftlichen Verhältnisse, insbesondere der Finanz-, Vermögens- und Ertragslage des ausländischen Unternehmens oder der Niederlassung oder Betriebsstätte unter Beifügung entsprechender Unterlagen, u. a. der vorliegenden Auskünfte, der letzten Jahresabschlüsse, der Beschäftigtenzahl und der sonstigen betriebsstatistischen Daten, Angaben über das Zustandekommen und die bisherige Entwicklung der Verbindung, gegebenenfalls Prospekte und dgl. mit Übersetzungen. Befindet sich das Unternehmen in Gründung, werden die Angaben sinngemäß erbeten.)

C. Angaben über die zu garantierende Kapitalanlage

1. Art der Kapitalanlage (Vertragswerk, einschlägige Beschlüsse, ggf. Entwürfe beifügen)
   a) Beteiligung: b) Dotationskapital: c) Beteiligungsähnliches Darlehen:

2. Höhe der Kapitalanlage
   a) Nominalbetrag in ausländischer Währung:

   b) Aufzuwendender Betrag in Deutscher Mark:

   c) Zugrunde gelegter Umrechnungskurs:

3. Art und Höhe der Einbringungsleistungen in Deutscher Mark
   a) Barleistungen:

   b) Sacheinbringungen (spezifiziert):

4. Einzahlungs- oder Einbringungstermine

	am	DM-Gegenwert
a) Bereits erbrachte Leistungen (nicht garantiefähig):		
b) Zukünftige Leistungen:		

5. Höhe und Laufzeit der beantragten Garantie:

6. Erwartete jährliche Erträge (bei Beteiligungen Gewinn, bei Darlehen Zinsen):

7. Einbeziehung der Erträge in die Garantie wird nicht beantragt / wird beantragt in Höhe von .... % jährlich vom .... Garantiejahr an (bis zu 10% jährlich möglich, vgl. Merkblatt Abschn. E Ziff. 2)

8. **Finanzierung der Kapitalanlage**
   a) **Durch einen zu diesem Zweck aufgenommenen Kredit:**
   (Kreditgeber, Kreditbedingungen)

   b) Aus vorhandenen eigenen Mitteln oder aus sonstigen Kreditmitteln:

9. Ein Darlehen der Kreditanstalt für Wiederaufbau aus Mitteln des Bundes zur Förderung von Niederlassungen deutscher Unternehmen in Entwicklungsländern ist nicht vorgesehen/vorgesehen/beantragt/bewilligt worden.

(**Anm. zu C 1–9.** Erbeten werden – in besonderen Anlagen –

a) Die Beschreibung des vorgesehenen Vertragswerkes über die Kapitalanlage mit Angaben über die zu erwerbenden Gesellschaftsrechte und/oder sonstigen Rechte (insbesondere auch Stimm-, Kontroll- und Mitspracherechte sowie Vereinbarungen über Rückzahlungen und Kündigungsmöglichkeiten), Vorteile, Verpflichtungen und Nebenabreden unter Beifügung entsprechender Verträge oder Vertragsentwürfe (mit Übersetzungen);
b) Eine ausführliche Begründung für den Antrag auf Übernahme einer Garantie: Gründe für die Vornahme der Kapitalanlage, Angaben über die Förderung der Kapitalanlage durch das Anlageland, über den Stand der Verhandlungen, auch bezüglich der erforderlichen Genehmigungen für die Kapitalanlage, und über eventuelle besondere Zusicherungen des Anlagelandes wegen des Schutzes der Kapitalanlage sowie Angaben über Regelungen des Transfers der Erträge und des Rücktransfers des Gegenwertes der Kapitalanlage;
c) Angaben über etwaige Zusagen des Anlagelandes bezüglich der Kapitalanlage oder des Anlageunternehmens (Verträge oder Schreiben, die diese Zusagen enthalten, sind beizufügen);
d) Angabe sonstiger bemerkenswerter Umstände.)

D. **Besondere Erklärungen**

1. Wir haben die vorstehenden Angaben in Anlagen zu diesem Antrag ausführlich erläutert.
2. Wir erklären, die Angaben im Antrag und in den beigefügten Anlagen nach bestem Wissen richtig und vollständig gemacht zu haben. Sollten sich bis zur Entscheidung über diesen Antrag Vertragsänderungen ergeben oder sollten andere Veränderungen eintreten, die für die Beurteilung des Antrages wesentlich sein können, werden wir Ihnen diese unverzüglich mitteilen.

   Uns ist bekannt, daß unvollständige oder unrichtige Angaben nach Maßgabe der Allgemeinen Bedingungen für die Übernahme von Garantien für Kapitalanlagen im Ausland die Unwirksamkeit der Garantie zur Folge haben können.
3. Wir verpflichten uns, die Bearbeitungsgebühr unverzüglich nach Aufforderung zu bezahlen, und haben davon Kenntnis genommen, daß die Bearbeitungsgebühr auf das Garantieentgelt nicht angerechnet wird.

...., den ....

....
(Firma, Unterschrift)

Anlagen

V. Internationale Abkommen/Richtlinien

1. Zulieferungsabkommen

ENTSCHEIDUNG DES RATES

vom 10. Dezember 1982

über die Regelung, die auf dem Gebiet der Ausfuhrgarantien und -bürgschaften und der Ausfuhrfinanzierung auf bestimmte Zulieferungen aus anderen Mitgliedstaaten oder aus Nichtmitgliedsländern der Europäischen Gemeinschaften Anwendung findet

(82/854/EWG)

DER RAT DER EUROPÄISCHEN GEMEINSCHAFTEN –

gestützt auf den Vertrag zur Gründung der Europäischen Wirtschaftsgemeinschaft, insbesondere auf Artikel 113,

auf Vorschlag der Kommission,

in der Erwägung, daß die zunehmende Verflechtung der Volkswirtschaften der Mitgliedstaaten es erforderlich macht, die Zusammenarbeit zu verstärken und gemeinsame Lösungen für die besonderen Probleme, die sich auf dem Gebiet der Ausfuhrgarantien und -bürgschaften sowie der Ausfuhrfinanzierung von Zulieferungen stellen, zu vervollkommnen –

HAT FOLGENDE ENTSCHEIDUNG ERLASSEN:

Artikel 1

Die Einzelheiten der Regelung, die in den einzelnen Mitgliedstaaten auf die automatische Einbeziehung von Zulieferungen aus anderen Mitgliedstaaten oder aus Nichtmitgliedsländern der Europäischen Gemeinschaften in die Deckung, die dem Hauptlieferanten für Rechnung oder mit Unterstützung des Staates gewährt werden kann, sowie auf die Finanzierung dieser Zulieferungen Anwendung findet, sind im Anhang festgelegt.

Artikel 2

Abschnitt IV gilt jedoch nicht für Zulieferungen für Ausfuhrgeschäfte, die auf der Grundlage von Krediten mit finanzieller Beteiligung eines Mitgliedstaats gleich welcher Form abgeschlossen worden sind.

Artikel 3

Der Beschluß 70/552/EWG[1)] wird aufgehoben.

Diese Entscheidung gilt ab 1. Januar 1983.

Artikel 4

Die Entscheidung ist an die Mitgliedstaaten gerichtet.

Geschehen zu Brüssel am 10. Dezember 1982.

Im Namen des Rates

Der Präsident

G. FENGER MØLLER

ANHANG

ABSCHNITT I

Bestimmung des Begriffs „Zulieferungsvertrag"

Der Fall eines Zulieferungsvertrags ist gegeben, wenn ein Unternehmen, im folgenden „Hauptlieferant" genannt, mit einem Unternehmen, im folgenden „Zulieferant" genannt, einen Vertrag schließt, wonach der Zulieferant in Erfüllung eines anderen Vertrages zwischen dem Hauptlieferanten und einem dritten Unternehmen, im folgenden „Käufer" genannt, Waren zu liefern oder Leistungen zu erbringen hat, die der Hauptlieferant in eine oder mehrere vom Käufer in Auftrag gegebene Gesamtlieferung(en) einbeziehen muß; dabei wird von folgendem ausgegangen:

a) *In rechtlicher Hinsicht:*

Der Zulieferant ist nicht Mitunterzeichner des zwischen dem Hauptlieferanten und dem Käufer geschlossenen Geschäfts

und

der Hauptlieferant ist dem Käufer für die Ausführung des Geschäfts allein haftbar und trägt sämtliche Risiken, die in bezug auf letzteren gedeckt werden können.

b) *In technischer und wirtschaftlicher Hinsicht:*

Die Lieferungen des Zulieferanten betreffen Waren (außer Rohstoffen und Halbfertigwaren) und/oder Leistungen, die für den Käufer in technischer und wirtschaftlicher Hinsicht eine notwendige Ergänzung zu den Lieferungen des Hauptlieferanten darstellen.

ABSCHNITT II

Automatische Einbeziehung von Zulieferungen

1. Soweit Zulieferungen ausschließlich aus einem oder mehreren Mitgliedstaaten stammen, werden sie automatisch in die Deckung einbezogen, die dem Hauptlieferanten gewährt werden kann, wenn die Zulieferungen insgesamt bei folgendem Hundertsatz bzw. Betrag oder darunter liegen:

— 40 % bei den Verträgen über weniger als 7 500 000 ECU,

— 3 Millionen ECU bei den Verträgen zwischen 7 500 000 und 10 Millionen ECU,

— 30 % bei den Verträgen über mehr als 10 Millionen ECU.

Sollte der Kreditversicherer des Hauptlieferanten jedoch nicht in der Lage sein, bei einem Geschäft, das besonders schwere Risiken mit sich bringt, die Deckung des ganzen Geschäftes zu übernehmen, so erfolgt eine Konsultation zwischen den interessierten Kreditversicherern im Hinblick auf eine Lösung des Problems im Wege der Mitversicherung oder, wenn möglich, der Rückversicherung.

2. Bei Ausfuhrgeschäften, die neben Zulieferungen aus Mitgliedstaaten auch Zulieferungen aus Nichtmitgliedsländern umfassen, werden die Zulieferungen aus Mitgliedstaaten automatisch einbezogen, sofern der Gesamtbetrag der Zulieferungen aus allen Ländern die unter Berücksichtigung der Auftragssumme unter Nummer 1 festgelegten Hundertsätze bzw. Höchstbeträge nicht überschreitet.

3. Die Deckung wird dem Hauptlieferanten bei nationalen Zulieferungen und bei Zulieferungen aus anderen Mitgliedstaaten in gleicher Weise gewährt.

ABSCHNITT III

Finanzierung der einbezogenen Zulieferungen

Ohne die Anwendung der banküblichen Kriterien zu präjudizieren, wird den Ausfuhraufträgen mit entsprechend den Bestimmungen des Abschnitts II einbezogenen Zulieferungen in bezug auf die Finanzierung die gleiche Behandlung zugestanden wie den Ausfuhraufträgen mit ausschließlich nationalen Lieferungen.

ABSCHNITT IV

Gegenseitige Unterrichtung

1. In bezug auf Einzelgeschäfte erfolgt im Rahmen des Arbeitskreises zur Koordinierung der Politik auf dem Gebiet der Kreditversicherung der Bürgschaften und der Finanzkredite eine nachträgliche Unterrichtung, wenn mehr als 30 % des Geschäfts auf Zulieferungen aus Nichtmitgliedsländern entfallen, sowie bei mehreren Zulieferungen aus verschiedenen Ländern (Mitgliedstaaten und Nichtmitgliedsländern), wenn ihre Gesamtsumme 30 % übersteigt.

Eine solche Unterrichtung erfolgt jedoch nur bei Einzelgeschäften, deren Auftragssumme 500 000 ECU übersteigt und bei denen die Kreditlaufzeit über drei Jahre liegt.

Hierbei gilt folgendes:

— Es wird davon ausgegangen, daß solche Einzelgeschäfte die Ausnahme bilden müssen.

— Im Arbeitskreis zur Koordinierung der Politik auf dem Gebiet der Kreditversicherung der Bürgschaften und der Finanzkredite können jederzeit die Schwierigkeiten untersucht werden, die sich aus im Rahmen der nachträglichen Unterrichtung bekanntgegebenen Einzelgeschäften ergeben könnten.

— Die Kommission und die Mitgliedstaaten können beantragen, daß Mittel und Wege zur Beseitigung der festgestellten Unzulänglichkeiten des nachträglichen Unterrichtungsverfahrens geprüft werden, falls die Erfahrungen in diesem Verfahren, solche Unzulänglichkeiten erkennen lassen.

2. Wird von einem Mitgliedstaat der Abschluß einer Vereinbarung über die Einbeziehung von Zulieferungen – auf der Grundlage der Gegenseitigkeit – mit einem Nichtmitgliedsland beabsichtigt, so nimmt der betreffende Mitgliedstaat vorher eine Notifizierung mit anschließender Konsultation im Arbeitskreis zur Koordinierung der Politik auf dem Gebiet der Kreditversicherung, der Bürgschaften und der Finanzkredite vor. Der Hundertsatz für die automatische Einbeziehung, der in derartigen Vereinbarungen zulässig ist, darf – sofern der Rat nicht einen anderslautenden Beschluß faßt – unabhängig davon, ob es sich lediglich um Zulieferungen des Nichtmitgliedslandes, mit dem die Vereinbarung geschlossen wurde, handelt oder ob Zulieferungen anderer Länder hinzukommen, 30 v. H. nicht überschreiten.

ABSCHNITT V

Berechnungsgrundlagen

Die genannten Hundertsätze und Beträge werden nach folgenden Regeln berechnet:

— Die Nebenkosten der Ausfuhr, d. h. die Transport- und Versicherungskosten, sind im Auftragswert eingeschlossen, von dem aus die Hundertsätze oder Beträge berechnet werden.

— Die Finanzierungskosten sind in ihrer Gesamtheit und ungeachtet dessen, ob sie einzeln aufgeführt werden oder nicht, im Auftragswert nicht eingeschlossen.

— Der nichtrückführbare Teil der lokalen Nebenkosten der Lieferung wird im Normalfall nicht vom Auftragswert abgezogen; jedoch wird, wenn dieser Teil 15 v. H. des Auftragswerts nach Abzug der Finanzierungskosten überschreitet, der Mehrbetrag abgezogen.

2. Mitversicherungsabkommen

RICHTLINIE DES RATES

vom 27. November 1984

betreffend die gegenseitigen Verpflichtungen der Ausfuhrkredit-Versicherungsinstitutionen der Mitgliedstaaten, die für Rechnung oder mit Unterstützung des Staates handeln, oder der Behörden, die anstelle solcher Institutionen handeln, im Falle der Mitversicherung für ein Geschäft, das eine oder mehrere Zulieferungen aus einem oder mehreren Mitgliedstaaten der Europäischen Gemeinschaften umfaßt

(84/568/EWG)

DER RAT DER EUROPÄISCHEN GEMEINSCHAFTEN —

gestützt auf den Vertrag zur Gründung der Europäischen Wirtschaftsgemeinschaft, insbesondere auf Artikel 100 und 113,

auf Vorschlag der Kommission,

in der Erwägung nachstehender Gründe:

Die Ausfuhrversicherung und die Ausfuhrfinanzierung beeinflussen die internationalen Handelsströme und stellen damit ein wirksames handelspolitisches Instrument dar.

Durch die zunehmende Verflechtung der Mitgliedstaaten steigt die Zahl der in Zusammenarbeit von mehreren Unternehmen aus verschiedenen Mitgliedstaaten getätigten Ausfuhrgeschäfte.

Diese Zusammenarbeit ist ein wichtiger und sogar entscheidender Faktor für die Wettbewerbsfähigkeit der Ausfuhren der Gemeinschaft auf den Drittlandsmärkten.

Daher ist eine solche Zusammenarbeit insbesondere im Bereich der Zulieferungen zu fördern.

Die Unterschiede der derzeit in den Mitgliedstaaten geltenden Systeme für die Ausfuhrgewährleistungen und die Ausfuhrfinanzierung können die Durchführung derartiger Ausfuhrgeschäfte erschweren.

Die Mitversicherung ist eine Form der Zusammenarbeit zwischen den Kreditversicherern verschiedener Mitgliedstaaten, die die Zusammenarbeit von Unternehmen aus diesen Mitgliedstaaten bei Ausfuhrgeschäften gestattet.

Folglich gilt es, das reibungslose Funktionieren dieser Form der Zusammenarbeit von Kreditversicherern sicherzustellen und auszubauen.

Schließlich haben die in den Mitgliedstaaten geltenden Systeme für die Ausfuhrgewährleistungen und die Ausfuhrfinanzierung eine unmittelbare Auswirkung auf das Funktionieren des Gemeinsamen Marktes, und es erscheint nützlich, diese Form der Zusammenarbeit auch im Bereich des innergemeinschaftlichen Handels anzuwenden. Die Durchführung dieser Richtlinie erfordert keine Änderung der gesetzlichen Vorschriften der Mitgliedstaaten; die Anhörung des Europäischen Parlaments ist daher nicht verbindlich vorgeschrieben —

HAT FOLGENDE RICHTLINIE ERLASSEN:

Artikel 1

(1) Die Mitgliedstaaten sorgen dafür, daß ihre Ausfuhrkredit-Versicherungsinstitutionen, die für Rechnung oder mit Unterstützung des Staates handeln, oder die Behörden, die anstelle solcher Institutionen handeln, in bezug auf ihre gegenseitigen Verpflichtungen die Bestimmungen des Musterübereinkommens im Anhang beachten, wenn sie beschließen, gemeinsam mit einer Institution oder einer Behörde eines anderen Mitgliedstaats Deckung für ein Geschäft zu gewähren, das eine oder mehrere Zulieferungen aus einem oder mehreren Mitgliedstaaten umfaßt.

(2) Die Bestimmungen im Anhang schließen nicht aus, daß die in Absatz 1 genannten Institutionen oder Behörden ergänzende Bestimmungen erlassen, die die Tragweite der Bestimmungen des Anhangs bei ihrer Anwendung auf Einzelgeschäfte nicht beeinträchtigen.

Artikel 2

Die Kommission legt zwei Jahre nach Anwendungsbeginn dieser Richtlinie einen Bericht über die Erfahrungen vor, die bei der Anwendung der Bestimmungen des Anhangs gewonnen wurden.

Sie kann jederzeit Änderungen dieser Bestimmungen vorschlagen.

Artikel 3

Die Mitgliedstaaten treffen die erforderlichen Maßnahmen, um sicherzustellen, daß die Bestimmungen des Anhangs nach Ablauf von sechs Monaten nach Bekanntgabe dieser Richtlinie[1], eingehalten werden.

Sie unterrichten die Kommission von diesen Maßnahmen.

Artikel 4

Diese Richtlinie ist an alle Mitgliedstaaten gerichtet.

Geschehen zu Brüssel am 27. November 1984.

Im Namen des Rates

Der Präsident

P. BARRY

ANHANG

Musterübereinkommen

Artikel 1

Anwendungsbereich

Gegenstand dieses Übereinkommens ist die Regelung der gegenseitigen Verpflichtungen der Ausfuhrkreditversicherer der Europäischen Wirtschaftsgemeinschaft in den Fällen, in denen

— ein Unternehmen („Hauptlieferant") ein oder mehrere Unternehmen mit Sitz in einem oder mehreren Mitgliedstaaten der Europäischen Wirtschaftsgemeinschaft („Unterlieferanten") durch Untervertrag an einem Ausfuhrgeschäft beteiligt, das es im eigenen Namen ausführt und das mit einer Firma („Käufer") geschlossen wurde, die ihren Sitz hat:

  — entweder in einem Land, das der Europäischen Wirtschaftsgemeinschaft nicht angehört,

  — oder in einem anderen Mitgliedstaat der Europäischen Wirtschaftsgemeinschaft als denjenigen, in denen der Hauptlieferant und der (die) Unterlieferant(en) ihren Sitz haben;

— der Hauptlieferant sich verpflichtet hat, an den (die) Unterlieferanten den diesem (diesen) zustehenden Anteil an den ihm vom Käufer gezahlten Beträgen abzuführen und dabei alle für den Transfer desjenigen Teils der vom Käufer gezahlten Beträge, der dem (den) Unterlieferanten zusteht, gegebenenfalls erforderlichen Formalitäten zu erledigen;

— zwischen dem (den) Unterlieferanten und dem Käufer keine rechtliche Bindung besteht;

— der Kreditversicherer des Hauptlieferanten („Hauptversicherer") und der (die) Kreditversicherer des (der) Unterlieferanten („Mitversicherer") bereit sind, nach Maßgabe der üblichen Bestimmungen ihrer Policen den Teil des Geschäfts, der jeweils in ihrem Land ausgeführt wird, gegen die Risiken zu versichern, die von ihnen in jedem Einzelvertrag festgelegt werden.

Die Verträge, welche die vorgenannten Ausfuhrkreditversicherer in jedem Einzelfall bei gemeinsamer Deckungsgewährung an einen Hauptlieferanten und an einen oder mehrere Unterlieferanten schließen, unterliegen den nachstehenden Artikeln.

Artikel 2
Pflichten des Hauptversicherers

Der Hauptversicherer, der das Risiko — einschließlich des Anteils der Unterlieferanten — allein verwaltet, verpflichtet sich,

a) dem Hauptlieferanten ausschließlich für dessen Anteil am Geschäft bezüglich derjenigen Risiken Deckung zu gewähren, die von ihm in jedem Einzelvertrag festgelegt werden;

b) nur im gemeinsamen Einvernehmen mit dem (den) Mitversicherer(n) Änderungen an irgendeiner der Durchführungsbestimmungen des Geschäfts (Betrag, Lieferung, Zahlung usw.) oder an dem Vertrag zuzustimmen, der zwischen dem Hauptlieferanten und dem (den) Unterlieferanten zur Durchführung des betreffenden Geschäfts geschlossen wurde;

c) nicht ohne Benachrichtigung des Mitversicherers (der Mitversicherer) die Haftungsbefreiung wegen Verschuldens des Hauptlieferanten hinsichtlich des Anspruchs auf Entschädigung aus der dem Hauptlieferanten gewährten Deckung zu erklären;

d) nicht ohne Benachrichtigung des Mitversicherers (der Mitversicherer) die Police für verfallen zu erklären;

e) den (die) Mitversicherer von allen Tatsachen zu unterrichten, die ihm bekannt werden und Art oder Umfang des Risikos ändern oder zu einem Schadensfall führen könnten;

f) sich im Schadensfall oder wenn ein Schadensfall einzutreten droht, mit dem (den) Mitversicherer(n) wegen der zu treffenden Maßnahmen ins Benehmen zu setzen; die Entscheidung über die Anerkennung eines Schadensfalls müßte soweit irgend möglich im Einvernehmen erfolgen, wobei die Höhe der Entschädigung und die Einzelheiten für deren Regulierung sich nach den Bestimmungen der einzelnen Policen richten;

g) im Schadensfall die Schritte zu unternehmen oder ihre Durchführung vom Hauptlieferanten zu verlangen, die notwendig sind, um die unbezahlten Beträge beizutreiben und an den Mitversicherer den ihm zustehenden Anteil an den beigetriebenen Beträgen weiterzuleiten sowie die Formalitäten zu erledigen, die zum Transfer dieses Anteils gegebenenfalls erforderlich sind. Die dem Hauptversicherer durch die Beitreibung entstandenen Kosten werden zwischen den Versicherern entsprechend den Anteilen an der Absicherung des Geschäfts aufgeteilt;

h) alles zu tun, um den in diesem Artikel festgelegten Pflichten nachzukommen, sofern die dem Hauptlieferanten gewährte Deckung für verfallen erklärt wird.

Artikel 3
Pflichten der einzelnen Mitversicherer

Jeder Mitversicherer verpflichtet sich,

a) dem Unterlieferanten seines Landes ausschließlich für dessen Anteil am Geschäft bezüglich derjenigen Risiken Deckung zu gewähren, die von ihm in jedem Einzelvertrag festgelegt werden;

b) nur im gemeinsamen Einvernehmen mit dem Hauptversicherer Änderungen des Vertrages zwischen dem Hauptlieferanten und dem (den) Unterlieferanten zur Durchführung des mit dem Käufer geschlossenen Geschäfts zuzustimmen;

c) nicht ohne Benachrichtigungen des Hauptversicherers die Haftungsbefreiung wegen Verschuldens des Unterlieferanten hinsichtlich des Anspruchs auf Entschädigung aus der dem Unterlieferanten gewährten Deckung zu erklären;

d) nicht ohne Benachrichtigung des Hauptversicherers die Police für verfallen zu erklären;

e) den Hauptversicherer von allen ihm zur Kenntnis gelangten Tatsachen zu unterrichten, die ihm bekannt werden und Art oder Umfang des Risikos ändern oder zu einem Schadensfall führen könnten;

f) alles zu tun, um den in diesem Artikel festgelegten Pflichten nachzukommen, sofern die vom Mitversicherer gewährte Deckung für verfallen erklärt wird.

Artikel 4
Umschuldung

Wird ein Umschuldungsabkommen über die Schulden des Käuferlandes abgeschlossen, so setzen sich der Hauptversicherer und der (die) Mitversicherer über die Art und Weise ins Benehmen, wie die durch das Umschuldungsabkommen auftretenden spezifischen Probleme gelöst werden können.

Artikel 5
Geschäfte auf der Basis eines Finanzkredits

Die Kreditversicherer der Gemeinschaft, die sich darin einig sind, daß ihre Finanzkreditsysteme hinlänglich kompatibel sind, können außerdem vereinbaren, für alle Teile eines Geschäfts einen einzigen Käuferkredit zu gewähren bzw. zu decken; hierauf werden die Bestimmungen dieses Übereinkommens entsprechend angewandt.

Artikel 6
Schiedsverfahren

Bei allen Streitigkeiten aus diesem Übereinkommen, die nicht auf gütlichem Wege beigelegt werden konnten, wird ein Schiedsgericht, bestehend aus drei Schiedsrichtern, angerufen. Jede Partei bestellt einen

Schiedsrichter. Der dritte Schiedsrichter wird vom Präsidenten des Gerichtshofs der Europäischen Gemeinschaften bestellt; er übernimmt den Vorsitz des Schiedsgerichts. Das Verfahren richtet sich nach der Vergleichs- und Schiedsordnung der Internationalen Handelskammer.

3. Konsultations- und Notifizierungsverfahren

Entscheidung des Rates der Europäischen Gemeinschaften über das Verfahren für Konsultationen und Notifizierungen auf dem Gebiet der Kreditversicherung, der Bürgschaften und der Finanzkredite

TITEL I

ALLGEMEINES VERFAHREN

Abschnitt I

Anwendungsgebiet

Artikel 1

Eine Konsultation nach dem Verfahren des Abschnitts II ist durchzuführen, sobald der Staat eine andere Körperschaft des öffentlichen Rechts oder ein staatliches Kreditversicherungs- oder Finanzierungsinstitut die Gewährung von oder eine vollständige oder teilweise Bürgschaft für Auslandskredite in Aussicht nimmt,

- die an Ausfuhren von Gütern oder Dienstleistungen gebunden sind,
- die von den in Anhang 1 aufgeführten Normen oder von jeder anderen von den Mitgliedstaaten in Zukunft angenommenen Norm abweichen.

Artikel 2

Das Konsultationsverfahren ist anzuwenden,

- bei Lieferantenkrediten oder Finanzkrediten;
- bei Krediten für Einzelgeschäfte oder bei Kreditrahmenabkommen nach Artikel 3;
- bei rein privaten Krediten oder bei ganz oder teilweise aus öffentlichen Mitteln gewährten Krediten.

Gemischte Kredite, bei denen öffentliche und private Mittel gleichzeitig bereitgestellt werden, sowie mit Zinsvergütungen aus öffentlichen Mitteln verbundene Rahmenabkommen für private Kredite gelten hinsichtlich der Anwendung dieses Verfahrens als öffentliche Kredite.

Artikel 3

(1) Unter einem Kreditrahmenabkommen ist jede Vereinbarung oder Erklärung zu verstehen, durch welche einem dritten Land oder Exporteuren oder Finanzinstituten in irgendeiner Form die Absicht oder die Möglichkeit zur Kenntnis gebracht wird, im Rahmen eines bestimmten oder zu bestimmenden Plafonds und zugunsten einer Gesamtheit von Geschäften Bürgschaften für Lieferantenkredite oder Finanzkredite zu stellen oder Finanzkredite zu gewähren.

Das Konsultationsverfahren ist auf die genannten Rahmenabkommen auch dann anzuwenden, wenn die Art der Geschäfte nicht definiert worden ist und wenn unter dem Vorbehalt einer Prüfung jedes Einzelgeschäftes keine förmliche Verpflichtung übernommen wurde.

(2) Beantragt bei der Konsultation über die Gewährung eines Rahmenkredits — unabhängig davon, ob es sich um öffentliche oder private Kreditrahmenabkommen handelt — ein Mitgliedstaat oder die Kommission eine mündliche Konsultation und beantragen während dieser mündlichen Konsultation fünf Mitgliedstaaten, daß sämtliche oder einige der Einzelgeschäfte, die auf diese Rahmenabkommen angerechnet werden, zum Gegenstand einer vorherigen Konsultation gemacht werden, so findet die Konsultation über diese Einzelgeschäfte statt.

(3) Ein Mitgliedstaat, der einen Rahmenkredit gewährt hat, unterrichtet die übrigen Mitgliedstaaten halbjährlich über den Stand der Ausnutzung dieses Kredits.

Abschnitt II

Verfahren

Artikel 4

Bei Einzelgeschäften übermittelt der Mitgliedstaat, der die Konsultationen einleitet, die folgenden Angaben:

a) Empfängerland;

b) Lokalisierung des Geschäftes oder, wenn sich das Geschäft nicht lokalisieren läßt, Angabe des Firmensitzes des Vertragspartners im Bestimmungsland;

c) spezifische Angaben über das Geschäft:
   - Art des Geschäftes: Art des Materials und annähernde Zahl der zu liefernden Einheiten,
   - Größenordnung entsprechend der in Anhang 2 enthaltenen Skala,
   - öffentlicher oder privater Charakter des Käufers und der etwaigen Bürgen,
   - bei Geschäften, die Gegenstand einer internationalen Ausschreibung sind: Termin der Angebotsabgabe;

d) vom Kreditnehmer beantragte wichtigste Kreditbedingungen;

e) Kreditbedingungen, welchen die Behörden des Ausfuhrlandes zuzustimmen beabsichtigen:
   - auf Kredit zahlbarer Teil in Prozenten,
   - Kreditlaufzeit und Beginn der Laufzeit des betreffenden Kredits (z. B. bei jeder Lieferung, nach der letzten Lieferung, bei Inbetriebnahme),
   - Tilgungsplan,
   - sind die Rückzahlungen nicht in gleich hohe und regelmäßige Tranchen zwischen dem Beginn und dem Ende der Laufzeit des Kredits gestaffelt, Angabe der genauen Einzelheiten der Rückzahlung (Prozentsatz jeder Tranche und genauer Rückzahlungstermin),
   - effektive Zinsvergütung, falls diese von allgemein üblichen Sätzen abweicht; Zinssatz, falls der Kredit aus öffentlichen Mitteln zu gewähren war,
   - Kosten für die Kreditversicherung, falls diese Kosten von allgemein üblichen Kosten abweichen,
   - Umfang und Bedingungen etwaiger Unterstützung bei den lokalen Kosten;

f) genaue Angabe der Gründe, die für die Nichtanwendung der in Artikel 1 vorgesehenen Normen oder eine Abweichung von diesen Normen vorgebracht werden. Gegebenenfalls sind folgende Faktoren unbedingt anzugeben: Hilfskredit, Wettbewerb eines Drittlandes (mit Angabe, ob es sich um eine gestützte Konkurrenz handelt oder nicht), auf ein in einer vorherigen Konsultation bereits erörtertes Rahmenabkommen anzurechnendes Geschäft.

Artikel 5

Bei Kreditrahmenabkommen übermittelt der Mitgliedstaat, der die Konsultation einleitet, die folgenden Angaben:

a) Empfängerland;

b) Betrag des Rahmenabkommens;

c) Bestimmung des Kredits:
   - soweit wie möglich Lokalisierung,
   - Art des Materials, dessen Lieferung gegebenenfalls vorgesehen ist,
   - öffentlicher oder privater Charakter des Darlehensnehmers und der etwaigen Bürgen;

d) Kreditbedingungen entsprechend den in Artikel 4 Buchstabe e) angeführten Angaben und Einzelheiten der Anrechnungsfähigkeit von Einzelgeschäften (z. B. Zeitraum für die Ziehung des Kredits, für die Geschäfte vorgesehener Mindestbetrag);

e) genaue Angabe der Gründe, die für die Nichtanwendung der in Artikel 1 vorgesehenen Normen oder eine Abweichung von diesen Normen vorgebracht werden; gegebenenfalls sind folgende Faktoren unbedingt anzuführen: Hilfskredit, Wettbewerb eines Drittlandes (mit Angabe, ob es sich um eine gestützte Konkurrenz handelt oder nicht).

Artikel 6

Bei der Übermittlung der Angaben ist folgende Numerierung einzuhalten:

— Einzelgeschäft: Kennbuchstabe des konsultierenden Mitgliedstaats, laufende Nummer im Jahr; wird das Geschäft auf ein Rahmenabkommen angerechnet, so muß auch die Numerierung dieses Rahmenabkommens angegeben werden.

— Private Rahmenkredite: Buchstabe „X", Kennbuchstabe des konsultierenden Mitgliedstaats, laufende Nummer im Jahr.

— Öffentliche oder gemischte Kredite: Buchstabe „A", Kennbuchstabe des konsultierenden Mitgliedsstaats, laufende Nummer im Jahr.

Artikel 7

Damit die Haltung der Mitgliedstaaten rechtzeitig koordiniert werden kann, sind die in den Artikeln 4 und 5 genannten Angaben so bald wie möglich nach der eingeleiteten Prüfung entweder der in Aussicht genommenen Bürgschaften oder Kredite selbst oder jeder anderen Maßnahme, die auf Grund von einzelstaatlichen Regelungen oder Verwaltungspraktiken vor der weiteren Bearbeitung der Bürgschafts- und Kreditanträge durchgeführt werden muß, zu übermitteln.

Artikel 8

Bei einer Änderung der Faktoren, die für eine Abweichung von den Normen maßgebend waren, oder wenn neue wesentliche Kreditbedingungen in Aussicht genommen werden, die sich von den ursprünglich vom konsultierenden Mitgliedstaat mitgeteilten Kreditbedingungen unterscheiden, wird eine erneute Konsultation unter einer revidierten Nummer durchgeführt.

Sollten die neuen Bedingungen jedoch restriktiver sein, so ist der betreffende Mitgliedstaat nur zu einer unverzüglichen Mitteilung unter der ursprünglichen Nummer verpflichtet.

Artikel 9

Die in den Artikeln 4 und 5 erwähnten Angaben, die in Artikel 10 erwähnten Antworten sowie die in Artikel 15 erwähnten Notifizierungen werden mit Fernschreiben an die Empfänger übermittelt, die von den einzelnen Mitgliedstaaten, der Kommission und dem Sekretariat des Rates bezeichnet werden.

Sämtliche Mitteilungen, die sich auf eine Konsultation beziehen, müssen die Numerierung dieser Konsultation tragen sowie die Angabe des Bestimmungslandes enthalten.

Artikel 10

(1) Die Mitgliedstaaten und die Kommission können
— mitteilen, daß sie zu den von dem konsultierenden Mitgliedstaat in Aussicht genommenen Bedingungen keine Bemerkungen vorzubringen haben;
— den konsultierenden Mitgliedstaat um zusätzliche Auskünfte ersuchen;
— Bemerkungen vorbringen, Vorbehalte einlegen oder eine ablehnende Stellungnahme abgeben; als ablehnende Stellungnahme gilt nur eine Stellungnahme, die ausdrücklich als „ablehnende Stellungnahme" gekennzeichnet ist;
— eine Konsultationssitzung beantragen.

(2) Eine Konsultationssitzung findet automatisch statt, wenn fünf Mitgliedstaaten zu dem von der Konsultation betroffenen Geschäft ablehnende Stellungnahme abgegeben haben.

(3) Unbeschadet der Anwendung des Artikels 13 ist der konsultierende Mitgliedstaat gehalten, seine Entscheidung bis zum Ablauf der in Artikel 11 festgesetzten Fristen bzw. — wenn auf Grund des Absatzes 2 automatisch eine Konsultationssitzung stattfinden muß — bis zu dieser Sitzung auszusetzen.

Artikel 11

Das in Artikel 10 Absatz 1 vorgesehene Verfahren muß binnen sieben Kalendertagen nach der Mitteilung des konsultierenden Mitgliedstaats durchgeführt werden.

Werden bis zum Ablauf der Frist von sieben Kalendertagen Anträge auf zusätzliche Auskünfte an den konsultierenden Mitgliedstaat gerichtet, so hat der konsultierende Mitgliedstaat spätestens binnen fünf Kalendertagen darauf zu antworten.

Der Empfänger der Antwort verfügt ab Erhalt der zusätzlichen Auskunft über eine Frist von höchstens drei Arbeitstagen, um seine Stellungnahme bekanntzugeben.

Artikel 12

Wird innerhalb der in Artikel 11 vorgesehenen Fristen von den konsultierten Mitgliedstaaten und der Kommission keine Antwort erteilt, so ist davon auszugehen, daß keine Bemerkungen im Sinne des Artikels 10 Absatz 1 erster Gedankenstrich vorgebracht werden.

Sobald ein Mitgliedstaat, der zusätzlich Auskünfte beantragt hat, dem in Artikel 9 genannten Empfänger notifiziert, daß er nach Ablauf der in Artikel 11 Absatz 2 festgelegten Frist keine Anwort erhalten hat, findet die Konsultationssitzung automatisch statt; außerdem ist Artikel 10 Absatz 3 anzuwenden.

Artikel 13

Der konsultierende Mitgliedstaat kann ausnahmsweise eine sofortige Entscheidung über das in Aussicht genommene Geschäft treffen, wenn diese Entscheidung seines Erachtens nicht länger aufgeschoben werden kann.

Außer im Falle von staatlichen Krediten gelten diese Bestimmungen nicht,

— wenn die Entscheidung, nach der der Kredit gewährt oder verbürgt werden soll, sich lediglich auf eine innergemeinschaftliche Konkurrenz stützt. Jedoch ist eine sofortige Entscheidung über ein Geschäft zulässig, falls dafür die gleichen Bedingungen gelten, die ein anderer Mitgliedstaat bereits stützen will;

— wenn ein Verfahren, das in einem internationalen Gremium, dem alle Mitgliedstaaten angehören, festgelegt wurde, für die Beteiligten im Dringlichkeitsfall ausschließlich die Möglichkeit einer Beschränkung der normalen Fristen für die Beantwortung vorsieht.

Artikel 14

Die Konsultationssitzungen finden anläßlich der Tagungen des durch Ratsbeschluß vom 27. September 1960 eingesetzten Arbeitskreises zur Koordinierung der Politik auf dem Gebiet der Kreditversicherung, der Bürgschaften und der Finanzkredite oder der Sitzungen seiner Arbeitsgruppen statt. Ferner werden auf Antrag eines Mitgliedstaats zwischen den Tagungen des Arbeitskreises und seiner Arbeitsgruppen besondere Sitzungen einberufen.

Die Mitgliedstaaten und die Kommission übermitteln den in Artikel 9 genannten Empfängern wenn möglich vier Kalendertage vor den Konsultationssitzungen das Verzeichnis der Geschäfte, über welche sie eine Erörterung wünschen.

Die Konsultationssitzungen werden am Sitz des Sekretariats des Rates einberufen.

Artikel 15

Die endgültige Entscheidung über jedes Geschäft ist den übrigen Mitgliedstaaten in jedem Fall zur Kenntnis zu bringen. Die Bekanntgabe dieser Entscheidung erfolgt unter Angabe der Gründe, deretwegen der konsultierende Mitgliedstaat gegebenenfalls nicht in der Lage war, den Bemerkungen, Vorbehalten oder ablehnenden Stellungnahmen der konsultierten Partner Rechnung zu tragen.

TITEL II

BESONDERE VERFAHREN

Artikel 16

Ein Mitgliedstaat kann einen anderen Mitgliedstaat um Auskunft darüber bitten, ob er über ein Geschäft, das bisher noch nicht Gegenstand einer Konsultation war, und insbesondere über die von einem Exporteur oder einem Geldinstitut angegebenen Kreditbedingungen unterrichtet ist. Wird auf den Antrag um nähere Auskunft nicht innerhalb von sieben Kalendertagen geantwortet, so hat der antragstellende Mitgliedstaat das Recht, davon auszugehen, daß die Einzelheiten dieses Geschäfts und die angegebenen Kreditbedingungen als bekannt gelten. Er kann nach dem in Titel I vorgesehenen Verfahren einen Konsultationsantrag einreichen, wobei ausdrücklich anzugeben ist, daß dieser durch eine als gegeben zu betrachtende Konkurrenz begründet ist.

Hat ein Mitgliedstaat bereits einen Konsultationsantrag eingereicht und befragt ein anderer Mitgliedstaat, der das gleiche Geschäft stützen soll, den erstgenannten Mitgliedstaat nach seiner endgültigen Haltung, so kann der befragende Mitgliedstaat, wenn nach Ablauf von fünf Arbeitstagen keine Antwort auf eine solche Befragung erteilt wurde, davon ausgehen, daß der befragte Mitgliedstaat das Geschäft unter den in der Konsultationssitzung angegebenen Bedingungen gestützt hat.

Artikel 17

Bei nicht gebundenen Krediten, die von den in Anhang I festgelegten Normen oder einer anderen von den Mitgliedstaaten festgelegten Norm abweichen, sind im Rahmen des Arbeitskreises zur Koordinierung der Politik auf dem Gebiet der Kreditversicherung, der Bürgschaften und der Finanzkredite folgende Angaben zu notifizieren:

— die wesentlichen Merkmale der in den vorausgegangenen drei Monaten gewährten Kredite;

— der Stand der Ausnutzung der nicht gebundenen Kredite zum Ende des vorausgegangenen Jahres.

Artikel 18

Wenn ein Mitgliedstaat mit einem dritten Land ein Abkommen schließt, in dem die Gewährung von Krediten in Aussicht genommen ist, ohne daß präzise Kreditbedingungen festgelegt werden,

— so muß er im Falle von gebundenen Krediten den in Artikel 9 genannten Empfängern den wesentlichen Inhalt dieses Abkommens sofort nach dessen Abschluß mitteilen;

— so sind im Falle von nicht gebundenen Krediten die in Artikel 17 vorgesehenen Angaben auch für diese Kredite zu notifizieren.

TITEL III

REGELMÄSSIGE BERICHTERSTATTUNG

Artikel 19

Der Arbeitskreis zur Koordinierung der Politik auf dem Gebiet der Kreditversicherung, der Bürgschaften und der Finanzkredite erstellt halbjährlich einen Bericht über die Anwendung der in den Titeln I und II vorgesehenen Verfahren.
Außer diesen Berichten werden zusätzliche Berichte erstellt, wenn dies auf Grund der Art und Bedeutung der bei der Anwendung der Verfahren aufgetretenen Probleme erforderlich erscheint.

ANHANG 1

GEMEINSCHAFTLICHE NORMEN VON DENEN KEINE ABWEICHUNGEN OHNE VORHERIGE KONSULTATION ZULÄSSIG SIND

A. **Kreditlaufzeit**

Sowohl für Lieferantenkredite als auch für Finanzkredite darf die Kreditlaufzeit höchstens fünf Jahre betragen; sie beginnt jeweils mit folgendem Zeitpunkt:

1. **Ausrüstungsgüter, die aus einzeln verwendbaren Teilen bestehen (z. B. Lokomotiven):**

   — durchschnittlicher Zeitpunkt oder tatsächlicher Zeitpunkt, zu dem der Käufer die Güter in seinem eigenen Land effektiv übernehmen soll.

2. **Ausrüstungsgüter für ganze Anlagen oder Fabriken, wenn der Lieferant für die Abnahme nicht haftet:**

   — Zeitpunkt, zu dem der Käufer die gesamte vertraglich gelieferte Ausrüstung (außer Ersatzteilen) effektiv übernehmen soll.

3. **Vertrag über die Errichtung von Bauten, wenn der Bauunternehmer für die Abnahme nicht haftet:**

   — Zeitpunkt, zu dem der Bau abgeschlossen ist.

4. **Vertrag über die Errichtung von Anlagen (oder die Durchführung von Bauvorhaben), wenn der Lieferant (oder Bauunternehmer) vertraglich für die Abnahme haftet:**

   — Zeitpunkt, zu dem der Lieferant (oder Bauunternehmer) die Errichtung der Anlage (oder das Bauvorhaben) abgeschlossen und die ersten Betriebsprüfungen durchgeführt hat, mit denen er sich vom gebrauchsfertigen Zustand der Anlage (oder des Baus) überzeugt; dabei ist es unerheblich, ob die Anlage (oder der Bau) dem Käufer zu diesem Zeitpunkt vertraglich übergeben wird und ob der Lieferant (oder Bauunternehmer) gegebenenfalls Verpflichtungen übernommen hat, die noch fortbestehen, beispielsweise eine Garantie für den tatsächlichen Betrieb oder die Ausbildung von örtlichem Personal.

5. **In den in den Absätzen 2, 3 und 4 genannten Fällen, wenn im Vertrag die getrennte Ausführung verschiedener Teile eines Vorhabens vorgesehen ist:**

— Zeitpunkt des Beginns jedes einzelnen Teils oder mittleres Datum dieser Zeitpunkte oder, wenn der Lieferant nicht für das gesamte Vorhaben, sondern für einen wesentlichen Teil des Vorhabens einen Vertrag abgeschlossen hat, der für das gesamte Vorhaben angemessene Zeitpunkt des Beginns.

B. Prozentsatz der lokalen Kosten

Bei verbürgten Privatkrediten darf der auf Kredit zahlbare Anteil der lokalen Kosten nicht über 5 % des Auftragswertes hinausgehen;

— allerdings ist keine Konsultation erforderlich bei Geschäften, bei denen der Anteil der lokalen Kosten spätestens drei Monate nach der vollständigen Durchführung der Arbeiten oder Lieferungen gezahlt wird;

— hierbei gelten folgende Begriffsbestimmungen:

  — „auf Kredit zahlbarer restlicher Anteil": Der nach Anrechnung sämtlicher mit dem Auftrag verbundenen An- und Zwischenzahlungen auf die lokalen Kosten verbleibende Anteil;

  — „lokale Kosten": Der Teil des vertraglich festgelegten Preises, der den Ausgaben entspricht, die der Exporteur für die Bezahlung seiner Angestellten, dritter Personen oder von Lieferungen an Ort und Stelle veranschlagt;

  — „Aufträge": Sämtliche Arten von Aufträgen (Lieferaufträge, Bauaufträge, gemischte Aufträge);

  — „An- und Zwischenzahlungen": Sämtliche Zahlungen, die zwischen der Auftragsvergabe und der vollständigen Durchführung der Arbeiten oder Lieferungen fällig werden.

C. Leasing-Verträge

Die in dieser Entscheidung enthaltenen Regeln gelten für diese Verträge in gleicher Weise wie für Kredite. Soweit die Laufzeit dieser Verträge nicht ausdrücklich begrenzt wird, ist davon auszugehen, daß sie mehr als fünf Jahre beträgt.

ANHANG 2

Wertskala

Kategorie I:	bis	—		1.000.000 SZR
Kategorie II:	von	1.000.000	bis	2.000.000 SZR
Kategorie III:	von	2.000.000	bis	3.000.000 SZR
Kategorie IV:	von	3.000.000	bis	5.000.000 SZR
Kategorie V:	von	5.000.000	bis	7.000.000 SZR
Kategorie VI:	von	7.000.000	bis	10.000.000 SZR
Kategorie VII:	von	10.000.000	bis	20.000.000 SZR
Kategorie VIII:	von	20.000.000	bis	40.000.000 SZR
Kategorie IX:	von	40.000.000	bis	80.000.000 SZR
Kategorie X:	von	80.000.000	bis	120.000.000 SZR
Kategorie XI:	von	120.000.000		160.000.000 SZR
Kategorie XII:	von	160.000.000	bis	200.000.000 SZR
Kategorie XIII:	von	200.000.000	bis	240.000.000 SZR
Kategorie XIV:	von	240.000.000	bis	280.000.000 SZR
Kategorie XV:	über	280.000.000 SZR		

Die über die Kategorie 15 hinausgehenden Beträge sind mit einem Multiplikator von SZR 40 Mio anzugeben.

4. OECD-Konsensus

ARRANGEMENT
ON
GUIDELINES FOR OFFICIALLY SUPPORTED EXPORT CREDITS

I. FORM AND SCOPE OF THE ARRRANGEMENT

1. EXPORT CREDIT TRANSACTIONS COVERED

a) Participants shall apply the guidelines contained in this informal Arrangement to officially supported (*) export credits with a repayment term (*) of two years or more relating to contracts for sales of goods and/or services or to leases equivalent in effect to such sales contracts.

b) Special Guidelines apply to the following sectors in accordance with the provisions of paragraph 9:

1) Ships
2) Nuclear Power Plants
3) Power Plants other than Nuclear Power Plants
4) Aircraft

c) This Arrangement does not apply to export credits relating to exports of:

1) Military Equipment
2) Agricultural Commodities

2. PARTICIPATION

Present participants are listed in Annex I to this Arrangement. Countries willing to apply these Guidelines may become participants upon the prior invitation of the then existing Participants.

II. GUIDELINES FOR BASIC EXPORT CREDIT TERMS AND CONDITIONS

3. CASH PAYMENTS

Participants shall require purchasers of exported goods and services receiving officially supported export credits to make cash payments (*) at or before the starting point (*) equal to a minimum of 15 per cent of the export contract value (*). Participants shall not provide official support for such cash payments other than insurance and guarantees against the usual pre-credit risks.

4. REPAYMENT

Participants shall apply the following Guidelines for the repayment of export credits that are officially supported by way of direct credit, refinancing, eligibility for an interest subsidy, guarantee or insurance.

a) Maximum Repayment Term

For the three categories of countries (*) of destination, the following maximum repayment terms shall apply. The export credit agreement and ancillary documents shall not permit the extension of the relevant repayment term.

Countries of destination	Maximum repayment terms
Category I: relatively rich	five years; but after prior notification in accordance with paragraph 14 b) 1), eight and a half years;
Category II: intermediate	eight and a half years (1);
Category III: relatively poor	ten years

b) Repayment of Principal and Payment of Interest

1) Principal of an export credit shall normally be repaid in equal and regular instalments not less frequently than every six months commencing not later than six months after the starting point. In the case of leases, this repayment procedure may be applied either for the amount of principal only or else for the amount of principal and interest combined.

2) Interest (*) as set forth in paragraph 5 below shall normally not be capitalised during the repayment term but shall be payable not less frequently than every six months commencing not later than six months after the starting point.

3) If a participant intends not to follow the normal practices for repayment of principal or for payment of interest set forth in 1) and 2) above, the participant shall give prior notification in accordance with the procedure set forth in paragraph 14 b) 1).

5. MINIMUM INTEREST RATES

Participants providing official financing support by way of direct credit, refinancing or interest rate subsidy shall apply the following minimum rates of interest:

a) Matrix rates

1) Without prejudice to b) below, the following minimum annual interest rates (matrix rates) shall apply:

Countries of destination	Repayment periods	
	2-5 years	Over 5 years
Category II	SDR(2) + 105 bp	SDR(2) + 155 bp
Category III	SDR(2) + 20 bp	SDR(2) + 20 bp

2) SDR base rates for the above matrix interest rates are reviewed semi-annually and subject to adjustment on the 15th of January and July according to the following method:

i) An adjustment is made if the SDR-weighted average of the monthly interest rates referred to in footnote (2) for the immediately preceding December or June respectively differs by 50 basis points or more from the SDR-weighted average interest rate underlying the preceding adjustment in matrix rates. When such a change occurs, the levels of the matrix rates set out above shall be adjusted by the same number of basis points as the difference in the SDR-weighted averages, the recalculated matrix rates being rounded off to the nearest five basis points (3).

ii) The interest rates for the currencies constituting the SDR-weighted average are the secondary market yields of financing instruments reported to the OECD pursuant to paragraph 18 a) i).

b) Commercial Interest Reference Rates (*)

For countries of destination in Category I, participants shall apply the relevant commercial interest reference rate. Notwithstanding a) above, participants may also choose to apply these commercial interest reference rates for countries of destination in Categories II and III. If the terms of such official financing support are fixed before the date of contract, a premium of 20 basis points is added to the commercial interest reference rate (4). This commercial interest reference rate is also used to compute the discount rate to be used in the calculation of the concessionality level of tied and partially untied aid financing in accordance with paragraph 22 m).

c) Interest Rate System Choice

Participants are prohibited from taking any action that allows banks to offer throughout the life of a floating rate loan the option of either 1) the matrix rate, 2) the CIRR (at time of the original contract) or 3) the short-term market rate, whichever is lower.

6. LOCAL COSTS (*)

a) Category II or Category III Countries

Participants shall not finance, guarantee or insure credit for more than 100 per cent of the value of the goods and services exported, including goods and services supplied by third countries. Thus, the amount of local costs supported on credit terms and conditions will not exceed the amount of the cash payment. They shall not grant such support for local costs financed on conditions more favourable than those supported for the exports to which such local costs are related.

b) Category I Countries

The provisions of a) above shall apply, provided that any official support is confined to insurance or guarantees.

7. MAXIMUM PERIOD OF VALIDITY OF COMMITMENTS (*), PRIOR COMMITMENTS AND CERTAIN AID COMMITMENTS

a) Participants shall not fix credit terms and conditions for an individual export credit or credit line (*), whether new or being renewed or prolonged, for a period exceeding six months. Commitments that were in effect prior to a modification of the Guidelines of the Arrangement and that became non-conforming because of this modification may not remain in effect for more than six months following the date of the modification.

b) Participants shall not fix for more than one year credit terms and conditions for individual tied or partially untied aid credits that have a concessionality level below the appropriate minimum in paragraph 12 b) below. Aid protocols, aid credit lines or similar agreements may not be valid for more than two years after their signature.

8. TIED AND PARTIALLY UNTIED AID FINANCING (*)

If a participant intends to support tied or partially untied aid financing, the participant shall, without prejudice to official development assistance procedures administered by the Development Assistance Committee, give notification in accordance with the procedures set forth in paragraphs:

a) 14 c) 1), if the concessionality level (*) is less than 50 per cent;

b) 14 d), if the concessionality level is 50 per cent or more.

9. SPECIAL SECTORS

Participants shall apply the following special Guidelines to the sectors listed below:

a) Ships

The Guidelines of this Arrangement shall apply to ships not covered by the OECD Understanding on Export Credits for Ships (Annex II to this Arrangement). Efforts shall be pursued to arrive at common provisions for all ships. Until common provisions for all ships are agreed upon, if for any type of ships that is covered by that Understanding and therefore not by the Guidelines of the Arrangement, a participant intends to support terms that would be more favourable than those terms permitted by this Arrangement, the participant shall notify all other participants of such terms in accordance with the procedure set forth in paragraph 14 b) 1).

.uclear Power Plants

This Arrangement shall apply; except that where relevant, the provisions of the Sector Understanding on Export Credits for Nuclear Power Plants (Annex III to this Arrangement), which complements this Arrangement, shall apply in lieu of the corresponding provisions of the Arrangement.

c) Power Plants other than Nuclear Power Plants (*)

This Arrangement shall apply; except that the maximum repayment term shall be twelve years. If a participant intends to support a repayment term longer than five years in transactions with Category I countries or a repayment term longer than the relevant maximum term set forth in paragraph 4 a) for Category II and III countries, the participant will give prior notification in accordance with the procedure set forth in paragraph 14 b) 1).

d) Aircraft

This Arrangement shall apply; except that where relevant, the provisions of the Sector Understanding on Export Credits for Civil Aircraft (Annex IV to this Arrangement), which complements this Arrangement, shall apply in lieu of the corresponding provisions of the Arrangement.

10. BEST ENDEAVOURS

a) Objectives

1) The Guidelines set out in this Arrangement represent the most generous credit terms and conditions that participants may offer when giving official support. All participants recognise the risk that in the course of time these Guidelines may come to be regarded as the normal terms and conditions. They therefore undertake to take the necessary steps to prevent this risk from materialising.

2) In particular, if in an individual branch of trade or industrial sector to which this Arrangement applies, credit terms and conditions less generous to buyers than those set forth above in the Arrangement are customary, participants shall continue to respect such customary terms and conditions and shall do everything in their power to prevent these from being eroded as a result of recourse to the credit terms and conditions set forth in this Arrangement.

b) Firm Undertaking

In keeping with the objectives in a) above, the Participants, recognising the advantage which can accrue if a clearly defined common attitude toward the credit terms and conditions for a particular transaction can be achieved, firmly undertake:

1) to respect strictly the existing procedures for notification and in particular to give prior notification at the latest at the stipulated moment before commitment as well as to supply all the information in the detail called for in the form set forth in Annex V;

2) to make maximum use of <u>the Framework for Information Exchange (see Annex VI)</u> at an early stage with a view of forming a common line towards credit terms and conditions for particular transactions;

3) to consider favourably face-to-face consultations if a participant so requests in the case of important transactions as set out in the protocol to this Arrangement.

c) <u>Maximum Delays for Replies</u>

If, in an exchange of information referred to under b) above, a participant informs another participant of the credit terms and conditions that it envisages supporting for a particular transaction and requests similar information from the other participant, then, in the absence of a satisfactory reply within seven calendar days, the enquiring participant may assume that the other will support the transaction on the most favourable credit terms and conditions permitted by these Guidelines. In cases of particular urgency, the enquiring participant may request a more rapid reply.

11. <u>MATCHING</u>

A participant has the right to match credit terms and conditions notifiable under paragraph 14, as well as credit terms and conditions offered by a non-participant. The validity of a matching commtiment may not exceed the termination date of the commitment being matched. Participants shall match by offering terms that comply with this Arrangement unless the initiating offer does not comply with this Arrangement. A participant intending to match credit terms and conditions:

a) notified by another participant shall follow the procedures set forth in paragraph 15 a) or c) as appropriate;

b) offered by a non-participant shall follow the procedures set forth in paragraph 15 b).

12. <u>NO-DEROGATION ENGAGEMENT</u>

Participants shall not:

a) derogate with respect to maximum repayment terms (whatever the form of support), to minimum interest rates or to the limitation of the validity of commitments to a maximum of six months or extend the relevant repayment term through an extension of the grace period before the start of the repayment beyond the normal practice of six months after the starting point; or

b) avail themselves of the possibilities provided under paragraph 14 c) 1) of this Arrangement to support tied or partially untied aid financing having a concessionality level of less than 35 per cent, or 50 per cent if the beneficiary country is a least developed country (LLDC) as defined by the United Nations.

13. ACTION TO AVOID OR MINIMISE LOSSES

The provisions of this Arrangement are without prejudice to the right of the export credit or insurance authority to take appropriate action after the export credit agreement and ancillary documents become effective to avoid or minimise losses.

III. PROCEDURES

14. PRIOR AND PROMPT NOTIFICATIONS

a) Derogations: Procedure for Prior Notification and Discussion

1) If a participant intends to take the initiative to support terms and conditions not in conformity with this Arrangement, the participant shall notify all other participants of the terms and conditions it intends to support at least ten calendar days before issuing any commitment. If any other participant requests a discussion during this period, the initiating participant shall wait an additional ten calendar days before issuing any commitment on such terms. Normally this discussion will be by telex.

2) If the initiating participant moderates or withdraws its intention to support the notified non-conforming terms and conditions, it must immediately inform all other participants accordingly.

3) A participant intending to match notified derogating terms and conditions shall follow the procedure set forth in paragraph 15 a) 1).

b) Deviations: Procedure for Prior Notification without Discussion

1) A participant shall notify, at least ten calendar days before issuing any commitment, all other participants of the terms and conditions if it intends:

i) to support a credit with a repayment term of more than five but not exceeding eight and a half years to a relatively rich country;

ii) not to follow normal payment practices with respect to principal or interest referred to in paragraph 4 b);

iii) to support a credit for a power plant other than a nuclear power plant with a repayment term longer than the relevant maximum set forth in paragraph 4 a), but not exceeding twelve years or

iv) to support, for any kind of ship to which the OECD Understanding on export credits for ships applies, credit terms and conditions that would be more favourable than those credit terms and conditions permitted by this Arrangement.

2) If the initiating participant moderates or withdraws its intention to give such support to the notified deviating credit conditions, it must immediately inform all other participants accordingly.

3) A participant intending to match notified deviating terms and conditions shall follow the procedure set forth in paragraph 15 a) 2).

c) Procedures for Prior Notification of Aid Financing

1) The procedures set out in paragraph 14 b) shall apply where a participant intends to provide or support tied aid or partially untied aid financing involving a concessionality level of less than 50 per cent; except that wherever paragraph 14 b) refers to a period of ten calendar days, a period of twenty working days shall apply and that participants intending to match shall use the procedures of paragraph 15 a) 3).

2) A participant shall notify all other participants of the terms it intends to support at least twenty working days before issuing any commitment if the participant intends to provide or support trade related aid financing transactions involving a grant element of less than 50 per cent that are fully and freely available to finance procurement from the recipient country, from substantially all other developing countries and from participating countries. Participants intending to match such financing shall use the procedures of paragraph 15 a) 3).

d) Procedure for Prompt Notification (*)

As soon as a participant commits itself to support a tied or partially untied aid financing transaction having a grant element of 50 per cent or more, the participant will promptly notify all other participants accordingly.

e) Exception for Small Projects and Technical Assistance

The reporting requirements of paragraphs 12 b) and 14 c) and d) do not apply to the following transactions:

1) Aid financing where the official development aid component consists solely of technical co-operation that is less than either 3 per cent of the total value of the transaction or one million US dollars, whichever is lower, and

2) Capital projects of less than one million US dollars that are funded entirely by development assistance grants.

15. PROCEDURES FOR MATCHING

a) Matching Terms and Conditions Notified in Accordance with Para. 14

1) Matching of notified derogations: On and after the expiry of the first ten calendar day period referred to in paragraph 14 a) 1) if no discussion is requested (or on and after the expiry of the second ten calendar day period if discussion is requested) and unless the participant intending to match has received notice from the initiating participant that the latter has withdrawn its intention to support non-conforming terms and conditions, any participant will have the right to support:

i) in a case of "identical matching", terms and conditions that include the identical non-conforming element but that otherwise conform to the Guidelines; provided that the matching participant gives as early as possible notification of its intention to match; or

ii) in a case of "other support" prompted by the initial derogation, any other non-conforming element of the terms subject to the restrictions of paragraph 11; provided that the responding participant introducing a fresh derogation, initiates a five calendar day prior notification and five calendar day discussion procedure and awaits its completion. This period can run concurrently with that of the prior notification and discussion procedure initiated by the originally derogating participant but cannot elapse before the end of the applicable ten or twenty calendar day period referred to under paragraph 14 a) 1).

2) Matching of notified deviations: On and after the expiry of the ten calendar day period referred to in paragraph 14 b 1) and unless the matching participant has received notice from the initiating participant that the latter has withdrawn its intention to support the terms and conditions notified in accordance with paragraph 14 b) 1), any participant will have the right to support:

i) in a case of "identical matching", terms and conditions that include the identical element notified in accordance with paragraph 14 b) 1) but that otherwise conform to the Guidelines; provided that the matching participant gives notification as early as possible of its intention to match.

ii) in a case of "other support", any other element of the terms which does not conform to the Guidelines subject to the restrictions of paragraph 11; provided that the responding participant initiates a five calendar day prior notification procedure without discussion and awaits its completion. This period may run concurrently with that of the prior notification procedure started by the initiating participant, but may not elapse before the end of the ten calendar day period referred to under paragraph 14 b) 1).

3) Matching of a prior notification of aid financing: The procedures set out in paragraph 15 a) 2) shall apply where a participant intends to match aid financing; except that where paragraph 15 a) 2) refers to a period of ten calendar days, a period of twenty working days shall apply.

4) Matching of a prompt notification: No prior notification need be given if a participant intends to match terms and conditions that were subject to a prompt notification according to paragraph 14 d).

5) Discount rate in matching: In matching aid financing, identical matching means matching with an identical concessionality level recalculated with the discount rate in force at the time of matching.

b) Matching Export Terms and Conditions offered by a non-Participant

1) Before considering meeting non-conforming terms and conditions assumed to be offered by a non-participant, a participant shall make every effort to verify that these terms are receiving official support. The participant shall inform all other participants of the nature and outcome of these efforts.

2) A participant that intends to match non-conforming terms offered by a non-participant shall follow the prior notification and discussion procedure under paragraph 14 a) 1).

c) Matching Non-conforming Prior Commitments

1) A participant intending to match a prior commitment shall make reasonable efforts to determine whether the non-conforming terms and conditions of the individual transaction or credit line in question will be used to support a particular transaction. This participant will be considered to have made such reasonable efforts if it has informed by telex the participant assumed to offer such non-conforming terms and conditions of its intention to match but in reply to the telex has not been informed within three working days, exclusive the day of reception, that this prior commitment will not be used to support the transaction in question.

2) A prior credit line may be matched by an individual transaction or by means of a credit line. In both cases, the dates of expiry of the matching offer shall not be later than that of the credit line being matched.

3) A participant intending to match another participant's non-conforming prior commitment shall, in the case of:

i) "identical matching", follow the procedure set forth in paragraph 15 a) 1) i) when matching a derogation and paragraph 15 a) 2) i) when matching a deviation;

ii) "other support", follow the procedure set forth in paragraph 15 a) 1) ii) when matching a derogating prior commitment and the procedure set forth in paragraph 15 a) 2) ii) when matching a deviating prior commitment.

16. INFORMATION ON COMMITMENTS

As soon as a participant commits credit terms and conditions that it had notified in accordance with paragraph 14 or 15, it shall, in all cases, inform all other participants accordingly by including the notification reference number on the relevant Berne Union 1c form.

17. INFORMATION TO BE SUPPLIED UNDER THE NOTIFICATION AND MATCHING PROCEDURES

The notifications called for by the above procedures shall be made in accordance with and contain the information set out in the "standard form" in Annex V and be copied to the Secretariat of the OECD.

IV. OPERATIONAL PROVISIONS

18. REGULAR NOTIFICATION AND CIRCULATION OF INFORMATION ON SELECTED INTEREST RATES

a) Yields on Government or Public Sector Bonds

1) Participants whose currencies constitute the IMF's Special Drawing Right shall notify by telex each month to the Secretariat for distribution to all participants the monthly information on yields of government or public sector bonds as reported in the OECD Financial Statistics under reference number II.2.b, that is:

France:	Public and semi-public sector bonds on the secondary market
Germany:	Public sector bonds on the secondary market (8-15 years)
Japan:	Central government bonds on the secondary market
U.K.:	Government bonds on the secondary market (10 years)
U.S.A.:	US government notes and bonds on the secondary market (composite: over 10 years)

This information shall reach the Secretariat at the latest five days after the end of the month covered by this information.

2) Upon receipt of this information, the Secretariat shall calculate the SDR-weighted average of interest rates for immediate circulation to all participants.

3) At the beginning of July and of January, the Secretariat will in accordance with the method set forth in paragraph 5 a) 2), calculate on the basis of the SDR-weighted averages the semi-annual adjustments to be made to the matrix minimum interest rates set forth in paragraph 5 a) 1).

b) Commercial Interest Reference Rates

1) Commercial interest reference rates for currencies that are subject to the provisions of paragraph 5 b) shall be telexed at least monthly to the Secretariat for circulation to all participants.

2) Such notification shall reach the Secretariat not later than five days after the end of each month covered by this information. The Secretariat shall then inform immediately all participants of the applicable rates. Any changes in these rates shall enter into effect on the fifteenth day after the end of each month.

3) When market developments require the notification of a change in a commercial interest reference rate in the course of a month, the changed rate shall be implemented ten days after the date of receipt of the notification of this change.

19. REVIEWS

a) Annual Review

1) The Participants shall review at least annually the functioning of the Arrangement. The reviews will normally take place in the northern spring of each year. In the review, they shall examine inter alia notification procedures, derogations, implementation and operation of the differentiated discount rate system, questions of matching, prior commitments, practices on credits for agricultural commodities and possibilities of wider participation in this Arrangement. They shall also review possible modifications of the matrix rates, notably with the aim to bring them closer to market interest rates.

2) These reviews shall be based on information on participants' experience and on their suggestions for improving the operation and efficacy of the Arrangement and shall take account of the objectives of the Arrangement and the prevailing economic and monetary situation. The information and suggestions that participants wish to put forward to this end shall reach the Secretariat not later than forty-five days before the date of review.

b) Review of Commercial Interest Reference Rates

1) The Participants shall review periodically the operation in practice of the commercial interest reference rates with a view to ensuring that the notified rates reflect current market conditions and meet the aims underlying the establishing of the rates in operation. Such reviews shall also cover the premium to be added when these rates are applied.

2) Any participant may submit to the Chairman a substantiated request for an extraordinary review in case this participant considers that the commercial interest reference rates for one or more currencies no longer reflect current market conditions.

20. VALIDITY AND DURATION

The provisions of this Arrangement are applicable without time limit, unless revised as a result of the review referred to in paragraph 19.

21. WITHDRAWAL

Any participant may withdraw from this Arrangement upon not less than sixty calendar days prior written notice to the other participants.

V. DEFINITIONS AND INTERPRETATIONS

22. For the purposes of this Arrangement, the Participants agreed to the following definitions and interpretations:

a) Cash Payments means payments to be received for goods and services exported by the completion of the exporter's contractual obligations, the date of completion being determined by the starting point.

The quantum of the minimum cash payments is established by reference to the total export contract value; except that in the case of a transaction involving some goods or services supplied from outside the exporter's country, the total export contract value may be reduced proportionately if the official support from which the exporter benefits does not cover those goods and services.

Retention payments due after the latest appropriate starting point referred to under k) below do not count as cash payments for the purpose of conformity with the Guidelines.

b) Export Contract Value means the total amount to be paid by the buyer; exclusive of interest in the case of an export sale of goods and/or services or to be paid by the lessee, exclusive of the portion of the lease payment equivalent to interest in the case of a cross border lease.

c) The Classification of Countries into categories in paragraph 4 a) and 5 a) is based on the following criteria:

Cat. I: Countries with a GNP per capita income of over $4,000 p.a. according to the definite 1979 figures shown in the 1981 World Bank Atlas.

Cat. II: Countries not classified with Categories I or III.

Cat. III: Countries eligible for IDA credits plus any other low income countries or territories, the GNP per capita of which would not exceed the IDA eligibility level.

d) Repayment term and interest rates

1) Repayment Term means the period of time commencing at the starting point and terminating on the contractual date of the final payment.

2) Interest excludes:

i) any payment by way of premium or other charge for insuring or guaranteeing supplier credits or financial credits;

ii) any other payment by way of banking fees or commissions associated with the export credit, other than annual or semi-annual bank charges payable throughout the repayment term; and

iii) withholding taxes imposed by the importing country.

3) In the case of an export through a relay country, the relevant interest rate and repayment term set out in paragraphs 4 and 5 are those corresponding to the country of final destination in cases:

i) where the "relay country" makes payment, if and when received from the country of final destination, to the exporting country on the basis of the latter's portion in the total export value; or

ii) where there is security or payment by the country of final destination.

e) Commercial Interest Reference Rate means an interest rate established in accordance with Annex VII to this Arrangement.

f) Local Costs means expenditure, excluding commissions payable to the exporter's agent in the buying country, for the supply from the buyer's country of goods and services, that are necessary either for executing the exporter's contract or for completing the project of which the exporter's contract forms part.

g) Commitment means any arrangement for or declaration on credit conditions, in whatever form, by means of which the intention or willingness to refinance, insure or guarantee supplier credits or to grant, refinance, insure or guarantee financial credits is brought to the attention of the recipient country, the buyer or the borrower, the exporter, or the financial institution.

h) Line of Credit means any understanding or statement, in whatever form, whereby the intention to grant credit benefitting from official support up to a ceiling and in respect of a series of transactions, linked or not to a specific project, is brought to the attention of the recipient country, the buyer or the borrower, or the financial institution.

i) Tied aid financing (5) is defined as loans or grants or associated financing packages involving a concessionality level greater than zero per cent that is in effect tied to procurement of goods and services from the donor country. Partially untied aid financing (5) is defined as loans or grants or associated financing packages involving a concessionality level greater than zero per cent that is in effect tied to procurement of goods and services from the donor country and from a restricted number of countries (6).

1) Such financing can take the form of either:

i) Official Development Assistance loans;

ii) Official Development Assistance grants;

iii) Other Official Flows (including grants and loans but excluding officially supported export credits that are in conformity with this Arrangement); or

iv) Any association in law or in fact (7) either in the hands of the donor, lender or borrower among two or more of the following:

-- Official Development Assistance loans;

-- Official Development Assistance grants;

-- Other Official Flows (including grants and loans but excluding officially supported export credits that are in conformity with this Arrangement);

-- An export credit that is officially supported by way of direct credit, refinancing, eligibility for an interest subsidy, guarantee or insurance to which this Arrangement applies, other funds at or near market terms or cash payments from the buyer's own resources.

2) Such financing is defined to be in effect tied to procurement of goods and services from one or a restricted number of countries as soon as:

i) one of the financial components listed above is not freely and fully available to finance procurement from the recipient country, substantially all other developing countries and from participating countries, whether by a formal or informal understanding to that effect between the recipient and the donor country, or

ii) it involves practices that the Development Assistance Committee of the OECD or the Participants may determine to result in such tying (8).

3) The definition of "Official Development Assistance" is identical to that in the "DAC Guiding Principles for Associated Financing and Tied and Partially Untied Official Development Assistance".

j) <u>Prompt Notification</u> means a maximum delay of two working days following the date of commitment within which notification is to be given.

k) <u>Starting Point</u> is the same as the Berne Union definition currently in use and is as follows:

1) In the case of a contract for the sale of capital goods consisting of individual items usable in themselves (e.g. locomotives), the starting point is the mean date or actual date when the buyer takes physical possession of the goods in his own country.

2) In the case of a contract for the sale of capital equipment for complete plant or factories where the supplier has no responsibility for commissioning, the starting point is the date when the buyer is to take physical possession of the entire equipment (excluding spare parts) supplied under the contract.

3) In the case of construction contracts where the contractor has no responsibility for commissioning, the starting point is the date when construction has been completed.

4) In the case of any contract where the supplier or contractor has a contractual responsibility for commissioning, the starting point is the date when he has completed installation or construction and preliminary tests to ensure that it is ready for operation. This applies whether or not it is handed over to the buyer at that time in accordance with the terms of the contract and irrespective of any continuing commitment which the supplier or contractor may have, e.g. for guaranteeing its effective functioning or for training local personnel.

5) In the case of paragraphs 2), 3) and 4) above where the contract involves the separate execution of individual parts of a project, the date of the starting point is the date of the starting point for each separate part, or the mean date of those starting points or, where the supplier has a contract, not for the whole project but for an essential part of it, the starting point may be that appropriate to the project as a whole.

l) <u>Interest Rate and Official Support</u>: Apart from agreement on the definition of interest set forth in paragraph 22 d) 2) it has not proved possible to establish common definitions of interest rate and official support in the light of differences between long-established national systems of export credit and export credit insurance now in operation in the participating countries. Efforts shall be pursued to elaborate solutions for these definitions. While such definitions are being elaborated, these guidelines do not prejudice present interpretations. In order to facilitate these efforts, notes concerning actual practices in this area, including information on annual or semi-annual bank charges payable throughout the repayment term and considered as part of interest, as they result from the different national systems, were transmitted to the Secretariat of the OECD and distributed to all participants in document TD/CSUS/78.12 and Addenda.

m) 1) Concessionality level is very similar in concept to the "grant element" used by the Development Assistance Committee (DAC) of the OECD. In the case of grants, it is 100 per cent. In the case of loans, it is the difference between the nominal value of the loan and the discounted present value of the future debt service payments to be made by the borrower, expressed as a percentage of the nominal value of the loan, and is calculated in accordance with the method of calculating the grant element used by the DAC, except that:

i) The discount rate used in calculating the concessionality level of a loan in a given currency is subject to change on an annual basis on the 15th of January and calculated as follows:

CIRR + 1/4 (10-CIRR). In this formula, CIRR is the average of the monthly CIRRs valid during the six-month period extending from the 15th of August of the previous year through the 14th of February of the current year. The calculated rate is rounded to the nearest 10 basis points.

ii) The base date for the calculation of the concessionality level is the starting point as defined in paragraph 22 k).

2) For the purpose of calculating the overall concessionality level of an associated financing package, the concessionality levels i) of export credits that are in conformity with this Arrangement, ii) of other funds at or near market rates, iii) of other official funds with a concessionality level of less than the minimum permitted by paragraph 12 b) above, except in cases of matching (9), or iv) of cash payments that are from the buyer's own resources, are considered to be zero. The overall concessionality level of a package is determined by dividing i) the sum of the results obtained by multiplying the nominal value of each component of the package by the respective concessionality level of each component by ii) the aggregate nominal value of the components.

3) The discount rate for a given aid loan is the rate that is in effect at the time of notification (10), except in cases of prompt notification, where the discount rate is the rate in effect at the time of commitment. A change in the discount rate during the life of a loan does not change its concessionality level.

4) Without prejudice to 3) above, when calculating the concessionality level of individual transactions initiated under an aid credit

line, the discount rate is the rate that was originally notified for the credit line.

n) Power plants other than nuclear power plants are complete power st. .ions not fueled by nuclear power -- or parts thereof -- comprising all components, equipment, materials and services, including the training of personnel, directly required for the construction and commissioning of such non-nuclear power stations. Not included are items for which the buyer is usually responsible, in particular, cost associated with land development, roads, construction village, power lines, switchyard and water supply, as well as costs arising in the buyer's country from official approval procedures (e.g. site permit, construction permit, fuel loading permit).

NOTES AND REFERENCES

(*) The asterisk refers to the relevant definitions or interpretations set forth in paragraph 22.

1. For countries in Category II that were classified in Category III before 6th July 1982, the maximum repayment term shall be ten years; the minimum interest rate applicable for repayment term of over eight and a half to ten years being the same as that for repayment terms of over five to eight and a half years.

2. SDR means the IMF Special Drawing Right weighted average of the interest rates notified pursuant to paragraph 18 a). These currencies are the US dollar, Deutsche mark, Japanese yen, French franc and pound Sterling. In the calculation of the average interest rate, each currency shall be given the weight set by the IMF for the valuation of the Special Drawing Right.

3. After any semi-annual period, a change in the SDR-weighted average interest rate shall be computed only on the basis of the IMF weightings of the SDR valuation basket in effect at the end of the semi-annual period.

4. For the US dollar, this premium shall be increased to 40 basis points if the pre-contract period exceeds three months. For the Swiss franc, this premium shall be added whenever official financing support is provided.

5. It is understood that the terms "tied aid financing" and "partially untied aid financing" exclude aid programmes of multilateral or regional institutions.

6. These definitions do not prejudge the distinctions made in the DAC on the quality of aid as concerns tied, partially untied and untied aid.

7. Associated financing transactions may take various forms -- such as "mixed credit", "mixed financing", "joint financing", "parallel financing" or single integrated transactions. Their main characteristic is that the concessional component is linked in law or in fact to the non-concessional component, that either the non-concessional or the concessional component or the whole financing package is in effect tied or partially untied and that the availability of concessional funds is conditional upon accepting the linked non-concessional component.

Association or linkage "in fact" is determined by such factors as the existence of informal understandings between the recipient and the donor authority, the intention by the donor through the use of ODA to facilitate the acceptability of a financing package, the effective tying of the whole financing package to procurement in the donor country, the tying status of ODA and the modality of tender and/or of the contract of each financing transaction or any other practice, identified by the DAC or the Participants in which a de facto liaison exists between two or more financing components.

None of the following practices shall prevent the determination that an association or linkage "in fact" exists: contract splitting through the separate notification of component parts of one contract; splitting of contracts financed in several stages; non-notification of interdependent parts of a contract; non-notification arising from the partial untying of a financing package.

8. In cases of uncertainty as to whether a certain financing practice falls within the scope of the above definition, the donor country shall furnish evidence in support of any claim to the effect that such a practice is untied.

9. In identical matching, the concessionality level of any OOF in the initiating participant's offer shall be included in the calculation of the initial offer's concessionality level if the matching offer contains an OOF that is included in its concessionality level, even if the OOF in the initial offer has a concessionality level below the minimum permissible concessionality level.

10. If a change of currency is made before the contract is concluded, a revision of the notification is required. The discount rate used to calculate the concessionality level will be the one applicable at the time of the revision. However, if the alternative currency is indicated in the original notification and all necessary information is provided, a revision is not necessary.

PROTOCOL

The Participants to the Consensus,

Whereas at the OECD Ministerial meeting of 17th-18th May 1983, the Ministers enjoined the competent bodies of the Organisation for Economic Co-operation and Development to take prompt action to improve existing arrangements so as to strengthen transparency and discipline in the area of aid and trade related concessional finance by all appropriate means;

Whereas the Participants to the Consensus recognise the advantage which can occur if a clearly defined common attitude toward the credit terms for a particular transaction can be achieved and if maximum use is made of the existing arrangements for exchanging information at an early stage;

Whereas the Framework for Information Exchange (Annex VI) lays down rules for exchanging information amongst members of the OECD Group on Export Credits and Credit Guarantees;

Whereas this Framework outlines procedures to be followed in the event that all members taking part in an exchange of information agree to accept that the credit terms for a particular transaction should be the subject of a binding obligation;

Whereas at a meeting of the OECD Consensus Group in April 1984 all Participants firmly undertook to consider favourably face-to-face consultations if a participant so requests in the case of important transactions;

Whereas this undertaking was motivated by the unsatisfactory functioning of existing procedures for exchanging information in a number of important transactions;

Whereas the implementation of the provisions of the Consensus can be jeopardised if procedures for exchanging information do not function efficiently;

Whereas any weakening in Consensus discipline risks provoking wasteful export credit and/or tied aid credit competition and increasing subsidies;

Whereas the search for a common attitude does not prejudice the possibility for participants to retain their rights and liberty as to whether to insure or finance credits for a particular transaction, in the framework of their international obligations.

Have decided as follows:

Within the framework of existing procedures in the field of officially supported export credits and tied aid credits, and with a view to improving transparency, the Participants:

1) Confirm that they will strive to provide the fullest possible details on the credit terms and conditions which they may be considering offering for any transaction which is the subject of an exchange of information;

2) Acknowledge that the interests of all participants are best served if agreement can be reached at an early stage on a common attitude on the export credit conditions for a particular transaction and if the provisions of that agreement are maintained;

3) Reaffirm, therefore, the need to promote common attitudes; particularly on important transactions;

4) Recognise that in certain instances, notably when existing exchange of information procedures are perceived to be functioning in an unsatisfactory manner, face-to-face consultations could facilitate the adoption of a common line;

5) Undertake, in such circumstances, to respond favourably to any such request for early face-to-face consultations and to attend any meeting arranged in order to reach a common attitude on credit terms in conjunction with other interested participants. In this respect, particular attention will be paid to the observance and common interpretation of the guidelines;

6) Confirm moreover the importance they attach to a strict observation of the formal notification procedures provided for in the Arrangement.

ANNEX I

LIST OF PARTICIPANTS

Australia

Austria

Canada

European Economic Community (1)

Finland

Japan

New Zealand

Norway

Sweden

Switzerland

United States

1. Composed of the following Member States:
Belgium, Denmark, France, Germany, Greece, Ireland, Italy, Luxembourg, Netherlands, Portugal, Spain, United Kingdom.

Register